INSTITUTES

DE JUSTINIEN

NOUVELLEMENT EXPLIQUÉES.

TROYES. — IMPRIMERIE DE CARDON.

INSTITUTES

DE JUSTINIEN

NOÙVELLEMENT EXPLIQUÉES,

PAR A. M. DU CAURROY,

AVOCAT A LA COUR ROYALE,

PROFESSEUR DE LA FACULTÉ DE DROIT DE PARIS.

———

TOME PREMIER

CONTENANT LES DEUX PREMIERS LIVRES.

———

Sixième Edition

REVUE ET CORRIGÉE.

———

PARIS.

G. THOREL, S'r D'ALEX-GOBELET, LIBRAIRE,

PLACE DU PANTHÉON, 4, PRÈS L'ÉCOLE DE DROIT.

———

1841.

AVERTISSEMENT.

Ce livre n'est pas destiné à remplacer le texte des Institutes ; il n'a d'autre but que d'en faciliter l'étude et l'intelligence. Mes opinions, mes assertions ne prouvent rien par elles-mêmes : elles n'ont et ne peuvent avoir d'autre autorité que celles des textes, qui seuls doivent ou justifier ou combattre les principes d'un auteur. Pour offrir la preuve des miens, j'ai fait de nombreuses citations.

Elles sont de plusieurs espèces.

Les unes sont tirées des Institutes de Justinien ; en tête de chaque explication, j'indique les parties du texte auxquelles cette explication se réfère, dont elle suppose la lecture préalable, et d'où sont tirées les expressions latines que je transcris souvent sans autre indication. Ces parties du texte sont indiquées sommairement par les lettres PR. , ou par des chiffres romains précédés du signe §, suivant que l'explication porte sur le *principium* du titre ou sur un des paragraphes subséquents. Outre cette citation principale, les Institutes de Justinien fournissent encore d'autres citations accessoires, écrites entre parenthèses ; elles commencent toutes par les lettres *Pr.*, ou par le signe § suivi d'un chiffre arabe avec la rubrique du titre en abrégé. Ainsi, par exemple, à la page 246, les chiffres XXVII et XXVIII avertissent que tout ce qui va suivre se réfère principalement aux vingt-septième et vingt-huitième paragraphes du titre ; et dans la page 248, les parenthèses (v. § 3, *de obl. quasi ex contr.; * § 5, *de offic. jud.*) .....(v. 31, *de action.*) nous reportent au troisième paragraphe du titre *de obligationibus quasi ex contractu*, au cinquième

I,   *a* paragraphe du titre *de officio judiciis;* et au trente-unième paragraphe du titre *de actionibus.*

Le Code Justinien contient un grand nombre de constitutions, et le Digeste ou les Pandectes, un grand nombre d'extraits empruntés aux anciens jurisconsultes. Les citations prises à ces deux sources indiquent toujours, en commençant, le nom du prince suivi de la lettre C., ou celui du jurisconsulte suivi des lettres *fr.* Il s'agit, dans le premier cas, d'une constitution qu'il faut chercher au Code, et dans le second, d'un extrait ou d'un fragment conservé au Digeste (1). Le chiffre arabe qui vient après cette indication désigne le rang que la constitution ou le fragment cité occupe dans son titre. Lorsqu'il y a subdivision en *principium* et paragraphes, elle est annoncée par les lettres *pr.,* ou par le signe § suivi d'un chiffre arabe. Vient ensuite la rubrique du titre en abrégé. Ainsi par exemple, on trouvera, pages 85 et 86, la citation suivante : (*Const.* C. 2*, de patr. qui fil.*), et cette autre (*Marcian. fr.* 5*, ad leg. pomp.*); la première indique une constitution de Constantin, et la seconde un fragment de Marcien, qui se trouvent dans le *Corpus juris,* savoir, la constitution, au Code sous le titre *de Patribus qui filios suos distraxerunt,* et le fragment de Marcien, au Digeste sous le titre *ad legem pompeiam.* Quelquefois la rubrique

---

(1) Justinien ayant conservé ou donné force de loi aux constitutions insérées dans son Code, et aux décisions des anciens jurisconsultes réunies dans ses Pandectes, les unes et les autres ont eu long-temps le titre de loi. Aussi les auteurs commencent-ils leurs licitations par la lettre **L.**, en ajoutant pour les lois du Code la lettre **C.**, et pour celles du Digeste la lettre **D.** ou le signe ff. En abondonnant ce genre de citation je reste fidèle au système que j'ai constamment suivi. En effet Justinien n'est plus pour nous un législateur ; le Digeste ne nous offre plus que des opinions de jurisconsultes, et le Code des Constitutions, dont l'autorité toute rationnelle reste indépendante de l'autorité législative de Justinien. Ce ne sont plus pour nous des lois, mais des monuments plus ou moins altérés de la législation romaine.

AVERTISSEMENT.

Ce livre n'est pas destiné à remplacer le texte des Institutes ; il n'a d'autre but que d'en faciliter l'étude et l'intelligence. Mes opinions, mes assertions ne prouvent rien par elles-mêmes : elles n'ont et ne peuvent avoir d'autre autorité que celles des textes, qui seuls doivent ou justifier ou combattre les principes d'un auteur. Pour offrir la preuve des miens, j'ai fait de nombreuses citations.

Elles sont de plusieurs espèces.

Les unes sont tirées des Institutes de Justinien ; en tête de chaque explication, j'indique les parties du texte auxquelles cette explication se réfère, dont elle suppose la lecture préalable, et d'où sont tirées les expressions latines que je transcris souvent sans autre indication. Ces parties du texte sont indiquées sommairement par les lettres PR., ou par des chiffres romains précédés du signe §, suivant que l'explication porte sur le *principium* du titre ou sur un des paragraphes subséquents. Outre cette citation principale, les Institutes de Justinien fournissent encore d'autres citations accessoires, écrites entre parenthèses ; elles commencent toutes par les lettres *Pr.*, ou par le signe § suivi d'un chiffre arabe avec la rubrique du titre en abrégé. Ainsi, par exemple, à la page 246, les chiffres XXVII et XXVIII avertissent que tout ce qui va suivre se réfère principalement aux vingt-septième et vingt-huitième paragraphes du titre ; et dans la page 248, les parenthèses (v. § 3, *de obl. quasi ex contr.*; § 5, *de offic. jud.*) .....(v. 31, *de action.*) nous reportent au troisième paragraphe du titre *de obligationibus quasi ex contractu*, au cinquième

1.   *a*

paragraphe du titre *de officio judiciis;* et au trente-unième paragraphe du titre *de actionibus.*

Le Code Justinien contient un grand nombre de constitutions, et le Digeste ou les Pandectes, un grand nombre d'extraits empruntés aux anciens jurisconsultes. Les citations prises à ces deux sources indiquent toujours, en commençant, le nom du prince suivi de la lettre C., ou celui du jurisconsulte suivi des lettres *fr.* Il s'agit, dans le premier cas, d'une constitution qu'il faut chercher au Code, et dans le second, d'un extrait ou d'un fragment conservé au Digeste (1). Le chiffre arabe qui vient après cette indication désigne le rang que la constitution ou le fragment cité occupe dans son titre. Lorsqu'il y a subdivision en *principium* et paragraphes, elle est annoncée par les lettres *pr.*, ou par le signe § suivi d'un chiffre arabe. Vient ensuite la rubrique du titre en abrégé. Ainsi par exemple, on trouvera, pages 85 et 86, la citation suivante : (*Const.* C. 2, *de patr. qui fil.*), et cette autre (*Marcian. fr.* 5, *ad leg. pomp.*); la première indique une constitution de Constantin, et la seconde un fragment de Marcien, qui se trouvent dans le *Corpus juris,* savoir, la constitution, au Code sous le titre *de Patribus qui filios suos distraxerunt,* et le fragment de Marcien, au Digeste sous le titre *ad legem pompeiam.* Quelquefois la rubrique

---

(1) Justinien ayant conservé ou donné force de loi aux constitutions insérées dans son Code, et aux décisions des anciens jurisconsultes réunies dans ses Pandectes, les unes et les autres ont eu long-temps le titre de loi. Aussi les auteurs commencent-ils leurs licitations par la lettre L., en ajoutant pour les lois du Code la lettre C., et pour celles du Digeste la lettre D. ou le signe ff. En abondonnant ce genre de citation je reste fidèle au système que j'ai constamment suivi. En effet Justinien n'est plus pour nous un législateur ; le Digeste ne nous offre plus que des opinions de jurisconsultes, et le Code des Constitutions, dont l'autorité toute rationnelle reste indépendante de l'autorité législative de Justinien. Ce ne sont plus pour nous des lois, mais des monuments plus ou moins altérés de la législation romaine.

du titre est remplacée par les abréviations *eod.* (*eodem titulo*) ou *h. t.* (*hoc titulo*). La première indique le titre désigné dans une précédente citation, et la seconde, le titre du Digeste où du Code portant la même rubrique que le titre des Institutes, à l'occasion duquel est faite la citation. Quant aux Novelles de Justinien, elles sont toujours citées chacune par son numéro, précédé de l'abréviation *Nov.*

Les constitutions qui se trouvent dans les Codes Théodosien, Grégorien ou Hermogénien sont citées comme les précédentes, en ajoutant les abréviations C. Th., C. Gr. ou C. Her. Les *fragmenta Vaticana* sont divisés en paragraphes dont les nᵒˢ forment une série unique. Il sera donc facile d'y retrouver les constitutions ou les jurisconsultes cités.

J'invoque souvent, hors du *Corpus juris*, l'autorité des anciens jurisconsultes, particulièrement celle de Gaius, de Papinien, d'Ulpien et de Paul; ces différentes citations se réfèrent aux Institutes de Gaius, aux Sentences de Paul, au petit traité d'Ulpien (*Regularum liber singularis*) vulgairement appelé *Fragmenta Ulpiani* ou *Tituli ex corpore Ulpiani*, et aux *fragmenta Vaticana*. Les abréviations *inst.*, *sent.*, *reg.*, *fragment. Vatic.* ne peuvent donc offrir aucune difficulté. Ces mêmes abréviations sont ordinairement précédées et suivies de plusieurs nombres en chiffres arabes; le nombre qui précède indique, dans les Règles d'Ulpien, le nᵒ du titre, et dans les Institutes de Gaius, le nᵒ du livre; le nombre qui vient ensuite désigne le paragraphe. Pour les Sentences de Paul, je me sers de trois chiffres qui indiquent le livre, le titre et le § cités.

Les Institutes de Gaius, les Fragments d'Ulpien et les Sentences de Paul se trouvent réunis aux Institutes de Justinien dans un recueil manuel imprimé *ad usum prœlectionum*, sous le titre de *Juris civilis Enchiridium*. Quant aux constitutions qui nous restent des Codes Théodosien, Grégorien et Hermogénien, elles formeraient, avec les autres parties

du droit antéjustinien, un recueil volumineux. La collection
publiée en 1815, à Berlin, en 2 vol. in-8°, sous le titre de *Jus
civile antejustinianeum*, contient le Code Théodosien, que
Schultinge n'a point imprimé dans le recueil intitulé *Jurisprudentia vetus antejustinianea*. La collection de Berlin se
trouve elle-même insuffisante depuis que les découvertes
faites en Italie, et successivement annoncées dans la *Themis*,
nous ont rendu les Institutes de Gaius, les *Fragmenta vaticana*, et un grand nombre de constitutions qui diminuent
les lacunes du Code Théodosien. Aussi une nouvelle édition
du droit antéjustinien s'imprime-t-elle en ce moment à Bonn,
sous le titre de *Corpus juris Romani antejusitinianei*, en
deux vol. in-4°. Le premier et une partie du second ont paru
en 1835 et 1837.

TABLE

DES TITRES DES INSTITUTES.

———

		Livres.	Titres.
De Actionibus		IV.	VI.
De Ademptione et translatione legatorum		II.	XXI.
De Adoptionibus		I.	XI.
De Adquisitione per adrogationem		III.	X.
De Adsignatione libertorum		III.	VIII.
De Atiliano tutore, et eo qui ex lege Julia et Titia dabitur		I.	XX.
De Auctoritate tutorum		I.	XXI.
De Bonis vi raptis		IV.	II.
De Bonorum possessionibus		III.	IX.
De Capitis deminutione		I.	XVI.
De Codicillis		II.	XXV.
De Consensu obligatione		III.	XXII.
De Curatoribus		I.	XXIII.
De Divisione rerum et qualitate		II.	I.
De Divisione stipulationum		III.	XVIII.
De Donationibus		II.	VII.
De Duobus reis stipulandi et promittendi		III.	XVI.
De Emptione et venditione		III.	XXIII.
De Eo cui libertatis causa bona addicuntur		III.	XI.
De Exceptionibus		IV.	XIII.
De Excusationibus tutorum vel curatorum		I.	XXV.
De Exheredatione liberorum		II.	XIII.
De Fideicommissariis hereditatibus		II.	XXIII.
De Fidejussoribus		III.	XX.
De Fiduciaria tutela		I.	XIX.
De Gradibus cognationis		III.	VI.
De Heredibus instituendis		II.	XIV.

	Livres.	Titres.
De Hereditatibus quæ ab intestato deferuntur. .	III.	I.
De Heredum qualitate et differentia	II.	XIX.
De His qui sui vel alieni juris sunt.	I.	VIII.
De Iis per quos agere possumus.	IV.	X.
De Ingenuis.	I.	IV.
De Injuriis.	IV.	IV.
De Inofficioso testamento.	II.	XVIII.
De Interdictis.	IV.	XV.
De Inutilibus stipulationibus.	III.	XIX.
De Jure naturali, gentium et civili.	I.	II.
De Jure personarum.	I.	III.
De Justitia et jure.	I.	I.
De Legatis.	II.	XX.
De Lege Aquilia.	IV.	III.
De Lege Falcidia.	II.	XXII.
De Lege Fusia Caninia sublata.	I.	VII.
De Legitima adgnatorum successione.	III.	II.
De Legitima adgnatorum tutela.	I.	XV.
De Legitima parentium tutela.	I.	XVIII.
De Legitima patronorum tutela.	I.	XVII.
De Libertinis.	I.	V.
De Litterarum obligatione.	III.	XXII.
De Locatione et conductione.	III.	XXIV.
De Mandato.	III.	XXVI.
De Militari testamento.	II.	XI.
De Noxalibus actionibus.	IV.	VIII.
De Nuptiis.	I.	X.
De Obligationibus.	III.	XIII.
De Obligationibus quæ ex delicto nascuntur. . .	IV.	I.
De Obligationibus quæ quasi ex delicto nascuntur.	IV.	V.
De Obligationibus quasi ex contractu.	III.	XXVII.
De Officio judicis.	IV.	XVII.
De Patria potestate.	I.	IX.
De Perpetuis et temporalibus actionibus, et quæ ad heredes et in heredes transeunt. . . .	IV.	XII.
Per quas personas nobis adquiritur.	II.	IX.
Per quas personas nobis obligatio adquiritur. .	III.	XXVIII.

	Livres.	Titres.
De Pœna temere litigantium.	IV.	XVI.
De Publicis judiciis.	IV.	XVIII.
De Pupillari substitutione.	II.	XVI.
Quibus alienare licet vel non.	II.	VIII.
Quibus modis jus potestatis solvitur	I.	XII.
Quibus modis obligatio tollitur.	III.	XXIX.
Quibus modis re contrahitur obligatio.	III.	XIV.
Quibus modis testamenta infirmantur.	II.	XVII.
Quibus modis tutela finitur.	I.	XXII.
Quibus non est permissum facere testamentum.	II.	XII.
Qui et ex quibus causis manumittere non pos-		
sunt.	I.	VI.
Qui testamento tutores dari possunt.	I.	XIV.
Quod cum eo contractum est, qui in aliena		
potestate est.	IV.	VII.
De Rebus incorporalibus.	II.	II.
De Replicationibus.	IV.	XIV.
De Satisdatione tutorum vel curatorum.	ʾI.	XXIV.
De Satisdationibus.	IV.	XII.
De Senatusconsulto Orphitiano.	III.	IV.
De Senatusconsulto Tertylliano.	III.	III.
De Servitutibus.	II.	III.
De Singulis rebus per fideicommissum relictis. .	II.	XXIV.
Si quadrupes pauperiem fecisse dicatur. . . .	IV.	IX.
De Societate.	III.	XXV.
De Stipulatione servorum.	III.	XVIII.
De Successione cognatorum.	III.	V.
De Successione libertorum.	III.	VII.
De Successionibus sublatis quæ fiebant per bono-		
rum venditionem et ex Sc. Claudiano. . .	III.	XII.
De Suspectis tutoribus vel curatoribus.	I.	XXVI.
De Testamentis ordinandis.	II.	X.
De Tutelis.	I.	XIII.
De Usucapionibus et longi temporis possessionibus.	II.	VI.
De Usu et habitatione.	II.	V.

	Livres.	Titres
De Usufructu.	II.	IV.
De Verborum obligatione.	III.	XV.
De Vulgari substitutione.	II.	XV.

FIN DE LA TABLE.

INSTITUTES

EXPLIQUÉES.

LIVRE PREMIER.

TITRE PREMIER.

De la Justice et du Droit.

1. Attribuer à chacun ce qui lui appartient, telle est la volonté de l'homme juste; seule et dépourvue des moyens de distinguer ce qui véritablement appartient à chacun, cette volonté n'atteindrait pas son but ; ce ne serait pas même une véritable volonté, si elle ne cherchait pas à connaître ces moyens.

Ainsi donc, pour attribuer à chacun ce qui lui appartient, trois choses sont nécessaires : la volonté ou la justice, les moyens de distinguer ou le droit, et la connaissance de ces moyens ou la jurisprudence. De là les définitions qu'Ulpien (*fr.* 10, *h. t.*) va fournir à Justinien.

PR.

2. La volonté qui constitue la justice doit être ferme (*constans*), insurmontable dans sa résistance, irrésistible

dans son action ; c'est en outre une volonté durable (*per-petua*). Elle doit être forte, et doit l'être sans cesse comme sans intervalle.

§ I et II.

3. Justinien définit ici la jurisprudence, ou plutôt le droit, car *jurisprudentia* ne signifie rien autre chose que la connaissance du droit. Dire en quoi consiste cette con-naissance, c'est dire en quoi consiste le droit même, avec cette différence que le droit (*ars boni et æqui; Ulp. fr.* 1, *eod.*) est une science abstraite (*ars*), dont la connais-sance acquise (*scientia, notitia*) constitue la *jurispru-dentia* (§ 1, *h. t.*).

Le droit s'occupe des choses divines et humaines (*divi-narum atque humanarum rerum*), non dans tous leurs rapports, car le droit n'est pas la science universelle : mais seulement pour distinguer en elles le juste de l'in-juste, pour séparer le bien du mal, *æquum ab iniquo... licitum ab illicito* (v. *Ulp. d. fr.* 1, § 1, *eod.*). Ainsi, lorsqu'on dit que les choses divines et humaines sont l'ob-jet du droit, on n'entend pas dire qu'elles rentrent exclu-sivement dans le domaine de cette science : les jurisconsultes ne sont pas seuls appelés à connaître les choses di-vines et humaines, mais ils doivent connaître les unes et les autres sous un rapport qui distingue la science du droit de toute autre, et si la définition ajoute *justi atque injusti scientia*, c'est pour déterminer et préciser ce rap-port. Connaître le droit, ce sera donc connaître ce qui est juste ou injuste, dans les choses divines, comme dans les choses humaines.

Après ces notions générales, Justinien promet d'expo-ser les principes du droit, *primo levi ac simplici via*

(§ 2). Nous verrons s'il a toujours été fidèle à cette promesse.

§ III.

4. Pour séparer le juste de l'injuste, le droit établit
des préceptes entre lesquels existe une distinction importante. Si j'ai emprunté, je dois rendre; si j'ai causé à
tort un dommage, je dois le réparer : non seulement je
le dois, mais on est fondé à l'exiger. C'est là un devoir
parfait, en ce qu'il constitue un droit (1) pour autrui.
Au contraire, quoique ce soit un devoir pour moi de
rendre service, de faire l'aumône lorsque je le puis,
personne n'a le droit d'en exiger l'accomplissement. Autrement, ce ne serait plus un service que je rendrais ou
une aumône que je ferais, mais une dette que j'acquitte-
rais. Il existe donc des devoirs imparfaits, qui ne
correspondent à aucun droit pour autrui, et dont on ne
doit compte qu'à Dieu seul (*Pothier, Obligations*, 1).
Les devoirs imparfaits sont tous renfermés dans ce premier précepte (*honeste vivere*), vivre honorablement; le
second (*neminem lœdere*), et le troisième (*suum cuique
tribuere*), se rapportent aux devoirs parfaits.

5. De ces deux derniers préceptes, l'un dit plus que l'autre.
Ne léser personne est un devoir qui ne va jamais seul : il
ne suffit pas, en effet, de ne point agir au préjudice
d'autrui; ce ne serait là qu'une justice tranquille, une
oisive vertu; la justice suppose de plus une volonté ac-

---

(1) Ici le *droit* n'est plus, comme dans les définitions précédentes, la
science du juste et de l'injuste; mais ce qui appartient à chacun d'après
les règles de cette science.

tive, attribuant spontanément à chacun ce qui lui appartient.

Le droit, pris en général, embrasse tous les devoirs parfaits et imparfaits; séparé de la morale, il s'occupe particulièrement des premiers.

§ IV.

6. Tout homme a des devoirs non seulement envers chacun des autres hommes, mais aussi envers la société ou l'état dont il est membre. De là deux branches dans l'étude du droit, celle du droit public et celle du droit privé. Le premier règle la constitution de l'état et les rapports de la société avec les membres dont elle se compose (*quod ad statum rei Romanæ spectat*). Le droit privé, au contraire, règle les intérêts des particuliers entre eux (*ad singulorum utilitatem pertinet*).

Le droit privé se divise en trois parties, et prend le nom de droit naturel, droit des gens ou droit civil, suivant que les préceptes dont il se compose appartiennent à tous les êtres animés, aux hommes en général, ou à chaque peuple en particulier (v. *text. hic ; Ulp. fr.* 1, § 2, 3 *et* 4, *de just. et jur.*).

TITRE II.

Du Droit naturel, du Droit des gens et du Droit civil.

PR.

7. Il est des préceptes qui semblent n'être pas exclusivement propres au genre humain. Sur tout le globe et dans toutes ses parties, les sexes s'unissent, les espèces se

reproduisent, et les nouveau-nés reçoivent de ceux qui leur ont donné l'existence les soins nécessaires pour la soutenir. Ils ne sont abandonnés à eux-mêmes que lorsqu'ils se trouvent en état de pourvoir à leur besoins. L'union des sexes , la procréation des enfants et les soins qu'ils exigent, imposent des devoirs, et pour les connaître, ou du moins pour les pratiquer, l'intelligence humaine n'est pas nécessaire : il suffit de l'instinct animal. Ces devoirs, et les préceptes dont ils dérivent, composeraient donc un droit dont tous les êtres animés semblent instruits par la nature même. Ce droit est celui qu'Ulpien (*fr.* 1, § 3, *de just. et jur.*) et, après lui, Justinien appellent ici droit naturel.

Cependant Ulpien ne reconnaissait dans les brutes aucun sentiment du droit et par conséquent aucune idée du devoir. Le droit, d'après le même Ulpien, ne peut jamais être considéré comme transgressé par un animal *quod sensu caret* (*pr.* , *si quadr. paup.*; *Ulp. fr.* 1 , *§* 3, *eod.*). Pourquoi donc attribuer aux animaux la connaissance d'un droit qui leur serait commun avec l'homme ? Cujas (*not. ad Inst.*, *hic*) prétend que telle n'a point été l'idée d'Ulpien; cependant il est difficile d'expliquer dans un autre sens les paroles de ce jurisconsulte.

Quoi qu'il en soit, et de quelque manière qu'ils aient entendu le droit naturel dont Ulpien leur a fourni la définition, les rédacteurs des Institutes cessent de s'en occuper. Désormais ils le confondront avec le droit des gens , qui est exclusivement propre au genre humain (v. § 11 , *h. t.* ; § 11 , *de div. rer.*), et que nous distinguons ici du droit civil.

§ I.

8. En effet, le droit n'est pas le même pour tous les peuples, et cependant chez aucun il ne diffère totalement de ce qu'il est chez un autre. Ainsi, dans les lois d'un pays, on distingue toujours une partie applicable même aux étrangers, parce qu'elle appartient à l'espèce humaine en général, et une autre partie propre aux citoyens de ce pays. De là vient la distinction du droit des gens et du droit civil : le premier, commun à tous les hommes (1); le second, particulier aux membres d'une même cité (*proprium civitatis*), parce que chaque peuple l'établit pour soi-même (*sibi*), en modifiant le droit commun lorsqu'il y ajoute ou lorsqu'il en supprime quelque précepte (*Ulp. fr.* 6, *de just. et jur.*); car une règle du droit commun, sanctionnée dans telle ou telle cité, notamment à Rome par la loi des Douze-Tables, ne cesse pour cela d'appartenir au droit des gens (§ 41, *de div. rer.*).

§ II.

9. Évidemment, d'après ce qui précède, il existe autant de droits civils que de cités différentes; le droit des gens, au contraire, est un pour tous, et chaque personne peut en invoquer les dispositions, soit envers ses concitoyens, soit envers les membres d'une autre cité, sans distinction. En effet, ce droit existe entre les hom-

---

(1) Le droit des gens ou de l'espèce humaine, *omni humano generi commune* (§ 2, *h. t.*), est toujours considéré ici comme droit privé. Il ne faut donc pas le confondre avec cette partie du droit public qu'on appelle aujourd'hui *droit des gens*, c'est-à-dire droit de nation à nation.

mes, ou tel qu'il est donné par la nature même, ou modifié par des usages universels.

Indépendamment des préceptes dont se compose le
droit naturel, dans le sens où on l'a pris ci-dessus,
l'homme instruit par la nature sait qu'il doit adorer Dieu,
aimer ses père et mère ainsi que sa patrie, et qu'il peut
se défendre contre une injuste agression (*Pomp. et Florent. fr.* 2 *et* 3, *de just. et jur.*). Cette première partie du
droit des gens a été nommée par les interprètes droit des
gens primaire, parce qu'elle est antérieure à d'autres préceptes qui forment un droit des gens secondaire. En effet,
dès que les hommes ont commencé à vivre en société,
de nouveaux besoins ont nécessité de nouveaux rapports :
de là sont nés la distinction des propriétés, le commerce,
les échanges, et par suite les obligations et tous les contrats, ou presque tous (*omnes pene contractus*); car
plusieurs contrats, notamment la stipulation SPONDES,
SPONDEO et les NOMINA TRANSCRIPTIA (*Caïus*, 3, *inst.* 93
et 133) viennent du droit civil (*Hermog. fr.* 5, *de just. et
jur.*).

C'est ainsi que, *usu exigente et humanis necessitatibus*,
les hommes se sont donné eux-mêmes certains droits qui
ne dérivent pas immédiatement de la raison naturelle,
mais qui en sont les conséquences indirectes, puisque la
nature a créé l'homme pour vivre en société. Telle est
l'origine du droit des gens secondaire, droit qui dans
plusieurs conséquences s'écarte entièrement des principes
de la raison naturelle : en effet, les différents peuples se
sont fait la guerre, et les prisonniers sont devenus esclaves
des vainqueurs. En considérant la servitude comme une
conséquence du droit des gens, les Romains avouent du
moins qu'elle est contraire au droit naturel (*naturali juri*

contrariæ), c'est-à-dire à l'état primitif de l'homme, que la nature a créé libre (v. *pr.*, *de libert.*).

10. Au surplus, cette distinction sur l'origine plus ou moins naturelle des différentes institutions qui appartiennent toutes au droit des gens, sera d'un faible usage dans les explications que nous aurons à donner : elle sera d'autant moins utile, qu'assimilant désormais le droit des gens et le droit naturel, nous verrons le législateur attribuer à ce dernier tout ce qui n'appartient pas au droit civil, spécialement l'établissement et la transmission des propriétés (§ 11, *de divis. rer.*) , qui, sans dériver immédiatement des principes de la raison naturelle, ne s'en écartent cependat n pas autant que la guerre et ses conséquences.

Expliquer le droit romain, ce n'est pas expliquer uniquement le droit civil des Romains. Chez eux, comme partout ailleurs, le droit civil existe combiné avec le droit des gens; et l'étude de l'un se lie intimement à celle de l'autre. Cependant nous aurons occasion de distinguer fréquemment ce qui appartient soit au droit civil, soit au droit des gens (v. § 1, *in fin.*, *h. t.*). Cette distinction nous servira pour déterminer la juste étendue de tel ou tel principe. En effet, le droit des gens s'appliquait entre tous les sujets de l'empire romain indistinctement, et le droit civil entre les citoyens romains seulement (99).

§ III.

11. Le droit civil se divise en droit écrit et droit non écrit. Cette distinction remonte aux institutions d'Athènes et de Lacédémone. Dans la première de ces deux républiques, aucune partie du droit civil ne devenait obli-

gatoire qu'après avoir été rédigée par écrit, tandis que dans la seconde on confiait tout à la mémoire des citoyens (§ 10, *h. t.*).

Cette acception primitive a été modifiée, et la dénomination technique de droit écrit et non écrit a servi à distinguer, dans le droit civil, deux parties, dont l'une est presque toujours écrite, tandis que l'autre ne l'est presque jamais, parce que la volonté générale qui établit cette dernière, se manifeste tacitement par d'anciens usages que les citoyens adoptent et confirment chaque jour en les observant. Ces usages, ces coutumes, *diuturni mores*, de quelque manière qu'ils soient constatés, forment le droit non écrit (§ 9, *h. t.*), et, au contraire, le droit écrit se compose des règles établies par une déclaration expresse de la volonté législative, lors même qu'elle serait promulguée, comme les lois de Lycurgue, sans le secours de l'écriture.

12. Chaque citoyen concourt à la formation du droit écrit, soit directement par son propre suffrage, soit indirectement par plusieurs représentants, ou même par un représentant unique qui réunit tous les pouvoirs. Ces différents modes de législation ont été successivement employés à Rome ; et les actes de l'autorité législative ont pris les noms de loi, plébiscite, senatus-consulte, constitution, suivant que cette autorité a été exercée par la masse des citoyens, par les plébéiens, par le sénat ou par le prince (v. *Pomp. fr.* 2, § 8, 9 *et* 11, *de orig. jur.*).

Certains magistrats par leurs édits, plusieurs jurisconsultes par leurs décisions, ont aussi contribué à la formation du droit écrit, dont les sources sont par conséquent au nombre de six.

§ IV.

13. Dans la création d'une loi on distingue deux parties : l'initiative ou présentation du projet, et son adoption par l'assemblée qui de ce projet fait une loi véritable. Le peuple n'a jamais eu l'initiative ; les citoyens votaient seulement sur le projet présenté par un de leurs magistrats, et que la majorité des suffrages transformait en loi. Toutefois cette majorité n'était pas celle des suffrages individuels : le vote de chaque citoyen concourrait à former le vote général de sa curie ou de sa centurie, et l'on ne comptait ensuite pour ou contre la loi que le suffrage collectif de chaque curie ou de chaque centurie, suivant la manière dont le peuple se divisait pour voter dans les comices.

Dans les premières années de Rome, et sous Romulus même, les citoyens se repartissaient pour voter les lois en trente curies (v. *Pomp. fr.* 2, § 2, *de orig. jur.*), ou associations de familles, dont chacune avait un suffrage(1). Servius Tullius établit parmi les citoyens romains une division plus aristocratique : il les distribua, suivant la quotité de biens pour laquelle chacun était inscrit sur les tables du cens, en six classes formant entre elles cent quatre-vingt-treize centuries, dont quatre-vingt-dix-huit pour la première classe seulement, tandis que la dernière, composée des citoyens les moins riches, et notamment de ceux qui ne portaient sur les tables du cens qu'un nom sans propriété, la dernière classe, dis-je, ne

---

(1) Niebuhr cité par M. Giraud, professeur à la faculté d'Aix, dans son *Introduction*, p. 50, 1 vol. in-8, 1835, à Paris, chez Alex-Gobelet.

formait qu'une centurie, et n'avait qu'un suffrage sur cent quatre-vingt-treize. C'est ainsi que se votait, dans les comices, la loi (*lex*) proprement dite ou le populiscite (v. *Gravin., de ort. et progr. jur. civ.,* 11 *et* 28).

14. Dans les comices par centuries on convoquait le peuple (*populus*), c'est-à-dire tous les citoyens, y compris les patriciens et les sénateurs, pour voter sur la proposition faite par un dictateur, par un préteur ou par un consul (*veluti consule*), avec l'autorisation spéciale du sénat (*Tite-Live, III,* 12 ; *Gravin. loc. cit.* 28). Il existait d'autres assemblées de comices par tribus (1), où les citoyens étaient tous admis, quoique les plébéiens fussent seuls convoqués pour voter individuellement sur une proposition dont l'initiative n'appartenait qu'aux tribuns. Le projet adopté dans ces dernières assemblées n'était pas une loi proprement dite, mais un plébiscite. Dans ce cas, comme dans les comices convoqués par centuries, la présentation du projet se nommait *rogatio*, parce que le magistrat qui sollicitait l'approbation du peuple, ou celle des plébéiens, les priait de vouloir et d'ordonner ce qu'il leur proposait : *Rogo vos, Quirites, ut velutis, jubeatis.* C'est en ce sens que, dans les définitions de la loi et du plébiscite, notre texte emploie ici cette locution, *magistratu interrogante,* en attribuant l'initiative des plébiscites à un magistrat plébéien (*ple-*

(1) Romulus avait divisé le peuple en trois tribus, comprenant chacune dix des trente curies. Le nombre des tribus augmenta successivement, et fut porté à trente-cinq. La division par tribus n'avait rien de commun avec les classes et centuries de Servius Tullius. *Voyez* cependant Gravina, *de ort, et progr. jur. civ.* 10.

beio magistratu), et celles des lois à un magistrat séna-
torial (*senatorio magistratu*).

Les plébiscites votés dans les comices où les plébéiens
étaient seuls convoqués n'eurent pas d'abord la même
force que les lois proprement dites. Les patriciens n'é-
tant pas appelés aux comices convoqués par tribus ne se
crurent pas soumis à leurs décisions. Cependant pour
apaiser les dissensions qui, en portant les plébéiens à se
séparer du sénat, leur avaient fourni l'occasion de se
donner à eux-mêmes des lois particulières, et pour trancher les difficultés qui naissaient de leurs plébiscites, on
crut devoir accorder à ces derniers la même force qu'aux
lois proprement dites. Une première concession faite aux
plébéiens, par la loi Horatia, en 3o5, sous le consultat
de M. Horatius, avait été renouvelée par la loi Publilia,
en 414, pendant la dictature de Publilius Philo, sans ter-
miner les dissensions que le dictateur Hortensius apaisa
enfin, en 468, par la loi qui porte son nom. Dès-lors les
plébiscites prirent aussi le titre de loi, parce qu'ils en
avaient la force, sans autre différence entre eux et les
populiscites que celle de la forme dans laquelle ils étaient
rendus (*Pomp. fr.* 2, § 8, *de orig. jur.*).

§ V.

15. La loi proprement dite résultait de la volonté générale ; les citoyens concouraient tous à sa formation.
Les plébiscites au contraire n'émanaient que des plébéiens. De son côté le sénat statuait seul sur différents
points d'administration publique, par des actes nommés
sénatus-consultes ; et comme les patriciens ne reconnais-
saient pas l'autorité des plébiscites, réciproquement les

plébéiens refusaient de se soumettre aux sénatus-consultes. Néanmoins, depuis la loi Hortensia, les patriciens
ne résistant plus aux plébiscites, les plébéiens cessèrent
de résister aux décisions du sénat (*Theoph. hic*). Plus
tard, vers les derniers temps de la république et sous
les empereurs, le nombre des citoyens augmenta considérablement; le droit de cité fut accordé, hors de la ville
de Rome et du territoire romain proprement dit, à des
particuliers, à des villes entières. La convocation des
plébéiens, et, à plus forte raison, celle du peuple, devint
chaque jour plus difficile : Ce fut une occasion dont le
prince profita pour éviter la convocation des comices
auxquelles on suppléa par une délibération du sénat
(*æquum visum est, text. hic*; v. *Pomp. d. fr.* 2, § 9).

Ce corps prit alors dans la législation une part toute
différente de celle qu'il avait eue dans l'origine : il prit
celle du peuple, dont il fut considéré comme le représentant pour être consulté en son lieu et place (*vice populi*)
sur les projets dont l'initiative passa au prince. Sa proposition qui, à proprement parler, se nomme *oratio principis*, était transformée en sénatus-consulte par le suffrage des sénateurs. On n'a point d'exemple qu'ils l'aient
jamais refusé. Aussi les jurisconsultes romains ne parais-
sent-ils faire aucune différence entre la proposition
(*oratio*) et le sénatus-consulte même. Ils prennent indistinctement l'un pour l'autre (v. § 7 et 8, *quib. mod.
test. infirm.*; *Paul. fr.* 59 *et* 60, *de rit. nupt.*; *Ulp. fr.* 8,
de transact.; *fr.* 32, *pr.* § 1 *et seqq. de donat. inter vir.
et ux.*

16. L'autorité du sénatus-consulte fut assimilée à celle
de la loi; *legis vicem obtinet*, dit Caïus (1 *inst.* 4), malgré
les doutes qui ont existé à cet égard (*quamvis fuit quæ-*

situm), et qui se trouvaient totalement dissipés au temps d'Ulpien (v. *fr.* 9, *de legib.*). Peu à peu les empereurs ces-sèrent de consulter le sénat, mais sans le dépouiller ex-pressément de la part qu'il avait dans la puissance légis-lative. Justinien parle ici du sénat comme d'un corps dont l'autorité subsiste toujours (*jubet, constituit*); tan-dis que précédemment, à l'occasion des lois et des plébis-cites, il a présenté l'autorité du peuple et des plébéiens comme n'existant plus (*constituebat*). Quelle qu'ait été l'intention de Tribonien en faisant cette différence, il importe d'observer qu'il n'en existe aucune trace dans Caïus; la manière dont il définit la loi, le plébiscite et le sénatus-consulte (1 *inst.* 3, 4, 98 *et seqq.*), prouve que, postérieurement au règne d'Adrien, le peuple, les plé-béiens et le sénat exerçaient encore la puissance législa-tive. En effet, le peuple continua de délibérer sur cer-taines questions, notamment sur les adrogations (170).

§ VI.

17. La volonté du prince a par elle-même force de loi (*legis habet vigorem*). Il faut remarquer même que l'on n'a jamais eu sur ce point aucun des doutes qui s'étaient élevés sur la force des sénatus-consultes (*Gaius,* 1 *inst.* 4 *et* 5). L'autorité législative du prince ne dérive donc pas de celle qu'avait obtenu le sénat; la puissance impériale avait une cause plus certaine; elle repose sur une loi, *cum ipse imperator per legem imperium acci-piat* (*Gaius,* 1 *inst.* 5), et par conséquent sur la volonté du peuple.

Telle est aussi l'origine d'où Justinien fait dériver la puissance impériale; mais Ulpien (*fr.* 1, *de constit. prin-*

cip.), dont notre texte reproduit les paroles, dit quelque chose de plus. Il assure que, par une loi qu'il appelle *Regia,* et qui aurait déterminé l'autorité du prince, le peuple a transporté à celui-ci la totalité de sa puissance, *omne imperium suum et potestatem.* Dans ce sens, il faudrait admettre qu'à partir de l'établissement de l'empire le peuple s'est démis, une fois pour toutes, de l'autorité législative, qui se serait transmise de règne en règne aux successeurs d'Auguste. On oppose, d'une part, que le peuple a rendu plusieurs lois, et par conséquent exercé l'autorité législative long-temps après l'établissement de l'empire (170); d'autre part, que les princes eux-mêmes auraient beaucoup tardé à user de la puissance qui leur était cédée, puisque l'empereur Adrien est, dit-on, le premier qui l'ait exercée. On a tiré delà un double argument contre l'assertion de Justinien, et par suite contre l'existence même de la loi Regia, en observant que l'identité de notre texte avec celui d'Ulpien (*fr.* 1, *de const. princ.*) ne permet pas de justifier l'un par l'autre, puisqu'ils nous viennent de la même source.

18. L'empereur Adrien n'est pas le premier qui ait exercé le pouvoir législatif : à la vérité, le Code Justinien ne contient aucune constitution des princes antérieurs; mais le Digeste et les Institutes en relatent plusieurs qui remontent aux règnes de Claude, de Tibère, d'Auguste, et même jusqu'à César (1). Les princes ont donc toujours eu l'autorité législative, sans que le peuple cessât absolument de l'exercer, soit par lui-même dans

(1) *Pr., quib. non est perm.; § 4, de vulg. subst.; § 1, de fideic. hered.; pr., de codicil.; § 1, de sc. tertyl.; Ulp. fr. 1, de test. mil.*

l'assemblée des comices, soit par le sénat qui le représen-
tait (*vice populi*; § 5 , *h. t.*). Cette puissance aurait donc
été non pas précisément cédée, mais plutôt communi-
quée aux princes. C'est un pouvoir que ceux-ci ont d'a-
bord partagé avec les comices et avec le sénat, et dont
plus tard ils ont eu l'attribution exclusive.

Quelle que soit l'époque à laquelle ils ont obtenu ce re-
sultat, il est certain que le prince recevait l'empire par
une loi. A cet égard Gaïus (1 *inst.* 5) semble indiquer,
comme on l'avait déjà conclu de plusieurs témoignages,
que le peuple conférait à chacun des princes les pouvoirs
qu'avait eus son prédécesseur, en renouvelant au commencement de chaque règne la loi qui avait conféré à
Octave le titre d'Auguste, le souverain pontificat, la puissance tribunitienne et toutes les fonctions qui, jointes au
commandement militaire, constituaient sous un autre
nom une véritable dictature. Cette loi, renouvelée pour
plusieurs règnes, aura fini par n'avoir plus besoin de
l'être expressément, quoiqu'elle fût toujours considérée
comme la source et la base de l'autorité impériale (1).

19. Les actes émanés de la volonté du prince se nomment en général constitutions; mais, à proprement parler, ce titre n'appartient qu'aux rescrits, aux décrets et
aux édits (v. *Gaïus*, 1 *inst.* 5; *Ulp. fr.* 1, *de const.
princ.*). Les rescrits ou lettres (*epistolæ*) sont des décisions que le prince donne sur des questions particulières,
sans prendre connaissance des faits, en indiquant aux
magistrats ou aux juges le parti qu'ils devront suivre

---

(1) Voyez dans l'*Introduction* de M. Giraud (p. 225) la loi qui confère
à Vespasien les pouvoirs antérieurement conférés à ses prédécesseurs.

dans une hypothèse qu'ils sont chargés d'examiner et de vérifier (1). Quelquefois au contraire l'empereur entre dans l'examen des faits et prononce sur la cause qui lui est soumise, une sentence, un jugement définitif qui s'appelle décret (*cognoscens decrevit*). Les édits sont des ordres ou règlements que le prince donne de son propre mouvement et pour l'avenir, à la différence des rescrits et décrets qui statuent sur des difficultés ou sur des contestations déjà nées.

Les constitutions, qu'elle qu'en soit la forme, n'ont de force que par la volonté du prince, et de là résulte une distinction nouvelle; car certaines constitutions statuent quelquefois pour un cas particulier, sans servir d'exemple pour les cas semblables, parce que telle n'est pas la volonté du prince (*quoniam non hoc princeps vult*). Dans ce nombre sont, par exemple, les constitutions qui infligent une punition extraordinaire, ou en sens inverse, celles qui accordent une faveur ou un avantage personnel (v. § 6, *de her. qual.*). Les constitutions qui s'appliquent spécialement à certaines personnes se nomment priviléges, c'est-à-dire lois privées, par opposition à celles dont l'effet général s'étend à tous les citoyens.

§ VII.

20. Deux autres parties du droit, savoir : les édits des magistrats et les réponses des prudents, appartiennent encore au droit écrit.

---

(1) Plusieurs rescrits nous ont été conservés dans les Institutes, notamment § 2, *de iis qui sui*; § 1, *de milit. testam.*; pr., *de hered. inst.*; § 3, *quib. mod. test. infirm.*; § 1, *de eo cui libert.*

Lorsque les magistrats terminent par une sentence les affaires qui leur sont soumises, leur décision est, comme celle que le prince rendrait en pareil cas, un jugement définitif, et par conséquent un décret (v. § 6, *de curat.*); mais la compétence des magistrats ne se borne pas à statuer sur chaque affaire à mesure qu'elle se présente : plusieurs fonctionnaires ont établi même pour l'avenir, et par forme de règlement général, les principes d'après lesquels la justice serait rendue pendant le cours de leur magistrature : tel était le but de leurs édits. Les plus célèbres et les plus importants sont les édits de deux préteurs qui rendaient la justice dans Rome, l'un aux citoyens, l'autre aux *peregrini*, d'où est venu au premier le nom de préteur urbain, par opposition au second qui se nommait *prætor peregrinus* (v. *Pomp. fr.* 2, § 27 *et* 28, *de orig. jur.*). Quelques autres magistrats, et principalement les édiles curules, publiaient aussi des édits, mais seulement *ex certis causis*, sur quelques branches spéciales d'administration (1).

21. Ces différents édits obtinrent une grande autorité (*non modicam juris auctoritatem*). Cette législation annuelle a eu l'avantage de suivre facilement les progrès de la civilisation et de s'adapter à des mœurs qui, en s'éloignant peu à peu de l'ancienne rigidité, forçaient les ma-

---

(1) Les Édiles avaient la police des rues, des places publiques et des marchés qui s'y tiennent. (V. § 1, *si quadr. paup.* ; *Paul. fr*, 12 *de periicul et commod.* ; *Ulp. fr.* 13, § 8, *locat. cond.*) Ils ont publié sur les vices redhibitoires, en cas de vente de bestiaux ou d'esclaves, un édit qui forme, au Digeste, la matière d'un titre particulier (*liv.* 21 , *tit.* 1). *Voyez* sur l'origine et l'objet de cette magistrature, Pomponius, *d. fr.* 2, § 21 *et* 26.

gistrats de n'appliquer l'ancien droit qu'avec les modifications nécessitées par des besoins et des rapports nouveaux. Ces modifications ont été introduites pour rectifier le droit primitif (*emendandi veteris juris gratia; pr., de bon. poss.*), et quelquefois aussi pour assurer sur certains points, ou pour éviter sur plusieurs autres l'exécution de l'ancien droit (§ 1, *eod.*).

Cependant les magistrats ne dérogeaient pas ouvertement à la loi, mais ils tempéraient indirectement sa rigueur; ils en évitaient les conséquences au moyen de fictions dont l'importance et l'équité seront appréciées par les exemples que nous rencontrerons, beaucoup mieux que par une démonstration anticipée (1). Bientôt les édits prétoriens établirent des principes nouveaux, et formèrent en quelque sorte un droit distinct, jusqu'au moment où ces mêmes principes, confirmés par une longue pratique (*usu hominum*, § 3, *de testam. ordin.*), adoptés par les empereurs dans les constitutions qui ont modifié les anciennes lois (*constitutionum emendationibus, d.* § 3), ramenèrent la législation à un système plus doux et plus équitable (v. § 3 *et 7 de legit. agnat. succ.*).

22. Dans l'origine, le magistrat qui avait publié un édit pouvait le changer et y déroger par un nouvel édit. La loi Cornélia, plébiscite proposé par C. Cornélius l'an de Rome 687, enleva aux magistrats cette faculté. Dès ce moment les édits furent immuables pour leur auteur pendant le cours annuel de ses fonctions; mais, l'année sui-

(1) Remarquons entre autres fictions, celles que les préteurs admettaient pour conserver aux enfants émancipés l'hérédité paternelle, dont ils étaient exclus par la loi des Douze-Tables.

vante, nul n'était contraint de maintenir l'édit de son prédécesseur. On le maintenait cependant, et les préteurs, au lieu de refaire chaque année l'édit de l'année précédente, se contentaient de le renouveler, en y faisant toutefois les additions et corrections que chacun d'eux jugeait convenables. Ces édits annuels furent appelés perpétuels, par opposition aux *edicta repentina*, qui auparavant n'avaient qu'une autorité momentanée.

Lorsque les édits ainsi transmis, renouvelés, augmentés ou corrigés, se furent accumulés pendant un certain nombre d'années, on sentit le besoin de refondre et de résumer en un seul édit tous les édits précédents. Ce travail fut exécuté sous le règne d'Adrien par un préteur célèbre, Salvius Julianus, l'un des premiers jurisconsultes de Rome. Son édit portait, comme les précédents, le titre d'édit perpétuel, mais dans un autre sens, suivant plusieurs auteurs. On prétend en effet que cet édit fut immuable, non-seulement pendant la préture de son auteur, mais encore pour l'avenir, Adrien ayant, dit-on, défendu que ce travail fût changé par les successeurs de Julien. Il est vrai que cet édit fut approuvé par un sénatus-consulte, et l'on ne connaît d'ailleurs aucune innovation introduite dans le droit prétorien depuis la préture de Julien; mais l'empereur Adrien, en dépouillant les préteurs de leur ancienne autorité, aurait opéré dans la distribution des pouvoirs un changement considérable; et, lorsqu'on voit tous les textes garder sur ce point un silence confirmé par celui de Caïus, on peut croire que l'édit de Julien fut appelé perpétuel dans le même sens que les précédents, quoiqu'en fait il soit resté intact.

23. On appelle droit prétorien celui qui résulte des édits des préteurs, et en général droit honoraire, celui

qui dérive de l'autorité des magistrats *qui honores ge-*
runt, par opposition au droit civil proprement dit,
qui résulte non-seulement des lois, plébiscites, sénatus-
consultes et constitutions, mais aussi des réponses des
prudents (27).

§ VIII.

24. Les jurisconsultes, autrement dits à Rome *pru-*
dentes, interprètent les lois en exprimant des opinions
qui n'ont par elles-mêmes aucune force légale, mais qui,
adoptées et confirmées par l'usage, peuvent concourir à
former cette partie du droit civil que nous appelons droit
non écrit. Ce genre d'interprétation a existé dans Rome,
dès que Rome eut des lois (v. *Pomp. fr.* 2, § 5, *de orig.*
jur.); et pour résoudre les questions que présentait leur
texte, pour répondre lorsqu'on était consulté, il ne fallait d'abord aucune autorisation spéciale. Auguste restreignit cette liberté, et la faculté d'interpréter les lois
devint un privilége, une faveur qu'il fallut obtenir du
prince. Dès ce moment les jurisconsultes eurent pour répondre sur le droit une sorte de caractère public (v. *Pomp.*
fr. 2, § 47, *eod.*), et telle est probablement l'époque à
laquelle Justinien se reporte ici, en déclarant qu'il y
avait des personnes désignées pour répondre sur le droit,
ut essent qui jura publice interpretarentur.

25. Il ajoute que leurs décisions, lorsqu'elles étaient
unanimes (*quorum omnium*), devenaient obligatoires
pour le juge; que ce point avait été ainsi réglé par les
constitutions (*ut est constitutum*). Effectivement la décision des prudents, la décision des jurisconsultes avait
force de loi (*legis vicem obtinet*) lorsqu'ils étaient tous du
même avis; et, dans le cas contraire, le juge restait libre

de choisir l'opinion qu'il préférait; le tout ainsi que le
déclare un rescrit d'Adrien, *idque ex rescripto divi
Adriani significatur* (*Gaïus*, 1 *Inst.* 7). Dans ce sens, on
conçoit que ceux à qui le prince a permis d'enchaîner la
liberté des juges pouvaient réellement *jura condere*; mais
peut-on croire que cette portion de l'autorité législative
résultât, pour tout jurisconsulte indistinctement, de la
simple permission qui l'autorisait à répondre aux particuliers, *ut populo responderet* (*Pomp. d. fr.* 2, § 47, *eod.*)?
Je le crois d'autant moins que, sous Adrien lui-même,
cette dernière faculté semble n'être plus un privilége. Ce
prince avait rendu à quiconque aurait confiance dans ses
propres forces le droit de répondre librement au peuple
(*Pomp. d. fr.* 2, § 47); mais plus Adrien se montre facile
sur un semblable droit, moins on doit le confondre avec
un pouvoir aussi important que celui de dicter aux juges
la sentence qu'ils auront à rendre. D'ailleurs les jurisconsultes n'ont eu ce pouvoir qu'à la condition d'être unanimes; or cette condition suppose non-seulement un
nombre de personnes déterminé, mais encore un nombre
très-limité. Il est donc vraisemblable qu'il a existé pour
les juges un comité consultatif, composé de jurisconsultes
choisis par le prince; que ceux-là seuls, remplissant une
sorte de fonction publique, avaient réellement le pouvoir de fixer le sens des lois (*jura condere*), tandis que
les autres se livraient, avec ou sans autorisation, suivant
les époques, à l'interprétation privée, et jouissaient seulement du droit de répondre aux particuliers, ce que
Pomponius appelle *populo respondere* (v. *Thémis*, t. 2,
p. 7; *t.* 7, *p.* 62.).

§ IX.

26. Le droit non écrit, ainsi que nous l'avons dit (11), résulte des usages et des habitudes que le consentement tacite du législateur laisse établir chez un peuple. A Rome, comme dans beaucoup d'autres cités, les usages ont eu sur la formation du droit civil une influence considérable. Il est à remarquer même qu'après l'expulsion des rois, en 244, la désuétude dans laquelle tombèrent toutes les lois portées sous leur gouvernement, ne laissa subsister que des usages assez incertains, jusqu'à la création de la loi des Douze-Tables, en 303 et 304 (v. *Pomp. fr.* 2, § 2 *et* 3, *de orig. jur.*).

Les nouvelles lois eurent besoin d'interprétation. En cherchant à les expliquer, à en déterminer les principes, à en déduire les conséquences, les prudents se livrèrent à des discussions, connues sous le nom de *disputatio fori*, discussions dont le résultat servit à fixer entre eux plusieurs points importants. Leurs interprétations, adoptées dans la pratique et confirmées par l'usage du barreau, ont formé un droit non écrit auquel appartiennent plusieurs institutions, dont nous aurons occasion de parler (1). Cette partie du droit romain n'ayant aucune dénomination particulière, conserve le nom générique, et s'appelle droit civil (*jus civile*) dans le sens le plus restreint de tous. Effectivement, le droit civil, pris par opposition au droit des gens, embrasse tout ce qui est particulier aux citoyens romains, et même les édits des

(1) *Voyez* les titres *de legit. patron. tut.* (*liv.* 1, *tit.* 17), *de inoffic. test.* (*liv.* 2, *tit.* 18), *de adquisit. per adrog.* (*liv.* 3, *tit.* 10).

magistrats, qui au contraire ne font point partie du droit
civil lorsqu'on oppose ce dernier au droit honoraire; enfin, dans une acception plus étroite, le droit civil n'est
plus qu'une des parties constitutives du droit romain,
celle qui résulte uniquement de l'interprétation des prudents (*Pomp. d. fr.* 2, § 5 *et* 12, *de orig. jur.*).

§ X.

27. Sans revenir ici sur la distinction précédemment
expliquée (11), du droit écrit et non écrit, remarquons que
le droit civil romain tire son origine des institutions grecques d'Athènes et de Lacédémone (*text. hic*). En effet, le
droit civil repose presque tout entier sur la loi des Douze-
Tables, et l'on a souvent répété que, pour rédiger cette
loi fondamentale, des députés envoyés de Rome en Grèce
ont été chargés d'y étudier les lois de Solon et de Lycurgue. Le fait de cette députation est aujourd'hui révoqué en doute; je me bornerai donc à exposer sur la loi
des Douze-Tables ce que nous apprend Pomponius (*fr.*
2, § 4, *de orig. jur.*)

Pour donner à la république les lois dont elle man-
quait absolument depuis la désuétude des lois royales,
les décemvirs reçurent, avec un pouvoir souverain (*jus
in civitate summum*), la mission de rédiger un corps de
lois qu'ils durent puiser dans celles des républiques grecques. Pomponius ne dit pas s'il s'agissait de la Grèce proprement dite ou des colonies grecques établies en Italie;
il ajoute seulement que les décemvirs furent secondés
dans leur travail par un Ephésien nommé Hermodore,
alors exilé en Italie. Avec son secours, ils parvinrent à
rédiger un corps de lois qui furent écrites ou gravées sur

dix tableaux placés en évidence devant la tribune aux
harangues (*pro rostris*). L'année suivante, c'est-à-dire en
3o4, on ajouta deux autres tableaux, et de là vient aux
lois qui furent ainsi promulguées le nom de loi des Douze-
Tables.

§ XI.

28. Après avoir examiné d'où naissent les différentes
espèces de droit, notre texte établit dans quels cas et de
quelle manière chacune d'elles peut changer, et distingue
à cet égard entre le droit civil et le droit naturel, c'est-à-
dire le droit que la nature a donné à tous les hommes en
général (*quæ apud omnes peræque gentes servantur*). Ce
dernier est immuable, moins à cause de sa généralité,
qu'à raison de son origine. Les préceptes dictés par la
sagesse divine sont éternels comme leur auteur. L'homme
les négligera, il les violera peut-être, sans pouvoir les
changer : observé ou non, le droit naturel n'en subsiste
pas moins et ses préceptes demeurent toujours les mêmes.

Il n'en est pas ainsi du droit civil qui, suivant les temps
et les circonstances, ou suivant les besoins de chaque
cité, peut et doit se modifier, suivre la marche de la civilisation et quelquefois même subir les influences de la
politique : aussi admet-il à une époque des règles qu'il
avait repoussées dans un autre temps (*sæpe mutari solent*). Les changements du droit civil s'opèrent ou par
le consentement tacite du peuple, ou par des lois postérieures qui dérogent aux précédentes; en d'autres termes
on l'abolit comme on le forme, c'est-à-dire par la volonté expresse ou tacite du législateur.

29. L'abrogation des lois par d'autres lois contraires
ne peut souffrir aucune difficulté. L'abrogation tacite par

désuétude n'en souffre pas davantage, lorsque l'autorité
législative réside dans le peuple : alors le peuple peut
changer ou maintenir les lois que lui seul a pu établir;
et sa volonté, de quelque manière qu'elle se manifeste,
est toujours la volonté du législateur. Tel est le principe sur lequel repose ici la décision de notre texte, conforme à celle de Julien (*fr.* 32, § 1, *de legib.*). On décida
autrement lorsque les empereurs eurent acquis toute l'autorité législative : aussi Constantin (*C.* 2, *quæ sit long.*
consuet.) a-t-il déclaré que les coutumes ne doivent jamais prévaloir contre la loi.

APPENDICE.

3o. Avant d'aller plus loin, je crois devoir expliquer
ici comment les institutes ou éléments du droit de Rome
nous sont arrivées sous le nom de Justinien, empereur
de Constantinople, monté sur le trône en 528. Les détails
dans lesquels je vais entrer expliqueront la constitution
que ce prince a mise en tête de ses Institutes, et qui en
forment le *proœmium* (1).

A l'avènement de Justinien, l'empire avait besoin de
toutes les ressources que peuvent offrir l'éclat des armes
et la vigueur d'une sage administration. On sait quelle
était alors la faiblesse d'un état dont les barbares enva-
hissaient toutes les provinces. C'est aux historiens à vérifier ce que Justinien rapporte de ses propres victoires
(*Proœm. pr.*) : occupons-nous de ses travaux législatifs.

---

(1) Consultez sur cette matière et en général sur l'histoire du droit,
l'*Introduction* de M. Giraud.

Ils ne se bornent pas aux lois nouvelles dont il fut l'auteur; car, indépendamment des constitutions qui lui sont propres, il a compilé les divers monuments du droit romain, et, par suite, tous les peuples (*omnes populi*), c'est-à-dire, toutes les provinces de l'empire, se sont trouvés régis (*Proœm.* § 1) par les lois que lui-même avait ou promulguées (*promulgatis*), ou mises en ordre (*compositis*).

31. Les anciens jurisconsultes qui ont écrit sur les lois et sur les autres sources de la législation romaine ont joui dans le Bas-Empire, et même auparavant, d'une autorité qui a fait prévaloir leurs interprétations sur les textes primitifs. Si l'on se référait encore aux édits prétoriens, aux sénatus-consultes, aux plébiscites, aux lois et surtout à la loi des Douze-Tables, ce n'était qu'indirectement, d'après ce qu'en avaient dit Caius, Papinien, Paul ou Ulpien : dans la réalité, on ne citait que les interprètes et les constitutions des princes. Telles étaient à Constantinople, et dès le règne de Constantin, les seules bases sur lesquelles reposât l'administration de la justice; ce fut à ces deux sources que puisèrent ceux qui voulurent réformer la législation, notamment Théodose le jeune (1), et après lui Justinien.

_____

(1) Une constitution de Théodose, nouvellement retrouvée (v. *Thémis*, *t.* **VI**, *p.* 411), constate formellement le dessein de ce prince. Des deux recueils qu'il voulut faire compiler, un seul a été exécuté et promulgué; c'est le Code Théodosien, qui se compose de constitutions rendues par Constantin et ses successeurs. Les écrits des jurisconsultes devaient fournir la matière d'un second recueil dont nous ne connaissons que le projet. Les textes découverts au Vatican par M: Mai, et publiés sous le titre de *Vaticana fragmenta*, appartiennent à une compilation d'un autre genre, composée tout à la fois de constitutions et de décisions prises dans les ouvrages de trois jurisconsultes : Papinien, Paul et Ulpien.

32. Ce dernier s'occupa d'abord des constitutions; il voulait établir entre elles une harmonie parfaite (*luculentam consonantiam; proœm.* § 2), ce qui n'était pas, à beaucoup près, sans difficulté. Depuis Constantin, qui a transféré dans Byzance le siége du gouvernement, l'empire romain s'effaçait peu à peu dans l'empire grec; la religion chrétienne, assise sur le trône, avait opéré dans les mœurs une révolution qui influa nécessairement sur la législation. Les constitutions des empereurs païens ne devaient donc pas concorder avec celles de Constantin et de ses successeurs.

Les premières avaient été rassemblées par différents jurisconsultes. Entre autres collections, celles qui paraissent avoir été les plus complètes ont été faites sous le règne de Constantin, ou peu de temps après, l'une par Grégoire, et l'autre par Hermogénien. Ces deux recueils, dont il reste à peine quelques fragments, se nomment *Code Grégorien* et *Code Hermogénien*, du nom des jurisconsultes qui les ont compilés, sans avoir du reste aucun caractère législatif.

Il en fut autrement pour les constitutions des empereurs chrétiens, rendues depuis l'année 312 de Jésus-Christ, la septième du règne de Constantin. Théodose le jeune en avait fait composer un recueil, promulgué en 438 dans les deux empires d'Orient et d'Occident (*Thémis, tom.* VII, *pag.* 288) : c'est le Code Théodosien. Quant aux *Novelles*, ou constitutions rendues depuis la promulgation de ce Code, soit par Théodose lui-même, soit par ses successeurs, elles n'étaient point encore réunies lorsque Justinien ordonna la rédaction d'un nouveau Code qui porterait son nom.

33. En 528, la première année de son règne, il char-

gea de ce soin une commission de dix jurisconsultes, parmi lesquels on distingue Tribonien. Les matériaux du Code Justinien, pris dans ceux de Grégoire, d'Hermogénien et de Théodose, ainsi que dans les Novelles postérieures à ce dernier, durent être distribués en différents titres, dans chacun desquels les constitutions relatives au même objet se suivraient par ordre chronologique. Du reste, en autorisant ses commissaires à modifier les anciennes constitutions, à y faire les additions, les changements et retranchements qu'ils jugeraient convenables, Justinien leur donna toute la latitude dont ils avaient besoin pour composer un corps de lois, recommandables par leur clarté, par leur précision et par le soin avec lequel on aurait écarté les contradictions, les répétitions et tout ce qui serait tombé en désuétude (*Const.* H*æc* Q*uæ*, *de nov. Code fac.*).

Malheureusement une exécution trop rapide nuisit à la perfection de l'ouvrage, qui fut publié en 529, au mois d'avril; mais Justinien ne se félicita pas moins d'avoir établi un ordre et une harmonie parfaite entre les constitutions dont ce Code est composé (*luculentam consonantiam*, *proœm.* § 2). En le promulguant, l'empereur voulut que les anciennes constitutions n'eussent pour l'avenir aucune autre autorité que celle qui résultait de leur insertion dans le nouveau Code, avec le sens que leur attribue la rédaction de ce même Code. Toutes celles qui n'y furent pas admises se trouvèrent par cela seul abrogées; les autres obtinrent force de lois générales, force dont plusieurs d'entre elles avaient pu ne pas jouir auparavant, soit comme manquant de date, soit comme ne concernant que les particuliers à qui le prince les avait adressées. Sans admettre ces distinctions, Justinien déclare que les décisions contenues dans son Code tireront toutes de sa volonté législative une égale autorité (v. *const.* SUMMA REIPUBLICÆ, *de Justin. Cod. conf.*; *C.* 1, C. TH. *de const. princip.*; *C.* 4, *de divers. rescript.*).

34. Parmi les constitutions que nous a transmises le Code Justinien, une seule (*C.* 1, *de testam.*) remonte au règne d'Adrien. On n'en compte que vingt et une antérieures au règne de Septime Sévère, tandis que Dioclétien et Maximien en ont fourni plus de douze cents, c'est-à-dire à peu près autant que tous leurs prédécesseurs. Les décisions du Code sont donc en majeure partie postérieures au bel âge de la jurisprudence romaine.

35. Justinien s'occupa ensuite des ouvrages qu'avaient laissés les anciens jurisconsultes (*veteris prudentiæ volumina prœm.*; § 2), et (32) il se les appropria pour en extraire les passages qui lui conviendraient, les réunir et les classer dans une compilation méthodique, par un travail analogue au précédent. En effet, Tribonien, que Justinien chargea de diriger cette opération, fut autorisé, non seulement à extraire et à choisir, mais encore à changer ou à modifier dans ses extraits les expressions des jurisconsultes, et même celles des anciennes lois citées par ces derniers (v. *const.* DEO AUCTORE, § 7, *de concept. Digest.*).

36. Tribonien n'eut pas à compulser indistinctement tous les ouvrages composés sur l'ancien droit; il dut borner son travail aux écrits des jurisconsultes qui avaient reçu du prince le pouvoir de donner des interprétations officielles (1). Leur nombre ne paraît pas avoir été con-

_____

(1) Auctoritatem conscribendarum atque interpretandarum legum (*d. const.* DEO AUCTORE, § 5; v. 26).

sidérable , puisqu'on n'a mis à contribution que trente-
neuf auteurs ; mais plusieurs d'entre eux avaient laissé
des écrits volumineux ; et d'ailleurs ils n'avaient pas,
à beaucoup près, travaillé dans les mêmes vues et d'après
le même esprit. Les jurisconsultes des deux premiers
siècles ont été divisés en deux écoles dont la distinction
a commencé sous Auguste entre deux hommes célèbres,
Labéon et Capiton. Ce dernier, fidèle aux principes antérieurement admis résistait aux innovations que Labéon
provoquait; en politique au contraire, Capiton se plia aux
vues d'Auguste et accepta le consulat qui fut offert à Labéon et par lui refusé. Ces deux jurisconsultes eurent,
chacun de son côté , des disciples dont les doctrines opposées formèrent deux sectes qui eurent des chefs et des
noms particuliers. Les partisants de Labéon furent appelés Sabiniens ou Cassiens, à cause de Sabinus et de Cassius, deux de leurs chefs, et Proculus donna son nom aux
sectateurs de Labéon (v. § 25, *de div. rer.; Pomp. fr.* 2,
§ 47, *de orig. jur.*). La distinction entre ces deux sectes
se prolongea dans le second siècle , jusqu'au règne d'A-
drien et même au-delà. Caius, dans ses Institutes, se déclare Sabinien et parle des Proculiens comme formant
une école opposée à la sienne, *diversæ scholæ auctores.*

Sous les Antonins, les systèmes devinrent moins exclu-
sifs : on vit les jurisconsultes adopter tantôt les opinions
d'une école , tantôt celles de l'autre. Bientôt il n'exista
plus de Proculéiens ni de Sabiniens proprement dits; les
sectes s'éteignirent peu à peu ; mais la trace de leurs discussions subsista dans les anciens écrits; pour profiter
de ces derniers, Justinien devait préalablement fixer
plusieurs points restés indécis. Tel fut l'objet de cinquante
constitutions promulguées en 530 sous le consulat de

Lampadius et d'Oreste, et communément appelées, en raison de leur nombre, *Quinquaginta decisiones.* Elles sont plusieurs fois mentionnées par Justinien dans ses Institutes (v. § 3, *de libert.*).

37. Le travail qui restait à faire pour utiliser les écrits des jurisconsultes devint alors beaucoup plus facile. La préférence entre les opinions diverses étant moins incertaine, on s'occupa à extraire de différents ouvrages les fragments destinés à former un ouvrage nouveau. Là, ces divers fragments devaient être distribués et classés par ordre de matière, dégagés de tout ce que leur texte primitif offrait d'inutile, et purgés entre eux de toute contradiction, comme de toute répétition superflue : dix années semblaient à peine suffire pour cette entreprise, et cependant le travail dirigé par Tribonien fut achevé en trois ans. Justinien l'avait chargé de cette opération en 530, au mois de décembre, et c'est au mois de décembre 533 qu'elle fut promulguée, sous le double titre de Digesta Digeste ou Pandectæ Pandectes (*const.* Tanta, § 1, *de confirm. Digest.*).

Ces noms donnés par Justinien à sa compilation n'étaient pas nouveaux. Julien, Celse, Marcellus et quelques autres jurisconsultes avaient laissé des Digestes, c'est-à-dire, d'après l'étymologie latine du verbe *digerere, digestum*, des ouvrages méthodiques dont les matières étaient digérées, classées et mises en ordre. Modestinus avait composé des Pandectes. Ce dernier titre, formé de deux mots grecs πᾶν (*tout*), et δέχεσθαι (*contenir*), indique un recueil général, un travail complet sur l'ensemble de la législation. Aussi, en réunissant dans son Digeste les fragments de plusieurs ouvrages, Justinien s'est-il flatté d'en avoir fait de véritables Pandectes, *in quibus omne jus antiquum collectum est* (*procem.* § 4).

38. Parmi les ouvrages mis à contribution, plusieurs, ainsi que nous l'avons dit, avaient obtenu force de loi antérieurement au règne de Justinien. Dans une constitution, dont la première partie ne nous est point parvenue, Théodose le jeune sanctionne en masse tous les écrits (*scripta omnia*) de Papinien, Paul, Caius, Ulpien et Modestinus, en conservant aussi force de loi aux décisions de tous autres auteurs, citées par les cinq jurisconsultes ci-dessus nommés, entre autres à celles de Scœvola, Sabinus, Julien et Marcellus. En confirmant tous les ouvrages de Paul et d'Ulpien, Théodose avait cependant excepté les notes par eux ajoutées aux écrits de Papinien : non seulement Théodose ne donne à ces notes aucune autorité, mais il les dépouille d'une autorité précédemment acquise (*infirmari*). A cet égard, il suit l'exemple de Constantin, qui avait abrogé les notes d'Ulpien et de Paul sur Papinien, et la manière dont ce prince parle de ces jurisconsultes fait voir que de son temps leurs écrits avaient déjà force de loi. On en reste convaincu lorsque, dans une autre constitution, on voit Constantin maintenir expressément l'autorité dont jouissaient (*recepta auctoritate firmanda*) les ouvrages de Paul, et entre autres celui qui porte le titre de Sentences (1). Selon toute probabilité, le crédit accordé aux œuvres de Papinien, Paul

(1) *Voyez* dans le Code Théodosien (*C.* 1, 2 *et* 3, *de resp. prud.*) la constitution de Théodose, deux constitutions de Constantin, récemment retrouvées à Milan (*Thémis, t.* III, *p.* 187), et une autre constitution du même prince (*C.* 1, C. Th. *de sent. pass.*), qui approuve une décision de Papinien annotée et combattue par Paul et par Ulpien.

et Ulpien, s'était insensiblement établi par un usage tacite et par la pratique du barreau.

39. En conservant force de loi aux ouvrages de différents auteurs, Théodose les sanctionnait en masse, quoique leurs décisions sur une même question ne fussent pas toujours concordantes. Aussi, pour éviter le conflit des opinions, et mettre le juge en état de statuer, Théodose a-t-il décidé que les questions traitées en sens opposé par les jurisconsultes ci-dessus nommés, ou par quelques-uns d'eux, se décideraient dans le sens du plus grand nombre; que dans le cas où les avis se trouveraient également partagés, le juge pouvait opter, pourvu toutefois que Papinien ne se fut pas prononcé; car autrement l'opinion de ce jurisconsulte deviendrait prépondérante (v. *C*. 3, C. Th. *de resp. prud.*).

Justinien travailla dans un autre système : les écrits des jurisconsultes romains n'étant pour lui que de simples matériaux, il voulut ne leur laisser d'autre force que celle qu'ils tireraient désormais du choix qu'il se proposait de faire, en insérant dans son Digeste les décisions qu'il croirait devoir confirmer, sans aucun égard au nombre des avis, sans aucune prépondérance entre les divers auteurs, et sans exclure, comme précédemment, les notes de Paul et d'Ulpien sur Papinien. Les décisions insérées au Digeste durent cesser d'appartenir à tel ou tel jurisconsulte, pour devenir les décisions de Justinien qui se les appropriait, et par conséquent leur attribuait une force égale. Aussi se proposa-t-on de n'admettre dans les Pandectes qu'une seule décision sur chaque question, en évitant l'inutilité des répétitions et le danger des contradictions (v. *const.* DEO AUCTORE, § 6, 7, 8, et 9, *de concept. digest.*)

40. Ce double but n'a pas été atteint. Aussi Justinien, en publiant son Digeste, n'a-t-il pas dissimulé les pléonasmes législatifs que contient cette compilation, il les attribue à l'humaine faiblesse, il les excuse même en alléguant que la répétition d'un principe déjà énoncé peut n'être pas inutile ; enfin il prétend que ces répétitions sont de rares et courtes exceptions qu'il avait autorisées dès l'origine (*d. const.* Deo auctore, § 9; *const.* Tanta, § 14, *de confirm. Digest.*). La vérité est que Tribonien aurait pu en éviter un grand nombre. Quant aux antinomies ou décisions contradictoires, Justinien assure qu'il n'en existe aucune, et qu'il suffira de chercher attentivement pour découvrir les différences réelles qui concilient des contradictions apparentes (*de const.* Tanta, § 15). Cette assertion, prise à la lettre, a conduit plusieurs commentateurs à d'étranges conséquences ; on oublia que l'humaine faiblesse n'est pas plus à l'abri des contradictions que des répétitions, et qu'elle a pu ou aveugler Justinien sur les défauts de sa compilation, ou l'engager à nier ceux qu'il ne pouvait pas excuser ; on le prit au mot; on voulut concilier tout; on se creusa l'imagination pour trouver ces principes nouveaux (*novum inventum*), ces différences cachées (*occulte positum*) dont la découverte est réservée aux esprits subtils (*subtili animo*). On fit consister la science du droit dans la connaissance des antinomies et dans la recherche de conciliations fondées sur des suppositions divinatoires ; enfin, on concilia les textes en dépit des textes mêmes (1), et

_____

(1) L'obligation de livrer un esclave est éteinte par l'affranchissement de cet esclave. Sur ce point nulle difficulté ; mais si l'affranchi redevient esclave, l'obligation renaîtra-t-elle ? Oui, d'après Celse (*fr.* 79, § 3, *de*

pour se distinguer dans ce genre, on créa des antinomies imaginaires. On reconnaît aujourd'hui que la différence des temps et des systèmes dans lesquels furent écrits les ouvrages dont les extraits composent le Digeste, a dû, malgré tous les efforts, laisser des traces ineffaçables ; il serait aussi absurde de nier toutes les antinomies, qu'injuste de considérer comme contradictions réelles tout ce qui en offre l'apparence.

41. En donnant l'ordre de travailler aux Pandectes, Justinien avait manifesté l'intention de promulguer, en outre, un livre qui tiendrait lieu d'Institutes (*const.* Deo auctore, § 11, *de concept. Digest.*). On appelait *institutiones*, les éléments de la science du droit ; et tel est le titre commun des ouvrages où différents jurisconsultes avaient consigné les principes de leur doctrine. Florentinus, Caius, Ulpien, Paul, Callistrat et Marcien, ont composé des Institutes dont le Digeste contient des extraits ; mais aucun de ces ouvrages ne pouvait désormais servir d'introduction à une législation complétement refondue. Cependant Justinien reconnut l'utilité et même la nécessité d'un livre élémentaire dont l'étude préparait à des études plus profondes. Après avoir élevé l'édifice du Code et des Pandectes (*proœm.*; § 2, 3 et 4), il crut devoir en ménager l'accès par une route simple et facile

---

leg. 3°). Paul, au contraire (*fr.* 27, *de adim. leg.*), se prononce pour la négative, parce que le même individu n'est plus le même esclave (*novus enim videtur homo esse*). Cependant on est parvenu à concilier ces deux opinions : il a suffi pour cela d'une distinction ; mais il en faudrait plus d'une pour concilier les deux textes précités avec un troisième texte où Paul combat ouvertement le système de Celse, et déclare en outre que ce système n'a point été admis (*nec admissum est quod Celsus ait; fr.* 98, § 8, *de solut.*).

(*primo levi ac simplici via; § 2, de just. et jur.*); en conséquence, il voulut faire rédiger de nouvelles institutes, et confia ce soin à Tribonien, à Théophile et à Dorothée (*proœm.; § 3*).

42. Tribonien, originaire de la Pamphilie, est un homme dont le nom restera perpétuellement associé à celui de Justinien, et auquel revient une grande part des éloges ou des reproches que peut mériter la législation de ce prince. C'est Tribonien qui présida non seulement à la rédaction des Institutes, mais encore à celle du Code et du Digeste, et l'on peut croire qu'il ne fut pas étranger à la conception des plans dont l'exécution lui a été confiée, puisqu'un grand nombre de constitutions ont été rendues sur le rapport et la proposition de Tribonien (v. § 3, *de libert.*; § 12, *de fideic. hered.*).

Théophile et Dorothée, qui travaillèrent avec lui aux nouvelles Institutes, étaient professeurs de droit, le premier à Constantinople, le second à Béryte. Tous deux ont pris part à la rédaction du Digeste, et Théophile avait également concouru à celle du Code (v. *const.* HÆC QUÆ, § 1, *de nov. Cod. fac.*; *const.* TANTA, § 9, *de confirm. Digest.*). Nous avons sous le nom de Théophile (1) une paraphrase grecque des Institutes de Justinien; cet ouvrage, tout imparfait qu'il est, du moins dans l'état où il nous est parvenu, contient des documents précieux.

43. Les anciennes Institutes, composées depuis long-temps par Caius ou par d'autres jurisconsultes, représen-

---

(1) Plusieurs interprètes, et entre autres Cujas, attribuent cette paraphrase à un autre Théophile dont on ne connaîtrait que le nom. Consultez sur ce point la préface que Reitz a placée en tête de l'édition par lui publiée en 1751.

tent une législation dans laquelle Justinien a beaucoup
emprunté sans doute, mais à laquelle aussi ce prince a
beaucoup ajouté et beaucoup retranché. Les anciens éléments devaient nécessairement offrir plusieurs principes
tombés en désuétude, abolis, changés ou modifiés par les
lois et les usages postérieurs, et dont les conséquences
auraient pu tromper, dans la pratique, si on les avait
appliqués sans modification à la jurisprudence justinienne. Considérées sous ce point de vue, les anciennes
Institutes n'offraient pas beaucoup de documents certains, et en y cherchant les principes du droit on s'expo-
sait à y trouver des notions qui n'étaient plus celles du
droit actuel. Ces notions, que Justinien appelle *antiquæ
fabulæ* (*proœm.*, § 3), n'ont pas été reproduites dans les
nouvelles Institutes, où l'empereur veut offrir les premiers éléments du droit pratique (*quod in ipsis rerum
obtinet argumentis*); dans ce but, il commanda de rédiger un livre élémentaire, concordant avec les autres
parties de sa législation, dégagé de tout ce qui serait
devenu inutile (*nihil inutile, nihil perperam positum*),
et dont les notions seraient toutes applicables au droit
actuel.

Les Éléments de Justinien émanent directement du
législateur; l'empereur, en y attachant son nom, les a
promulgués et leur a donné force de loi; c'est donc une
loi qui enseigne le droit. Ainsi, en commençant par ce
livre l'étude du droit romain, on commence par étudier
une partie des constitutions impériales. Sans insister ici
sur l'honneur et sur la félicité que cette circonstance
doit, suivant Justinien (*proœm.*, § 3), procurer à quiconque aborde la science du droit, on peut dire qu'il en
résulte un avantage réel, celui d'une étude faite sur **la**

loi même, étude qui ne peut être suppléée par aucune
autre.

· 44. Avant la promulgation de ce livre, ce n'était qu'a-
près quatre années de travail que l'on commençait à lire
les constitutions (*proœm.*, § 4). Effectivement, les quatre
années que durait un cours de droit étaient consacrées à
étudier quelques monuments de l'ancienne jurisprudence,
entre autres les Institutes de Caius et plusieurs livres des
réponses de Papinien et de Paul, livres dont on omettait
les passages qui avaient perdu leur intérêt pour le Bas-
· Empire (v. *const.* OMNEM REIPUBLICÆ, § 1, *de rat. et meth.
jur. doc.*).

Justinien, en fixant à cinq années la durée des cours
de droit, substitua ses Institutes à celles de Caius, et plusieurs parties des Pandectes aux ouvrages que l'on étudiait
précédemment. Dans la cinquième et dernière année, on
devait s'occuper du Code (*d. const.*, § 2, 3, 4 *et* 5). Ainsi,
après avoir puisé les premiers éléments de la science du
droit dans un livre dont les rédacteurs parlent toujours
au nom du prince, et qui est devenu loi (*proœm.*, § 6),
on avait comme dernier objet d'étude, le recueil des
constitutions impériales ; c'est en ce sens que, suivant les
expressions de Justinien (*proœm.*, § 4), les premiers et
derniers documents de la science des lois, allaient, pour
ainsi dire, émaner du prince lui-même (*a voce principali*).

45. Les Institutes de Justinien contiennent, comme
nous l'avons dit, les éléments de la science du droit. Leur
division en quatre livres est, à quelques modifications près,
celle de Gaïus. Chaque livre se subdivise en outre en plusieurs titres ou chapitres. Le premier livre en contient
vingt-six, le second vingt-cinq, et le quatrième dix-huit.

Le troisième livre en a vingt-neuf, quoique plusieurs éditeurs lui en donnent trente, parce qu'ils séparent le titre 6, *de gradibus cognationum*, en deux parties dont la seconde forme un titre particulier, *de servili cognatione*.

46. Les différents titres du Code et des Pandectes sont distribués en plusieurs séries ou livres; on en compte douze au Code, et cinquante au Digeste. Dans l'une et l'autre compilation, Justinien, malgré les changements qu'il avait autorisés, conserve le nom de ceux dont il s'approprie les décisions. En tête des extraits dont se composent les Pandectes, on trouve toujours indiqué le nom du jurisconsulte, et l'ouvrage d'où chacun d'eux est tiré. Pareillement, dans le Code, on trouve en tête de chaque constitution le nom du prince qui l'a portée. C'est par égard pour l'antiquité que Justinien (v. *const.* TANTA, § 10, *de confirm. dig.*) a cru devoir mentionner l'origine des textes qu'il morcelait et altérait sans scrupule, parce que, dans toutes les parties de sa compilation, il voulait être considéré, sinon comme seul auteur, du moins comme seul législateur. Aussi attribue-t-il souvent à ses prédécesseurs ou à d'anciens jurisconsultes des décisions qui leur sont tout-à-fait étrangères. Je me bornerai à citer pour exemple, au Digeste, le *fr.* 25 *locat. cond.*, qui nous offre, sous le nom de Caius, un texte dont le sens et plusieurs expressions même sont tirés d'une constitution de Justinien (C. 15, *de contrah. empt.*). Pareillement, on peut voir au Code une innovation du même prince, ajoutée, sous le nom de Théodose, à une constitution de ce dernier (C. 8, § 3, *de codicil.*).

Les cinquante livres du Digeste, quoique formant une seule et même série, sont cependant distribués en sept parties consacrées chacune à un ensemble de matières dont l'énumération se trouve dans la dernière des deux préfaces du Digeste. On appelle ainsi deux constitutions de Justinien (1), adressées, l'une à Tribonien, pour lui confier la rédaction des Pandectes, l'autre au Sénat, pour confirmer ce recueil. En tête des Institutes se trouve aussi une préface ou *Proœmium*; c'est une constitution par laquelle Justinien leur attribue force de loi (*proœm.*, § 6).

47. Dans les manuscrits, et même dans quelques éditions anciennement imprimées, chaque constitution du Code et chaque fragment inséré au Digeste se lit de suite sans aucune interruption ni subdivision; mais pour la facilité des recherches, les éditeurs modernes distinguent les passages susceptibles de former un sens complet, et de là vient la subdivision habituelle d'une seule et même constitution, ou d'un seul et même fragment en plusieurs sections, dont la première se nomme, à raison même de sa position, *principium*, c'est-à-dire commencement. Les autres sections se nomment *paragraphes,* et se distinguent par un chiffre indicatif du rang qu'elles occupent. Le paragraphe premier vient immédiatement après le *principium*, et ainsi de suite.

48. On subdivise de la même manière le texte des

---

(1) La première commence par Deo Auctore; la seconde a été publiée en latin (Tanta circa nos), et en grec (Δεδωκεν, ou, dans la version latine, Dedit nobis deus; v. *C.* 1, 2 *et* 3, *de veter jur.*). Une autre constitution relative à l'enseignement du droit (Omnem reipublicæ) se trouve entre la première et la seconde préface. En tête du Code se trouvent trois préfaces, c'est-à-dire trois constitutions de Justinien; l'une, rendue en 528 (Hæc quæ necessario), ordonne la confection du Code, que la seconde (Summa reipublicæ) promulgue en 529, tandis que la dernière (Cordi nobis est) annonce la révision opérée en 534.

Institutes. Toutefois, Justinien n'y a pas fait indiquer le jurisconsulte ou la constitution dont il emprunte les termes, chaque titre a été écrit de suite et sans interruption; conséquemment les éditeurs modernes n'ont eu à faire sur chaque titre qu'une seule subdivision : aussi n'y trouve-t-on qu'un seul *principium* et une seule série de paragraphes, tandis qu'au Digeste et au Code la même subdivision peut se renouveler dans un même titre sur chaque fragment ou sur chaque constitution.

La subdivision des textes en *principe* et paragraphes étant pour ainsi dire arbitraire, n'est pas exactement la même dans toutes les éditions. Le texte des Institutes est, sous ce rapport, celui qui présente la distribution la moins constante; car, sans parler des éditeurs qui, comme Cujas, ne reconnaissent jamais ni *principium* ni paragraphes, ceux qui admettent une subdivision n'admettent pas tous la même. Il importe donc que les citations se réfèrent toutes à une seule édition. Je suivrai constamment celle qui fait partie du recueil intitulé *Juris civilis Enchiridium.*

49. Les Institutes de Justinien, d'après ce qu'il a dit précédemment, ne doivent contenir que des principes susceptibles d'une application pratique (44); mais en excluant des nouvelles Institutes ce qui regardait l'ancien droit, Justinien n'entendait pas favoriser l'ignorance de ses contemporains; il voulait, au contraire, que rien ne restât totalement ignoré, *ut nihil antiquitatis penitus ignoretur* (§ 1, *de testam. ord.*); et pour donner à cet égard les notions qu'il croyait suffisantes, il rappelle en écartant les développements, les choses dont le souvenir a pu s'effacer. C'est ainsi qu'il mentionne les testaments *calatis comitiis, in procinctu, per æs et libram* (§ 1 et

10, *de testam. ord.*), la succession par vente solennelle des biens d'un débiteur (*pr.*, *de success. subl.*), et les obligations contractées NOMINIBUS (*pr.*, *de liter. obl.*). Ces exemples et plusieurs autres semblables montreront quelle obscurité s'était répandue sur les anciennes institutions, et dans quelle lumière l'empereur se flatte de les avoir replacées (*imperiali remedio illuminatum ; proœm.*, § 5). Cette lumière n'est trop souvent qu'une lueur insuffisante; mais, comme Justinien n'est pas pour nous un législateur, nous ne craindrons pas de lui désobéir en allant chercher ailleurs ce qu'il n'a pas voulu nous apprendre. Son autorité ne nous empêchera pas de consulter, pour connaître le droit romain, les monuments de l'ancienne Rome. Nous verrons dans les Institutes, et, en général, dans les compilations de Justinien, non pas une loi, mais un recueil où se trouvent en plus grand nombre que partout ailleurs les débris du droit romain; nous en profiterons, sans renoncer à d'autres documents moins volumineux sans doute, mais plus fidèles.

5o. Justinien, pour composer ses Institutes, a mis à contribution celles qu'avaient laissées les anciens jurisconsultes, et même leurs autres ouvrages, qui effectivement ont fourni à Tribonien des passages nombreux, et quelquefois des titres entiers ou presque entiers.

Les écrits de Gaïus sont ceux dont Justinien a tiré le plus grand parti. Il a surtout profité des Institutes de Gaïus, et d'un ouvrage du même jurisconsulte relatif aux affaires usuelles (1).

---

(1) *Commentariis tam Institutionum quam Rerum quotidiarum* (*proœm.*, § 6). Ce mot *commentariis*, joint comme il l'est ici au titre d'un ouvrage, ne désigne rien autre chose que les différentes sections

51. L'ouvrage élémentaire dont la rédaction fut confiée à Tribonien n'exigeait donc, pour le droit romain proprement dit, qu'un travail de compilation; quant à la législation du Bas-Empire, il était moins facile d'en préciser les nouveaux principes : aussi distinguera-t-on aisément dans les Éléments de Justinien deux parties, dont l'une appartient réellement aux anciens jurisconsultes, tandis que l'autre est spécialement l'œuvre de Tribonien. On reconnaît cette dernière au style du Bas-Empire, surtout dans les passages relatifs aux innovations de Justinien. Une distinction beaucoup moins facile à établir nous apprendra peut-être un jour ce qui, dans les emprunts faits aux anciens jurisconsultes, appartient à chacun d'eux. On a de tout temps reconnu dans les Pandectes plusieurs paragraphes des Institutes; on a su par là quelle en était l'origine, et tant qu'on n'a point eu les véritables Institutes de Gaïus, on a pu attribuer à ce dernier tous les passages dont on ne connaisait pas le véritable auteur; mais une découverte récente, en nous restituant le texte original de Gaïus, permet et commande aujourd'hui plus d'exactitude.

Le plan et la distribution des deux ouvrages sont, à quelques différences près, les mêmes. En se conformant aux divisions de Gaïus, Justinien a étendu et complété ses Institutes avec d'autres ouvrages du même auteur;

dont se compose cet ouvrage. On sait aujourd'hui que les Institutes de Gaius se divisaient en quatre commentaires. En adoptant pour les siennes la même division, Justinien a remplacé *commentarium* par *liber*, et dans les Pandectes même, il n'a jamais cité les Institutes de Gaius sans faire la même substitution, qui sans doute aura été adoptée relativement à d'autres écrits. (*Multis que aliis commentariis; proœm.*, § 6).

quelquefois aussi Tribonien puise à d'autres sources, et plusieurs d'entre elles sont encore inconnues, comme on pourra s'en convaincre en examinant le travail que j'ai essayé sur le texte de Justinien, dans l'édition du *Juris civilis enchiridium*.

52. La constitution par laquelle Justinien publie et sanctionne les Institutes qui portent son nom a été rendue pendant son troisième consulat, c'est-à-dire en 533; elle est datée du onze des calendes de décembre, jour correspondant au 21 novembre. Le Digeste n'a été publié que dans le mois suivant, le dix-septième jour avant les calendes de janvier, c'est-à-dire le 16 décembre; mais ces deux ouvrages sont devenus obligatoires à la même époque, à l'expiration du troisième consulat de Justinien, le troisième jour avant les calendes de janvier 534, c'est-à-dire le 30 décembre 533 (v. *const.* Tanta, § 23, *de confirm. Digest.*).

Les opérations législatives de Justinien semblaient alors à leur terme. Le Code publié en 529, les cinquante décisions rendues en 530, les Pandectes récemment promulguées, avaient renouvelé dans toutes ses parties une législation dont l'empereur venait de dicter, dans ses Institutes, les premiers éléments; tout émanait de lui : il ne pouvait plus réformer que son propre ouvrage, et il le réforma.

53. En 534, Tribonien et quatre autres jurisconsultes furent chargés de réviser le Code promulgué cinq ans auparavant, d'y apporter les modifications convenables, et de le compléter en y insérant les cinquante décisions et plusieurs autres constitutions postérieures à sa promulgation. Ce travail a produit un nouveau Code, ou, si l'on veut, une nouvelle édition du Code (*repetita prælectio*),

publié par Justinien sur la fin de son quatrième consulat,
en 534, le 17 novembre (16 *calend. dec.*), pour remplacer, à compter du 29 décembre suivant (4 *calend.
jan.*), le premier Code, qui fut abrogé (v. *const.* CORDI
NOBIS, § 2, 3 et 4, *de emend. Cod.*).

Justinien, dans les Institutes, parle souvent de son
Code ; mais tout ce qu'il en dit se réfère nécessairement
à la première édition, et cette circonstance explique
pourquoi plusieurs constitutions, citées aux Institutes
comme devant se trouver dans le Code, ne s'y rencon-
trent cependant pas. Elles s'y trouvaient en 533, lors de
la rédaction des Institutes ; mais ensuite on les a retran-
chées du *Codex repetitæ prælectionis*, le seul que nous
possédons aujourd'hui.

54. En promulguant cette nouvelle édition, Justinien
avait promis de réunir, dans une autre collection, les
constitutions postérieures qu'il aurait occasion de publier. Il en promulgua effectivement plusieurs, mais sans
les mettre en ordre. Les recueils ordinaires contiennent,
indépendamment des Institutes, du Digeste ou Pandectes
et du Code, les Novelles, c'est-à-dire les constitutions
postérieures au Code. Les éditions ordinaires en donnent
cent soixante-huit, collection incomplète, qui, sans réunir toutes les constitutions de Justinien, renferme cependant plusieurs constitutions de Justin II et de Tibère II,
ses successeurs.

On n'aurait sur cette quatrième partie du *Corpus juris* (1) que des notions inexactes, si l'on ne connaissait

---

(1) C'est le nom que porte depuis la fin du seizième siècle, et notamment depuis l'édition publiée, en 1583, par Denis Godefroy, la législation
de Justinien divisée en quatre parties, savoir : les Institutes, le Code, les
Pandectes et les Novelles.

point les singulières destinées de la législation justinienne. La langue grecque était seule usitée dans l'Orient :
aussi ne tarda-t-on pas à traduire les textes latins du
Digeste et du Code et à paraphraser en grec celui des
Institutes. Ces différentes versions contribuèrent beaucoup à faire négliger les originaux. Justinien lui-même
cédait insensiblement à l'influence qu'exercent la langue
et les usages du pays. Les Institutes nous apprennent que,
dès le commencement de son règne, l'empereur fit rédiger en grec une constitution qu'il voulait mettre à la
portée de tous ses sujets (§ 3, *de succes. libert.*); et le
petit nombre de Novelles qui furent publiées en latin
prouve assez que cette langue n'était pour le législateur
même qu'une langue d'exception.

55. Cependant, malgré le peu de faveur dont jouissaient le Digeste, le Code et les Institutes, malgré les modifications successives qu'on leur a fait subir, la compilation justinienne a toujours eu force de loi générale jusqu'à
la fin du neuvième siècle, époque où elle a été complétement refondue dans un corps de lois grecques, publiées par Léon le philosophe en 890, et revisées par Constantin VI vers 945. On les appelle *Basiliques*, soit par
abréviation du titre grec (Βασιλικαι διαταξεις , *constitutions
impériales*), soit à cause de Basile le Macédonien, sous le
règne duquel cette collection a été commencée.

En Occident, le droit de Justinien put à peine s'établir dans les provinces qui n'étaient point ou qui n'é-
taient plus occupées par les Barbares; bientôt il ne fut
plus observé que dans les territoires de Rome et de Ra-
venne; enfin il était tombé dans un oubli total ou presque
total, lorsque, au douzième siècle, l'enseignement des
glossateurs, dans l'école de Bologne fondée par *Irnerius*

(Garnier ou Warnier), lui donna tout à coup une faveur et un éclat inattendus. Adoptée par un grand nombre de tribunaux, la législation justinienne obtint force de loi dans toute l'Italie et dans plusieurs pays qui n'ont jamais appartenu à l'empire de Justinien; elle devint en quelque sorte le droit commun de l'Europe.

56. Les glossateurs, c'est-à-dire les jurisconsultes italiens des douzième et treizième siècles, ne se sont occupés ni de toutes les Novelles trouvées dans les manuscrits, ni du texte grec d'aucune d'elles. Leurs notes ou gloses accréditèrent 97 Novelles, d'après une traduction latine qui remonte, dit-on, jusqu'au règne de Justinien, et qui aurait été approuvée par ce prince ou par son successeur, d'où serait venu à cette traduction le titre d'*Authentique*. Quoi qu'il en soit, l'usage en avait si bien établi l'autorité qu'au seizième siècle elle était encore exclusive. En 1531, on commença à publier d'autres Novelles récemment découvertes. On s'occupa du texte grec, dont la plus grande partie fut retrouvée et mise au jour; on fit de nouvelles traductions; mais ces travaux, malgré leur utilité, ne furent pas adoptés par les tribunaux (1), qui n'ont jamais admis d'autres Novelles que celles du douzième siècle et d'autre version de leur texte que la traduction latine dite *authentique*, et appelée depuis *Ancienne* ou *Vulgate*, par opposition aux traductions plus récentes.

Les 168 novelles, réunies dans le *Corpus juris*, ont été divisées en neuf collations, dont chacune contient autant de titres que de Novelles. Cette distribution, conservée

_____

(1) *Voyez* la préface de Leconte (*Contius*), imprimée en tête des Novelles dans plusieurs éditions du CORPUS JURIS.

par tous les éditeurs, est abandonnée par l'usage. On distingue et on cite les Novelles par le rang qu'elles occupent dans le *Corpus juris*, rang qui n'a rien de méthodique ni de chronologique, même entre les Novelles dont la date est certaine. Ainsi la Novelle 115, par exemple, est postérieure à la Novelle 118.

57. Le style des Novelles est trop diffus pour que l'on n'ait pas de tout temps cherché à en réduire les longueurs. Peu après la mort de Justinien, un professeur de Constantinople, nommé Julien, donna en latin un abrégé intitulé *Novellarum liber*. D'autres ont comparé les Novelles avec les lois antérieures, et ont indiqué les innovations par des extraits sommaires qui sont placés dans le Code à la suite des constitutions abrogées ou modifiées. En tête de ces extraits, que les éditeurs modernes impriment en caractère italique, on cite la collation et la Novelle d'où ils sont tirés, en se référant à la Vulgate ou version authentique. Aussi les citations commencent-elles toujours par ces mots, *in Authentica*, et de là les extraits se sont eux-mêmes appelés *Authentiques*; c'est ainsi que Corneille fait dire à son menteur :

> Je sais le code entier avec les authentiques (1).

---

(1) Voici le passage entier :

> Si vous avez besoin de lois ou de rubriques
> Je sais le code entier avec les authentiques,
> Le digeste nouveau, le vieux, l'infortiat,
> Ce qu'en ont dit Jason, Balde, Accurse, Alciat.

Boileau, dans *le Lutrin*, dit pareillement :

> . . . . un viéil infortiat
> Grossi des visions d'Accurse et d'Alciat.

Ces vers font allusion aux commentaires ou gloses des premiers interprètes, recueillies, augmentées et publiées par Accurse en 1227 ou envi-

C'est à *Irnerius* que l'on attribue, du moins en très-grande partie, la rédaction des Authentiques. Ce travail, comme tous ceux auxquels se sont livrés les docteurs du douzième siècle, a joui d'un grand succès; il a été sanctionné par l'usage, et la plupart des Authentiques ont été reçues devant les tribunaux. Cependant, malgré leur nom, malgré l'autorité dont elles ont joui, les Authentiques représentent d'une manière inexacte, infidèle et même fausse, les dispositions des Novelles.

58. Si l'on considère dans les différentes parties du *Corpus juris* l'autorité respective que leur attribue la volonté législative, alors les Novelles l'emporteront incontestablement sur les trois autres parties, et chaque Novelle l'emportera pareillement sur toutes les Novelles antérieures; parce que, en général, entre plusieurs lois successives, c'est la dernière qui prévaut. D'après le même principe, le Code prévaudrait sur le Digeste et sur les Institutes; enfin ces deux parties du *Corpus juris*, devenues obligatoires le même jour, devraient jouir entre elles d'une égale autorité, du moins lorsque les Institutes ne se réfèrent pas à des constitutions dont la promulgation a précédé celles des Pandectes, mais qui néanmoins

---

ron. Dans cette compilation, semi-barbare, le Digeste avec ses gloses, se divise en trois parties, savoir: 1° le Digeste *Vieux* ou ancien; 2° le Digeste *Infortiat*; 3° le Digeste *Nouveau*. L'intitulé ou sommaire s'écrivait et même s'imprimait alors en rouge: de là venu le nom de *rubrique* qui est resté.

La dernière édition de la glose d'Accurse, dite grande glose ou simplement la glose, a paru en 1627, à Lyon, 6 vol. in-f°. Depuis cette époque on a remis sous presse plusieurs éditions du *Corpus juris,* sans notes ou avec notes, spécialement avec celles de Denis Godefroy; mais les glossateurs et leurs travaux ont été abandonnés.

modifient dans ce recueil les dispositions d'un droit beaucoup plus ancien (1).

59. Aujourd'hui le *Corpus juris* a cessé d'être obligatoire. On n'y cherche plus la volonté de Justinien, mais la sagesse ou l'équité de chaque disposition. Les Instituts, le Digeste, le Code et les Novelles sont des lois mortes comme le Code Théodosien et la loi des Douze-Tables; toutefois la raison écrite, ou, pour appeler les choses par leur nom, la vérité des principes, leur pureté, leur enchaînement, ont, dans l'art du juste et de l'injuste, une force de droit et de doctrine qui survit à la loi. Considérée sous ce rapport, l'autorité respective dont jouissent les différentes parties du *Corpus juris* augmente

---

(1) Les Pandectes, promulguées en 533, règlent la succession collatérale en distinguant deux classes d'agnats. Dans la première, les agnats, frères ou sœurs du défunt, succèdent sans distinction de sexe, sous le titre de consanguins. A défaut de ceux-ci la succession est déférée aux agnats plus éloignés ou agnats proprement dits ; mais dans cette seconde classe les femmes ne succèdent pas. (*Ulp. fr.* 2, *de suis et legit.*). Dans les Instituts, promulguées quelques jours avant le Digeste, pour avoir force de loi à partir d'une seule et même époque, Justinien déroge au système des Pandectes (v. § 3 *et* 4, *de legit. agnat. succ.*) : il reproduit une constitution promulguée en 532, antérieurement aux Pandectes. Cette constitution, promulguée de nouveau en 534, avec la seconde édition du Code (*C.* 14, *de legit. hered.*), déroge indubitablement au Digeste; mais elle y dérogeait même avant sa seconde promulgation, c'est-à-dire dans le temps qui s'est écoulé depuis la publication du Digeste jusqu'à la révision du Code ; car les successions collatérales ouvertes dans cet intervalle ont continué à être déférées d'après les règles établies en 532. Je pourrais facilement citer plusieurs autres exemples de constitutions promulguées avant les Pandectes, et qui néanmoins dérogent virtuellement à plusieurs décisions conservées dans ces mêmes Pandectes. Vainement donc Justinien a prétendu s'approprier tout ce qu'il compilait, puisque, même sous son règne, il fallait, pour appliquer ses différentes lois, remonter à l'origine primitive de chacune d'elles.

en sens inverse de celle que leur attribuait, comme lois, l'ordre de promulgation. Sans doute on trouvera dans le Code, et même dans quelques Novelles, d'heureuses innovations; néanmoins les Pandectes sont, dans le *Corpus juris*, la seule partie qui se réfère véritablement à la jurisprudence romaine. C'est dans les Pandectes que les écrits de Papinien, de Paul, d'Ulpien et autres jurisconsultes se retrouvent morcelés, dispersés à la vérité, mais faciles à distinguer par les indications qui accompagnent chaque fragment. Malheureusement Tribonien ne les a pas tous laissés dans leur pureté. On reconnaît dans plusieurs passages la main qui les a retouchés; et parmi ceux où l'on n'aperçoit aucune altération sensible, on peut encore soupçonner la fidélité d'un texte que Tribonien n'était pas obligé de respecter. Pour retrouver le droit romain, il faudrait donc le chercher hors de la compilation justinienne, et remonter à sa source, c'est-à-dire aux ouvrages mêmes d'où ont été tirées les Pandectes et la meilleure partie des Institutes.

Ils ont péri pour la plupart, et leur perte même rend plus précieux les débris qui ont échappé à l'injure des siècles.

TITRE III.

De la Condition des Personnes.

PR.

60. Le droit, quelle que soit son origine, a toujours pour but d'attribuer à chaque personne ce qui lui appartient. Il faut donc connaître d'abord les personnes, et ensuite ce qui peut leur appartenir. De là un premier et un

second objet du droit : les personnes et les choses. Le
droit s'occupe d'abord et principalement des personnes,
parce que les choses et le droit lui-même n'existent que
pour les personnes (*quarum gratia constitutum est*) ; et,
comme il existe différentes règles pour différentes classes
de personnes, nous commencerons par distinguer ces dernières. Justinien s'en occupe dans ce premier livre, en
remettant à traiter séparément, dans les livres postérieurs, des choses et d'un troisième objet du droit, c'est-
à-dire des actions. Il ne suffit pas, en effet, qu'une loi nous
attribue telle faculté, tel droit, pour que nous puissions
avoir ce droit ou cette faculté ; il faut encore que la loi
trace une marche certaine, afin que chacun ne s'ouvre
pas à son gré une route arbitraire, et afin surtout qu'on
ne se fasse pas justice soi-même. Tel est le but des actions
qui forment le troisième objet du droit. Nous n'anticipe-
rons point, à cet égard, sur les notions qui deviendront
nécessaires ailleurs (*liv.* 4, *tit.* 6), et qui ont besoin d'être
préparées par plusieurs autres ; occupons-nous donc d'a-
bord des personnes et des distinctions que le droit établit entre elles.

61. La première et la principale (*summa*) division des
personnes range tous les hommes (*omnes homines*) en
deux classes : ils sont nécessairement libres ou esclaves.

Les premiers conservent intacts les droits qui sont
communs à tous les hommes, et dont les seconds sont en
quelque sorte dépouillés ; je dis en quelque sorte, parce
qu'ils ne cessent pas à beaucoup près d'être considérés
comme des hommes, ou, ce qui revient au même, comme
des personnes. Le droit romain leur conserve ce titre ;
autrement, en effet, on ne distinguerait pas ici les personnes libres et les personnes esclaves, et ces derniers ne

figureraient pas de nouveau parmi les personnes dites *alieni juris* (*pr. et* § 1, *de his qui sui vel al.*). Quelquefois cependant l'esclave est assimilé aux choses, parce qu'il appartient en même temps et sous différents rapports à la classe des personnes et à celle des choses, ainsi que nous le démontrerons dans plusieurs occasions.

§ I.

62. L'homme n'a pas la toute-puissance. Sa liberté est donc nécessairement restreinte, par tous les obstacles que la nature oppose à la faiblesse humaine. Outre cette restriction absolue, et dans la limite même de nos facultés naturelles, notre volonté trouve encore des obstacles matériels ou moraux. Les premiers viennent d'une résistance et d'une force supérieure (*si quid vi... prohibetur*); les seconds résultent des préceptes du droit (*si quid..., jure prohibetur*), et ces empêchements sont en réalité les seuls qui restreignent le droit de liberté; car un obstacle de fait ne détruit pas le droit de faire, mais seulement la faculté d'agir ou l'exercice du droit (66).

Cette restriction de notre liberté naturelle, par les préceptes du droit, est une conséquence nécessaire de la civilisation. Dans toute société, chacun aliène une partie de sa liberté, pour n'être pas soi-même gêné par la liberté illimitée des autres. On sacrifie une partie pour assurer la conservation du reste; mais ce sacrifice, quelle qu'en soit l'étendue, n'est jamais pour l'homme libre qu'une exception. Ainsi, lorsqu'il voudra exercer une faculté naturelle, on n'aura point à examiner s'il existe une permission; l'homme libre conserve en général le droit de faire tout ce que les lois ne lui défendent point.

La prohibition, lorsqu'elle existe, est une dérogation qu'il faut prouver contre lui.

63. Toutefois cela ne s'entend ici que des facultés données par la nature (*naturalis facultas*), par opposition à celles que la loi civile établit aux droits nouveaux. Evidemment ces derniers n'appartiennent qu'à la personne à qui on les confère spécialement. Nous en verrons un exemple dans la faculté de tester, introduite par la loi des Douze-Tables en faveur des pères de famille. Jamais aucune disposition du droit romain n'en a dépouillé les fils de familles ; et cependant ces derniers n'ont joui de cette faculté que lorsqu'on la leur a spécialement accordée (*v. pr., quib. non est permiss.*).

§ II.

64. A la différence de l'homme libre, l'esclave est, même pour ses facultés naturelles, dans une prohibition générale ; s'il peut quelque chose, ce n'est que par exception. Placé sous la domination absolue d'un maître despotique (*dominio alieno subjicitur*), il ne peut que ce qu'on lui permet, parce qu'il est considéré comme déchu de toute espèce de droits, et comme n'existant plus que pour celui dont il devient la propriété. C'est en ce sens et à l'égard de son maître que l'esclave est assimilé aux choses.

§ III.

65. Les esclaves se nommaient à Rome *servi* ou *mancipia. Servus*, n'est qu'une abréviation de *servatus* conservé. L'étymologie s'accorde ici avec l'origine de l'esclavage, tel que Justinien l'expose d'après Florentinus (*fr.*

4, § 2 *et* 3, *de stat. homin.*). Nous avons déjà vu que les jurisconsultes romains font dériver l'esclavage de la guerre (*Ulp. fr.* 4, *de just. et jur.*; *Hermog. fr.* 5, *eod.*; v. § 2, *de jur. nat.*; *pr., de libert.*); on ajoute ici, pour le justifier, que les prisonniers de guerre reçoivent du vainqueur la vie que celui-ci pouvait leur ôter : ce qui veut dire sans doute que le vainqueur, en conservant la vie des prisonniers, ne renonce pas au droit dont il diffère seulement l'exercice.

Le mot *mancipium*, suffisamment expliqué par le texte, désigne également les esclaves, à raison de la captivité qui met un prisonnier de guerre sous la main, c'est-à-dire sous la puissance du vainqueur ; car ici *manus* est synonyme de puissance (*pr., de libertin.*).

§ IV.

66. Justinien expose ici, d'après Marcien (*fr.* 5, § 1, *de stat. homin.*), comment s'établit la servitude.

Quiconque est esclave est né tel, ou l'est devenu postérieurement à sa naissance par un changement de condition (*servi nascuntur, aut fiunt*).

D'après le droit naturel, tous les hommes naissaient libres (*Ulp. fr.* 4, *de just. et jur.*; *fr.* 32, *de reg. jur.*; v. *pr., de libert.*), et nous avons vu que les premiers esclaves sont devenus tels par les malheurs de la guerre. Les esclaves de naissance ne sont donc pas les plus anciens; leur servitude suppose une servitude antérieure, qui se transmet jusqu'à eux. En effet, nul ne naît esclave que l'enfant d'une esclave. L'enfant suit la condition de sa mère. Il se trouve en naissant libre ou esclave comme elle, et d'après un principe que nous aurons occasion de développer (§ 19, *de div. rer.*), esclave du même maître (v. 71, 72, etc.).

67. Un homme libre devient esclave d'après le droit des gens ou d'après le droit civil : d'après le droit des gens, ainsi qu'on l'a déjà dit, lorsqu'il est fait prisonnier (*ex captivitate*), dans une guerre de nation à nation entre deux peuples ennemis : autrement il n'y aurait pas guerre, mais piraterie ou brigandage (*Ulp. fr.* 118 *de verb. si-gnif.*), et les captifs, privés de l'exercice de leur liberté, ne perdraient pas la liberté même : ils seraient dans une servitude de fait (*in servitute*) sans être esclaves (v. 74).

68. Dans plusieurs cas prévus par le droit civil, la servitude est une punition infligée aux personnes que le législateur juge indignes de conserver la liberté, et par exemple, à celles qui se laissent vendre pour partager le prix de la vente (*text. hic.*).

La liberté n'a point de prix et n'est même pas dans le commerce (§ 7, *qui et ex quib. caus.*; § 2, *de inutil. stip.*; *Paul. fr.* 106, *de reg. jur.*). Conséquemment, nul ne peut se vendre ni se rendre volontairement esclave (*Callistr. fr.* 37, *de liberal. caus.*; *Diocl. et Max.* C. 10, *eod.*). On ne se vendait donc pas soi-même; mais quelque-fois un homme libre se laissait vendre comme esclave pour tromper l'acheteur, partager le prix touché par le vendeur et revendiquer ensuite sa liberté, à laquelle la vente ne porte aucun préjudice. C'était une fraude, et pour la punir on a décidé que la liberté ne pourrait pas être réclamée par ceux qui, connaissant leur condition d'homme libre (*Constant.* C. 2, C. Th. *eod.*), se seraient laissé vendre à un acheteur de bonne foi (*Ulp. fr.* 7, § 2, *de liberal. caus.*), et auraient véritablement touché une partie du prix, pourvu qu'au moment où ils l'ont touché ils eussent passé l'âge de vingt ans (*majores viginti annis*, text. hic; *Ulp. fr.* 7, § 1, *de liberal. caus.*).

Les décisions précédentes sont fondées sur plusieurs sénatus-consultes (*Pomp. fr.* 3, *eod.*), et entr'autres sur le sénatus-consulte Claudien (v. *Paul. sent.* 2, 21; *fr.* 5, *eod.*), dont nous parlerons plus loin (§ 1, *de success. subl.*); mais nous devons expliquer ici deux autres manières de perdre la liberté.

69. Toute personne condamnée à mourir, soit en combattant les bêtes féroces, soit de toute autre manière, devient esclave par l'effet immédiat de la sentence et avant son exécution (§ 3, *quib. mod. jus patr.*; *Ulp. fr.* 6, § 6, *de injust. rupt.*; *Gaius, fr.* 29, *de pœn.*). La condamnation aux mines produit aussi le même effet (*d.* § 3, *quib. mod. jus patr.*; *Mac. fr.* § 1, *de pœn.*), lorsqu'elle est perpétuelle (1). Ces condamnés qui deviennent esclaves n'ont pas d'autre maître que le supplice auquel ils sont destinés, et de là vient qu'on les appelle *servi pœnæ*, esclaves de la peine (v. *Marcian. fr.* 17, *eod.*; *Callistr. fr.* 12, *de jur. fisc.*).

70. Lorsqu'un affranchi se montre ingrat envers le patron qui lui a volontairement accordé la liberté, celui-ci peut obtenir une condamnation qui fait rentrer l'affranchi dans l'esclavage et sous la puissance de son ancien maître (§ 1, *de capit. demin.*; *Constant. C.* 2, *de libert. et eor. liber.*).

Cette décision concerne le maître qui affranchit spon-

---

(1) *Ulp. fr.* 8, § 8; *Callistr. fr.* 28, § 6, *de pœn.* Justinien, (*nov.* 22, *cap.* 8), veut que dans ce cas même, le condamné reste libre, en subissant sa peine.

tanément un esclave; car celui qui affranchit en exécution d'un fidéicommis dont il est grevé (§ 2, *de sing.*
reb.) ne peut pas accuser l'affranchi d'ingratitude (*Ant.*
C. 1, *de libert. et lib. eor.*)

§ V.

71. Le pouvoir du maître, également absolu sur tous
les esclaves, ne laisse entre eux aucune distinction légale; quoique de fait la différence des emplois rende le
sort des uns bien meilleur que celui des autres (v. § 7,
de injur.). Au contraire, la loi met de grandes différences
entre les hommes libres, selon qu'ils sont ingénus ou affranchis, c'est-à-dire selon que la liberté est pour eux un
droit inné, ou simplement un droit acquis.

TITRE IV.

Des Ingénus.

PR.

72. Un ingénu est libre par naissance. Il s'agit donc
de savoir dans quel cas un enfant naîtra libre, sans
examiner si les père et mère sont eux-mêmes ingénus
ou affranchis (*text. hic;* v. *Gordian. C.* 11, *de oper.*
libert.).

D'après les derniers mots de notre texte, il suffit que
la mère ait été libre, soit à l'instant de la conception ou
de la naissance, soit à un moment quelconque de la grossesse; mais cette règle exige, pour être bien comprise,
l'exposition préalable de plusieurs principes.

Le texte s'occupe d'abord de l'enfant issu d'un **mariage**

civil, *matrimonio editus*. Il est toujours ingénu, parce que non-seulement il suit la condition de son père, mais la condition que son père avait à l'époque de la conception (*Cels. fr.* 19, *de stat. hom.*; *Ulp.* 5, *reg.* 8 *et* 10; *Gaius*, 1 *inst.* 80, 89). Or, à cette époque, l'existence d'un mariage civil suppose nécessairement que les deux époux sont libres, et peu importe qu'ils perdent ensuite leur liberté. L'enfant dont l'état a été déterminé par sa conception naîtra toujours libre et citoyen romain (v. *Gaius*, *ibid.* 91. *Ulp. fr.* 18, *de stat. hom.*), sauf quelques exceptions spécialement établies (v. *Gaius*, 1 *inst.* 77, 78, *Ulp.* 5, *reg.* 8).

73. La règle qui attribue à l'enfant la condition du père est la conséquence d'un mariage contracté conformément aux règles du droit civil. Dans tout autre cas, et quel que soit le genre d'union qui aurait existé entre les père et mère, c'est le droit des gens qui fixe la condition des enfants, et alors ils suivent toujours la condition de leur mère (*Cels. fr.* 19, *de stat. hom.*; *Ulp.* 5 *reg.* 8 *et* 10; *Gaius*, 1 *inst.* 89). Il importe donc peu que le père soit libre ou esclave ; car, lors même que la paternité serait certaine (v. 160), l'enfant n'en suivrait pas moins la condition de sa mère, comme celui qui, étant *vulgo conceptus*, n'aurait point de père connu.

L'enfant, d'après le droit des gens, suit la condition que sa mère avait en le mettant au jour; il suffit donc qu'elle se trouve libre en accouchant, quoiqu'elle ait conçu dans l'esclavage, *licet ancilla conceperit*. Réciproquement l'enfant dont accouche une esclave devrait naître esclave, encore que sa mère eût été libre au moment de la conception. En effet, nous avons vu précédemment (65) que les enfants nés d'une mère esclave sont esclaves de naissance ; telle est aussi la décision constamment suivie par Gaius et par Ulpien (*loc. cit.*), sans examiner l'époque de la conception.

74. Cependant Martien (*fr.* 5, § 2 *et* 3, *de stat. hom.*), dont Justinien emprunte ici les expressions, annonce une décision plus favorable pour l'enfant dont la mère, esclave en accouchant, aurait été libre, soit au moment de la conception, soit à un instant quelconque de la grossesse. On a pensé, dit Martien, que le malheur de la mère ne devait pas retomber sur l'enfant *qui in ventre est;* et en effet, en considérant l'espoir qu'il avait de naître libre, et l'événement qui le fera naître esclave si l'on observe à son égard le droit des gens, on doit le plaindre de n'être pas né quelques jours ou même quelques instants plus tôt. Cette considération a fait admettre, en faveur de la liberté (*Paul.* 2 *sent.* 24, § 2 *et* 3), une exception qui n'empêche pas l'application du principe et de ses conséquences, lorsqu'il s'agit de savoir, non pas si l'enfant qui suit la condition de sa mère naîtra libre ou esclave, mais s'il naîtra citoyen. Sur ce dernier point on examine uniquement l'époque de la naissance (*Gaius,* 1 *inst.* 90, 98 ; *Ulp. fr.* 18, *de stat. hom.; Pothier,* 1 *pand.* 5, *n°* 13).

§ I.

75. Un homme libre peut se trouver *in servitute,* en ce sens qu'il passera momentanément pour esclave sans l'être réellement. Dans ce cas, un ingénu affranchi par son prétendu maître reste ingénu, et ne tombe point dans la classe des affranchis (*text. hic*).

Un homme libre, devenu réellement esclave, peut re-

couvrer la liberté, sans reprendre la qualité d'ingénu : ce
n'est toujours qu'un affranchi (*Modest. fr.* 21. *de stat.
hom.*). Il ne faut donc pas confondre sa position avec
celle du précédent. Le premier, considéré comme esclave, n'en était pas moins libre : ingénu avant son affranchissement, il l'est encore après; car la manumission, qui tend à nous conférer des droits nouveaux, ne
nous enlève pas ceux que nous aurions déjà, et notamment ceux que nous tenons de notre naissance (*natalibus
non officere manumissionem*). Au contraire, lorsqu'un
homme est devenu esclave, la manumission lui donne
une liberté nouvelle, et celle-ci n'a rien de commun avec
la liberté qu'il tenait primitivement de sa naissance, ni
par conséquent avec l'ingénuité qu'il a perdue, non à
cause de l'affranchissement, mais à cause de la servitude
dans laquelle il était légalement tombé.

TITRE V.

Des Affranchis.

PR.

76. On voit, par ce qui précède, que la qualité d'affranchi résulte moins du fait de la manumission, que de
la cessation, et par conséquent de la préexistence d'un
véritable esclavage. C'est ce que confirme ici même
la définition du mot *libertinus*. Gaius (1 *inst.* 11) et Justinien ne l'appliquent qu'aux personnes libérées (*ex justâ
servitute*) d'une véritable servitude.

Au lieu du mot libéré dont je me sers, le texte dit (*manumissi*) libérés par manumission, ce qui suppose, à

proprement parler, que la liberté est acquise par un acte formel; et c'est ainsi en effet que les esclaves l'obtiennent régulièrement. Cependant, comme ils peuvent en certains cas l'obtenir sans aucune manumission (v. *tot. tit., qui sine manum.*), la définition que donnent les derniers mots du texte (*qui desierunt esse servi*), se trouve plus exacte que celle du commencement (*libertini sunt, etc.*); peu importe, en effet, comment on cesse d'être esclave, pourvu qu'on l'ait été et qu'on ne le soit plus.

77. Remarquez dans le texte, 1° l'origine de la manumission qui dérive, ainsi qu'on l'a déjà dit, du droit des gens; 2° sa définition *libertatis datio*; 3° enfin la division tripartite, dans laquelle notre texte et celui d'Ulpien (*fr. 4. de just. et jur.*), opposant d'abord les personnes libres aux personnes esclaves, rangent dans une troisième classe les affranchis qui n'ont pas toujours été libres et ne sont plus esclaves. Les affranchis sont libres dans l'acception générale du mot, lorsqu'on l'applique, comme nous l'avons vu précédemment (*pr. et* § 5, *de jur. person.*), à quiconque n'est pas esclave; mais les personnes libres dont il est ici question sont les personnes libres par excellence, celles qui l'ont toujours été, en un mot les ingénus. La qualité d'homme libre prise dans ce sens ne s'applique point aux affranchis, et dans ce sens Ulpien a pu ranger ces derniers dans une classe particulière.

§ I.

78. Justinien énumère ici, sans distinction, plusieurs manières d'affranchir qui n'ont pas la même origine, et qui avant lui ne produisaient pas le même effet (v. 80).

Ainsi le maître peut affranchir son esclave de plusieurs manières : 1° dans l'église (*in sacrosanctis ecclesiis*) en présence du peuple et avec l'assistance des évêques qui signent l'acte de manumission (1). Ce mode, introduit par Constantin, paraît avoir remplacé l'affranchissement qui à Rome s'opérait par le cens, lorsque avec la permission du maître l'esclave s'était fait inscrire parmi les citoyens romains sur les tables du cens, qui se faisait tous les cinq ans, et dont l'usage avait cessé depuis longtemps (2).

Un maître affranchit aussi, 2° par la vindicte (3), devant le magistrat compétent, avec des formes et des paroles solennelles (*Ulp.* 1 *reg.* 7); 3° entre amis, et 4° par lettre, c'est-à-dire par une déclaration verbale (*inter amicos*) ou écrite (*per epistolam*), mais faite, dans l'un et l'autre cas, en présence de cinq témoins, qui signent la déclaration écrite ou l'acte constatant la déclaration verbale du maître (C. *un.*, § 1 *et* 2, *de lat. libert. toll.*); 5° par testament ou par un autre acte de dernière volonté, c'est-à-dire par codicille (v. *liv.* 2, *tit.* 25); 6° enfin par plusieurs autres manières anciennes ou nouvelles, dont l'énumération se trouve au Code (C. *de lat. libert. toll.* v. § 12, *de adopt.*).

---

(1) *Constant.* C. 1, *de his qui in eccles.* Du vivant de Pothier (40 *pand.* 1, n° 1) il existait encore un monument de cette espèce d'affranchissement sur la porte de la principale église d'Orléans.

(2) *Voyez* Gaius (1 *inst.* 17), Ulpien (1 *reg.* 8); *voyez* aussi le fragment d'un ancien jurisconsulte *de manumissionibus*, dans la première partie du *Juris civilis enchiridium.*

(3) Le mot vindicte vient du nom de la baguette dont se servait la personne qui se constituait *assertor libertatis* (v. *Gaius*, 4 *inst.* 16).

§ III.

79. Nous voyons dans ce paragraphe que les distinctions introduites par les lois Junia Norbana et Ælia Sentia entre les affranchis, les ont divisés en trois classes; que Justinien, au contraire, rétablissant parmi eux l'égalité primitive, a décidé qu'en devenant libres ils deviendront tous citoyens romains. Ceci exige quelques explications; mais auparavant il importe d'observer que la volonté du maître, quelque nécessaire qu'elle soit, ne suffit pas seule pour conférer directement la liberté , elle doit être accompagnée de certaines formes ou conditions. Autrement la volonté du maître qui laisse vivre ses esclaves comme s'ils étaient libres ne serait qu'une tolérance dont il peut se départir à chaque instant, et qui met les esclaves *in libertate* sans les rendre libres, à la différence du véritable affranchi qu'une manumission légale a irrévocablement soustrait à la puissance dominicale.

80. Maintenant il faut savoir que le droit civil romain ne reconnaissait comme véritablement affranchis que les esclaves dont leur maître, investi du domaine quiritaire, s'en était dépouillé par le cens, par la vindicte ou par testament (*Gaius, 1 inst.* 17; *Ulp. 1, reg.* 6). Dans tout autre cas et de toute autre manière, la volonté d'affranchir ne libérait pas l'esclave; elle le mettait seulement *in libertate (Gaius, 3 inst.* 56); et l'esclave jouissait par le fait d'une liberté qui ne lui était pas légalement acquise. Un changement de volonté aurait suffi pour le faire rentrer en servitude; mais le préteur s'y opposait : il contraignait le maître à laisser vivre *in libertate* ceux qu'il y avait mis, sans cependant le priver

I.   5

des autres effets de sa puissance, et par exemple du droit
d'acquérir par eux comme par tout autre esclave (1),
conformément aux règles qui seront exposées plus loin
(514).

81. Ce tempérament du droit prétorien fut converti,
sur la fin de la république, en une disposition de droit
civil par la loi Junia Norbana, pendant le consulat de
L.-C. Scipion et de Cn. Junius Norbanus, l'an de Rome
670. Cette loi déclara libre tous les esclaves qui précédemment étaient simplement maintenus *in libertate* par
protection du préteur. Dès-lors ils commencèrent à former une classe de véritables affranchis, reconnus comme
tels, par la loi qui leur assigna, sous le nom de Latins
Juniens, des droits particuliers. On les appela Latins,
parce qu'ils furent assimilés aux *Latini colonarii*, c'est-
à-dire aux ingénus sortis autrefois de Rome pour se fixer
dans les colonies du *Latium*; on les. appela Juniens, à
cause de la loi Junia qui leur a conféré la liberté, mais
la liberté seule, sans y joindre les droits de cité. Cette
liberté n'était même, à proprement parler, qu'une jouissance viagère de la liberté. En effet, le Latin Junien vi-
vait libre; mais à sa mort il.était réputé n'avoir jamais
cessé d'être esclave, et le patron exerçait sur les biens
du défunt tous les droits d'un véritable maître (§ 4, *de
success. libert.*; *Gaius*, 3 *inst.* 56).

82. Après la loi Junia Norbana, la loi Ælia Sentia (2)

---

(1) *Voyez*, dans la première partie du *Juris civilis enchiridium* le § 7
du fragment déja cité *de manumissionibus*.

(2) Portée pendant le règne d'Auguste, l'an de Rome 757, sous le Consulat de S. Ælius Catus et de C. Sentius Saturninus, 87 ans après la loi
Junia Norbana, que l'on placerait mal à propos sous le consulat de Junius

introduisit de nouvelles distinctions (v. *tit.* 6), notamment en ce qui concerne l'âge et la condition de certains esclaves. D'une part, en effet, ceux qui sont affranchis avant l'âge de trente ans, même par la vindicte, sont exclus de la cité romaine et relégués parmi les Latins, lorsque la manumission n'a pas été autorisée par un conseil spécial, dont nous parlerons plus loin (*Gaius*, ɪ *inst.* 18; *Ulp.*, ɪ *reg.* 12), et d'autre part, les esclaves qui, après avoir encouru certaines punitions, comme la marque, la torture, obtiennent la liberté dans un âge et par une manumission quelconque, sont assimilés aux *peregrini deditii.* On appelle ainsi des étrangers qui, après avoir pris les armes contre Rome, se sont ensuite livrés à discrétion (v. *Ulp.* ɪ *reg.* 11; *Gaius*, ɪ *inst.* 13 *et* 14). Les affranchis déditices formèrent ainsi une troisième classe, où leur condition irrévocablement fixée ne pouvait pas s'améliorer; ils ne devenaient jamais ni citoyens ni Latins (*Gaius*, ɪ *inst.* 15, 26 *et* 27).

85. Justinien réunit ces trois classes d'affranchis en une seule. Depuis long-temps on ne voyait plus de déditices, et l'empereur croit devoir supprimer expressément (C. *de dedit. libert. toll.*) une distinction tombée en désuétude. Il supprime également (C. *de latin. libert. toll.*) celle qui subsistait encore entre les deux autres classes d'affranchis. En conséquence, il déclare tous les affranchis citoyens romains, en supprimant les anciennes distinctions sur

Selanus et de Norbanus Balbus, en l'année 772. Le texte de Gaïus (1 *Inst.* 29, 30, 31, 66 *et seqq.*; 3 *Inst.* 73 et 74), prouve l'antériorité de la loi Junia sur la loi Ælia Sentia. Il faut nous reporter comme ci-dessus (81) au Consulat de Junius Norbanus et à l'an de Rome 670.

l'âge de l'esclave, sur la propriété du maître (1) et sur le
mode d'affranchissement. Ainsi les différents modes de
manumission par lui conservés ou établis produiront tous
le même effet, et suffiront désormais pour élever un esclave au rang de citoyen (§ 4 *in fin.*, *de success. libert.*).

84. L'empereur supprime ici toute différence entre
les affranchis, et les déclare tous citoyens ; plus tard
(*Nov.* 78, *cap.* 1 et 2), il les a considérés comme régé-
nérés par la manumission même, et en accordant aux
affranchis les mêmes honneurs qu'aux ingénus, il a effacé
la distinction qui séparait ces deux classes, sans préjudi-
cier cependant aux droits du patron.

§ II.

85. Le texte nous offre ici pour la manumission par
la vindicte l'application d'une règle commune aux actes
de juridiction volontaire, tels que le manumission, l'é-
mancipation et l'adoption, actes pour lesquels plusieurs
personnes invoquent d'un commun accord l'autorité du
magistrat. Alors et en sens inverse de la juridiction con-
tentieuse, qui suppose une contestation entre les parties,
le magistrat exerce une juridiction volontaire pour laquelle on peut profiter en tout temps et en tout lieu de
sa présence, sans être obligé de comparaître devant son

---

(1) *Nullo, nec ætatis manumissi, nec* DOMINI *manumittentis, nec
manumissionis modo discrimine habito.* Au lieu de DOMINI, qui se rap-
porterait mal à propos à l'âge du maître, il faut lire DOMINII pour rappeler l'ancienne distinction du domaine quiritaire. Le texte de Gaius (1 *inst.*
17) ne laisse maintenant aucun doute sur la nécessité de cette correction
déjà faite par plusieurs éditeurs.

tribunal à jour fixe (*Gaius, fr.* 7, *de man. vind.; Marcian. fr.* 2. *de off. procons.*).

Toutefois cette latitude n'existait réellement que pour les esclaves âgés de plus de trente ans; car d'après la loi Ælia Sentia, les esclaves moins âgés ne pouvaient devenir citoyens que par la vindicte, avec l'approbation d'un conseil (91) en sa présence, et par conséquent à jours fixes (*Gaius* 1, *inst.* 18 et 20).

TITRE VI.

Qui ne peut affranchir et par quels motifs.

86. Justinien, quoiqu'il se montre favorable aux manumissions, n'accorde cependant pas aux maîtres qui veulent affranchir une latitude illimitée; plusieurs lois anciennes avaient posé à cet égard des bornes dont l'empereur conserve quelques-unes, spécialement celles de la loi Ælia Sentia. En effet, outre les dispositions relatives aux esclaves et dont nous avons parlé dans le titre précédent, il existait dans la même loi deux prohibitions relatives aux maîtres, pour les empêcher d'affranchir, soit en fraude de leurs créanciers, soit avant l'âge de vingt ans (*pr. et* § 4, *h. t.*).

PR.

87. Les créanciers peuvent saisir et faire vendre les biens du débiteur pour être payés sur le prix (v. *pr.*, *de success. subl.*). Ils peuvent même, en vertu des édits prétoriens, faire révoquer les aliénations consenties en fraude de leurs droits, et, par exemple, l'aliénation d'un

esclave comme celle de tout autre objet (§ 6. *de action.* ; *Ulp. fr.* 6, § 5, *quæ in fraud.*); mais lorsqu'un homme a cessé d'être esclave, il devient impossible d'atteindre en aucune façon l'affranchi : la liberté une fois acquise ne pent plus être retirée (§ 5, *de eo cui libert. caus.*). Les effets de l'affranchissement étant impossibles à réparer, même en cas de fraude, il fallait donc prévenir celle-ci et s'opposer à la manumission, en sorte que la liberté, lorsque le maître la donne en fraude de ses créanciers, ne soit point acquise à l'esclave. Effectivement la loi Ælia Sentia empêche l'affranchissement, qui dans ce cas reste non avenu (*nihil agit*), du moins à l'égard des créanciers fraudés.

Quant au débiteur, il peut d'autant moins contester la validité de la manumission, que nul n'est admis à se prévaloir de sa propre fraude. Ainsi l'affranchissement, quoique nul, subsiste si les créanciers fraudés ne l'attaquent pas, ou l'approuvent tacitement en laissant écouler un délai de dix ans (v. *Paul. fr.* 1, § 1, *de statulib.* ; *fr.* 16, § 3, *qui et a quib. manum.*).

§ I.

88. Il est même une espèce d'affranchissement que les créanciers ne peuvent jamais critiquer, celle que le maître confère à un de ses esclaves en l'instituant héritier. L'héritier est tenu de toutes les obligations du défunt : nul ne voudra donc accepter l'hérédité d'un homme insolvable, et, faute d'héritier, les biens du défunt seront vendus par les créanciers sous son nom. Ce serait un affront dont la loi Ælia Sentia préserve la mémoire des insolvables en leur permettant d'affranchir en l'instituant un esclave

qui deviendra héritier nécessaire, c'est-à-dire héritier malgré lui (§ 1 , *de her. inst.* ; § 1, *de her. qual.*), et même seul héritier (*heres ei solus*); car le maître in- solvable ne peut affranchir ainsi qu'un esclave, et celui-ci n'acquiert l'hérédité avec la liberté qu'au défaut de toute autre personne instituée dans le même testament, *si modo nemo alius, etc.*

§ II.

89. Le testateur qui institue son propre esclave, ma- nifeste par cela même l'intention de l'affranchir, puisque l'institué ne peut pas recueillir l'hérédité en restant es- clave ; mais la volonté du maître ne suffit pas pour con- férer la liberté : il faut, comme nous l'avons déjà vu, que cette volonté soit revêtue des formes légales. L'ancien droit exigeait même que le testateur s'exprimât en termes solennels, ce qui devait exclure toute manumission ta- cite. Il est vrai qu'Atilicinus, jurisconsulte proculéien, croyait l'institution suffisante (*pr., de her. inst.*); mais son avis n'avait point été suivi dans l'usage (*Ulp.* 22, *reg,* 12 ; v. *Paul. fr.* 57, *de hered. inst.*); Justiuien l'adopte dans une des cinquante décisions (C. 5, *de necess. serv. her. inst.*), en s'appuyant, pour éviter le reproche d'innovation, sur l'ancienne opinion d'Atilicinus (*d. pr., de her. inst.*). Justinien donne ainsi une nouvelle preuve (*nova huma- nitatis ratione*) de l'humanité qui le porte à favoriser les affranchissements.

Remarquons au surplus que cette décision forme règle générale pour tous les maîtres même solvables, qui instituent leur esclave sans l'affranchir expressément (*text. hic*).

§ III.

90. Puisqu'un maître ne peut affranchir en fraude de
ses créanciers, sachons ce qu'on entend par fraude.

Fraudare, dans son acception primitive, ne signifie
rien de plus que frustrer; ainsi, agir en fraude de ses créanciers, ce serait faire un acte par le résultat duquel ils seraient frustrés de ce qui leur est dû, en perdant, par l'insolvabilité du débiteur, les moyens de se faire payer. C'est
en ce sens que la loi Ælia Sentia était entendue par Gaius
(*fr.* 10, *qui et a quib. man.*), d'après lequel notre texte
déclare qu'il y a fraude en commençant, par cela seul
que le maître est déjà insolvable, ou le deviendra par
suite de l'affranchissement même. Ce système ne considère que les résultats, sans s'arrêter à l'intention du
maître; et cela, continue Gaius, parce que l'homme
s'abuse et se croit souvent plus riche qu'il ne l'est en
effet (1).

Cependant Julien (*fr.* 15, *quæ in fraud.*) ne se contente pas du tort réel que l'affranchissement causerait aux
créanciers; il exige en outre, pour appliquer la loi Ælia
Sentia, que le débiteur ait agi sciemment et avec intention
de leur nuire, ou, pour employer les expressions du
texte même, que les créanciers aient été doublement

---

(1) *Sæpe enim*, etc. Pour trouver quelque suite dans notre texte, il
faut lire ces mots comme ils se lisent dans Gaius même (*d. fr.* 10 *qui et a
quib man.*), c'est-à-dire, immédiatement après ceux-ci, *desiturus est
solvendo esse.* La phrase *prævaluisse tamen*, etc., est d'autant plus
mal intercalée entre l'opinion de Gaius et le motif donné par ce jurisconsulte, qu'elle consacre un principe directement opposé, principe qui
ne devrait pas lui-même être séparé de sa conséquence, *itaque tunc,* etc,

fraudés (*cum utroque modo fraudantur*), c'est-à-dire
qu'ils l'aient été de fait et d'intention. Cette opinion a
prévalu (*prævaluisse tamen videtur*), et c'est une règle
générale en matière de fraude qu'elle résulte d'un tort
réel et volontairement causé par le débiteur (*Pap. fr.* 79,
de reg. jur.).

§ IV.

91. Un maître mineur de vingt ans ne peut affranchir
que par la vindicte et pour des motifs légitimes approuvés par un conseil spécial dont Gaius (1 *inst.* 20) et Ulpien (1 *reg.* 13) indiquent la composition.

On est mineur ou majeur relativement à un âge quelconque, selon qu'on est au-dessous ou au-dessus de cet
âge (v. § 13, *de excus. tut.*). Au dernier jour de la dernière année, on n'est pas encore au-dessus ; mais on n'est
déjà plus au-dessous, ce qui suffit ici pour n'être pas
compris dans la prohibition qui ne concerne que les mineurs de vingt ans (1).

En soumettant les mineurs de vingt ans à la nécessité
de motiver l'affranchissement et d'en faire approuver le
motif, la loi exige en outre qu'ils affranchissent par la vindicte (*non aliter..., quam si vindicta ; text. hic.* ; v. *Gaius*,
1 *inst.* 38) ; et l'on n'en sera pas étonné lorsqu'on saura
que le plus souvent les affranchissements approuvés s'o-
péraient immédiatement devant le conseil même (*apud*

_____

(1) *Ulp. fr.* 1, *de manum.* Il en est autrement lorsqu'il s'agit d'une
faveur accordée jusqu'à un certain âge ; par exemple, de celle qui permet aux mineurs de vingt-cinq ans de faire rescinder tout acte qui les
aurait lésés (v. § 5, *de her. qual.* ; § 33, *de act.*). Dans ce cas on est
considéré comme mineur, même dans la dernière heure de la vingt-cinquième année (*Ulp. fr.* 3, § 3, *de minor. vigint.*).

consilium; text. hic; v. *Gaius,* 1 *inst.* 20) par l'autorité
du magistrat qui présidait, et conséquemment par la vindicte. Aussi est-ce dans le titre *de manumissionibus vindicta* que se trouvent au Digeste tous les textes relatifs à
ce dernier chef de la loi Ælia Sentia. Du reste, l'approbation du conseil n'était pas moins nécessaire pour la
manumission *inter amicos* (*Gaius,* 1, *inst.* 41), et probablement pour toutes les autres manières d'affranchir entre-
vifs qui ne donnaient pas les droits de cité.

92. Quant aux dispositions de dernière volonté,
le mineur de vingt ans ne peut conférer la liberté
directe (*Gaius, inst.* 40 ; § 7, *h. t.*), qu'en instituant un
de ses esclaves pour avoir un héritier nécessaire (*Paul.
fr.* 27, *de test. manum.*). Mais lorsqu'il existe des motifs suffisants pour faire approuver la manumission entre
vifs, il peut laisser indirectement la liberté par fideicom-
mis (*Ulp. fr.* 4, § 18, *de fideic. libert.; Alex.* C. 4, *de
test. mil.;* v. § 2, *de sing. reb.*).

§ V.

93. Le conseil ne doit approuver l'affranchissement
que pour un des motifs spécialement indiqués par la loi,
(*justa causa*) comme ceux que notre texte énumère
d'après Gaius (1 *inst.* 19 *et* 39), et par forme d'exemple,
car il en existe plusieurs autres (v. *Marcian. et Ulp.
fr.* 9, 11, 12, 13 *et* 14 *de manum. vind.*) Remarquez
que l'on peut affranchir une femme pour l'épouser (*matrimonii causa*), et un homme pour s'en faire un procureur (*procuratoris habendi gratia*). Dans le premier
cas, le maître jure qu'il épousera l'affranchie dans les six
mois (*Ulp. fr.* 13, *de manum. vind.*), et il doit l'épouser

en effet, à moins d'empêchement légal (*text. hic*); ce qui s'entend d'un empêchement survenu après la manumission, car une impossibilité antérieure exclurait la juste cause d'affranchissement (*Marcian. fr.* 14, *in fin.*, *eod.*). Dans l'intervalle entre la manumission et le mariage, ou l'expiration des six mois, l'état de la femme reste en suspens (*Cels. fr.* 19, *eod.*).

L'homme que son maître veut affranchir pour en faire son procureur, doit avoir dix-sept ans accomplis (*text. hic*). Autrement il ne serait pas capable de postuler, c'est-à-dire d'exposer devant un magistrat la demande d'une partie ou la défense de l'autre (*Ulp. fr.* 1, § 2, *et* 3, *de postul.*; v. § 7, *h. t.*; § 2, *de iis per quos ag. poss.*).

§ VI.

94. L'approbation du conseil est irrévocable, quand même elle serait accordée sur un faux motif. Ainsi, pour empêcher l'affranchissement, il faut contredire le motif allégué et s'opposer à son admission; mais on ne revient pas sur la décision prise (*Marcian. fr.* 9, § 1, *de manum. vind.*), ni à plus forte raison sur la manumission consommée (*Anton.* C. 1, *de vind. libert.*). En effet, il s'agit moins d'empêcher l'affranchissement que de suppléer à la prudence dont un maître trop jeune pourrait manquer, et l'on croit y suppléer suffisamment par celle du conseil. Le motif légitime n'est donc pas ici le motif vrai, mais le motif approuvé (voyez toutefois § 20, *de excus. tut.*).

§ VII.

95. L'homme à quatorze ans, et la femme à douze, disposent librement de tous leurs biens par testament (*pr., quib. mod. tut. fin.*; § 1, *quib. non est perm. fac.*); ils peuvent donc léguer tous leurs esclaves, et cependant la loi Ælia Sentia ne permettait pas au mineur de vingt ans d'en affranchir un seul. Gaius en avait déjà fait la remarque (1 *inst.* 40), sans s'étonner d'un résultat que Justinien déclare inadmissible (*non ferendum*), quoiqu'il soit fort raisonnable. Effectivement, l'aliénation et la transmission d'un esclave n'ont rien de commun avec son affranchissement. Tant que les esclaves ne deviennent pas libres, il est indifférent pour l'ordre public qu'ils changent de maître; mais lorsqu'ils deviennent libres et citoyens, l'intérêt de l'Etat exige qu'on ne leur confère pas légèrement des droits aussi importants.

Justinien, qui signale ici une prétendue inconséquence, ne la fait même pas cesser immédiatement. Il prend un terme moyen, en permettant d'affranchir par testament, mais à l'âge de dix-sept ans seulement, des esclaves que l'on pourra léguer à quatorze ou même à douze ans. La liberté, dit Justinien, est d'un prix inestimable; elle l'est effectivement pour celui qui la reçoit; mais pour le maître qui la donne, elle a tout juste la valeur vénale de l'esclave.

Dans la suite, l'empereur s'est montré plus conséquent en permettant d'affranchir par testament dès qu'on pourra tester (*Nov.* 119, *cap.* 2), sans rien changer du reste aux affranchissements entre vifs. A cet égard, la prohibition subsiste jusqu'à l'âge de vingt ans.

TITRE VII.

De l'abrogation de la loi Fusia Caninia.

96. La loi Fusia Caninia , portée sous le règne d'Auguste l'an de Rome 761 , pendant le consulat de Fusius ou Furius Camillus, ne s'est point occupée des manumissions entre vifs ; elle n'a limité que les manumissions testamentaires , en fixant , d'après le nombre des esclaves appartenant au testateur, le nombre de ceux qu'il lui sera permis d'affranchir (*Ulp.* 1 , *reg.* 24; *Gaius* , 1 *inst.* 42 *et seq.*). Cette latitude laissée d'un côté, et cette restriction mise de l'autre, sont considérées par Justinien comme une injustice qui motive suffisamment l'abrogation de la loi Fusia Caninia (*text. hic.*; v. C. *un.*, *eod*). Cependant on est souvent obligé de défendre à un testateur ce qu'on permet sans danger à l'homme qui se dépouille de son vivant ; car le premier donne plus facilement que le second. Aussi les testateurs libéraient-ils souvent tous leurs esclaves par une générosité peu coûteuse pour eux, mais nuisible à l'Etat , qu'elle inondait d'une foule d'affranchis indignes du titre de citoyens.

Au temps d'Auguste, la crainte d'un pareil abus avait produit plusieurs lois restrictives des manumissions (v. *pr. de her. inst.*) ; le titre de citoyen paraissait alors trop précieux pour être prodigué selon le caprice des maîtres. Justinien , ainsi que nous l'avons dit , agit dans un esprit tout différent ; il facilite les affranchissements, favorise les affranchis, les élève tous au droit de cité, et même au rang d'ingénus (84).

97. La même loi Fusia Caninia voulait aussi que chaque esclave fût affranchi nominativement (§ 25 , *de legat.* ; *Ulp.* 1 *reg.* 25). Elle est également abrogée sous ce rapport.

TITRE VIII.

De ceux qui dépendent ou d'eux-mêmes ou d'autrui.

98. Après la division principale des personnes en libres et esclaves, on a subdivisé les premières en ingénus et affranchis. Maintenant se présente une division nouvelle, absolument indépendante de la première ; et cependant on n'a pas distingué les citoyens romains d'avec les étrangers, bien que cette distinction ne soit elle-même qu'une autre subdivision des hommes libres, et par conséquent une dépendance de la division première. Ce silence peut s'expliquer.

Le titre de citoyen romain, et les droits de cité qui en dépendent, n'ont appartenu d'abord qu'aux habitants de la ville ou de son territoire ; et la cité romaine ne s'étendait pas, à beaucoup près, aussi loin que l'empire et la domination du peuple romain. Dans la suite cependant le droit de cité fut accordé à des particuliers établis hors du territoire de Rome, et même à des villes entières. Enfin, Caracalla déclara le titre de citoyen romain commun à tous les sujets de l'Empire. En vertu d'une constitution de ce prince , *in orbe romano qui sunt* , dit Ulpien (*fr.* 17 , *de stat. hom.*), *cives romani effecti sunt.* Toutefois cette concession ne s'appliquait qu'aux ingénus ; car pour les affranchis, on avait continué de distinguer parmi eux des citoyens, des Latins et des déditices. Justinien, qui abolit enfin cette distinction , est donc réellement le premier qui ait rendu commun à tous les sujets libres de l'empire le titre de citoyen. Dès ce moment ils ne forment plus entre eux qu'une même cité, et n'ont qu'un seul droit civil.

99. Dans l'origine, il en était autrement : plusieurs peuples ajoutés à l'empire continuaient à former des cités distinctes de la cité romaine, et régies chacune par un droit dont une partie leur était propre, tandis que l'autre se composait de règles communes et généralement observées *in orbe romano.* Tel est le signe auquel les jurisconsultes romains distinguent le droit des gens ou le droit naturel d'avec le droit civil. Ainsi, par exemple, ils considèrent les puissances dominicale et paternelle comme appartenant l'une au droit des gens, et l'autre au droit civil, parce qu'ils trouvent la première établie dans les autres cités de l'empire avec les mêmes effets, tandis que la puissance paternelle a, pour les citoyens romains, un caractère qu'on ne lui trouve point ailleurs (v. § 1, *h. t.*; § 2, *de patr. potest.*). C'est dans le même sens que la tutelle des impubères est une institution du droit naturel (§ 6, *de atil. tut.*), à la différence d'une autre tutelle, qui, d'après le droit civil romain, se prolongeait sur les femmes, même après l'âge de puberté (v. *Gaius*, 1 *inst.* 52, 55, 183 et 193; 3 *inst.* 93, 132 et 133).

Pour appliquer le droit civil, il fallait donc distinguer les personnes qui appartenaient ou non à la cité romaine, et par conséquent subdiviser les hommes libres en citoyens d'une part, et en PEREGRINI d'autre part; je dirais en citoyens et en étrangers, si je ne craignais pas l'acception trop étendue dont notre mot étranger paraît susceptible. On pourrait croire qu'il comprend ici des peuples absolument indépendants de l'Empire et de sa législation, peuples qui n'étaient connus à Rome que sous le titre de barbares (*Barbari, barbaricæ gentes; v. proœm, pr. et* § 1), tandis que les *peregrini* faisaient tous partie de l'Empire, et n'étaient considérés comme étrangers que par opposition aux citoyens, en ce sens qu'ils étaient hors de la cité romaine, et ne participaient à d'autres droits civils que ceux dont la jouissance a été quelquefois accordée avec plus ou moins d'étendue à certaines classes de *peregrini.*

Ils se subdivisaient, sous ce rapport, en latins, italiens et provinciaux; mais ces distinctions ayant été supprimées, entre les ingénus par Caracalla, et entre les affranchis par Justinien, on ne doit plus trouver dans les Institutes de ce dernier aucune subdivision relative aux droits de cité, puisque la liberté devenait désormais inséparable du titre de citoyen romain (§ 3 *in fin., de libert.; v. Pothier,* 1 *pand.* 5, *n*° 9).

PR.

100. La division dont va s'occuper Justinien n'a plus rien de commun avec celle qui précède. Il s'agit ici des droits de famille.

Ulpien (*fr.* 195, § 2, *de verb. signif.*) nous apprend que le mot famille désigne une corporation, dont on distingue deux espèces : la famille proprement dite, la seule que nous ayons besoin de connaître pour le moment, se compose de plusieurs personnes réunies sous la puissance d'un seul; ici famille et maison (*domus*) sont synonymes. Dans chaque maison il existe toujours un maître, un propriétaire unique : c'est le *pater familias*, celui qui *in domo dominium habet*, et quand même il n'aurait per-

sonne sous sa puissance, par cela seul qu'il est propriétaire, maître de maison, il est père de famille; car ce
titre est absolument indépendant du fait de la paternité:
non enim solam personam ejus, sed et jus demonstramus,
dit Ulpien. On peut en effet se trouver père de famille en
naissant; il suffit pour cela de n'appartenir à la famille
d'aucun autre, fût-on seul de la sienne.

Indépendamment du chef ou maître, il peut exister
dans la maison plusieurs autres personnes, toutes essentiellement soumises au père de famille.

101. De là vient la distinction des personnes *sui juris*
ou *alieni juris*. Dans chaque famille, le chef, le maître
de la maison, le *pater familias* est *sui juris;* toutes les
autres personnes sont *alieni juris*, parce qu'elles dépendent du chef qui a sur elles la puissance dominicale ou la
puissance paternelle.

Justinien s'occupe, dans ce titre, de la puissance dominicale et de ses effets.

§ I.

102. Nous avons vu plus haut (65) l'origine du pouvoir
absolu que le droit des gens accorde au maître sur ses esclaves; ajoutons ici que, par rapport à son maître,
l'esclave est moins considéré comme une personne que
comme une chose dont le propriétaire peut disposer sans
restriction, et dont il peut, à plus forte raison, tirer
tous les profits possibles. De là vient que l'esclave n'a et
ne peut rien avoir à soi, et que tout ce qu'il acquiert
appartient à son maître (v. § 3, *per quas pers. cuiq.
adq.*).

1.   6

§ II.

103. La puissance absolue du maître sur la personne de ses esclaves dut être modifiée, et le fut en effet dès le règne d'Auguste.

D'après la loi Pétronia portée l'an de Rome 767, le dernier de ce règne, et d'après plusieurs s natus-consultes postérieurs, la volonté du maître ne suffit plus pour réduire un esclave à combattre contre les bêtes féroces (*Modest. fr.* 11, § 2, *ad l. c. de sicar.*). Adrien défendit la castration des esclaves, lors même qu'ils y consentent (*Ulp. fr.* 4, § 2, *eod.*). Enfin, suivant une constitution d'Antonin-le-Pieux, le maître qui fait périr son esclave sans motif légitime, doit être puni comme s'il avait tué l'esclave d'autrui (*non minus*, etc.) ou un homme libre; car dans l'un et l'autre cas le meurtrier subit la même peine (§ 11, *de leg. aquil.*; *Marcian. fr.* 1, § 2, *ad l. c. de sicar.*).

104. Sans ôter au maître le droit de correction, Antonin prohibe aussi (*major asperitas*) les mauvais traitements (1). En conséquence, les magistrats informeront sur la plainte des esclaves (*Ulp. fr.* 1, § 1 *et* 8, *de off. præf. urb.*), et lorsqu'elle sera fondée, contraindront le maître à les vendre *bonis conditionibus*, c'est-à-dire sous des conditions avantageuses pour lui et pour eux. Ainsi le maître n'est pas forcé de vendre au-dessous de la juste valeur; mais il ne peut pas non plus imposer à l'acheteur des obligations préjudiciables aux esclaves, comme celle de ne pas les affranchir, de les tenir aux fers, de les trans-

---

(1) *Voyez* au Code le titre *de emend. serv.* (*liv.* 9, *tit.* 14).

férer dans un climat trop rigoureux, etc. (v. *Theoph. hic*).

105. Nul n'est obligé de céder, même à juste prix, une propriété qu'il voudrait conserver (*Paul. fr.* 9, *de act. rer. amot.*). Antonin reconnaît lui-même que chacun dispose à son gré de ce qui lui appartient, et que la puissance du maître sur ses esclaves doit rester intacte (*illibatum*); mais ce n'est pas entamer le droit de propriété que de le renfermer dans de justes bornes; car ce droit, loin d'être illimité, reste toujours subordonné à l'intérêt général, que nul ne peut blesser, même en disposant de sa chose (*expedit reipublicæ ne quis sua re male utatur*); or cet intérêt se trouve nécessairement lésé lorsqu'un maître viole envers son esclave les lois de l'humanité (v. *text. hic*).

TITRE IX.

De la Puissance paternelle.

106. Indépendamment de la puissance dominicale que toute personne *sui juris* a sur ses esclaves, les mâles *sui juris* peuvent avoir sous leur puissance plusieurs personnes libres qui composent la famille proprement dite, *plures personas sub unius potestate* (*Ulp. fr.* 195, § 2, *de verb. signif.*). Ces personnes sont *alieni juris*, comme les esclaves, et comme eux soumis à la dépendance du chef *qui in domo dominium habet*; mais, à leur égard, ce chef n'est pas seulement un maître, un propriétaire; c'est un père, et ce titre ne désigne le chef de la famille que pour l'unir plus étroitement aux enfants sur lesquels il exerce la puissance paternelle. Ils sont dans sa famille, et il est

comme 'eux de la famille (*Gaius, fr.* 196, *eod.*); aussi
n'oppose-t-on pas simplement le père aux enfants, mais
le père de famille (*pater familias*) aux fils de famille (*filii familias*), pour indiquer que tout rapport entre eux
dérive nécessairement ici de leur union dans une seule et
même famille, entre les membres de laquelle les titres de
père et de fils établissent ensuite une distinction subsidiaire, moins pour dépouiller chaque enfant que pour
confier au chef ou maître le libre exercice des droits
communs (v. *Paul. fr.* 11, *de liber. et post.*

107. Les enfants n'appartiennent jamais à la famille
maternelle, et conséquemment ne peuvent se trouver
soumis ni à la puissance d'une mère *sui juris*, ni à celle
d'un ascendant dont leur mère dépendrait. Les enfants ne
sont donc fils de famille que dans la famille paternelle ;
ceux qui n'ont point de père certain, ou qui n'appartiennent point à la famille paternelle, sont indépendants,
sui juris et pères de famille, même en naissant. Une
femme peut être *alieni* ou *sui juris,* mais dans ce dernier cas elle est toujours seule de sa famille, *familiæ suæ
et caput et finis* (*Ulp. fr.* 195, § 5, *de verb. sign.*)

§ II.

108. La puissance paternelle est du droit civil, et conséquemment particulière aux citoyens romains (*proprium
civium romanorum*), qui seuls peuvent l'exercer et y être
soumis. Cette puissance, illimitée dans sa durée, ne reçoit
aucune modification ni par l'âge ni par le mariage des
enfants ; tant qu'ils restent dans la famille paternelle, ils
y sont, comme l'esclave, la chose du père, et celui-ci

dispose en maître absolu de la personne du fils de famille comme de toutes les acquisitions faites par ce dernier.

En effet, la loi des Douze-Tables avait reconnu au père de famille le droit de vie et de mort sur les enfants soumis à sa puissance. Elle lui permettait aussi de les vendre; mais en usant de ce droit sur une fille ou sur les enfants du second degré, quel que fût leur sexe, le père épuisait sa puissance. Il en était autrement du fils; lorsqu'il était affranchi par l'acheteur, il rentrait aussitôt dans la famille et sous la puissance du père qui l'avait vendu. Une seconde aliénation, suivie d'un second affranchissement, produisait le même effet; car le père n'épuisait son autorité sur le fils que par une troisième vente. Si PATER FILIUM TER VENUM DUIT, FILIUS A PATRE LIBER ESTO (*Ulp.* 10 *reg.* 1; *Gaius, 1 inst.* 132).

109. Plus tard, c'est-à-dire sous les empereurs, l'aliénation du fils de famille par le père n'est tolérée que dans le cas d'une misère extrême, et à l'instant même de la naissance. L'enfant, ainsi vendu, se trouve *in servitute*, mais reste ingénu, et peut se rédimer, soit en payant l'équivalent de son service, soit en donnant à l'acheteur un esclave (*Paul. 5 sent.* 1, § 1; *Constant.* C. 2, *de patr. qui fil.*). Dans tout autre cas, la vente est nulle (*Diocl. et Max.* C. 1, *eod.*), et cependant rien de plus commun, à toutes les époques, que la mancipation, et conséquemment la vente des fils de famille; mais cette mancipation n'est qu'une vente fictive (*imaginariæ venditiones;* § 6, *quib. mod. jus pot.*), dont on se sert, comme d'un moyen indirect, pour dissoudre la puissance paternelle (197).

110. Le droit de vie et de mort n'a jamais autorisé un père à devenir l'ennemi et l'assassin de sa propre famille

(v. *Marcian. fr.* 5, *ad leg. pomp.*). Le pouvoir qu'il exerçait dans sa maison était bien moins celui d'un despote capricieux que celui d'un juge souverain ; et l'on ne pensait pas que les enfants dussent redouter cette juridiction dans un père. Toutefois ce droit fut considérablement restreint : le père de famille, qui a sujet d'être mécontent, peut employer les voies de correction, et même, en cas de persévérance, faire infliger par les magistrats la punition qu'il juge convenable (*Alex.* C. 3, *de patr. pot.*); mais la peine de mort ne peut être prononcée contre un fils de famille, sans qu'il ait été entendu par le magistrat auprès duquel le père doit se porter accusateur (*Ulp. fr.* 2, *ad l. c. de Sicar.*). Aussi Constantin soumet-il aux peines du parricide le père meurtrier de ses propres enfants (C. *de his qui par.* ; v. § 6, *de publ. jud.*).

Le principe qui déclarait le père seul propriétaire des biens de la famille a pareillement éprouvé, pour les acquisitions faites par les enfants, des modifications dont nous parlerons au second livre (512, 553).

PR.

111. La puissance paternelle, qui semble n'exister que dans l'intérêt du père, n'était cependant pas sans avantages réels pour les fils de famille. Les droits les plus importants pour eux en étaient la conséquence, puisque c'est du lien de famille que dépendaient presque toutes les successions. Il importe donc beaucoup de savoir comment se compose une famille, ou, ce qui revient au même, sur quelles personnes s'étend la puissance paternelle.

Un père de famille a sous sa puissance, non pas tous les enfants qui lui seraient nés d'une union ou même d'un mariage quelconque, mais seulement les enfants issus *ex justis nuptiis*, c'est-à-dire d'un mariage soumis par le droit civil à des règles particulières, comme nous aurons occasion de l'expliquer sur le § 1.

§ III.

112. Les enfants de cette union appartiennent, comme on l'a dit plus haut, à la famille de leur père, et y sont soumis au *pater familias*, c'est-à-dire à leur père même, lorsqu'il est *sui juris*; sinon, à l'aïeul dont leur père dépend lui-même comme fils de famille (*text. hic.*; v. § 11, *de adopt.*).

En effet, la puissance du père de famille s'étend à tous les enfants nés de lui et de son épouse (*ex te et uxore tua*), et à tous les petits-enfants ou descendants ultérieurs nés d'un fils de famille et de l'épouse de ce dernier (*ex filio tuo et uxore ejus*). Quant aux enfants de la fille, ils ne sont jamais sous la puissance de l'aïeul dont leur mère pourrait dépendre (*text. hic*), parce que, suivant ce qu'on a déjà dit, ils ne peuvent appartenir qu'à la famille de leur père, et jamais à la famille maternelle (§ 1, *de legit. agnat. tut.*; v. *Gaius. fr.* 196, *de verb. sign.*).

§ I.

113. « Les citoyens romains, dit Pothier (*contrat de « mariage n° 6*), pouvaient contracter deux différentes « espèces de mariage : on appelait l'un *justæ nuptiæ*, et « l'autre *concubinatus*. » Le premier, soumis par le droit

civil à des règles spéciales, avait aussi des effets particuliers : il donnait aux conjoints les titres respectifs de *vir*
et *uxor;* il déterminait la condition des enfants d'après
celle que le père avait à l'époque de leur conception ; enfin
il les plaçait dans sa famille et sous sa puissance paternelle. « Le *concubinatus,* dit encore Pothier (*ibid* 7),
« était aussi un véritable mariage ; il était expressément
« permis par les lois. (*L,* 3, § 1, ff. *de concub.*). » Mais
ce mariage, réglé par le seul droit des gens, ne produisait, même entre citoyens romains, aucun effet civil ni
pour la femme ni pour les enfants (v. 155, *etc.*).

114. Les noces (*nuptiæ*), autrement dites *matrimonium,* forment une union indivisible (*individuam vitæ
consuetudinem*), en ce sens que les époux vivent dans
une parfaite égalité de condition, partagent le même
sort, et sont réciproquement assimilés quant au droit
divin et humain (v. *Modest. fr.* 1, *de rit. nup.*). Dans
ce cas, la femme prenant le titre d'épouse, *uxor,* est une
compagne que le mari associe à son culte privé et au
rang qu'il occupe dans la vie civile (*Gordian.* C. 4, *de
crim. expil. hered.*), en la faisant monter ou même descendre jusqu'à lui (v. *Paul. fragm. vat.,* § 102) ; et en
cela surtout les noces diffèrent du *concubinatus,* mariage
inégal dans lequel l'homme prend une femme sans se
donner une épouse, sans la mettre à son niveau. Il s'unit
à elle en lui accordant une affection égale peut-être, mais
moins honorable, en un mot, sans avoir pour elle l'affection maritale, *non affectione maritali* (v. § 2, *de hered.
quæ ab intest.*). Effectivement, les noces ne se distinguent
du concubinat que par le caractère de dignité qui leur
est propre (*Ulp. fr.* 49, § 1, *de legat.* 3°), par l'affection maritale de l'homme pour la femme, et par les hon-

neurs conjugaux qu'il accorde à celle-ci (*Paul. 2 sent.* 20 ; *fr. 4, de concub.*). C'est par la manière dont les conjoints vivent ensemble, et par l'égalité de leur condition respective, qu'il faut apprécier leur intention, et juger s'ils ont voulu s'unir comme époux ou comme simples concubins (1).

115. Jusqu'ici nous avons supposé que dans la définition des noces le mot *individua* désigne un lien indivisible, en ce sens qu'il ne laisse subsister aucune inégalité : d'autres voient dans ce mot l'indication d'un lien indissoluble ; mais alors ce ne serait plus un caractère distinctif du *matrimonium*. En effet, les noces et le concubinat sont deux espèces de mariage également perpétuels, en ce que dans l'un et l'autre cas, « l'homme et la femme « contractaient ensemble une union qu'ils avaient intention « tion de conserver toujours jusqu'à la mort de l'un « d'eux » (*Pothier, contrat de mariage, n°* 7). On ne prend ni une épouse, ni une concubine pour un temps limité (v. *Paul. fr.* 2, *de concub.* ; *Ulp. fr.* 11, *de his qui sui vel al.*).

116. Quoique dépourvu d'effets civils, le concubinat, étant un véritable mariage (*Pothier, ibid. n°* 8), aura nécessairement plusieurs règles communes avec les noces. Perpétuel comme les noces mêmes, sans être indivisible, il aura tous les caractères que le mariage tient du droit

---

(1) *Voyez* Papinien (*fr.* 31, *de donat.*). Une femme ingénue et de bonne vie est présumée *uxor :* il faudrait prouver, par un acte formel, qu'elle a entendu se marier comme concubine plutôt que comme épouse (*Marcian. fr.* 3, *de concub.*); mais lorsqu'il s'agit d'une femme de mauvaise vie, ou d'une femme qu'il serait défendu de prendre pour épouse, on est présumé l'avoir prise pour concubine. (v. *Florent. fr.* 24, *de rit. nupt.*).

naturel. Ainsi, lorsqu'on dira pour exclure la polygamie, que les noces sont l'union d'un homme et d'une femme (*viri et mulieris*), au singulier, on ne dira rien qui ne soit également vrai du concubinat ; car nul ne peut avoir en même temps ni deux concubines, ni une épouse et une concubine (*Paul. 2 sent.* 20). Pareillement, lorsqu'en parlant de deux personnes de différent sexe on dira que les noces se forment entre elles par leur union (*conjunctio, text. hic ; qui coeunt., pr. de nupt.*), et lorsqu'on ajoutera que cette union résulte du consentement qui forme les noces avant toute consommation ou cohabitation (*Pomp., Ulp. et Paul. fr.* 5, 6 et 7, *de rit. nupt. ; fr.* 30, *de reg. jur.*), on exprimera une vérité applicable à toute espèce de mariage, et conséquemment au concubinat. Mais lorsqu'il s'agira, comme dans ce titre, des droits de famille, de la puissance du père et de l'état des enfants, alors il faudra soigneusement distinguer s'ils ont été conçus *ex justis nuptiis*, ou comme le dit Ulpien (5, *reg.* 1, 2 et 3), *ex justo matrimonio*; car NUPTIÆ et MATRIMONIUM reçoivent ici (*nuptiæ sive matrimonium ; text. hic*) et dans plusieurs autres textes, la même acception sans être absolument synonymes.

117. La différence entre ces deux expressions est à peu près celle que nous faisons, dans la langue française, entre noce et mariage. MATRIMONIUM est le lien consensuel qui unit les époux et forme entre eux l'espèce de société dont parle notre texte (v. *Paul. fragm. vatic.*, § 96, 100, 102, *et seqq.*), tandis que NUPTIÆ se dit, à proprement parler, des cérémonies et réjouissances (*pompa..... alia que nuptiarum festivitas*; *Théod.* C. 22, *de nupt.* ; v. *Justin.* C. 24, *eod.*) qui ne font pas le mariage, mais dont

le mariage devient presque toujours l'occasion. En effet,
le verbe *nubere* fait allusion au voile dont la femme se
couvrait pour être conduite chez son mari, et cette autre
locution *uxorem ducere* rappelle la marche et le cortège
de l'épouse *quæ ducebatur in domum mariti*.

118. NUPTIÆ se prend quelquefois dans le sens de son étymologie pour les cérémonies dont le mariage est précédé ou
suivi (1), plus généralement, comme ici, pour le mariage
même, et alors il devient synonyme de *matrimonium*.
Cette double acception du mot *nuptiæ* a jeté quelques
doutes sur la manière dont se formait à Rome l'union
conjugale. Il n'en reste pas moins vrai qu'elle se contractait
par le seul consentement, indépendamment de la solennité avec laquelle la femme était ordinairement *deducta
in domum mariti* (2). Il en est de cette solennité comme

---

(1) Notamment lorsqu'un legs ou une convention sont subordonnés à
la condition *si nupserit*. Cette condition ne s'accomplit que par la cé-
lébration des noces proprement dites, quand la femme a été *deducta*
(*Ulp. fr.* 15, *de cond. et dem.*) et en général quand il y a eu *nuptiarum festivitas* (*Justin.* C. 24, *de nupt.*). C'est dans le même sens et
d'après l'acception étymologique de *nubere* et *uxorem ducere*, qu'un
titre du Digeste est intitulé *de ritu nuptiarum*, qu'une femme absente
ne peut pas *duci a marito*, tandis qu'une femme présente peut *nubere*,
et être conduite chez son mari en l'absence de ce dernier (*Paul.* 2 *sent.*
19, § 8; *Pomp. fr.* 5, *de rit. nupt.*). En résulte-t-il qu'on ne puisse
épouser une femme absente? Non, sans doute, puisqu'Ulpien (*fr.* 6, *cod.*)
cite un mari qui *absentem accepit uxorem*.

(2) *Julian. fr.* 11, *de spons.*; *Gaius*, *fr.* 4, *de pign. et hyp.*; *Scævol.
fr.* 66, *de don. inter vir. et ux.* Pour entendre ce dernier texte, il faut
savoir que les donations entre époux sont prohibées : or il s'agit d'une
donation faite par une femme *quæ certo die nuptura esset et antequam domum deduceretur*. Quel doute peut-on élever sur la validité de
la donation? Aucun, s'il est vrai que cette donation, antérieure à la cé-
rémonie nuptiale, a par cela même précédé le mariage; mais Scævola
ne l'entend pas ainsi. La question pour lui est de savoir si l'on a donné

de l'écrit, *instrumentum dotale*, que l'on dressait à l'occasion du mariage, et qui servait à en constater l'existence (v. *Aurel.* C. 6, *de don. ante nupt.*); mais ce n'était toujours qu'un indice susceptible d'être combattu ou suppléé par d'autres indices (1). S'il en était autrement, il serait imposible de dire avec Paul (*fr. 4, de concub.*) que les noces et le concubinat se distinguent par la seule intention des contractants (*sola animi destinatione*).

---

ante contractum matrimonium, c'est-à-dire avant la convention qui forme le lien conjugal, *quod consensu intelligitur*, et dont la *deductio in domum mariti* n'est ordinairement qu'une suite. Je ne vois aucun argument à tirer, dans aucun sens, de la seconde partie du texte de Scævola; mais je citerai une décision de Paul (*fragm. vatic.* § 96) sur une donation faite le jour même des noces, et avant le *deductio :* on vérifiera, dit Paul, *tempus donationis et matrimonii.*

(1) *Scævol. fr.* 66, *de don. inter. vir. et ux.*; *Prob.* C. 9; *Théod.* C. 13 *et* 22, *de nupt.* Cette dernière constitution s'applique *inter pares honestate personas*, parce que dans le cas contraire, c'est-à-dire entre conjoints de conditions inégales, Théodose avait exigé la rédaction d'un *instrumentum dotale.* C'est Justinien qui nous l'apprend, en supprimant cette distinction, pour valider entre toutes personnes le mariage contracté sans le *dotale instrumentum.* (C. 23, § 7, *eod.*) Plus tard, il créa lui-même une distinction nouvelle en exigeant, pour les personnes illustres, la rédaction du *dotale instrumentum*, ou une déclaration faite en présence de cinq témoins, devant le défenseur de l'Église qui en dresse acte. (*Nov.* 74, *cap.* 4; *nov.* 117, *cap.* 4.)

TITRE X.

Des Noces.

PR.

119. Ainsi les noces *nuptiæ* prises dans le sens de *matrimonium*, se contractent entre citoyens romains lorsqu'ils s'unissent conformément aux règles du droit civil (*secundum præcepta legum*), c'est-à-dire lorsqu'un homme pubère et une femme *viripotens* s'engagent par leur consentement joint au consentement des ascendants dont ils dépendent. Voici donc, pour l'existence des noces, trois conditions, savoir : 1° le titre de citoyen romain dont les contractants doivent jouir; 2° la puberté; 3° le consentement que certaines personnes doivent joindre à celui des contractants. Examinons chacune de ces conditions en particulier.

120. Les noces étant un mariage civil, ne pouvaient exister qu'entre citoyens romains; cependant les *peregrini*, et surtout les latins, obtenaient quelquefois le *jus connubii*. Alors les enfants suivaient constamment la condition du père (*Gaius*, 1 *inst.* 56, 57, 67, 80); et dans le cas où celui-ci aurait été citoyen romain, ses enfants, citoyens comme lui, naissaient sous sa puissance comme fils de famille (*Gaius*, 1 *inst.* 76). Dans le cas contraire les enfants naissaient *peregrini* comme leur père, quoique la mère fût *civis romana*, parce que le droit civil, en déterminant la condition des enfants par celle du père, rend celle de la mère absolument indiffé-

rente (1). Sous Justinien, les déportés et les esclaves sont
les seules personnes de l'Empire qui ne jouissent pas du
droit civil, et ne peuvent pas contracter *justas nuptias*.

121. Les citoyens romains ne le peuvent eux-mêmes
qu'à l'âge de puberté, c'est-à-dire lorsqu'ils ont accompli,
l'homme sa quatorzième, et la femme sa douzième année (273). Cette époque est celle d'un changement important dans la capacité des personnes. C'est alors qu'elles
acquièrent la faculté d'aliéner, de tester et de contracter
librement (v. § 2, *quib. alien.*; § 1, *quib. non est perm.*;
§ 9 *et* 10, *de inutil. stipul.*). A l'égard des noces, un motif
spécial rend la puberté indispensable, puisque les impubères, incapables d'engendrer, ne rempliraient point le
but primitif du mariage ; cependant le mariage d'un impuissant produit tous les effets civils des justes noces. On
n'excepte de cette règle que les castrats (183; § 9, *de
adopt.*; v. *Ulp. fr.* 39, *de jur. dot.*).

122. Quant au consentement, on exige toujours celui
des contractants. Lorsqu'ils sont fils de famille, on exige
de plus le consentement ou l'ordre (*Jussus*, v. 124) de
l'ascendant qui a sur chacun d'eux la puissance paternelle (*in quorum potestate sunt*), et même de tout ascendant sous la puissance de qui pourront se trouver un
jour les enfants à naître du mariage (*Paul. fr.* 2; *fr.* 16,
§ 1, *de rit. nupt.*). Cette nécessité d'obtenir le consentement des ascendants dérive, si l'on en croit Justinien, du

---

(1) *Gaius*, *ibid.* **76**, **77**. Il en était autrement du mariage contracté
entre deux personnes à qui le droit civil n'accordait pas *jus connubii* :
dans ce cas, la condition des enfants, réglée par le droit des gens, sui-
vait toujours celle de la mère, lorsqu'il n'était dérogé à ce principe par
aucune loi spéciale. (*Gaius*, *ibid.* **78**, **83**, **86**; v. *Ulp.* **5** *reg.* **8**).

droit naturel et du droit civil (*nam hoc fieri, etc.*) ; mais en réalité on ne considère ici que les effets civils de la puissance paternelle, sans s'arrêter au respect que l'enfant doit naturellement à tout ascendant. Aussi le consentement qu'on exige ici n'est-il ni celui de la mère ni celui des ascendants maternels. Le père et les ascendants paternels ont seuls besoin de consentir, et leur consentement même n'est jamais nécessaire aux enfants que lorsque ces derniers sont fils de famille (1). Il faut donc remonter aux principes constitutifs de la famille civile.

123. Les fils de famille, quel que soit leur âge, leur sexe et le degré qu'ils occupent dans la famille, ne sont pas indépendants : ils ne peuvent donc s'engager par justes noces sans l'agrément du chef de famille; car, bien que celui-ci ne puisse pas forcer les enfants qu'il a sous sa puissance à garder un célibat absolu, il peut cependant les empêcher d'épouser telle ou telle personne (*Marcian. fr.* 19, *de rit. nupt.*).

Si la volonté du père de famille est indispensable, elle ne suffit pas toujours au mariage de tous les enfants soumis à sa puissance. Le petit-fils doit joindre au consentement de son aïeul le consentement de son père, lorsque celui-ci existe encore dans la famille. En effet, au décès de l'aïeul, le père aura sous sa puissance non-seulement le futur époux, mais encore avec lui et à cause de lui les

---

(1) Le consentement du père n'a jamais été requis pour le mariage des enfants *sui juris*, par exemple des émancipés (*Modest. fr.* 25, *de rit. nupt.*). Mais on a exigé, dans le Bas-Empire, que la fille mineure de vingt-cinq ans, quoique *sui juris*, obtînt le consentement de son père, ou quand elle n'a plus de père, le consentement de sa mère et de ses proches. (*Valent. Val. et Grat.* C. 18; *Honor. et Theod.* C. 20, *h. t.*; v. *Gord.* C. 8, *eod.*

enfants à naître de son mariage : or nul ne doit se trouver dans la famille et sous la puissance d'une personne malgré elle (*ne ei invito suus heres adgnascatur* , § 7 de *adopt.*). Pour qu'il n'en soit pas ainsi, il faut donc que les petits-fils soumis ainsi que leur père à la puissance d'un aïeul, obtiennent avec le consentement de l'aïeul dont ils dépendent, le consentement du père dont ils dépendront plus tard, eux et les enfants à naître de leur mariage. Les mêmes raisons ne s'appliquent point à la petite-fille ; car bien qu'elle doive aussi retomber de la puissance de son aïeul sous la puissance de son père, elle y retombera toujours seule et sans aucune postérité, puisque ses enfants ne peuvent appartenir qu'à la famille de son mari. Aussi les petites-filles, à la différence des petits-fils, n'ont-elles d'autre consentement à obtenir que celui du chef de la famille dont elles font partie (*Paul. fr.* 16 , § 1 , *de rit. nupt.*).

Ainsi, en résumé et comme nous l'avons dit précédemment, les personnes qui doivent consentir aux noces sont les futurs époux, le chef de la famille à laquelle chacun d'eux appartient, et les ascendants sous la puissance de qui peuvent retomber les enfants à naître.

124. Si les personnes dont le consentement est nécessaire n'ont pas toutes consenti, les noces n'ont aucune existence, *consistere non possunt*, dit Paul (*fr.* 2 , *eod.*) ; elles ne commencent à valoir qu'à l'époque où le consentement de tous a été obtenu, sans aucune rétroactivité. En effet, quoique prétende Heineccius (*elem. jur.* 150), on ne ratifie pas ce qui n'a jamais existé, ce qui est entièrement nul : aussi Justinien déclare-t-il expressément que les noces doivent toujours être précédées par le consentement des ascendants (*jussus parentum præcedere de-*

beat). Consentement que l'on appelle *jussus*, parce que c'est un père de famille qui le donne aux personnes placées sous sa puissance (681). Du reste il ne faut pas conclure de cette expression *jussus*, que les fils de famille aient besoin d'un ordre formel, ni même d'un consentement exprès ; car si le père, sachant que ses enfants se marient et avec qui, ne s'oppose point au mariage, son silence annonce un consentement réel, quoique tacite, qui suffit (*Alex.* C. 5, *h. t.*).

125. Quelquefois même on se contente du consentement présumé que le père de famille donnerait probablement au mariage s'il en avait connaissance ; ainsi, après trois ans de captivité ou de disparition du père de famille, les fils de famille de l'un ou l'autre sexe peuvent contracter un mariage sortable, que le père ne serait point dans le cas de désapprouver (v. *Ulp.*, *Paul.*, *Julian. fr.* 9, § 1 ; *fr.* 10 *et* 11, *de rit. nupt.*).

Il arrive alors qu'au retour de l'absent ou du captif les enfants de ses fils se trouvent sous sa puissance, indépendamment de sa volonté ; mais l'intérêt public veut que l'on facilite les mariages, et si le père de famille n'a point approuvé les noces contractées en son absence et à son insu, on peut dire au moins qu'il ne les a pas désapprouvées (*Tryph. fr.* 12, § 3, *de capt.*).

126. La même faveur paraissait applicable aux enfants d'un homme en démence (*furiosi*). Marc-Aurèle l'avait décidé pour le cas d'imbécillité, et l'usage avait étendu cette décision aux filles d'un père en démence ; mais l'application souffrait encore difficulté pour le fils, à cause des enfants que son mariage peut introduire dans la fa-

mille (1). Justinien tranche cette difficulté, et veut qu'il
en soit du fils comme de la fille. L'un et l'autre pourront
se marier d'après le mode établi dans une des constitutions de l'Empereur, c'est-à-dire en prenant l'avis soit
du préfet de la ville de Rome, soit des gouverneurs de
province ou des évêques, tant sur la personne que sur la
fixation de la dot ou de la donation à cause de noces, qui
sera fournie sur les biens du père par son curateur, après
avoir été réglée devant ce dernier et devant les plus considérables parmi les parents du père (v. C. 28, *de episc.*
aud.; C. 25, *h. t.*).

127. Ces distinctions sur le consentement des ascendants ne s'appliquent point à celui des parties principales. Les noces n'existent jamais sans le consentement
réel des époux. Ainsi, les personnes incapables d'avoir une
volonté, comme les fous (*Ulp. fr.* 8, *de his qui sui vel*
alien.; *Paul. fr.* 16, § 2, *de rit. nupt.*), ne peuvent
point se marier; et quant aux personnes capables de vouloir, elles n'ont pas une volonté suffisante lorsque le consentement qu'elles donnent n'est pas déterminé dans son
objet, et complétement libre : effectivement, il ne suffit
pas de consentir à un mariage quelconque, mais au mariage avec telle personne spécifiée (v. *Pap. fr.* 34, *de rit.*
nupt.). Le consentement est libre même lorsqu'il est ac-

---

(1) *Voyez* cependant Ulpien (*fr.* 9, *de rit. nupt.*) Le petit-fils qui devrait avoir le consentement de son père et de son aïeul peut, lorsque
l'un des deux est en démence, se contenter du consentement de l'autre :
dans ce cas le consentement du père fait présumer celui de l'aïeul, et
réciproquement; mais Ulpien n'aurait peut-être pas décidé de même si
l'ascendant unique ou si plusieurs ascendants qui devaient consentir
avaient tous été en démence.

cordé par une crainte purement révérentielle, pourvu qu'il ne soit pas extorqué par violence. Le père de famille ne peut, en aucun cas, marier ses enfants malgré eux (*Paul. fr.* 2 ; *Terent. fr.* 21 , *de rit. nupt.* ; *Diocl. et Max.* C. 12 , *h. t.*) ; mais lorsqu'ils accèdent par respect aux désirs paternels, cette déférence même prouve un choix, et par conséquent une liberté qui suffit pour la validité des noces (*Cels. fr.* 22 , *de rit. nupt.*).

§ I.

128. Sans les trois conditions ci-dessus (119), le mariage civil ne peut se former entre qui que ce soit. Leur réunion rend les noces possibles, sauf plusieurs prohibitions entre certaines personnes. A cet égard, il faut distinguer plusieurs empêchements.

Le principal résulte de la parenté : la parenté, *cognatio*, résulte du lien du sang entre les descendants d'un même auteur, ou du lien civil qui unit les membres d'une même famille. Dans le premier cas, la parenté est naturelle et indissoluble ; dans le second cas, l'agnation ou parenté civile subsiste entre les agnats, c'est-à-dire entre les membres de la même famille, tant qu'ils n'en sortent pas (v. § 1, *de legit. agnat. tut.* ; § 3 *et* 6, *de cap. demin.*).

129. Deux parents descendent toujours ou l'un de l'autre, comme les enfants de leur père et mère, les petits-enfants de leurs aïeux, ou seulement d'un auteur commun, comme le frère et la sœur d'un même père ou d'une même mère, le cousin et la cousine d'un même aïeul, etc. Dans le premier cas, la suite des générations forme une ligne ou parenté directe ; dans le second cas,

ceux qui ont un auteur commun, sans en descendre l'un par l'autre, sont parents collatéraux. En effet, on a comparé les parents aux personnes qui descendraient d'un même point par plusieurs escaliers ou échelles différentes (*Paul. fr.* 10; § 10, *de grad. et aff.*); chacun d'eux aurait au-dessus ou au-dessous de soi directement quiconque descendrait sur la même ligne, c'est-à-dire par la même échelle; et sur le côté à droite ou à gauche, tous ceux qui descendent par une autre ligne : de là vient qu'on appelle collatéraux (*a latere*, § 2 *de grad. cognat.*) les parents qui ont un auteur commun sans en descendre l'un par l'autre. Ainsi, toute parenté collatérale suppose toujours deux lignes, c'est-à-dire deux séries de générations qui se réunissent et se confondent dans la personne de l'auteur commun.

130. Deux parents directs, étant placés sur la même ligne, ou si l'on veut, sur le même escalier, chacun d'eux y occupe le degré immédiatement inférieur au degré occupé par son père ou sa mère, en sorte que les degrés sont toujours en nombre égal au nombre des générations qui donnent des fils ou filles au père et à la mère, des petits-enfants aux aïeux, des arrière-petits-enfants aux bisaïeux, etc., etc. Ainsi de mon père à moi, une génération, un degré; de mon aïeul à moi, deux générations, deux degrés, et ainsi de suite. D'un collatéral à un autre, il n'existe point de génération, par conséquent point de ligne, mais chacun d'eux descend de l'auteur commun par une ligne qui a ses degrés, et la somme des degrés de l'une et de l'autre ligne indique la distance entre les collatéraux.

Par exemple, deux frères ou sœurs se trouvant chacun à un degré du père commun, sont entre eux à deux degrés; l'oncle et neveu, placés l'un au premier, l'autre au second degré par rapport à l'auteur commun, sont au troisième degré entr'eux, et ainsi de suite (v. § 1, 2, 3, *et seq. de grad. cognat.*).

131. Comme on le voit par notre texte, la parenté directe empêche les noces à quelque degré que ce soit (*usque in infinitum*), même entre ceux qui sans être ascendants ou descendants l'un de l'autre, sont considérés comme tels à cause de l'adoption qui les a placés dans une même famille. Cette adoption produit une parenté civile, et l'empêchement qui en résulte survit à la parenté même, car il continue après la dissolution de l'adoption (*etiam dissoluta adoptione*) qui formait le lien de famille.

§ II.

132. Entre collatéraux, la parenté établit des prohibitions moins étendues (*est quædam similis observatio, sed non tanta*). Certains collatéraux peuvent se marier, et entre ceux qui ne le peuvent pas, l'obstacle résultant de la parenté adoptive, ne subsiste jamais plus longtemps que cette parenté même.

Les collatéraux les plus proches, c'est-à-dire le frère et la sœur (§ 2, *de grad. cognat.*), sont dans l'impossibilité de se marier tant qu'ils restent frère et sœur, c'est-à-dire à perpétuité, lorsqu'ils sont nés tels; mais sous ce rapport, la parenté naturelle formée par le sang diffère de la parenté civile ou adoptive qui peut se dissoudre. Ainsi la fille adoptive de mon père pourra m'épouser, si mon père l'émancipe. Il ne serait pas même nécessaire de dissoudre l'adoption, si moi-même je n'avais jamais appartenu à la famille paternelle, ou si je venais à en sortir; car l'adoption ne produit son effet qu'envers l'adoptant

et les membres de sa famille (*Paul. fr.* 23 , *de adopt. ;
fr.* 7 , *de in jus. voc.*; v. *Gaius , fr.* 55 , § 1 , *de rit.
nupt.*).

Par suite du même principe , si un père de famille qui
a sous sa puissance un fils ou une fille mariés, adoptait sa
bru (*nurum*) ou son gendre (*generum*), les deux époux se
trouveraient alors dans la même famille , et ce lien de
famille établirait entre eux une fraternité incompatible
avec le lien qui les unit déjà. Aussi l'adoptant doit-il préalablement émanciper celui des époux qu'il a sous sa puissance ; l'un des époux sortant ainsi de la famille, l'autre
peut y entrer sans obstacle (*text. hic;* v. *Gaius fr.* 17 ,
§ 1 , *eod.*).

§ III.

134. Après nos frères et sœurs viennent leurs descendants, c'est-à-dire nos neveux, nièces, petits-neveux,
petites-nièces, etc. Nous ne pouvons en épouser aucun à
quelque degré qu'ils se trouvent, parce que, entre collatéraux, celui qui est au premier degré par rapport à l'auteur commun se confond avec ce dernier, et est lui-même
considéré comme un ascendant pour tous les petits-enfants ou autres descendants de son propre père, *parentum
loco habetur* (§ 5, *h. t.*). Dans ce cas, notre texte dit avec
raison que quand on ne peut pas épouser la fille, on ne
peut pas davantage épouser la petite-fille (*cujus enim
filiam*, etc.) ; mais cette règle deviendrait fausse si on l'appliquait entre deux collatéraux qui sont l'un et l'autre à
deux degrés au moins de la souche commune : en effet,
quoique je ne puisse pas épouser ma tante, fille de mon
aïeul, je puis cependant épouser ma cousine, petite-fille
de ce même aïeul (v. 138; § 4, *h. t.*).

135. La parenté civile qui résulte de l'adoption produit les mêmes effets, seulement il faut bien examiner entre quelles personnes elle se forme. La fille que mon père adopte passe sous sa puissance, et se trouve, quand je ne suis pas émancipé, dans la même famille que moi ; il y a donc entre elle et moi parenté civile, et empêchement aux noces (132). Les enfants de ma sœur adoptive, au contraire, appartiennent à la famille de leur père, et non à la famille maternelle, qui est la mienne. Il n'y a donc entre eux et moi, ni lien de famille, ni par conséquent aucune parenté (*text. hic*; v. *Ulp. fr.* 12, § 4, *de rit. nupt.*), bien que je sois lié par la parenté naturelle, à cause du sang, avec les enfants de ma sœur naturelle, et par la parenté civile, à cause du lien de famille, avec les enfants de mon frère adoptif.

§ V.

136. Effectivement, je ne puis épouser la sœur de mon père (*amitam*); car, ne le fût-elle que par adoption (*licet adoptivam*), elle se trouverait dans la même famille que lui et moi. Quant à la sœur de ma mère (*materteram*), les noces sont également prohibées entre elle et moi, dans le cas de parenté naturelle ; mais ici il n'est plus question du lien de famille, qui n'existe jamais entre ma mère et moi, ni par conséquent avec les frères ou sœurs de ma mère. Aussi l'adoption faite par un aïeul maternel ne donne-t-elle ni oncle ni tante aux enfants de sa fille, parce que l'adoption n'a d'effet qu'à l'égard de l'adoptant et des membres de sa famille (132; v. *Ulp. d. fr.* 12, § 4, *de rit. nupt.*).

137. La prohibition qui défend le mariage entre l'oncle

et la nièce, etc., a été long-temps modifiée par une exception qui permettait à un oncle d'épouser la fille de son frère, sans accorder la même faculté pour la fille d'une sœur (*Ulp.* 5 *reg.* 6; *Gaius,* 1 *inst.* 62); cette distinction paraît avoir subsisté jusqu'au règne de Constantin, qui rendit à la prohibition sa généralité (1).

§ IV.

138. Les noces sont permises entre cousins (2), non parce qu'ils sont au quatrième degré, car nous avons déjà vu que nul ne peut épouser la petite-fille de son frère ou de sa sœur, *quamvis quarto gradu sint* (§ 3, *h. t.*); mais parce que le mariage est permis entre les collatéraux,

---

(1) Voyez C. 1, C. Th. *de incest. nupt.* Le premier mariage que l'on ait vu à Rome entre un oncle et la fille de son frère est celui de Claude avec Agrippine, fille de Germanicus. C'est de ce mariage que parle Agrippine elle-même dans *Britannicus.*

> Mais ce lien du sang qui nous joignait tous deux
> Écartait Claudius d'un lit incestueux.
> Il n'osait épouser la fille de son frère :
> Le sénat fut séduit ; une loi moins sévère
> Mit Claude dans mon lit, et Rome à mes genoux.

La loi dont il s'agit est un sénatus-consulte porté l'an de Rome 802, pour autoriser, en règle générale, le mariage de l'oncle avec la fille de son frère. Claude ne trouva d'abord que deux imitateurs parmi ses courtisans (*Suetone* 26); mais plus tard d'autres personnes suivirent cet exemple. S'il en était autrement, les jurisconsultes ne parleraient pas de l'usage qui s'est établi, et cet usage n'aurait pas été confirmé, comme il l'a été, par les constitutions impériales (v. *Gaius*, 1 *inst.* 62; *Tacite*, 12 *annal.* 7).

(2) Arcadius et Honorius les ont prohibées du vivant de saint Ambroise, et ont ensuite supprimé la prohibition (v. C. 19, *h. t.*; C. 3, C. Th. *de ncest. nupt.*).

qui sont l'un et l'autre à deux degrés au moins de la souche commune (134).

139. En résumant ce que nous avons vu jusqu'ici, on peut dire que la parenté directe empêche les noces à l'infini ; la parenté collatérale, également à l'infini, lorsque les parents ou l'un d'eux ne sont qu'à un degré de la souche commune. Les autres collatéraux peuvent s'épouser.

§ VI et VII.

140. Une autre cause d'empêchement aux noces se forme par les liens d'un premier mariage. Tant qu'il subsiste, les époux ne peuvent se marier avec personne, parce qu'il n'est pas permis d'avoir plusieurs maris ou plusieurs femmes à la fois (*text. hic*).

Après la dissolution du mariage, chacun des conjoints peut contracter une nouvelle union, mais il n'a plus la même liberté qu'auparavant. Outre les empêchements qui subsistent toujours entre mes propres parents et moi, il s'est formé avec les parents de mon premier conjoint un lien que les jurisconsultes romains nomment *affinitas* (*Modestin. fr.* 4, § 3 *et seq., de grad. et aff.*), et les français, affinité ou alliance (*Pothier, contrat de mariage*, 150).

141. L'alliance que le mariage établit se dissout avec le mariage même; mais, chose remarquable, ce n'est qu'après avoir été dissoute (*dissoluta demum affinitate*, § 7), que l'affinité commence, à proprement parler, de former un empêchement particulier : car, tant qu'un mariage subsiste, l'affinité qui en résulte n'ajoute rien à l'impossibilité absolue où chacun des conjoints se trouve de contracter un nouveau mariage. C'est lorsque la prohi-

bition générale a cessé, que commencent les empêchements relatifs à certains alliés (*text. hic*).

En effet, je ne puis épouser ni la fille dont ma première femme était déjà mère avant de m'épouser (*privignam*), ni la veuve de mon fils (*nurum*). Je ne suis point leur père ; mais le mariage établit entre les époux une union trop intime pour que les enfants ou les ascendants de l'un ne soient pas considérés, à certains égards, comme enfants ou ascendants de l'autre. Cette assimilation qui empêche un beau-père d'épouser sa belle-fille ou sa bru, *quia utræque filiæ loco sunt* (§ 6), s'étend indéfiniment, sans distinction de degré, à toutes les femmes qui descendent de mon épouse, ou qui ont épousé un de mes descendants (*Pomp. fr.* 40; *Paul. fr.* 14, § 4, *de rit. nupt.*).

Ce qu'on vient de dire s'applique, en sens inverse, à la femme de mon père (*novercam*), comme à celle de mon aïeul, bisaïeul, etc.; et à la mère de ma femme (*socrum*), comme à ses grand'mère, arrière-grand'mère, etc. (*Paul. d. fr.* 14, § 4, *de rit. nupt.*). Je ne puis épouser aucune d'elles, et toujours par la même raison, *quia matris loco sunt* (§ 7).

§ VIII.

142. Ce motif, dont les jurisconsultes romains font constamment dépendre la prohibition des noces entre alliés (v. § 7 *et* 8, *h. t.*; *Modest. fr.* 4, § 7, *de grad. et affin.*), n'est point applicable entre mon fils et ma belle-fille, ou réciproquement entre ma fille et mon beau-fils. Ainsi un homme et une femme, ayant chacun des enfants d'un premier lit, peuvent se marier sans que leur union forme aucun obstacle à celle des enfants que chacun d'eux

a eus précédemment d'un autre conjoint (*text. hic ; Pap. fr. 34, § 2, de rit. nupt.; v. Paul. fr. 134, de verb. oblig.*).

143. Si le second mariage des père et mère produit un enfant, ce dernier sera frère de tous les enfants que son père ou sa mère a eus séparément d'un premier lit. Il sera frère consanguin des enfants de son père, et frère utérin des enfants de sa mère; mais cette circonstance n'établit entre les premiers et les seconds aucune fraternité; or, parmi les personnes qui ne sont point respectivement *parentum liberorumque loco* (1), on ne voyait autrefois que les frères et sœurs dont le mariage fût prohibé. Mon fils et la fille de ma femme ne sont point frère et sœur, *quamvis habeant fratrem sororemve ex matrimonio postea contracto natos.* Ils peuvent donc se marier.

144. Faut-il en conclure qu'il n'existe entre eux aucune affinité ? On dit ordinairement que l'alliance se forme par le mariage entre chacun des époux et les parents de l'autre, mais non pas entre les parents respectifs de chaque conjoint (*Pothier, 23 pand. 2, n° 34 et 37; contrat de mariage,* 150). De cette définition on conclut que mes parents sont alliés à ma femme sans l'être aux parents de celle-ci, et réciproquement. On s'appuie, dans ce sens, sur notre paragraphe même; car le mariage qu'il autorise se forme, dit-on, entre deux personnes qui ne sont point alliées et précisément parce qu'elles ne le sont point (*Vinnius hic*); mais tel ne paraît pas être le sens de notre texte. Effectivement, après avoir établi qu'il est certains mariages dont il faut s'abstenir *affinitatis veneratione*

(1) *Voyez* § 1, 5, 6 et 7, *h. t.;* § 2 *et* 4, *eod.; Modestin. d. fr.* 3, § 7, *de grad. et affin.; Paul et Gaius, fr.* 39 *et* 53 *, de rit. nupt.*

(§ 6, *h. t.*), il ajoute que néanmoins (*tamen*) mes enfants peuvent épouser ceux de ma femme : seraient-ils donc alliés? Si l'affirmative contredit la définition précédente, elle s'accorde avec un texte formel, où Modestinus (*fr.* 4, § 3, *de grad. et aff.*) déclare que l'alliance unit les parents du mari avec ceux de la femme, et cite comme alliés, en les nommant *Janitrices* ou εινατερες deux femmes dont les maris sont frères (*d. fr.* 4, § 6). Notre texte ne prouve donc pas que mon fils et la fille de ma femme ne sont point alliés, mais seulement que l'alliance n'empêche pas leur mariage, tandis qu'elle m'empêche d'épouser les ascendantes ou descendantes de ma femme, *quod affinitatis causa parentum liberorumque loco habentur (Modest. d. fr.* 4, § 3, *eod.*).

145. Les jurisconsultes romains n'ont jamais admis, à raison de l'alliance, aucun empêchement relatif aux collatéraux de l'un et de l'autre époux. Ainsi rien n'empêchait un homme d'épouser la sœur de sa première femme, et une femme d'épouser le frère de son premier mari. A Constantinople les princes chrétiens prohibèrent le mariage du beau-frère avec sa belle-sœur (*Constant.* C. 2, C. Th. *de incest. nupt.*); et cette prohibition, plusieurs fois renouvelée (v. *Honor. et Theod.* C. 4, *eod.*), se trouve maintenue dans le code Justinien (C. 5, 8 *et* 9, *de incest. et inutil.*).

§ IX.

146. L'affinité proprement dite est un effet des justes noces. Un mariage prohibé, et par conséquent nul, ne produit aucune alliance (*Modest. fr.* 4, § 3 *et* 8, *de grad. et aff.*), en ce sens qu'il ne donne à personne les avantages

que les lois attachent au titre d'allié. Il en est de même
des noces qui ne sont point encore contractées, ou qui
ont été dissoutes. Dans ce second cas, il a existé une affinité, mais elle n'atteint que les parents de l'un et de
l'autre époux nés ou du moins conçus avant la dissolution
du mariage (1). Ainsi la fille qu'une femme divorcée et
remariée aurait eue d'un second mari n'est pas à proprement parler, belle-fille du premier, *non est privigna
tua* (2). Pareillement, la fiancée du père n'est pas encore
la marâtre du fils, et la fiancée (3) du fils n'est pas encore
la bru du père. Il n'y a donc pas alliance proprement
dite (*Ulp. fr.* 12, § 1 *et* 2, *de rit. nupt.*); mais lorsqu'il
s'agit de mariage, on considère bien moins l'exactitude
des dénominations et leurs différences civiles que la similitude des effets naturels (*Paul. fr.* 14, § 2, *eod.*). Si l'on
prohibe les noces entre chacun des conjoints et les ascendants ou descendants de l'autre, c'est pour que le même
homme ne vive pas successivement avec la mère et la fille.
Sous ce rapport, il importe peu que la naissance de la
fille ait précédé votre mariage avec la mère, ou suivi votre
séparation. Dans ce dernier cas, la fille de votre femme
n'est pas à proprement parler *privigna tua*; mais s'il n'y

_____

(1) Les noces se dissolvent par la mort, par la servitude où tombe l'un
des époux, et par le divorce opéré dans les formes légales (*Paul. fr.* 1,
de divort. et repud.). *Voy*ez Pothier, *Traité du Contrat de mariage*,
n°ˢ 462, 463, 467.

(2) PRIVIGNUS (*prius natus*) désigne l'enfant né de mon conjoint,
mais avant notre mariage (v. *Scœvol. fr.* 7, *de grad. et aff.*).

(3) Les fiancés sont l'homme et la femme qui ont mutuellement promis
de s'épouser, par une convention qui précède habituellement les noces
(*Florent. et Ulp. fr.* 1, 2 *et* 3, *de sponsal.*). *Voy*ez Pothier, *Contrat
de Mariage*, n° 24.

a pas d'affinité légale, il n'en est pas moins vrai que vous avez eu avec la mère des rapports qu'il serait inconvenant d'avoir avec sa fille. Il faut donc vous abstenir d'épouser cette dernière, comme si vous aviez été son beau-père. Tel est l'avis de Julien, rapporté par Ulpien (1).

147. D'après le même principe, quoi qu'il n'y ait d'affinité proprement dite que celle qui résulte des noces, néanmoins il suffirait, pour empêcher le mariage de deux personnes, que l'une d'elles eût vécu avec un ascendant ou un descendant de l'autre dans un commerce quelconque (v. 148), et notamment dans le *concubinatus* (v. *Scœv. fr.* 7, *de grad. et aff.; Alex.* C. 4, *h. t.*).

Pareillement, il existe entre chacun des fiancés et les ascendants ou descendants de l'autre, un empêchement (*Ulp. fr.* 12, § 1 *et* 2; *Paul fr.* 14, *in fin., de rit. nupt.*) qui est aussi la conséquence d'une certaine affinité (*Ulp. fr.* 6, § 1; *Pomp. fr.* 8, *de grad. et aff.*).

§ X.

148. Les esclaves n'ont point de parents : le lien du sang existe sans doute entre esclaves comme entre personnes libres; mais le droit civil n'y attache aucun des

---

(1) *Fr.* 12, § 3, *de rit. nupt.* D'après les derniers mots de notre texte (*jure tamen et rectius facturos*, etc.), on pourrait croire qu'il s'agit ici d'une invitation, d'un simple conseil, plutôt que d'une véritable prohibition. A cet égard, il importe de remarquer que les empêchements dont nous avons parlé jusqu'ici n'étaient établis par aucune loi précise, mais seulement par l'usage (*Pomp. fr.* 8, *de rit. nupt.*). Julien devait donc énoncer une opinion plutôt qu'une décision. Au reste, les locutions modestes plutôt que dubitatives dont se servent souvent les jurisconsultes romains, n'ôtent rien à la certitude de leur opinion.

avantages qui résultent, entre personnes libres, de la parenté proprement dite (v. § 10, *de grad. cognat.*). Toutefois, dans les noces, ainsi que nous l'avons déjà vu, les dénominations civiles n'empêchent pas d'observer le respect que l'on doit au lien du sang, partout où il existe. Ainsi, à l'égard des esclaves, ce lien produit des parentés serviles (*serviles cognationes*), et par suite aussi des affinités serviles d'où résultent pour les affranchis les mêmes empêchements que pour les ingénus (*Paul. fr.* 14, § 2 et 3, *de rit. nupt.*).

149. Je dis pour les affranchis, parce qu'il s'agit ici des empêchements aux noces, c'est-à-dire à une espèce de mariage que les esclaves sont absolument incapables de contracter tant qu'ils restent esclaves (1). Lorsqu'on distingue ici des personnes que la parenté servile nous empêche d'épouser, on suppose évidemment que ces personnes peuvent contracter les justes noces et par conséquent qu'elles ont cessé d'être esclaves, *si forte... manumissi fuerint* (*text. hic*).

Entr'autres personnes dont la parenté servile empêche ainsi le mariage on cite, et avec grande raison, le père et la fille; mais il importe d'observer surtout à l'égard des esclaves, que la paternité, rarement certaine, n'est jamais aussi facile à établir que la maternité. Dans le doute, on suit par décence le parti le plus sûr, et la paternité même douteuse suffit pour empêcher les noces avec une femme *vulgo quæsita* (*Paul. fr.* 14, § 2, *de rit. nupt.*) qui, civilement parlant, est censée n'avoir point de père (113; § 12, *h. t.*).

---

(1) Les esclaves contractent entre eux et quelquefois aussi avec les personnes libres, une sorte de mariage nommé *Contubernium*. Voyez à cet égard le § 1, *de succ. subl.* et son explication.

§ XI.

150. Outre les empêchements qui résultent de la parenté et de l'alliance, il en est encore plusieurs autres pour le détail desquels Justinien nous renvoie au Digeste.

Ces empêchements, fondés sur des considérations purement civiles ou politiques, ne se sont point établis par l'usage comme les précédents, mais par des prohibitions expresses qui, ne tenant pas à la nature même du mariage, s'appliquent aux noces sans empêcher le concubinat (v. *Ulp. fr.* 1, § 2 ; *Paul. fr.* 5, *de concub.*). Relativement aux noces mêmes, ces prohibitions n'établissent souvent qu'un obstacle temporaire (v. *Ulp. fr.* 27 ; *Paul. fr.* 65, § 1 ; *fr.* 66, *de rit. nupt.*), susceptible d'être levé par l'autorité du prince (v. *Ulp. fr.* 31, *eod.*; *Diocl. et Max.* C. 7, *de interd. matrim.*). Enfin leur violation ne constitue pas un inceste (*Ulp. fr.* 39, § 1, *de rit. nupt.*), et n'entraîne pas les mêmes conséquences (162).

151. Les noces que la loi des Douze-Tables avait prohibées entre patriciens et plébéiens, ont été autorisées peu de temps après, dès l'année 309, par la loi Canuleia. Toutefois elles restèrent défendues entre ingénus et affranchis jusqu'à la loi Julia (1) qui leva la prohibition, excepté pour les sénateurs et leurs descendants (*Ulp.* 13 *reg.* 1;

---

(1) C'est la loi JULIA *de maritandis ordinibus*, portée en 757 sous le règne d'Auguste, confirmée et amplifiée par la loi PAPIA POPPÆA, rendue l'an de Rome 762, sous le consulat de Papius Mutilus et Q. Poppæus. Ces lois se confondent souvent dans l'usage, sous la dénomination de loi JULIA et PAPIA POPPÆA.

Cels. fr. 23 ; v. *Paul. fr.* 44, *pr. et* § 1, *de rit. nupt.*).
Quant aux autres ingénus, on leur a seulement défendu
d'épouser une certaine classe de femmes qu'avilissent leurs
mauvaises mœurs ou même leur profession (v. *Ulp.* 13
reg 2 ; *fr.* 43, *pr.*, § 1, 2, 3, 6, 7 et 8, *eod.*).

152. D'après un sénatus-consulte rendu dans les dernières années de Marc-Aurèle (v. *Tryph. fr.* 67, § 3 ;
Paul. fr. 66, *de rit. nupt.*), une femme ne peut épouser
ni les tuteur ou curateur qu'elle a eus, ni le curateur
qu'elle a encore, non plus que leur fils ou petits-fils, à
moins qu'elle ne prenne, en se mariant ainsi, l'époux auquel son père l'avait fiancée ou destinée par une clause de
son testament (*Paul. fr.* 36, 59 *et* 66, *eod.*). On a voulu
prévenir dans l'administration du tuteur ou curateur, les
malversations qu'un semblable mariage pouvait favoriser
(v. *Callistr. fr.* 64, § 1, *eod.*). Cet obstacle dure tant que
la femme peut être restituée contre les comptes rendus,
c'est-à-dire jusqu'à l'âge de vingt-six ans accomplis (*Paul.
d. fr.* 66, *eod.*). Sauf le cas de fiançailles antérieures, il
est également défendu aux fonctionnaires publics de se
marier ou de laisser marier leur fils avec une femme
domiciliée dans la province où ils exercent leurs fonctions
(*Paul. fr.* 38, *pr. et* § 1 ; *Marcian. fr.* 57, *de rit. nupt.*).

§ XII.

153. Les conjoints unis *justis nuptiis* deviennent respectivement VIR et UXOR ; à ce titre chacun d'eux acquiert
des droits particuliers sur les biens qui forment la dot ou
qui sont compris dans la donation dite à cause de noces
(v. § 3, *de donat.*). Le droit prétorien appelle les époux à
la succession l'un de l'autre (§ 4, *de bon. poss.*), enfin leurs
enfants sont légitimes, c'est-à-dire qu'ils suivent la condi-

I.   8

tion du père, et naissent, sinon sous sa puissance, au moins dans sa famille.

En sens inverse, les noces que l'on prétendrait avoir formées *adversus ea quæ diximus*, sont nulles. Dans ce cas, dit notre texte, il n'y a point de noces, point de *matrimonium*, point de dot; les conjoints ne sont point époux (*nec vir, nec uxor*), et les enfants ne sont point sous la puissance du père. Cette énumération nécessite quelques détails.

154. A défaut des conditions requises ou de l'une d'elles il n'y a point de noces, point de *matrimonium*, c'est-à-dire point de mariage civil; car *nuptiæ* et *matrimonium* sont ici, comme précédemment (§ 1, *de patr. pot.*), deux expressions synonymes, dont on se sert également pour désigner le mariage qui, entre autres effets civils, détermine la condition des enfants par celle que le père avait à l'époque de la conception. Pour cela, il faut qu'à cette époque l'union des père et mère ait réuni toutes les conditions requises par les lois civiles (*secundum præcepta legum*). Ainsi, lorsqu'un fils de famille se marie à l'insu du père dont il dépend, la mort ou le consentement de ce dernier peuvent seuls donner au mariage le caractère de justes noces; mais c'est en vain que les conjoints deviendraient *vir* et *uxor* pendant la grossesse de la femme. L'enfant dont elle accouche ne suivra point la condition de son père, il ne naîtra ni dans sa famille, ni sous sa puissance (*Paul. fr.* 11, *de stat. hom.*). C'est un des cas auxquels doit s'appliquer ce que Justinien dit ici pour toute union qui ne forme *nec nuptiæ nec matrimonium*. En effet, les enfants sont assimilés pour tout ce qui concerne les droits de famille et la puissance paternelle, *quantum ad patriam potestatem*, aux enfants *vulgo con-*

cepti qui n'ont aucun père certain. Les enfants qui ne sont pas conçus *ex justis nuptiis* n'ont point de famille ; à cet égard il n'existe aucune différence entre eux et les *spurii*.

155. Sous d'autres rapports on doit cependant les distinguer, car s'il n'existe point de noces, il peut exister un concubinat. A la vérité, les empêchements résultant de la parenté et de l'alliance ne permettent aucune espèce de mariage, et dans ce cas, soit que les parties prétendent contracter de justes noces ou simplement un concubinat, leur union n'est qu'un inceste (v. *Ulp. fr.* 56, *de rit. nupt.; fr.* 1, § 3, *de concub.*), dont les fruits sont nécessairement *spurii* (*Modest. fr.* 23, *de stat. homin.*) ; mais les prohibitions purement civiles ne s'étendent point au concubinat. Ainsi, par exemple, un gouverneur pourrait prendre une concubine dans la province qu'il administre (*Paul. fr.* 5, *de concub.*). Les enfants nés du concubinat ont un père certain, à l'égard duquel on les désigne sous le titre d'enfants naturels (*liberi naturales*), parce qu'ils ne naissent point dans sa famille, quoiqu'ils puissent, en certains cas, passer sous sa puissance (159, *etc.*).

156. La dot et la donation à cause de noces sont des donations d'un genre spécial d'où résultent, pour chacun des époux, des droits que nous aurons occasion d'expliquer (§ 3, *de donat.; pr., quib. alien.*), et notamment pour la femme, celui d'exiger à la dissolution du mariage la restitution de sa dot. Mais il n'y a dot que lorsqu'il y a *matrimonium*, justes noces (*Ulp. fr.* 3 ; *fr.* 39, *pr. et* § 1, *de jur. dot.*) ; aussi lorsque l'union des conjoints n'est pas conforme à toutes les règles du droit civil, on ne peut, dit Justinien, réclamer ni dot ni donation à cause de noces, *nec dotis nec donationis exactioni locus*.

157. Le mariage est dépourvu de tout effet civil lorsqu'il y manque une des conditions dont la réunion forme les justes noces; il peut devenir criminel lorsqu'on le contracte au mépris des prohibitions établies. Les noces de deux parents directs sont dites *nefariæ atque incestæ* (§ 1, *h. t.*). C'est un inceste du droit des gens, un inceste inexcusable, à la différence de celui que commettraient deux collatéraux, et en général les autres personnes dont l'union a été ou toujours réprouvée par un usage constant (*moribus; Paul. fr.* 39, § 1; *fr.* 68, *de rit. nupt.; Ulp. fr.* 56, *eod.*), ou prohibée par les constitutions (v. *Arcad. et Honor., Honor. et Theod.* C. 3 et 4, C. Th. *de incest. nupt.*). Les noces défendues par des motifs purement civils ou politiques (150, *etc.*) ne sont point incestueuses, quoiqu'elles exposent les contractants à des peines qui varient suivant les circonstances (*Paul. fr.* 66, *de rit. nupt.; Callistr. fr.* 64, *eod.*). L'inceste, indépendamment de toute autre punition, entraîne toujours confiscation de la dot (*Paul. fr.* 52, *de rit. nupt.*); cependant lorsqu'il n'y a pas inceste du droit des gens, on use d'une sévérité moins grande envers les parties (*Paul. fr.* 68, *eod.*). On ne confirme jamais leur union (*Zen.* C. 2, *si nupt. ex rescript.*); mais l'erreur et la bonne foi des contractants ou de l'un d'eux suffisent, en certains cas, pour faire accorder aux enfants les avantages qu'aurait produits en leur faveur un mariage légitime (v. *Marcian. fr.* 57, § 1; *fr.* 58, *de rit. nupt.*).

§ XIII.

158. L'enfant qui n'appartient pas dès sa naissance à la famille paternelle peut y entrer postérieurement. Entre autres exemples rapportés par Gaius (1 *inst.* 65, *et seq.*),

il suffira de citer le cas d'un mariage contracté par erreur
entre un citoyen romain et une femme *peregrina* : dans
ce cas, le père est admis à justifier son erreur, *causam
erroris probare*; et alors l'enfant qui était né *peregrinus*
comme sa mère, devient citoyen romain et fils de famille,
incipit filius in potestate patris esse (*Gaius*, *ibid.* 67 ; v.
Ulp. 3 *reg.* 3).

159. Depuis Caracalla (98), les sujets de l'empire ont
en général le droit de cité : mais on distingue, entre citoyens romains, deux sortes de mariages, et les enfants
du concubinat naissent toujours hors de la puissance de
leur père, sans aucun moyen pour eux d'acquérir par
suite les droits de famille. C'est dans le Bas-Empire que
les princes chrétiens ont permis pour la première fois de
légitimer les enfants naturels.

La légitimation, sur le but de laquelle il importe de ne
point se méprendre, ne tend pas à justifier les suites
d'un commerce illégal. On ne légitime point les fruits
d'une union illicite (*Nov.* 74, *cap.* 6); mais, comme il
existe des mariages autorisés, et qui cependant ne produisent pas l'effet civil des noces, on permet de conférer
aux enfants les droits de famille qu'ils ne tiennent pas de
leur naissance. Ils passent sous la puissance paternelle,
et alors ils sont légitimés, parce qu'il se forme entre leur
père et eux un lien civil que le droit naturel n'établit pas,
lien dont l'existence distingue seule, et uniquement à
l'égard du père, les enfants légitimes ou naturels. En
effet, la légitimation de ces derniers, absolument indifférente pour la famille et la succession maternelle (v. § 3,
de sc. orphit.; § 7, *de sc. tertyl.*), ne tend qu'à les mettre
sous la puissance de leur père, *suos patri et in potestate
fieri* (C. 5, *de nat. liber.*).

160. Cette légitimation a lieu de différentes manières :
la première consiste dans une espèce d'agrégation de l'enfant naturel au corps de la curie ou sénat des villes municipales. Le titre de décurion ou membre de la curie
était très-honorable et en même temps très-onéreux, à
cause des grandes dépenses auxquelles il fallait contri-
buer, et dont on cherchait ordinairement à se dipsen-
ser (1). Pour l'avantage des curies, Théodose et Valentinien (C. 3, *de natural. liber.*) voulurent qu'en offrant
son fils naturel à la curie de sa ville natale, ou d'une
ville métropolitaine lorsque le père serait de Rome ou de
Constantinople, celui-ci pût acquérir sur ce fils la puissance paternelle et par suite lui transmettre sa succession
(*text. hic*; § 2, *de hered. quæ ab int.*). La fille naturelle
peut être légitimée par son mariage avec un décurion (*d.
C. 3, de natur. liber.*).

Au reste, ce n'est là qu'une légitimation très-impar-
faite. L'enfant succède à son père, mais reste totalement
étranger aux autres membres de la famille paternelle
(*Justin. C. 9, eod.*); et lorsque le père a des enfants légitimes, il ne peut donner ou laisser au légitimé plus qu'à
celui des légitimes auquel il donne ou laisse le moins
(*v. d. C. 9, § ult.*)

161. Constantin, dans une constitution renouvelée
depuis par Zénon (C. 5, *de natur. liber.*), avait permis de
légitimer les enfants naturels que l'on aurait d'une concubine ingénue ; il fallait pour cela que le père contrac-
tât un mariage civil avec la mère, en donnant le titre
d'épouse (*uxorem ducere*) à la femme qu'il aurait tenue

---

(1) *Voyez* au *Digeste,* liv. 50, tit. 2, et au *Code,* liv. 10, tit. 21.

jusqu'alors en concubinat. Telle est l'origine de la légitimation dite *per matrimonium subsequens ;* mais il faut remarquer que Constantin et Zénon ne l'autorisaient que pour les enfants déjà nés à l'époque où chacun de ces princes promulgua sa constitution, sans étendre le même bénéfice aux enfants qui par suite naîtraient du concubinat (*d.* C. 5, *eod.*). C'est Justin qui le premier (C. 6, *eod.*) admit cette légitimation en principe général et pour l'avenir, mais seulement à défaut de postérité légitime. Justinien permit de légitimer, soit par oblation à la curie, soit par noces subséquentes, les enfants naturels dont le père aurait des enfants légitimes (C. 9, § *ult. ;* C. 10, *eod.*; *Nov.* 12, *cap.* 4*;* v. *Const., Zen., Theod. et Just.* C. 5, 5 *et* 6, *eod.*).

162. Notre texte et tous ceux qui permettent la légitimation par noces subséquentes, restreignent ce bénéfice aux enfants d'une concubine que l'on aurait pu épouser sans aucun empêchement, *cujus matrimonium* MINIME INTERDICTUM *fuerat* (*text. hic;* v. § 2, *de hered. quæ ab intest.*; C. 10 *et* 11, *de natur. liber.*). Interprétée en ce sens qu'il ne doit exister aucun empêchement à l'instant où les noces se contractent, cette restriction ne signifie absolument rien : car, en parlant de la légitimation par mariage subséquent, il serait bien inutile d'ajouter que ce mariage doit devenir possible. Mais il n'est pas indifférent d'exiger qu'il ait été possible antérieurement, par exemple, au temps de la conception; et tel est, je crois, le sens des expressions de Justinien. Il en résulte que les enfants naturels, c'est-à-dire les enfants nés *ex concubinatu*, seuls susceptibles d'obtenir le bénéfice de la légitimation, ne le seraient pas tous; en effet, le concubinat

peut avoir été permis entre leurs père et mère à une
époque où les noces étaient prohibées (155).

163. Ici et dans la constitution de Justinien (*d. C.* 10,
de natur. liber.), il est question des enfants naturels nés
d'une femme libre (*ex muliere libera*) : en interprétant
le mot *libera*, dans le sens qui le rend quelquefois synonyme d'*ingenuus* (77), on prétendit exclure du bénéfice
de la légitimation les enfants nés d'une concubine affranchie. Cette interprétation, quoiqu'elle parût appuyée sur
la constitution de Zénon (C. 5, *de natur. liber.*), a été
condamnée par Justinien (*Nov.* 18, *cap.* 11), qui déclare les enfants d'une affranchie susceptibles d'être légitimés par noces subséquentes, lorsqu'il sera possible au
père d'épouser une affranchie. Dans la même novelle,
Justinien autorise la légitimation des enfants naturels
qu'un maître aurait eus de sa propre esclave; mais dans
ce cas, la légitimation n'a lieu qu'autant qu'il n'existe
aucun enfant légitime, et à la condition d'obtenir le
bénéfice de régénération qui, après l'affranchissement de
la mère et des enfants, efface toutes les traces de leur
ancienne servitude, et les assimile aux ingénus (1).

---

(1) On a vu ci-dessus (84) que Justinien, en supprimant toute distinction entre les ingénus et les affranchis, a fait du droit de régénération une conséquence de la manumission même. Dès lors aucun affranchi
n'a besoin de demander un bénéfice qui a été rendu commun à tous. Mais
il ne l'a été qu'en 539, par la novelle 78 (*cap.* 1 *et* 2) promulguée deux
ans après la novelle 18, dont il s'agit ici. Dans la dernière, c'est-à-dire
dans la plus récente de ces deux constitutions, Justinien veut que les
enfants n'aient pas même besoin d'affranchissement. Dès que le patron
épouse son ancienne esclave, la confection de l'acte dotal suffit aux enfants naturels pour les rendre libres, ingénus et fils de famille (*Nov.* 78,
cap. 3 *et* 4).

164. Dans tous les cas, les noces subséquentes ne légitiment les enfants naturels que lorsqu'il a été dressé un acte dotal (*dotalibus instrumentis compositis*). Cet acte, exigé par notre texte et par tous ceux qui s'y rapportent, n'est pas exigé pour la validité des noces, mais pour déterminer positivement quels sont, ou non, les enfants légitimés : aucun d'eux en effet, ne peut être soumis malgré lui à une légitimation dont l'effet immédiat est de rendre fils de famille un enfant naturel qui, en cette qualité, est nécessairement *sui juris* (*Nov.* 89, *cap.* 2).

165. Les derniers mots de notre texte prévoient le cas où le mariage qui a opéré la légitimation donnerait naissance à de nouveaux enfants, et comme le texte vulgaire a paru altéré, divers éditeurs ont cherché à le rectifier : de là trois versions principales. Celle de Cujas (1), signifie que la survenance d'un ou plusieurs enfants n'empêche pas la légitimation de ceux qui étaient nés auparavant. En effet, la constitution de Justinien les place tous sur la même ligne (C. 10, *de nat. lib.*).

Une autre version, proposée par Hottoman (2), signifierait au contraire que la légitimation a lieu, lors même qu'il ne surviendrait après le mariage aucun autre enfant; et tel est réellement le résultat d'une constitution de Justinien (C. 11, *eod.*), interprétative des doutes qui se sont élevés sur la précédente (v. § 2, *de her. quæ ab int.*).

166. La troisième version, celle des éditions vul-

---

(1) *Quod* si ALII LIBERI *ex eodem matrimonio fuerint procreati, similiter nostra constitutio præbuit.*

(2) *Quod* si NULLI ALII LIBERI *ex eodem,* etc.

gaires (1), suppose que le bénéfice accordé aux enfants
nés avant le mariage, s'applique également à ceux qui
naîtront plus tard du mariage; mais ces derniers seront
légitimes et n'auront pas besoin d'être légitimés; inter-
prété de cette manière le texte n'offre donc aucun sens.
Je crois cependant qu'il peut s'entendre tel qu'il est des
enfants nés dans les justes noces, mais conçus auparavant,
le père ayant épousé la mère pendant sa grossesse. Ceux-ci
ont réellement besoin de la faveur que leur accorde Justinien; car d'une part ils ne sont pas légitimes ayant été
conçus antérieurement aux noces (154), et d'autre part
ils ne sont pas légitimés, puisque la légitimation s'applique à des enfants déjà nés. La première partie de notre
texte concerne les enfants nés avant le mariage, et la
dernière me paraît signifier en outre que les enfants nés
depuis le mariage, mais conçus auparavant, naîtront
désormais sous la puissance de leur père et dans sa famille. C'est ainsi que le texte paraît avoir été entendu
par Théophile, et telle est, dans tous les cas, la disposition précise d'une constitution déjà citée (C. 11, *de na-*
tur. liber.). Justinien y décide que l'état et la légitimité
des enfants se détermineront par l'époque de la naissance,
excepté lorsque leur intérêt même obligera de remonter
jusqu'à la conception.

167. L'empereur a multiplié, dans ses novelles, les
dispositions relatives aux enfants naturels et à leur légitimation. Il suffira de voir à cet égard la novelle 86 (*ch.*
9 *et* 10) confirmative de la novelle 74 (*ch.* 1 *et* 2) qui

(1) *Quod et aliis liberis qui ex eodem matrimonio posteà fuerint*
procreati, similiter, etc.

introduit un nouveau mode de légitimation par rescript du prince. On l'accorde seulement à défaut d'enfant légitime, et lorsque les noces sont devenues impossibles par la mort de la mère ou par toute autre cause. Dans ce cas, le rescript du prince intervient sur la requête du père, ou sur la requête des enfants eux-mêmes, lorsque le père décédé a exprimé dans son testament la volonté de légitimer.

TITRE XI.

Des Adoptions.

PR.

168. Outre les enfants conçus *ex justis nuptiis*, ou légitimés conformément aux règles précédentes, on peut encore avoir dans sa famille d'autres enfants sur lesquels la puissance paternelle s'établit par le seul effet du droit civil, indépendamment des liens du sang. On les appelle enfants adoptifs, par opposition aux enfants naturels; et alors cette dernière expression ne désigne plus, comme ci-dessus, les enfants nés du concubinat. Elle s'applique, dans une autre acception, à tous enfants qui descendent réellement du père de famille ; tandis que l'adoption place sous la puissance de l'adoptant des enfants qui, le plus souvent, doivent la naissance à un étranger. C'est dans le sens de cette distinction que Justinien, d'après Gaius, donne ici le titre d'enfants naturels (*liberi naturales*) à tous les fils de famille qui ne sont point devenus tels par adoption.

§ I.

169. Le texte distingue suffisamment deux espèces d'adoption, dont une prend le nom particulier d'adrogation, tandis que l'autre conserve le nom générique, et qui diffèrent en outre quant à la forme de l'acte, et quant aux personnes adoptées.

L'adoption des fils de famille, ou adoption proprement dite, dissout la puissance d'un père de famille pour la donner à un autre, suivant les formes que nous expliquerons plus loin (203; § 8, *quib. mod. solv. jus pot.*)

170. Dans l'adrogation, une personne *sui juris*, un père de famille se soumet lui-même à la puissance d'un autre. Nul ne disposait ainsi de soi-même qu'avec l'autorisation d'une loi spéciale dont la présentation dans l'assemblée des comices se nommait *rogatio* (14); de là, pour cette espèce d'adoption, le nom d'*adrogatio*. Lorsque l'Empereur fut seul investi du pouvoir législatif, son autorisation put remplacer celle du peuple, et la permission d'adroger se donna *ex principali rescripto.* Mais à quelle époque a-t-on cessé de consulter les comices pour s'adresser exclusivement au prince? On pourrait croire que ce fut dès le temps de la loi *Regia*, aussitôt que le peuple eut conféré au prince *omne imperium suum et potestatem* (§ 6, *de jur. nat.*); mais il est certain qu'au secoud et même au troisième siècle, lorsque les constitutions impériales avaient indubitablement force de loi (*Gaius, ibid.* 5), l'adrogation se faisait encore *populi auctoritate* (1).

---

(1) *Gaius,* 1 *inst.* 98; *Ulp.* 8 *reg.* 2, *et seqq.* Dans le *fr.* 2, *de adopt.,* on a mis *principis* au lieu de *populi;* et dans les Institutes, *principali rescripto* remplace *populi auctoritate.*

§ II.

171. L'adoption proprement dite, en transférant la
puissance au père adoptif, détruit celle du père naturel ;
sous ce rapport, elle peut causer à l'adopté un préjudice
considérable, en lui ôtant l'hérédité du père naturel,
sans lui assurer celle de l'adoptant (§ 14, *de her. quæ ab
int.*). Pour éviter cet inconvénient, Justinien décide que
le fils ou la fille donnés en adoption par le père naturel
à un étranger, c'est-à-dire à quiconque ne serait pas leur
ascendant, resteront sous la puissance et dans la famille
du père naturel, afin d'y conserver tous leurs droits (C.
10, § 1, *de adopt.*) ; et néanmoins l'adopté commence à
être considéré comme fils de l'adoptant, et lui succède
ab intestat, sans aucun recours contre le testament du
père adoptif. (v. § 14, *de her. quæ ab int.*).

Nous aurons occasion de revenir avec plus de détail
sur les effets de l'adoption faite par un étranger (*d.* § 14).
Nous verrons alors qu'elle n'est pas toujours imparfaite ;
car ce qui est dit ici du fils donné en adoption par son
père ne s'applique pas indistinctement aux petits-enfants
donnés en adoption par leur aïeul (v. 829, 830).

172. Pour conserver pleinement son ancien effet envers les enfants du premier degré, Justinien veut que
l'adoption soit faite, non par un étranger (*non extraneo*),
mais par un ascendant de l'adopté. On suppose d'abord
que ce sera par un ascendant maternel (*avo materno*), et
cela parce que l'aïeul paternel a naturellement sous sa
puissance son fils et les enfants de son fils. Il serait donc
inutile et même impossible qu'il adoptât ces derniers, à
moins cependant que le fils n'eût été émancipé ; alors en
effet le fils est lui-même père de famille, et a sous sa

puissance ses propres enfants conçus depuis son émancipation (207). Dans ce cas donc, *si ipse pater fuerit emancipatus*, il peut donner ses enfants en adoption à un ascendant, paternel ou maternel (*paterno vel materno*). En
un mot, il suffit que l'adopté ne soit pas déjà dans la famille de l'ascendant qui n'adopte que pour acquérir la
puissance paternelle.

L'adoption la lui confère pleinement, non pas à cause
du double lien dont parle ici Justinien, mais parce que
les droits de l'adopté sur la succession d'un ascendant sont
beaucoup mieux assurés que sur celle de tout autre
adoptant, ainsi que nous le verrons plus tard (v. § 11 *et*
14, *de hered. quæ ab int.*; 825).

§ VI.

173. Comme la puissance paternelle s'étend sur plusieurs générations de descendants, on peut se donner par
adoption des fils de famille de différents degrés, suivant
qu'on les adopte pour fils ou pour petits-fils. Cette distinction dépend uniquement de l'intention des parties;
et il n'est pas nécessaire, comme on le voit ici, que l'a-
dopté prenne dans la famille adoptive le rang qu'il occupait dans sa famille naturelle.

Cette observation ne s'applique point à l'adrogé, puisqu'il ne dépend de personne. Quant aux enfants qu'il a
sous sa puissance, ils prennent nécessairement dans la
famille de l'adrogeant le degré inférieur à celui qu'ils oc-
cupaient sous la puissance de l'adrogé.

§ XI.

174. En effet, l'adrogation soumet toujours à l'adro-

geant l'adrogé lui-même et tous les enfants naturels ou adoptifs que ce dernier a sous sa puissance. Pareillement les biens de l'adrogé sont tous acquis à l'adrogeant. Cette acquisition était dans l'origine une conséquence de la puissance paternelle, qui depuis a subi des modifications importantes (v. § 1, *per quas pers. nob. adq.*; § 2, *de adq. per adrog.*).

§ III.

175. Les personnes soumises à la puissance paternelle peuvent être données en adoption, quels que soient leur sexe et leur âge; l'adrogation au contraire n'a pas toujours été possible à l'égard de toute personne *sui juris*. Tant que les adrogations se firent dans l'assemblée des comices, les femmes qui n'y prenaient aucune part ne pouvaient pas être adrogées. Quant aux mâles impubères, leur adrogation a été quelquefois permise, quelquefois défendue par cette raison qu'il n'appartient pas au tuteur d'autoriser un acte par suite duquel le pupille, cessant d'être *sui juris*, passerait sous la puissance d'autrui. Enfin sous Antonin-le-Pieux, l'adrogation des impubères a été définitivement autorisée mais avec des précautions particulières (1).

---

(1) Voyez *Gaius* (1 *inst.* 101 *et* 102), *Ulpien* (8 *reg.* 5), *et A. Gell.* (5 *noct. attic.* 19). Un texte de Gaius conservé au Digeste (*fr.* 21, *de adopt.*), ferait croire que dès le temps de ce jurisconsulte, l'adrogation se faisait déjà *per rescriptum principis,* et telle est, en effet, la conclusion qu'en tire Heineccius (*elem. jur.* 179); mais il suffit de consulter Ulpien (8 *reg.* 5), pour voir que ce dernier ne met pas l'adrogation des femmes et celle des impubères sur la même ligne. De son temps, l'une était déjà permise, et l'autre était encore défendue; de son temps, et à plus forte raison du temps de Gaius, l'adrogation ne se faisait que devant le peuple

176. En effet, outre les informations ordinaires, surtout pour l'adrogation, et dans lesquelles on recherche les motifs de l'adoption, l'âge de l'adoptant, le tort qu'il peut faire à ses enfants lorsqu'il en a (*Ulp. fr.* 15, § 2 ; *fr.* 17, *pr. et* § 1, *de adopt.*), on examine spécialement, pour l'adrogation d'un impubère, si elle est honorable et avantageuse pour lui (*an honesta sit expediatque pupillo*). En conséquence on s'enquiert des mœurs de l'adrogeant et de sa fortune (*Ulp. d. fr.* 17, § 2). Enfin, l'adrogation, lorsqu'elle est admise, ne s'accomplit que sous certaines conditions (*cum quibusdam conditionibus*), afin, d'une part, qu'elle ne profite jamais à l'adrogeant au préjudice soit de l'adrogé, soit de sa famille, ou même des substitués pupillaires qu'on lui aurait donnés (626), et afin, d'autre part, que l'adrogé lui-même ne soit pas frustré sans motif des avantages qu'il devait espérer.

Ainsi l'adrogeant est tenu, 1° de rendre tous les biens que l'adrogé lui aura transmis, soit à l'adrogé lui-même s'il l'émancipe ou s'il le déshérite, soit, lorsque l'adrogé décède avant sa puberté, aux personnes qui, à défaut d'adrogation, auraient obtenu l'hérédité du pupille (§ 8, *de pupil. subst.*).

2° D'assurer cette dernière restitution en donnant une caution qui s'engage envers une personne publique, c'est-à-dire un esclave public (1).

3° Et en outre, de laisser le quart de ses propres biens

(*per populum*). Aujourd'hui les Institutes de Gaius ne laissent plus aucun doute sur les altérations que le texte du même auteur a subies dans le *fr.* 21, *de adopt.*

(1) *Personæ publicæ, id est tabulario* (*text. hic*); *Servo publico* (*Ulp. fr.* 18, *h. t.; fr.* 2, *rem. pup. salv.;* v. § 20, *de inutil. stipul.*).

à l'adrogé émancipé sans motifs, ou déshérité. Ce quart qu'on appelle Quarte Antonine, appartient toujours à l'adrogé déshérité sans distinguer si l'exhérédation est ou non fondée sur de justes motifs, parce que l'adrogeant, s'il a des sujets de plainte contre l'adrogé, peut en profiter pour l'émanciper, sans différer à le punir dans un acte de dernière volonté.

§ IV.

177. Justinien explique dans le reste du titre quelques règles communes aux deux espèces d'adoption. La question de savoir si l'adoptant peut être moins âgé que l'adopté, a été long-temps débattue (*Gaius, 1 inst.* 106). Notre texte reproduit la décision négative qui a prévalu (*Ulp. fr.* 15, § 3, *h. t.*). On exige même qu'à la naissance de l'adopté l'adoptant fût déjà dans l'âge de la puberté pleine (v. 273), qui est l'âge de dix-huit ans (*text. hic; Modest. fr.* 40, § 1, *h. t.*); ce qui paraît devoir s'entendre de dix-huit ans commencés ou dix-sept ans accomplis (v. § 5 *et* 7, *qui et ex quib. caus.; Paul. 3 sent.* 4, § 1 *et* 2; *Ulp. fr.* 1, § 3, *de postul.*). Ainsi les titres de père et de fils adoptifs ne sont plus admissibles qu'entre personnes à qui ces titres pourraient naturellement appartenir (*Javol. fr.* 16, *h. t.*). C'est en ce sens que l'adoption imite la nature (*naturam imitatur*).

§ V.

178. L'imitation n'est cependant pas absolue; car pour adopter il n'est pas nécessaire d'avoir jamais été marié (*Paul. fr.* 30, *h. t.*); et pour devenir aïeul adoptif, il

I.   9

n'est pas nécessaire d'avoir un fils en sa puissance. Le
texte dit *quamvis* FILIUM *non habeat*, parce que la personne qu'on adopte comme petit-fils, doit être considérée comme née d'un fils de l'adoptant, et non d'une fille,
puisque les enfants de cette dernière n'appartiennent jamais à la famille de l'aïeul maternel.

§ VII.

179. Celui qu'un père de famille adopte *in locum nepotis* devient le neveu de tous les enfants qui sont au premier degré dans la famille de l'adoptant, et le cousin de
tous ceux qui occupent le second degré ; car, en règle
générale, si l'adoptant a des fils, aucun d'eux n'est réputé
père de l'adopté. Cependant la personne adoptée *in locum nepotis* peut être considérée comme née du fils ou de
l'un des fils que l'adoptant a sous sa puissance ; mais cette
intention doit être déclarée par une clause expresse de
l'adoption (*Procul. fr.* 44, *h. t.*).

C'est ainsi qu'est supposée faite l'adoption dont parle
notre texte ; dans ce cas particulier (*eo casu*) il faut
obtenir le consentement du fils qui doit être considéré
comme père de l'adopté, et par suite l'avoir en sa
puissance au décès de l'adoptant ; car nul ne doit se
trouver sous la puissance d'une personne malgré elle,
ne ei invito, etc. (*text. hic*; 123). Conséquemment, si
le fils ne consent pas, l'adopté sera considéré comme son
neveu, et ne retombera jamais en sa puissance (*Paul. fr.*
10 *et* 11, *h. t.*). Du reste, le concours des autres membres
de la famille est inutile, quoique l'adoption produise
entre eux et l'adopté tous les effets d'une parenté réelle
(*Cels fr.* 7, *h. t.* : 181).

§ VIII.

180. L'adoptant acquiert sur l'adopté la même puissance qu'il aurait sur un enfant naturel, et il peut se dépouiller de cette puissance, soit en émancipant l'adopté, soit en le donnant à un nouveau père adoptif; mais alors il ne peut plus reprendre par une seconde adoption la puissance dont il s'est démis (*Paul. fr.* 37, § 1, *h. t.*). Il en est autrement pour les enfants naturels, dont le retour dans la famille primitive peut toujours s'effectuer par adoption (*Ulp. fr.* 12; *fr.* 15, § 1, *h. t.*).

181. Les effets de l'adoption ne sont pas restreints entre l'adoptant et l'adopté. Elle établit une parenté fictive qui produit tous les résultats d'une parenté réelle, non pas entre l'adopté et tous les parents de l'adoptant (*Julian. fr.* 26, *h. t.*), mais entre l'adopté et tous les agnats de l'adoptant (v. § 2, *de legit. agnat. success.*; *Paul. fr.* 23, *h. t.*; *Ulp. fr.* 1, § 4, *undè cognat.*). A leur égard, l'enfant adoptif est assimilé en tout point aux enfants que l'adoptant aurait eus *ex justis nuptiis*; mais la fiction cesse dès que le lien de famille est rompu par l'émancipation de l'adopté. Celui-ci devient alors tout à fait étranger à l'adoptant et à sa famille (825); s'il est réputé fils de l'adoptant, ce n'est donc pas dans un sens absolu, mais seulement *in plurimis causis*, comme le dit ici notre texte.

182. Tout ce qui précède s'appliquait, avant Justinien, à tous les adoptés, et s'applique encore aux personnes *sui juris* adrogés *per imperatorem*, et même au fils de famille adopté *per prætorem*, mais seulement lorsque ce fils de famille est un descendant de l'adoptant (*non extraneum*); car l'adoption faite par un étranger a

été soumise par Justinien à des règles particulières (§ 2 ,
h. t.).

§ IX.

183. Examinons maintenant la capacité que certaines
personnes ont pour adopter ou être adoptées. On a vu
précédemment (121) que l'impuissance n'est pas un obstacle aux noces. Quant à l'adoption, notre texte la permet expressément à ceux qui *generare non possunt;* on
n'excepte de cette règle qu'une seule classe d'impuissants,
celle des castrats. Cette exception vient probablement
de ce que chez ces derniers *tam necessaria pars corporis
penitus absit (Paul. fr.* 7, *de œdil. edict.*), en sorte que
le castrat, n'ayant plus les organes caractéristiques de la
virilité, semble perdre avec eux son sexe et le titre de
VIR (153). Dans la définition d'Ulpien (*fr.* 128, *de verb.
sign.*), le mot *spado* comprend tous les impuissants. Ici
au contraire on oppose les spadons aux castrats qui *vi-
rilitatem amiserunt (Ulp. fr.* 4, § 2, *ad l. c. de sic;* v.
fr. 6, § 2, *de œdil. edict.*; *Paul. fr.* 7, *eod.*).

§ X.

184. Les femmes n'ayant aucune puissance paternelle,
même sur leurs propres enfants, ne peuvent point l'acquérir sur ceux qu'elles adopteraient. Aussi les a-t-on
déclarées absolument incapables d'adopter (*Gaius,* 1 *inst.*
104; *Ulp.* 8 *reg.* 9), jusqu'au règne de Dioclétien et
Maximien qui ont permis aux femmes de remplacer, par
adoption et avec la permission du prince, les enfants
qu'elles auraient perdus (*text. hic.*); mais cette adoption
est toujours imparfaite, car l'adopté ne change pas de
famille bien qu'il soit assimilé, par rapport à l'adoptante,

aux enfants qu'elle aurait *ex justis nuptiis* (*Diocl.* et *Max.* C. 5, *h. t.*). Ainsi l'adopté succède à l'adoptante comme il succéderait à un adoptant étranger (171), et de plus il peut attaquer, comme inofficieux, le testament fait à son préjudice par l'adoptante. C'est du moins ce qui me paraît résulter de la constitution précitée et même d'une interpolation faite au texte d'Ulpien (*fr.* 29, § 5, *de inoff. test.*).

Un fils de famille, quoiqu'il n'adopte pas, peut avoir des enfants adoptifs, dans un cas précédemment expliqué (179; § 7, *h. t.*).

§ XII.

185. Les affranchis peuvent être adrogés, mais par leur patron seulement (*Ulp. fr.* 15, § 3, *h. t.*) et lorsqu'il existe de justes motifs, comme le défaut de postérité (*Diocl. et Max.* C. 3, *h. t.*). Dans ce cas même, l'affranchi fût-il adrogé par son propre père, devient fils de famille sans devenir ingénu (*Ulp. fr.* 46, *h. t.*; *fr.* 27, *de stat. hom.*).

Il en est de même pour les esclaves que l'adoption fait passer sous la puissance paternelle d'un étranger; car cette adoption, suivant Aulu-Gelle (5 *noct. attic.* 19), était admise par le plus grand nombre des anciens jurisconsultes, et entr'autres par Sabinus, en observant toujours que l'adopté ne doit pas être considéré comme ingénu.

186. Un maître peut-il adopter son propre esclave? Notre texte admet l'affirmative en rappelant que, d'après Caton, les esclaves adoptés par leur maître, devenaient libres *ex hoc ipso*, c'est-à-dire par l'effet même de l'adoption qui les rend fils de famille (1). Justinien, qui statue

_____

(1) Théophile donne une interprétation toute contraire. Suivant lui,

sur une circonstance analogue, confirme cette interprétation, en décidant que le titre de fils, donné par le
maître à son esclave, sans l'adopter et par conséquent
sans le rendre fils de famille, suffira, malgré cette différence (*licet hoc ad jus filii accipiendum non sufficiat*),
pour lui conférer la liberté.

Il s'agit ici d'un titre donné *actis intervenientibus*,
c'est-à-dire dans un acte public, devant le magistrat
(*text. hic.; Justin.* C. 1, § 10, *de latin. libert. toll.*).

TITRE XII.

De quelles manières se dissout le droit de puissance.

PR.

187. La question de savoir comment se dissout la puissance dominicale a été résolue dans un titre précédent
(*tit.* 5). Quant à la puissance paternelle, elle ne se dissout
jamais par la simple volonté du père de famille, mais par
des actes solennels, ou par des événements accidentels,
indépendants de toute volonté (*Diocl. et Max.* C. 3, *de
emanc. lib.*). Enfin, dans le Bas-Empire, Justinien veut
que les fils de famille élevés à certaines dignités soient
par cela seul libérés de la puissance paternelle (§ 4, *h. t.*).

Caton décidait que l'adoption d'un esclave est nulle, et néanmoins que
cette adoption, lorsqu'elle est faite par le maître, vaut comme affranchissement, par induction de la volonté tacite du maître. Remarquons d'abord
que l'impossibilité d'adopter les esclaves n'est, dans Théophile, qu'une
assertion gratuite démentie par Aulu-Gelle. D'un autre côté, les inductions
en matière d'affranchissement n'étaient pas admises au temps de Caton,
comme elles l'ont été sous Justinien (v. § 2, *qui et ex quib. caus.; pr.,
de her. inst.*).

Les accidents qui dissolvent cette puissance indépendamment de toute volonté sont la mort et la perte des droits de liberté ou de cité.

188. La mort d'un fils de famille fait cesser la puissance paternelle sur le défunt seulement. La mort du père au contraire libère de sa puissance tous les enfants qui s'y trouvent soumis ; chaque tête, dit Ulpien (*fr.* 195, § 2, *de verb. sign.*), forme alors une famille particulière (*singulas familias incipiunt habere*); chaque enfant devient à son tour père de famille et maître de maison (*singuli patrum familiarum nomen subeunt*). Ceci ne souffre aucune distinction pour les enfants du premier degré.

Il n'en est pas toujours de même à l'égard des petits-enfants. Leur père, tant qu'il existe dans la famille, forme entre eux et l'aïeul un intermédiaire sous la puissance duquel ils retombent. En effet, la mort du chef ne rend les petits-enfants *sui juris* que dans le cas où leur père est mort, ou a quitté la famille d'une manière quelconque.

§ I.

189. Les droits de famille et la puissance paternelle étant propres aux citoyens romains (§ 2, *de patr. pot.*), un étranger ne peut être soumis à la puissance d'un Romain, non plus qu'un Romain à celle d'un étranger (*Ulp.* 10 *reg.* 3 ; *Gaius*, 1 *inst.* 128). Ainsi, par cela seul qu'un père ou qu'un fils de famille perd la qualité de citoyen, il est considéré comme mort (*quasi eo mortuo*) pour tous les droits civils, et cette mort fictive produit ici tous les effets d'une mort véritable ; *deportatos enim mortuorum*

loco habendos, dit Ulpien (*fr.* 1, § 8, *de bon. poss. cont. tab.; v. fr.* 63, § 10; *Paul. fr.* 65, § 12, *pro soc.;* § 7, *de soc.*)

Un citoyen romain perdait cette qualité lorsqu'on lui avait interdit l'eau et le feu, pour le forcer indirectement à s'expatrier. A l'interdiction de l'eau et du feu a succédé la déportation dans une île (*Ulp. fr.* 2, § 1, *de pœn.*), espèce d'exil qui fait également perdre les droits civils (*text. hic*; § 2, *de capit. demin.*).

190. Le déporté peut recouvrer ses droits lorsqu'il est rappelé par le prince. Ce rappel, nommé restitution, rend la qualité de citoyen pour l'avenir, sans réintégrer le condamné dans ses dignités et dans ses biens, sans lui rendre les liens de famille et les autres droits qu'il a perdus. Pour rendre au père son ancienne puissance, et pour faire rentrer les enfants dans sa famille, en un mot, pour rétablir le déporté dans sa précédente condition (*pristinum statum*), il faut une concession expresse (*Alex., Gord.. Diocl. et Max.* C. 4, 6 *et* 9, *de sent. pass.*). Alors il y a restitution entière, *per omnia* (*text.* hic), *in integrum* (*Anton.* C. 1, *eod.*), comme si la déportation n'avait jamais existé (1).

§ II.

191. La relégation, différente en cela de la déporta-

_____

(1) *Paul.* 4 *sent.* 8, § 24. J'explique ici notre texte en supposant une virgule placée après les mots *per omnia.* Lorsqu'elle est après *fuerint* et avant *per omnia,* cette virgule donne au texte un tout autre sens, car il en résulterait que le déporté recouvre toujours sa précédente condition *per omnia,* de quelque manière qu'il ait été restitué; mais cette décision contredirait les constitutions précitées.

tion, n'enlève aucun des droits civils (*text. hic*; *Marcian. fr.* 4, *de interd. et releg.*). Ovide, relégué, avait conservé le titre de citoyen :

> *Quippe relegatus.* . . . . *dicor in illo,*
> *Nil nisi me patriis jussit abesse focis.*
> . . . .
> *Nec mihi jus civis, nec mihi nomen abest.*

§ III.

192. Ce qu'on a dit de la déportation doit se dire à plus forte raison de la servitude ; car la perte de la liberté entraîne celle de tous les autres droits. Le texte ne parle ici que des esclaves de la peine, mais c'est par forme d'exemple qu'il les cite : car la servitude, ainsi que nous l'avons déjà dit, s'établit encore dans plusieurs autres cas (66) ; et, de quelque manière que l'on devienne esclave, on perd nécessairement avec la liberté les droits de cité et de famille (§ 1, *de cap. dem.*).

§ V.

193. Tout prisonnier de guerre devient esclave, et tout esclave perd ses droits. Ce principe n'a jamais varié ; cependant la question de savoir si la captivité du père a dissous sa puissance ne se décide pas immédiatement : l'état des enfants est en suspens (*pendet jus liberorum*) ; et, pour déterminer s'ils ont été fils de famille ou *sui juris*, il faut attendre le retour ou le décès du père. Au premier cas, le prisonnier, rentré dans son pays, est supposé n'en être jamais sorti, par conséquent n'être jamais tombé dans l'esclavage. Il reprend donc ses

droits même pour le passé, ou, pour mieux dire, il les
conserve sans les avoir jamais perdus, et ses enfants restent sous sa puissance. Telle est la conséquence d'une fiction admise sous le nom de *postliminium*, en faveur des
prisonniers de guerre qui rentrent dans leur patrie. Si,
au contraire, le prisonnier meurt chez l'ennemi, les enfants qu'il avait sous sa puissance en sont libérés; mais à
compter de quelle époque? Sont-ils *sui juris* depuis la
captivité du père, ou seulement depuis son décès? Cette
question était encore douteuse au temps de Gaius (1 *inst.*
129); notre texte et celui de Tryphonius (*fr.* 12, § 1, *de
capt. et postl.*) la décident dans le premier sens, et cela
sans appeler à leur secours aucune espèce de fiction (1).
En effet, la dissolution de la puissance du père à l'époque
de sa captivité n'est qu'une suite naturelle de l'esclavage
qu'il subit, et dont les effets ne sont effacés par le *postliminium* qu'en cas de retour.

La captivité d'un fils de famille suspend également la
puissance paternelle (*text. hic*), sans la dissoudre définitivement, parce que la fiction du *postliminium* s'applique
également aux fils de famille.

194. Cette fiction a lieu dans tous les cas où le prisonnier revient, soit après avoir été repris sur l'ennemi
(*text. hic in fin.*), soit en se rachetant, ou en échappant
d'une manière quelconque (*Florent. fr.* 26; *Pomp. fr.* 20,

---

(1) On explique mal à propos cette décision par une fiction tirée de la
loi Cornélia, fiction dont nous indiquerons ailleurs (562; § 5, *quib. non
est permiss.*) le véritable objet. Pour le moment il suffira d'observer que
la loi Cornélia remonte à la dictature de Sylla, et que si elle avait été
applicable à notre question, les doutes de Gaius n'auraient jamais
existé.

§ 2, *de capt. et postl.*), pourvu qu'il ne revienne pas, comme Régulus, avec intention de retourner ensuite chez l'ennemi (v. *Pomp. fr.* 5, § 3, *eod.*; 194).

Quant à l'étymologie du mot *postliminium*, je n'ai rien à joindre au texte.

§ IV.

195. Aucune dignité, si ce n'est anciennement celles de vestale et de flamine, ne pouvait soustraire les enfants à la puissance paternelle (*text. hic*; *Ulp.* 10 *reg.* 5; *Gaius* 1 *inst.* 130). Justinien établit d'abord en faveur des patrices (*text. hic*) une exception peu importante, puisqu'il dit lui-même que le patriciat est rarement conféré à un fils de famille (C. 5, *de consul.*); mais plus tard il a donné le même effet aux dignités d'évêque, de consul, et en général à toutes les dignités qui dispensent des charges de la curie (*Nov.* 81, *cap.* 1 et 2).

196. Lorsqu'un fils de famille obtient une de ces dignités, la délivrance des patentes impériales (*codicillis præstitis*) le libère aussitôt (*illico*) de la puissance paternelle, et le rend *sui juris* sans le faire sortir de la famille, où il conserve tous ses droits. Aussi, à la mort de son père, le fils reprend-il sous sa puissance ses propres enfants restés fils de famille de leur aïeul, le tout comme si le dignitaire n'était devenu *sui juris* que par la mort de son père (*Nov.* 81, *cap.* 2).

Cette réserve expresse confirme ce principe général que, pour jouir des droits de famille, il faut être sous la puissance du *pater familias*, et y rester jusqu'à la mort de celui-ci. Le fils qui se sépare de son père, et qui, du vivant de ce dernier, devient chef ou sujet d'une autre famille, reste totalement étranger à celle qu'il a quittée;

et, de quelque manière qu'il en soit sorti, les enfants qu'il a laissés dans cette famille ne retombent jamais sous sa puissance (188), sauf l'exception accordée par Justinien aux dignitaires.

Dans l'ancien droit, les flamines se trouvaient également libérés de la puissance paternelle sans être *capite minuti* (*Gaius*, 3 *inst.* 114).

§ VI.

· 197. La simple volonté du père ne dissout pas sa puissance; il faut pour cela un acte solennel (*Diocl. et Max. d. C.* 3, *de em. lib.*)

La loi des Douze-Tables n'indiquait aucun moyen direct, ni pour dissoudre ni pour transférer la puissance d'un père vivant; mais elle reconnaissait à ce dernier le droit de vendre ses enfants, et, comme si elle eût voulu limiter l'exercice d'un semblable droit et en punir l'abus, la loi libérait de la puissance de leur père les enfants que ce dernier vendrait un certain nombre de fois. On profita de cette disposition, comme d'un moyen indirect, pour dissoudre la puissance paternelle. L'ascendant, qui voulait mettre ses enfants hors de sa puissance, les aliénait fictivement par une vente solennelle qui se nomme mancipation, et l'acheteur les rendait *sui juris* en les affranchissant. Une seule mancipation et un seul affranchissement suffisaient à l'égard des petits-enfants et à l'égard des filles; quant au fils, la loi exigeait trois mancipations pour rompre le lien qui l'attache à son père. Aussi le fils de famille mancipé, et ensuite affranchi par l'acheteur, retombait-il sous la puissance du père vendeur. Il en était de même après une seconde vente suivie

d'une seconde manumission ; mais le fils de famille mancipé, et ensuite affranchi pour la troisième fois, devenait enfin *sui juris*, parce qu'il ne pouvait plus retomber
sous la puissance que son père avait épuisée (v. § 1 *et* 2,
de exher. liber.).

Telle est la forme à laquelle Justinien se réfère en disant que d'après l'ancienne loi, c'est-à-dire la loi des
Douze-Tables, l'émancipation se faisait par des ventes
fictives (*per imaginarias venditiones*), et par des affranchissements intermédiaires (*intercedentes manumissio-
nes*).

198. Pour comprendre ces différentes solennités, il
faut observer que les enfants mancipés par le père de famille ne passaient point sous la puissance proprement
dite de l'acheteur. La mancipation les mettait momentanément *servorum loco*, et l'acheteur les avait alors *in
mancipio* (*Gaius*, 1 *inst.* 117 *et* 123), c'est-à-dire qu'il
acquérait sur eux un droit transitoire, semblable au droit
que donne la puissance dominicale, et susceptible de se
dissoudre comme elle par la manumission ; et il se hâtait
d'affranchir, pour les rendre *sui juris*, les personnes
qu'on lui avait mancipées dans ce but (*Gaius*, 1 *inst.* 138
et 141). Ainsi la mancipation intervenait pour dénaturer la puissance paternelle, et pour que l'acheteur eût *in
mancipio* les personnes que le vendeur avait *in potestate;*
en un mot, on substituait à un droit indissoluble un droit
facile à dissoudre, et précisément pour le dissoudre par
une prompte manumission.

199. Notre texte ajoute que l'émancipation se faisait
aussi *ex rescripto principis*. En effet, les enfants qui, pour
être mancipés dans la forme ordinaire et ensuite affranchis
devant le magistrat, devaient nécessairement se trouver

présents (*Gaius*, 1 *inst.* 121; *Ulp.* 19 *reg.* 6), peuvent,
d'après une constitution d'Anastase (C. 5, *de emancip.*
liber.), devenir *sui juris* même en leur absence, lorsque
le père est autorisé à cet effet par un rescrit du prince,
qu'il présente et dépose devant le magistrat compétent.
Dans ce cas, les personnes qui deviennent *sui juris* sont
réputées avoir été véritablement mancipées et affran-
chies : *quasi ex emancipatione manumissæ liberentur*
(*d.* C. 5, *de em. lib.*).

200. Justinien, pour plus de simplicité, supprime totalement les formalités de la mancipation (*fictione pris-*
tina explosa), et permet au père de se présenter avec ou
même sans autorisation du prince (*recta via*) devant le
magistrat compétent, pour s'y démettre de sa puissance.
Dans ce cas, l'émancipation n'est plus qu'une déclaration
par suite de laquelle un fils de famille devient *sui juris;*
mais, chose remarquable, cette émancipation conserve
tous les effets qu'elle tenait de son ancienne forme, Justinien n'ayant rejeté que les solennités extérieures (*vana*
tantummodo observatione sublata; C. 6, *eod.*)

201. Aussi l'émancipé est-il toujours considéré comme
un affranchi, et l'émancipant continue-t-il d'avoir sur
les biens de son fils tous les droits d'un véritable patron
(*text. hic; pr., de legit. parent.; § 8, de legit. agnat.*
succ.). Cependant la fiction qui assimile le père au patron
n'est pas une conséquence directe de la mancipation des
enfants par le père et de leur affranchissement par un
étranger. Régulièrement ils étaient affranchis par l'acheteur, et, dans ce cas, c'est à celui-ci qu'appartenaient le
titre et les droits de patron (v. § 3, *de bon. poss.; Ulp.*
11 *reg.* 5; *Gaius*, 1 *inst.* 166); mais, souvent au lieu de
faire lui-même le dernier affranchissement, l'acheteur

rémancipait l'enfant au père. Par suite de ce rachat, l'ascendant qui n'avait plus la puissance paternelle, acquérait les droits de l'acheteur : il avait ses propres enfants *in mancipio*, et c'est en les affranchissant lui-même qu'il devenait leur patron. Pour arriver à ce résultat et pour assurer une rétrocession qui n'entre pas dans la nature de la vente, on ajoutait une clause expresse à la mancipation, qui alors était faite *contracta fiducia* ; et c'est ainsi qu'elle est toujours réputée faite d'après la constitution de Justinien, indépendamment de toute réserve (§ 8, *de legit. agn. succ.* ; *d. C. 6, de em. lib.*).

202. Il n'est pas inutile d'observer ici, qu'en cas d'ingratitude des émancipés, les princes chrétiens (*Constant.*, *fragm. vatic.* § 248 ; *Valentin. C. 1, de ingrat. liber.*) ont permis de les priver du bénéfice de l'émancipation, et de les faire rentrer comme les affranchis (69), sous la puissance dont ils avaient été libérés.

§ VIII.

203. L'adoption proprement dite, en transférant une personne *alieni juris* dans une autre famille, enlève au père naturel, le droit qu'elle confère à l'adoptant (1) ; aussi pour l'adoption, comme pour l'émancipation, fallait-il d'abord épuiser la puissance paternelle par trois mancipations ou par une seule, suivant le sexe ou le de-

---

(1) Ce double effet de l'adoption proprement dite est subordonnée, sous Justinien, à la distinction précédemment établie (171). En effet, notre texte suppose un fils de famille adopté par son aïeul ou bisaïeul (*avo vel proavo naturali*), comme précédemment (§ 8 *de adopt.*) on a supposé que l'adopté est un descendant de l'adoptant (*non extraneum*).

gré de la personne qu'on voulait donner en adoption. Les personnes ainsi mancipées n'appartenaient plus à leur famille primitive, mais elles n'étaient pas encore sous la puissance paternelle de l'acheteur qui les avait seulement *in mancipio*. Pour les avoir *in potestate*, comme fils de famille, ce dernier devait les rémanciper et ensuite les revendiquer, pour les faire déclarer siens par le préteur, en présence et sans contradiction du père naturel (*Gaius*, 1, *inst.* 134); c'est-à-dire, en d'autres termes, qu'il fallait recourir à la *cessio in jure*, manière d'acquérir dont nous parlerons plus loin (450).

204. Notre texte offre plusieurs vestiges de cette ancienne forme, simplifiée sous Justinien. Ici comme précédemment (200), la mancipation n'existe plus; mais les parties comparaissent devant le magistrat compétent, comme elles comparaissaient autrefois pour la *cessio in jure*, et l'adoption a lieu en présence de l'adopté (*presente eo qui adoptatur*); par cette raison, sans doute, que la revendication qui forme la base de la *cessio in jure*, suppose la présence des choses ou des personnes revendiquées (*Gaius*, 4 *inst.* 16). Ajoutons que, d'après une règle demeurée commune aux émancipations comme aux adoptions, elles ne s'opèrent jamais malgré le fils de famille (*Paul.* 2 *sent.* 25, § *ult.*). Cependant on n'exige pas un consentement formel; il suffit que l'adopté présent (*præsente.... et non contradicente*) n'exprime point son opposition (v. *Anast.* C. 5, *de em. lib.*).

§ VII.

205. Du reste, rien ne gêne la volonté du père de famille à l'égard des enfants qu'il affranchit ou retient en sa

puissance selon que bon lui semble, sans que l'aïeul soit jamais obligé de consulter le père des petits-enfants qu'il voudrait émanciper ou donner en adoption (*text. hic; § 7, de adopt.*).

§ IX.

206. Réciproquement on n'est jamais ou presque jamais (*ullo pene modo*) forcé d'émanciper malgré soi les enfants naturels ou adoptifs qu'on a sous sa puissance. Il faut cependant remarquer plusieurs exceptions. En effet, 1° l'impubère adrogé, et ensuite parvenu à l'âge de puberté, peut démontrer que l'adrogation ne lui est pas avantageuse, et alors obtenir une émancipation qui dans ce cas particulier lui rend sa position et ses droits primitifs (*Marcian. fr.* 33, *de adopt. et em.*). 2° Le père qui maltraite ses enfants est aussi forcé de les émanciper (*Pap. fr.* 5, *si a par. quis*). Enfin, 3° une constitution de Théodose et Valentinien (C. 6, *de spect. et scen.*; C. 12, *de episc. aud.*) soustrait à la puissance dominicale et à la puissance paternelle la femme que son maître ou son père prostituent malgré elle.

207. L'état des enfants relativement à la famille paternelle se détermine d'après le temps de leur conception. Si l'épouse d'un fils de famille est enceinte à l'époque où celui-ci sort de la puissance de son père, l'enfant naîtra membre de la famille dans laquelle il a été conçu, c'est-à-dire de la famille de son aïeul. Pour appartenir soit à la famille de son père émancipé, soit à la famille adoptive dont celui-ci serait devenu membre, il faudrait donc que le petit-fils eût été conçu postérieurement à l'émancipation ou à l'adoption de son père (*text. hic;* v. *Ulp. fr.* 7, § 1, *de senat.*).

I.   10

TITRE XIII.

Des Tutelles.

PR.

208. Nous ne passons pas ici, comme notre texte paraît le dire, à une division nouvelle, mais seulement à une subdivision des personnes *sui juris* : en effet, après avoir vu comment les fils de famille sortent de la puissance paternelle, on s'occupe des personnes qui sont chefs de famille ou *sui juris*, et on les subdivise en trois classes; car quelques-uns sont en tutelle, d'autres en curatelle, tandis que d'autres enfin n'ont ni tuteur ni curateur.

C'est à raison de l'âge (*propter œtatem*; §1, *h. t.*), que certains père de famille sont soumis à la tutelle, c'est-à-dire à un pouvoir protecteur (v. § 2, *h. t.*) qui dure jusqu'à la puberté; et tant qu'elles sont impubères, les personnes *sui juris* prennent le titre de pupilles (*Pomp. fr.* 239, *de verb. signif.*), titre qui, avant la naissance, ne s'applique jamais à l'enfant conçu (*Ulp. fr.* 161, *eod.*).

§ I ET II.

209. Le pupille, à raison de la faiblesse de son âge, est rarement capable d'agir, plus rarement encore de discerner le mérite et l'utilité de ses propres actes. Il est donc nécessaire qu'un autre dirige ses actions. Tel est le but général de la tutelle (§ 9, *de atil. tut.*). Si l'on en croyait Heineccius (*elem. jur.* 203), ces deux mots de notre texte, VIS ET POTESTAS, indiqueraient ici le double

pouvoir confié au tuteur, soit d'agir seul et par lui-même, soit de valider par son autorisation certains actes du pupille, qui sans cela resteraient inutiles (v. *pr.*, *de auct. tut.*; *Pothier* 26, *pand.* 1, *n°* 1). Mais, d'après une interprétation plus vraisemblable, ces deux mots n'offriraient ici qu'une simple redondance, comme dans plusieurs autres textes (§ 3, *de interd.*; *Cels. fr.* 17, *de legib.*).

La tutelle existe sur une tête libre (*in capite libero*), en ce sens que le pupille est libéré de la puissance paternelle; car les fils de famille n'ont pas de tuteur.

210. La tutelle n'étant donnée (*ad tuendum*) que pour défendre et protéger le pupille, est toute en faveur de ce dernier; en cela elle diffère de la puissance paternelle qui ne laisse au fils de famille aucune propriété particulière, et fait de sa personne même la chose du père. Le pupille placé sous la direction d'un tuteur n'en reste pas moins *sui juris* : ses biens ne profitent qu'à lui seul. Enfin le pupille *in domo dominium habet*, suivant l'expression d'Ulpien (*fr.* 195, § 2, *de verb. sign.*); et c'est là ce qui caractérise le *pater familias* (106).

211. La tutelle ne peut être donnée que par la loi, ou du moins avec sa permission (*jure civili data aut permissa*). De là deux espèces de tutelles, l'une appelée testamentaire et l'autre légitime, parce que la première est déférée par testament avec la permission de la loi, et l'autre par la loi même. A cette tutelle s'en est ensuite jointe une troisième, que certains magistrats donnent d'après les dispositions d'un droit postérieur à la loi des Douze-Tables, de laquelle dérivent les tutelles testamentaire et légitime (*pr. et* § 2, *de legit. agnat. tut.*; *pr.*, *de legit. patr. tut.*). Ceux à qui la tutelle est déférée par les

148 LIVRE I,

magistrats se nomment tuteurs atiliens (v. titre 20), et
vulgairement tuteurs datifs, quoique les textes donnent
aussi ce dernier nom aux tuteurs testamentaires (*Gaius* 1,
inst. 154; *Ulp.* 11 *reg.* 14).

§ III.

212. La loi des Douze-Tables déclare que le testament
du père de famille fait loi relativement aux biens qu'il
laisse, et relativement à la tutelle de sa chose, c'est-à-dire
la tutelle des enfants soumis à sa puissance (1). Cette faculté de donner un tuteur à certaines personnes suppose
nécessairement qu'elles sont dans le cas de le recevoir :
or, les fils de famille ne sont en tutelle qu'après être sortis
de la puissance paternelle. Aussi en est-il de la nomination d'un tuteur comme de toute autre disposition faite
par testament; elle ne produit son effet qu'après la mort
du testateur (v. *Modest. fr.* 1, *qui test. fac.*). Alors les
fils et les filles du défunt deviennent tous *sui juris;* et ceux
qui n'ont point encore l'âge de puberté sont pupilles et
par conséquent en tutelle. Il en serait de même pour
tous les autres impubères soumis à la puissance du testateur, si à son décès les petits-fils et petites-filles devenaient
toujours *sui juris.* Pour savoir si l'aïeul peut leur nommer un tuteur, il faut donc, en appliquant ici une distinction précédente (188; *pr., quib. mod. jus pot.*),
examiner s'ils ne retomberont pas sous la puissance de
leur père.

---

(1) UTI LEGASSIT SUPER PECUNIA TUTELAVE SUÆ REI, ITA JUS ESTO
(*Ulp.* 11 *reg.* 14.)

§ IV.

213. Ce qu'on vient de dire sur les enfants nés ne s'applique pas directement aux enfants qui doivent naître après la mort du testateur, et que nous appellerons posthumes (567). Notre texte permet aussi de leur donner un tuteur testamentaire; mais il se fonde sur ce motif spécial, qu'en plusieurs autres cas les posthumes sont considérés comme déjà nés, *pro jam natis habentur.*

Leur état dans la famille paternelle est déterminé dès l'instant de la conception (§ 9, *quib. mod.*); et puisqu'ils doivent naître *sui juris,* il paraîtrait tout simple de leur donner un tuteur pour cette époque, sans qu'il soit nécessaire de les considérer comme déjà nés. Cette fiction ne fait pas commencer la tutelle un instant plus tôt; car il n'y a pas de pupille dans le sein maternel (*Ulp. fr.* 161, *de verb. signif.*); mais comme il s'agit de la tutelle donnée par testament, il importe d'examiner si les posthumes peuvent devenir l'objet d'une disposition testamentaire. Primitivement ils ne le pouvaient pas, parce qu'ils sont au nombre des personnes incertaines (v. § 25, 26 *et* 27, *de legat.*); cependant pour valider plusieurs dispositions testamentaires que le père de famille est dans le cas de faire à l'égard des posthumes, on a cru devoir considérer les enfants conçus comme déjà nés, et cela sous plusieurs rapports (*in compluribus.... causis*), afin que le père de famille pût les instituer ou les déshériter (v. 568; § 1 *et* 2, *de exhered. lib.*). Pareillement ici (*et in hac causa*), la même fiction permet de donner un tuteur aux posthumes que l'on suppose nés du vivant de leur père (*vivis parentibus*), et qui, dans cette supposition, se trouve-

raient *in potestate eorum*. On les appelle posthumes siens
par opposition aux posthumes externes qui ne naîtraient
pas sous la puissance du testateur, et auxquels ne s'applique pas la même fiction (*Gaius,* 1 *inst.* 147; v. § 26
et 28, *de legat.*; *pr., de bon. poss.*; 723, 724).

§ V.

214. De ce qui précède résulte cette règle générale,
que le tuteur testamentaire ne peut être donné qu'aux
enfants existants sous la puissance du testateur à l'époque
de sa mort, ou à ceux qui s'y seraient trouvés, si celui-ci
avait vécu plus long-temps (*Scævol. fr.* 73, § 1, *de reg.
jur.*). Cependant le tuteur nommé au fils émancipé sera
nécessairement confirmé par le magistrat, et cela sans
examen (*sine inquisitione*). Cette confirmation est juste-
ment ce qui prouve ici l'insuffisance de la nomination
faite par le testateur; car les tuteurs qu'il aurait droit de
nommer n'ont pas besoin d'être confirmés. Aussi le tuteur donné aux enfants émancipés n'est-il point encore
tuteur; seulement, comme le père est toujours présumé
connaître mieux que personne l'intérêt de ses enfants, la
personne par lui désignée reçoit du magistrat le titre et
les droits que le testateur a désirés, mais n'a pu lui conférer. Le choix du père est donc en ce cas une indication
plutôt qu'une nomination; en effet la tutelle, considérée
comme dative plutôt que comme testamentaire (v. *Ulp.
fr.* 3, § 1, *de test. tut.*), n'est réellement déférée que par
la confirmation (*Alex.* C. 2, *de confirm. tut.*).

215. Outre l'ascendant émancipateur, le père naturel, la mère, le patron et même les étrangers, peuvent
aussi par testament faire un choix susceptible d'être con-

firmé, lorsqu'en instituant le pupille héritier, ils lui ont ainsi donné la preuve d'une affection sincère (*Paul. fr.* 4; *Modest. fr.* 1, § 1, *de confir. tut.*; *fr.* 4, *de test. tut.*; *Anton.* C. 2, *de test. tut.*); mais dans ce cas même, le magistrat ne confirme qu'en connaissance de cause et après examen (*Modest. d. fr.* 1, § 2). Au surplus, cette faculté de confirmer un tuteur s'étend à tous les cas où sa nomination serait nulle, soit à raison des personnes par qui et pour qui le tuteur a été nommé, soit à raison de la forme dans laquelle la nomination serait faite (*Modest. d. fr.* 1, § 1).

TITRE XIV.

Quels tuteurs on peut nommer par testament.

216. On a pu remarquer dans le titre précédent (213) que pour savoir à qui et par qui peuvent être donnés les tuteurs testamentaires, il faut quelquefois remonter aux principes qui régissent les testaments. L'influence de ces mêmes principes est plus directe encore sur le choix du tuteur, et sur la manière dont sa nomination peut être modifiée; sous ce rapport, il existe pour la tutelle testamentaire des règles qui ne s'appliquent point aux autres tutelles. Examinons d'abord quelles personnes peuvent être nommées tuteurs par testament.

Ce sont les personnes avec qui le testateur a faction de testament (*Ulp.* 11 *reg.* 6; *Paul. fr.* 21, *de test. tut.*), c'est-à-dire celles en faveur de qui ce dernier peut disposer par testament (§ 4, *de hered. qual.*). Il faut de plus que la personne désignée soit capable des charges publiques, dont la tutelle fait partie (*pr., de excus.*).

Aussi les femmes sont-elles inadmissibles aux fonctions de
tüteur, si ce n'est lorsque par une concession spéciale,
le prince accorde à une mère la tutelle de ses enfants
(*Nerat. fr.* 18, *de tut.*).

PR.

217. On a faction de testament avec les fils de famille
(§ 4, *de hered qual.*); ils sont susceptibles de remplir les
charges publiques, et sous ce rapport même on les considère comme *sui juris* (*Pomp. fr.* 9, *de his qui sui*). Ils
sont donc, ainsi que les pères de famille, susceptibles
d'être nommés tuteurs, soit par un particulier dans son
testament (*text. hic*), soit par les magistrats (v. *Ulp. fr.* 7,
de tut.). Soumis à la puissance paternelle, un fils de famille est incapable d'avoir cette même puissance sur aucune autre personne, mais rien n'empêche de lui confier
une autorité différente comme celle du tuteur sur le pupille (210).

§ I.

218. Un esclave n'est admissible à aucune charge publique, et par conséquent ne peut être appelé par personne aux fonctions de tuteur (*Diocl. et Max.* C. 7, *qui
dar. tut.*); mais comme on peut dans le même testament
nommer un tuteur et affranchir un esclave, le testateur
peut déférer la tutelle à son propre esclave (*cum libertate*),
lorsqu'il lui donne en même temps la liberté.

Il n'est pas même nécessaire de la donner expressément; car en le nommant tuteur, son maître manifeste
tacitement la volonté d'affranchir; cette volonté suffit

sous Justinien (89; § 2, *qui et ex quib. caus.*) pour donner
à l'esclave la liberté directe, c'est-à-dire pour le rendre
libre en vertu du testament même, sans aucune autre
manumission (1). Il en serait autrement si le testateur,
en donnant la tutelle à un de ses esclaves, l'avait cru
libre (*text. hic*) ; car on ne peut lui supposer, dans ce
cas, l'intention d'affranchir un homme qu'il ne considère
pas comme esclave.

219. Quant à l'esclave d'autrui, la tutelle ne peut lui
être déférée purement et simplement pour le temps de la
mort du testateur, parce que la disposition d'un étranger ne lui confère pas la liberté; on ne peut donc lui
donner la tutelle que pour l'époque où il sera libre et en
exprimant cette condition (*cum liber erit*). Lorsque le
testateur a connu l'incapacité actuelle du tuteur par lui
nommé, on doit présumer qu'il a disposé pour le temps
où sa volonté pourra produire son effet, c'est-à-dire, à
l'égard de l'esclave d'autrui, *cum liber erit*; et cette condition se sous-entend, à moins que les circonstances ne
prouvent une volonté contraire (*Valer. et Gall. d. C. 9,
de fideic. lib.*). On va même plus loin ; car on suppose au
testateur l'intention de donner à l'esclave d'autrui la liberté telle qu'il peut la lui donner, c'est-à-dire la liberté

---

(1) § 2, *de sing. reb.* Antérieurement, cette volonté tacite n'avait pas
l'effet d'un affranchissement direct; il n'en résultait qu'un fidéicommis
qui obligeait les héritiers d'affranchir l'esclave (*Valerian. et Gall. C. 9,
de fideicom. libert.*). D'après une réponse de Paul (*fr. 32, § 2, de test.
tut.*), il suffirait de donner la tutelle à son esclave pour lui donner en
même temps la liberté directe ; mais sans prétendre que le texte de Paul
a été altéré, on peut croire, d'après Justinien lui même (*pr., de hered.
inst.*), que Paul adoptait la décision d'Atilicinus, décision préférée depuis
par Justinien, à l'opinion générale que Valérien et Gallien suivent dans
leur constitution,

fidéicommissaire, en sorte que l'héritier institué soit chargé d'affranchir cet esclave aussitôt qu'il pourra l'acquérir (§ 2, *de sing. reb.*; *Ulp. fr.* 10, § 4, *de test. tut.*; *Valer. et Gall.* C. 9, *de fideicom. liber.*; v. 799).

220. Si le testateur nomme son propre esclave (*cum liber erit*) pour le cas où celui-ci deviendra libre, la nomination est nulle (*text. hic in fin.*); car une semblable condition indique assez que la manumission n'est plus dans l'esprit du testateur une conséquence nécessaire de la tutelle qu'il donne. On ne peut donc lui supposer l'intention tacite d'affranchir.

§ II.

221. Ce qu'on a dit des esclaves s'applique aux autres personnes dont l'incapacité peut cesser, par exemple aux fous, aux mineurs de vingt-cinq ans. Le testateur est censé les avoir nommés pour le temp où ils recouvreront la raison, et atteindront l'âge requis (*text. hic; Paul. fr.* 11, *de tut.*; *Ulp. fr.* 10, § 3, *de test. tut.*). Dans l'intervalle, le magistrat donne un autre tuteur (§ 1, *de atil. tut.*).

Voyons maintenant de quelle manière la nomination peut être faite.

§ III.

222. D'après le principe établi par la loi des Douze-Tables (*uti legassit ita jus esto*), le testateur peut, en général, modifier l'effet de ses dispositions, soit en les faisant ou cesser (*ad certum tempus*) ou commencer (*ex certo tempore*) à une époque déterminée, soit en les subordonnant (*sub conditione*) à une condition, c'est-à-dire à un

événement incertain (v. 597; § 9, *de hered. inst.*). La tutelle déférée par le père de famille étant une disposition testamentaire, peut être donnée à terme ou sous condition (*text. hic; Ulp. fr.* 8, § 2, *de test. tut.*), ainsi qu'on l'a déjà vu relativement à l'esclave d'autrui, relativement aux fous et aux mineurs de vingt-cinq ans, qui sont nommés ou réputés nommés pour l'époque où ils auront cessé d'être incapables (v. § 1 *et* 2, *h. t.*).

223. Notre texte ajoute que la nomination du tuteur testamentaire peut être faite avant l'institution d'héritier (*ante heredis institutionem*). Cette institution forme la base de tout le testament qui sans elle n'existerait pas, et autrefois tout legs écrit avant l'institution d'héritier restait nul. Cette rigueur, abolie plus tard par Justinien (§ 34, *de legat.*; v. 734), ne s'appliquait point à la nomination d'un tuteur, du moins dans l'opinion des Proculéiens (*Gaius*, 2 *inst.* 231; 734).

§ IV.

224. Les soins du tuteur s'étendent à la fortune et aux biens du pupille, mais seulement par suite de la protection qu'il doit au pupille même; car la tutelle essentiellement différente, à cet égard, de la curatelle (289), ne se donne pas aux biens, mais à la personne (*personœ non rei vel causœ tutor datur*), et l'unité de la personne rend la tutelle indivisible. Aussi ne peut-on la restreindre à une chose, à une affaire déterminée, ou en excepter, soit une chose, soit une affaire quelconque. Dans ce cas, la nomination serait totalement nulle : *tota datio nihil valebit* (*Pomp. fr.* 13, *de test. tut.*). On peut cependant nommer un tuteur pour tout le patrimoine d'une province

(*Ulp. fr.* 15, *eod.*), lorsque les biens du pupille sont dispersés en différents pays (297).

225. De ce que le tuteur est donné à la personne, il n'en résulte pas que le pupille soit remis au tuteur et confié à sa garde. C'est le magistrat qui, d'après les circonstances et pour la plus grande sûreté de l'impubère, décide chez qui ce dernier habitera, par qui et de quelle manière il sera nourri, élevé et instruit, le tuteur restant alors chargé de payer la dépense (325). Ce n'est donc pas à la personne physique, mais plutôt à la personne civile que le tuteur est donné, pour suppléer à l'incapacité du pupille, pour le diriger dans les obligations, les aliénations qu'il consent, et autres actes semblables (v. *pr. et* § 1, *de auct. tut.*; § 2, *quib. alien.*).

§ V.

226. Il s'agit moins ici d'un principe invariable que d'une règle d'interprétation subordonnée aux circonstances qui servent à interpréter les expressions du testateur (v. *Paul. fr.* 59, *de rit. nupt.*; *fr.* 84, *de verb. signif.*; *Pomp., Callistr. fr.* 122, 220, *eod.*; *Julian. fr.* 201, *eod.*; *fr.* 14, *de sc. maced.*; *Ulp. fr.* 5, 6 *et* 16, *de test. tut.*).

TITRE XV.

De la tutelle légitime des Agnats.

PR.

227. Après avoir autorisé le père de famille à régler par son testament la tutelle des héritiers siens, la loi des

Douze-Tables prévoyant le cas où il mourrait intestat, défère la tutelle aux agnats (*text. hic*), ou pour parler plus exactement, au plus proche parmi les agnats mâles du pupille (§ 7, *de cap. dem.*) ; car les femmes ne sont pas appelées à la tutelle, lors même qu'elles viendraient à l'hérédité (*pr.*, *de legit. patron. tut.*). Il faut donc examiner ici dans quel cas le père de famille meurt intestat, et quels sont les agnats d'un pupille.

§ II.

228. On appelle en général intestat le défunt qui ne laisse point de testament ou dont le testament reste sans effet (*pr.*, *de hered. quæ ab intest.*) ; mais ici la qualification d'intestat s'applique au défunt qui n'a pas testé sur la tutelle, quand même il laisserait un testament relatif à d'autres points. On est donc intestat, pour toute la tutelle, lorsqu'on n'a point nommé de tuteur, ou lorsque la nomination reste sans effet par le prédécès du tuteur nommé (*text. in fin.*). Si le tuteur nommé décède après le testateur, celui-ci est encore intestat, non pour toute la tutelle, mais pour le temps qui reste à courir jusqu'à la puberté du pupille, et cette fin de tutelle appartient encore aux agnats (*Paul. fr.* 6, *de legit. tut.*).

229. Il en est autrement lorsque l'effet de la nomination testamentaire se trouve suspendu jusqu'à l'événement d'un terme ou d'une condition : cet intervalle est rempli par la tutelle dative, parce que tant qu'il est possible d'espérer un tuteur testamentaire, on n'admet point les tuteurs légitimes (*Ulp. fr.* 11, *de test. tut.*) ; il en est ici de la tutelle comme de l'hérédité, que la loi des Douze-Tables défère aussi *ab intestat*, mais seulement

lorsqu'il est devenu certain qu'il n'existera point d'héritier testamentaire. C'est alors, à proprement parler, que
le défunt est reconnu intestat (§ 6, *de legit. agn. suc-*
cess.; 811, 842).

§ 1.

230. Sont agnats entr'eux , dit Justinien , **d'après**
Gaius (1 *inst.* 156; *fr. 7, de legit. tut.*), les parents (*co-*
gnati) qui tiennent l'un à l'autre par le sexe masculin,
comme les deux fils d'un même père; chacun d'eux est
agnat de son frère, des enfants de son frère et des petits
enfants qui en descendent par mâles. Réciproquement,
ces derniers ont pour agnats le frère paternel de leur
père (*patruus*), les enfants de ce dernier, les petits-
enfants qui descendent de lui par mâles, et ainsi de suite.
A ces exemples on oppose celui des parents qui , tenant
l'un à l'autre par un ou plusieurs ascendants du sexe féminin, ne sont point agnats; ils sont parents ou cognats
(*cognati*), parce qu'ils descendent d'une souche commune,
quasi ex uno nati... quia commune nascendi initium
habuerint (Ulp. fr. 1, § 1, unde cogn.). A ce titre, les
agnats sont également cognats; mais leur commune origine offre un caractère particulier : elle est toute mascu-
line; ils sont cognats de père en père (*quasi a patre*
cognati). Les agnats sont donc cognats entr'eux, tandis
que les cognats ne sont pas toujours agnats. La cognation
ou parenté simple diffère de l'agnation comme le genre
diffère de l'espèce (*Paul.* 4 *sent.* 8, § 14; *fr.* 10, § 4, *de*
grad. et aff.).

Revenons à notre texte et aux exemples qu'il donne.
Amita est la sœur paternelle de mon père, comme *pa-*
truus est son frère paternel (§ 3, *de grad. cogn.*); l'un

et l'autre sont agnats de mon père et de moi. L'agnation s'étend même aux enfants de mon oncle paternel (*patrui filius*), mais elle s'arrête à la sœur de mon père : son fils (*amitœ filius*) n'est pas mon agnat, et réciproquement je ne suis pas le sien. Cette distinction entre les enfants de mon oncle et ceux de ma tante, de ma sœur ou de toute autre parente, tient à ce que ces derniers n'appartiennent point à la famille de leur mère : *patris non matris familiam sequuntur.* S'ils étaient dans cette famille qui est la mienne, nous serions agnats. Il existe donc un rapport direct entre l'agnation et la famille ; pour mieux le saisir, complétons les notions exposées ci-dessus (106).

231. Il existe deux espèces de famille (*Ulp. fr.* 195, § 2, *de verb. sign.*), dont l'une *domus* moins étendue que l'autre se compose de plusieurs personnes soumises à la puissance d'un seul chef, comme nous l'avons déjà vu (106); maintenant, supposons ce chef décédé, et occupons-nous des enfants devenus *sui juris.* Chacun d'eux est chef de maison, ou père de famille, *singulas familias incipiunt habere* (*Ulp. d. fr.* 195, § 2). Cependant toutes ces familles particulières ne forment encore qu'une seule famille (*tamen omnes recte ejusdem familiœ appellabuntur*), et cette famille générale n'est réellement que la famille primitive continuée entre les personnes qui *sub unius potestate fuerunt.* Cette puissance éteinte, les propriétés ne sont plus confondues en une seule ; le lien primitif est relâché, sans être rompu, et les membres d'une même famille ont encore un titre commun : ce titre est celui d'agnat ; car la famille générale n'est que la réunion des agnats. Dans ce sens, *communi jure*, dit Ulpien, *familiam dicimus omnium agnatorum.*

Il est aisé de concevoir maintenant pourquoi les en-

fants ne sont jamais agnats, ni de leur mère ni des parents de celle-ci; c'est, d'après Gaius et Justinien lui-
même (*text. hic, in fin.*), parce que *patris non matris
familiam sequuntur;* et puisque la famille ne se continue
que par les mâles, c'est uniquement dans leur descendance qu'il peut se trouver des agnats : toutefois cette
descendance, considérée comme cause de l'agnation,
n'en est que la cause éloignée; car c'est l'unité de famille
qui seule constitue l'agnation entre certains parents, *qui
familiam sequuntur.* En un mot, sont respectivement
agnats, d'après les expressions de Paul (*fr.* 10, § 2, *de
grad. et aff.*) et d'Ulpien (11 *reg.* 4), les parents qui sont
ex eadem familia ou *ejusdem familiæ.*

§ III.

232. Effectivement, les parents par mâles ne sont pas
toujours agnats, car l'agnation vient souvent à se dissoudre (*text. hic*), et alors deux frères paternels sont
toujours frères, toujours parents ou cognats; mais, quoique fils et toujours fils du même père, ils ne sont plus
agnats. Ce titre n'est donc pas entre eux la conséquence
de leur commune origine. Cette origine ne produit
qu'une cognation ou parenté simple, qui ne se dissout
pas aussi facilement que l'agnation, comme on le verra
dans le titre suivant, et spécialement sur les § 3 et 6.

TITRE XVI.
De la Capitis deminutio.

233. Puisque les agnats, ainsi qu'on vient de le voir,
sont les membres d'une même famille, ils doivent perdre

ce titre quand ils changent de famille, et c'est précisément ce que dit Paul (*desinunt esse, familia mutati; fr.
7, de cap. min.*). Le même jurisconsulte (*fr. 3 et 11,
eod.*) nous apprend également qu'il y a CAPITIS DEMINU-
TIO pour telles ou telles personnes *cum familiam muta-
verint*, et en général *cum familia mutatur*. Ainsi, quel
que soit le sens littéral du mot CAPITIS DEMINUTIO, et sauf
à l'expliquer plus loin (240), nous pouvons, en considérant ici la chose et ses effets, nous arrêter à cette idée que
la CAPITIS DEMINUTIO consiste dans un changement de famille. Cela suffirait quant aux droits d'agnation ; mais un
citoyen romain peut, en quittant sa famille, conserver
ou perdre sa place dans la cité; en perdant celle-ci, il
peut également conserver ou perdre le rang d'homme
libre. Aussi distingue-t-on dans la CAPITIS DEMINUTIO
trois degrés. Elle est complète (*maxima*) pour les citoyens qui perdent à la fois tous leurs droits de liberté,
de cité et de famille; moindre (*minor... media; pr. h. t.*),
pour ceux qui, en perdant les droits de cité et de famille,
conservent la liberté, et enfin petite (*minima*) pour
quiconque restant libre et citoyen, change simplement
de famille.

Telle est, sur ce point, la doctrine de Paul (*fr. 11,
de cap. min.*). Voyons comment elle concorde avec notre
texte.

PR.

234. D'après la définition que Justinien donne ici et
au Digeste (*fr. 1, de cap. min.*), la CAPITIS DEMINUTIO
serait un changement d'état (*status mutatio*). Gaius
(1 *inst.* 159) avait dit *capitis mutatio*. Nous reviendrons
au § 3 sur cette définition. Du reste, nous retrouvons ici

I.   11

la triple CAPITIS DEMINUTIO, grande, moyenne et petite
(v. *Ulp.* ii *reg.* 10).

§ I ET II.

235. Ici, comme dans Paul (*d. fr.* 11, *de cap. min.*)
et dans Ulpien (11 *reg.* 11), la grande et la moyenne CA-
PITIS DEMINUTIO supposent également la perte du droit de
cité, et se distinguent entre elles relativement au droit
de liberté, qui se perd dans un cas et se conserve dans
l'autre. Quant à la famille, Justinien n'en parle pas, non
plus que Gaius (1 *inst.* 160, 161) et Ulpien (11 *reg.* 11
12), sans doute parce que la perte des droits de famille,
étant commune à tous les cas, n'ajouterait rien au caractère distinctif de chacun. Effectivement, c'est la perte
du droit de cité que les jurisconsultes examinent d'abord ;
et, soit que cette perte concoure ou non avec celle de la
liberté, ils séparent de toute autre CAPITIS DEMINUTIO
celle qui arrive *salva civitate* (*Ulp. fr.* 2, *de legit. tut.* ;
Paul. fr. 5, § 2, *de cap. min.*).

Nous avons expliqué précédemment dans quels cas on
cesse d'être libre (67 ; § 4, *de jur. pers.*); dans quel
cas se perd ou se conserve la qualité de citoyen (189, 191;
§ 1 *et* 2, *quib. mod. jus. pat.*).

§ III.

236. Tous les textes s'accordent avec celui de Paul
pour répéter qu'en subissant la petite CAPITIS DEMINUTIO,
chacun reste libre et citoyen, que cependant il s'opère
un changement sur l'existence et sur les effets duquel on
s'accorde encore ; mais, lorsqu'on veut en préciser la
cause et l'objet, une divergence apparente commence à

se manifester. Suivant Paul, c'est un changement de famille; suivant Ulpien, c'est un changement d'état, et
telle est aussi la définition de Gaius (1 *inst.* 162) adoptée
ici par Justinien. Ainsi le changement qui s'opère porte
sur un objet toujours unique et toujours pris par opposition à la liberté et à la cité. On le nomme tantôt *familia*,
tantôt *status*; n'en faudrait-il pas conclure que ces deux
mots ont ici la même signification? Il est certain du
moins qu'après avoir parlé du changement d'état, Gaius
et Ulpien, dans les exemples qu'ils citent, nous montrent
toujours des changements de famille. Tel est, entre autres, le cas d'adoption : l'adopté est CAPITE MINUTUS,
comme l'émancipé (*Modest fr.* 4, § 10, *de grad. et aff.*),
et cependant l'adopté ne devient pas *sui juris*; il est toujours fils de famille, mais fils d'une autre famille.

237. Le changement d'état, dans le sens d'Ulpien et
même de Gaius, ne suppose donc pas une mutation nécessaire entre les qualités opposées de père et de fils de
famille. Justinien seul a fait naître cette idée par la manière dont il a changé le texte de Gaius (1 *inst.* 162). Il
y a CAPITIS DEMINUTIO, dit l'Empereur, lorsqu'une personne *sui juris* tombe sous la puissance d'autrui, ce qui est
vrai (239); mais Justinien admet la même décision pour le
cas inverse (*vel contra*), c'est-à-dire pour tous les fils
de famille devenus *sui juris* d'une manière quelconque;
et alors la proposition généralisée devient fausse. En
effet, les fils de famille sont CAPITE MINUTI sans devenir
sui juris, lorsqu'ils sont donnés en adoption proprement
dite, et même lorsqu'ils passent avec leur père adrogé
sous la puissance de l'adrogeant, parce qu'alors ils changent de famille (*Paul. fr.* 3, *de cap. min.*). Réciproquement ils deviennent *sui juris* sans être CAPITE MINUTI,

par la mort du père de famille (*Ulp. fr.* 3, § 4, *de sc. maced.*), et cela doit être, car autrement que deviendrait la tutelle légitime ; où seraient les agnats du pupille, si, en devenant *sui juris* par la mort de son père, le fils de famille éprouvait une CAPITIS DEMINUTIO qui romprait inévitablement toute agnation ? Ulpien nous enseigne d'ailleurs que la mort du père n'empêche pas les enfants d'être toujours membres de la même famille et conséquemment toujours agnats (*fr.* 195, § 2, *de verb. sign.*; v. *Gaius*, 3 *inst.* 114).

238. Il en est autrement pour l'émancipé. Il sort de la famille paternelle, et ne reprend point sous sa puissance les enfants qu'il a laissés dans celle de son père ; il n'est plus héritier de ce dernier ; en un mot, en quittant la famille, il perd ses agnats, et en général tous ses droits (v. *Modest. fr.* 4, § 10, *de grad. et aff.*; *pr., quib. mod. jus pot.*, § 9, *de hered. quœ ab int.*). L'émancipé est donc CAPITE MINUTUS; c'est même le seul cas où un fils de famille devenant *sui juris*, subit une CAPITIS DEMINUTIO (*Cujac., not. ad inst. h. t.*), et la proposition de Justinien, si elle était restreinte à ce seul cas, n'aurait plus rien d'inexact (1).

---

(1) Les éditions ordinaires ne portent pas seulement VEL CONTRA ; elles ajoutent : *Veluti, si filius familias a patre emancipatus fuerit, est capite minutus.* Cette addition justifierait Justinien en précisant son texte, si on pouvait la prendre dans un sens limitatif ; mais le mot VELUTI semble indiquer un exemple qui suppose plusieurs cas semblables. Cujas, dans ses premières notes, assure que le mot VELUTI ne se trouve pas dans les anciens manuscrits, et se prononce ouvertement pour sa suppression ; plus tard, Cujas a supprimé toute la phrase additionnelle. Je voudrais pouvoir la conserver parce qu'elle expliquerait le VEL CONTRA de Justinien, et le mot *veluti* ne m'empêcherait pas d'entendre cette phrase dans un sens limitatif, et même restrictif. En effet, ce mot s'emploie souvent dans

259. En sens inverse, un père de famille ne peut deve-nir *alieni juris* que par adrogation ou par légitimation : dans ces deux cas il y a réellement CAPITIS DEMINUTIO; et ici la proposition de Justinien est vraie, du moins quant aux résultats. Mais pourquoi l'adrogé est-il *capite minu-tus*? Est-ce parce qu'il devient fils de famille? S'il en était ainsi, la même conséquence ne s'étendrait pas jusqu'à ses enfants. Tout s'explique lorsqu'on observe, avec Paul (*fr.* 3, *de cap. min.*), que l'adrogé et ses enfants chan-gent tous de famille, et avec Papinien (*fr.* 11, § 2, *de bon. poss. sec. tab.*), que ce sont autant de têtes transférées *in familiam et domum alienam*. On ne peut dire autant pour le cas de légitimation.

Il s'agit donc perpétuellement de savoir à quelle famille un citoyen appartient; et du reste, qu'on y soit ou non soumis à la puissance paternelle, peu importe; car, comme le dit Gaius (*fr.* 9, *de bon. poss. contr. tab.*) à l'égard d'un enfant adoptif, il est indifférent que le père adoptif soit vivant ou mort : le seul point à examiner, c'est de savoir si l'adopté est dans la famille (1).

---

ce sens, et alors il signifie C'EST-A-DIRE. C'est ainsi qu'il est pris à l'égard des tribuns (*veluti tribuno*) dans le § 4, *de jur. nat.* et dans plusieurs autres textes.

(1) Celui qui change de famille, et par exemple l'adrogé, transporte une personne, une tête *in familiam et domum alienam* (*Pap. fr.* 11, § 2, *de bon. poss. sec. tab.*). La famille qu'il abandonne compte un agnat, une tête de moins. Pareillement, le déporté *tollitur e numero civium romanorum* (§ 1, *quib. mod. jus. pot.*). Dans ce cas, la cité compte un citoyen, une tête de moins, et la même diminution arrive dans le nombre des personnes libres, chaque fois que l'une d'elles devient esclave. En s'attachant à cette observation, Hotman et Vinnius ont pensé que la *capitis deminutio* doit s'entendre, à proprement parler, de la famille ou de la cité qui sont diminuées d'une tête en perdant un de leurs membres, et que

240. Lorsqu'on en sort on perd le rang qu'on y occupait, et par suite les droits qui dérivent pour chaque personne de son agrégation à une corporation, par exemple, à telle cité, à telle famille dont on est membre, dans laquelle on a une place, une position, un état (*status*), et conséquemment des droits.

Dans ce sens on a dit avec raison que l'abandon de cette position ou le changement de famille est un changement d'état. Dans un autre sens et en prenant CAPUT pour l'ensemble des droits qui constituent l'état d'un citoyen sous le triple rapport de sa liberté, de ses droits civils et de la famille dont il fait partie, on comprend que ce CAPUT est diminué, et conséquemment qu'il y a *capitis deminutio*, ou qu'un citoyen est *capite minutus*, chaque fois qu'il perd tout ou partie des droits qui constituent son état. A la vérité ceux qui subissent la petite CAPITIS DEMINUTIO, ne perdent leurs droits dans une famille que pour acquérir, dans une autre famille, des droits semblables. Ils paraissent donc ne rien perdre; mais on ne considère ici que la famille d'où ils sortent; or, quelle que soit leur position nouvelle, il est certain que leurs droits, dans leur ancienne famille, sont perdus, et,

---

si l'on applique à ce dernier l'épithète *capite minutus*, c'est improprement, et parce qu'on dit de la personne ce qui devrait se dire de la corporation, par exemple de la famille dont cette personne est sortie. C'est d'après la même observation que j'avais cru pouvoir traduire littéralement *capitis deminutio* par *diminution de tête*; mais j'abandonne maintenant cette traduction sans en chercher aucune autre. Il paraît en effet que les jurisconsultes romains ont toujours parlé de la personne et jamais de la corporation; qu'ainsi l'observation précédente, quoique vraie, quoique s'adaptant à toutes les phases de la *capitis deminutio*, n'explique pas l'expression même, et conséquemment ne justifie pas la traduction littérale dont je m'étais servi.

sous ce rapport, ils sont véritablement *capite mi-*
nuti.

§ IV.

241. C'est ainsi qu'un fils de famille émancipé et par
cela même devenu père de famille, est *capite minutus*
(*Paul. fr.* 3, § 1, *de cap. min*), à la différence de l'esclave
qu'on affranchit. Ce dernier n'avait ni liberté, ni droits
civils, ni famille ; en d'autres termes, *nullum caput habuit.*
Aussi ne peut-il subir aucune CAPITIS DEMINUTIO.

§ V.

242. L'état ou le CAPUT d'un citoyen reste indépendant des dignités dont il est revêtu ou dont il peut être
dépouillé, comme un sénateur qu'on exclut du sénat
sans changer de famille, et à plus forte raison sans perdre
ni sa liberté ni ses droits de citoyen, et conséquemment
sans être CAPITE MINUTUS (*text. hic.; Modest. fr.* 3, *de*
senat.).

§ VI et VII.

243. Revenons aux effets que la CAPITIS DEMINUTIO
produit relativement aux droits d'agnation et de cognation.

Puisque le titre d'agnat est commun aux membres d'une
même famille, on doit nécessairement le perdre en changeant de famille. Justinien l'a dit précédemment ; mais en
posant la règle générale, il a laissé prévoir une exception
(*plerumque*; § 3, *de legit. agnat. succ.*), celle qu'Anastase
(C. 4, *de legit. tut.*) a établie en conservant aux émancipés

leurs droits d'agnation envers leurs frères et sœurs (v. § 1, *de success. cogn.*; v. 838).

244. Le même texte dit que la cognation ou parenté simple ne se dissout point aussi facilement que l'agnation. Effectivement, la cognation, indépendante du lien de famille, subsiste malgré la petite CAPITIS DEMINUTIO; mais celui qui cesse d'être citoyen n'a plus aucun parent. Il en est de même, à plus forte raison, pour celui qui devient esclave, et l'affranchissement même ne lui rend pas les parents qu'il a perdus (§ 6, *h. t.; Modest. fr. 7, unde cogn.*); car la manumission essentiellement différente du *postliminium* et de la restitution que le prince accorderait *in integrum* (190, 193), donne une liberté nouvelle et ne rétablit pas l'affranchi dans son état primitif.

A proprement parler, le lien du sang, et par conséquent la cognation sont indissolubles (§ 3, *de legit. agn. tut.*); cependant on les considère comme rompus par la CAPITIS DEMINUTIO, grande ou moyenne, en ce sens que la parenté ne produit plus alors aucun effet civil. Du reste le lien du sang subsiste et conserve ses effets purement naturels, notamment à l'égard des noces (v. § 10, *de nupt.*).

L'explication du § VII se trouve comprise dans celle du *principium*, au titre précédent (227).

TITRE XVII.

De la Tutelle légitime des patrons.

245. La loi des Douze-Tables, en déférant la tutelle aux agnats, ne déférait évidemment que la tutelle des

ingénus; car l'esclave, n'ayant point de famille, n'a point d'agnats au moment de son affranchissement, et par conséquent point de tuteur légitime, du moins d'après le texte de la loi. Il a donc fallu recourir à son motif.

Le plus proche agnat, appelé à la tutelle, serait également appelé à l'hérédité du pupille, si celui-ci mourait. Les prudents pensèrent que la loi avait voulu mettre la charge du tuteur en compensation des espérances de l'hérédité. Il semble en effet que la protection du pupille, et par suite le soin de sa fortune, doit retomber sur les personnes qui semblent destinées à recueillir cette fortune; et parce que l'hérédité d'un affranchi intestat appartient au patron ou aux enfants du patron, comme celle d'un ingénu à son plus proche agnat, on leur a également déféré la tutelle légitime (*Ulp. fr.* 1 *et* 3, *de legit. tut.*).

Effectivement, cette tutelle, comme celle des agnats, appartient toujours aux héritiers présomptifs; c'est une règle constante, qui cependant souffre exception lorsque l'héritier présomptif est une femme. Dans ce cas la tutelle se sépare de l'hérédité (*text. hic.*) et passe, comme si la femme n'existait pas, aux mâles qu'elle empêche d'arriver à l'hérédité (*Ulp. fr.* 1, § 1; *Herm. fr.* 10, *de legit. tut.*).

Que déciderait-on, si les mâles appelés à la tutelle étaient eux-mêmes impubères ou mineurs de vingt-cinq ans? Voyez à cet égard le titre *de tutela fiduciaria*, et le § 13, *de excus*. (250, 316).

TITRE XVIII.

De la Tutelle légitime des ascendants.

246. L'émancipation faisait considérer l'émancipé comme un véritable affranchi, et le plaçait en conséquence sous la tutelle de son patron (§ 6, *quib. mod. jus pot.*). Ce patron était d'abord l'acheteur à qui le fils de famille avait été mancipé (1); c'était le père lorsqu'en vertu de la fiducie les enfants lui avaient été rémancipés pour être affranchis par lui-même (*Gaius*, 1 *inst.* 169, 175).

En simplifiant la forme, Justinien a conservé tous les effets de l'ancienne émancipation fiduciaire (C. 6, *de emancip. liber.*). Le père qui a tous les droits du patron, et qui succède à son fils émancipé (§ 8, *de legit. agn. succ.*), doit aussi (*exemplo patronorum*) être chargé de la tutelle légitime.

TITRE XIX.

De la Tutelle fiduciaire.

247. A la mort de l'ascendant émancipateur, la tutelle sera déférée par la confirmation du magistrat, au tuteur que le défunt aurait nommé dans son testament (§ 5, *de tut.*); mais s'il décède intestat, comme on le suppose ici, à la tutelle légitime qu'il a eue comme patron, succède une autre tutelle appelée fiduciaire. Elle appartient aux enfants

---

(1) *Voyez*, dans la première partie de l'*Enchiridium*, un fragment du second livre des Institutes d'Ulpien.

mâles restés sous la puissance du père émancipateur, par exemple aux frères de l'émancipé (*Modest.
fr.* 4, *de leg. tut.*) ou même, comme on le voit ici, au
père, à l'oncle des petits-enfants émancipés par l'aïeul.
Cette tutelle suppose toujours une émancipation faite
contracta fiducia; de là paraîtrait venir aux enfants de
l'émancipateur le titre de tuteurs fiduciaires, par opposition au père lui-même qui est rangé parmi les tuteurs
légitimes (1).

248. Mais pourquoi ses enfants sont-ils dans une classe
à part, tandis que ceux du patron sont tuteurs légitimes
comme leur père? Telle est l'objection que Justinien se
fait à lui-même (*atqui patrono*, etc.). Sa réponse (*quoniam filius*, etc.) consiste à dire que le patron transmet
la tutelle légitime, comme à défaut d'affranchissement il
aurait transmis la puissance dominicale; que l'affranchi
retombe sous la tutelle légitime des enfants du patron,
comme l'esclave serait tombé sous leur puissance, tandis

---

(1) *Cum is et legitimus tutor habeatur* (*Gaius*, 1 *inst.* 172, 175).
Fiduciaire qui vient sans doute de *fiducia*, désigne celui qui acquiert par
mancipation ou *cessio in jure* avec clause expresse de rémancipation,
contracta fiducia (201), ou même sans clause expresse, lorsqu'il est entendu qu'il ne conservera pas la personne mancipée. Ainsi l'acheteur, en
affranchissant le fils de famille mancipé sans fiducie par son père,
ou rémancipé par un autre acheteur, devient tuteur fiduciaire (*Gaius*,
1 *inst.* 166; v. 114 *et* 195; *Ulp.* 11 *reg.* 5), comme le père lui-même,
lorsqu'il affranchit les enfants qu'il avait mancipés *contracta fiducia* et
qu'on lui rémancipe. Dans ce sens, la tutelle du père ou de l'acheteur était
tout à la fois légitime et fiduciaire; les enfants restés la puissance du premier étaient *loco fiduciarii* (*Gaius*, 1 *inst.* 172, 175); mais sous Justinien
les mots ne conservent pas leur acception primitive. Le père émancipateur reste simplement tuteur légitime, et ses enfants prennent le titre
de fiduciaire qui ne leur appartenait pas directement (v. *Marcell. fr.* 4,
de legit. tut.).

que l'émancipé ne serait point retombé sous la puissance
de ses frères ; qu'ainsi le père ne transmettant point à ces
derniers la puissance paternelle, ne leur transmet pas
non plus la tutelle légitime. Cette raison pourrait s'appliquer à la tutelle des frères et des oncles, mais elle est
certainement fausse à l'égard du père qui, au décès de
l'aïeul émancipateur, devient tuteur fiduciaire de ses
propres enfants (*Cujas, not. ad inst. h. t.*).

249. Si les enfants de l'émancipateur ne sont pas tuteurs légitimes, comme les enfants du patron proprement
dit, c'est parce qu'ils ne succèdent pas, comme ces derniers,
au droit de patronage que leur père avait; les enfants du
patron deviennent patrons comme l'étoit leur père : en
cette qualité la loi les appelle à l'hérédité de l'affranchi
(*pr., de bon. libert. ; pr., de assign. libert.*), et par suite
à la tutelle légitime. L'émancipateur est personnellement
assimilé au patron (201) : aussi obtient-il l'hérédité et la
tutelle légitime (§ 8, *de legit. agn. succ.*; 251); mais ce
patronage fictif s'éteint avec lui. Les enfants restés sous
sa puissance ne sont donc point patrons de l'émancipé;
d'un autre côté, ils ne sont plus ses agnats. Ainsi
lorsqu'ils viennent à la tutelle, ce n'est pas, suivant le
système des Douze-Tables, comme agnats ou comme héritiers présomptifs. A cet égard, ils diffèrent également
soit de leur père, soit des enfants du patron (v. *Gaius*, 1
inst. 175).

La tutelle fiduciaire, séparée de l'hérédité, n'est donc
pas une tutelle légitime, dans le sens des trois précédentes;
mais comme elle a lieu sans aucune nomination, soit du
testateur, soit du magistrat, les tuteurs fiduciaires sont
aussi considérés comme légitimes dans le sens le plus
étendu de cette expression, qui comprend alors tous les

tuteurs *quos nemo dat (Ulp. fr. 5, de legit. tut.)*. Dans un sens plus restreint, il n'y a de tuteurs légitimes que ceux qui sont appelés par la loi des Douze-Tables à l'hérédité et à la tutelle, soit expressément comme les agnats, soit implicitement comme le patron et ceux qu'on lui assimile (*Ulp.* 11 *reg.* 3).

250. En terminant ce titre, Justinien nous annonce que, d'après une de ses constitutions (C. 5, *de legit. tut.*), aucune tutelle ou curatelle ne sera déférée qu'aux majeurs de vingt-cinq ans (*si perfectæ ætatis sunt*). Effectivement la tutelle légitime appartenait même aux impubères, et l'âge n'était pour eux qu'un motif d'excuse temporaire (1).

251. Pour nous résumer sur les quatre tutelles qui sont déférées sans aucune nomination, nous distinguerons entre les pupilles affranchis et les pupilles ingénus.

Les premiers ont pour tuteurs, d'abord le patron et ensuite ses enfants mâles. Quant aux ingénus ils deviennent *sui juris* sans CAPITIS DEMINUTIO, par la mort du père de famille, ou avec CAPITIS DEMINUTIO, par l'émancipation. Au premier cas, tutelle légitime des agnats ; au second cas, tutelle légitime de l'ascendant qui émancipe ; après lui, tutelle fiduciaire.

---

(1) V. 313 ; § 13, *de excusat.* Les mots *si perfectæ ætatis sunt*, dans Paul (*fr.* 8, *de legit. tut.*), sont évidemment intercalés par Tribonien.

TITRE XX.

Du tuteur Atilien, et de celui qui était donné en vertu
de la loi Julia et Titia.

PR.

252. La tutelle déférée par les magistrats se nomme
vulgairement dative : observons toutefois que les tuteurs
testamentaires sont également datifs, par opposition aux
tuteurs légitimes *quos nemo dat* (*Ulp.* 11 *reg.* 14; *fr.* 5,
de legit. tut.; v. 211.)

Les magistrats nomment dans plusieurs cas, et principalement lorsqu'il n'existe aucun tuteur, soit testamentaire, soit légitime.

§ I.

253. Quelquefois la nomination d'un tuteur testamentaire nécessite la nomination d'un tuteur datif pour l'intervalle qui doit s'écouler entre la mort du testateur et
l'entrée en fonctions du tuteur testamentaire nommé à
terme ou sous condition (222).

Lors même que la nomination testamentaire est pure
et simple, on peut encore être dans la nécessité de nommer un tuteur datif; car le testament ne s'exécute pas
avant que l'institué ne se porte héritier. Cette condition
tacite suspend la tutelle comme toutes les autres dispositions du testament; dans l'intervalle la tutelle testamentaire n'existe qu'en espérance; mais cette espérance empêche l'admission des tuteurs légitimes; il faut donc

recourir aux tuteurs atiliens (v. *Pomp. et Ulp. fr.* 9, 10 et 11, *de test. tut.*).

254. A l'événement de la condition ou du terme, la tutelle atilienne cesse, car elle était provisoire (§ 2 *et* 5, *quib. mod. tut. fin.*), quoiqu'elle n'admette par elle-même ni terme, ni condition (*Ulp. fr.* 6, § 1, *de tut.*); mais ici les fonctions du tuteur atilien se trouvent limi-tées, par suite des dispositions du testateur, dont la vo-lonté, en fait de tutelle, domine toutes les règles : *uti legassit, ita jus esto.*

§ II.

255. Lorsqu'un tuteur est prisonnier, l'incertitude de son retour établit encore une condition jusqu'à l'événe-ment de laquelle on donne un tuteur atilien. Si le prison-nier revient, le droit de *postlimium* le réintègre dans les fonctions que sa mort transmettrait de suite aux tuteurs légitimes (*Gaius*, 1 *inst.* 187).

§ III.

256. Le droit de nommer un tuteur n'entre dans la juridiction d'aucune magistrature, c'est-à-dire dans sa compétence primitive et ordinaire : il n'en fait que partie accessoire et accidentelle, lorsqu'il y est ajouté postérieu-rement par une loi, par un sénatus-consulte ou par une constitution. En ce sens, la nomination du tuteur vient de la loi, et non de la juridiction (*Ulp. fr.* 6, § 2, *de tutel.*).

Nous avons donc à examiner, suivant les différentes époques, à quels magistrats et par quelles lois ce pouvoir a été donné.

Les premières lois sur la tutelle dative furent, pour Rome, la loi Atilia, d'où est venu le nom de tuteur atilien; et pour les provinces, la loi Julia et Titia (*pr., h. t.*). Ces lois attribuèrent le droit de nommer, la première au préteur, avec la majeure partie des tribuns (1); la seconde, aux gouverneurs ou présidents de province.

Il fut dérogé à ces deux lois, à cause de leur insuffisance sur la caution à exiger des tuteurs et sur la contrainte à exercer contre eux pour les forcer à se charger de la tutelle, deux points importants dont il sera traité plus loin dans un titre particulier (*tit.* 24).

257. Le droit de nommer les tuteurs fut attribué sous Claude aux Consuls, ensuite aux préteurs, par une constitution que l'on croit de Marc-Aurèle. Ces tuteurs étaient donnés sur enquête (*cum inquisitione*), c'est-à-dire après un examen qui portait principalement sur l'économie, les mœurs et la fortune du tuteur (*Modest. fr.* 21, § 5 et 6, *de tut. et curat. dat.*), examen qui probablement avait lieu même avant que le droit de nommer les tuteurs fût attribué aux consuls.

§ IV.

258. D'après la législation du Digeste, le droit de nommer les tuteurs appartient dans Rome au préfet de la ville et au préteur (*Tryph. fr.* 45, § 3, *de excus.*), se-

---

(1) Les tribuns, au nombre de dix, ne prenaient aucune décision qu'à l'unanimité. Ici, par exception, et pour ne pas rendre la nomination trop difficile, il suffit que le préteur trouve six tribuns de son avis (v. *Vinnius, hic.*). Un passage de Tite-Live (39, 9) prouve que la loi Atilia existait l'an de Rome 557. Quant à la loi Julia et Titia, on présume qu'elle a été portée en 723, sous le consulat d'Octave et de M. Titius.

cundum suam jurisdictionem, c'est-à-dire chacun pour les personnes et pour le territoire soumis à leur autorité respective (*Vinnius, hic*).

Dans la province, c'est-à-dire au-delà du centième mille jusqu'où s'étendait, autour de Rome, la juridiction du préfet et l'Italie proprement dite (*Ulp. fr.* 1, § 4, *de offic. præf. urb.*; *Pothier,* 1 *pand.* 12, *n° 5*), les tuteurs étaient nommés par les présidents, ou lorsque le pupille n'avait pas une fortune assez considérable, par les magistrats particuliers de chaque ville, d'après l'ordre des gouverneurs (*text. hic*). En effet, sur le rapport des magistrats municipaux, le gouverneur nommait lui-même ou leur renvoyait la nomination du tuteur (*Ulp. fr.* 1, § 2, *de magistr. conv.*), non par délégation d'un droit qui ne peut jamais être délégué (*Ulp. fr.* 8, *de tut. et cur. dat.*), mais parce que le droit de nommer les tuteurs est spécialement attribué par la loi aux magistrats municipaux (*Ulp. fr.* 3, *eod.*), sauf la préférence réservée au président.

§ V.

259. Cette préférence lui est retirée par Justinien (*C.* 30, *de episc. aud.*) pour les pupilles dont la fortune n'excède pas cinq cents solides; leur tuteur est nommé directement par les magistrats désignés dans le texte.

La nomination par les magistrats inférieurs se fait sans enquête, et oblige le tuteur à fournir une caution (*Pap. fr.* 5, *de confirm. tut.*), dont il se trouve dispensé lorsque les magistrats supérieurs nomment avec enquête. Nous parlerons plus bas de cette caution et de la responsabilité des magistrats qui la reçoivent (*pr. et* § 4, *de satisd.*; 289, 295).

I.   12

§ VI.

260. Ici se termine la distinction des différentes classes
de tuteurs. Justinien revient à quelques idées générales
sur la nature et sur les conséquences de la tutelle. .

Sont en tutelle, ainsi que nous l'avons vu précédemment, les pupilles, c'est-à-dire les impubères *sui juris;*
il est évidemment conforme à la raison naturelle de placer
sous la direction d'autrui ceux qui, à raison de leur âge
(*propter œtatem*), ne peuvent point encore se diriger
eux-mêmes (*text. hic; § 1, de tut.*). Ainsi la tutelle des
impubères, quoique déférée d'après des règles propres au
droit civil (*jure civili data ac permissa; § 1, eod.*), est
conforme au droit des gens; sous ce rapport elle diffère
essentiellement d'une autre tutelle qui existait sur les
femmes *sui juris*, et pubères pendant toute leur vie (*Ulp.*
11 *reg. 1; v. Gaius, 1 inst.* 190).

On distinguait donc anciennement deux sortes de
tutelles motivées, l'une par la faiblesse de l'âge sans distinction de sexe, l'autre par le sexe malgré la force de
l'âge, et fondées, la première sur le droit naturel, la
seconde sur des motifs purement civils (*Gaius, 1 inst.*
189, 193).

261. Cette tutelle des femmes est un point très-cu-
rieux, mais très-obscur encore dans l'histoire du droit.
On lui connaît cependant un but certain dans le cas où
elle était déférée à des tuteurs légitimes; car alors la
femme, même pubère, ne pouvait ni aliéner certaines
propriétés, ni s'obliger, ni tester sans l'autorisation de son tuteur, c'est-à-dire de son héritier présomptif. Ce dernier veillait à ses propres intérêts en re-

fusant d'autoriser les actes qui auraient pu lui enlever
l'hérédité ou en diminuer notablement la valeur. Tel
est, d'après Gaius (1 *inst.* 192), le but de la tutelle légitime que, de son temps encore, le patron conservait
sur son affranchie et le père sur sa fille émancipée. Tel
devait être aussi le but de la tutelle légitime déférée au
plus proche agnat; mais Gaius n'en dit rien, parce que
déjà, c'est-à-dire depuis l'an de Rome 797, le Sc. Claudien, que l'on appelle ordinairement loi Claudia, avait
supprimé, pour les ingénues, la tutelle légitime de leurs
agnats (*Gaius*, 1 *inst.* 157, 171; *Ulp.* 11 *reg.* 8).

Quant au tuteur testamentaire ou datif, on ne voit
plus quelle pouvait être l'utilité de ses fonctions sur les
femmes pubères, car la faiblesse du sexe ne les empêchait pas d'administrer elles-mêmes leurs affaires.
Leur tuteur ne gérait pas; il n'avait d'autre fonction que
celle d'autoriser la femme (*Ulp.* 11 *reg.* 5), et hors le
cas de tutelle légitime, il n'autorisait que pour la forme;
souvent même on l'obligeait à autoriser malgré lui. Aussi
n'encourait-il aucune responsabilité (*Gaius,* 1 *inst.* 190,
192).

§ VII.

262. La tutelle des impubères de l'un ou de l'autre
sexe présente un caractère tout différent. Elle impose
aux tuteurs la double fonction de gérer les affaires du
pupille, et d'autoriser ce dernier lorsqu'il agit : *et negotia gerunt et auctoritatem interponunt* (*Ulp.* 11 *reg.*
25). Ils devront donc rendre compte, lorsque la tutelle finira par la puberté (*post pubertatem*) ou par tout
autre cause (*Ulp. et Pap. fr.* 7 *in fin.; fr.* 8 *et* 9, *de tut,*

et rat. distr.). Nous parlerons plus loin (§ 2, *de obl. quasi ex contr.*) de l'action que le pupille obtient contre eux , et alors nous expliquerons, mieux que nous ne pouvons le faire ici, la nature de la gestion imposée au tuteur. Quant à l'autorisation , Justinien lui consacre un titre spécial.

TITRE XXI.

De l'autorisation du Tuteur.

§ II.

263. AUCTORITAS vient de *augere, auctum*, qui signifie augmenter. En effet, lorsque le tuteur interpose son autorisation (*auctoritatem... auctionem; Ulp.* 11 *reg.* 25), il augmente la force des actes faits par le pupille ou plutôt l'aptitude et la capacité même du pupille. C'est dans ce but que le tuteur est donné à la personne (§ 4, *qui test. tut. dar.*) , *ad integrandam pupilli personam*, suivant l'expression d'Evrard Otton, c'est-à-dire, pour la compléter et rendre le pupille capable d'agir , par exemple, de s'obliger ou d'aliéner, en joignant la volonté et la raison du tuteur à la raison insuffisante du pupille; souvent même en suppléant à l'intelligence dont ce dernier est dépourvu, ce qui complète, sous le rapport intellectuel, les opérations dont le pupille remplit la forme et les conditions extérieures (v. 000; § 10, *de inutil. stip.*

264. On conçoit donc que l'autorisation, bien différente à cet égard du *jussus* dont nous avons parlé précédemment (124), ne doit jamais précéder ni suivre

après un intervalle quelconque les actes du pupille ; car
alors ces actes et l'autorisation du tuteur constitueraient
deux opérations séparées, et la première ne pouvant
subsister sans la seconde, laisserait celle-ci sans objet.
Pour habiliter le pupille dans une affaire quelconque,
l'autorisation devra donc être donnée *in ipso negotio*,
dans l'acte même auquel le tuteur assiste en personne
(*præsens*).

L'autorisation donnée conditionnellement serait par
cela même différée jusqu'à l'évènement de la condition.
Il faut donc autoriser purement et simplement les actes
du pupille, lors même qu'ils seraient conditionnels
(*Ulp. fr.* 8, *h. t.*)

Le silence ne supplée pas l'autorisation qui consiste
dans une approbation expresse (v. *Paul. fr.* 3, *h. t.;*
fr. 1, § 2, *de tutel.*).

PR.

265. Le pupille agit tantôt avec l'autorisation de
son tuteur, et quelquefois même indépendamment de
toute autorisation (*text. hic*). Ainsi, par exemple, et
sauf quelques distinctions d'âge qui seront exposées plus
loin (995; § 10, *de inutil. stip.*), le pupille seul et sans
autorisation stipule, c'est-à-dire interroge une personne qui en répondant s'oblige envers lui ; mais en sens
inverse il ne peut promettre, c'est-à-dire répondre à la
stipulation d'autrui, qu'avec l'autorisation de son tuteur
(*text. hic*; § 9, *de inutil. stip.*), parce qu'en général il
ne peut, sans cette autorisation, ni s'obliger (*Paul. fr.*
43, *de obl. et act.; fr.* 32, *de adquir. vel amitt. poss.*), ni
aliéner (§ 1, *quib. alien. lic.*). Cette décision est la con-

séquence d'un principe qui distingue si le pupille rend
sa condition meilleure ou pire (*meliorem suam condi-*
tionem facere, deteriorem vero, etc.), et décide que l'autorisation, superflue dans le premier cas, devient indispensable dans le second. Ainsi, le tuteur intervient
précisément pour habiliter le pupille à rendre sa condition pire, ce qui semble d'autant plus extraordinaire que le tuteur doit restreindre son autorisation aux
actes qu'il juge avantageux (*si hoc pupillo prodesse*
existimaverit; § 2, *h. t.*). Pour lever cet apparente contradiction, il suffit de donner à la règle sa signification
légale, en disant que le pupille rend sa condition meilleure lorsqu'il acquiert, et lorsqu'il oblige les autres
envers soi, tandis qu'il rend sa condition pire , toutes les
fois qu'il aliène ou qu'il s'oblige envers autrui (*Gaius*,
2 *inst.* 83; 3 *inst.* 107; *fr.* 9, *h. t.*). On voit aisément,
dans ce sens, que s'il est toujours utile de rendre sa condition meilleure, il n'est pas toujours désavantageux
d'aliéner, de s'obliger, et conséquemment de rendre sa
condition pire. Il importe souvent au pupille de prendre des engagements dont il n'apprécie ni la gravité ni
l'utilité ou le danger. On en réserve donc l'examen au
tuteur, afin qu'il les autorise, mais seulement lorsqu'il
les croit avantageux, *si hoc prodesse pupillo existima-*
verit (§ 2, *h. t.*); et alors le pupille rend sa condition
pire, en ce sens qu'il s'oblige et prend un engagement
qu'il est nécessaire de prendre pour la bonne administration de ses affaires, par exemple, lorsqu'il a besoin
d'une somme qu'il ne peut se procurer que par em-
prunt.

266. Nous avons raisonné jusqu'ici dans l'hypothèse
d'une stipulation (*si quid stipuletur*), contrat unilatéral

qui n'oblige qu'un seul des contractants ; mais il existe des contrats bilatéraux ou synallagmatiques, comme la vente, le louage et plusieurs autres contrats, qui produisent entre tous les contractants des engagements réciproques (*ex quibus obligationes mutuæ nascuntur*). Dans ces différents cas, le pupille qui contracte oblige un autre envers soi, et sous ce rapport il n'a pas besoin d'autorisation ; mais en même temps il s'oblige envers un autre, et sous ce second rapport la validité du contrat exige l'autorisation du tuteur. Aussi, à défaut d'autorisation, ceux qui font avec le pupille un semblable contrat sont-ils tenus envers lui, sans qu'il soit tenu envers eux (*text. hic*). Cela ne signifie pas que, dans une vente, par exemple, le défaut d'autorisation permettra au pupille d'exiger le prix sans livrer la chose qu'il a vendue, ou de se faire livrer, sans acquitter le prix, la chose par lui achetée : ce serait s'enrichir aux dépens d'autrui (*Pomp. fr.* 206, *de reg. jur.*). On veut dire seulement que le pupille aura le choix de faire exécuter le contrat ou de s'en départir, mais sans diviser les obligations respectives qui en résultent.

Nous parlerons plus loin (§ 2, *quib alien. lic.*) de l'autorisation nécessaire au pupille pour aliéner.

§ I.

267. L'autorisation du tuteur est indispensable au pupille pour acquérir une hérédité ; l'acceptation faite sans autorisation serait nulle à tous égards, quoique l'hérédité fût avantageuse (*quamvis lucrosa*), et sans aucun risque possible pour le pupille (*nec ullum damnum habeat*). On en donne cette raison, que nul ne devient

héritier sans devenir en même temps débiteur de ce que
devait le défunt, et par conséquent sans se soumettre à
des obligations qui ne peuvent exister dans la personne
d'un pupille non autorisé (*Ulp. fr. 8, de adq. vel omitt.*
hered.); mais pourquoi n'en serait-il pas de l'hérédité,
de l'actif et du passif qui s'y trouvent réunis, comme
des contrats synallagmatiques et des engagements mu-
tuels qui obligent les autres contractants, sans obliger
le pupille lorsqu'il n'est pas autorisé (266); pourquoi ce
dernier n'aurait-il pas ici la liberté de garder ou de rejeter l'hérédité? Plusieurs interprètes répondent que ceux
qui contractent avec un pupille non autorisé s'exposent
volontairement, et n'ont point à se plaindre quand l'impubère se joue du contrat ; que les créanciers d'une succession, au contraire, étant absolument étrangers à l'acceptation qu'en ferait le pupille, et ne pouvant point l'empêcher, seraient injustement joués, s'il était permis au
pupille de revenir sur son acceptation comme sur un
contrat consenti sans autorisation de tuteur. Mais cette
considération, tirée d'un intérêt contraire à celui du
pupille, semble totalement étrangère aux jurisconsultes
romains. Il faut donc chercher d'autres motifs de l'incapacité absolue où se trouve, dans cette circonstance, le
pupille non autorisé.

268. La puberté, en développant les facultés intellectuelles de l'homme, donne un discernement, *animi judi-*
cium, qui n'existe jamais dans le pupille (§ 1, *quib.*
non est perm.) même lorsqu'on lui reconnaît *aliquem*
intellectum (§ 10, *de inutil. stip.*). Pour les contrats,
on se contente d'une intelligence quelconque, du moins
lorsque le pupille fait sa condition meilleure ; mais en
matière d'hérédité, soit qu'il s'agisse d'en disposer par

testament (§ 1, *quib. non est perm.*) ou même d'acquérir l'hérédité d'autrui, il faut une délibération de l'esprit; cette délibération suppose un discernement, que n'admet point l'âge du pupille, et qui n'est jamais suppléé que par l'autorisation du tuteur; en un mot, *animi judicio opus est*, et par conséquent le pupille, non autorisé, est réputé n'avoir aucune volonté, *nec velle, nec nolle* (*Cels. fr.* 189, *de reg. jur.*). Telle est, suivant Cujas (*ad Paul. fr.* 5, *eod.*), la raison qui empêche un pupille d'acquérir seul l'hérédité la plus avantageuse, sauf le cas où se trouvant héritier nécessaire, il acquiert l'hérédité, indépendamment de toute volonté, et par conséquent de toute autorisation (§ 3, *de hered. quæ ab int.*; *Ulp. d. fr.* 8, *de adq. vel omitt.*).

269. Ce qu'on a dit de l'hérédité ou succession civile à laquelle un pupille est appelé directement, s'applique soit à l'hérédité fidéicommisssaire que certaines personnes seraient chargées de lui remettre (§ 2, *de fideic. hered.*), soit à la succession prétorienne que l'on appelle *bonorum possessio* (*pr.*, *de bon. poss.*). Il ne peut recevoir la première et demander la seconde qu'avec l'autorisation de son tuteur (*text. hic*).

§ III.

270. Les tuteurs ne doivent donner aucune autorisation dans leur propre cause, c'est-à-dire dans les procès qu'ils auraient contre le pupille (*text. hic*), ou pour les engagements que ce dernier contracterait envers eux directement; car la règle *ipse tutor in rem suam auctor esse non potest* ne s'applique pas lorsque le pupille s'oblige indirectement envers son tuteur, par exemple, en recueil-

lant une hérédité dont ce même tuteur est créancier
(*Ulp. fr.* 1, *h. t.*).

271. Autrefois, pour autoriser le pupille dans les procès qu'il avait contre son tuteur, le préteur nommait un
tuteur spécial (*prætorius tutor*), quoiqu'en général on
ne donne point de tuteur, soit au pupille qui en est déjà
pourvu (§ 5, *de curat.*), soit pour une affaire déterminée
(§ 4, *qui test. tut. dar.*). On négligeait cette règle toutes
les fois que le tuteur existant se trouvait dans l'impossibilité de donner lui-même une autorisation nécessaire (v.
Ulp. 11 *reg.* 20 *et seq.*), par exemple, pour acquérir
une hérédité déférée directement ou laissée par fidéicommis (*Marcian. fr.* 9; *Pap. fr.* 13, *de tut. et cur. dat.*), et
dans plusieurs autres cas (v. *Gaius*, 1 *inst.* 173 *et seq.*;
Ulp. 11 *reg.* 20 *et seq.*). L'autorisation d'un tuteur fut également nécessaire au pupille pour agir *in judicio*, du
moins jusqu'au changement qui s'opéra dans la procé-
dure par la suppression des actions dites actions de la loi
(*Gaius*, 1 *inst.* 184). Cependant au temps d'Ulpien (11
reg. 24), on donnait encore pour ce cas le tuteur prétorien auquel on a substitué plus tard un curateur spécial,
non pour autoriser, mais pour assister le pupille dans
l'instance, et seulement pendant sa durée (*text. hic*;
v. *pr., de iis per quos ager.*).

272. Les novelles de Justinien ont rendu les dispositions de notre texte à peu près inutiles; car nul ne peut
plus, à l'exception de la mère, devenir tuteur des impubères dont il serait débiteur ou créancier (*nov.* 72, *cap.*
1 *et* 2; *nov.* 94); et si le tuteur devient débiteur ou créancier du pupille après son entrée en fonctions, on lui ad-
joint un curateur pour le temps de la tutelle (*nov.* 72,
cap. 1.)

TITRE XXII.

De quelles manières finit la Tutelle.

PR.

273. Les pupilles sortent de tutelle dès qu'ils deviennent pubères : la puberté est, à proprement parler, le développement physique des organes qui rend l'homme et la femme capables d'engendrer (v. *Ulp.* 11 *reg.* 28); mais ici la puberté se présume d'après l'âge. Elle est réputée commencer (1), dans le sexe masculin, à quatorze ans accomplis.

Tel était l'avis des Proculéiens ; les Sabiniens, au contraire, appréciaient la puberté par l'état extérieur du corps, *habitu corporis* (*Gaius*, 1 *inst.* 196). Priscus ne considérait comme pubères que ceux qui réunissaient les deux conditions d'âge et de développement corporel (*Ulp.* 11 *reg.* 28). Justinien rejette cette opinion et celle des Sabiniens comme contraires à la pudeur; mais il conserve à l'égard des femmes l'ancienne règle (*antiquitatis normam*) qui les présumait pubères à l'âge de douze ans, sans autre examen (v. *Ulp.* 20 *reg.* 15; 11 *reg.* 28; *Pap. fr.* 13, § 2, *de tut. dat.*).

---

(1) *Initium accipere* (*text. hic*). Il s'agit ici de la puberté proprement dite, puberté commençante, par opposition à la puberté pleine. La puberté, dans le sexe masculin, commence à quatorze ans, en ce sens que parmi les hommes de cet âge il se trouve toujours quelques pubères ; mais le plus grand nombre n'arrive réellement à la puberté qu'entre quatorze et dix-huit ans (*Paul. 3 sent.* 4, § 2). Aussi la puberté pleine est-elle fixée à dix-huit ans commencés (177 ; § 4, *de adopt.*)

§ I et III.

274. La tutelle doit nécessairement finir lorsque le
pupille décède (§ 3), ou même lorsqu'il est *capite minutus*, car il ne peut que devenir esclave par la grande CA-
PITIS DEMINUTIO, *peregrinus* par la moyenne, et fils de
famille par la petite. Dans le premier et dans le troisième
cas, l'impubère devenant *alieni juris* cesse d'être pupille (208). Dans le second cas, il perd le titre et les
droits de citoyen; dès-lors il ne doit plus jouir d'une protection que donne le droit civil (*jure civili data ac permissa*; § 1, *de tutel.*).

§ II, III, IV et V.

275. Dans les cas énumérés jusqu'ici, la tutelle finit
et pour le tuteur et pour le pupille; mais la fin de la tutelle peut n'être que la cessation des pouvoirs et des fonctions d'un tuteur, l'impubère continuant d'être pupille
et devant recevoir un autre tuteur. C'est ce qui arrive :

1° Par la mort du tuteur (§ 3, *h. t.*);

2° Par sa grande et sa moyenne CAPITIS DEMINUTIO;
car la tutelle étant donnée par le droit civil, ne peut appartenir qu'à un citoyen romain. Quant à la petite CAPI-
TIS DEMINUTIO du tuteur, elle ne détruit que la tutelle
légitime (§ 4, *h. t.*) c'est-à-dire celle des agnats, celle
du patron et de ses enfants (v. *Gaius, 3 inst.* 51), et sans
doute aussi la tutelle de l'emancipateur, parce qu'elle
est, comme les précédentes, donnée aux héritiers présomptifs à qui la *capitis deminutio* enlève toute espérance
(§ 2, *de sc. orphit.*).

3° Par l'événement de la condition (§ 2, *h. t.*);

Et 4° par l'échéance du terme apposé dans la nomination (§ 5, *h. t.*). Le terme ou la condition peuvent être
apposés, soit pour faire cesser, soit au contraire pour
faire commencer la tutelle testamentaire (222); dans ce
dernier cas, l'événement du terme et de la condition fait
cesser les fonctions du tuteur qui aurait été nommé pour
l'intervalle (§ 1 et 2, *de atil. tut.*).

§ VI.

277. Les pouvoirs d'un tuteur quelconque finissent
en outre :

5° Par les excuses qu'il fait admettre;

6° Enfin par sa destitution.

Dans ces deux cas, la tutelle ne finit que par l'interven-
tion du magistrat ; et comme le magistrat ne peut enlever aux tuteurs testamentaires ou légitimes une qualité
qu'ils ne tiennent pas de lui, la destitution ou l'excuse
leur ôte l'administration de la tutelle plutôt que la tutelle même. Aussi ne sont-ils jamais remplacés par la
personne qui viendrait après eux dans l'ordre des tutelles légitimes; mais par un tuteur datif (*Ulp.* fr. 11,
§ 1, 2, 3 et 4, *de test. tut.*; *fr.* 3, § 8 et 9, *de legit. tut.*).

TITRE XXIII.

Des Curateurs.

§ III.

278. La loi des Douze-Tables a placé les fous et les prodigues sous la curatelle légitime de leurs agnats. La folie

prive celui qui en est atteint de toute raison, et conséquemment de toute capacité; on n'a donc pas besoin d'interdire à un fou l'exercice des facultés qu'il n'a pas. Le
prodigue a des facultés dont il abuse, et dans son propre
intérêt il faut lui défendre d'administrer ses biens. De là
cette différence, que les fous doivent avoir un curateur
par cela seul qu'ils sont fous, tandis que les prodigues ne
deviennent incapables de s'obliger, d'aliéner, de tester,
et ne tombent en curatelle qu'après que le préteur leur
a ôté, par une sentence expresse, l'administration de
leurs biens (v. *Paul. 5 sent.* 4, § 6 *et* 7).

279. Cette curatelle légitime des fous et des prodigues
est déférée, comme la tutelle des impubères, lorsqu'ils deviennent *sui juris* par la mort d'un père de famille décédé intestat, sauf cette importante différence que la
même expression *intestatus*, se prend pour la tutelle
dans un sens relatif (228), et pour la curatelle dans un
sens absolu (v. *Ulp.* 12 *reg.* 3). Ainsi, lorsqu'un père de
famille dispose de l'hérédité, son testament empêche la
curatelle légitime. La loi de Douze-Tables n'y soumet les
fous et les prodigues que lorsque leur père décède intestat
dans le sens le plus étendu, par ce motif probablement
que l'hérédité arrive alors aux enfants comme un bien de
famille dont la conservation importe toujours aux agnats;
tandis que le caractère patrimonial n'existe plus, du
moins au même degré, dans l'hérédité testamentaire, lors
même qu'il s'agit des biens paternels.

280. On voit par là que si les fous et les prodigues sont
quelquefois sous la curatelle de leurs agnats, c'est le cas le
plus rare, et comme les curateurs ne se constituent point
par testament (§ 1, *h. t.*), il est presque toujours nécessaire de recourir aux magistrats. Ceux-ci donnent (*solent*

dare) des curateurs non-seulement à beaucoup d'ingénus qui n'ont aucun agnat, ou dont les agnats sont inhabiles aux fonctions de curateur (*Gaius, fr.* 13, *de curat. fur.*), mais encore à tous ceux dont le père décède testat, et enfin aux affranchis qui n'ont jamais ni père légitime ni agnat (1).

§ IV.

281. C'est encore le magistrat qui nomme un curateur aux imbécilles, aux sourds, aux muets et à tous les incurables (*qui perpetuo morbo laborant*) dont la loi des Douze-Tables ne parle pas, et qui par conséquent n'ont jamais de curateur légitime. Nous avons vu (126) que les décisions prises pour le cas d'imbécillité ne s'appliquent pas directement au cas de folie ou démence. En effet, la démence, bien qu'elle paralyse toutes les facultés intellectuelles, ne les paralyse cependant ni toujours, ni pour toujours; elle est susceptible d'intervalles lucides, et même de guérison, tandis que l'imbécillité suppose une absence totale de raison et d'intelligence.

Quant aux sourds et aux muets, bien qu'ils reçoivent un curateur, il ne leur est pas absolument impossible d'agir par eux-mêmes. Il faut examiner à cet égard la nature des actes, pour connaître ceux dont une infirmité particulière rend le sourd et le muet incapable (v. § 7, *de inutil. stipul.*; § 3, *quib. non est perm.*; § 7, *de hered. qual.*).

_____

(1) *Ulp.* 12 *reg.* 3. Voyez Janus a Costa *hic;* Cujas dans ses notes sur les institutes et ses paratitles sur le Code, *lib.* 5, *tit.* 70.

PR.

282. Le pupille devenu pubère n'a plus de tuteur; mais jusqu'à vingt-cinq ans accomplis il peut recevoir et reçoit en général un curateur (*Ulp. fr.* 1, § 3 ; *fr.* 3, *de minor.* xxv *ann.*).

Dans l'origine on ne donnait point de curateurs à raison de l'âge. C'est un plébiscite nommé loi Lœtoria ou plus exactement Plœtoria (1) qui a séparé les mineurs de vingt-cinq ans des personnes qui ont complété cet âge (v. *Constant.* C. 2, C. Th. *de donat.*) que l'on appelle *œtas perfecta* (*pr.*, *de fiduc. tut.*). La loi voulant protéger les premiers soumit à un *judicium publicum*, et par suite à une condamnation pécuniaire et infamante, quiconque abuserait frauduleusement de leur inexpérience en traitant avec eux (v. *Cicer.* 3, *de natur. deor.* 30; 3 *de offic.* 15); mais en même temps elle autorisa les mineurs de vingt-cinq ans à demander, pour chaque affaire, un curateur spécial dont l'assistance ou le consentement fut, sans doute, une garantie morale pour les personnes qui voudraient traiter de bonne foi avec les mineurs.

Plus tard le droit prétorien protège plus efficacement les personnes qui n'ont pas accompli leur vingt-cinquième année, en rescindant, pour simple lésion, indépendamment de la fraude, tout engagement, toute opération d'où résulterait pour elles un préjudice quelconque (685).

---

(1) Rien n'indique précisément l'âge de cette loi. On sait seulement par un passage de Plaute (*Pseud.*, *acte* 1, *scène* 3) qu'elle existait de son temps, c'est-à-dire vers le milieu du sixième siècle.

Enfin Marc-Aurèle, d'après l'historien Capitolinus, am-
plifiant l'institution des curateurs spéciaux admis par la
loi Plœtoria, permit de donner aux mineurs de vingt-
cinq ans un administrateur ou curateur général de toutes
leurs affaires (v. *Paul. fr.* 15, *de tut. et curat. dat.; Zen.
C.* 6, *de magistr. conv.*).

§ II.

283. Ainsi les mineurs de 25 ans peuvent et doivent
même recevoir un curateur, qui toutefois ne leur est
pas donné malgré eux (*text. hic*). Loin d'être forcée, la
nomination du curateur n'a lieu, en règle générale, que
pour ceux qui la demandent eux-mêmes (*Pap. fr.* 13,
§ 2, *de tut. et curat. dat.*) ou la font demander, sans que
personne puisse provoquer cette nomination, comme on
provoque souvent celle d'un tuteur à l'insu du pupille et
même malgré lui (*Modest. fr.* 2, *pr.,* § 1, *4 et 5, qui pet.
tut.*). Cependant les mineurs ont presque toujours un
curateur, parce qu'ils le demandent, à l'époque de la puberté, sur l'invitation précise que le tuteur doit leur
adresser (*Ulp. fr.* 5, § 5, *de admin. et peric.*), invitation qui devient pour ainsi dire un ordre, puisque le mineur, s'il n'y défère pas, tombe dans un des trois cas où
la nomination peut être forcée (284).

Cette nécessité indirecte n'atteint pas les mineurs de 25
ans qui, restés fils de famille jusqu'à la puberté, n'ont
jamais de tuteur, et ceci explique pourquoi plusieurs
textes distinguent, à l'égard des mineurs, s'ils ont ou
s'ils n'ont pas de curateur. Dans le premier cas, ils sont
assimilés au prodigue interdit (*Diocl. et Max. C.* 3, *de in
integr. rest. min.*), et par suite incapables de s'obliger,

I.   13

et à plus forte raison d'aliéner sans le consentement de leur curateur (v. *Ulp. fr.* 6, *de verb. obl.*). Dans le cas contraire, les mineurs de vingt-cinq ans contractent valablement, sauf la restitution *in integrum* promise, en cas de lésion, à tous les mineurs de vingt-cinq ans, lors même qu'ils agissent avec le consentement du curateur (*Alex.* C. 2, *si tut. vel. curat.* ; *Diocl. et Max. d.* C. 3, *de in integr.*)

284. Cette règle qu'un mineur de vingt-cinq ans ne reçoit point de curateur malgré lui, souffre exception 1° pour les procès (*text. hic*) ; 2° pour les paiements qu'il aurait à recevoir , et 3° pour les comptes que son tuteur doit rendre. Dans ces différents cas, si la nomination d'un curateur n'est pas demandée par le mineur lui-même , elle peut l'être par l'adversaire , par le débiteur, ou par le tuteur qui veulent plaider, payer ou compter avec plus de sécurité qu'ils n'en auraient autrement (*Ulp. fr.* 7, § 2, *de minor.* ; *Ant.* C. 1 ; *Gordian.* C. 7, *qui pet. tut.*).

Remarquons à cette occasion que les curateurs se donnent souvent *ad certam causam* , précisément parce qu'on les donne aux biens et aux affaires pour les gérer , plutôt qu'à la personne ; aussi le consentement qu'ils donnent aux mineurs de vingt-cinq ans n'a-t-il jamais le caractère strict et solennel de l'autorisation du tuteur. Il n'est pas soumis aux mêmes règles et spécialement au principe , *ipse tutor in rem suam auctor esse non potest* (v. *Ulp. fr.* 1, § 13 et 14, *ad sc. trebell.*).

§ V.

285. Les pupilles eux-mêmes reçoivent un curateur dans plusieurs cas pour lesquels il suffit de recourir au

texte de notre paragraphe, en y joignant le § 3, *de auct. tut.*, et le § 2, *de excus.*

Remarquez la différence qui existe ici entre le tuteur légitime et les tuteurs testamentaires ou datifs ; l'inaptitude de ces derniers ne suffit pas pour qu'on leur adjoigne un curateur ; il faut encore qu'ils soient exempts de fraude (*nec tamen fraudulenter administret*), parce que dans le cas contraire, on les écarterait comme suspects (v. *Gordian.* C. 6, *de susp. tut.*). La même observation ne s'applique pas au tuteur légitime : en effet, lorsqu'il est *non idoneus*, on peut toujours lui adjoindre un curateur, et par conséquent le maintenir, quoique suspect (*Modest. fr.* 9, *de suspect.*), à cause des égards qui lui sont dus comme parent ou comme patron du pupille (v. § 2, *de susp. tut.*).

§ VI.

286. Lorsque l'âge, une maladie ou l'étendue des affaires empêchent le tuteur d'y suffire, on peut nommer, pour représenter le pupille dans un procès, un agent (*actor*) désigné par le tuteur et constitué à ses risques et périls par le préteur (*text. hic* ; *Paul. fr.* 24, *de adm. et peric.*). La nomination de cet agent judiciaire est indispensable dans le cas prévu par notre texte, c'est-à-dire lorsque le pupille est absent ou enfant ; car autrement le pupille pourrait, avec l'autorisation du tuteur, constituer un procureur que le tuteur n'a pas le pouvoir de constituer seul, du moins en tout état de cause (v. *Alex.* C. 11, *de procur.* ; v. *liv.* 4, *tit.* 10).

§ I.

287. Dans tous les cas où il y a lieu de donner un curateur, il est nommé par les magistrats qui nomment les tuteurs (*text. hic;* § 3, *h. t.*; § 4, *de atil. tut.*). Quant au curateur désigné par testament, appliquez ici ce qu'on a dit précédemment (215 ; § 5, *de tutel.*).

Toute curatelle finit avec les causes qui l'ont fait établir, savoir : celle des pupilles à leur puberté , et celle des mineurs à l'âge de vingt-cinq ans, sauf à demander ensuite un nouveau curateur, s'il en est besoin (*Paul. fr.* 25 , *de tut. et cur.* ; *Ulp. fr.* 3 , § 1, *de tutel.*). D'après le même principe, la curatelle des prodigues, celle des fous, insensés, sourds, muets, etc., cesse dès qu'ils sont corrigés ou guéris (*Ulp. fr.* 1, *de curat. fur.*).

Nous parlerons plus loin de l'administration, des comptes et de la responsabilité des curateurs (v. § 2, *de oblig. quasi ex contract.*).

TITRE XXIV.

De la Caution des Tuteurs et Curateurs.

288. Il reste à parler de quelques points communs aux tuteurs et aux curateurs , et spécialement de la caution qu'ils devront fournir, et sans laquelle ils ne feraient aucun acte valable (v. *Diocl. et Max.* C. 3 , *de tut. vel cur. qui sat.* ; *Constant. et Max.* C. 5, *eod.*). Avant d'entrer en fonctions, les tuteurs et curateurs doivent aussi faire inventaire (*Ulp. fr.* 7, *de adm. et peric.* ; *Just.* C. *ult.* § 1, *arbitr. tut.*); Justinien a voulu , en outre , qu'ils jurent d'administrer fidèlement (*nov.* 78, *cap. ult.*).

PR.

289. Caution, mot qui dérive du latin *cavere*, *cau-tum*, se dit en général de toute sûreté, garantie ou pré-caution que l'on prend pour soi ou pour autrui. On en distingue plusieurs espèces : une promesse verbale, un billet, une quittance, un gage, sont des cautions; le ser-ment se nomme caution juratoire (§ 2, *de satisd.*), et lorsque, pour mieux assurer l'accomplissement d'une obligation, une tierce personne, que l'on appelle fidéjus-seur, intervient pour joindre son engagement à celui du principal obligé, alors la caution ou sûreté qui résulte de la fidéjussion, se nomme *satisdatio*. Telle est la caution que les tuteurs et curateurs doivent fournir à ceux dont ils administrent les biens, *ne... negotia... consumantur vel deminuantur* (*text. hic*; *Gaius*, 1 *inst.* 199); voyez le titre *de fidejussoribus* (*liv.* 3, *tit.* 20).

290. Les tuteurs et curateurs ne sont pas tous astreints à fournir cette satisdation. On excepte d'abord les tuteurs testamentaires (*text. hic*; *Ulp. fr.* 17, *de test. tut.*), parce que le choix du père garantit suffisamment leur fidélité (*text. hic*). Le même motif s'applique aux tuteurs et cu-rateurs désignés par le père dans son testament, et con-firmés par le magistrat. On les dispense de fournir cau-tion (*Julian. fr.* 3, *de confirm. tut.*; *Justin.* C. 27, *de episc. aud.*; C. *ult.*, § 5, *de curat. fur.*), sans étendre la même faveur aux tuteurs et curateurs confirmés sur un choix autre que celui du père de famille (*Pap. fr.* 5, *de confirm. tut.*; v. 214 *et* 215).

On excepte 2°, les tuteurs et curateurs datifs, nommés *ex inquisitione* par les magistrats supérieurs. L'enquête qui précède la nomination est considérée, dans ce cas, comme une garantie suffisante (*text. hic* ; *Pap. fr.* 13, § 2, *de tut. et cur. dat.* 259).

Les tuteurs légitimes sont tenus de fournir caution ; cependant le père et le patron peuvent aussi, en connaissance de cause, être dispensés par le préteur (*Ulp. fr.* 5, § 1, *de legit. tut.* ; *Pap. fr.* 13, § 1, *de tut. et cur. dat.*).

§ I.

291. Quoique généralement dispensés, les tuteurs et curateurs ci-dessus désignés peuvent encore se trouver indirectement amenés à donner caution, lorsqu'ils sont plusieurs. En effet, dans ce cas, l'administration est ordinairement confiée à un seul tuteur onéraire, tandis que les autres restent tuteurs honoraires sans fonctions, mais toujours responsables (*Ulp. fr.* 3, § 2 *et* 6, *de adm. et per. tut.*). Il convient alors que le premier donne caution, sinon dans l'intérêt des pupilles, que garantit déjà la responsabilité des tuteurs honoraires, du moins dans l'intérêt et pour la sûreté de ces derniers (v. § 20, *de inutil. stipul.*).

Cependant ils ne peuvent pas exiger de leur collègue, tuteur onéraire, une caution dont il est dispensé : ils peuvent seulement lui offrir de prendre l'administration en sa place ; et comme celui-ci n'aurait aucune raison d'accorder à ses collègues une confiance qu'ils ne lui accordent pas, ceux qui offrent de prendre la gestion doivent en même temps garantir celui qui la leur cède de toute responsabilité, et en conséquence lui offrir caution. Dans ce cas, celui-ci a le choix ; il peut accepter la proposition, ou la rejeter pour conserver l'administration, mais il la conserve alors sous la condition à laquelle ses cotuteurs se soumettaient, c'est-à-dire à la charge de fournir caution.

292. Si personne n'offre caution, l'administration reste à la personne désignée, soit par le testament, soit, à défaut de désignation testamentaire, par la majorité des tuteurs ou curateurs eux-mêmes, soit enfin, lorsque ceux-ci ne peuvent s'accorder, par le magistrat (*text. hic*).

L'administration peut aussi se diviser entre les cotuteurs, soit par l'acte même de nomination (224), soit postérieurement sur la demande des cotuteurs qui prennent chacun des arrondissements ou des parties différentes (v. *Ulp. fr.* 3, § 9; *fr.* 4, *eod.*), sans répondre, dans ce cas, les uns pour les autres (v. *Tryph. fr.* 55, *eod.*; *Alex.* C. 2, *de peric. tut.*).

§ III.

293. Si les tuteurs obligés de donner caution ne la fournissent pas, on les contraint *pignoribus captis*, c'est-à-dire, suivant Théophile, en saisissant par ordre du magistrat une partie de leurs biens, que l'on retient en gage; et si la rigueur qu'on exerce ainsi contre eux ne dompte pas leur résistance, ils sont traités comme suspects (*Alex.* C. 3, *de suspect. tut.*; voyez ci-après le titre 26).

§ II.

294. Les tuteurs et curateurs sont, ainsi que nous l'avons déjà indiqué, responsables de leur gestion. Nous reviendrons plus tard sur les obligations qu'elle leur im-

pose (§ 1 *et* 2, *de obl. quasi ex contract.*), et sur le recours qui peut être exercé à cet égard contre leurs fidé-
jusseurs ; pour le moment il s'agit ici de l'action à laquelle
sont soumis les magistrats eux-mêmes, lorsqu'ils ont né-
gligé de faire donner caution, ou lorsqu'ils ont admis une
caution insuffisante (*text. hic*) ; car le magistrat chargé
de recevoir cette caution la reçoit à ses risques et périls
(§ 5, *de atil. tut.*), et il répond de sa négligence lorsqu'elle devient préjudiciable au pupille, c'est-à-dire lorsque le tuteur ne se trouve pas solvable à la fin de sa gestion (*Paul. fr.* 53, *de admin. et per.*). En effet, cette
action, purement subsidiaire, doit toujours être le dernier de tous les recours (*ultimum remedium*).

D'après les réponses des prudents, et d'après les constitutions impériales (*text. hic ; Ulp. fr.* 6, *de magistr. conv.*),
cette même action se donne aussi contre les héritiers du
magistrat, mais moins rigoureuse que contre le magistrat
lui-même ; car il serait tenu de toute espèce de faute, et
ses héritiers ne sont tenus pour lui que de ses fautes
graves (*Ulp. fr.* 4, *eod.* ; *Alex.* C. 2, *eod.*).

§ IV.

295. Les magistrats inférieurs, chargés d'exiger la caution, sont soumis à l'action subsidiaire quand même ils
auraient droit de nommer les tuteurs (v. *Ulp. fr.* 2, §
ult. ; *Julian. fr.* 3, *de magistr. conv.*). Ainsi les paroles
de ce texte, qui semblent exempter de cette responsabilité tous les magistrats compétents pour nommer, doivent s'entendre seulement des magistrats supérieurs qui
exercent le droit de nommer dans toute sa plénitude,
sans attendre la permission d'aucun supérieur.

TITRE XXV.

Des excuses des Tuteurs et Curateurs.

296. Tout citoyen a des obligations envers l'Etat, et chacun doit remplir, même au préjudice de son intérêt privé, les charges que l'on appelle publiques, soit parce qu'elles sont dans l'intérêt général, soit parce qu'elles pèsent sur tous les citoyens, sans que personne en soit dispensé autrement que par un motif légal (v. *Pomp. fr.* 239, § 5, *de verb. signif.*). La tutelle et la curatelle sont des charges publiques (*publicum munus; pr., h. t.*) sous ce dernier rapport seulement; car elles n'exigent aucun sacrifice de la part du tuteur ou curateur, qui gèrent gratuitement sans être assujettis à aucun sacrifice pécuniaire. En effet, on leur accorde pour se faire payer, non de leurs soins, mais de leurs dépenses, une action, dont nous parlerons plus tard (§ 1 *et* 2, *de oblig. quasi ex contr.*).

§ XVI.

297. S'excuser, c'est réclamer devant le magistrat, et lui présenter un motif pour être dispensé de prendre ou de continuer les fonctions de tuteur ou de curateur. Chacun peut en général renoncer à tous les droits introduits en sa faveur, et par conséquent à un moyen d'excuse; mais après y avoir renoncé, soit expressément, en promettant d'avance au père de famille de gérer la tutelle de ses enfants (§ 9, *h. t.; Ulp. frag. vatic.* § 153; *Modest. fr.* 15, § 1, *h. t.*), soit tacitement, en s'immisçant dans la

gestion (*Ulp. ibid.*155 ; *Philip. C. 2, si tut. vel. cur. fals.*), ou en laissant écouler le temps fixé pour se faire décharger (*Ulp. ibid.; Modest. fr.* 13, § 1, *h. t.*), on n'est plus admis à se prévaloir du droit abandonné. Toutefois celui qui ne fait d'abord valoir qu'une partie de ses motifs ne renonce pas au reste ; et après le rejet des premières excuses, rien ne l'empêche de recourir aux autres, s'il est encore dans les délais (*text. hic; Marcian. fr.* 21, § 1; v. *Modest. fr.* 13, § 18, *h. t.*).

298. Ces délais commencent à courir du jour où les tuteurs et curateurs ont connu leur nomination (*text. hic; Ulp. fragm. vatic.* § 150). Ils sont de cinquante jours continus (*continuos*), c'est-à-dire comptés de suite et sans en retrancher aucun. Dans une autre manière de compter, par jours utiles, on déduit tous ceux où l'on ne pourrait pas agir, par exemple ceux où le magistrat ne donne pas audience (*Ulp. fr.* 1 , *de divers. temp. prœscript.*).

Le délai augmente à raison des distances pour celui qui demeure à plus de cent milles du lieu où les fonctions sont déférées. On donne alors trente jours fixes, plus un jour par vingt milles. Toutefois ce calcul ne profite aux tuteurs et curateurs que lorsque, demeurant à plus de quatre cents milles, ils peuvent, aux trente jours fixes, ajouter en raison de la distance plus de vingt jours. Au surplus, cette manière de compter ne préjudicie à personne, car on ne donne jamais moins de cinquante jours (*text. hic; Modest. fr.* 13, § 2, *h. t.*; v. *Ulp. fragm. vatic.* § 155).

299. Le moyen ordinaire pour faire réformer la sentence d'un magistrat est de la dénoncer à un juge supérieur. C'est ce qu'on nomme appeler. Les tuteurs lé-

gitimes ou testamentaires n'ont pas d'appel à exercer ,
puisqu'ils ne sont pas nommés par sentence ; dans la
tutelle dative, ce n'est pas non plus par voie d'appel
qu'on réclame contre la décision du magistrat. Le tuteur
ou curateur s'excuse devant le même magistrat qui l'a
nommé , sauf à se pourvoir par appel contre la sentence
qui rejetterait l'excuse ; c'est une différence introduite
par Marc-Aurèle entre l'excuse des tutelles ou curatelles,
et celle des autres charges publiques (*text. hic*; *Ulp. fr.*
1, § 1, *quand. appell.*).

§ XVII.

300. L'administration du tuteur s'étend à tout le patrimoine ; il devrait donc régulièrement s'excuser pour
le tout, et non pour partie. Mais de même que l'administration peut, en certains cas, se diviser (224), on peut
aussi s'en exempter pour partie, par exemple , lorsque
les biens sont situés dans des provinces différentes (*Marcian. fr.* 21, § 2 ; *Ulp. fr.* 19, *h. t.* ; *fragm. vatic.* § 147).

§ XX.

301. La chose jugée est en général tenue pour vraie
(*Ulp. fr.* 207, *de reg. jur.*) ; cependant une sentence
rendue sur de faux motifs peut être rescindée (v. *Callistr.
fr.* 33, *de re judic.*). Nous avons vu précédemment une
exception (§ 6, *qui et ex quib. caus.*).

Nous trouvons ici une exception directement contraire ;
car sans qu'il soit besoin d'aucune rescision, la sentence
reste nulle en ce sens que celui qui l'a obtenue et qui par
suite n'est plus ni tuteur ni curateur, supporte cependant

toute la responsabilité que lui imposerait l'une ou l'autre qualité (*text. hic; Paul. fr.* 60, *de nupt.*; v. *Alex.* C. 1, *si tut. vel curat. fals.*). C'est une faveur accordée aux personnes qui sont en tutelle ou en curatelle.

302. Quant aux motifs d'excuse, ils sont très-nombreux, et la plupart d'entr'eux dispensent de la tutelle et de la curatelle, parce qu'ils dispensent des charges publiques en général (*exemplo ceterorum munerum*; *pr. h. t.*). Les principaux, rapportés dans ce titre, seraient susceptibles de se classer en plusieurs divisions; car 1⁰ ils sont presque tous communs aux tuteurs et curateurs, tandis que les § 18 et 19 présentent deux motifs particuliers à la curatelle; 2⁰ certaines excuses dispensent pour toujours, d'autres pour un certain temps; 3⁰ les unes permettent simplement de ne pas prendre la gestion, les autres permettent de déposer une administration commencée; 4⁰ il en est que le juge doit nécessairement admettre, comme les excuses fondées sur le nombre des enfants, sur la vieillesse, etc.; il en est d'autres au contraire qu'il peut admettre ou rejeter suivant les circonstances, comme les excuses fondées sur une maladie, sur la pauvreté, sur l'inimitié, etc.; enfin on distingue les excuses volontaire ou excuses proprement dites, des excuses nécessaires qui sont de véritables incapacités (v. § 14, *h. t.*).

Pour mettre plus d'ordre dans l'examen des différentes excuses dont parle ici Justinien, je les diviserai en trois classes d'après les causes qui les ont fait admettre.

PREMIÈRE CLASSE.

Excuses fondées sur un privilége accordé :

PR.

1° Au nombre des enfants.

303. TRES ROMÆ, IN ITALIA QUATUOR, etc. Ces distinctions sont un vestige des anciennes différences entre Rome, l'Italie et les provinces (v. § 40, *de divis. rer.*), mais nulle part le nombre des enfants n'excuse un père de la tutelle ou curatelle de ces mêmes enfants (*Paul. fr.* 56, § 1, *h. t.*).

Ce privilége accordé, comme plusieurs autres, pour favoriser la population, résulte, indépendamment de la puissance paternelle (*sive in potestate... sive emancipati*), du nombre d'enfants légitimes (*Ulp. fragm. vatic.* § 168, 194; *Modest. fr.* 2, § 3, *h. t.*), dont un citoyen enrichit l'État. Aussi les enfants émancipés ne cessent-ils pas de compter à l'émancipateur, non plus que les adoptés à leur père naturel. Les enfants conçus sont, à plusieurs égards, considérés comme déjà nés; mais cette fiction, admise dans l'intérêt de l'enfant, ne profite jamais qu'à lui (*Paul. fr.* 7, *de stat. hom.*). Ainsi l'enfant conçu ne contribue point à faire exempter son père, soit de la tutelle, soit de toute autre charge civile (*Modest. fr.* 2, § 6, *h. t.*).

Les petits enfants comptent à l'aïeul paternel, au lieu et place de leur père décédé; mais ne comptent pas à l'aïeul maternel, sans doute parce qu'ils ne doivent pas servir à excuser deux personnes. Voyez cependant Ulpien (*fragm. vatic.* § 195).

Notre texte reproduit, sur les enfants morts *in acie*, une décision contraire à celle d'Ulpien (*fragm. vatic.* § 199), qui voulait compter tous les enfants morts à la guerre; et cependant, chose bizarre, c'est sous le nom d'Ulpien que Justinien consacre, au Digeste (*fr.* 18, *h. t.*), l'opinion que ce jurisconsulte combattait.

L'excuse résultant du nombre des enfants a-t-elle été accordée par la loi Papia Poppæa, comme le croît Heineccius, ou par les constitutions? C'est une question que les nouveaux textes (*fragm. vatic.* § 168, 191 *et seqq.*) rendent douteuse.

§ I, II et III.

2⁰ En considération de certaines fonctions ou missions publiques;

304. Et d'abord à ceux qui administrent *res fisci* (§ 1, *h. t.*), c'est-à-dire le domaine du prince, distinct du trésor public, que l'on appelait *ærarium*, et qui sous les derniers empereurs a été confondu avec le fisc proprement dit. Cette excuse temporaire finit avec les fonctions de l'administrateur (*quamdiu administrant;* § 1, *h. t.*).

Les semestres (*in semenstribus;* § 1, *h. t.*) étaient un recueil de constitutions émanées de Marc-Aurèle (v. *Tryph. fr.* 46, *de pact.*), et ainsi nommé, soit parce que les constitutions s'y trouvaient classées par semestres, soit à cause des conseils que Marc-Aurèle tenait de six en six mois.

305. Les personnes qu'éloigne une mission publique (*rei publicæ causa;* § 2, *h. t.*) sont excusées pendant leur absence et même pendant l'année qui suit leur retour, pour les nouvelles charges qui leur seraient déférées. Ils ont à cet égard *anni vacationem;* mais ils reprennent de suite l'ancienne gestion qu'ils ont pu interrompre pendant leur absence seulement, *quatenus absunt* (§ 2, *h. t.* ;

Modest. fr. 10, *pr. et* § 10, *h. t.*; v. *Ulp. fragm. vatic.*
§ 135, 222).

306. Sont aussi excusées, pendant la durée de leurs
fonctions, mais sans pouvoir se démettre d'une charge
antérieure (§ 3, *h. t.*; *Callistr. fr.* 17, *h. t.*), ceux qui
ont *potestatem aliquam*, c'est-à-dire les magistrats sans
distinction (*Paul. f.* 215, *de verb. sign.*), quoique dans
une acception plus étroite, potestas désigne spécialement l'autorité des gouverneurs de province et autres
magistrats supérieurs qui ont l'*imperium* proprement dit
pour sévir contre les malfaiteurs (*Ulp. fr.* 3, *de jurisd.*).
Cette dernière acception ne peut être celle de notre texte,
puisque l'excuse s'étend aux magistrats inférieurs (*ma-
gistratus civitatum*; *Modest. fr.* 6, § 16; *Callistr. fr.* 17,
§ 5, *h. t.*).

La puissance, *potestas*, semble prise ici par opposition
aux dignités qui n'excusent personne (*Modest. fr.* 15,
§ 2, *h. t.*).

§ XV.

3° A certaines professions.

307. Les empereurs, et notamment Antonin-le-Pieux,
ont excusé les grammairiens, les rhéteurs et les médecins,
lorsqu'ils enseignent ou exercent soit dans leur patrie,
soit à Rome (*text. hic*) qui est la patrie commune (*Modest. fr.* 6, § 11, *h. t.*). Chaque cité, suivant son importance, excuse dans les professions ci-dessus désignées, un
nombre de personnes strictement limité (*Modest. fr.* 6,
§ 1, 2, 3, 4, 9 *et* 11, *h. t.*). Il faut donc se trouver, comme
le dit notre texte, *intra numerum.*

On excuse aussi les philosophes, c'est-à-dire les sages

qui, sincèrement détachés des richesses et de la fortune, se soumettent spontanément aux charges publiques, sans qu'il soit nécessaire de les y astreindre. Comme ces vrais philosophes sont rares, on les excuse tous sans limitation de nombre (*Modest. fr.* 6, § 5, 7 et 8, *h. t.* ; v. *Diocl. et Max.* C. 6, *de muner. patrim.* ; *Valent.* C. 8, *de profess.*).

SECONDE CLASSE.

Excuses fondées sur le danger que pourrait avoir la gestion de certaines personnes :

§ IV.

1° A raison des procès que les tuteurs ou curateurs auraient contre le pupille ou le mineur.

308. Cette excuse n'est accordée que pour un procès de grande importance, lorsqu'il s'agit, par exemple, d'une hérédité, ou d'un patrimoine qui se trouve compromis en totalité (*de universis bonis*, *text. hic*) ou en majeure partie (*Marcian. fr.* 21, *h. t.*). Dans ce cas, les tuteurs et curateurs peuvent et doivent même s'excuser, pour n'être pas écartés (*Julian. fr.* 20, *h. t.* ; v. *Ulp. fragm. vatic.* § 139).

Les créanciers et les débiteurs du pupille n'étaient pas excusés. Justinien (*nov.* 72 *et* 74) a fini par les déclarer tous incapables, à l'exception de la mère.

§ IX et X.

2° Pour cause d'inimitiés.

309. Les tuteurs testamentaires sont excusés par cela seul qu'on les aurait nommés *propter inimicitias* (§ 9,

h. t.), c'est-à-dire pour leur imposer un fardeau. Le père peut sans doute nommer qui bon lui semble, mais ce pouvoir est accordé à son affection pour ses enfants et non à la malveillance qui l'animerait contre le tuteur (*Alex. C. si propt. inimicit.*). Au surplus, lorsqu'il nomme une personne dont il a sujet de se plaindre, il n'est pas présumé agir par inimitié. Son choix peut même être regardé comme une preuve de confiance, et conséquemment d'un retour à des dispositions meilleures (*Modest. fr.* 6, § 17, *h. t.*).

Se dire inconnu au testateur, c'est écarter le soupçon de toute inimitié dans le choix fait par ce dernier. Aussi Marc-Aurèle, autrement appelé Marc-Antonin ou Antonin le philosophe, et son frère adoptif Lucius Verus (*divi fratres*; § 10, *h. t.*) n'ont-ils pas admis ce moyen d'excuse (v. *Modest. fr.* 15, § 14, *h. t.*).

§ XI et XII.

310. Il s'agit ici de l'inimitié du tuteur contre le père du pupille. Dans ce cas, comme dans le cas de procès, on excuse le tuteur, afin qu'il puisse éviter les soupçons auxquels il serait probablement exposé (*Ulp. fr.* 3, § 12, *de susp. tut.*). Cette excuse suppose une inimitié capitale (§ 11, *h. t.*; v. *Paul.* 2 *sent.* 27, § 1), par exemple si le père du pupille a soulevé contre le tuteur une question d'état (*status controversiam*, § 12, *h. t.*; v. *Modest. fr.* 6, § 18, *h. t.*), en lui contestant la qualité d'homme libre, contestation que l'on considère comme aussi grave qu'une accusation capitale (v. *Ulp. fr.* 14, *de bon. libert.*).

Dans tous les cas, la réconciliation anéantit l'excuse (§ 12, *h. t.*).

I,   14

§ XIX.

3° Pour éviter un abus d'autorité.

311. Le mari, s'il devenait curateur de son épouse,
profiterait peut-être de l'influence qu'il exerce sur elle
pour ne rendre aucun compte. Aussi lui défend-on d'a-
voir son épouse en curatelle, comme on défend au tuteur
d'épouser la femme dont il a géré la fortune (152; *Ulp.
fragm. vatic.* § 201; *Philip.* C. 2, *qui dar. tut. vel curat.*). De là vient que le mari peut s'excuser, même après
avoir commencé à gérer (*licet se immisceat*), ce qu'il
ne pourrait pas faire si, au lieu d'une véritable incapacité, il n'existait ici qu'une simple excuse, à laquelle on
serait censé avoir renoncé en s'immisçant dans l'administration (302).

TROISIÈME CLASSE.

Excuses fondées sur la nécessité de proportionner les
charges aux facultés de chaque personne.

§ V.

312. Trois tutelles ou curatelles, administrées par le
père ou par ses enfants sous sa responsabilité, le dispensent temporairement (*quamdiu administrantur*), lui et
les fils de famille soumis à sa puissance (*Ulp. fr.* 5, *h. t.*;
fragm. vatic. § 128), pourvu qu'elles soient *non affec-
tatæ*. En effet, on ne compte pas les charges que le tuteur ou le curateur a recherchées, ni celles dont il a né-
gligé de s'excuser, lorsqu'il pouvait le faire (*Modest. fr.*
15, § 15, *h. t.*; *Ulp. fragm. vatic.* § 188). Du reste, on

considère bien moins le nombre des pupilles que les difficultés de la gestion, et le nombre des patrimoines ad-
ministrés séparément. Ainsi plusieurs frères, dont les
biens sont indivis (*eorumdem bonorum*), ne comptent
que pour une seule tutelle (*text. hic*; *Ulp. fr.* 3, *h. t.*;
Paul. fragm. vatic. § 231), et réciproquement la tutelle
d'un seul pupille suffit pour excuser lorsque l'administration est compliquée (*Paul. fr.* 31, *h. t.*).

§ XVIII.

313. Après avoir géré une tutelle, et en supposant,
comme ci-dessus, qu'elle ait été *non affectata* (*Ulp.
fragm. vatic.* § 188), un ingénu ne devient pas malgré
lui curateur de la même personne (*text. hic*; *Paul.* 2
sent. 27, § 2; *Diocl. et Max.* C. 20, *h. t.*); mais les affranchis ne jouissent ni de cette excuse ni d'aucune autre
envers les enfants de leur patron (*Alex.* C. 5, *h. t.*).

§ VI ET VII.

314. Il serait inique d'occuper gratuitement l'homme
qui a besoin de son travail pour vivre. Aussi la pauvreté,
qui n'est pas un moyen d'exclusion (321; *§ 12, de susp.
tut.*), fournit-elle une excuse à ceux que la tutelle gre-
verait d'une charge trop pesante (*imparem oneri*; § 6, *h.t.*;
v. *Ulp. fr.* 7, *h. t.*; *fragm. vatic.* § 240; *Paul. ibid.*
§ 243, 244).

Par la même raison, les maladies qui empêchent une
personne de suffire à ses propres affaires, l'excusent (§ 7,
h. t.; v. 322) pour un temps ou pour toujours, suivant
que le mal est lui-même temporaire ou perpétuel (*Mo-*

dest. fr. 12, *h. t.*). Les maladies autorisent même à déposer une administration commencée (*Ulp. fragm. vatic.* § 129, 130, 238, 239).

§ VIII.

315. Ceux qui ne savent pas lire (*imperiti litterarum*) sont quelquefois capables de bien administrer (*text. hic*), et alors on ne les excuse pas (*Modest. fr.* 6, § 19, *h. t.*). Dans le cas contraire, l'ignorance fournit, comme les maladies, une excuse qui dépend beaucoup des circonstances (*interdum ; Paul. fragm. vatic.* § 244).

§ XIII.

316. La vieillesse est pour les septuagénaires (*text. hic; Modest. fr.* 2, *h. t.*) une cause d'excuse, comme les maladies, mais avec cette différence que l'âge n'autorise pas à déposer une ancienne tutelle (*Paul. fr.* 40, *h. t. ; Ulp. fragm. vatic.* § 238).

Les mineurs de 25 ans n'étaient point incapables, mais seulement excusables (*text. hic; Modest. fr.* 10, *h. t.*), quoiqu'on ne les excusât pas toujours (*Ulp. fragm. vatic.* § 151, 223). Justinien les déclare inadmissibles à toute tutelle et curatelle et spécialement à la tutelle légitime (*text. hic; pr. de fiduc. tut.*), que précédemment on déférait aux adolescents et même aux impubères (*Ulp.* 11 *reg.* 20), probablement à cause de l'hérédité dont cette tutelle semblait inséparable, du moins pour les personnes du sexe masculin (v. 245 ; *pr. de legit. patron. tut.; Justin.* C. 5, *de legit. tut.*).

§ XIV.

317. Les militaires ont toujours été incapables de toute tutelle ou curatelle (*text. hic; Ant.* C. 8, *de legat.; Philip.* C. 4, *qui dar. tut.*) ; mais les vétérans, n'étant plus militaires, se trouvent simplement excusables pour toute tutelle ou curatelle qui ne concerne pas les enfants d'un autre militaire (*Modest. fr.* 8, *h. t.*).

Sont pareillement incapables, les esclaves, et, sauf quelques exceptions, les femmes (*Gaius et Nerat. fr* 16 et 18, *de tut.; Diocl. et Max.* C. 7, *qui dar. tut.*).

La démence, le mutisme et la surdité sont des maladies, et par suite une cause d'excuse (*Ulp. fragm. vatic.* § 238; *Paul. fr.* 40, *h. t.; Philip.* C. 2, *qui morb. se excus.*) plutôt qu'une incapacité proprement dite, surtout pour la tutelle légitime (v. *Gaius,* 2 *inst.* 180; *Ulp.* 11 *reg.* 21). Toutefois l'excuse qui, selon toute vraisemblance, était souvent nécessaire (v. *Paul. fr.* 32, § 2, *de testam. tut.; Modest. fr.* 12, *h. t.*), s'est convertie, sous Justinien, en une véritable incapacité (v. § 2, *qui test. tut. dar.; Paul. fr.* 1, § 2 et 3, *de tutel.; Hermog. fr.* 10, § 1, *de legit. tut.*).

TITRE XXVI.

Des Tuteurs et Curateurs suspects.

§ V, XII et XIII.

318. Les tuteurs et curateurs qui, dans leur gestion, commettent des fraudes (*non ex fide gerit;* § 5) ou des fautes graves (*Ulp. fr.* 7, § 1, *h. t.*), deviennent suspects

et doivent être accusés comme tels (*accusationem*, § 3 *h. t. ; suspecti crimen, pr. h. t.*), malgré les garanties pécuniaires que présente leur fortune (*licet solvendo sint ;* § 5) ou la caution qu'ils offriraient (§ 12, *h. t. ; Ulp. fr.* 5, *h. t.*); et réciproquement un homme pauvre, mais fidèle et diligent, ne sera point suspect : car ce n'est pas la fortune des tuteurs qu'il faut considérer, mais leurs habitudes (*moribus*, § 13 *h. t. ; Ulp. fr.* 8, *h. t.*).

Julien décidait même que les tuteurs peuvent devenir suspects avant toute gestion, d'après leur conduite antérieure, et plusieurs constitutions ont statué dans ce sens (§ 5, *h. t. ; Ant.* C. 2 ; *Alex.* C. 3, *h. t.*) contre l'opinion d'Ulpien (*fr.* 3, § 5 ; *fr.* 4, § 4, *h. t.*), qui écarte aussi, d'après leurs antécédents, les hommes dont on ne peut attendre qu'une mauvaise gestion, mais sans les accuser dès à présent comme suspects, de même qu'on écarte les ennemis du pupille ou de sa famille, et en général tous ceux à qui le préteur croit, par de justes motifs, ne devoir pas confier l'administration (*Ulp. fr.* 3, § 12, *h. t.*).

319. On écarte encore de la gestion, soit purement et simplement, soit en leur adjoignant un curateur pour administrer à leur place (v. § 5, *de curat.*), mais toujours sans nuire à leur considération, les personnes qui n'ont pas l'activité, l'expérience ou l'instruction nécessaire (*Ulp. fr.* 3, § 18 ; *fr.* 4, *h. t.*), notamment celles que la pauvreté empêche de trouver une caution (*Valer. et Gall.* C. 2, *si tut. vel curat. sat. non ded.* ; v. *Alex.* C. 1, *de peric. tut.*).

PR. ET § I.

320. Il existe contre les tuteurs et curateurs suspects une accusation (*pr.*, § 2 *et* 3, *h. t.*) dont l'origine remonte

à la loi des Douze-Tables (*pr.*, *h. t.*), et dont la connaissance exclusive appartient à certains magistrats (v. *Mar-
cian.fr.* 1, § 11, *ad sc. turpil.*) qui peuvent aussi infor-
mer d'office, sans qu'il se présente aucun accusateur
(*Ulp.fr.* 3, § 4, *h. t.*).

Ces magistrats sont, à Rome, le préteur, et dans chaque
province, le gouverneur ou même son lieutenant, lorsque
le gouverneur a délégué la juridiction dans laquelle se
trouve comprise le droit d'écarter les suspects (*Ulp.fr.* 1,
§ 3 *et* 4, *h. t.*). C'est ainsi que ce droit peut être exercé,
comme on le voit ici, par le lieutenant du proconsul
(§ 1, *h. t.*).

Le préteur est compétent à Rome pour écarter les suspects (*jus removendi*, § 1), non pour leur infliger une
peine proprement dite. Aussi ces derniers, lorsqu'ils mé-
ritent punition, sont-ils renvoyés devant le préfet de la
ville (§ 10 *et* 11, *h. t.*), auquel appartient la connaissance
de tous les crimes commis dans Rome et dans l'Italie proprement dite (*Ulp. fr.* 1, *de off. præf.*; v. 263). Quant
aux provinces, la même distinction n'existe pas. Le
gouverneur ou son lieutenant sont compétents pour punir
comme pour écarter les suspects (v. *Alex.* C. 20, *de
admin. tut.*).

§ VI ET VII.

321. Pendant le cours du procès intenté au suspect,
et par cela seul qu'on informe contre lui, l'administration lui est interdite (§ 7, *h. t.*; v. *Ulp. fr.* 14, § 1, *de
solut.*). S'il est écarté, comme coupable de dol ou de
faute, la sentence emporte, dans le premier cas, une
note d'infamie qui n'existe pas dans le second. Cependant,
malgré la distinction positive de notre texte (§ 6) et

d'une constitution non moins expresse (*Diocl. et Max.*
C. 9, *h. t.*), ce dernier point est fortement controversé.

§ II.

322. La gravité de ces conséquences a fait douter que
les tuteurs fussent tous indistinctement soumis à cette
accusation. Notre texte répond affirmativement, d'après
Ulpien (*fr.* 1, § 5, *h. t.*), sans excepter les tuteurs légitimes ni même le patron. Cependant lorsqu'on accuse ce
dernier, on ménage sa réputation ; on lui évite l'infamie
que tout autre subirait (*text. hic*). Il suffit pour cela de
ne pas exprimer, comme on le fait ordinairement, les
motifs de la sentence (*Ulp. fr.* 4, § 2, *h. t.*).

Ces ménagements sont une conséquence du respect que
les affranchis doivent à leur patron, et qui les empêche
d'intenter contre lui aucune action infamante (*Alex.*
C. 1, *si tut. vel cur. non gess.*). Quant aux tuteurs
légitimes, en général, nous avons déjà vu (285) que dans
les mêmes cas où d'autres tuteurs seraient écartés comme
suspects, on se contente souvent de leur adjoindre un
curateur.

§ III, IV et VIII.

323. Quoique l'accusation dirigée contre les tuteurs
ou curateurs suspects ne soit pas précisément une poursuite criminelle, puisqu'elle ne tend pas à les faire punir,
elle a cependant plusieurs règles communes avec les *judi-
cia publica* (v. *liv.* 4, *tit.* 18). Aussi cette accusation
est-elle *quasi publica* en ce sens qu'elle est ouverte à tous
les citoyens (§ 3, *h. t.* ; v. § 1, *de publ. jud.*), même
aux femmes qui, en général, ne sont admises comme ac-
cusatrices, que pour venger leur propre injure ou la mort

de leurs proches (*Macer. fr.* 8 *et* 11, *de accusat.*). Ici on admet, indépendamment de la parenté et en raison de l'affection qu'elles portent au pupille, toutes les femmes qui ne dépassent pas les bornes que la bienséance impose à leur sexe (§ 3, *h. t.*; *Ulp. fr.* 1, § 7, *h. t.*).

Ce droit, qui appartient à chacun d'accuser les tuteurs et curateurs suspects, devient pour leurs collègues un devoir que ces derniers ne négligent pas sans engager leur responsabilité (*Ulp. fr.* 3, § 2; *fr.* 7, § 14; *Paul. fr.* 14, *de admin. et pericul.*).

En sens inverse, les impubères que l'on admet quelquefois et par exception, comme les femmes, à suivre une accusation criminelle (*Macer. fr.* 8 *et* 11, *de accusat.*), ne peuvent accuser leur tuteur comme suspects; et si les mineurs de vingt-cinq ans peuvent, après la puberté, accuser leur curateur, ce n'est qu'avec l'assentiment de leurs plus proches parents (§ 4, *h. t.*; *Ulp. fr.* 7, *h. t.*).

324. Les poursuites criminelles s'éteignent, en général, par la mort de l'accusé qui ne peut plus être puni (*Marcian. fr.* 6, *de publ. jud.*; *Ulp. fr.* 11, *ad l. jul. majest.*). L'accusation dirigée contre le suspect s'éteint aussi par sa mort, non parce que cette mort le soustrait à une peine qu'on ne poursuit pas, mais parce qu'elle fait cesser les fonctions du défunt et remplit ainsi le véritable but de l'accusation, qui est d'écarter le suspect. Ajoutons donc, pour être exacts, que cette accusation s'éteint, dans tous les cas où finit la tutelle (*Ulp. fr.* 11, *h. t.*; v. *Ant. C.* 1, *h. t.*), et sans doute aussi la curatelle.

§ IX, X ET XI.

325. Nous avons déjà vu (225) que le préteur dési-

gne, suivant l'âge et la condition des pupilles, la personne
à qui ces derniers seront confiés pour être élevés chez
elle et par ses soins (*Ulp. fr.* 1, *pr. et* § 1, *ubi pup.*).
Dans ce cas, le tuteur reste spécialement chargé de pourvoir aux frais de nourriture, d'habillement, de logement,
d'instruction, etc. (v. *Ulp. fr.* 3, § 2 *et* 5, *eod.*), en un
mot, de fournir les aliments jusqu'à concurrence du taux
que le préteur fixe d'après la fortune du pupille, et de
manière à ne pas absorber les revenus, surtout lorsqu'ils
sont considérables (*Ulp. fr.* 3, *pr.*, § 1, 2 *et* 3, *eod.*).

Pour statuer à cet égard, le préteur doit s'enquérir de
la fortune du pupille, et préalablement se faire remettre
par le tuteur un état des sommes que ce dernier aurait
entre ses mains (*Ulp. fr.* 3, § 4, *eod.*). Or, on prévoit
ici, ou que le tuteur se présentera et par une fausse déclaration, dira que le pupille n'est pas assez riche pour que
l'on puisse faire une allocation d'aliments (§ 10, *h. t.*);
ou au contraire qu'il se fera céler, se rendra introuvable
(*copiam sui non faciat*, § 9), pour empêcher toute allocation.

Dans le premier cas, il est renvoyé, à cause du men-
songe, devant le préfet, pour être puni comme le sont
quelquefois certains tuteurs que notre texte désigne suffisamment (§ 10 *in fin.*; § 11, *h. t.*; v. *Ulp. fr.* 1, § 8; *fr.*
2; *fr.* 3, § 15 *et* 16, *h. t.*). Dans le second cas, le tuteur
qui *copiam sui non faciat*, peut être pour cela seul desti-
tué comme suspect (§ 9; *in fin.*; *Ulp. fr.* 7, § 3 *fr.* 5,
§ 14, *h. t.*). On peut aussi accorder au pupille sur
les biens du tuteur, un envoi en possession (§ 9), dont
nous parlerons plus loin (*liv.* 3, *tit.* 12).

LIVRE DEUXIÈME.

TITRE PREMIER.

De la division des choses et de leur caractère.

PR.

326. Après avoir parlé des personnes *quarum gratia jus constitutum est* (*pr., de jur. pers.*), nous avons à examiner, non plus pour qui, mais sur quoi s'établissent les distinctions de juste et d'injuste. Tous les êtres physiques ou moraux, que l'on considère ici sous ce rapport entièrement passif, rentrent sous le nom de choses dans le second objet du droit; et les choses, dit Justinien en copiant Gaius, se trouvent non-seulement dans notre patrimoine, mais aussi hors de notre patrimoine. Ce n'est pas ici une division, c'est plutôt une définition que donne notre texte, pour indiquer toute l'étendue du mot RES, qui ne se restreint point comme le mot PECUNIA (*Paul. fr. 5, de verb. sign.*), aux objets que chacun aurait *in patrimonio* ou *in bonis*. Outre ces derniers, que l'on appelle *res singulorum* (v. § 7), on distingue encore plusieurs classes de choses *non singulorum* (§ 6), notamment les choses dites *nullius* (§ 7), les choses communes à tous (*omnium*, § 1), et enfin celles qui appartiennent à une corporation (*universitatis*, § 7).

Justinien va suivre ici, d'après Marcien (*fr. 2 et 4, de div. rer.*), les détails de cette distinction.

§ I.

327. L'air, l'eau courante, la mer et ses rivages sont choses communes, en ce sens qu'il n'existe à leur égard aucune distinction de propriété; d'où il suit que chacun peut en user librement, et, par l'usage qu'il en fait, s'approprier l'air qu'il respire, l'eau qu'il puise dans un courant. Pareillement chacun peut naviguer sur la mer, et la place que nous y occupons nous appartient tant que nous l'occupons; car il est dans la nature des choses communes qui n'appartiennent à personne, d'être acquises par occupation à quiconque les tient en sa puissance, et dé rentrer, dès que l'occupation cesse, dans leur condition primitive ou naturelle. Ce principe sera développé plus loin (340 ; § 12, *h. t.*), à l'égard des animaux sauvages et des poissons; en effet, les poissons qui vivent dans la mer ne diffèrent en rien de la mer elle-même (*Nerat. fr.* 14, *de adq. rer. dom.*).

328. On en peut dire autant du rivage. Comme la mer et comme son lit, il n'appartient à personne; par conséquent chacun peut en user librement (*text. hic; § 5, h. t.*).

Toutefois à ce libre usage on apporte, relativement aux habitations et aux constructions qui existent sur le rivage, une restriction remarquable; car elles ne suivent point la condition de la mer, et ne sont pas, comme elle, du droit des gens (*text. hic*), c'est-à-dire communes à tous. Effectivement, le rivage qui n'appartient à personne devient la propriété des occupants: et ceux qui construi-

sent en observant les conditions requises (336), acquièrent sur le sol même un droit de propriété qui dure autant que leurs constructions (*Marcian. fr. 5*, § 1 ; *fr. 6,
de div. rer.*) : de là vient qu'on doit s'abstenir des portions de rivage qui, se trouvant déjà occupées, ont cessé
d'être choses communes pour devenir propriété privée.

§ II.

329. Parmi les choses dont chacun peut user avec une
égale liberté, parce qu'elles sont toutes *communia omnium*, plusieurs se nomment ordinairement publiques.
Ce sont des choses qui, plus particulièrement que les autres, semblent attribuées à chaque peuple comme une
dépendance de son territoire ; par exemple, les ports, les
fleuves et leurs rives (v. *Marcian fr. 4*, § 1, *eod.; Paul.
fr. 3, de flum.*.). Cette distinction ne restreint en rien le
droit que chacun a de pêcher, de naviguer sur un fleuve,
et de débarquer sur ses rives (*text. hic*) : aussi Marcien
n'avait-il point séparé les choses publiques des choses
communes. Justinien (*pr., h. t.*) les distingue ici à raison de la différence qui existe entre elles, non quant à
l'usage, mais quant à la manière dont chacun peut se les
approprier par occupation. A cet égard chaque peuple
exerce une juridiction exclusive pour empêcher ce qui
nuirait à l'usage auquel la chose publique est naturellement destinée, par exemple, à la navigation des fleuves
(v. *Ulp. fr. 1, de flumin.*).

§ III, IV et V.

330. Ce que nous avons dit des fleuves et de leurs rives s'applique au rivage de la mer, c'est-à-dire au ter-

rain que la mer couvre dans ses plus hautes marées (*text. hic; v. Cels. fr. 96, de verb. sign.*).

Ce rivage est commun comme la mer et à cause de la mer (*per hoc;* § 1, *h. t.*) : aussi chacun peut-il en user et y naviguer librement. Sous ce rapport les rives d'un fleuve et les rivages maritimes rentrent également dans la classe des choses communes ; et il suffit de comparer notre texte avec celui de Gaius (*fr. 5, de div. rer.*), pour se convaincre que la mer et ses rivages, les fleuves et leurs rives, ne diffèrent en rien quant à l'usage. Mais lorsqu'il s'agit de propriété, les rives et les rivages ne sont plus assimilés aux choses qui restent communes dans toute la latitude de l'expression. Et d'abord, pour la rive des fleuves, la propriété appartient aux riverains ; nul ne peut donc, par occupation, rien acquérir, soit de la rive elle-même, soit des arbres qu'elle nourrit, quoique chacun puisse en user, lorsqu'il navigue sur le fleuve (§ 4).

331. Quant au rivage de la mer, il n'appartient à personne (§ 5, *h. t.*), et par suite chacun y devient propriétaire du sol sur lequel il établit ses constructions, pourvu toutefois qu'elles ne nuisent point aux abordages et aux besoins de la navigation (v. *Cels. et Scœvol. fr. 3,* § 1 ; *fr. 4, ne quid in loc pub.*) ; et comme les particuliers ne sont pas juges des inconvénients qui résulteraient de leurs propres établissements, ils ne peuvent construire sur le rivage, et acquérir ainsi le terrain qu'ils y occupent, qu'après avoir obtenu l'autorisation des magistrats (*Pomp. fr. 50, de adq. rer. dom.*). Sous ce rapport, les rivages rentrent dans la classe des choses publiques (v. *Javol. fr. 112, de verb. sign.*), sur lesquelles s'exerce la juridiction du peuple dont ils bordent le territoire ; c'est

en ce sens que, suivant Celse (*d. fr.* 3, *ne quid in loc.*
pub.), les rivages appartiennent au peuple qui les tient
sous son empire.

§ VI.

332. Il s'agit ici de choses destinées à un usage commun, mais seulement entre les membres d'une corporation (*universitatis*), par exemple, d'une cité, d'un col-
lége, d'une communauté, ou de toute autre association
légalement établie (v. *Ulp. fr.* 1, *quod cujusq. univ.*).
Les objets dont chacun use indistinctement, comme
la plupart des chemins qu'on ne ferme jamais à personne,
sont choses publiques, et non pas choses *universitatis*.
Ne sont pas non plus choses *universitatis*, dans le sens où
on l'entend ici, les choses qui appartiennent à une corporation, sans que l'usage en soit commun à tous ses membres. Dans ce dernier cas, la chose n'est pas hors du
patrimoine; elle est au contraire *in patrimonio* ou *in*
pecunia civitatis, comme elle serait dans le patrimoine
d'un individu, quoique, par opposition aux propriétés
privées, on appelle aussi choses publiques les biens qui
se trouvent ainsi dans le patrimoine de l'Etat ou d'une
corporation (*Ulp. fr.* 15, *de verb. sign.*).

§ VII.

333. Nous avons parlé de choses communes entre tous
les hommes, dont chacun a l'usage et peut même acquérir la propriété par occupation, tant qu'elles n'appartiennent encore à personne. Sous ce rapport les choses communes se nomment souvent choses *nullius* (§ 5, 12, 22,
h. t.); mais ici cette expression s'applique spécialement

aux choses de droit divin, qui ne sont dans le patrimoine de personne (*nullius in bonis*), et ne peuvent jamais y être (v. 698; § 4, *de legat.*; § 2, *de inutil. stip.*; § 5, *de empt. vend.*).

Les choses *nullius* de droit divin sont sacrées, religieuses ou saintes.

§ VIII.

334. Elles étaient sacrées ou religieuses; d'après Gaius (2 *inst.* 4), selon qu'elles se trouvaient consacrées aux divinités supérieures, ou abandonnées aux dieux mânes; mais Justinien ne rappelle pas cette origine toute païenne de la distinction qu'il conserve.

Nul ne peut, de son autorité privée, conférer aux choses un caractère sacré : l'objet auquel nous voulons attribuer ce caractère reste profane (*profanum*) jusqu'à la consécration faite par les pontifs (*per pontifices*), et avec les conditions prescrites (*rite*). Ces conditions consistent, non-seulement dans certaines solennités, mais en outre dans l'autorisation du législateur qu'il faut nécessairement obtenir, une loi nommée Papiria ayant défendu de consacrer aucun bâtiment et aucun terrain sans le consentement du peuple. En ce sens, la consécration doit être faite *publice... non private* (*Marcian. fr.* 6, § 3, *de div. rer.*), et cette condition est remplie lorsque le prince qui réunit le souverain pontificat à l'autorité législative, permet de consacrer ou consacre lui-même (*Ulp.fr.* 9, § 1, *eod.*).

335. Le caractère sacré s'attache au terrain, indépendamment des édifices qu'il supporte; et leur démolition, qui ne change point la nature du sol (*text. hic, in fin.*), ne le fait pas rentrer dans le commerce, c'est-à-dire dans

le nombre des choses qui peuvent être vendues et ache-
tées. Papinien (*fr.* 73, *de contrah. empt.*) et plusieurs
autres jurisconsultes (*Pomp. fr.* 6, *eod*; *Ulp. fr.* 9, § 5,
de div. rer.; v. § 5, *de empt.*) ont prononcé l'inaliénabi-
lité des lieux sacrés long-temps avant la constitution de
Justinien, mentionnée dans notre texte (C. 21, *de sacr.
eccl.*), constitution qui s'applique seulement aux vases et
autres objets mobiliers qu'on appelle ici *donaria*. En défendant de les aliéner, Justinien ne fait que renouveler
avec plus d'extension une prohibition existante (v. § 2,
de inutil. stip.); et toutefois il a permis de vendre ces
meubles sacrés pour la rédemption des captifs (*text. hic*),
pour la nourriture des pauvres en temps de famine (*d.*
C. 21), et même pour acquitter les dettes de l'église
(*nov.* 120, *cap.* 10).

§ IX.

336. Chacun, à son gré, et sans recourir au pouvoir
législatif, peut rendre religieux un terrain pur (*locum
purum*) c'est-à-dire un terrain qui n'est encore ni sacré,
ni religieux, ni saint (*Ulp. fr.* 2, § 4, *de relig.*). Il suffit
pour cela d'inhumer à perpétuelle demeure (*Paul. fr.*
40, *de relig.*) le corps ou les os d'un homme libre ou esclave (*Ulp. fr.* 2, *pr. et* § 5, *eod.*) dans un terrain dont
on peut disposer, sinon comme seul propriétaire (*locum
suum*), du moins avec le consentement de tous les copropriétaires, usufruitiers et autres personnes intéressées
(*text. hic*).

L'inhumation faite dans le terrain d'autrui ne rend pas
l'emplacement religieux sans le consentement du propriétaire. Cette décision est certaine et indépendante de

I, 15

la négation que plusieurs éditeurs placent ici entre les
mots RATUM et HABUERIT (v. *Marcian. fr.* 6, § 4, *de div.
rer.*) pour indiquer l'inutilité d'une ratification postérieure à l'inhumation, dans le cas où celle-ci a été faite
avec le consentement du propriétaire qui ensuite change
d'avis. Ceux qui retranchent la négation supposent au
contraire une inhumation faite sans autorisation préalable, mais ratifiée postérieurement par le propriétaire; et
alors le texte signifie que le consentement de ce dernier
suffit, lors même qu'il n'intervient qu'après l'inhumation
(*licet postea,* etc.; v. *Vinnius, hic, n°* 4).

337. Lorsqu'un sépulcre est commun entre plusieurs
personnes, chacune d'elles peut s'en servir, malgré les
autres, pour inhumer un mort (*text. hic*). Un terrain
religieux peut donc appartenir aux particuliers en ce
sens qu'une ou plusieurs familles peuvent avoir le droit
exclusif d'y enterrer leurs morts. Pareillement un édifice
peut être consacré avec les conditions requises, pour l'u-
sage d'une personne ou d'une famille ; et de là résulte une
sorte de droit privé (v. *Paul. fr.* 9, § 1, *ad leg. jul. pec.*),
transmissible aux héritiers (*Alex.* C. 4, *de relig.*) et
même aux acheteurs du terrain dont la chose sacrée ou
religieuse fait partie, ensorte qu'elle se trouve accessoirement comprise dans une vente dont elle ne pourrait pas
faire l'objet direct et principal (*Paul. fr.* 53, § 1, *de
act. empt.; fr.* 23, *de contrah. empt.; Ulp. fr.* 22 *et* 24,
eod.).

§ X.

338. Les choses sacrées et religieuses sont, à proprement parler, les seules qui appartiennent au droit divin
(*Gaius,* 2 *inst.* 3, 4 *et* 8). Les choses saintes ne sont

assimilées aux précédentes qu'improprement (*quodam modo*), à cause du respect qu'on leur doit, comme aux choses sacrées et religieuses.

On appelle saintes, les murailles de Rome ou des villes municipales (*Marcian. fr.* 8, § 2; *Pomp. fr.* 11, *h. t.*), et en général toutes les choses qu'une sanction légale protége contre l'attaque et l'injure des hommes (*Marcian. fr.* 8, *h. t.*), surtout lorsque cette sanction consiste dans une peine capitale (*text. hic*; v. *Ulp. fr.* 9, § 2, *h. t.*); car la sanction est la partie d'une loi qui prononce une peine contre ceux qui transgressent ses dispositions (*text. hic*; v. *Ulp. fr.* 9, § 3, *h. t.*).

§ XI.

339. Nous passons maintenant aux choses qui sont dans notre patrimoine ou dans notre domaine; car le *dominium* ou la propriété est le principal droit que l'on puisse avoir sur une chose. C'est un droit exclusif et en quelque sorte illimité, qui renferme tous les autres. Considéré par rapport à la personne, il lui donne (*plenam in re potestatem*; § 4, *de usuf.*) une pleine puissance; il lui permet de disposer à son gré (*Constant. C.* 21, *mandat.*). Considéré relativement à la chose, le domaine nous la rend propre; et de là vient le mot propriété, quoique *proprietas*, dans les lois romaines, s'entende ordinairement de la propriété nue, c'est-à-dire séparée de l'usufruit (v. § 1 *et* 4, *de usuf.*; *Ulp. fr.* 14, § 3, *de us. et hab.*).

Les manières d'acquérir la propriété viennent ou du droit civil ou du droit des gens, que l'on appelle ici droit naturel, sans s'arrêter à la distinction précédem-

ment exposée (7), et comme le droit civil est postérieur
au droit des gens, on s'occupe d'abord des manières d'acquérir qui dérivent de celui-ci.

§ XII.

340. La propriété a commencé par la possession; c'est
encore ainsi que les bêtes sauvages, et en général les
choses communes, sont acquises à ceux qui *primi posses-*
sionem eorum apprehenderint (*Paul. fr.* 1, § 1, *de adquir.*
vel amitt. poss.), ou à celui *in cujus potestatem perve-*
nerunt (*Nerat. fr.* 14, *de adquir. rer. dom.*) parce que
l'on a en sa possession ce que l'on a sous la main, à sa
disposition ou en son pouvoir (1).

Remarquons bien du reste que le droit de propriété
une fois acquis avec et par la possession, se conserve
distinct et indépendant de cette même possession, en
sorte que le propriétaire, lors même qu'il ne possède
plus, reste propriétaire et peut en cette qualité revendiquer sa chose tant qu'elle existe et partout où elle existe
(*sicubi extant.* ; § 2, *quib alien.*). En d'autres termes,
il peut suivre dans la main des possesseurs, quels qu'ils
soient, les objets qui lui appartiennent, pour faire reconnaître qu'ils lui appartiennent, et conséquemment obtenir qu'on les lui restitue. Propriété et revendication expriment deux idées corrélatives; et souvent, pour décider
qu'une personne est propriétaire, on décide qu'elle peut

---

(1) On pourrait donc , avec quelque raison , dire que *possidere* et *pos-*
sessio viennent de *posse*, quoique Paul (*fr.* 1, *de adquir. vel amitt.*
poss.) indique une autre étymologie.

revendiquer, ou réciproquement (§ 26 *et* 34, *h. t.*; *Ulp. fr.* 53 *et* 5, *de rei vind.*).

341. Les animaux sauvages sont à vous dès que vous les avez pris (*text. hic*), et continuent de vous appartenir (*donec custodia coercetur*) tant qu'ils restent captifs; mais aussitôt qu'ils s'échappent et rentrent dans leur liberté naturelle, alors votre propriété cesse. Si l'animal est repris, c'est au nouvel occupant qu'il appartient (*rursus occupantis fit*), comme s'il n'avait jamais appartenu à personne.

Cette décision semble démentir le principe fondamental que nous venons de poser (340), en distinguant la possession et la propriété. En effet, si les animaux sauvages cessent d'appartenir à l'occupant dès qu'il cesse de les avoir en sa puissance, sa prétendue propriété se réduit à un simple fait de possession. Il n'en est pas ainsi. La propriété des animaux sauvages ne se perd pas nécessairement avec la possession, par exemple, lorsqu'un voleur les soustrait. Si l'animal vivant, qui s'évade et reprend son indépendance primitive, cesse de m'appartenir, c'est parce que je suis réputé n'avoir jamais été propriétaire, l'animal lui-même étant considéré comme s'il n'avait point été pris. Il en est de même pour les terrains occupés par des constructions sur le rivage de la mer; ils cessent aussi d'appartenir au constructeur (327), dès que le sol, débarrassé des édifices qui le dénaturaient, rentre dans son état primitif (*Nerat. fr.* 14, § 1, *de adquir. rer. dom.*). Marcien (*fr.* 6, *de div. rer.*) explique cette décision, par les principes du *postliminium*; en effet, les propriétés acquises par la chasse, la pêche ou l'occupation des rivages, ne sont qu'une conquête sur

l'état primitif des choses, conquête dont les traces disparaissent au rétablissement de l'ordre naturel.

§ XVII.

542. Effectivement, la guerre des hommes contre d'autres hommes ne diffère point de celle que les hommes font
aux animaux sauvages. Le butin et les prisonniers faits
sur l'ennemi appartiennent, comme le gibier, au premier qui s'en empare (*text. hic*; *Cels. fr.* 31, § 1, *de
adq. rer. dom.*); et de même que le gibier en s'échappant recouvre sa liberté naturelle, les prisonniers de
guerre sont réputés n'avoir jamais été capturés, dès qu'ils
échappent au pouvoir du vainqueur et rentrent sur leur
territoire (*text. hic; Gaius, fr.* 7, *eod.*). Telles sont, en
effet, les conséquences du *postliminium* (193).

§ XIII.

343. Un animal est blessé de manière à être aisément
pris (*ita ut capi possit*); toutefois il ne l'est pas encore,
et mille circonstances, en favorisant sa fuite, peuvent
vous empêcher de le saisir; par conséquent il ne vous
appartient pas. Telle était l'opinion la plus générale,
adoptée par Gaius (*fr.* 5, § 1, *de adq. rer. dom.*), et confirmée ici par Justinien.

Un sanglier tombe dans le filet que vous aviez tendu.
Ne faut-il pas distinguer si le filet a été placé dans un
lieu public ou dans un terrain particulier, sur votre propriété ou sur la propriété d'autrui, et, dans ce dernier
cas, s'il a été tendu avec ou sans la permission du propriétaire; enfin ne faudrait-il pas examiner si l'animal
tombé dans le piège peut encore se dégager? Toutes ces

questions se réduisent à une seule : l'animal est à moi,
s'il est en ma puissance, *si in meam potestatem pervenit*
(*Procul. fr.* 55, *eod.*).

§ XIV.

344. Ainsi donc, pourvu que l'on s'empare d'un animal, il importe peu de savoir comment, et même en
quels lieux (§ 12, *h. t.; Gaius, fr.* 3, § 1, *eod.*). Effectivement, les bêtes sauvages n'appartiennent point au
maître du fonds où elles se trouvent ; elles ne font point
partie du sol, non plus qu'un nid d'oiseaux ou un rayon
de miel ne font partie de la branche ou du tronc qui les
a reçus (*text. hic*). Il en est de même de l'essaim qui
s'abat sur votre arbre ; il est au premier qui le recueillera dans sa ruche, et le maître du terrain n'a, sous ce
rapport, aucune préférence, quoiqu'il puisse interdire aux
étrangers l'accès de sa propriété ; mais il faut le leur interdire *integra re*, avant qu'ils se soient emparés de rien (*text.
hic*; § 12, *h. t.; Gaius, fr.* 3, § 1, *de adq. rer. dom.*). Au
reste, si le propriétaire peut se plaindre, c'est uniquement
de ce qu'on entre sur son terrain malgré lui (*Ulp.
fr.* 13, § 7, *de injur.*), et non pas de ce qu'on y
prend une chose qui n'appartient à personne (*Pothier,*
41 *pand.* 1, *n°* 4).

Cependant l'essaim sorti de ma ruche m'appartient ;
mais lorsqu'il s'échappe et recouvre sa liberté naturelle,
il cesse de m'appartenir, comme tous les animaux sauvages (341). Peut-on en dire autant des abeilles qui sortent pour revenir ? Cette question se décide par le principe qui va être établi pour les pigeons et les paons.

§ XV.

345. Ces oiseaux sont, comme les abeilles et les cerfs, des animaux sauvages qui ont l'habitude d'aller et venir; et chaque fois qu'ils partent, ils sortent réellement de notre puissance. Cependant ils continuent de nous appartenir tant qu'ils conservent l'esprit de retour, et ce n'est qu'après s'être échappés pour ne plus revenir qu'ils reprennent leur condition primitive (*text. hic ; Gaius,* 2 *inst.* 68). Si l'on se rappelle que le *postliminium* ne profite jamais à ceux qui ont l'intention de retourner chez l'ennemi (194), on apercevra pourquoi nous distinguons si les animaux sauvages ont conservé ou perdu l'esprit de retour (*text. hic*). Ainsi, par exemple, les abeilles qui vont aux champs pour revenir ensuite à la même ruche, diffèrent essentiellement de l'essaim qui émigre pour s'établir ailleurs (v. § 14, *h. t.*).

346. Pour appliquer ces principes, il faut remarquer qu'un animal sauvage perd l'esprit de retour, lorsqu'il cesse de revenir (*text. hic*) : tout dépendra donc ici des circonstances. On décide également d'après les circonstances que l'animal qui s'échappe a recouvré sa liberté naturelle, par exemple, lorsque je l'ai perdu de vue, ou lorsque je le vois encore, mais dans une position où la poursuite en est difficile, en ce sens qu'on n'est pas sûr de l'atteindre à volonté (§ 12 *et* 14, *h. t.*; *Gaius,* 2 *inst.* 67; *fr.* 3, § 2; *fr.* 5, *de adquir. rer. dom.*). Dans ce cas, effectivement, l'animal n'est plus *sub custodia nostra* (v. *Paul. fr.* 3, § 13, 14 *et* 15, *de adq. vel am. poss.*).

§ XVI.

347. La même question ne s'élève jamais relativement aux poules, aux oies et autres animaux domestiques. Pour les avoir en sa puissance, l'homme ne les fait pas sortir de leur condition naturelle, et par conséquent il n'existe à leur égard aucune application possible du droit de *postliminium* : aussi peuvent-ils s'égarer et se perdre, sans cesser d'appartenir au même maître.

§ XVIII.

348. Les objets inanimés qui n'ont encore appartenu à personne sont pareillement acquis au premier occupant. Telles sont, par exemple, les îles qui se forment dans la mer (§ 22, *h. t.*), et les perles ou autres objets semblables trouvés sur le rivage. Nous verrons plus loin comment le même genre d'acquisition, sans jamais s'étendre aux objets perdus, se modifie à l'égard du trésor (§ 39, *h. t.*), et s'applique aux choses abandonnées (§ 47, *h. t.*).

Ici, comme dans tous les cas précédents, la propriété s'acquiert par occupation ; et l'occupation suivant les objets qu'elle procure, résulte elle-même de la chasse, de la pêche, de la guerre ou d'une simple invention : mais l'occupation, quelque nom qu'elle prenne, n'est jamais qu'une manière de posséder ; c'est toujours par la possession que le droit des gens nous conduit à la propriété (§ 5, *per quas pers. nob. adq.; Paul. fr.* 1, § 1, *de adq. vel amitt. poss.*); or, pour posséder, il ne suffit pas de détenir corporellement. Le fou, l'enfant ne possèdent point ce qu'ils saisissent, pas plus qu'on ne possède en dormant

ce qu'on a dans la main, parce qu'alors on détient sans
intention : *affectionem tenendi non habent.* Pour posséder,
il faut détenir de fait et d'intention (*Paul. fr.* 1, § 3 ;
fr. 3, § 1, *eod.*) ; l'occupant, pour arriver à la propriété
par la possession, devra donc posséder les objets dont il
s'empare, avec une intention spéciale, celle de les avoir
comme siens, *pro suo* (*Paul. fr.* 3, § 21, *eod.*).

349. Nous venons de voir comment la propriété s'établit primitivement sur les choses qui n'ont encore appartenu à aucun maître. Dans la dernière partie de ce
titre (§ 40, *et seqq.*), on examinera comment la propriété
se transmet d'une personne à une autre; mais auparavant
les textes intermédiaires nous offriront une série de décisions dont il importe de connaître le véritable principe.
Jusqu'à ce jour, on a tout expliqué par une théorie fort
simple : elle consiste à dire que dans les cas où un objet
s'accroît, s'étend, se modifie par l'adjonction d'un autre
objet, il faut distinguer quelle est la chose principale,
quelle est la chose accessoire, et décider que la seconde
est par cela seul acquise au maître de la première, en
vertu de cette maxime, *accessorium sequitur principale.*
Ainsi, d'après Heineccius (*elem. jur.* 562) et autres interprètes, l'accession ou la jonction de deux choses serait
un mode d'acquisition, et l'un des plus importants sans
doute, puisqu'on a distingué des accessions naturelles,
civiles et mixtes.

Une manière d'acquérir aussi commode, aussi fertile
en conséquences variées, méritait d'être consacrée par
des textes positifs. Les jurisconsultes romains disent expressément que la propriété se transmet *per traditionem*
(§ 40, *h. t.*); que les choses *nullius* appartiennent au
premier occupant (§ 12, *h. t.*); mais je n'ai jamais lu

dans leurs écrits que l'accession fût une manière d'acquérir, ni qu'une chose, devenue l'accessoire d'une autre, cessât par cela seul d'appartenir à son premier maître (1). J'espère même démontrer que les textes décident réellement le contraire.

L'accession, j'en suis convaincu, ne transmet point à une personne la propriété d'une autre; c'est un fait dont notre titre ne s'occupe que très secondairement; le mot y est à peine prononcé (§ 26 *et* 34); et, selon moi, les textes que nous allons parcourir traitent bien moins de l'acquisition, que de la conservation et des conséquences de la propriété acquise.

§ XIX.

350. La propriété d'un objet quelconque embrasse tous ses produits. C'est ainsi que les jeunes animaux (*text. hic; Florent. fr. 6, de acquir. rer. dom.*) et les jeunes esclaves (66), appartiennent au maître de l'animal ou de l'esclave qui les a portés dans son sein; ils suivent au moment de leur naissance la condition où se trouve alors leur mère, sans égard à la conception (2) qui n'attribue aucun droit, ni à l'ancien maître de la mère aliénée pen-

----

(1) Ulpien (*fr.* 19, § 13, *de aur. argent.*) dit : *semper.... cum quærimus quid cui cedat, illud spectamus quid cujus rei ornandæ causa adhibetur, ut* ACCESSIO CEDAT PRINCIPALI. Voilà sans doute une règle formulée, mais à quelle occasion et dans quel but? En matière de legs et pour apprécier, d'après l'intention du testateur, l'étendue de sa disposition, spécialement pour savoir si en léguant une pièce d'argenterie, il a entendu l'guer les pierreries dont elle est ornée.

(2) Sauf l'exception précédemment établie (74), lorsqu'il s'agit de savoir, non pas à quel maître l'enfant appartiendra, mais s'il naîtra libre ou esclave.

dant sa gestation (*Venul. fr.* 66, *de adquir. rer. dom.;*
Diocl. et Max. C. 12, *de rei vind.*), ni dans aucun cas au
maître du père (*Ulp. fr.* 5, § 2, *eod.*).

L'acquisition dont il s'agit a pour objet les animaux
qui naissent; conséquemment elle s'opère au moment de
la naissance, c'est-à-dire lorsqu'ils se détachent du sein
maternel pour commencer à exister isolément. Est-ce là
un fait d'accession? Non, sans doute, puisqu'il n'y a pas
jonction, mais au contraire séparation. La propriété que
le maître de la mère a sur les animaux naissants, s'explique
bien plus naturellement, lorsqu'on observe qu'avant de
naître le fœtus n'était qu'une portion des entrailles ma-
ternelles (*Ulp. fr.* 1, § 1, *de insp. vent.*), portion qui,
en se séparant, continue d'appartenir au même maître,
comme objet et comme propriété distincte.

§ XX, XXI, XXII, XXIII et XXIV.

351. On s'occupe ici des mutations qui s'opèrent dans
le lit des fleuves, et des accroissements qui en résultent
pour les terres riveraines; car il est dans la nature des
rivières de changer le caractère des lieux qu'elles occupent
ou qu'elles délaissent, et de ranger les premiers parmi les
choses publiques, et les seconds parmi les choses privées
(*Pomp. fr.* 30, § 3, *de adq. rer. dom.*).

Nous en avons un premier exemple dans l'alluvion qui
se forme sur une rive. On appelle ainsi l'accroissement
insensible dont le progrès échappe aux yeux (§ 20; v.
Gaius, 2 *inst.* 70).

352. La violence des eaux ne produirait pas le même
résultat; le courant, lorsqu'il enlève une portion distincte de terrain, la déplace sans qu'elle cesse d'appar-

tenir au même propriétaire : *palam est tuam permanere* (§ 21, *h. t.*).

La raison en est évidente, comme la différence qui distingue ce cas du précédent. En effet, l'accroissement insensible que produit l'alluvion se compose de molécules apportées grain à grain, et dont rien ne constate l'origine. Il est donc impossible de reconnaître, et par suite de revendiquer, en cas d'alluvion, aucune partie du sol primitif que le courant a décomposé pour recomposer ailleurs un terrain nouveau. Au contraire, la violence du fleuve qui déplace un terrain ne le dénature pas ; malgré ce déplacement, le sol subsiste ; il doit donc rester au même propriétaire. Gaius (*fr.* 7, §6, *de adq. rer. dom.*) et Justinien (§ 24, *h. t.*), l'ont dit pour le fonds inondé ; *Neque enim inundatio fundi speciem commutat, et ob id* PALAM EST *fundum ejus* PERMANERE *cujus et fuerat;* la même conséquence, exprimée dans les mêmes termes (PALAM EST *tuam* PERMANERE ; § 21, *h. t.; Gaius,* 2 *inst.* 71 ; *fr.* 7, § 2, *de adq. rer. dom.*) nous reporte nécessairement au même principe.

Il est possible que le terrain déplacé par le fleuve emporte avec lui des arbres. Relativement à ces derniers, notre texte contient une décision additionnelle, qui sera expliquée plus loin (§ 31, *h. t.;* v. 375).

353. Lorsqu'un fleuve change son cours, le lit qu'il abandonne devient chose privée, et celui qu'il occupe, chose publique.

L'ancien lit, divisé dans le sens de sa longueur, accroît pour moitié à chacune des deux rives et à chaque héritage riverain pour une largeur égale à celle qu'il occupe sur la rive (§ 23, *h. t.;* v. 359). Quant au nouveau lit, si le fleuve l'abandonne à son tour, accroît-il pareillement et

comme s'il avait toujours été public, aux propriétés riveraines; ou bien, au contraire, retourne-t-il au maître
cujus antea fuit, comme s'il n'avait jamais cessé de lui
appartenir? Ces deux opinions ont été professées, l'une
par Gaius (*fr.* 7, § 5, *de adq. rer. dom.*), l'autre par Pomponius (*fr.* 5o, § 3, *eod.*). Justinien, qui les conserve
toutes deux au Digeste, ne donne ici que la première;
sed vix est ut id obtineat, dit Gaius, en nous avertissant
lui-même que son avis n'a point prévalu.

354. Quoi qu'on ait dit jusqu'ici, les alluvions, le lit
qu'un fleuve abandonne, et les îles qui s'y forment, étant
choses publiques comme le fleuve même (v. *Lab. fr.* 65,
de adquir. rer. dom.), devraient appartenir au premier
occupant; c'est effectivement ainsi qu'on le décide lorsqu'il n'existe sur la rive que des terres limitées *agri limitati,* c'est-à-dire adjugées ou concédées au nom du peuple,
mais jusqu'à concurrence d'une certaine mesure, dont
l'excédant reste public. Les riverains dont l'héritage est
ainsi limité, ne pouvant rien prétendre en dehors de la
mesure concédée, ne profitent jamais ni des alluvions
(*Florent. fr.* 16, *eod.*), ni du lit abandonné ou des îles
formées par le fleuve; la propriété en est acquise au premier occupant (*Ulp. fr.* 1, § 6 *et* 7, *de flumin.*).

Les accroissements dont nous avons parlé profitent
donc seulement aux riverains dont les propriétés, au lieu
de se renfermer dans une certaine mesure, s'étendent,
indépendamment de la contenance, jusqu'à tel ou tel
point, par exemple jusqu'à telle rivière. Dans ce cas, si
l'eau se retire, elle recule d'autant la limite des propriétés
riveraines; et l'égal accroissement que les deux rives
prennent en sens opposé s'arrête par une sorte de rencontre au milieu du fleuve.

355. Effectivement, le lit des rivières que l'on considère comme chose publique pour les besoins et l'usage de la navigation, n'est, à tous autres égards, qu'une dépendance des fonds voisins. C'est un terrain dont l'eau s'empare et dont elle absorbe l'utilité, sans qu'il cesse réellement d'appartenir aux riverains dont il grève, mais ne détruit pas la propriété. Sous ce rapport il en est du lit comme de la rive, qui est publique quant à l'usage seulement (330); et l'unique différence entre eux vient des avantages partiels que le propriétaire peut tirer de la rive, mais dont il est totalement privé à l'égard du lit. Du reste, dès que son terrain n'est plus couvert ou bordé par les eaux, il semble moins acquérir un droit nouveau que reprendre la jouissance d'une ancienne propriété, qui devient libre, *quia populus eo jam non utitur* (*Pomp. fr.* 30, § 1, *de adquir. rer. dom.*).

356. Le terrain des îles formées dans une rivière, n'est qu'une portion du lit qui s'élève au-dessus des eaux; aussi applique-t-on à cette fraction les règles précédemment établies pour la totalité du lit abandonné (353). L'île appartient aux riverains à qui appartiendraient la portion ou les différentes portions du lit qui se sont exhaussées (v. § 22, *h. t.*).

Un île qui, au moment de sa formation, ne dépasse point le milieu du fleuve, appartient en totalité aux propriétaires de la rive la plus voisine (§ 22), et alors les bords de cette île forment une rive qui se prolonge, dans le plus large même des deux bras, jusqu'au milieu du courant, et profite pour l'avenir, soit du lit qui serait abandonné, soit des îles nouvelles qui s'y formeraient, comme si la première avait toujours existé, ou comme si le fleuve n'avait pas un autre bras (*Procul. fr.* 55, § 1 ; *Paul. fr.* 65 , § 3, *de adquir. rer. dom.*).

357. Ces décisions prouvent que si les héritages *arcifinii* s'étendent, comme nous l'avons dit, jusqu'au milieu du courant, ce privilége ne leur appartient qu'à l'occasion de la rive et sous la condition de rester riverains ; car la propriété du lit change et varie dès qu'il se forme ou s'interpose une autre rive. C'est ainsi que le sol envahi, et plus tard abandonné par un cours d'eau, appartient à ceux qui *prope ripam prædia possident* (§ 23) et ne retourne pas à ses anciens maîtres, parce qu'ils ne sont plus riverains (*Alfen. fr.* 38, *eod.*). Cependant, il faut en convenir, il existe peu d'harmonie, sur ces matières entre les jurisconsultes (353).

Quoi qu'il en soit, l'accession ne donne pas au maître des fonds *arcifinii* la portion du lit qui lui appartient déjà ; d'un autre côté, cette même accession n'attribue rien au maître des fonds *limitati*. Elle reste donc impuissante.

§ XXV.

358. Nous avons déjà vu que la propriété et par suite le droit de revendiquer une chose, se conserve tant que la chose elle-même subsiste. Un fonds qui ne change pas de nature, reste par cela même à son maître (§ 24, *h. t.*).

Le même principe va s'appliquer aux matières que l'industrie façonne et transforme en objets nouveaux, par exemple, un bloc de marbre en statue, un lingot d'airain en vase de fonte, etc. La statue ou le vase, considérés comme objets nouveaux, ne peuvent appartenir qu'à celui qui les crée ; mais en sens inverse, si l'on examine la matière, on soutiendra que le bloc sculpté ou le lingot coulé sont toujours le même marbre ou le même métal, et que la matière subsiste indépendamment des formes dont on veut la revêtir : dans ce sens, il faudrait nécessairement décider que la matière façonnée continue d'appartenir au maître de la matière primitive et brute.

La question ne souffre aucune difficulté pour celui qui travaille sur sa propre chose ; mais dans le cas contraire, on a long-temps discuté pour savoir à qui appartient le nouvel objet formé par une personne avec la matière d'une autre. La difficulté n'était pas de savoir lequel profiterait de la chose ou de l'industrie d'autrui, car nul ne doit s'enrichir au détriment des autres ; mais, sauf l'indemnité qui sera due pour la matière ou pour l'industrie, les avis se sont partagés sur la question de savoir à qui appartient le nouvel objet. Les Proculéiens l'attribuaient au spécificateur, et les Sabiniens au maître de la matière (*Gaius*, 2 *inst.* 79). Un troisième avis (*media sententia*) a prévalu, qui distingue si la matière façonnée peut ou non revenir à son état primitif. Dans le premier cas, elle reste à son ancien maître ; dans le second cas, la chose appartient au confectionnaire. Cette distinction est développée ici (*text. hic ; Gaius, fr.* 7, § 7, *de adq. rer. dom.*) par des exemples suffisants (1). Ajoutons seulement que le confectionnaire n'est pas précisément la personne qui travaille de ses propres mains, mais plutôt celle pour

_____

(1) Observez relativement au blé, que tous les grains existent dans l'épi, et qu'en les dégageant on ne forme rien de nouveau. La transformation du raisin ou des olives en vin ou en huile, n'a donc rien de commun avec la chute du grain qui se détache de l'épi. (*Gaius, d. fr.* 7, § 7.)

le compte de qui l'ouvrage a été fait, *cujus nomine fac-tum sit* (*Pomp. fr.* 27, § 1; v. *Callistr. fr.* 25, *eod.*).

359. Dans le système de l'accession, on assure grave-ment que cette longue controverse a pour unique but de savoir si la forme est l'accessoire de la matière ou la ma-tière un accessoire de la forme. Interrogeons les textes.

Un navire ou une étoffe confectionnés avec l'arbre ou avec la laine d'autrui appartiennent au fabricateur, par cette raison que l'arbre ou la laine n'existent plus, *quia cupressus non maneret, nec lana :* il y a seulement *cu-presseum aut laneum corpus.* En décidant ainsi, Paul (*fr.* 26 *eod.*) avait déjà établi, pour le cas inverse, que partout où la matière se conserve, elle continue d'apparte-nir au même propriétaire : *materia manente me dominum manere* (*fr.* 24, *eod.*). Cette double décision, embrassant les deux cas de la spécification, nous explique parfaite-ment quel était la question débattue entre les Procu-léiens et les Sabiniens, ainsi que le *media sententia* des ju-risconsultes postérieurs. Nerva et Proculus voyaient dans la spécification une sorte de création qui, en formant un objet nouveau *quod ante nullius fuerat,* dénature la ma-tière, quelle qu'elle soit. En conséquence, les Procu-léiens appliquaient sans distinction la maxime *extinctæ res vindicari non possunt* (*Gaius,* 2 *inst.* 79; v. 361), et refusaient toujours la revendication au maître de la matière. Sabinus et Cassius, sans nier le principe, en contestaient l'application : suivant eux, la matière se conserve sous toutes les formes, et par suite peut tou-jours être revendiquée.

On a fini par distinguer : la matière qui peut revenir à son état primitif et dont la substance peut reparaître n'est pas détruite, et conséquemment, quelle que soit sa

nouvelle forme, elle continue d'appartenir à son premier
maître. Alors il y a conservation, et non pas acquisition
de propriété. Dans le cas contraire, on a pensé que la
spécification, en détruisant sans retour la substance primitive, forme un objet nouveau jusque-là sans existence
et sans maître. Aussi est-il acquis au confectionnaire,
QUIA QUOD FACTUM EST ANTEA NULLIUS FUERAT (*Gaius*,
fr. 7, § 7, *de adq. rer. dom.*), c'est-à-dire par occupation (v. *Paul. fr.* 24 *et* 26, *eod.*).

360. Ce qui précède concerne le spécificateur qui concourt à la formation du nouvel objet par son industrie
seulement; on suppose maintenant (*quod si, etc.*), qu'outre
son industrie, le spécificateur fournit aussi une partie de
la matière. Dans ce cas, dit Justinien, le nouvel objet
doit, sans aucun doute (*dubitandum non est*) appartenir
au confectionnaire. Appliquée aux exemples de notre
texte qui tous supposent des matières qu'il est impossible
de ramener jamais à leur premier état, cette décision
est incontestable. Pour que l'addition ne paraisse pas totalement inutile, il faudrait donc l'interpréter en ce
sens, qu'une portion quelconque de la matière jointe à
l'industrie du spécificateur suffit pour assurer à ce dernier la propriété du nouvel objet, lors même que la chose
pourrait encore reprendre son ancienne forme; mais les
jurisconsultes romains (*Paul., Pomp. et Ulp. fr.* 3, § 2;
fr. 4, *fr.* 5, § 1, *de rei vind.*) n'admettent pas cette interprétation. La décision de Justinien doit donc s'entendre dans le sens des exemples qu'il rapporte, et s'appliquer
seulement aux matières qui ne peuvent plus reprendre
leur état primitif. Dans le cas contraire, le nouvel objet,
dont les matières ont été fournies par plusieurs maîtres,

ne peut appartenir qu'à eux (*Paul. d. fr. 4, eod.; v.*
Vinnius, *hic*; *Pothier*, 41 *pand.* 1, *n°* 37).

361. Cette décision, conforme à la distinction qui a
prévalu (358) repose, comme les précédentes, sur ce
principe, que nul ne doit être privé malgré lui de ce qui
lui appartient, et que le propriétaire conserve un droit
exclusif sur sa chose, tant que celle-ci continue d'exister. C'est toujours à la conservation de la substance
qu'on se réfère; et la décision dérive uniquement de
cette circonstance, que la chose change ou ne change
pas de nature (1). En effet, dans le premier cas, celui
qui était propriétaire et qui ne l'est plus, *cujus substan-*
tia fuerit (*Gaius*, 2 *inst.* 79), perd le droit de revendiquer : EXTINCTÆ RES VINDICARI NON POSSUNT.

Mais de ce qu'on ne peut plus se dire propriétaire
d'une chose, il n'en résulte pas qu'à l'occasion de cette
chose, on soit privé de toute action contre les personnes
qui seraient tenues soit à nous indemniser de sa perte,
soit même à nous en faire recouvrer la propriété. Aussi
l'action personnelle qu'on appelle condiction est-elle
souvent admise au défaut de la revendication. Celui à qui
appartenaient les matières employées à confectionner
un objet nouveau, aura donc la condiction, non seulement contre le voleur s'il y a eu vol, mais aussi contre
plusieurs autres possesseurs (*quibusdam aliis possessori-*
bus; Gaius, 2 *inst.* 79), et notamment contre le spécificateur qui, devenant propriétaire du nouvel objet, ne

---

(1) Neque enim speciem commutat (§ 24, *h. t.*); in sua substantia
durant (§ 28, *h. t.*); speciem pristinam non continet (*Ulp. fr.* 5, § 1,
de rei vind.); materia manente..... dominum manere (*Paul. fr.* 24,
de adq. rer. dom.); quia cupressus non maneret.... nec lana, sed cupres-
eum aut laneum corpus (*Paul. fr.* 26, *eod.*).

doit cependant pas s'enrichir aux dépens d'autrui (v. *Cels. fr.* 32, *de reb. cred.* ; v. 503, § 2, *quib. alien.* ;§ 14 et 15, *de action.*).

§ XXVI.

362. 'Le texte précédent parle d'un habit fait par une personne avec la laine d'autrui. Cet habit reste au spéci-ficateur parce qu'il n'existe plus de laine, mais seulement une étoffe de laine (*laneum corpus; Paul. fr.* 26, *de adquir. rer. dom.*). Ici, au contraire, on suppose que la pourpre d'une personne a été appliquée sur l'habit d'autrui. Dans ce cas, l'habit, brodé ou non, reste le même. La pourpre, quoique plus précieuse, n'est qu'un ornement, un accessoire de l'habit, *accessionis vice cedit vestimento* (*text. hic*). Conséquemment, si cet habit, ou pour parler en termes généraux, si l'objet principal est possédé par tout autre que son maître, celui-ci peut incontestablement revendiquer sa chose dans l'état où elle se trouve. Il la revendiquera contre le propriétaire même de l'accessoire, sauf à payer la valeur de cet accessoire, pour n'être pas repoussé par l'exception de dol (*Paul. fr.* 23, § 2, 3 *et* 4, *de rei vind.*; v. 371).

363. Suit-il de là que l'accessoire et spécialement la pourpre dont il s'agit ici, n'appartienne plus à son premier maître? Justinien le fait croire en proclamant ici la maxime *extinctæ res*, et en refusant la revendication à celui qui *dominus fuit purpuræ;* mais il est évident que toute cette phrase, écrite par Gaius pour un cas tout différent, c'est-à-dire pour la spécification des matières qui ne reprendront jamais leur ancienne forme, cette phrase, dis-je, est transposée par Justinien, qui en la déplaçant en dénature le sens. La pourpre est si peu *res*

extincta qu'on pourra la revendiquer dès qu'elle ne sera plus adhérente à l'étoffe d'autrui, et que pour la faire détacher, son maître obtiendra une action spéciale, dite *ad exhibendum* (*Paul. fr.* 6; *Ulp. fr.* 7, § 1 et 2, *ad exhib.*).

Ainsi la pourpre, accessoire de l'habit, n'a pas changé de maître. L'accession, tant qu'elle subsiste, empêche, il est vrai, de revendiquer l'accesssoire, *ea* QUAMDIU COHÆRENT, *dominus vindicare non potest* (*Paul. d. fr.* 23, § 5, *de rei vind.*); mais cet obstacle temporaire étant levé par l'action *ad exhibendum*, la revendication reprend son empire, et sauf une exception (1) qui au besoin confirmerait le principe, la même règle s'étend à tous les cas d'accession (*Paul. d. fr.* 23, § 5).

§ XXVII et XXVIII.

364. Justinien s'occupe ici du mélange des choses appartenant à différents maîtres.

On suppose d'abord que le mélange a lieu par le consentement de tous les propriétaires (*consensu dominorum*, § 27; *voluntate vestra*, § 28); alors, comme chacun dispose librement de sa chose (§ 40, *h. t.*; *Constant. C.*

---

(1) Dans le cas de *ferruminatio*, suivant Paul (*d. fr.* 23, §5, *de rei vind.*), le maître de l'accessoire perd sa propriété, et ne recouvre pas lors même qu'il y a séparation, quia *ferruminatio facit confusionem* (v. 365; § 27, *h. t.*). Il paraît que la *ferruminatio* s'opère en coulant un métal quelconque sur un objet de même métal, par exemple sur une statue de fonte pour lui refaire un bras. Pomponius, modifiant la décision de Cassius, l'un des principaux Sabiniens, considère la *ferruminatio* comme une sorte de confusion ou même de spécification. Les Proculéiens, au contraire, voulaient que chaque portion de matière restât à son premier maître (*Pomp. d. fr.* 27, § 2).

21, *mandat.*), leur volonté règle les effets du mélange ;
et au lieu d'une propriété distincte appartenant à chacun
sur l'objet dont il se trouvait auparavant l'unique maître,
cette volonté leur attribue, comme chose commune
et indivise, le résultat total du mélange, *totum id corpus
quod ex confusione fit* (§ 27, *h. t.*). Ici, le concours des
volontés agit indépendamment de toute autre circonstance, aussi ne distingue-t-on pas si les choses mélangées
sont de même nature, ou si la combinaison de substances
diverses produit un objet nouveau (§ 27, *h. t.*). On n'examine même pas si les choses changent de substance : il en
est des grains comme des liqueurs, les uns et les autres
deviennent communs par la volonté des propriétaires ;
et cependant les grains mélangés conservent tous la même
nature, *singula grana in sua substantia durant* (§ 28,
h. t.).

Cette circonstance, indifférente lorsque le mélange se
fait d'un commun accord, devient décisive dans le cas
contraire. Le hasard ou le fait d'une seule personne ne
suffisent pas pour rendre communs les objets qui, malgré
le mélange, conservent leur substance. Ainsi chaque
grain de blé, comme chaque tête de bétail, continue
d'appartenir au même propriétaire (§ 28, *h. t.*).

365. Le mélange des choses liquides, que l'on nomme
confusion, laisse bien rarement distinguer la chose de
chacun. Aussi quoique les propriétaires n'y aient pas
consenti (§ 27 *in fin.*, *h. t.*), le résultat de la confusion
devient-il commun lorsque les substances sont dénatu-
rées. Autrement, chacune des choses qui resteraient distinctes et reconnaissables malgré leur confusion, continue
d'appartenir à son ancien maître ; *quia etsi confusa,*

manet tamen; dit Ulpien (*fr.*5 , § 1 , *de rei vind.; v.*
Callistr. fr. 12 , § 1 , *de adq. rer. dom.*).

366. Lorsqu'une chose appartient en commun à plusieurs
personnes, il existe entre elles une sorte de société, et par
suite des obligations mutuelles d'où résulte , pour chacun
des co-propriétaires, une action en partage dite *communi dividundo,* sur laquelle nous aurons occasion de revenir (v. § 3 , *de obl. quasi ex contr.;* § 5 , *de off. jud.*).
Au contraire, lorsque, malgré le mélange ou la confusion, chacun conserve ce qui lui appartenait, il n'a aucun partage à demander : il n'a que sa chose à reprendre,
en faisant reconnaître sa propriété. Ce principe reçoit ici
son application relativement au blé dont chaque grain
conserve sa substance. Si l'on suppose , avec notre texte,
que l'un des propriétaires détient la totalité du mélange,
l'autre exercera l'action *in rem* , c'est-à-dire la revendication, pour la mesure de blé qui lui appartient et qui se
trouve dans la masse mélangée (*pro modo frumenti,* etc.);
mais , en attribuant au demandeur la mesure qu'il avait
auparavant, le juge avantagerait celui des propriétaires
dont le blé est inférieur en qualité. Il faut donc avoir
égard non-seulement à la quantité, mais aussi à la qualité des grains; aussi le juge estimera-t-il *quale cujusque
frumentum fuerit,* en exerçant la faculté que lui donnent certaines actions, et entre autres la revendication ,
de déterminer équitablement un genre de satisfaction au
moyen duquel le défendeur évitera la condamnation qui
le menace. C'est à cette satisfaction que se réfère notre
texte, en disant que l'estimation des grains *arbitrio judicis continetur* (v. § 31, *de action.*).

§ XXIX.

367. Les bâtiments sont toujours une dépendance du

sol, *omne quod solo inædificatur, solo cedit;* ainsi la maison construite sur mon terrain ne peut appartenir qu'à moi, lors même qu'elle est construite, comme on le suppose ici, avec les matériaux d'autrui. Cependant, si la maison prise dans son ensemble appartient au propriétaire du sol, chacun des matériaux, considéré isolément, continue d'appartenir à son ancien propriétaire (*text. hic*). Celui-ci aurait donc le droit d'agir *ad exhibendum*, et de faire distraire sa chose pour la revendiquer ensuite, si l'on ne devait pas éviter au constructeur la perte souvent très-considérable qui résulterait de la démolition. Aussi la loi des Douze-Tables a-t-elle paralysé le droit du propriétaire des matériaux, en le plaçant à peu de chose près dans la nécessité de les aliéner pour le double de leur valeur. Dans ce but (1), la loi suspend (*tantisper*) l'action *ad exhibendum* et la revendication jusqu'au moment où l'édifice sera détruit *aliqua ex causa.*

368. Alors rien n'empêche l'exhibition et la revendi-

_____

(1) *Ne ædificia rescindi necesse sit* (*text. hic*), *ne quis eximere cogatur* (*Gaius*, *fr.* 7, § 10, *de adquir. dom*). On dénature le principe de la loi des Douze-Tables lorsqu'on invoque ici une considération tirée de *l'aspectus urbis, ne ruinis urbs deformetur,* considération étrangère aux décemvirs, mais admise beaucoup plus tard, sous Vespasien ou même sous Adrien, par un édit et par un sénatus-consulte confirmatif, qui ont défendu de spéculer sur la démolition de certains édifices, et d'enlever les marbres ou les colonnes qui les décorent (*Alex.* C. 2, *de æd. priv.*; v. *Marcian. fr.* 48, *de damn. inf.; Ulp. fr.* 41, § 1 *et* 9, *de legat.* 1°; *Cuj.* 5 *obs.* 26). La considération de *l'aspectus urbis* est aussi admise par le droit prétorien dans plusieurs circonstances étrangères au sujet qui nous occupe (V. *Julian. fr.* 7, *ne quid in loc. publ.; Ulp. fr.* 12, *eod.; fr.* 20, § 10, *de op. nov. nunciat.*).

La disposition de la loi des Douze-Tables, telle que la représente notre

cation des matériaux par le propriétaire, s'il n'a pas perdu ce titre en recevant l'indemnité que la loi des Douze-Tables l'autorise à exiger par l'action *de tigno juncto*, et qui est fixée, pour toute espèce de matériaux, au double de leur valeur.

L'action *de tigno juncto* se donne contre le constructeur, lors même qu'il est de bonne foi; dans le cas contraire, il serait considéré comme voleur, et soumis à l'action *furti* pour la double valeur des objets volés, indépendamment de l'action *ad exhibendum (Paul. fr.* 23, § 6, *de rei vind.*), qui toutefois n'aboutirait pas à une démolition forcée, mais à une condamnation pécuniaire que le constructeur subirait pour s'être mis sciemment, et conséquemment par dol, dans l'impossibilité d'exhiber (*quasi dolo fecerit quominus possideat (Ulp. fr.* 1, § 2, *de tign. junct.*).

§ XXX.

369. Après avoir parlé des constructions faites par le propriétaire du sol avec les matériaux d'autrui, Justinien suppose, en sens inverse, que je construis avec mes propres matériaux sur le fonds d'autrui. Ici, comme précédemment, l'édifice n'est qu'une dépendance du sol, *illius fit domus cujus et solum est;* mais il y a, quant aux matériaux, cette différence, qu'ils ont été employés par leur véritable maître, et le fait de la construction peut être

---

texte, tient à un motif plus général, qui s'applique aux campagnes comme aux villes. En effet, la loi, dans l'intérêt de l'agriculture, défend aussi la revendication des échalas placés dans la vigne d'autrui. (*Ulp. fr.* 1, *de tign. junct.*)

considéré comme une aliénation tacite des matériaux, du moins lorsque le constructeur les emploie de mauvaise foi, c'est-à-dire sur un terrain dont il sait n'être pas propriétaire. Aussi ne peut-il dans ce cas ni revendiquer, ni faire exhiber, même après la démolition de l'édifice (*text. hic; Gaius, fr.* 7, § 12, *de adquir. rer. dom.;* v. 373.).

370. On est moins sévère pour ceux qui ont construit de bonne foi sur un fonds dont ils se croyaient propriétaires ; et, comme on ne peut leur supposer l'intention d'aliéner leurs matériaux, on ne les empêche pas de revendiquer après la démolition de l'édifice (*Anton. C.* 2, *de rei vind.*). On a même cherché dans l'intérêt des constructeurs s'il existe une voie légale pour contraindre le propriétaire du sol, devenu propriétaire du bâtiment, à payer les frais de construction, et l'on s'est accordé (*certe illud constat*) sur un point, savoir, que le propriétaire du terrain, lorsqu'il revendiquera la maison (*petat domum suam esse*), pourra sans doute refuser de payer les matériaux et la main-d'œuvre (*pretium materiæ et mercedes fabrorum*); mais qu'alors sa demande peut être repoussée *per exceptionem doli mali.* Ceci nous oblige à devancer, par quelques explications, celles que nous donnerons plus loin sur les actions et sur les exceptions.

371. Le préteur, en donnant une action, pose au juge une question à examiner, et lui ordonne de condamner le défendeur si la question est résolue affirmativement ; par exemple, dans la revendication, si le demandeur est propriétaire de l'objet revendiqué. Souvent aussi le préteur subordonne la condamnation à l'examen d'une seconde question. Alors il y a exception, et spécialement exception de dol, s'il s'agit d'apprécier le dol imputé au demandeur. Dans ce cas, le juge ne pourra condamner

le défendeur qu'après avoir résolu contre lui deux ques-·
tions au lieu d'une, la question de propriété d'abord, et
ensuite la question de dol. Dans l'hypothèse, il y aurait
dol dans le fait du demandeur qui persisterait à revendiquer son terrain, et par suite le bâtiment qui s'y trouve,
sans payer les matériaux et la main-d'œuvre.

372. L'exception que l'on accorde ainsi au constructeur suppose nécessairement qu'il est en possession du
terrain (*in possessione constituto œdificatore*) ; car autrement il n'aurait pas même à repousser une revendication
qui n'a lieu que contre le détenteur. Le constructeur qui
ne possède plus ne peut donc pas recouvrer, par voie
d'exception, l'indemnité qui lui est due ; il faudrait la
demander par voie d'action. Ici la difficulté est de savoir
comment et par quelle action le constructeur agira contre un propriétaire qui ne s'est point obligé envers lui.
Or le constructeur n'a aucune action contre le propriétaire (*Julian. fr.* 33, *de condict. ind.*). L'exception de
dol sera donc le seul moyen d'obtenir une indemnité ;
mais, pour en profiter, il faut posséder (*Paul. fr.* 14, *de
dol. mal. et met. except.*) et avoir construit de bonne foi.

373. Notre texte considère la construction faite de
mauvaise foi comme une aliénation volontaire des matériaux, et conséquemment il refuse au constructeur le
droit de les revendiquer même après la démolition du
bâtiment (369). Pour justifier cette décision, il faut
supposer au constructeur l'intention tacite de gratifier le
propriétaire du terrain : mais cette intention ne se présume
pas. Aussi malgré la décision de notre texte a-t-on permis à tout constructeur de revendiquer, après la démolition, les matériaux qu'il a employés sur le fonds d'autrui, même de mauvaise foi (*Anton. C.* 2, *de rei vind.*).

On accorde aussi l'exception de dol au possesseur de mauvaise foi, contre la revendication du propriétaire, si ce dernier ne laisse pas enlever tout ce qui peut être retiré sans dégradation (*Ulp. fr.* 37, *de rei vind.*). Voyez un texte de Celsus qui consacre une modification très-équitable (*fr.* 38, *eod.*).

§ XXXI ET XXXII.

374. Ce qu'on a dit des constructions s'applique également aux arbres plantés (§ 31) et aux graines semées (§ 32) sur le terrain d'autrui (v. *Gaius,* 2 *inst.* 73, 74, 75 *et* 76), en observant cependant que la propriété ne change ici qu'au moment où la plante a pris racine (*ex eo tempore quo radices egerit,* § 31). On en donne cette raison qu'alors les sucs nourriciers, fournis à l'arbre par un autre sol, en font un arbre nouveau, qui, même après avoir été arraché, ne retourne point au précédent propriétaire (*Paul. fr.* 26, § 2, *de adq. rer. dom.*). Ainsi, l'arbre primitif n'existe plus; et le nouveau maître, acquérant un objet nouveau qui n'appartient à personne, l'acquiert indubitablement par occupation.

S'il est vrai qu'un arbre appartienne exclusivement au sol qui nourrit ses racines, la situation du tronc devient indifférente, et celui qui s'élève sur votre terrain, près de la limite (*prope confinium,* § 31), peut n'être pas à vous seul. Il ne vous appartiendra que pour partie si les racines, au lieu de rester toutes sur votre héritage, se portent aussi dans l'héritage voisin; enfin, si votre arbre introduit toutes ses racines, dans le fonds de Titius, ce n'est plus à vous mais à Titius qu'il appartient (§ 31, *in fin.*).

375. Précédemment (352), on a décidé que le terrain

déplacé par la violence des eaux ne change pas de maître.
Après avoir ainsi statué relativement à la terre, le texte
(§ 21, *h. t.*) s'est occupé des arbres qu'elle porte ; et, prévoyant que ceux-ci pourront à la longue introduire leurs
racines dans l'héritage du voisin, il déclare que ce dernier en deviendra par cela même propriétaire. En rap-
prochant cette décision de la précédente, la comparaison
des deux textes (§ 21 *et* 31, *h. t.*) suffit pour démontrer
leur parfaite similitude. L'un et l'autre s'occupe des arbres par opposition au terrain d'où s'élève le tronc,
et dont ils font partie; on prévoit le cas où celui
qui est en même temps propriétaire des arbres et du sol
perdra les premiers en conservant le second. En effet,
dans le § 31, le maître dont les arbres vont chercher
leur nourriture chez le voisin, ne perd pas sa terre: pareillement, au § 21, les arbres qui, dans le même cas et
par la même raison, sont acquis à un nouveau maître,
ne doivent pas entraîner la propriété du sol (1).

---

(1) Les interprètes décident en général que le terrain déplacé par le
fleuve est acquis au maître de la rive contre laquelle il a été poussé, à
compter du moment où les arbres portent leurs racines d'un héritage
dans l'autre. Alors il y a, dit-on, coalition, accession, et conséquemment mutation de propriété. Au texte formel des Institutes (§ 21 , *h. t.*)
on oppose celui du Digeste (*Gaius, fr.* 7 , § 2 , *de adq. rer. dom.*). Il
est impossible de ne pas voir que l'un est copié sur l'autre , sauf une différence de deux lettres qui substitue le singulier au pluriel , en sorte que
la mutation de propriété s'applique, dans les Institutes, aux arbres, et
dans le Digeste, au terrain même; évidemment l'un des textes doit être
rectifié par l'autre. Faut-il préférer celui du Digeste ? je ne puis me le
persuader , surtout lorsque je vois Théophile confirmer la leçon des Institutes, et Gaius lui-même (2 *inst.* 71) statuer sur la propriété du terrain
par une décision absolue et indépendante de tout événement postérieur.
On oppose aussi un texte d'Ulpien (*fr.* 9 , § 2 , *de damn. infect.*), qui,
à la vérité, nous montre un terrain incorporé à un autre, et par cela

376. Justinien, d'après Gaius (2 *inst.* 74; *fr.* 7, S. 13, *de adq. rer. dom.*), fait dépendre les arbres du terrain qui nourrit leurs racines, quoique ce principe ne fût pas universellement admis; suivant Pomponius (*fr.* 6, S. 2, *arbor. furt. cæsar.*), au contraire, les arbres appartiennent au terrain d'où sort le tronc (v. *Paul. fr.* 83, *pro soc.*).

§ XXXIII ET XXXIV.

377. L'écriture et la peinture ne changent point la substance qui les reçoit. En continuant d'appliquer ici les mêmes principes, on déciderait donc que le maître de cette substance peut toujours revendiquer son papier ou son parchemin, sa toile ou sa planche, et par suite obtenir le manuscrit ou le tableau. Cette conséquence n'a jamais été contestée relativement à l'écriture (§ 33, *h. t.*; v. *Gaius*, 2 *inst.* 77); mais les opinions ont été partagées à l'égard des tableaux. Justinien préfère ici l'avis de Gaius (2 *inst.* 78; v. *fr.* 9, § 2, *de adq. rer. dom.*) à celui de Paul (*fr.* 23, § 3, *de rei vind.*). Ainsi le tableau, peint sur la toile d'autrui, appartient toujours au peintre. Quant aux raisons que donne ici Justinien, elles ne sont

---

même acquis au maître de ce dernier, mais dans une hypothèse toute différente. Il s'agit en effet d'une couche de terre qui, sur un sol incliné, se détache, glisse, et vient couvrir l'héritage inférieur. Je conçois qu'en pareil cas le propriétaire de la couche inférieure devienne propriétaire de la couche superposée, lorsqu'elle se mêle et se confond avec la première (*coaluerit, unitatem fecerit*; d. *fr.* 9, § 2). Dans notre texte, au contraire (§ 21, *h. t.*), le fleuve n'établit qu'un voisinage, et je ne vois pas comment deux terres voisines se confondraient de manière à n'en plus faire qu'une (v. *Thémis*, t. 6, p. 143).

point de Gaius; ce jurisconsulte (2 *inst.* 78) semble
même désapprouver la décision qu'il rapporte.

378. Puisque le tableau appartient au peintre, celui-
ci peut le revendiquer, même entre les mains du propriétaire de la toile, sauf le prix de cette dernière qu'il faudra
payer pour n'être pas repoussé par l'exception de dol
(*text. hic*; § 30, 32 *et* 33, *h. t.*; v. 371). Mais si le peintre est en possession , comment le propriétaire de la toile
sera-t-il indemnisé ? Il aura une action utile (*utilis
actio*) contre le peintre , sauf l'exception de dol que ce
dernier opposera si on ne lui paie pas la peinture (*im-
pensam picturæ*) ; et cette décision qui semble contredire la précédente est présentée ici comme une conséquence de la propriété qu'on attribue au peintre (*con-
sequens est*, *etc.*). Remarquez, en effet, que le propriétaire du tableau obtient la revendication directe (*rectam
vindicationem* ; *Gaius fr.* 9, § 2, *de adquir. rer. dom.*),
et le maître de la toile, une action utile (*utilis actio*),
c'est-à-dire une de ces actions que différentes considérations d'équité font quelquefois accorder par extension
en dehors et au-delà du cercle fixé pour leur application
primitive. Si donc la revendication directe appartient au
peintre parce qu'il est propriétaire, la revendication accordée à tout autre et notamment au maître de la toile,
quoiqu'il ne soit pas propriétaire du tableau , ne peut
être qu'une revendication utile.

379. Lorsque ce dernier possède le tableau, il est forcé
de le restituer au peintre qui le revendique en payant la
toile : dans ce cas, nulle difficulté, parce que l'exception
de dol suffit au détenteur pour obtenir son indemnité.
Mais ici, comme précédemment (372), la difficulté est
de pourvoir à l'indemnité de celui qui n'est plus ni pro-

priétaire ni possesseur. A cet égard, le maître de la toile
a cet avantage, que sa chose subsiste toujours sous la
peinture qui la couvre, et l'on profite de cette circonstance pour lui accorder une action réelle. On lui permet de revendiquer, par action utile, non pas précisément le tableau, mais la toile, et alors pour n'avoir pas
à craindre l'exception de dol, il doit offrir la valeur de
la peinture. Cependant si le peintre veut payer la toile,
il doit obtenir la préférence ; car l'action utile n'est ici
qu'un moyen indirect pour indemniser celui qui ne possède plus, et, si l'artiste peut revendiquer le tableau en
payant la toile, il peut, à plus forte raison, le conserver
aux mêmes conditions, le juge profitant dans ce but de
la faculté que les actions arbitraires et entr'autres la
revendication lui accordent de déterminer *ex bono et
æquo* (§ 31, *de action.*) quelle satisfaction le défendeur
devra donner à son adversaire (v. 366.).

On suppose ici que le peintre a travaillé de bonne foi
sur la chose d'autrui ; car autrement sa mauvaise foi entraînerait contre lui toutes les conséquences du vol (*text.
hic in fin.*).

§ XXXV.

380. En continuant à s'occuper de la revendication,
Justinien arrive aux conséquences que cette action produit, selon qu'elle est dirigée contre un possesseur de bonne
ou de mauvaise foi. Outre les distinctions déjà établies
relativement aux constructions, plantations, semences,
etc., il existe encore des différences très-importantes relativement aux fruits.

Les fruits et en général tous les produits d'une chose
appartiennent au même maître de l'objet dont ils font

I.   17

partie intégrante jusqu'au moment où ils en seront séparés, et commenceront à former un objet distinct. Aussi,
quiconque revendique un fonds, revendique par cela
même les fruits pendants, c'est-à-dire ceux qui tiennent
encore au sol ou aux arbres (*Gaius, fr.* 44, *de rei vind.*).
A leur égard, il ne peut exister aucune difficulté ; c'est
donc uniquement pour les fruits déjà perçus que l'on distingue entre le possesseur de bonne ou de mauvaise foi.

381. Notre texte accorde au premier, non les produits,
mais les fruits (v. 387) dans la proportion, et comme indemnité ou récompense de sa culture et de ses soins (*pro
cultura et cura*) ; ce qui paraît se référer à une distinction ancienne entre les fruits que la nature produit spontanément et ceux que fait naître la culture (v. *Pomp.
fr.* 45, *de usur.*). Ces derniers sont les seuls que plusieurs
jurisconsultes accordaient au possesseur de bonne foi,
mais l'opinion contraire a prévalu. Elle place le possesseur de bonne foi sur la même ligne à peu près que le
propriétaire, en ce qui concerne les fruits, et en conséquence les lui attribue tous sans distinction (*Paul. fr.*
48, *de adquir. rer. dom.*). Il en devient propriétaire par
la perception qu'il en fait (*quos percepit, text. hic*), ou,
pour parler plus exactement, par cela seul qu'ils ne
tiennent plus au sol, de quelque manière, et par quelque
personne qu'ils en soient séparés (*Paul. fr.* 78, *de rei
vind.; d. fr.* 48, *de adq. rer. dom.*). Effectivement on ne
considère ici ni le soin ni la semence qui ont fait naître
les fruits, mais le fonds d'où ils sortent et dont ils se détachent ; parce qu'à leur égard, le possesseur qui croit
avoir, mais qui n'a pas réellement la propriété du fonds,
exerce, comme on l'a déjà dit, presque tous les droits du
véritable maître, jusqu'au moment où celui-ci se présente

(*Julian. d. fr.* 25, *pr. et* § 1, *de usur.; Paul. d. fr.* 48).

Alors que revendiquera-t-il ? le terrain , et avec le terrain les fruits pendants, c'est-à-dire adhérents au sol dont ils font encore partie (*Gaius, fr.* 44, *de rei vind.*). Quant aux fruits perçus, le possesseur de bonne foi doit-il les restituer ? On n'a rien à réclamer pour ceux qu'il a consommés (*de fructibus ab eo consumptis*) ; en effet, ils n'existent plus, et d'après un principe déjà expliqué (361), on ne peut pas les revendiquer. Réciproquement aussi, le possesseur rendra les fruits qui existent encore (*Diocl. et Max.* C. 22, *de rei vind.*) ; car, s'il est propriétaire des fruits perçus, ce n'est que provisoirement (*interim; Paul. d. fr.* 48, *de adq. rer. dom.*).

382. Les possesseurs de bonne foi sont ceux qui tiennent la chose d'une personne qu'ils croyaient propriétaire, lorsqu'ils l'ont reçue non comme fermiers ou comme dépositaires, mais comme acheteurs, comme donataires ou à tout autre titre, qui, en motivant la tradition, indiquerait en elle un but translatif de propriété. C'est là ce que notre texte appelle recevoir *ex justa causa* (v. 390). En assimilant le cas de vente et de donation, il exclut toute différence entre ceux qui possèdent à titre lucratif, ou à titre onéreux. Ils acquièrent également tous les fruits perçus, pourvu cependant que la bonne foi subsiste à l'époque de la perception (1).

Lorsque cette bonne foi n'a jamais existé, et dans le

---

(1) *Paul. d. fr.* 48, § 1, *eod.* Cependant la cessation de la bonne foi n'interrompt pas l'usucapion du fonds, et par conséquent le possesseur peut devenir propriétaire, si on ne l'évince pas avant le temps prescrit. Dans ce cas il ne rend ni le fonds ni les fruits perçus, soit avant, soit après la cessation de sa bonne foi. (V. *Julian. fr.* 25, § 2 *de usur.*).

cas contraire, à partir du moment où elle a cessé, ce qui arrive au plus tard à l'instant où le propriétaire obtient l'action en revendication (*Diocl. et Max.* C. 22, *de rei vind.*), le possesseur doit compte de tous les fruits perçus, et même de ceux qui, n'ayant pas été perçus par lui, auraient pu l'être par le propriétaire (*Papin. fr.* 62, § 1; *Paul. fr.* 53, *eod.*; v. § 2, *de off. jud.*). A cet effet, le maître du fonds agira par action en revendication, tant pour le fonds que pour les fruits perçus et encore existants, et par condiction pour les fruits consommés (361; *Diocl. et Max.* C. 16, *de præd. et al. reb.*; C. 3, *de cond. ex leg.*; *Gordian.* C. 4, *de crim. expil. hered.*; v. *Paul. fr.* 4, § 2, *fin. reg.*; *fr.* 15, *de usur.*).

§ XXXVI.

383. Outre le possesseur de bonne foi qui se croit propriétaire, d'autres personnes acquièrent aussi les fruits qu'elles perçoivent sur le fonds d'autrui. Tels sont l'usufruitier et le colon.

Les fruits, tant qu'ils tiennent au sol, sont une dépendance du sol et appartiennent nécessairement au même propriétaire; pour les acquérir séparément, il faut donc les détacher. Mais ici une séparation quelconque des fruits ne suffit pas à l'usufruitier; il n'en devient propriétaire que lorsqu'ils ont été perçus, c'est-à-dire récoltés par lui-même (*non aliter.... quam si ipse perceperit*), ou en son nom. Les fruits tombés, ceux qu'un voleur enlève n'appartiennent point par cela seul à l'usufruitier, qui sous ce rapport a moins d'avantages que le possesseur de bonne foi (*Julian. fr.* 25, § 1, *de usur.*; *Ulp. fr.* 12, § 5, *de usufr.*; *Paul. fr.* 13, *quib. mod. us. amit.*). La

différence entr'eux vient précisément de ce que l'usufruitier, éloigné par son titre même de toute prétention à la
propriété, détient le fonds sans le posséder (519); or,
d'après le droit des gens, c'est la possession qui conduit
à la propriété (340). Pour acquérir les fruits, il faut donc
que l'usufruitier commence par en prendre possession,
en les percevant ou les faisant percevoir.

384. Si l'usufruitier acquiert les fruits moins facilement que le possesseur de bonne foi, il a du moins l'avantage de les acquérir pour toujours sans être jamais tenu
d'en restituer aucun, lorsque finit l'usufruit; en effet, les
fruits lui profitent en vertu de la jouissance qui lui est
propre, et à laquelle le propriétaire n'a aucun droit.

L'usufruit ne se transmet pas héréditairement. Par
conséquent, si l'usufruitier meurt avant ou pendant
la récolte, les fruits qu'il n'a point perçus de son vivant,
ne peuvent, même lorsqu'ils seraient mûrs (*licet maturis
fructibus*), appartenir à ses héritiers. Ils sont acquis ou
plutôt ils restent au propriétaire du fonds (*text. hic;
Paul. fr.* 13, *quib. mod. usufr.*).

385. Ce qu'on dit de l'usufruitier s'applique, du moins
en grande partie (*eadem fere*), au colon ou fermier qui
récolte *voluntate domini* (*Afric. fr.* 61, § 8, *de furt.*).
Il ne possède pas plus que l'usufruiter; mais il acquiert,
comme l'usufruitier, les fruits qu'il a perçus ou fait percevoir (*Javol. fr.* 60, § 5, *locat. conduct.*). Toutefois il y a
entr'eux cette différence que la mort du fermier n'éteignant pas son droit, n'empêche pas ses héritiers de ré-
colter en son lieu et place (v. 1099; § 6, *de locat.; Gordian. C.* 10, *eod.*).

§ XXXVII et XXXVIII.

386. On a parlé jusqu'ici des fruits que donne la terre;
les bestiaux donnent aussi leurs fruits : lorsqu'on a trait
les vaches, lorsqu'on a tondu les brebis ou les chèvres,
le lait, la laine, le poil sont acquis, d'après les règles et
distinctions précédentes, au possesseur de bonne foi, à
l'usufruitier et au colon. Il en est de même pour les
agneaux qui naissent, et en général pour toute espèce de
croît, comme les chevreaux, les veaux, les poulains, etc.
(*text. hic*; *Paul. fr.* 4, § 19, *de usurp.*; *Gaius. fr.* 28,
de usur.).

387. Par opposition au croît des animaux, l'enfant
dont une esclave accouche, n'est pas considéré comme
un fruit, et appartient toujours au maître de la mère
(*text. hic*; *Gaius*, *d. fr.* 28, § 1).

La distinction que l'on établit ici entre le part d'une
esclave (*partus ancillæ*) et le croît des animaux serait
superflue, si le propriétaire avait la possession et la
pleine propriété de sa chose : dans ce cas, il en recueille
lui-même et en acquiert incontestablement tous les produits. Mais lorsqu'un étranger a l'usufruit ou la possession, alors parmi les produits, qui en général appartiennent au propriétaire, on distingue sous le nom de fruits,
ceux que l'on tire d'une chose par l'emploi auquel cette
chose est destinée (v. *Vinnius*, *hic*). Ainsi le croît des
animaux est un fruit, parce qu'on les entretient pour
accroître et multiplier son bétail; nos esclaves, au
contraire, sont destinées à travailler plutôt qu'à produire d'autres esclaves; *non temere ancillæ ejus rei causa*

comparantur ut pariant (1), les fruits d'une esclave consistent donc, non pas dans les enfants qu'elle met au monde, mais dans les profits que l'on peut tirer de son travail (*Gaius, fr.* 3 *et* 4, *de oper. serv.*).

Nous donnerons plus loin (419), sur le titre *de usufructu*, l'explication du § 38. Voyons maintenant comment se transmet la propriété.

§ XL.

388. La propriété s'établit primitivement par la possession des choses qui n'appartiennent encore à personne (340). Quant aux objets dont un autre est déjà propriétaire, nous ne pouvons les acquérir sans qu'ils cessent d'appartenir à leur premier maître, et alors il y a translation de propriété, c'est-à-dire acquisition d'une part, et aliénation de l'autre, aliénation qui dans le droit des gens suppose nécessairement le consentement du propriétaire (*text. hic.*; *Gaius fr.* 9, § 3, *de adquir. rer. dom.*; v. *Pomp. fr.* 11, *de reg. jur.*).

Ainsi pour que la propriété nous soit transférée, il faut recevoir la possession par le fait du propriétaire même, ou la prendre avec son consentement. Alors la

---

(1) *Ulp. fr.* 27, *de her. pet.* Suivant Gaius (*text. hic*; *fr.* 28, § 1, *de usur.*), il serait absurde que l'homme à qui la nature destine tous les fruits, fût lui-même au nombre des fruits ; et cependant Gaius lui-même(*fr.* 2, § 2, *ad leg. aquil.*) ne fait aucune difficulté d'assimiler les esclaves aux bestiaux. Remarquons d'ailleurs que l'enfant est toujours esclave comme sa mère ; la question est uniquement de savoir s'il aura pour maître l'usufruitier ou le nu-propriétaire. L'enfant, et par conséquent la dignité de l'espèce humaine, sont donc parfaitement désintéressés.

propriété nous est acquise *per traditionem* (*text. hic*);
car la tradition n'est rien autre chose qu'une remise de
la possession (*Pothier*, 21 *pand.* 1, n° 40); et pourvu que
l'acquéreur possède avec le consentement de celui à qui
la chose appartenait, il possède toujours régulièrement (1).

389. La possession n'est acquise à celui qui détient
que lorsqu'il détient avec intention (*corpore et animo*;
Paul. fr. 3, § 1, *de adq. vel amitt. poss.*). Celui qui reçoit la tradition, devra donc posséder comme propriétaire; sa volonté ne sera pas moins indispensable pour
acquérir, que la volonté de l'autre partie pour aliéner.
Sans leur consentement point de translation (*Javol.
fr.* 55, *de oblig. et act.*); mais du reste, quand les
parties sont d'accord sur la translation même, et sur son
objet, on ne s'arrête pas à la dissidence qui existerait
entre elles *circa causam dandi atque recipiendi* (2).

390. Si la cause de la tradition, c'est-à-dire le but que
les parties se sont proposé, l'une en livrant et l'autre en

---

(1) *Secundum auctoris consensum possessionem ingressus recte
possidet* (*Diocl. et Max.* C. 12, *de contrah. empt.*) : un ancien
possesseur qui a toujours agi comme propriétaire, le devient effectivement par cela seul qu'il possède avec le consentement du précédent
propriétaire; *si sciente venditore in possessione fuisti* (*Alex.* C. 2,
de adquir. poss.).

(2) Par exemple, lorsque je me crois obligé par testament à livrer une
chose dont le prétendu légataire croit être créancier par suite d'une stipulation; ou si je remets à Titius une somme dont je veux lui faire donation, tandis qu'il entend ne recevoir qu'un prêt. CONSTAT PROPRIE-
TATEM TRANSIRE (*Julian. fr.* 36, *de adq. rer. dom.*; *Paul. fr.* 3,
§ 1, *de obl. et act.*), quoiqu'il n'y ait dans ce cas ni donation ni prêt.
Voyez cependant *Ulp. fr.* 18, *de reb. cred.*

recevant une chose corporelle (1), est inutile à examiner, lorsque l'intention de transférer la propriété est constante, il n'est jamais indifférent de savoir si cette intention a véritablement existé, et le doute à cet égard s'explique, non par le simple fait de la tradition (*nuda traditio; Paul. fr.* 31, *de adq. rer. dom.*), mais par les circonstances qui l'ont précédé ou accompagné, et qui par cela même en indiquent le but. En effet, on livre souvent une chose sans aucune intention d'aliéner, mais seulement pour la mettre en gage ou en dépôt, ou pour la prêter à un ami. Dans ces différents cas et autres semblables, la tradition ne transfère pas la propriété; mais, lorsqu'elle est faite *ex causa donationis,* c'est-à-dire pour conférer une libéralité, il devient évident que le donateur a voulu transférer la propriété. Il en est de même pour la tradition faite *ex causa dotis (text. hic; pr., quib. alien.*), et dans tout autre cas, *qualibet alia ex causa,* indiquant également la volonté d'aliéner. Alors, et par opposition au cas de gage, de dépôt ou de commodat, on dit qu'il y a juste titre, *aliqua justa causa,* suivant l'expression de Paul (*d. fr.* 31), qui donne pour exemple la tradition faite à l'occasion et par suite d'une vente.

---

(1) Ce qu'on dit ici de la tradition s'applique exclusivement aux choses corporelles, mais aussi à toute chose corporelle *cujuscumque generis sit* (*text. hic*). Nous reviendrons plus loin (**454** *et suiv.*) sur cette proposition et sur la distinction des fonds stipendiaires et tributaires dont parle notre texte. Quant aux choses incorporelles dont nous parlerons bientôt (**404**), on ne les possède pas (*Paul. fr.* 4, § 27, *de usurp.*), et conséquemment on ne les acquiert point par tradition (*Gaius, fr.* 43, § 1, *de adquir. rer. dom.*).

§ XLI.

391. Cependant la vente et la donation n'ont pas précisément le même objet. Le donateur qui livre sa chose ne peut avoir d'autre but que d'en transférer la propriété; le vendeur, au contraire, livre pour toucher un prix; l'aliénation de sa chose n'est pas pour lui un but, mais un moyen. Aussi, malgré la tradition, l'acheteur ne devient-il propriétaire qu'en donnant satisfaction au vendeur, soit par le paiement du prix (*si pretium solverit*), soit par l'accomplissement de toute autre condition dont celui-ci se contenterait (1) ; et, comme tout dépend du vendeur, il peut aussi, lorsque telle est sa volonté, aliéner immédiatement, sans autre garantie que sa foi dans la solvabilité de l'acheteur; c'est là ce qu'on appelle *fidem emptoris sequi* (*text. hic; Pomp. fr.* 19, *eod.; Diocl. et Max. C.* 9, *si quis alt. vel sibi*). Du reste, cette volonté de transférer ainsi la propriété ne se présume pas.

§ XLII ET XLIII.

392. Le propriétaire qui livre lui-même sa chose aliène par son propre fait, *a domino tradita alienatur* (§ 40). Mais le fait personnel du propriétaire importe

---

(1) *Vel alio modo ei satisfecerit*, par exemple si le vendeur accepte un gage, un fidéjusseur ou un EXPROMISSOR (*pignore aut expromissore dato, text. hic;* v. *Gaïus, fr.* 53, *de contrah. empt.*). L'EXPROMISSOR s'oblige pour le débiteur, c'est-à-dire ici pour l'acheteur, en prenant sa place, et alors l'obligation de ce dernier se trouve éteinte par novation. Le fidéjusseur, au contraire, s'oblige pour le débiteur en s'adjoignant à lui et par conséquent sans le libérer (v. *liv.* 3, *tit.* 20).

bien moins que sa volonté : il est donc indifférent que la chose soit livrée par lui ou par tout autre, agissant avec son consentement (§ 42, *h. t.; Gaius, fr.* 9, § 4, *de adq. rer. dom.*).

La volonté du propriétaire aliène encore par le fait d'autrui, lorsqu'une personne, à laquelle il a donné la libre administration de tous ses biens (*libera universorum negotiorum administratio*), livre un des objets (*ex his negotiis*) confiés à son administration (1).

393. Jusqu'ici nous avons considéré le propriétaire comme pouvant toujours disposer de sa chose, et comme étant seul capable d'en disposer. Effectivement, le droit d'aliéner est une conséquence naturelle du droit de propriété (§ 40, *h. t.*); d'un autre côté, nul ne pouvant transférer les droits qu'il n'a pas lui-même, la tradition ne transmet d'autre propriété que celle appartenant aux personnes par le consentement de qui la chose

---

(1) § **43**, *h. t.* Modestinus, au contraire, ne croit pas que le pouvoir d'aliéner soit compris dans l'administration générale des biens (*fr.* 63, *de adq. rer. dom.*); il exige un mandat spécial du propriétaire pour toute aliénation, excepté celle des fruits ou autres objets susceptibles de se corrompre (v. *Diocl. et Max.* C. 16, *eod.*). On a distingué parmi les mandataires généraux, ceux qui ont une administration libre (*libera administratio; text. hic; Gaius, fr.* 9, § 4, *de adq. rer. dom.*; v. *Paul. fr.* 58, *de procur.*), et c'est dans ce cas seulement, suivant plusieurs auteurs, que le mandataire général peut aliéner (*Pothier*, 3 *pand.* 3, *n°* 3 *et* 8; *Mandat*, *ch.* 5, *art.* 2). D'autres combattent cette distinction, et pensent que le pouvoir d'administrer contient le pouvoir d'aliéner, lorsque les circonstances ou la nature des affaires l'exigent (*Vinnius*, § 1, *h. t.; select. quæst. lib.* 1, *cap.* 9), et c'est à ce seul cas de nécessité qu'ils restreignent l'application de notre texte. Quoi qu'il en soit, un administrateur ne doit pas en général aliéner gratuitement (v. *Ulp. fr.* 7, *pr. et* § 1, *de donat.*); aussi notre texte suppose-t-il une tradition faite à titre de vente (*vendiderit et tradiderit*).

est livrée (*Ulp. fr.* 54, *de reg. jur.*; *fr.* 20, *pr. et* § 1, *de adq. rer. dom.*; *Diocl. et Max.* C. 14, *de donat.*). Malgré cette règle générale, nous verrons plusieurs cas particuliers où le propriétaire ne peut pas aliéner sa chose, et d'autres, en sens inverse, où certaines personnes aliènent ce qui ne leur appartient pas (v. titre 8, *quib. alien. lic.*); tout ce qu'on a dit du propriétaire et de son consentement, s'applique donc au propriétaire capable d'aliéner.

§ XLIV.

394. On suppose ici qu'une personne vous a loué et prêté sa chose, ou l'a mise en dépôt chez vous. Dans ces différents cas, ainsi qu'on l'a déjà dit (396), vous n'avez pas acquis la propriété; mais, pendant que la chose se trouve encore entre vos mains, le propriétaire consent à vous en faire vente ou donation, et alors sa simple volonté (*nuda volontas*) suffit pour aliéner sans tradition (*sine traditione*). Cependant, d'après un principe célèbre, ce ne sont point les conventions, ce sont les traditions qui transfèrent la propriété (*Diocl. et Ma.* C. 20, *de pact.*): mais, si la tradition est nécessaire, c'est uniquement pour donner la possession, et il serait superflu, pour n'en pas dire davantage, de vous livrer une chose que vous avez entre les mains; il ne vous manque alors que la volonté du propriétaire. Remarquez toutefois que l'aliénation, dans ce cas, ne résulte directement ni des obligations qu'il s'est imposées, ni du consentement qui les a formées, mais bien d'un consentement spécial à ce que la chose vendue ou donnée soit désormais votre propriété, *eo ipso quod patitur tuam esse* (*text. hic*; v. *Javol. fr.* 55, *de oblig. et act.*). A compter de

ce moment, si vous devenez propriétaire sans tradition, ce n'est pas du moins sans possession, car vous possédez *ex causa emptionis* (*Gaius, fr.* 9, § 5, *de adq. rer. dom.*; *Pomp. fr.* 21, § 1, *eod.*).

395. Pareillement, lorsque le vendeur ou donateur conserve la chose, non plus comme propriétaire, mais comme locataire ou comme usufruitier, conformément aux conventions qu'il a faites avec l'acheteur ou le donataire, évidemment il considère la propriété comme déjà transférée; car nul ne peut être ni locataire ni usufruitier de sa propre chose (*pr. et* § 4, *de usuf.*; *Ulp. fr.* 45, *de reg. jur.*). Dans ce cas, l'acheteur ou le donataire devient propriétaire (*Ulp. fr.* 77, *de rei vind.*; *Honor. et Theod. fr.* 28, *de don.*), bien qu'il n'ait pas reçu la chose, parce qu'il la possède, soit par l'usufruitier, soit par le locataire, qui détiennent pour lui et en son nom (*Ulp. d. fr.* 77; v. § 5, *de interd.*). Nous verrons, en effet, que l'on peut acquérir la possession par le fait d'autrui, et arriver par cette possession à la propriété même (§ 5, *per quas pers. nob. adq.*).

§ XLV.

396. Lorsqu'on veut aliéner les marchandises déposées dans un magasin, il n'est pas nécessaire que chacune d'elles passe précisément de la main du vendeur dans celle de l'acheteur : il suffit de remettre à ce dernier les clés du magasin, pour lui transférer en même temps la possession et la propriété des marchandises (*text. hic*; *Gaius, fr.* 9, § 6, *de adq. rer. dom.*); car quiconque tiendra les clés du contenant aura le contenu en sa puissance. En effet, nous possédons tout ce qui est remis et

abandonné à notre disposition, tout ce qui est sous notre garde, soit que la chose nous ait été livrée dans la main, soit que nous la tenions sous clé, sous la surveillance d'un gardien ou même sous nos yeux (*Paul. fr.* 1, § 21; *Javol. fr.* 51, *de adq. vel amitt. poss.*; v. *Cels. fr.* 18, § 2, *eod.*).

Dans ces différents cas et autres semblables, la propriété transférée sans tradition ne l'est jamais sans une possession véritable ; car la tradition n'est qu'un moyen de transférer la possession, moyen qui peut être suppléé par d'autres. Partout où la possession existe, il est donc inutile de recourir à des suppositions gratuites, d'imaginer qu'à défaut de tradition réelle il existe ici une tradition fictive, en ce sens que la remise des clés serait une tradition symbolique (1) des marchandises contenues dans le magasin. Ce prétendu symbole, s'il était considéré comme tel, serait partout le même, et il importerait peu de savoir en quel lieu s'en fait la remise; mais au contraire, si la clé n'est qu'un instrument né-

---

(1) La tradition symbolique n'existe que dans l'imagination des commentateurs. Nous parlerons ailleurs (v. § 1 *et* 2, *per quas pers. nob. oblig.*) de la tradition dite de brève-main, fiction réellement admise par les jurisconsultes romains (v. *Ulp. fr.* 43, § 1, *de jur. dot.*), mais abusivement étendue par les commentateurs hors de sa véritable application, notamment pour expliquer le paragraphe précédent. Quant à la tradition de longue main, elle n'a rien de fictif, c'est une tradition très réelle dont voici un exemple. Un débiteur vient chez moi payer la somme qu'il me doit, et, par mon ordre, la dépose *in conspectu meo*. La possession n'étant corporellement détenue par personne, m'est acquise et en quelque sorte livrée *manu longa* (*Javol. fr.* 79, *de solut.*), c'est-à-dire par les yeux. Effectivement, les anciens rapportant tous les sens au toucher, considéraient comme une longue main l'organe de la vue qui saisit les objets plus loin que tout autre sens.

cessaire pour ouvrir et fermer les portes, et conséquemment pour avoir les choses à notre disposition et en notre pouvoir, alors, pour qu'elle puisse servir, il faut l'avoir à proximité du magasin. Aussi la possession et la pro-propriété des marchandises ne sont-elles transférées par la remise des clés qu'autant que cette remise se fait sur les lieux mêmes et devant la porte que la clé doit ouvrir, *apud horrea* (*Pap. fr.* 74, *de contrah. empt.*).

§ XLVI.

397. Chacun étant libre d'aliéner ou de ne point aliéner sa chose, est également libre de la transférer à telle personne plutôt qu'à telle autre ; et lorsqu'on veut transférer à une personne déterminée, la tradition faite dans ce but ne profite à aucune autre personne (v. *Julian. fr.* 37, § 6, *de adq. rer. dom.*). Autrement, si la volonté du propriétaire se porte sur une personne incertaine, comme on le voit dans notre texte, la propriété est acquise au premier occupant, parce que telle est la volonté du distributeur (*text. hic* ; *Gaius fr.* 9, § 7, *eod.*).

§ XLVII.

398. Celui qui délaisse la possession de sa chose avec intention d'en abdiquer la propriété, cesse en effet d'être propriétaire. Proculus exigeait même que la possession eût été prise par un autre. Jusque-là, en effet, la chose abandonnée n'a point de nouveau maître ; mais cela n'empêche pas que l'ancien propriétaire n'ait cessé de l'être à l'instant même de l'abandon (*text. hic in fin.* ; *Paul. fr.* 2, § 1, *pro derel.*).

Ainsi, l'objet abandonné (*pro derelicto habitam*) n'ap-

partient à personne jusqu'au moment où quelqu'un s'en
saisit, et dans ce cas, c'est par simple occupation que
ce dernier me semble acquérir la propriété, quoique
les textes (*text. hic*; *Pomp. fr.* 5, § 1, *eod.*) assimilent ce
cas au précédent, et considèrent l'abandon comme une
tradition faite à une personne indéterminée; comme si
le délaissant s'occupait de ce que deviendra la chose, et
de l'acquisition que tout autre en pourra faire (v. *Gaius*,
fr. 5, *quæ in fraud. cred.*).

§ XLVIII.

399. Quoi qu'il en soit, l'abandon dont on vient de
parler suppose toujours une abdication volontaire de la
propriété (§ 47, *h. t.*), et cette volonté motive suffisamment l'acquisition du premier occupant. Les objets éga-
rés ou perdus ne sont pas dans le même cas. Aussi con-
tinuent-ils d'appartenir au même propriétaire. Les conséquences que notre texte déduit de ce principe n'ont
besoin d'aucune explication (v. *Gaius*, *fr.* 9, § 8, *de
adq. rer. dom.*; *Ulp. fr.* 43, § 4, *de furt.*; *Julian. fr.* 7,
pro derel.; *Javol. fr.* 21, § 1 et 2, *de adq. vel amitt.
poss.*).

§ XIL.

400. Le même principe s'applique aux valeurs qui se
trouvent dans la terre ou dans un bâtiment; car en quittant une maison, l'on y oublie souvent des choses dont
on ne cesse point d'être propriétaire. Il en faut dire autant, à plus forte raison, de celles qu'on enterre pour les
mieux conserver. Nul ne s'en emparerait sciemment sans
commettre un vol (*Scæv. fr.* 67, *de rei vind.*).

Cependant, lorsqu'il n'existe plus aucun souvenir du
fait, lorsque la trace d'une propriété tout-à-fait ignorée
s'est effacée, alors, mais seulement alors, on considère les
choses qui étaient ainsi cachées comme un trésor dont la
découverte est une véritable occupation (*Paul. fr.* 31,
§ 1, *de adq. rer. dom.*).

401. L'inventeur jouit pleinement du droit d'occupation sur les trésors qu'il trouve dant son propre fonds,
et dans un lieu sacré ou religieux (*text. hic*). En le décidant ainsi, d'après Adrien, Justinein semble préférer
la constitution de ce prince à celle de Marc-Aurèle et
de Lucius Verus, qui, dans ce même cas, ont attribué
au fisc la moitié du trésor (*Callistr. fr.* 3, § 10, *de jur.
fisc.*).

Si les règles de l'occupation s'appliquaient exactement
au trésor, il appartiendrait tout entier à l'inventeur,
lors même qu'il serait découvert dans le fonds d'autrui
(v. § 12 *et* 14, *h. t.*); mais le trésor n'est pas précisément
chose *nullius*, et l'on a jugé convenable d'en accorder
la moitié au propriétaire dont le fonds a si utilement conservé et caché le trésor. Justinien confirme ici le système
d'Adrien (*text. hic.*; v. *Tryph. fr.* 63, § 4, *de adq. rer.
dom.*). Théodose et Valentinien (C. 2, C. Th. *de thes.*),
n'accordaient au maître du fonds que le quart.

402. Lorsqu'on découvre un trésor sur son propre
fonds, il importe peu que ce soit par hasard ou en le
cherchant; mais il ne faut pas, sous prétexte de chercher
des richesses cachées, violer les tombeaux et les temples.
Aussi le trésor, trouvé dans un terrain religieux ou
sacré, n'appartient-il à l'inventeur que lorsqu'il a été
trouvé *fortuito casu* (*text. hic.*). On violerait également
le droit de propriété, en fouillant le terrain d'autrui sans

I.   18

le consentement du propriétaire; et pour ne pas encourager des investigations indiscrètes, on décide que le trésor trouvé sur le fonds d'autrui doit avoir été trouvé *non data ad hoc opera, sed fortuito casu*, par exemple, en cultivant la terre, ou en s'occupant de toute autre chose que de chercher un trésor. Autrement le bénéfice de la découverte appartient tout entier au maître du terrain (*Tryph. fr.* 63, § 3, *de adq. rer. dom.; Leo, C. de thes.*).

TITRE II.

Des choses incorporelles.

PR. ET § I.

403. Les choses susceptibles d'être touchées (*quœ tangi possunt*, § 1), c'est-à-dire saisies ou senties soit avec la main, soit à l'aide des autres sens que l'on rapporte ici à celui du toucher, les choses proprement dites (v. *Pap. fr.* 17, *de donat. inter vir. et ux.*) sont corporelles,

.... *Quoniam sensus impellere possunt.*

De ce nombre sont beaucoup de corps invisibles ou impalpables, car tout ce qui existe physiquement est nécessairement corporel.

§ II.

404. Les choses incorporelles, au contraire, sont de pures abstractions, qui ne tombent jamais sous nos sens, et ne peuvent être saisies que par l'intelligence. A proprement parler même, ce ne sont pas des choses, mais des droits que nous avons sur les choses (*in jure consi-*

stunt), comme les droits d'hérédité, d'usufruit et d'usage, les obligations, etc.; car un droit, considéré en lui-même (*ipsum jus*), est toujours incorporel (*text. hic*).

La division qui nous occupe aboutit donc à distinguer le droit de la chose sur laquelle il existe, ou en d'autres termes, à distinguer le droit de son objet, et sous ce rapport même, la division n'est pas complète; car ce qu'on dit ici de l'usufruit, de l'usage, etc., est également vrai de la propriété. Le *dominium* est un droit qui s'applique à une multitude d'objets corporels. Cependant les jurisconsultes romains ne l'ont jamais classé parmi les choses incorporelles ou parmi les droits, sans doute parce que le *dominium*, en nous donnant sur les choses un pouvoir exclusif et pour ainsi dire illimité (*plenam in re potestatem*; § 4, *de usufr.*), qui nous en attribue tous les avantages, tous les produits, semble nous les rendre tellement propres que le droit se confond avec son objet. On dit communément que nous avons tel cheval, telle maison, pour dire que nous en avons la propriété.

405. Le langage judiciaire a consacré cette confusion. Ainsi, dans les contestations relatives au droit de propriété, il a voulu qu'on revendiquât, non le *dominium*, non le droit, mais son objet, en soutenant que la chose nous appartient (1), et de là est venue l'expression REI VINDICA-TIO. Cette forme a pu suffire dans la simplicité des premiers temps, lorsque l'on ne connaissait pas d'autre droit, peut-être, que la propriété; mais bientôt on a distingué des droits d'usufruits, de servitudes, etc., qui

---

(1) Rem corporalem.... Titius suam esse affirmet.... suam esse intendat (§ 1, *de action.*). Hunc ego hominem.... meum esse aio (*Gaius, inst.* 16).

se constituent en faveur de différentes personnes sur le même objet, droits qu'il a fallu revendiquer aussi, et que nous revendiquons effectivement, en soutenant que nous avons, non la chose, mais le droit d'en user et d'en jouir (v. §2, *de action.*). Ainsi, dans ce cas, on revendique le droit considéré en lui-même ; on le classe parmi les choses, on en fait une chose incorporelle. Il en résulte que dans les questions de propriété, le langage judiciaire fait abstraction du droit pour ne parler que de son objet, et alors il s'agit toujours de choses corporelles (2) ; tandis, au contraire, que dans les questions d'usufruit, de servitudes, etc., c'est le droit même que l'on revendique, et alors il s'agit toujours de choses incorporelles.

Ce que nous avons dit de l'usufruit et des servitudes s'applique exactement à l'usage et à l'hérédité. Quant au droit d'obligation qui n'est pas susceptible de revendication, il peut être vendu et acheté, et sous ce rapport au moins il a pu être classé parmi les choses.

§ III.

406. Malgré la pleine puissance que donne la propriété, l'homme n'y trouve qu'un petit nombre d'attributions distinctes. Sans doute chacun dispose librement de sa chose. Aussi, pourvu qu'on n'en mésuse pas (105) on peut la dénaturer, l'aliéner ou même la détruire, la consommer ; mais cet exercice complet du droit de propriété l'épuise : on ne dispose ainsi qu'une seule fois, et c'est dans le sens d'un usage définitif que les anciens ont

---

(1) *In controversiis rerum corporalium* (§ 2 *de action.*), c'est-à-dire dans les questions de propriété, par opposition aux droits d'usufruit et de servitude.

distingué l'*abusus* de l'*usus* (2). Cette dernière expression s'entend d'un usage qui peut se répéter indéfiniment, parce qu'il laisse subsister et la chose et le droit du propriétaire, par exemple, lorsqu'on emploie une jument ou tout autre animal à un travail quelconque. Dans ce cas et autres semblables, on use, on se sert de la chose; mais on pourrait en outre, par la perception des fruits, notamment du poulain que cette jument produira, obtenir des avantages distincts de ceux qu'on se procure, soit en usant, comme on vient de le dire, soit en disposant définitivement de la chose. La perception des fruits n'appartient plus au simple usage, elle constitue, sous le nom de jouissance, un des attributs les plus importants de la propriété; en sorte que le *dominium*, ou la pleine puissance qui en résulte, se compose de trois attributions différentes, répondant à autant de droits partiels, savoir : l'usage ou *usus*, la jouissance ou *fructus*, et la disposition ou *abusus*.

407. Ces droits partiels ne sont pas toujours réunis dans la main d'une seule personne; car bien que la chose appartienne à un seul propriétaire, il peut arriver que le droit d'en jouir et le droit d'en user reposent ensemble ou séparément sur d'autres têtes (v. § 1, *de usuf.*; *Ulp. fr.* 14, § 3, *de us. et habit.*). Dans ce cas, la chose dont l'utilité n'est pas exclusivement réservée à son maître, la chose dont un étranger a le droit de tirer un service, une utilité quelconque, est soumise à une servitude que l'on nomme personnelle, lorsqu'elle est directement attribuée à telle ou telle personne (v. *Marcian. fr.* 1, *de servit.*).

---

(2) *Utimur his, quæ nobis utentibus permanent; his vero abutimur, quæ nobis utentibus pereunt* (Boet. *in top. lib.* 2).

4o8. Souvent, au contraire, nous avons sur la chose
d'autrui certains droits particuliers, comme un droit de
passage qui n'existe pas pour nous personnellement,
mais qui augmente, par extension sur la propriété d'autrui, les avantages de la nôtre, en établissant, par exemple, une communication de notre héritage à la voie publique, à une fontaine, ou à d'autres héritages dont il
est séparé par le fonds d'autrui. Dans ce cas, le terrain
sur lequel je passe sans en être propriétaire est encore
assujetti à une servitude ; mais ce n'est pas pour moi directement qu'elle est établie, c'est pour la commodité,
pour le service et l'exploitation du fonds qui m'appartient.
Ce droit, inhérent aux choses, ne profite aux personnes qu'indirectement ; il devient pour elles une conséquence, une condition inséparable de la propriété avec
laquelle il se transmet activement et passivement (*Paul.
fr.* 12, *commun. præd.* ; *Ulp. fr.* 20, § 1, *de adq. rer.
dom.*).

Ces sortes de droits constituent les servitudes proprement dites, que l'on nomme servitudes réelles, par opposition aux précédentes (*Marcian. fr.* 1, *de servit.*). Ici
on les appelle *jura prædiorum*, parce qu'elles sont toujours établies entre deux héritages (1), c'est-à-dire entre
deux immeubles (416); on distingue d'une part les servitudes d'héritages urbains, et d'autre part les servitudes
d'héritages ruraux.

---

(1) Il faut éviter de confondre l'héritage, c'est-à-dire un fonds de terre
ou une maison, chose essentiellement corporelle, avec l'hérédité, chose
incorporelle dont nous parlerons plus loin (526 ; § 6, *per quas pers. nob.
adq.*)

TITRE III.

Des Servitudes.

409. On appelle servitudes urbaines celles *quæ ædificiis inhærent* (§ 1, *h. t.*), parce que tout édifice, même dans les campagnes, et quelle que soit d'ailleurs sa destination, forme un héritage urbain (*text. hic; Ulp. fr.* 1, *commun. præd.*); tandis que le sol considéré en lui-même, indépendamment des constructions, constitue l'héritage rural (v. *Ulp.* 19 *reg.* 1). En effet, les servitudes tiennent, les unes au sol, les autres à la superficie, *aliæ in solo, aliæ in superficie consistunt (Paul. fr.* 3, *h. t.*). Cette distinction concorde exactement avec celle des servitudes urbaines et rurales, surtout lorsqu'on observe que les premières se conservent et périssent avec les bâtiments dont elles dépendent (v. *Gaius fr.* 6; *Paul. fr.* 20, *pr. et* § 2, *de servit. præd. urb.*); que les secondes au contraire subsistent sur le sol et avec le sol, indépendamment de tout ce qui le couvre. C'est ainsi qu'une servitude rurale se constitue en faveur d'un terrain que l'on désigne par un certain genre de culture, en faveur d'un bois ou d'une vigne, par exemple; et malgré cette désignation, la servitude adhère au sol plutôt qu'à la superficie. Il en résulte qu'elle subsiste malgré la destruction des vignes (1).

---

(1) *Javol. fr.* 13, *de serv. præd. rust.* Les anciens interprètes ont singulièrement erré sur la distinction des servitudes. Quelques-uns même (v. *Heinec. elem.* § 394) n'ont pas craint de démentir tous les principes de cette matière en distinguant les héritages urbains et ruraux d'après la destination des bâtiments (v. 509). D'autres confondant le sol avec

Cette distinction importe pour l'établissement ou l'extinction des différentes servitudes (427, 428).

PR. ET § II.

410. Parmi les servitudes d'héritages ruraux que notre texte énumère, les principales sont : ITER, ACTUS et VIA (*pr.*, *h. t.*).

ITER est relatif au passage des personnes. C'est le droit d'aller et venir (*eundi et ambulandi*), à pied, à cheval ou en litière, pourvu que l'on ne conduise ni bêtes de somme, ni voiture (v. *Paul et Modest. fr.* 7 *et* 12, *de serv. præd. rust.*). ACTUS, qui vient de *agere*, désigne le droit de conduire des troupeaux, des bêtes de somme, des voitures, et à plus forte raison le droit de passage pour les personnes, lors même qu'elles n'ont rien à conduire; car il suffit d'avoir ACTUS pour avoir en même temps ITER (*text. hic; Ulp. fr.* 1, *eod.*). VIA est un droit complexe dans lequel se réunissent les deux autres, *nam iter et actum in se continet via*; mais ITER étant également compris dans ACTUS, on cherche, indépendamment du nom et de quelques différences relatives à la largeur du chemin (v. *Javol.*, *Paul. et Gaius, fr.* 13, § 1 ; *fr.* 7, 8 *et* 23, *eod.*), comment se distinguent ACTUS et VIA (*Vinnius, hic*).

411. Si le chemin, accordé même sous le titre de VIA, suffit au passage des bestiaux, sans suffire à celui des voitures, ce n'est point VIA qu'on accorde, mais seulement ACTUS (*Pomp. fr.* 13, *de servit.*; v. *Ulp. fr.* 13, § 1, *de*

la superficie, supposent qu'un fonds est urbain ou rural suivant qu'il est ou n'est pas chargé de constructions, et distinguent les servitudes urbaines ou rurales d'après le caractère que cette circonstance attribue au fonds dominant. Ainsi, suivant ce système, un propriétaire, en bâtissant ou en démolissant, transformerait les servitudes rurales en servitudes urbaines, et réciproquement.

acceptil.). Ainsi le charriage, naturellement compris dans l'un et l'autre droit, ne leur est pas également nécessaire. Pareillement, ITER se trouve ordinairement compris dans ACTUS (*text. hic*), parce qu'en général, qui peut plus, peut moins (*Ulp. fr.* 11, *de reg. jur.*). Cependant on a quelquefois ACTUS SINE ITINERE (*Ulp. fr.* 4, § 1, *si serv. vind.*), et alors on peut conduire des bestiaux et conséquemment passer avec eux, mais non pas sans eux. Ainsi dans ACTUS, le seul objet essentiel, c'est la conduite des troupeaux. Le passage des personnes n'y entre pas comme partie essentielle de la servitude (v. *Ulp. fr.* 11, § 6, *de except. rei jud.*); tandis que VIA, au contraire, n'existe jamais, ni sans ITER, ni sans ACTUS, qui s'y trouvent réunis comme deux droits distincts dont l'un n'est jamais l'accessoire de l'autre (v. *Ulp. fr.* 13, § 1, *de accept.*).

La définition du droit d'aquéduc et l'énumération de plusieurs autres servitudes rurales (§ 2), ne paraissent susceptibles d'aucune difficulté.

§ I.

412. Le texte énumère comme servitudes urbaines plusieurs droits dont le nom seul fait assez connaître l'objet, et entre autres la servitude qui consiste, soit à recevoir les eaux du bâtiment d'autrui (*ut stillicidium recipiat quis*), soit, en sens inverse, à ne les pas recevoir (*vel non recipiat*). On conçoit facilement qu'il existe une servitude dans la nécessité où je serais de recevoir les eaux du fonds voisin; mais pour me dispenser de les recevoir, faut-il établir à mon profit une servitude contraire ? Ne suffit-il pas que je sois propriétaire pour empêcher un empiétement quelconque sur mon

terrain ? En refusant de recevoir l'égout du bâtiment
voisin, je reste dans les limites de ma propriété, sans
avoir aucun droit sur l'héritage d'autrui, ni par conséquent aucune servitude ; car la servitude consiste essentiellement dans une dérogation au droit commun établie
par exception, pour permettre ce que le droit de propriété ne permet pas à un étranger. Autrement, la cessation d'une servitude quelconque, par exemple d'un droit
de passage, deviendrait, pour le fonds servant, une servitude active, un droit précisément contraire au premier,
celui de refuser le passage. Je puis effectivement le refuser ; mais ce droit acquis ou plutôt recouvré par le
fonds servant (1), et le droit précédemment existant en
faveur d'un autre, ne sont pas de même nature : celui-ci
dérogeait au droit de propriété ; celui-là n'est qu'un retour au droit commun, une extinction de servitude.
Pour que le droit qui m'appartient, de ne pas recevoir
l'eau du bâtiment voisin, constituât une servitude, il
faudrait donc que ce droit, ne se trouvant pas compris
dans ma propriété, y fût ajouté par extension, en dehors
du droit commun. Il importe donc d'examiner quelles
sont les limites de ce droit commun, qui peut n'être pas
le même en tous lieux. Elles sont déterminées dans chaque
cité par des usages ou des statuts locaux ; et alors ce sont
les dérogations particulières qui, par opposition à la
règle générale, constituent les servitudes. Dans ce sens,
le droit qui me forcerait à recevoir l'égout du bâtiment
voisin, et le droit qui m'en dispenserait, peuvent, l'un et
l'autre, suivant les circonstances, constituer une véritable

_____

(1) On appelle héritage dominant celui qui profite de la servitude, par
opposition à l'héritage servant qui la supporte.

servitude : savoir, le premier, partout où le droit commun veut que chacun prenne son égout sur son propre
fonds ; le second, au contraire, partout où le statut local
permet de prendre ce même égout sur le fonds voisin.

413. La même distinction expliquera comment un
droit de servitude peut ou empêcher l'élévation d'un bâtiment (*ne altius quis tollat*), ou, en sens inverse, autoriser
cette même élévation (v. *Gaius, fr.* 2, *de serv. præd.
urb.*). Chacun bâtit comme il lui plaît, lorsqu'il n'existe
ni réglement, ni servitude contraire (v. *Diocl. et Max.
C.* 8 *et* 9, *de servit.*). Mais si, pour empêcher les bâtiments de se nuire réciproquement en interceptant l'air
et la lumière, un statut local leur assigne une hauteur
commune, la dérogation qui mettrait mes voisins dans la
nécessité, soit de ne pas élever leurs bâtiments jusqu'à la
hauteur légale, soit de souffrir que le mien s'élève au-
dessus, constituera, dans le premier cas, la servitude *ne
altius quis tollat*, et, dans le second cas, la servitude
altius tollendi (v. *Justin. C.* 14, § 1, *de servit.*).

414. Les servitudes précédemment énumérées forcent le
propriétaire du fonds servant, soit à souffrir le fait d'autrui, par exemple, le passage des personnes, des bestiaux
ou des voitures, la projection d'un toit voisin, etc., soit à
s'abstenir lui-même de tel ou tel fait, par exemple de
certaines constructions. Du reste, le propriétaire du fonds
servant n'a rien à faire ; on n'exige de lui qu'une tolérance et une abstention toute passive (v. *Pomp. fr.* 15,
§ 1, *de servit.*). Cette distinction tient à la nature même
de la propriété dont la servitude est toujours une fraction : car la propriété qui permet tout, ne commande
rien au propriétaire. Lorsque les droits dont elle se compose se trouvent divisés, chaque fraction conserve la na-

ture du tout. Ainsi, les droits qui restent au maître du
fonds servant ne contiendront jamais ce qui n'existait
pas dans la pleine propriété, je veux dire la nécessité de
faire et d'agir. Cette nécessité que n'imposerait pas une
aliénation totale, ne peut, à plus forte raison, résulter de
l'aliénation partielle qui constitue la servitude.

415. On peut cependant se trouver dans la nécessité
légale d'exécuter tel ou tel fait (*pr.*, *de oblig.*) ; mais ce
droit ne s'attache ni à l'héritage dominant ni à l'héritage
servant. Ce n'est point une partie de la propriété, ce n'est
point une servitude inhérente aux choses et transmissible
avec elles ; c'est une obligation (*pr.*, *de oblig.*) qui astreint la personne des contractants et de leurs héritiers,
sans dépendre jamais de la propriété de tel héritage. Il
faut cependant excepter une servitude, celle qui consiste
à supporter sur nos propres constructions celles d'un
autre propriétaire (*ut vicinus onera vicini sustineat*) :
non-seulement il faut les supporter, mais en outre, et
contre la nature des servitudes, il faut entretenir la co-
lonne ou le mur qui soutient le bâtiment d'autrui. Le
maître du fonds servant doit y faire toutes les réparations
convenables, tandis qu'ordinairement c'est au maître du
fonds dominant à exécuter les travaux que nécessite
l'exercice de son droit (*Paul. fr.* 33, *de serv. præd. urb.*;
Ulp. fr. 6, § 2; *fr.* 8, *pr. et* § 2, *si serv.*). Or, ici ce n'est
pas la personne qui doit les réparations, c'est l'héritage
servant, et il suffirait de le délaisser pour se libérer de
tout (*Ulp. d. fr.* 6, § 2). Le droit d'exiger, et la nécessité
de faire les réparations sont donc une dépendance de la
servitude. En les considérant sous ce rapport, Gallus ne
croyait pas que les propriétaires de deux héritages pussent, en cette qualité, se trouver astreints l'un envers

l'autre à aucun fait. L'opinion contraire a prévalu *in proposita specie*, c'est-à-dire pour la servitude *oneris ferendi* (v. *Ulp. d. fr.* 6, § 2).

§ III et IV.

416. Les servitudes d'héritages urbains ou ruraux se nomment servitudes prédiales, à cause du mot *prædium* qui désigne un héritage, c'est-à-dire un immeuble par opposition aux choses mobilières. Ces dernières se dé- placent trop facilement, pour admettre entre elles les rapports permanents que forment les servitudes, soit rurales, soit urbaines, et que facilite, entre deux immeu- bles, leur position respective. L'existence d'une servitude prédiale suppose donc celle de deux héritages (*text. hic.; Ulp. fr.* 1, § 1, *commun. præd.*) : c'est uniquement par les héritages, c'est-à-dire en augmentant pour l'un et diminuant pour l'autre les avantages de la propriété, que la servitude profite et nuit aux personnes. Elle ne nuit à l'un que pour l'utilité de l'autre. L'absence de cette même utilité rendrait illusoire la prétendue servitude par laquelle j'imposerais à ma propriété des restrictions qui ne profitent à personne, par exemple, en m'interdisant le passage sur mon propre fonds, et en général l'usage et la jouissance de ma chose (*Pomp. fr.* 15, *de serv.*). Il en est autrement des restrictions dont un autre profite : et cependant l'intérêt direct de la personne ne donne pas le caractère d'une servitude prédiale au droit qu'un voisin aurait sur mon jardin; par exemple, pour s'y promener (*spatiari*), ou même pour y cueillir un fruit (*pomum decerpere*). Ce droit et autres semblables pourraient con- stituer une servitude personnelle, comme l'usage et l'u-

sufruit, mais non pas une servitude prédiale ou servitude proprement dite (*Paul. fr.* 8, *eod.*), qui doit nécessairement augmenter l'utilité du fonds dominant, et par exemple le rendre, sinon plus fertile et plus productif, du moins plus commode, plus salubre ou plus agréable (v. *Ulp. fr.* 17, *eod.*; *Pomp. fr.* 3, *de aqua cott. et œstiv.*).

417. A cet égard, l'utilité qu'on peut tirer du fonds servant dépend toujours de la position respective des deux héritages. Aussi leur voisinage est-il une condition essentielle de la servitude (*Ulp. fr.* 5, § 1, *de serv. præd. rust.*), mais la contiguité n'est pas toujours nécessaire; car, suivant le but qu'on se propose, la distance des héritages peut mettre à telle ou telle servitude un obstacle qui n'existerait pas pour telle ou telle autre. Ainsi, par exemple, le *jus stillicidii*, le *jus tigni immittendi*, supposent nécessairement deux héritages contigus; les droits de passage, au contraire, peuvent s'exercer d'un fonds à l'autre malgré l'intervalle qui les sépare, lorsqu'il n'est pas physiquement ou légalement impossible de le franchir (v. *Paul. fr.* 7, § 1, *de serv. præd. rust.*; *fr.* 17, § 2, 3 et 4, *de aqua et aquæ pluv.*; *fr.* 5, *si serv. vind.*).

Voyez, pour l'explication du § 4, celle du § 1, *de usufr.*; 422.

TITRE IV.

De l'Usufruit.

PR.

418. En examinant plus haut (407) les droits partiels dont la réunion forme la pleine propriété, nous avons dit que deux des trois attributs dont elle se compose, l'usage et la jouissance, peuvent se détacher de la propriété

même, appartenir ensemble ou séparément à des étrangers, devenir pour eux un droit spécial sur la chose d'autrui, et par là constituer une ou plusieurs servitudes dites personnelles, parce qu'elles sont établies directement en faveur de telle ou telle personne.

L'usage et la jouissance, détachés de la propriété, mais réunis en une seule et même servitude, constituent l'usufruit, droit complexe dont on ne fait réellement que décomposer le nom, lorsqu'on en donne pour définition le droit d'user (*utendi*) et le droit de jouir (*fruendi*), non pas de notre chose, mais de la chose d'autrui (*rebus alienis*).

419. Ainsi que nous l'avons déjà vu (387), c'est la destination des choses qui donne à leurs produits le caractère de fruits. C'est par suite de ce principe que l'on considère comme fruits le lait, la laine, le poil, etc. (§ 37, *de div. rer.*).

Le croît des bestiaux est toujours un fruit, parce qu'on les a précisément pour multiplier; mais, dans ce but même, on les utilise de différentes manières, dont chacune exerce sur la jouissance, et par conséquent sur le droit de l'usufruitier, son influence particulière. Ainsi, par exemple, on ne jouit pas des animaux, considérés individuellement, comme on jouit d'un troupeau. Sous le premier rapport, chaque bœuf, chaque mouton est périssable, et, en cas de perte, l'usufruitier n'est pas obligé de remplacer la chose d'autrui par une chose semblable (v. *Ulp. fr.* 70, § 3, *h. t.*). Dans un troupeau, en sens contraire, on ne considère pas les individus, mais l'ensemble (*universitas*); et cet ensemble reste le même quoique les individus changent. Les animaux qui font partie d'un troupeau sont destinés à l'entretenir, à le perpétuer par une série de générations.

Autrement, si l'on retirait tous les agneaux, les vieilles
bêtes cesseraient bientôt de produire, et le troupeau
d'exister. Ce ne serait pas jouir du troupeau, ce serait en
disposer; aussi, l'usufruitier qui n'a que le droit de jouir
doit-il, à mesure que les bêtes meurent ou deviennent
inutiles, les remplacer sur le croît (*ex fœtu*; § 38, *de
div. rer.*), jusqu'à concurrence du nombre de bêtes qui,
en naissant, ont été acquises à l'usufruitier. Alors le fait
du remplacement opère un échange de propriété entre la
bête remplacée et celle qu'on lui substitue (*Pomp. et
Ulp., fr.* 68, § 2; *fr.* 69; *fr.* 70, § 1, *h. t.*).

420. En continuant à observer la destination des
choses, on verra que pour jouir d'un fonds en recueillant
le produit des arbres, celui des vignes, par exemple, il
faut remplacer les arbres mêmes à mesure qu'ils vieillis-
sent (§ 38, *de div. rer.; Paul. fr.* 18, *h. t.*). On recon-
naîtra aussi que les biens, quels qu'ils soient, ont une
destination commune et primitive, celle de leur conservation : ainsi, pour quiconque veut ou doit conserver,
la perception des fruits donne rarement un bénéfice net.
Il faut presque toujours prélever certains frais sans lesquels tout dépérirait. L'usufruitier qui perçoit tous les
fruits ne doit donc les acquérir qu'à la charge de différentes obligations, qui l'astreignent en général à faire
tout ce que ferait un propriétaire qui veut conserver sa
chose; c'est en ce sens que l'usufruitier est tenu de jouir
QUASI BONUS PATERFAMILIAS (§ 38, *de div. rer.*; v. *Ulp.
fr.* 7, § 2 et 3; *fr.* 9, *de usufr.*).

421. D'après la définition, l'usufruit donne le droit
d'user et de jouir *salva rerum substantia*. En prenant
cette expression dans le sens général que présente la
suite et l'ensemble du texte, on voit que le droit d'usu-

fruit attaché à son objet doit nécessairement périr avec lui : *Est enim jus in corpore, quo sublato et idipsum tolli necesse est.* Il s'agit donc ici de la durée de l'usufruit; jouir en vertu d'un droit inhérent à la chose, c'est jouir tout au plus tant que dure cette chose. Effectivement, après avoir ainsi déterminé la durée de l'usufruit, après avoir donné le motif de ces textes, cette détermination (§ 1, *in fin. h. t.; Gaius, fr.* 3, § 2, *h. t.*) prévoit une objection tirée précisément de ce que l'usufruit, ayant la même durée que son objet, durera autant que la nue-propriété s'en trouvera séparée à perpétuité, et ainsi (*semper abscedente usufructu*) rendra cette propriété complètement inutile (*in universum inutiles fierent proprietates*). Pour éviter cette conséquence (*ne tamen*, etc.), on a voulu (*placuit*) qu'il existât pour l'usufruit certains cas d'extinction, dans lesquels il vient se réunir à la propriété d'un objet encore existant.

De là il semble résulter que, d'après sa nature et abstraction faite de toute considération, l'usufruit devrait avoir, comme les servitudes prédiales, et comme la propriété dont il émane, une durée illimitée ; et il l'aurait effectivement si des raisons puissantes n'avaient fait admettre plusieurs limites, et notamment celle qui résulte de la nature spéciale du droit de j uir. En effet, jouir c'est recueillir les fruits, c'est-à-dire les produits appropriés à la destination particulière de chaque objet (387), en sorte que l'usufruit disparaît dès que la chose change de destination ou de substance , comme on le verra bientôt (431). C'est ainsi que s'explique pour moi le droit de jouir *salva substantia* (1).

---

(1) Voyez Théophile (*hic*). On oppose un texte d'Ulpien (24 *reg.* 26)

I,   19

§ I.

422. C'est par les dispositions de dernière volonté,
que se constituent ordinairement les servitudes prédiales
et les servitudes personnelles, soit que le testateur ordonne à ses héritiers de les établir (v. § 4, *de servit.*), soit
qu'il les établisse lui-même en léguant directement telle
servitude ou l'usufruit de tel fonds (1); dans ce dernier
cas, la nue-propriété reste à l'héritier.

Observons cependant que l'usufruit et la propriété ne
se lèguent pas de la même manière. L'usufruit, comme
toutes les servitudes, se lègue en désignant nommément
(*usufructum legaverit*) la chose incorporelle, c'est-à-

---

qui, sans chercher à définir l'usufruit, emploie les expressions *salva
substantia*, dans un autre sens, sens que j'admets dans Ulpien, parce
que sa phrase est complète et claire (v. 434). C'est aussi parce que le
principium de notre titre, et ce titre même offrent dans leur ensemble
un sens complet, que je conserve l'acception qui leur est propre.

On objecte en outre que notre *principium* est composé de deux
fragments empruntés à deux jurisconsultes; on ne veut pas admettre
pour le texte de Paul (*fr.* 1, *h. t.*) l'interprétation de Celsus (*fr.* 2,
eod.); mais on admettrait volontiers celle d'Ulpien. Cela est-il conséquent? Il est certain d'ailleurs que les jurisconsultes romains se sont
souvent faits annotateurs de leurs devanciers ou même de leurs contemporains (38); et il n'est pas rare, au digeste, qu'une seule phrase se
compose de plusieurs lambeaux empruntés à différents jurisconsultes
(v. *Gaius et Ulp. fr.* 1, 2 *et* 3, *de reb. auct. jud.; Ulp., Paul. et
Gaius, fr.* 19, 20, 21 *et* 22 *eod.*). Sans accorder aux particules conjonc-
tives qui se trouvent dans les Institutes, une très-grande importance, je
rappellerai que la division des titres en *principium* et paragraphes, est
tout à fait arbitraire (48). On en abuserait si l'on s'imaginait qu'elle a
rendu les différents paragraphes absolument indépendants.

(1) Sous Justinien, il importe peu que le testateur établisse lui-
même la servitude, ou charge son héritier de l'établir, parce que
l'empereur a supprimé la distinction des legs *per vindicationem et
per damnationem* (695).

dire le droit dont on dispose ; et au contraire, pour léguer la propriété d'une chose, on lègue la chose même, par exemple, un fonds (*fundum legaverit*), sauf à réserver l'usufruit (*deducto usufructu*) lorsqu'on veut que le don de la chose n'emporte pas la pleine et entière propriété. Cette réserve est nécessaire, non-seulement lorsque le testateur veut laisser l'usufruit à ses héritiers (1) sans le léguer à personne, mais aussi lorsqu'il donne à un légataire l'usufruit (*alii usumfructum*), à un autre le fonds (*alii fundum, deducto eo*). Autrement, en effet, l'usufruit, qui se trouve naturellement compris dans la propriété, et par conséquent dans le legs du fonds (*Julian. fr. 10, de us. et usufr. legat.*), serait considéré comme donné expressément à l'un des légataires, et implicitement à l'autre. Ils jouiraient donc concurremment, le premier comme usufruitier d'une moitié, le second comme ayant la pleine propriété de l'autre moitié (*Modest. fr. 19, eod.*).

425. L'usufruit et les servitudes se constituent indépendamment de toutes dispositions testamentaires, par différents moyens de droit civil, dont nous parlerons plus loin (450, 451). Le propriétaire peut aussi se réserver, sur la chose qu'il aliène, un droit de servitude ou d'usufruit ; car quiconque transfère sa propriété la transfère à son gré, plus ou moins libre, plus ou moins complète, du moins lorsque l'aliénation s'opère par un moyen du droit

---

(1) C'est-à-dire à ses successeurs immédiats ; car le titre d'héritier qui, dans son acception générale s'étend indéfiniment aux héritiers de l'héritier, se prend ici dans un sens plus restreint. Quelques jurisconsultes, s'attachant au sens général, considéraient l'usufruit réservé aux héritiers, comme perpétuel. Justinien (C. 14, *h. t.*) a fait cesser tous les doutes.

civil, conformément aux distinctions que nous exposerons plus loin (455); car le droit des gens ne fournit par
lui-même aucun moyen pour établir, soit un usufruit,
soit une servitude quelconque. Les choses incorporelles
ne sont point susceptibles de possession proprement dite
(*Gaius*, 2 *inst.* 28); on ne les acquiert donc point par
la tradition comme les choses corporelles (*Javol. fr.* 20,
de servit.). Ainsi, après avoir vendu une servitude, le
vendeur ne la livre pas, mais il s'engage à ne rien faire
qui empêche l'acheteur d'exercer tel ou tel droit, et
donne pour sûreté de sa promesse des garanties qui seraient inutiles si ce droit appartenait réellement à l'a-
cheteur (*Javol. d. fr.* 20).

424. La servitude ne lui appartient pas en effet, puisque la vente, comme les contrats en général et les obligations qui en résultent, ne donnent jamais ni la propriété ni aucun droit de servitude (*Paul. fr.* 3, *de
obl. et action.*). Cependant, d'après Justinien (*text. hic*;
§ 4, *de servit.*), et d'après Gaius lui-même (2 *inst.* 31 ;
fr. 3, *h. t.*), l'usufruit et les servitudes se constitueraient
PACTIS ET STIPULATIONIBUS; mais Gaius ne parle ainsi
qu'à l'égard des fonds provinciaux, auxquels ne s'appliquent point les manières d'acquérir établies par le droit
civil (454). Il était donc impossible de constituer sur ces
fonds aucune servitude, aucun usufruit proprement dit.
Par cette raison même, on se contentait de lier les personnes par des obligations. C'est en ce sens que Gaius
parle, relativement aux fonds provinciaux, de pactes et
de stipulations (1). Justinien reproduit, ou plutôt géné-

_____

(1) Il ne s'agit pas de faire un pacte ou une stipulation, mais un pacte
et une stipulation. En effet, après que les parties se sont accordées par

ralise les expressions de Gaius sans y rien ajouter, quoique le droit honoraire ait trouvé moyen de suppléer à la
tradition dont les choses incorporelles ne sont pas susceptibles.

425. Les préteurs ont pensé que l'exercice du droit
par ceux qui veulent acquérir une servitude, et la tolérance de ceux qui veulent la constituer, équivalent à la
possession et par conséquent à la tradition (1); et, pour
entourer cette possession d'une garantie plus efficace que
celle des actions personnelles résultant des obligations
dont nous avons parlé, les préteurs ont introduit d'a-
bord les interdits quasi-possessoires, et ensuite une revendication fictive connue sous le nom d'action publicienne (*Javol. d. fr.* 20, *de servit.; Ulp. fr.* 1, § 2, *de
servit. præd. urb.; fr.* 11, § 1, *de publ. in rem act.;*
v. § 4, *de act.*).

C'est en ce sens que les servitudes se constituent *jure
prætorio* (2).

---

un pacte, c'est-à-dire par une convention ordinaire, où leurs intentions
sont exposées avec détail, l'une d'elles s'engage par stipulation, c'est à-
dire par une promesse en termes solennels (v. § 1, *de verb. obl.*), à
exécuter cette convention et, en cas d'inexécution, à payer une somme
déterminée (v. *Theoph.* § 4, *de servit.*). On trouve plusieurs exemples
de conventions ainsi expliquées avec détail dans un pacte, et sanction-
nées, en peu de mots, par une stipulation avec clause pénale (v. *Gaius,
fr.* 71, *pro soc.*).

(1) *Dare videtur si induxerit in fundum legatarium eumve patia
tur uti frui* (*Gaius, fr.* 3, *de usufr.*). *Ego puto usum ejus juris pro
traditione accipiendum esse* (*Javol. fr.* 20, *de servit.*).

(2) *Ulp. fr.* 1, § 9, *de superf.* La marche et les progrès du droit
honoraire sont clairement indiqués dans ce texte. On voit comment
le droit de superficie qui est une servitude (*Julian. fr.* 86, § 4, *de
leg.* 1°), se trouve acquis à ceux qui l'ont acheté ou loué à long terme.

§ III.

426. L'usufruit finit, 1° par la mort de l'usufruitier ; 2° par sa *capitis deminutio ;* 3° par le non-usage (*non utendo*) ; 4° par la cession faite au propriétaire ; 5° par consolidation ; 6° enfin par les changements survenus dans la substance des choses. Justinien a statué sur les trois premiers modes d'extinction par une constitution qui contient des innovations remarquables.

L'usufruit, étant spécialement attaché à la personne de tel ou tel, doit finir avec cette personne, et par conséquent à son décès (*Ulp. fr.* 3, § 3, *quib. mod. usuf. ; Anton.* C. 3, *de usufr. et hab.*). Ce principe n'a souffert de doute que pour l'usufruit constitué sur la tête d'un fils de famille ou d'un esclave. Justinien (C. 17, *eod.*), pour trancher une ancienne controverse (v. *fragm. vatic.*, § 57), décide qu'après la mort du fils de famille ou de l'esclave l'usufruit continue pour le père ou le maître jusqu'à son décès.

Un citoyen *capite minutus* commence une existence nouvelle, entièrement distincte de l'existence qu'il avait auparavant, et avec laquelle finissent tous les droits qui ne se transmettent pas héréditairement. L'usufruit s'éteignait donc dans tous les cas où l'usufruitier subissait *capitis deminutionem* (*Paul.* 3 *sent.* 6, § 29) ; mais Justinien (C. 16, § 1, *h. t.*), qui tend comme le droit hono-

---

'acheteur ou le locataire à qui le droit civil n'accorde en vertu du contrat qu'une action personnelle contre le vendeur ou contre le bailleur, sont protégés dans leur jouissance par le droit prétorien qui donne contre les tiers les interdits possessoires et une action réelle utile. *Sed longe utile visum est... hoc interdictum proponere et quasi in rem actionem polliceri (Ulp. d. fr.* 1 , § 1, *de superf.*)

raire (572) à supprimer tous les effets de la petite *capitis deminutio*, décide qu'elle ne suffira plus pour éteindre l'usufruit (*text. hic; § 1, de adq. per adrog.*).

L'usufruit s'éteignait *non utendo*, par cela seul que l'usufruitier avait cessé de jouir des meubles pendant un an, des immeubles pendant deux ans (*Paul. 3 sent. 6, § 30*); mais, sous Justinien, il ne suffit plus que l'usufruitier n'exerce pas son droit. Sa négligence n'éteint l'usufruit que dans un cas spécial (*per modum*), c'est-à-dire lorsqu'un possesseur de bonne foi invoque la prescription *longi temporis* contre l'usufruitier, comme il l'invoquerait contre le propriétaire même (*Justin. C. 16, § 1, h. t.*), c'est-à-dire après avoir possédé les meubles pendant trois ans, les immeubles pendant dix ans entre présents, ou vingt ans entre absents.

427. Les servitudes rurales s'éteignaient, comme l'usufruit, lorsque pendant deux ans on omettait totalement l'exercice du droit, ou même lorsqu'on faisait ce qu'il n'autorise pas, en ne faisant pas ce qu'il autorise, par exemple, en usant d'une prise d'eau sur un point ou dans un temps autre que le point et le temps où l'on devait en user (*Pomp. fr. 17; Paul. fr. 10, § 1; fr. 18, quemadm. serv.*).

Quant aux servitudes urbaines, comme elles consistent dans la position ou dans l'élévation des bâtiments dont la situation respective donne à la servitude un exercice continu, le droit se conservait par lui-même, et ne s'éteignait donc pas précisément *non utendo*. Pour détruire une servitude urbaine, il fallait que le maître du fonds servant eût reconquis par son propre fait la liberté de son héritage, en faisant ce que défendait la servitude, par exemple, en construisant au-dessus de la hauteur

fixée, ou en bouchant dans son mur l'ouverture destinée
à recevoir la poutre d'autrui. Le maintien de ce nouvel
état de choses pendant deux ans aurait fait rentrer le
fonds servant dans sa liberté primitive (*Gaius*, *fr.* 6, *de
serv. prœd. urb.*).

428. Justinien (C. 13, *de servit.*) étend aux servitudes
ce qu'il a décidé précédemment pour l'usufruit. Ainsi,
elles ne s'éteindront *non utendo* qu'après dix ou vingt ans;
mais dans quelles circonstances? Faut-il restreindre l'extinction des servitudes, comme celle de l'usufruit, au cas
où un possesseur de bonne foi oppose la prescription
longi temporis? A cet égard et malgré l'assimilation complète que sa constitution établit en termes généraux,
Justinien semble laisser quelque doute (v. C. 14, *eod.*).

429. Nul ne peut avoir aucune servitude sur sa propre chose : conséquemment, les servitudes prédiales s'é-
teignent par confusion, lorsque les héritages servant et
dominant sont acquis à un seul maître; et en cas de séparation ultérieure, le droit anéanti ne renaîtra qu'autant
que la servitude serait constituée de nouveau (*Gaius*,
fr. 1, *quemadm. servit.*; *Paul. fr.* 30, *de servit. prœd.
urb.*). L'usufruit s'éteint également soit par consolidation, lorsque l'usufruitier acquiert la nue-propriété, soit
en sens inverse, par la cession qui transporte au propriétaire le droit d'usufruit. C'est à lui personnellement qu'il
faut céder l'usufruit (*text. hic*; *Paul.* 3 *sent.* 6, § 32);
car la cession faite à un étranger resterait sans effet (*nihil
agit*), et conséquemment l'usufruitier *nihilominus jus
suum retinet* (1).

_____

(1) *Gaius*, 2 *inst.* 30. Pompónius, au contraire, attribue à la cession un effet partiel qui dépouille le cédant sans investir le cession-

430. L'impossibilité de faire cession à tout autre que le propriétaire résulte de la nature même de l'usufruit; car, en le transportant sur une tête étrangère, on changerait à volonté les chances d'extinction. L'usufruit ne finirait plus par la mort du cédant, mais par celle du cessionnaire; et de nouvelles cessions reculeraient indéfiniment peut-être le retour de l'usufruit à la propriété. Il faut donc que ce droit reste à la personne en faveur de laquelle il a été constitué. Du reste, il importe peu au propriétaire que l'usufruitier jouisse par lui-même ou par d'autres; aussi peut-il louer, vendre ou concéder gratuitement son droit (§ 1, *de us. et hab.*) en ce sens qu'il transfère par là tous les avantages de l'usufruit, tandis que le droit même, le titre et la qualité d'usufruitier restent toujours sur sa tête. Loin d'aliéner ainsi le droit que d'autres exercent de son chef, l'usufruitier le conserve par eux; c'est un moyen pour lui d'empêcher qu'il ne s'éteigne NON UTENDO (v. *Ulp. fr.* 12, § 2, *de usufr.*; *Marcian. et Gaius, fr.* 38, 39 et 40, *eod.*). Le louage, la vente ou la donation de l'usufruit, ou pour mieux dire des fruits dont ce droit procure la perception, ne doivent donc pas être confondus avec la cession qui tendrait à transporter l'usufruit même. Cette cession, sur laquelle nous reviendrons (450 *et suiv.*), est la seule que l'usu-

---

naire, et profite au propriétaire en réunissant à la nue propriété le droit cédé à un étranger (*fr.* 66, *de jur. dot.*). Gaius lui-même admet dans plusieurs cas et relativement à l'hérédité le système qui scinderait ainsi les effets de la cession (2 *inst.* 35 *et* 36); mais pour l'usufruit, Gaius est, ainsi que Paul (3 *sent.* § 6, § 32) entièrement contraire à Pomponius. Il ne faut donc pas chercher une conciliation qu'ont vainement poursuivie Pereze (*ad codicem liv.* 3, *tit.* 33, n° 28), Voet (*ad pandectas, liv.* 8, *tit.* 4, n° 2), et Dumoulin qui traite la même question dans une dissertation spéciale. V. 497.

fruitier soit incapable de faire à tout autre que le propriétaire.

431. L'usufruit, ainsi que nous l'avons déjà vu (421), périt nécessairement avec la chose sur laquelle il est établi. Sous ce rapport, il n'existerait aucune différence entre l'usufruit et la propriété même ; mais en restreignant l'usufruit au droit de jouir *salva substantia*, on établit entre l'usufruit et la propriété une différence qu'il importe de saisir. La mort d'un animal, l'écroulement ou l'incendie d'une maison n'éteignent pas absolument le droit du propriétaire : sans doute il n'a plus ni cheval, ni maison, mais il est encore propriétaire ; son droit continue d'exister sur tout ce qui reste de sa chose, par exemple, sur le cuir et sur la chair des bestiaux, ou sur le sol et sur les matériaux de la maison ; car *meum est quod ex re mea superest* (*Cels. fr.* 49, § 1, *de rei vind.*). Ce principe nous montre dans la propriété un droit susceptible de survivre à la forme des choses. L'usufruitier, au contraire, n'a plus aucun droit sur ce qui reste de la chose (*text. hic ; Ulp. fr.* 5, § 2 *et* 3, *quib. mod. usuf.* ; *Gaius, fr.* 30, *eod.*). Il doit jouir d'un cheval, il doit jouir d'une maison, tant que le cheval ou la maison subsisteront, mais lorsque la chose ne peut plus avoir la même destination, l'usufruit, borné au droit de jouir *salva rerum substantia*, s'éteint REI MUTATIONE (*Paul.* 3 *sent.* 6, § 28 *et* 31 ; *Ulp. fr.* 5, § 2, *quib. mod.*), par le changement qui s'opère dans la forme caractéristique des choses, (v. *Ulp. fr.* 4, § 3 ; *fr.* 10, § 2, 3, 4, 5, 6 *et* 8 ; *fr.* 12, *pr. et* § 1 ; *Pomp. fr.* 31, *eod.*), parce qu'alors elles ne servent plus au même usage, ne produisent plus les même fruits, et par suite ne sont plus les mêmes en ce qui concerne la jouissance.

432. Les servitudes prédiales dont l'existence suppose deux héritages (§ 3, *de serv.*), s'éteignent dès que l'un d'eux n'existe plus. Il est difficile qu'un terrain périsse entièrement; aussi les servitudes rurales attachées au sol subsistent-elles avec lui, malgré tous les changements qui surviendraient à la superficie (*Javol. fr.* 13, *de serv. præd. rust.*). Les servitudes urbaines, au contraire, disparaissent avec les constructions dont leur existence dépend (*ædificiis inhærent; § 1, de serv.*). Toutefois, lorsque les constructions se trouvent rétablies dans le même état qu'auparavant (*eadem specie et qualitate ; Paul. fr.* 20, § 2, *de serv. præd. urb.*), l'ancien et le nouveau bâtiments sont considérés comme un seul et même édifice sur lequel la servitude continue d'exister. On a été plus rigoureux pour les servitudes personnelles; car l'usufruit d'une maison qui s'est écroulée, reste définitivement éteint, malgré la reconstruction (*Paul. d. fr.* 20, § 2, *de serv. præd. urb.; Ulp. fr.* 10, § 7, *quib. mod. usufr.*).

§ IV.

433. L'usufruit se réunit à la propriété, lorsqu'il est totalement éteint; car le même droit peut être constitué sur plusieurs têtes. Dans ce cas et par suite du concours, chacun des co-usufruitiers n'obtient qu'une jouissance partielle; mais à mesure que le nombre des concurrents décroît, la jouissance des survivants augmente successivement jusqu'au moment où elle comprend la totalité (v. *Ulp. fr.* 1, §3, *de usufr. accresc.*), par l'effet du droit d'accroissement, droit que nous expliquerons plus loin (749; § 8, *de legat.*; v, § 4, *de donat.*).

§ II.

434. L'usufruit ne dépend pas, comme les servitudes prédiales, de la position respective des choses. Aussi, tandis que les servitudes sont exclusivement attachées aux héritages, l'usufruit, l'usage et autres servitudes personnelles, s'établissent indistinctement sur tous les objets (*ceteris rebus*) dont il est possible d'user et de jouir sans altérer leur substance, *quarum salva substantia utendi et fruendi potest esse facultas* (*Ulp.* 24 *reg.* 26).

La possibilité de jouir ainsi n'existe pas relativement à certaines choses dont on ne se sert qu'en les consommant (*quæ ipso usu consumuntur*). A leur égard, l'usage serait la propriété même, puisqu'il équivaudrait au droit de disposer. Tels sont les aliments, les boissons, etc. (1). L'argent monnayé rentre dans la même classe, du moins sous certains rapports (*quodam modo*); car si le métal subsiste, la valeur qu'il représente se perd, et l'argent dépensé n'existe plus pour quiconque en a fait emploi (*text. hic*). Autrefois donc, léguer l'usufruit d'une somme d'argent, ou de tout autre objet semblable, c'était léguer un droit impossible à établir ; mais un sénatus-consulte fort ancien, quoique la date précise n'en soit pas connue (2), permit de léguer véritablement l'usufruit de toute espèce de choses, et par conséquent des objets *quæ*

_____

(1) Ces sortes de choses, qui, suivant les textes, IPSO USU CONSUMUNTUR (*text. hic*), IN ABUSU CONTINENTUR, IN ABUSU CONSISTUNT, IN ABSUMPTIONE SUNT, SUNT IN ABUSU (*Ulp.* 24 *reg.* 27 ; *fr.* 5, §. 1 *et* 2, *de us. ear. rer.*), ne doivent pas être confondues avec les choses fongibles (v. § 2, *quib. mod. re*).

(2) Haubold le place à l'an de Rome 762, neuf ans après la naissance de J.-C.

in abusu consistunt (v. *Ulp. 24 rég. 27; fr. 1 et 3; fr. 5, § 1 et 2, de us. ear. rer.*).

En validant un semblable legs, le sénat n'a pas rendu moins impossible une séparation quelconque entre l'usufruit et la propriété (*text. hic; v. Gaius, fr. 2, § 1, eod.*). Aussi, est-ce la propriété même que l'héritier confère au légataire en lui remettant la chose, *ut ejus fiat* (*text. hic; Julian. fr. 6; Gaius. fr. 7; Marcian. fr. 12, de usufr. ear. rer.; Paul., frag. vatic.* § 46). Dans ce cas, le légataire à qui on a laissé l'usufruit obtient beaucoup plus, et d'un autre côté, l'héritier n'a pas la nue-propriété qui devait lui rester. Aussi, pour remplacer cette nue-propriété, le légataire prend-il l'engagement de restituer une somme égale à celle qu'il reçoit (*de tanta pecunia restituenda*). Les aliments, les boissons et autres objets semblables, sont pareillement acquis au légataire, et il s'oblige à rendre pareille quantité de choses semblables, ou plutôt, parce que cela est préférable (*Gaius, fr. 7, eod.*), on fait une estimation dont le légataire s'oblige à rendre le montant (*text. hic*).

435. Sans constituer un usufruit impossible, on arrive donc ainsi à établir l'équivalent d'un usufruit (1), PER CAUTIONEM, au moyen de l'engagement contracté par le

---

(1) QUASI USUMFRUCTUM *constituit (text. hic; Gaius fr. 2, § 1, de usufr. ear. rer.*). Cette locution, prise à la lettre, a fourni le mot quasi-usufruit, sorte de diminutif vague et indéfini dont on se sert mal à propos pour désigner le droit du légataire. En effet, celui-ci n'obtient ni l'usufruit ni un diminutif d'usufruit, mais la propriété même, c'est-à-dire un droit bien connu, et qu'on n'a pas besoin de déterminer par approximation. S'il existe un *quasi-ususfructus*, c'est surtout pour l'héritier qui devrait avoir une propriété et qui, *per cautionem*, obtient comme équivalent une créance.

légataire, et de la créance qui en résulte pour l'héritier. L'obligation imposée au légataire compense, à son égard, la propriété qu'on ne lui a point léguée, et la créance remplace, pour l'héritier, la nue-propriété qui devait lui rester (v. *Julian. fr.* 6, *pr. et* § 1, *eod.*). Aussi la restitution se fera-t-elle à l'époque où finirait un véritable usufruit, c'est-à-dire lorsque le légataire sera mort ou *capite minutus* (*Paul.fr.* 9; *Ulp. fr.* 10, *eod.*; *fr.* 7, § 1, *usufr. quemadm. cav.*).

Cette restitution doit être garantie par l'obligation du légataire même, et de plus par celle d'un fidéjusseur, qui s'engage avec lui. Tel est le sens de la satisdation qu'exige notre texte (*ut satisdet... satisdatur*). D'après le droit prétorien, le véritable usufruitier garantit de la même manière : 1° qu'il jouira en bon père de famille; 2° qu'il remettra à la cessation de l'usufruit, tout ce qui restera de la chose même (v. *Ulp. fr.* 1, *pr.*, § 6 *et* 7; *fr.* 3, *usufr. quemadm. cav.*).

436. Il existe des choses qui ne se consomment point par le premier usage, mais dont un usage répété amène le prompt dépérissement, *quæ ipso usu minuuntur* (*Gaius, fr.* 1, *de usufr. ear. rer.*), comme la laine (*Gaius, fr.* 11, *eod.*) et les vêtements que notre texte énumère mal à propos parmi les objets de pure consommation. Il n'est certainement pas impossible d'établir un usufruit proprement dit sur des vêtements et autres choses semblables, de manière que l'usufruitier n'ait à rendre que les mêmes habits usés, rapés, comme ils le sont tous après un long service (*Ulp. fr.* 9, §, 1, *usufr. quemadm. cav.*). C'est ce qui arrive toutes les fois qu'un testateur a considéré les vêtements comme corps certains, plutôt que comme représentant une valeur ou quantité abstraite (*non sicut*

quantitatis; *Ulp. fr.* 15, § 4, *de usufr.*); mais ordinairement on ne considère, dans ces sortes de choses, que
leur valeur, et l'on procède à leur égard comme pour
les choses QUÆ IPSO USU CONSUMUNTUR (v. *Gaius, fr.* 11,
de usufr. ear. rer.).

TITRE V.

De l'Usage et de l'Habitation.

PR.

437. L'usage et l'usufruit s'établissent sur les mêmes
objets (*Ulp. fr.* 5, § 2, *de usufr. ear. rer.*); ils se constituaient et s'éteignaient en droit romain par les mêmes
moyens (*text. hic; Gaius, fr.* 3, § 3, *de usufr.*); mais les
nouveaux principes de l'usufruit légal (512) ne s'appliquent point à l'usage.

438. En comparant l'usufruit et l'usage, on appelle ce
dernier usage nu (*nudus usus*), pour indiquer l'usage séparé de la jouissance, l'usage sans fruits, *nudus usus*,
id est, sine fructu (*Gaius, fr.* 1, § 1, *h. t.*), de même
qu'on appelle nue-propriété (§ 4, *de usufr.*), celle dont
on a séparé la jouissance. Effectivement, l'usager *uti potest, frui non potest* (*Ulp. fr.* 2, *h. t.*), tandis que l'usufruitier a le double droit d'user et de jouir (*pr., de
usufr.*). L'usager a donc moins de droit que l'usufruitier
(§ 1, *h. t.*), c'est-à-dire un droit de moins, le droit de
jouir ou de percevoir les fruits.

§ IV.

439. Si l'usager n'a d'autre droit que celui d'user, ce
droit lui appartient sans réserve. Il a *plenum usum*, *om-*

nem usum (Ulp. fr. 12, *pr. et* § 3, *h. t.*), c'est-à-dire le
droit de se servir des choses et de s'en servir seul, et réciproquement il ne doit avoir aucun fruit. En effet, l'u-
sage des bestiaux permet à l'usager de les faire parquer sur
ses propres terres, *ad stercorandum agrum suum*, mais
il ne profitera ni du croît, ni de la laine, ni du lait; ce
sont des fruits, et cette raison suffit pour que l'usager
n'ait rien à y prétendre (*text. hic*). Il est vrai qu'Ulpien
(*d. fr.* 12, § 2) modifie cette décision, mais par un motif qui confirme le principe. Effectivement, le droit d'u-
sage dont on s'occupe ici résulte d'un legs, qu'il s'agit
d'interpréter. Ulpien ne croit pas que le testateur doive
être pris au mot; et précisement parce que l'usage légué
ne donne par lui-même aucun fruit, le jurisconsulte
cherche dans la volonté du testateur ce qu'il ne trouve
pas dans ses expressions; *neque enim tam stricte sunt in-
terpretandæ voluntates defunctorum* (*d. fr.* 12, § 2).

§ I.

440. Relativement aux fonds de terre, les mêmes considérations militent plus fortement encore. L'usager
pourra donc prendre le bois, le foin dont il peut avoir
besoin jour par jour; cette jouissance partielle lui a
été accordée petit à petit et par concessions successives.
Sabinus et Cassius ont donné d'abord un peu moins et
ensuite un peu plus que Nerva, mais moins encore que
Jubentius. Enfin Ulpien donne plus ou moins, suivant
la condition de l'usager (*pro dignitate ejus cui relictus
est usus*), et suivant l'abondance des récoltes, qui rend
moins onéreux le prélèvement d'une petite portion sur

une grande quantité : *neque enim grave onus est horum, si abundent in fundo* (*Ulp. d. fr.* 12, § 1, *h. t.*).

Autrement, en effet, l'usage d'un fonds de terre se réduirait au droit de promenade, *deambulandi et gestandi jus* (*Ulp. d. fr.* 12, § 1), c'est-à-dire à presque rien ; aussi permet-on à l'usager d'empiéter sur la jouissance, quelquefois même de l'envahir. C'est ainsi que, relativement à une forêt, le légataire de l'usage obtient véritablement l'usufruit : on suppose que le testateur a voulu léguer plus que l'usage, lorsque l'usage serait sans utilité pour les légataires, *quia nihil habituri essent ex eo legato* (*Pomp. fr.* 22, *h. t.*).

441. Ces considérations, fondées sur l'intention présumée du testateur, sont étrangères au droit d'usage pris en lui-même ; elles indiquent suffisamment que si l'usager obtient quelques fruits, c'est parce qu'on ajoute à l'usage proprement dit une portion de jouissance, qu'il ne comprend pas naturellement. C'est une extension que le droit d'usage n'admettrait peut-être pas aussi facilement s'il était constitué, non par testament, mais entre vifs et par suite de conventions dont les clauses prêtent moins à l'interprétation (v. *Paul. fr.* 12, *de reg. jur.*; *Janus à Costa, pr. h. t.*).

Néanmoins ce sont ces extensions de l'usage que les commentateurs ont pris pour l'usage même. Leur définition du droit d'user donne à l'usager tout ce qui est nécessaire à ses besoins, en refusant tout émolument, tout agrément (v. *Pothier,* 7 *pand.* 8, *n°* 2); mais, par une singularité remarquable, en définissant l'usage d'après l'extension qu'on lui donne accidentellement, ils lui assignent sous d'autres rapports des limites beaucoup trop étroites. Je m'explique : l'usager n'a point la jouissance; s'il prend

I.   20

quelques fruits, cette jouissance partielle est une extension de son droit, et par conséquent une concession qui
n'excède pas ses besoins (v. *Ulp. fr.* 12, § 1, *h. t.*) :
mais les services de la chose appartiennent tous à l'usager,
et n'appartiennent qu'à lui. En un mot, pour tout ce qui
tient à l'usage nu, à l'usage proprement dit, l'usager est seul
maître, et comme tel, il a droit d'empêcher que la chose
ne serve aux autres, lors même qu'il ne veut pas s'en servir (v. *Pomp. fr.* 22, § 1, *h. t.*). Ainsi le propriétaire
ne rentrera point sa récolte dans les celliers ou dans les
granges du domaine; il ne viendra point sur le fonds,
si ce n'est pour faire la récolte, et n'enverra dans les
autres saisons que les ouvriers nécessaires à la culture
(v. *Ulp. fr.* 10, § 4; *fr.* 12, *h. t.*). Alors, comme la culture
est nécessaire aux fruits dont l'usager ne peut empêcher
la perception, parce que la jouissance ne lui appartient
pas, ce dernier fera place aux travailleurs et les laissera
librement vaquer aux travaux agricoles (v. *Paul. fr.* 15,
§ 1, *h. t.*). C'est en ce sens seulement qu'on peut dire
avec notre texte que l'usager ne gênera point le propriétaire et n'empêchera point les travaux d'exploitation,
opera rustica. Sous ce rapport, en effet, le propriétaire
conserve FRUENDI CAUSA (*Florent. fr.* 42, *de usufr.*), une
portion d'usage sans laquelle il ne pourrait pas jouir (v.
Ulp. fr. 14, § 1, *h. t.*).

§ II.

442. Ce qu'on vient de dire s'applique à l'usage des
bâtiments. Ainsi, quand même l'usager ne pourrait occuper que la plus petite partie de la maison, le propriétaire ne viendra point habiter les pièces vacantes (*Pomp.*

fr. 22, § 1, *h. t.*). A l'égard du logement qui est une partie de l'usage, le propriétaire n'est qu'un étranger ; il profite si peu des logements inutiles à l'usager, qu'on autorise ce dernier à y recevoir des locataires. En général cependant il ne doit pas louer ; mais, lorsqu'il habite personnellement une partie de la maison, on ne lui envie pas un profit qui ne nuit à personne (v. *Ulp.fr.* 4 *et* 8, *h. t.*); car l'usage d'une maison ou d'un esclave ne laisse jamais rien à la jouissance (*Paul. fr.* 15, *h. t.*).

Certainement, d'après ce qu'on vient de voir, l'usage est loin de se trouver limité aux besoins de l'usager. Pour nous résumer sur ce point, nous distinguerons donc, à l'égard de chaque chose, entre les fruits et les services. Ces derniers appartiennent tous à l'usager, et n'appartiennent qu'à lui. Les fruits ne sont point dans la nature, mais dans l'extension de son droit; il n'en profite que par empiétement sur la jouissance, et cet empiétement seul a été limité aux besoins de l'usager (v. *Thémis*, *t.* 1, *p.* 258; *t.* 6, *p.* 124).

443. Nous venons de dire qu'en général l'usager ne peut pas louer; il ne peut pas non plus vendre ou aliéner gratuitement l'exercice de son droit, et en cela l'usager diffère essentiellement de l'usufruitier (§ 1 *in fin.*, *h. t.*), qui est libre de jouir par lui-même ou par autrui, sans doute parce qu'il n'y a qu'une façon de jouir, tandis que chacun use à sa manière : chacun doit donc user par soi-même. Notre texte indique suffisamment dans quel sens ce principe s'applique à l'usage d'une maison. Ainsi, les domestiques peuvent habiter avec le maître, la femme avec le mari, et réciproquement (v. *Ulp.*, *Paul. et Pomp.fr.* 2, 3, 4, 5 *et* 6, *h. t.*).

§ III.

444. Pareillement le mari et la femme se serviront en commun des choses dont l'usage est légué à l'un d'eux (*Paul.fr.* 9, *h. t.*). Si l'usager d'un esclave ou d'une bête de somme est le seul (*ipse tantum*) qui puisse employer leur industrie ou leur travail, c'est donc en ce sens qu'il ne doit ni les louer ni les prêter aux étrangers ; mais il peut les faire travailler pour son compte aux ouvrages qui le concernent personnellement , ou dont il aurait l'entreprise (*Ulp.fr.* 12, § 5 et 6, *h. t.*).

§ V.

445. L'usage des maisons consiste à les habiter ; cependant on en lègue souvent l'habitation. Ce droit se distinguait de l'usufruit et de l'usage en ce qu'il ne s'éteignait pas comme eux, soit par la petite *capitis deminutio,* soit par le non usage (*Ulp.fr.* 10, *h. t.*). En effet l'habitation POTIUS IN FACTO QUAM IN JURE CONSISTIT (*Modest. fr.* 10, *de cap. min.*) ou, en d'autres termes, l'habitation n'est pas, comme l'usufruit et l'usage, une création du droit civil (455) et par suite n'en subit pas les conséquences rigides.

446. Du reste, l'habitation paraissait devoir se confondre avec l'usage. Papinien ne distinguait point leurs

---

(1) C'est dans le même sens à-peu-près que Paul (*fr.* 27, § 2, *de pact.*) comparant les stipulations et les pactes, dit que dans les premières *jus continetur,* tandis que dans les secondes *factum versatur,* pour expliquer que le droit civil ne reconnaît pas les pactes et ne leur accorde aucune force.

effets, et Ulpien (*fr.* 10, *h. t.*) déclare expressément qu'il faut habiter par soi-même; Justinien (*text. hic*), préférant l'opinion de Marcellus, permet de louer. Cette décision rapproche le droit d'habitation de l'usufruit autant que l'opinion contraire le rapprochait de l'usage.

§ VI.

447. Pour traiter des différentes choses incorporelles dans l'ordre où elles sont énumérées ci-dessus (§ 2, *de reb. incorp.*), Justinien devrait s'occuper ici de l'hérédité et des obligations; mais il aura d'autres occasions d'en parler : il revient donc aux manières d'acquérir la propriété. Nous avons déjà vu celles qui dérivent du droit des gens. Examinons comment la propriété se transfère d'après le droit civil.

448. Il faut distinguer à cet égard les choses dites MAN-CIPI : on comprenait dans cette classe les héritages urbains ou ruraux situés en Italie, et les servitudes inhérentes à ces derniers, et par conséquent au sol italique ; les esclaves, et enfin les animaux domestiques qui servent comme bêtes de trait ou de somme, c'est-à-dire les bœufs, les mulets, les chevaux et les ânes. Cette énumération limitative exclut tout ce qu'elle ne comprend pas expressément, notamment les héritages provinciaux, les éléphants, les chameaux et tous autres animaux sauvages, enfin les servitudes urbaines, et en général toutes les choses incorporelles autres que les servitudes rurales (v. *Ulp.* 19 *reg.* 1; *Gaius, 1 inst.* 120; 2 *ibid.* 15, 16, 22, 29, 31).

Les choses MANCIPI s'acquéraient, suivant Ulpien (19 *reg.* 2 *et seqq.*), non par tradition, mais par mancipation, par *cessio in jure*, par usucapion, par adjudication (§ 4, 5, 6 *et* 7, *de offic. jud.*), et en vertu de la loi, c'est-à-dire de la loi des Douze-Tables et de la loi Papia Poppœa, comme nous l'expliquerons au titre *de legatis*. Nous aurons occasion de revenir sur les deux derniers modes d'acquisition ; mais il faut parler ici des trois premiers.

449. La mancipation, comme nous l'avons déjà vu (197), et comme nous le verrons encore en parlant de la forme des testaments (530 ; § 1, *de testam.*), est une vente solennelle, mais dont les solennités, quoique nombreuses, n'exigeaient point la présence du magistrat (*Gaius*, 2 *inst.* 25). Elle s'appliquait exclusivement, comme l'indique l'expression même, aux choses MANCIPI (*Ulp.* 19 *reg.* 3.)

450. Pour faire la *cessio in jure*, il fallait au contraire recourir à l'autorité du magistrat, et introduire devant lui (*in jure*) un procès fictif, une revendication convenue d'avance entre le cédant et le cessionnaire ; en sorte que la prétention de ce dernier, n'étant pas contredite, était nécessairement admise, et même confirmée par le magistrat qui *addicebat* (*Ulp.* 19 *reg.* 9; *Gaius*, 2 *inst.* 24). Ce mode d'acquisition, plus solennel, et par suite plus incommode que la mancipation même, était rarement employé pour les choses MANCIPI (*Gaius*, 2 *inst.* 25); mais la *cessio in jure* était, relativement aux autres choses, d'une application plus générale que la tradition même. En effet, on cédait *in jure* tout ce qui peut être revendiqué, c'est-à-dire les choses corporelles, *mancipi* ou non (*Ulp.* 19 *reg.* 9), et plusieurs droits ou choses incorporelles, comme l'usufruit, les servitudes rurales ou urbaines, l'hérédité, et même la tutelle légitime des

femmes pubères (*Ulp*. 19 *reg.* 9, 11 *et seqq.*; *Gaius*, 1 *inst.*
168 *et seqq.*; 2 *inst.* 54 *et seqq.*).

451. A défaut de cession ou de mancipation, la tradition d'un objet MANCIPI, quoique faite par le propriétaire avec intention de transférer la propriété ou *ex justa
causa* (471), n'aurait pas suffi, d'après le droit civil, pour
transférer immédiatement la propriété; il fallait continuer de posséder pendant un certain temps, après lequel
la propriété venait se réunir à la possession. C'est ainsi
que l'usucapion suppléait à la mancipation ou à la cession
par une possession continuée pendant deux ans pour les
choses immobilières, et pendant un an seulement pour les
autres choses (*Gaius*, 2 *inst.* 41, 42, 54; *Ulp.* 19 *reg.* 8).

452. Dans cet intervalle, la chose MANCIPI continuait
d'appartenir à son ancien maître et à lui seul; car on ne
connaissait dans l'origine qu'une espèce de propriété, les
citoyens qui n'étaient pas propriétaires d'après le droit
civil, *ex jure quiritium*, ne l'étant pas du tout; mais,
dans la suite, on distingua, pour les choses MANCIPI, deux
sortes de propriété, dérivant l'une du droit civil, l'autre
du droit des gens; en sorte que le même objet pouvait
avoir et avait souvent deux maîtres, dont l'un conservait
le domaine civil ou quiritaire, tandis que l'autre avait la
chose *in bonis* (*Gaius*, 2 *inst.* 40, 41).

Ce dernier n'avait pas les avantages que la propriété
tire spécialement du droit civil. Il n'avait pas la revendication proprement dite; mais le droit honoraire y suppléait par une action utile que l'on appelle publicienne
(§ 4, *de action.*). D'un autre côté, le maître qui avait des
esclaves *in bonis* seulement ne les rendait pas citoyens en
les affranchissant (80, 83); mais il avait, du reste, tous
les avantages que le droit des gens attache à la propriété;

notamment celui d'acquérir par l'esclave. Pour profiter
des acquisitions de ce dernier, ou pour le rendre latin
Junien, il suffisait, et même il fallait qu'on l'eût *in bonis*
(*Gaius*, 2 *inst.* 88; *Ulp.* 19 *reg.* 20; v. *fragm. vet. ju-
risc. de manum.*, § 11).

453. En conservant ainsi le titre de propriétaire à
l'ancien maître des choses MANCIPI qu'un autre avait *in
bonis*, le droit civil refusait à ce dernier la libre disposition de sa chose; du reste, si l'on n'aperçoit pas nette-
ment dans quel but les Romains ont distingué des choses
MANCIPI, on ne reconnaît pas mieux quel avantage pouvait offrir la rétention du droit qu'on appelle *nudum jus
Quiritium.* Justinien n'y voit qu'un vain titre, et supprime une distinction plus embarrassante qu'utile, en déclarant (C. *de nud. jur. quir.*) qu'une personne, ayant
in bonis un esclave ou toute autre chose MANCIPI, sera désormais considérée comme seul et légitime propriétaire.
La distinction des choses MANCIPI, se trouvant dès-lors superflue, est également supprimée (C. *de usucap. transf.*),
et désormais la volonté du propriétaire obtient par la
tradition, et à l'égard de toutes les choses corporelles
sans distinction (§ 40, *de divis. rer.*), une plénitude d'effets que le droit civil lui refusait sur les choses MANCIPI,
et ne lui accordait pas toujours sur les autres.

454. En effet, parmi les choses qui n'étaient pas MANCIPI,
se trouvent les fonds provinciaux qui se distinguaient
en stipendiaires et tributaires, suivant qu'ils dépendaient
d'une province appartenant à l'empereur ou au peuple
(§ 40, *de div. rer.*; *Theoph. ibid.*). Ils étaient certainement susceptibles de tradition (*Gaius*, 2 *inst.* 21) comme
toutes les choses corporelles; mais le droit civil ne reconnaissant dans les provinces d'autre propriétaire que le

peuple romain ou le prince, les particuliers n'avaient sur chaque portion du sol par eux occupée qu'une possession (*Gaius, ibid.* 7), ou propriété purement naturelle que le droit prétorien protégeait indirectement par des interdits, par des exceptions et par des actions utiles. Aussi les fonds provinciaux, à la différence des autres choses *nec mancipi*, n'admettaient-ils pas la *cessio in jure* (*Gaius,* 2 *inst.* 31), précisément parce qu'il n'existait pour eux ni propriété privée ni revendication. En réalité, ce droit exclusif du peuple ou du prince sur les fonds provinciaux n'était, depuis long-temps, qu'une propriété nominale (v. *Gaius,* 2 *inst.* 7), dont la trace s'est affaiblie et même effacée avant Justinien (v. *fragm. vatic.*, § 259, 283, 293, 315 *et* 316). Si ce prince permet d'aliéner les fonds provinciaux, comme les fonds italiques, s'il supprime toute différence entre eux (§ 40, *de div. rer.*), c'est donc uniquement pour confirmer en droit ce qui existait déjà en fait. De cette manière, la possession du sol provincial devient une propriété légale, un *dominium* proprement dit.

455. Quant aux autres choses qui n'étaient pas MANCIPI, la tradition a suffi de tout temps pour transférer le domaine quiritaire en pleine propriété, c'est-à-dire sans le démembrer en réservant l'usufruit. En effet, cette réserve, admise dans la mancipation et la *cessio in jure* (*Gaius,* 2 *inst.* 33), ne l'était pas dans la tradition, parce que l'usufruit se constitue par les moyens que donne le droit civil. Or la tradition vient du droit des gens (1).

_____

(1) *Paul. fragm. vatic.* § 47 ; *Gaius,* 2 *inst.* 65. De-là il faut conclure avec le commentateur des *fragmenta vaticana*, M. de Bucholtz, 1° que l'usufruit et sans doute aussi les droits d'usage et de servitude

456. Dès que la tradition a suffi pour transférer indistinctement tous les objets corpor*l*s, la mancipation est devenue tout-à-fait inutile, et la *ce.*·io in jure elle-même a perdu de son importance. Cependant elle peut encore n'être pas sans utilité pour les choses incorporelles; Justinien lui-même paraît vouloir la conserver, puisqu'elle n'est pas, comme la mancipation, totalement effacée dans les Pandectes (*Pomp. fr.* 66, *de jur. dot.; Pap. fr.* 42, *de mort. caus. don.;* v. § 3, *de usufr.*).

Quant à l'usucapion, elle resterait sans objet dans la législation de Justinien, si l'on ne considérait en elle que l'acquisition des choses MANCIPI; mais elle avait encore d'autres effets indépendants de la distinction des choses MANCIPI et NEC MANCIPI (v. *Gaius,* 2 *inst.* 43), et ces effets ont subsisté, en subissant toutefois d'importantes modifications.

---

prédiale, dérivent du droit civil; 2° que la tradition est et reste du droit des gens, lors même qu'elle produit un effet civil en transférant la domaine quiritaire, et conséquement que les différentes manières d'acquérir sont considérées comme appartenant au droit des gens ou au droit civil d'après leur origine, indépendamment de leurs effets; 3° enfin que si plusieurs textes du digeste (*Pomp. fr.* 32, *de usufr.; Gaius, fr.* 5, *de usufr. accresc.; Paul. fr.* 8, § 1, *de action. empt.; Afric. fr* 46, *de evict.*) autorisent la réserve d'usufruit sur des biens aliénés par tradition, c'est qu'ils ont dû être remaniés, comme l'ont été deux décisions d'Ulpien (*fr.* 1, *quib. mod. ususfr.; fr.* 3, § 1, *de usufr.*), dont la teneur primitive nous a été rendue (v. *fragm. vatic.* § 61 *et* 80).

Une réponse de Papinien (*fr.* 42, *de donat. mort. caus.*) et une constitution de Théodose (C. 28, *de donat.;* C. 9, C. Th. *eod.*) seraient plus difficiles à expliquer si elles ne statuaient pas sur une donation, c'est-à-dire sur un genre d'aliénation où la tradition intervenait, avant Justinien, dans un but absolument indépendant de l'aliénation même et par conséquent de la réserve que le donateur ferait en aliénant soit par mancipation soit par *cessio in jure* (v. *Cujas sur Papinien d. fr.* 42, *de donat. mort. caus.*).

TITRE VI.

Des Usucapions et des possessions de longues années.

457. D'après le droit des gens et malgré la bonne foi du possesseur, la propriété n'est jamais transférée sans le fait ou le consentement du propriétaire (§ 35, 40 *et* 42 (*de div. rer.; Pomp. fr.* 11, *de reg. jur.*); mais le droit civil, c'est-à-dire ici la loi des Douze-Tables, voulant mettre fin à de trop longues incertitudes sur la propriété, essaya de concilier l'intérêt public avec l'intérêt privé, en fixant pour chaque propriétaire, *ad inquirendas res suas*, un délai que les anciens ont jugé suffisant (*text. hic; Gaius,* 2 *inst.* 44; *fr.* 1, *de usurp.*), et à l'expiration duquel les choses livrées par tout autre que le propriétaire, et sans sa volonté, sont acquises à celui qui les a possédées sans interruption (*Ulp.* 11 *reg.* 8).

Cette usucapion n'avait cependant qu'une application limitée à certaines choses et à certaines personnes. Les meubles s'acquéraient ainsi par une année de possession sans distinction de lieux (*ubique*); les immeubles par deux ans de possession et en Italie seulement (*text. hic; Gaius,* 2 *inst.* 46), parce que le domaine quiritaire n'existait pas pour les particuliers sur le sol provincial (454). Quant aux personnes, l'usucapion profite exclusivement à celles qui ont reçu la chose d'autrui de bonne foi et *ex justa causa text. hic*, comme nous l'expliquerons plus loin (§ 11, *h. t.*).

458. Justinien opère ici un changement très-important, sans introduire un droit entièrement nouveau. En effet, lorsque la possession d'un meuble ou d'un im-

meuble situé, soit en Italie, soit dans les provinces, avait duré *longo tempore*, c'est-à-dire dix ans entre présents et vingt ans entre absents, le préteur maintenait le possesseur de bonne foi dans la possession acquise *ex justa causa*, en lui accordant une exception pour repousser toute action tendant à l'évincer (v. *Diocl. et Max.* C. 2, 3 *et* 9, *eod.; Paul.* 5 *sent.* 2, § 3).

Cette prescription ou exception ne servait qu'à maintenir le possesseur et à le garantir des actions dirigées contre lui, sans qu'il pût lui-même revendiquer la chose, du moins par action directe; car Ulpien (*fr.* 10, *si serv. vind.*) lui accorde une revendication utile. L'usucapion, au contraire, accomplie par un délai beaucoup plus court, transférait au possesseur le domaine quiritaire. Sous ce rapport l'usucapion était plus avantageuse que la prescription; mais, d'un autre côté, elle transférait la propriété avec les servitudes et les hypothèques dont elle était grevée dans la main du précédent propriétaire, comme s'il avait aliéné lui-même. Ainsi, malgré l'usucapion, tous ceux qui avaient sur la chose un droit d'usufruit, de servitude ou d'hypothèque, le conservaient intact (*Pap. fr.* 44, § 5, *de usurp.*). Après le délai de la prescription au contraire, la même exception qui aurait repoussé le propriétaire et l'usufruitier repoussait également le créancier hypothécaire (*Gordian., Diocl. et Max.* C. 1 *et* 2, *si adv. cred. præscr.*; v. *Paul. fr.* 12, *de div. temp. præscr.*) Sous ce rapport la prescription plus tardive, mais plus avantageuse que l'usucapion, n'était pas sans utilité pour les fonds italiques ni même pour les meubles (*Modest. fr.* 3; *Marcian. fr.* 9, *de divers. tempor.*); et elle était seule applicable aux fonds provinciaux que n'atteignait pas l'usucapion.

459. Justinien conserve, à l'égard des immeubles, la possession *longi temporis,* en décidant que la distinction des dix ans entre présents, et vingt ans entre absents, s'appliquera d'après le domicile des parties intéressées, selon qu'elles habitent dans la même province ou dans deux provinces différentes (C. 12, *de præscr. long. temp.*). De plus, il attribue à la possession *longi temporis* tous les effets de l'usucapion, qui par là se trouve supprimée ou du moins transformée (C. *de usucap. transf.*). La même fusion s'opère aussi à l'égard des meubles, mais quoiqu'il augmente le délai fixé par la loi des douze tables, en le portant d'un an à trois ans, l'empereur ne l'étend pas jusqu'au *longum tempus* du droit prétorien, et nominalement au moins la possession *longi temporis* ne s'applique plus aux meubles. L'usucapion conserve son nom quant à eux (*d.* C. *de usuc. transf.*; v° *cum autem*; 477).

460. Nous avons à examiner d'abord quelles choses sont ou ne sont pas susceptibles soit d'usucapion, soit de prescription. L'une et l'autre supposent la possession ; les objets corporels sembleraient donc seuls susceptibles d'être usucapés ou prescrits. C'est à eux, en effet, que l'usucapion s'applique (*Gaius*, *fr.* 43, § 1, *de adq. rer. dom.*) principalement, *maxime,* dit Gaius (*fr.* 9, *de usurp.*). Cette restriction se réfère sans doute à un petit nombre de choses incorporelles dont l'usucapion primitivement admise a été ensuite rejetée. Telle est l'hérédité (*Gaius* 2 *inst.* 54); telles ont été, jusqu'à la loi Scribonia portée en 720, toutes les servitudes (v. *Paul. fr.* 4, § 29, *de usurp.*). D'après la législation des Pandectes, on recouvre par usucapion la liberté des héritages soumis à une servitude urbaine (427; *Paul. d. fr.* 4, § 29; *Julian.fr.* 32, *pr. et* § 1, *de serv. præd. urb.*); et quoique l'exercice

d'une servitude urbaine ou rurale ne suffise pas pour la constituer par usucapion (*Paul. fr.* 14, *de servit.; Ulp. fr.* 10, § 1, *de usurp.*), cependant la prescription prétorienne maintient la jouissance de ceux qui ont exercé *longo tempore* une servitude urbaine ou un droit d'aquéduc (*Ulp. fr.* 10, *si serv. vind.; Scævol. fr.* 26, *de aqua et aq. pluv.; Anton. C.* 1 *et* 2, *de servit.*) dont l'exercice constitue une sorte de possession continuel (v. *Paul. fr.* 20, *de serv. præd. urb.*), et même une servitude discontinue comme un droit de passage (*Ulp. fr.* 5, § 3, *de itin. act.*). Justinien (C. 12 *in fin., de præscrip. long. temp.*) généralise ce principe en permettant d'acquérir *longo tempore* une servitude quelconque, et même l'usufruit dont l'acquisition, soit par usucapion, soit *per longum tempus,* n'est admise par aucun des anciens textes (1).

§ I ET II.

461. Revenons aux choses corporelles. Il en est un grand nombre qui ne s'acquièrent point par usucapion. Telles sont d'abord les personnes libres, les choses de droit divin et les esclaves fugitifs.

Un homme libre, qui n'est pas même une chose, les choses sacrées ou religieuses et autres objets qui sont

(1) Pas même dans Ulpien (*fr.* 11, § 1, *de public. in rem act.*). Zimmern a soutenu dans la Themis (*T.* 4, *p.* 373) que Justinien, en appliquant la possession *longi temporis* à l'usufruit et aux servitudes, s'est occupé, non de leur acquisition, mais de leur extinction. Cette théorie paraîtrait plus concluante, si Justinien ne parlait que des servitudes personnelles ; mais il statue sur toutes les servitudes sans distinction, et il n'est pas vraisemblable qu'il déroge, sans en rien dire, aux règles admises par le droit honoraire pour l'acquisition des servitudes prédiales.

hors du commerce, ne s'acquièrent point par usucapion ou par prescription, sans doute parce qu'ils ne peuvent jamais être acquis à personne par aucun moyen (v. § 7, *de div. rer.; § 4, de legat.; § 2, de inutil. stip.; Gaius, 2 inst.* 48).

462. Quant à l'esclavage fugitif, la prohibition tient à une autre cause. En effet, sa fuite est considérée comme un vol qu'il fait de sa propre personne (*African. fr.* 60, *de furt.; Diocl. et Max.* C 1, *de serv. fugit.*). Or, l'usucapion des objets volés ou possédés de force est prohibée (§ 2, *h. t.*) : savoir, celle des choses volées, par la loi des Douze-Tables et par la loi Atinia (1); celle des choses possédées de force, par les lois Julia et Plautia (v. *Gaius, 2 inst.* 45; *Julian. fr.* 33, *de usurp.; Venul. fr.* 6, *vi bon. rapt.*).

§ III.

463. Cette prohibition complétement inutile à l'égard du voleur ou du ravisseur, puisque sa mauvaise foi suffit pour l'empêcher d'acquérir par usucapion, s'applique à tous les possesseurs de bonne foi entre les mains de qui passerait successivement la chose volée ou possédée de force (*text. hic; Gaius, 2 inst.* 49 *et* 50). Il y a vol toutes les fois que l'on déplace sciemment et frauduleusement la chose d'autrui, par exemple, en la vendant ou la donnant de mauvaise foi (*text. hic;* § 1 *et* 5, *de oblig.*

---

(1) On ignore ce que peut avoir ajouté aux dispositions antérieures de la loi des Douze-Tables, la loi ATINIA, plébiscite porté l'an de Rome 557. La loi PLAUTIA est un autre plébiscite proposé par M. Plautius en 665. La loi JULIA, attribuée à Auguste, paraît être celle dont il est question au § 8, *de publ. Jud.*

quæ ex del.; Anton. C. 1, *de usuc. pro empt.; Diocl. et Max. C.* 2, *de usuc. pro donat.*). On voit par là qu'il est très-difficile d'usucaper un meuble, car il nous est livré avec le consentement du véritable maître ou à son insu : dans le premier cas, la propriété est transférée de suite; dans le second, la chose aura presque toujours été volée par un de ceux qui l'auront livrée à l'insu du propriétaire.

§ IV, V et VI.

464. Je dis presque toujours, parce que le contraire peut arriver, comme on le voit par les deux exemples que Justinien rapporte ici (§ 4 *et* 5), et auxquels on pourrait en joindre plusieurs autres (v. *Gaius, fr.* 36, § 1, *de usurp.*; *Paul. fr.* 4, *pro derel.*; *Pap. fr.* 57, *mandat. vel contr.*).

Remarquons qu'il n'y a point de vol sans intention frauduleuse (*sine affectu furandi*; § 5, *h. t.*), même lorsque l'on commet une erreur de droit, comme l'usufruitier dont il s'agit ici (§ 5, *h. t.*; *Gaius,* 2 *inst.* 50; *fr.* 37, *de usurp.*).

§ VII.

465. L'usucapion des immeubles serait aussi difficile que celle des meubles, si les premiers pouvaient être volés, comme le pensaient anciennement plusieurs jurisconsultes et entre autres Sabinus (*Gell.* 11 *noct. attic.* 18), dont l'opinion a été rejetée (*text. hic*). A l'égard des meubles, le vendeur ou le donateur qui livre sciemment la chose d'autrui commet un vol et par cela même rend l'usucapion absolument impossible (*text. hic*).

L'usucapion des immeubles au contraire, reste permise tant qu'ils n'ont pas été possédés par violence, et quelle que soit d'ailleurs la bonne ou la mauvaise foi de ceux qui les ont vendus ou donnés (*text. hic; Gaius, fr.* 37, § 1; *fr.* 38, *de usurp.*). Aussi nul ne sera-t-il dépouillé des immeubles dont il aurait *longa et indubitata possessio;* c'est-à-dire que, hors le cas où la possession a été envahie de force, la prescription *longi temporis* s'accomplit par dix ou vingt ans au profit du possesseur de bonne foi, et suffit, malgré la mauvaise foi de ses auteurs, pour le préserver de toute action, le tout conformément aux constitutions inconnues que rappelle Justinien et que lui-même ne tarda point à modifier (1).

§ VIII.

466. L'obstacle résultant soit du vol, soit de la violence, cesse lorsque la chose revient en la possession, non pas précisément de ceux qui ont été volés ou expulsés, mais du propriétaire (*Paul. fr.* 4, § 6, *de usurp.*). Alors en effet le vice est purgé, l'usucapion redevient possible (*text. hic*). Mais pour qui? Ce n'est pas à coup sûr pour le propriétaire qui recouvre la possession; c'est donc pour ceux qui posséderont de bonne foi, sans le consentement de ce dernier, et sans nouveau fait de vol ou de violence. Ainsi, pour savoir si une chose est susceptible d'usucapion, il faut examiner, non pas unique-

---

(1) D'après la novelle 119 (*chap.* 7), la bonne foi du possesseur ne suffit plus; il faut que son auteur ait été lui-même de bonne foi, ou, dans le cas contraire, que le véritable maître n'ait pas ignoré son droit et le fait qui a transféré la possession à un tiers. Autrement le possesseur, malgré sa bonne foi, ne prescrira que par trente ans.

I. 21

ment si elle a été volée ou possédée par violence dans un temps quelconque, mais si elle l'a été depuis la dernière fois que le maître en a recouvré la possession.

La chose revient au pouvoir du propriétaire et l'obstacle est levé, lorsqu'il reprend possession de la chose comme sienne, et sachant qu'elle a été volée. Il en serait autrement, si dans l'ignorance du vol, le maître achetait sa propre chose (*Paul. d. fr.* 4, § 12, *de usurp.*).

IX.

467. Le fisc, c'est-à-dire le trésor du prince, distinct sous les premiers empereurs du trésor public, *ærarium*, et ensuite confondu avec ce dernier (v. § 14, *h. t.*), le fisc, dis-je, a, entre autres priviléges, celui de ne jamais perdre par usucapion les choses qui lui appartiennent (*text. hic; Alex.* C. 2, *commun. usucap.*).

Les biens vacants, c'est-à-dire ceux des personnes décédées sans successeurs, ont été attribués au peuple par la loi Julia, l'une des lois Caducaires (v. 151; *Ulp.* 28 *reg.* 7). Ils lui sont acquis de droit, même avant d'avoir été déclarés (v. *Callistr. fr.* 1, § 1, *de jur. fisc.*); mais jusque-là cependant les biens vacants sont encore susceptibles d'usucapion (*text. hic; Modest. fr.* 18, *de usurp.*).

§ X.

468. On appelle vice, dans la matière qui nous occupe, tout obstacle qui empêche l'usucapion de s'accomplir. Les choses vicieuses sont celles dont l'usucapion est prohibée, soit à raison de l'objet même, comme dans les cas de vol ou de violence, soit à raison d'un privilége

accordé au propriétaire, et par exemple au fisc (v. *Pomp.fr.* 24, § 1, *de usurp.*).

Dans ce sens on doit regarder comme vicieux tout objet dont l'aliénation serait prohibée; car l'usucapion est une espèce d'aliénation tacite. Ainsi, entre autres objets spécialement déterminés par les lois, on ne pourra usucaper ni les biens appartenant au peuple ou aux cités (*Gaius, fr.* 9, *de usurp.*), ni le fonds dotal que le mari est incapable d'aliéner (*pr.*, *quib. alien.*), et cependant la possession *longi temporis* continue de courir, lorsqu'elle a commencé avant la constitution de la dot (*Tryph. fr.* 16, *de fund. dot.*). Les pupilles, incapables de rien aliéner sans autorisation (§ 2, *quib. alien.*), ne craignent point l'usucapion si l'on s'en rapporte à un texte (*Paul. fr.* 48, *de adq. rer. dom.*) démenti par plusieurs autres (1). Quoi qu'il en soit, on ne compte pour la possession *lonyi temporis* ni les années qui précèdent la majorité du propriétaire, ni le temps pendant lequel il aurait été absent ou prisonnier de guerre (*Diocl. et Max.* C. 3, 4 *et* 6, *quib. non obj. long.*). A cet égard, la prescription était moins rigoureuse que l'usucapion.

---

(1) *Julian. fr.* **7**, § 3, *pro empt.*; *fr.* 56, § 4, *de furt.*; *Paul. fr.* **4**, § 11, *de usurp.* Paul (*fr.* 48, *de adq. rer. dom.*) ne s'occupe des pupilles qu'incidemment et par forme d'exemple, ce qui rend l'interpolation très-facile : on a pu écrire PUPILLI en place de PUBLICA qui, d'après les Basiliques, se trouve dans l'original. Cujas (24 *observ.* 14) fait remarquer que ce texte parle d'un terrain, tandis que tous les autres textes s'appliquent à des objets volés et par conséquent à des meubles. Cujas en conclut que l'usucapion des meubles était admise et celle des immeubles prohibée.Cette question est assez importante pour avoir été tranchée par des décisions positives, et je m'étonne qu'il n'en subsiste aucune. L'absence de ces décisions qui ne peut pas être un effet du hasard, me fait croire à une altération du texte de Paul (*d. fr.* 48).

§ XI.

469. Comme la transmission de propriété suppose certaines conditions dans celui qui livre la chose, et d'autres
conditions dans celui qui la reçoit, l'usucapion vient au
secours du possesseur qui s'est trompé sur les premières
lorsque lui-même a rempli les secondes.

Pour transférer la propriété, il faut avoir le droit d'a-
liéner, soit comme propriétaire, soit en quelqu'autre
qualité, par exemple, comme créancier gagiste (507,
508); et c'est relativement à ce droit même que le possesseur est de bonne foi, lorsqu'il tient la chose d'une
personne qu'il croit propriétaire (*text. hic*; § 35, *de div.
rer.*; *Gaius*, 2 *inst.* 43; *fr.* 27, *de contrah. empt.*), ou
plus exactement, capable d'aliéner (*Modest. fr.* 109, *de
verb. sign.*), pourvu que son erreur porte sur un
fait; car l'erreur de droit ne profite à personne pour acquérir (*Pomp. fr.* 4, *de jur. et fact.*; *Pap. fr.* 7 et 8,
eod.). Ainsi, par exemple, ceux qui, connaissant l'âge
d'un pupille, le supposent capable d'aliéner sans autorisation, ou se contentent d'une autorisation irrégulière,
sont dans une erreur de droit qui empêchera l'usucapion
(*Paul. fr.* 2, § 15, *pro empt.*; *fr.* 12 et 31, *de usurp.*),
tandis qu'il y a simplement erreur de fait, lorsque je me
trompe sur la personne du propriétaire, ou sur l'âge d'un
pupille que j'ai considéré comme pubère (*Paul. d. fr.* 2,
§ 15, *pro empt.*).

470. Pour apprécier la bonne foi on se reporte à l'é-
poque où la possession a commencé, sans examiner le
moment du contrat qui, par lui-même, ne donne jamais
la propriété. Quiconque s'est obligé à transférer la chose

d'autrui la transfère effectivement, lorsqu'au moment
de la tradition, il se trouve lui-même propriétaire ou
autorisé par ceux à qui la chose appartient (*Pap. fr.*
44, § 1, *de usurp.*). C'est donc sur le droit qu'on a eu
d'aliéner par la tradition et au moment de la tradition,
que le possesseur doit être de bonne foi (1). Du reste, il
importe peu que son erreur continue ; car si le possesseur cesse de faire les fruits siens, dès qu'il devient de
mauvaise foi, il ne cesse pas pour cela d'usucaper (*Paul.
fr.* 48, § 1, *de adq. rer. dom.*).

471. La tradition, lors même qu'elle est faite par une
personne capable d'aliéner, n'a pas toujours pour but de
transférer la propriété. Aussi le possesseur devra-t-il
prouver qu'en recevant la chose, il se trouvait dans un
des cas où la tradition transporte le *dominium,* ou en
d'autres termes qu'elle a été faite *ex justa causa* (*text.
hic;* § 35, *de div. rer.*).

Ainsi, pour usucaper il faut détenir, non comme dépositaire, usufruitier ou créancier gagiste, etc. (*Paul. fr.*
13, *de usurp.*; *Diocl. et Max.* C. 8, *de usufr.*); mais comme donataire, comme acheteur, comme légataire, ou en
tout autre qualité semblable, qualité qui constitue le
titre du possesseur (*justus titulus*; v. *Ulp. fr.* 1, *pro
dot.*; *Diocl. et Max.* C. 24, *de rei vind.*). C'est ainsi qu'un
mari et un créancier possèdent, l'un *pro dote,* l'autre
pro soluto, les objets que le premier a reçus en dot, et
le second en paiement; et parce que les objets abandonnés par leur maître sont acquis au premier occupant

---

(1) *Paul. fr.* 15, § 3, *de usurp.* Une exception particulière au cas de
vente exige que l'acheteur ait été de bonne foi aux deux époques du
contrat et de la tradition (*Paul. fr.* 2, *pro empt.*).

(§ 46, *de div. rer.*), celui-ci possèdera et usucapera *pro derelicto* les objets abandonnés par une personne à laquelle ils n'appartenaient pas (v. *Paul. fr.* 2, *pro suo*; *fr.* 3, § 4, *de adq. vel amitt. poss.*); tandis que les objets perdus, n'étant pas susceptibles d'être acquis par occupation (§ 47, *de div. rer.*), ne le seront pas davantage par usucapion (*Javol. fr.* 21, § 1 *et* 2, *de adq. vel amitt. poss.*).

Cette *justa causa* qui constitue la qualité ou le titre du possesseur, n'est pas, comme le pouvoir d'aliéner, un fait étranger à celui qui veut acquérir. Aussi ne se contente-t-on plus, à cet égard, de l'opinion qu'il pourrait avoir. Nul ne peut usucaper comme acheteur, comme donataire, etc., ce qu'on ne lui a pas réellement vendu ou donné. Tel est le sens de la règle : *error falsæ causæ usucapionem non parit* (*text. hic*).

Cependant ce principe même a été longuement controversé, et les jurisconsultes romains après avoir beaucoup varié (1), ont limité l'application de cette règle

---

(1) *Post magnas varietates obtinuit* (*Hermog. fr.* 9, *pro legat.*; v. *fr.* 46, *de usurp.*). Outre Neratius (*fr.* 5, § 1, *pro suo*) et Africain (*fr.* 11, *pro empt.*), voyez dans la même sens Paul (*fr.* 13, § 1, *de usurp.*; *fr.* 2, § 16, *pro empt.*; *fr.* 4, *pro legat.*), Proculus (*fr.* 67, *de jur. dot.*), Pomponius (*fr.* 3; *fr.* 4, § 2, *pro suo*) et Papinien (*fragm. vatic.* § 296); et dans le sens opposé, Ulpien (*fr.* 27, *de usurp.*; *fr.* 1, § 3 *et* 4, *pro dot.*; *Paul. fr.* 48, *de usurp.*; *fr.* 1, *pro donat.*; *fr.* 2, *pro empt.*; *fr.* 2, *pro legat.*) Papinien (*fr.* 3, *eod.*) et Julien (*fr.* 1, *pro derel.*) Ainsi plusieurs jurisconsultes semblent démentir eux-mêmes leur propre doctrine ; il faut donc supposer que les textes ont été altérés. Quoi qu'il en soit, il est très-difficile de savoir quel parti Justinien préfère, à moins de s'en tenir aux décisions contenues dans les Institutes et dans le Code, qui toutes semblent se tenir rigoureusement à la règle, *error falsæ causæ* etc. (*text. hic*; v. *Diocl. et Max.* C. 24, *de rei vind.*; C. 22, *famil. ercisc.*; C. 3 *de usuc. pro donat.*; C. 5, *de præscript. long. temp.*)

aux personnes dont l'erreur n'admet point d'explication plausible, par exemple, si je croyais avoir acheté moi-même ce qu'on ne m'a point vendu; mais il en est autrement de la vente que je croirais avoir été faite à mon esclave, à mon procureur, ou au défunt dont je suis héritier (*Afr. fr.* 11, *pro empt.*). En effet, on peut admettre sur le fait d'autrui, la possibilité d'une erreur qui serait inadmissible sur un fait personnel (*Nerat. fr.* 5, § 1, *pro suo*).

472. Dans ce cas et autres semblables la cause qui suffit à l'usucapion se trouve dans la personne du possesseur (*Paul. fr.* 4, *pro legat.*), c'est-à-dire dans son opinion; ainsi l'erreur d'un possesseur qui a des motifs plausibles pour se croire propriétaire, est une cause d'usucapion. *Quod cum quis, suum esse existimaret, possederit, usucapiet* (*Nerat. fr.* 5, § 1, *pro suo*); ensorte que, dans ce système, la bonne foi se confondrait avec la *justa causa*, si comme on le dit communément (v. *Heinec. elem. jur.* § 376 *et* 442; *Vinnius, pr. h. t. n⁰* 2; *Pothier,* 41 *Pand. Just.* 3, *n°* 77) la première consistait à se croire propriétaire.

473. Jusqu'ici nous avons parlé des choses qu'un particulier livre à un autre. Souvent aussi la possession accordée par les magistrats (907, 984) devient une juste cause d'usucapion, *juste possidet qui prætore auctore possidet* (*Paul. fr.* 11, *de adq. vel amit. poss.*; v. *fr.* 5, *de damn. infect.*), et parce que leur autorité n'est douteuse pour personne, on ne distingue plus alors ni bonne ni mauvaise foi.

§ XII.

474. Pour acquérir l'usucapion ou la prescription, il

faut posséder; et pour posséder, il faut joindre une intention à un fait (*Paul. fr.* 3, § 1, *de adq. vel amitt. poss.*; v. 522, *etc.*). L'intention est toujours personnelle. Le fait, au contraire, consiste dans une appréhension corporelle de la chose qu'on détient par soi-même ou par autrui (*Paul.* 5 *sent.* 2, § 1). Ainsi le locataire, le dépositaire, l'usufruitier, etc., détiennent sans posséder (§ 4, *per quas pers. nob. adq.*; § 5, *de interd.*), parce qu'ils n'ont aucune prétention sur la propriété. Le véritable possesseur est donc celui pour qui et au nom de qui ceux-ci détiennent. Aussi l'usucapion court-elle à son profit, s'il est de bonne foi; car on possède souvent de mauvaise foi, et alors l'usucapion n'a pas lieu (*Paul. fr.* 3, § 22, *de adq. vel amitt. poss.; fr.* 2, § 1 et 2, *pro empt.*). Nous distinguerons plus loin différentes espèces de possessions : quant à présent, et pour éviter plusieurs équivoques, il suffira d'observer que la possession dont nous parlons ici, celle qui produit l'usucapion et la prescription, se nomme souvent possession civile, à cause des effets particuliers que le droit civil lui attribue, et par opposition à plusieurs autres possessions dites naturelles.

475. La possession ne produit son effet qu'après avoir continué sans interruption pendant le temps fixé. Il y a interruption lorsqu'on cesse réellement d'avoir en sa puissance la chose que l'on détenait par soi-même ou par autrui, notamment lorsqu'on est dépouillé ou expulsé (*Gaius, fr.* 5, *de usurp.*). La captivité du possesseur forme également une interruption que ne répare point le retour du prisonnier ; car la fiction du *postliminium*, qui le rétablit dans ses droits, n'a aucun effet sur la possession et sa continuité, qui sont choses de fait (v. *Paul.*

fr. 15, *eod.*; *fr.* 1, § 3, *de adq. vel amitt. poss.*; *Ulp.*
fr. 23, § 1, *ex quib. caus. maj.*).

La revendication intentée contre le possesseur n'empêche pas qu'il ne détienne réellement la chose ; néanmoins l'instance produit une interruption civile ou fictive à l'égard de la prescription qui cesse de courir contre
le demandeur (v. *Sev. et Anton.; Diocl. et Max.* C. 1, 2,
et 10, *de præscr. long. temp.*). L'usucapion, au contraire,
continue pendant les délais de l'instance (*Paul. fr.* 2,
§ 21, *pro empt.; Marcel. fr.* 2, *pro don.*); mais le possesseur devenu propriétaire devra retransférer la propriété
acquise pendant le cours du procès (v. § 3, *de offic. jud.;*
Gaius, fr. 18, *de rei vind.*).

L'interruption de l'usucapion se nomme usurpation,
du mot USURPARE, qui, en jurisprudence, signifie retenir
et conserver par l'usage, c'est-à-dire par la possession,
et conséquemment empêcher l'usucapion au profit d'un
autre (1).

476. Abordons maintenant la question qui forme l'objet spécial de ce paragraphe.

La possession doit être continue ; mais il n'est pas absolument nécessaire qu'une seule et même personne possède pendant toute la durée de l'usucapion. Nous pouvons quelquefois compter à notre profit le temps pendant
lequel un autre a possédé (*Scævol. fr.* 14, *de divers.*
temp. præscr.).

D'abord il est certains successeurs qui, en prenant la
place d'un défunt, le représentent de manière à ne for-

---

(1) En littérature, USURPARE se prend dans le même sens que notre
adjectif *usité*, pour indiquer le fréquent usage de telle ou telle locution
(*Paul. fr.* 2, *de usurp.; Cuj. ibid.*).

mer avec lui qu'une seule personne. Tels sont l'héritier
et le *bonorum possessor* (*Ulp. fr.* 59, *de reg. jur.*). Aussi
ne commencent-ils pas une possession nouvelle ; ils n'ont
que la possession de leur auteur, qui se continue en eux
(*heredi continuatur*), lorsqu'elle n'a point été interrompue en passant, depuis le décès, dans les mains d'un tiers
(*Javol. fr.* 20, *de usurp.*). Puisqu'il n'existe pour le défunt et pour ses héritiers qu'une seule possession, et puisque c'est au commencement de la possession qu'on examine la bonne foi (475), il en résulte que la mauvaise
foi du premier nuit aux seconds, lors même qu'ils sont
de bonne foi ; et réciproquement, que la possession utilement commencée par le défunt continue de profiter
aux héritiers, malgré leur mauvaise foi, comme elle aurait profité au défunt, même après la cessation de sa
bonne foi.

477. Ces principes étaient communs à l'usucapion et
à la possession *longi temporis* (*Paul. fr.* 2, § 19; *pro empt.*;
Pap. fr. 11, *de divers. temp.*), que notre texte nomme
DIUTINA POSSESSIO. L'empereur, qui les reproduit spécialement pour les immeubles (*prædium*, *text. hic*), nous
avertit que, d'après sa constitution, les mêmes règles s'é-
tendent à l'usucapion, c'est-à-dire à l'usucapion modifiée
qui conserve son nom lorsqu'on l'applique aux meubles ;
aussi Justinien (*C. de usuc. transf.*) décide-t-il expressément que la possession des meubles utilement commencée par le défunt, même à titre lucratif, continue pour
ses successeurs, malgré leur mauvaise foi.

§ XIII.

478. Du vendeur à l'acheteur il peut y avoir, sinon
continuation d'une même possession, du moins jonction

de deux possessions (*conjungi tempora*). En effet, l'acheteur ne continue pas la personne du vendeur; la vente est pour le premier la cause d'une nouvelle tradition, laquelle fait commencer une possession qu'il faut apprécier en elle-même et indépendamment de celle du vendeur. Ainsi l'ignorance de celui-ci n'excusera pas la mauvaise foi de l'acheteur (*Paul. fr.* 2, § 17, *pro empt.*): et réciproquement, la mauvaise foi du vendeur n'empêche pas que le nouveau possesseur ne commence de son chef une possession utile (*Ulp. fr.* 5, *de divers. temp. præscr.*; *Alex.* C. 3, *de peric. et commod.*). En un mot, il y a ici deux possessions qui peuvent ou se réunir ou rester séparées.

Elles se joignent lorsque chacune d'elles a commencé utilement; et cette faculté de joindre à sa propre possession celle de son auteur, profite non-seulement aux acheteurs, mais encore aux donataires, légataires et autres successeurs particuliers (*Ulp. d. fr.* 5, *de divers. temp. præscr.*; *fr.* 13, § 6, 10 *et* 12, *de adq. poss.*)

On appelle en général auteur celui qui a transmis la chose, et successeur celui à qui elle est transmise. Aux successeurs particuliers dont parle notre texte on oppose les successeurs universels dont il est question dans le précédent paragraphe.

§ XIV.

479. D'après une constitution de Marc-Aurèle (*text. hic;* v. *Diocl. et Max.* C. 3, *si advers. fisc.*), la vente et la tradition de la chose d'autrui, consentie par le fisc, ont un effet particulier; car, sauf le cas où cette chose appartiendrait à un mineur de vingt-cinq ans, l'acheteur

peut, après cinq ans de possession, repousser par voie
d'exception la revendication du propriétaire. Un semblable privilége n'en serait pas un pour le possesseur, qui
pourrait usucaper par un délai beaucoup plus court. La
constitution de Marc-Aurèle ne pouvait donc réellement
profiter aux acheteurs que pour les objets non susceptibles d'usucapion, par exemple, pour les choses furtives
(v. *Theoph. hic*).

480. La tradition de la chose d'autrui par le fisc produit sous Zénon des effets plus étendus. Elle ne donne
plus simplement une exception contre l'action du propriétaire ou des créanciers hypothécaires; elle transmet
avec la possession même, et sans délai, non plus à l'a-
cheteur exclusivement, mais à tout acquéreur, et au donataire même, une véritable propriété, libre de toute hypothèque, sauf le recours du propriétaire ou des créanciers hypothécaires, pendant cinq ans seulement, contre
le trésor public (*sacratissimum ærarium ; text. hic;
v. Justin. C. 3, de quadr. præscr.*). Les priviléges du
fisc, depuis long-temps confondu avec le trésor public,
s'appliquent à la maison particulière de l'empereur et de
l'impératrice (*Ulp. fr.* 6, § 1, *de jur. fisc.; v. fr.* 31, *de
legib.*). Justinien fait ici une application expresse de
cette règle (*text. hic in fin.; d. C.* 3, *de quadr. præscript.*).

481. Il existe encore plusieurs prescriptions, et entre
autres une prescription de trente ans fort célèbre. Justinien n'en parle pas dans ce titre, et avec raison, puisque
ces prescriptions ne transfèrent point la propriété, ainsi
que nous le verrons plus loin (§ 1, *de perp. et temp.*).

TITRE VII.

Des Donations.

PR.

482. La donation que Justinien présente ici comme un genre d'acquisition particulier (*genus adquisitionis*) n'est pas une manière d'acquérir, mais la conséquence d'une aliénation qui s'opère conformément aux règles générales (490); et c'est en remontant à la cause ou au but de chaque aliénation que l'on distingue de tout autre celle que nous appelons ici donation, parce qu'on la fait sans y être obligé, par un motif de pure libéralité (v. *Pap. fr.* 29, *h. t.*; *fr.* 82, *de reg. jur.*). Effectivement, l'étymologie du mot donation (*dono datum; Paul. fr.* 35, § 1, *de mort. caus. don.*) en indique le double sens. Elle explique à la fois la dation (*datum*) ou le fait translatif de propriété, et le don (*donum*) ou la libéralité qui caractérise spécialement cette transmission.

En effet, DARE, dans la langue du droit, signifie transférer la propriété (v. § 14, *de action.*) : on peut donc, comme l'a fait Perèze, définir la donation en deux mots, DONI DATIO.

483. Dans le bas-empire, et dès le règne de Constantin, la donation prend un caractère spécial. Ce n'est plus un acte privé, une aliénation régie par les principes ordinaires. Pour éviter des difficultés, et même des

fraudes trop fréquentes (*Constant. C. 27, h. t.*), on exige
que la volonté des parties soit exprimée, et la tradition
faite avec plusieurs solennités qui garantissent l'authen-
ticité et la publicité des donations. Ainsi la convention
doit être connue de plusieurs personnes, et rédigée par
écrit ; le donateur doit se dessaisir de la chose, en présence des voisins et de plusieurs témoins appelés pour
certifier le fait de la tradition ; enfin la donation doit être
insinuée sous peine de nullité, c'est-à-dire que, soit
avant, soit après la tradition, l'écrit constatant la libéralité doit être rendu public et inséré parmi les actes du
magistrat compétent (v. *Constant.* C. 1, 2 *et* 5 *; Constant.
et Const.* C. 6 *; Honor. et Theod.* C. 8, § 1, C. Th. *de
don.;* v. *fragm. vatic.* § 249).

484. Ces règles étaient communes à toutes les donations, c'est-à-dire à plusieurs sortes de libéralités, dont
chacune a son caractère particulier. Il importe donc de
distinguer d'abord la donation entre vifs et la donation à
cause de mort (*text. hic; fr.* 67, § 1, *de verb. sign.*). Effectivement, on donne en transférant immédiatement la
propriété, et sans aucune intention de reprendre jamais
la chose ; telle est la donation proprement dite, ou donation entre vifs. On donne pour que la propriété soit
transférée, non pas de suite, mais lorsque tel ou tel événement arrivera ; dans ce cas la donation suspendue par
une condition n'existe point encore. Enfin on donne en
transférant immédiatement la propriété, mais pour la
reprendre dans tel ou tel cas particulier ; et ici la donation subsiste jusqu'à l'événement de la condition qui doit
la résoudre. C'est dans cette dernière classe que rentre le
plus ordinairement la donation à cause de mort (488,
489; *Julian. fr.* 1, *h. t.*).

§ II.

485. Dans la donation proprement dite ou donation entre-vifs le donateur, ainsi que nous venons de le voir, aliène la chose sans aucune intention de jamais la reprendre. Une fois faite, cette donation ne peut plus être révoquée, du moins par la seule volonté du donateur (*temere*). Elle diffère donc essentiellement du legs, qui ne produit aucun effet pendant la vie du testateur, et peut toujours être révoqué par ce dernier (*pr. et* § 1, *de adempt. legat.*). Nous avons donc à examiner ici comment se fait la donation entre vifs, et dans quels cas elle devient révocable.

La donation proprement dite n'est, ainsi qu'on l'a déjà vu, qu'une aliénation gratuite qui se faisait comme toute autre aliénation, c'est-à-dire, sous Justinien par tradition (§ 40, *de div. rer.*), et antérieurement par mancipation ou *cessio in jure* lorsqu'il s'agissait de choses MANCIPI (*constant*. C. 4, *C. Th. h. t.*). Cependant, pour éviter toute confusion il faut savoir que le mot donation signifie aussi la promesse de donner, la libéralité convenue sans être encore réalisée. C'est en prenant la donation dans ce dernier sens que Justinien règle sa forme en décidant qu'elle sera parfaite comme la vente (*ad exemplum venditionis*), dès que le donateur et, ce qui va sans dire, le donataire, auront manifesté leur volonté par écrit ou même sans écrit. Ainsi, le donateur ne pourra plus se soustraire à l'effet d'une convention désormais obligatoire (*in se habere necessitatem traditionis*). Auparavant la convention ne devenant obligatoire que par les formes de la stipulation, la libéralité convenue par simple pacte restait sans force ; Justinien veut que ce même pacte soit obligatoire (1), comme la vente, par le seul consentement des parties. Ainsi, à défaut d'exécution volontaire (*etiam si non tradantur*), la convention aura par elle-même la force qu'auraient pu lui donner les solennités de la stipulation (*plenissimum et perfectum robur*). Son effet sera comme celui d'une vente, non pas de transmettre la propriété, mais d'obliger le donateur à livrer la chose (*traditionis necessitas incumbat donatori*).

486. L'insinuation requise avant Justinien (483) ne l'était que pour les donations excédant une valeur dont ce prince élève le taux (*text. hic*; v. C. 34; C. 36, § 3, *h. t.*), en dispensant même de toute insinuation les donations destinées au rachat des captifs ou à la reconstruction de bâtiments incendiés, et celles qui seraient faites à l'Empereur ou par l'Empereur (C. 34 *et* 36, *h. t.*; *nov.* 52, *cap.* 2). Enfin le défaut d'insinuation ne vicie les libéralités que pour ce dont elles excèdent la valeur qu'on peut donner sans insinuation (C. 34, *h. t.*; v. *nov.* 162, *cap.* 1, § *ult.*). Enfin, Justinien annonce sans les indiquer plusieurs dispositions prises *ad uberiorem donationum exitum* (*text. hic*); ces paroles semblent se référer aux conséquences de la loi Cincia dont nous parlerons plus loin (§ 7, *de except.*).

487. La donation entre-vifs devient révocable pour cause d'ingratitude (2), c'est-à-dire lorsque les dona-

---

(1) *Text. hic*; C 35, § 5, *h. t.* Il l'était déjà relativement aux donations faites entre ascendants et descendants. Justinien ne fait ici que transformer en règle générale une exception introduite par Antonin-le-Pieux, et confirmée par Constantin (C. 4 *et* 5, C. Th. *h. t.*).

(2) C. 10, *de revoc. don.* Avant Justinien, on révoquait déjà pour in-

taires se rendent coupables d'injures graves et de mauvais traitements envers le donateur, lorsqu'ils lui causent
un préjudice considérable dans sa fortune, et lorsqu'ils
ne remplissent pas les charges de la donation. Dans ces
différents cas même, la révocation ne porte pas sur les
objets aliénés par le donataire avant la contestation;
enfin l'action du donateur contre le donataire ingrat est
tellement personnelle entre eux, qu'à moins d'avoir été
intentée de leur vivant, elle ne peut pas, après le décès
de l'un ou de l'autre, être exercée par ses héritiers, ni
contre eux (*Constant.*. C. 7, *de revoc. don.*; v. § 1, *de
perpet. et temp.*)

§ I.

488. La donation proprement dite reçoit immédiatement toute la perfection dont elle est susceptible, sans
qu'on attende la mort d'aucune personne; aussi l'appelle-
t-on donation entre-vifs, par opposition à une espèce
de donation qui ne devient irrévocable qu'à la mort
(*Ulp. fr.* 32, *de mort. caus. don.*), et se nomme donation
à cause de mort, parce que sa révocation reste subordonnée à l'événement de la mort comme à une condition essentielle (v. *Paul.* 3 *sent.* 7, § 2; *Julian. fr.* 1, *de don.*).

Cette mort est ordinairement celle du donateur, qui
se réserve toute sa vie la faculté de révoquer. Aussi dans
ce cas, le donateur est-il préféré au donataire, et le donataire à l'héritier du donateur (*text. hic in fin.*; *Mar-*

---

gratitude, les donations faites par un père à ses enfants (*Constant. et
Const.* C. 2, C. Th. *eod.*). La mère n'avait le droit de révoquer que lorsqu'elle s'abstenait des secondes noces (*Constant. et Const.* C. 7, *eod.*;
C. 5, C. Th. *eod.*), et dans ce cas même la révocation n'était permise que
pour moitié (*Constant. et Const.* C. 1, C. Th. *eod.*).

I.　　　　　　　　　　　　　　　　22

cian. fr. 1, § 1, *de mort. caus. don.*; *Paul. fr.* 35, § 2, *eod.*). Cependant, comme tout dépend de l'intention des parties, on peut se référer à la mort d'une tierce personne, dont le décès rendra la donation irrévocable (*Ulp. fr.* 11 *et* 18, *eod.*; *Diocl. et Max.* C. 3, *de donat. mort. caus.*). Du reste la mort soit d'un tiers, soit du donateur lui-même, est une condition qui ne se prend pas toujours dans le même sens. Effectivement on peut avoir en vue soit la mort dans l'acception générale, qui embrasse tous les genres de décès possibles, soit une mort accidentelle dans un danger prévu et indiqué (*Ulp. Paul. et Gaius, fr.* 2, 3, 4, 5 *et* 6; *fr.* 31, § 2 ; *fr.* 35, § 4, *de mort. caus. don.*). Enfin, la mort, considérée comme cause de la donation, peut l'être de deux manières, selon qu'elle doit ou réaliser une donation jusque-là laissée en suspens, ou exclure la révocation possible d'une donation existante. Dans le premier cas, la mort transfère au donataire la propriété qu'il n'avait pas encore ; dans le second, elle consolide la propriété qu'il a reçue dès l'origine (v. *Ulp. fr.* 2, *eod.*).

489. Les donations à cause de mort les plus fréquentes se font dans la vue d'un péril particulier, et en transférant immédiatement une chose que le donataire conservera si le donateur succombe, ou restituera dans le cas contraire. Telles sont les donations dont parle notre texte, et entre autres celle de Télémaque à Pirée. D'après sa nature même, semblable donation doit se résoudre, par cela seul que le donateur échappe au danger (*si supervixisset*), ou par le prédécès du donnataire (*prior decesserit*) ; car ce n'est pas au moment où la donation à cause de mort est faite, mais au moment où elle est confirmée par le décès du donateur ou de toute autre personne,

qu'il faut examiner si le donataire et le donateur sont capables, l'un de recevoir, l'autre de donner (*Ulp. fr.* 7; v.
Afric. fr. 22, *de mort. caus. don.*). Enfin, le donateur
peut changer de volonté, et dans ce cas (*si eum donationis pœnituisset*), reprendre la chose, parce que la donation reste imparfaite pendant la vie du donateur. Cependant, tout dépend encore de la volonté qu'il aurait manifestée en donnant, car il a pu limiter à son gré les
causes de révocation ; et tant qu'il en reste une seule, la
donation est toujours à cause de mort. Il faudrait avoir
donné d'une manière absolument irrévocable, pour que
la donation dite à cause de mort perdît ce caractère et
prît celui d'une libéralité entre vifs (*Julian. fr.* 13, § 1;
Paul. fr. 35, § 4; *Marcian. fr.* 27, *eod.*).

490. Plus la donation entre vifs et la donation à cause
de mort diffèrent quant aux effets, plus il importe de distinguer quelle a été l'intention du donateur. En général,
on est censé donner à cause de mort ce que l'on donne
propter mortis suspicionem (text. hic), et entre vifs ce
que l'on donne *sine ulla mortis cogitatione* (§ 2, *h. t.*)-
Du reste cette indication, qui dans le doute fait présumer la volonté du donateur, ne doit jamais prévaloir contre
une volonté certaine ; car, nous l'avons déjà dit, c'est
l'imperfection et la révocabilité de la donation à cause de
mort qui la caractérisent, et lorsqu'on donne pour ne jamais reprendre, la donation, qualifiée à cause de mort,
ou faite *in extremis vitæ*, forme réellement une donation entre vifs. Dans ce cas la mort détermine à donner,
mais elle ne fait pas la donation, *causa donandi magis
est, quam mortis causa donatio* (*Marcian. fr.* 27, *de
mort. caus. don.* ; *Pap. fr.* 42, § 1, *eod.*).

491. La donation à cause de mort se rapproche beau-

coup des legs par l'imperfection où elle reste pendant la
vie du donateur : aussi a-t-elle été pour ainsi dire soumise aux mêmes règles (*Ulp. fr.* 37, *de mort. caus.
don.*) : le donataire doit avoir la même capacité que le
légataire (*Paul. fr.* 9 *et* 35, *eod.*), et comme les legs se
prennent sur l'actif du défunt, dettes prélevées, pareillement le donataire n'obtient ou ne conserve pas la donation à cause de mort, lorsque le donateur meurt insolvable (*Julian. fr.* 17, *eod.*; *Ulp. fr.* 66, § 1, *ad leg.
falcid.*); dans tous les cas on applique les dispositions
de la loi Falcidie (*Gordian. fr.* 2, *de don. caus. mort.*).

492. Cette assimilation incomplète (*per omnia fere*)
des donations à cause de mort et des legs, laisse subsister
entre eux d'importantes différences. Ainsi, la donation
s'opère le plus souvent par une translation immédiate de
la propriété, et il importe peu que le donateur ait fait,
ou même ait été capable de faire un testament (*Marcian.
fr.* 25, *pr. et* § 1, *de mort. caus don.*). Le legs au contraire ne peut être fait que par un testateur, et ne produit jamais aucun effet de son vivant (*pr., de legat.*; § 10,
de fideic. hered.). Le legs existe par la volonté d'une
seule personne; la donation au contraire par le consentement du donateur et du donataire, et avant Justinien
il fallait observer, pour donner à cause de mort, les
mêmes solennités que pour donner entre vifs (*Constant.
C.* 1, *C. Th. de don.*). C'est de là sans doute que naissaient
les discussions que Justinien a voulu trancher en établissant que la donation à cause de mort peut se faire par
écrit ou verbalement, et sans insinuation, mais en présence de cinq témoins (*C.* 4, *de donat. mort. caus.*).

493. Plusieurs donations faites sans intention de révoquer, et par conséquent entre vifs, rentrent cependant,

quant à leur effet, dans la classe des donations à cause de mort.

Telles sont, entre époux, les donations qui enrichiraient le donataire en apauvrissant le donateur (*Ulp. fr.* 5, § 16; *Terent. Clem. fr.* 25, *de don. inter vir. et uxor.*). Elles ont été prohibées et par conséquent frappées de nullité (*Ulp. fr.* 1, § 3; *fr.* 3, *pr.*, § 10 *et* 11, *eod.*) jusqu'au sénatus-consulte proposé par Caracalla, du vivant même de Septime-Sévère, pour adoucir la rigueur de cette prohibition. En effet, l'époux donateur conserve le droit de révoquer, mais ses héritiers ne peuvent reprendre un libéralité sur laquelle le défunt lui-même n'est pas revenu de son vivant (*Ulp. fr.* 32, *pr.*, § 1 *et* 2, *eod.*).

Telles étaient aussi les donations dépassant le taux aujourd'hui inconnu, qu'avait fixé la loi Cincia (*Ulp. fragm. vatic.* § 265, 266).

Telles étaient enfin toutes les donations faites par un patron à son affranchi. Une constitution de Philippe (*fragm. vatic.*, § 272), altérée par Justinien (C. 1, *de revoc. don.*), démontre que ces donations étaient révocable au gré et pendant toute la vie du donateur. Constantin (C. 8, *eod.*) a été beaucoup plus loin, en décidant que la survenance d'enfant suffit pour révoquer la donation par laquelle un patron aurait conféré à son affranchi la totalité ou une quote-part de ses biens. Ainsi, dans ce cas, l'intention de révoquer se trouvant présumée, n'a pas besoin d'être exprimée.

§ III.

494. Justinien nous annonce une espèce de donation particulière inconnue des anciens jurisconsultes, et introduite *a junioribus principibus.*

C'est une donation entre vifs que le mari fait à sa future, et par conséquent avant les noces que cette donation doit toujours précéder, quoiqu'elle ne produise son effet qu'après le mariage, dont elle dépend comme d'une condition tacite.

Cette donation se nommait anténuptiale (*ante nuptias*). Justin, prédécesseur de Justinien, voulut que, même pendant le mariage, et dans le cas où l'on augmenterait la dot, on pût aussi augmenter la donation anténuptiale (*text. hic*; C. 19, *de donat. ant. nupt.*). Justinien va plus loin; et, comme la dot peut être augmentée, ou même constituée intégralement pendant le mariage, il veut que la donation dite anténuptiale puisse également précéder ou suivre les noces. Cette innovation nécessitant un changement de nom, la donation *ante nuptias* s'appellera désormais *propter nuptias* (*text. hic*).

495. Voilà ce que nous apprend Justinien; mais l'analogie qu'il établit entre la dot et la donation *propter nuptias* nécessite quelques explications.

La dot consiste en valeurs ou en biens que la femme, ou tout autre personne apporte au mari pour l'aider à supporter les charges du mariage. Le mari devient propriétaire de la dot (*pr.*, *quib. alien.*), mais sauf à la restituer ensuite dans les cas prévus par la loi ou par la convention des parties. De son côté, le mari transfère à la femme une portion de biens dont la propriété reste entre ses mains comme une garantie, et pour ainsi dire en compensation de sa dot. Tel est le but de la donation *ante nuptias* ou *propter nuptias*, qui confère à la femme des avantages analogues à ceux que la constitution de dot procure au mari. A la vérité et pour ne pas annihiler par une compensation trop complète la jouissance des biens dotaux transférés au mari, il faut admettre que la femme ne jouira pas des biens donnés *propter nuptias;* mais malgré cette différence la dot et la donation sont assimilées sous ce rapport que l'une et l'autre se restituent à la dissolution du mariage; et que si les conventions matrimoniales accordent au mari quelque gain de survie à retenir sur la dot, la femme survivante doit avoir sur la donation nuptiale un avantage proportionnel. Ainsi, lorsqu'on donnait au mari survivant le tiers ou le quart de la dot, il fallait stipuler au profit de la femme survivante e tiers ou le quart de la donation, et réciproquement, quelque différence qui existât d'ailleurs entre la valeur de la dot et celle de la donation (*Leo et Anth.* C. 9, *de pact. conv.*). Justinien convertissant cette égalité relative des gains de survie en une égalité absolue, exige que les époux stipulent, l'un sur la dot, l'autre sur la donation, non pas une portion, mais une valeur égale (*nov.* 97, *cap.* 1).

496. Les donations entre fiancés, que l'on nomme *sponsalitia,* étaient irrévocables à Rome, comme toute autre donation entre vifs, lors même que le mariage ne se réalisait pas; mais Constantin veut que dans ce cas la donation soit maintenue ou révoquée pour le tout, ou pour partie, d'après plusieurs distinctions sur les causes qui ont rompu le mariage projeté (v. C. 15, *de donat. ante nupt.*).

§ IV.

497. Un homme ne peut pas vivre en partie esclave, en partie libre. Si donc un esclave appartenant à plusieurs maîtres est affranchi par l'un d'eux seulement, il faut qu'il devienne tout-à-fait libre ou qu'il reste tout-

à-fait esclave. Ainsi l'un des maîtres disposera seul de
la propriété commune, et par conséquent du droit
d'autrui, ou l'affranchissement restera sans effet. A
Rome, le droit de propriété l'emportait sur la faveur de
la liberté, et l'affranchi restait esclave; mais esclave de
qui? On examinait, à cet égard, si la manumission, en
supposant que l'esclave appartint en totalité au manumisseur, était de nature à le rendre Latin-Junien ou
citoyen romain. Dans le premier cas, la manumission
n'avait aucun effet, et l'affranchi restait non-seulement
esclave, mais esclave des mêmes maîtres; dans le second
cas, auquel se réfère notre texte puisqu'il suppose un
affranchissement par vindicte ou par testament, la manumission solennelle, semblable sous ce rapport à la
cessio in jure (429), dépouillait le manumisseur, dont
la part ne pouvant rester vacante, se réunissait à celle
des autres maîtres (*Ulp.* 1 *reg.* 18; *Paul.* 4 *sent.* 12, § 1).
C'est dans cette augmentation de propriété que consistait
pour eux le *jus accrescendi* dont nous verrons plusieurs
autres effets (v. § 8, *de legat.*; 748, etc.).

Sous Justinien, la faveur de la liberté l'emporte sur le
droit de propriété; et l'empereur croit suffisamment respecter ce droit, en obligeant l'affranchissant à indemniser
son copropriétaire d'après un tarif déterminé par l'empereur lui-même (v. C. 1, § 5, *de commun. serv. man.*).

TITRE VIII.

De ceux qui peuvent ou ne peuvent pas aliéner.

PR.

498. La tradition et presque toutes les autres manières d'acquérir ne nous rendent propriétaires que par

translation , c'est-à-dire en dépouillant une personne du droit qu'elles transportent à une autre. Elles opèrent donc à la fois acquisition et aliénation : aussi la tradition doit-elle procéder d'une personne capable d'aliéner. Nous avons déjà vu (388) qu'en général c'est au propriétaire, et au propriétaire seul, qu'appartient le pouvoir d'aliéner ; mais cette règle admet plusieurs exceptions en sens contraire. Et d'abord certains propriétaires sont incapables d'aliéner ; on donne ici pour premier exemple la défense faite au mari d'aliéner l'immeuble dotal.

499. Les biens dotaux sont au mari par cela même qu'il les reçoit en dot (*dotis causa ei datum*; *text. hic*; v. § 40, *de div. rer.*); il pourrait donc les aliéner, si la loi Julia *de adulteriis* (v. *Paul. 2 sent.* 21, § 2) n'avait pas restreint cette faculté, en défendant au mari d'aliéner, sans le consentement de son épouse, certains biens dotaux, c'est-à-dire les immeubles (*dotale prædium*), ce qui, d'après Justinien, s'appliquait aux seuls immeubles d'Italie, tandis que Gaius (2 *inst.* 63) présente cette distinction comme douteuse.

On n'aliène pas ce qu'on hypothèque (§ 1, *h. t.*); néanmoins, comme à défaut de paiement l'hypothèque ou le gage permettent au créancier d'aliéner lui-même la chose engagée (507), la loi Julia défendit également d'hypothéquer le fonds dotal, même avec le consentement de la femme (*text. hic*; *Gaius, fr.* 4, *de fund. dot.*). Ainsi l'hypothèque a été plus sévèrement prohibée qu'une aliénation directe, dans la crainte sans doute que les femmes ne permissent plus facilement la première que la seconde. C'est ainsi que le sénatus-consulte Velléien, en leur laissant la liberté de donner, leur défendait de s'obliger pour autrui (*Ulp. fr.* 4, § 1, *ad sc. vell.*). C'est ainsi pareille-

ment que la loi Fusia Caninia permettait entre vifs les
affranchissements qu'elle prohibait par testament (96).

5oo. Les prohibitions précédentes ont pour but unique
d'assurer la restitution du fonds dotal. Aussi l'aliénation
ne serait-elle nulle qu'à l'égard de la femme, et dans le cas
seulement où, après la dissolution du mariage, il faudrait
rendre, soit à elle, soit à ses héritiers, l'immeuble-même
(*Ulp. fr.* 3, § 1; *fr.* 13, § 3; *Marcian. fr.* 17, *de fund.
dot.*); car la femme peut avoir à reprendre la propriété
des biens dotaux, ou une valeur pécuniaire dont le mari
devient débiteur, et qui forme en quelque sorte le prix
de la dot. En effet, on estime ordinairement les biens
dotaux, et alors le choix entre l'immeuble et sa valeur
estimative appartient, suivant les conventions, au mari
ou à la femme : l'aliénation, permise dans le premier
cas, serait interdite dans le second (v. *African. fr.* 11,
de fund. dot.; Sever. et Anton. C. 1, *eod.*).

5o1. Justinien supprime ici, comme précédemment,
toute différence entre l'Italie et la province. Il assimile
aussi l'hypothèque et l'aliénation des immeubles dotaux.
L'une et l'autre sont interdites, malgré le consentement
de la femme, dans toute l'étendue de l'empire (*text. hic;*
C. 1, § 15, *de rei uxor.*).

§ II.

5o2. Nous avons vu plus haut dans quel cas et de
quelle manière les pupilles s'obligent (*pr., de auct. tut.;*
v. § 9 *et* 10, *de inutil. stipul.*). On examine ici comment
ils disposent de leurs biens.

Le pupille ne peut rien aliéner sans l'autorisation de
son tuteur (*text. hic; Gaius,* 2 *inst.* 8o, 84). Ce principe
va s'appliquer ici à trois objets différents, qui sont : 1° le

TITRE VIII, § II.

prêt fait par le pupille; 2⁰ les paiements qu'il reçoit;
3⁰ les paiements qu'il fait.

Le prêt ou MUTUUM, et l'obligation qui en résulte,
n'existent qu'à l'égard des choses dont la propriété est
transférée à l'emprunteur (943).

Nul ne contracte cette obligation en recevant d'un
pupille une somme d'argent, parce que ce dernier n'a-
liène jamais sans l'autorisation de son tuteur (*text. hic*;
v. *Paul. fr.* 2, § 2, *de reb. cred.*). Il reste donc propriétaire des objets qu'il livre, et peut revendiquer les écus
qu'il a prêtés, tant qu'ils existent et partout où ils existent (*sicubi extant.*).

503. Si la somme vient à être consommée, le pupille ne
peut plus revendiquer; mais ici comme précédemment
(361), la chose *extincta* ou *consumpta* devient l'objet d'une
condiction accordée au pupille contre celui auquel il avait
remis la somme. Alors, en effet, la consommation fait
naître une obligation entre eux, précisément parce que la
chose du premier a cessé de lui appartenir, et est venue
par son fait enrichir le second (*Julian. fr.* 19, § 1, *de reb.
cred.*; *Pompon. fr.* 12, *eod.*).

Notre texte donne cette condiction dans le cas où la
somme a été consommée de bonne foi. Dans le cas contraire, la mauvaise foi du consommateur ne doit pas
changer la position du pupille : aussi agira-t-il *ad exhibendum* (*text. hic*; *Ulp. fr.* 11, § 2, *de reb. cred.*), pour
se faire représenter les écus comme s'il devait revendiquer ensuite la somme exhibée. Toutefois l'action *ad exhibendum* suffira; car le défendeur, dans l'impossibilité
d'exhiber où le place son propre dol, subit une condam-
tion dont le montant est fixé par le *jusjurandum in
litem* que le uge doit déférer au demandeur.

504. L'impubère, qui ne peut rien aliéner, peut tout acquérir sans autorisation ; et conséquemment, ajoute notre texte, le paiement fait au pupille sans l'autorisation du tuteur ne libère pas le débiteur (*text. hic*). Cette conséquence ne semble pas d'abord résulter du principe qui la précède ; mais ce principe doit lui-même s'entendre ici dans le sens des règles antérieurement expliquées ; car avant de déclarer l'autorisation inutile pour acquérir, on l'a déclarée nécessaire pour aliéner : si donc le pupille acquiert sans autorisation , c'est uniquement lorsqu'il acquiert sans aliéner. Or un paiement reçu n'est pas une acquisition pure et simple : le créancier qui le reçoit aliène sa créance en libérant son débiteur. L'autorisation du tuteur est donc indispensable, sinon pour acquérir au pupille les deniers qu'il reçoit , du moins pour dissoudre l'obligation et libérer le débiteur qui n'entend pas donner son argent en pur don (v. *Gaius*, 2 *inst.* 84).

Puisque le paiement fait au pupille non autorisé ne libère point le débiteur , ce dernier reste exposé à l'action du créancier. Il sera donc condamné à payer de nouveau la somme qu'il a déjà remise au pupille , et que celui-ci a perdue , soit par d'inutiles dépenses, soit en la laissant voler ou enlever par force ; mais il peut arriver aussi que le pupille ait conservé tout ou partie de la somme (*salvam habeat*), ou que par un utile emploi de fonds elle ait tourné à son profit (*ex ea locupletior sit*). Dans ce cas, l'action du pupille tendrait évidemment à l'enrichir aux dépens d'autrui ; elle sera donc repoussée par l'exception de dol (371) que le débiteur (*text. hic ; Gaius*, 2 *inst.* 84), opposera non pour la totalité des sommes touchées par le pupille, mais seulement jusqu'à concurrence des valeurs dont celui-ci se trouve plus riche à l'époque où il exerce son action (*Marcian. fr.* 47, *de solut.*).

5o5. Pour n'avoir pas cette chance à courir, pour se libérer en éteignant l'obligation par le paiement même, le débiteur devra donc exiger l'autorisation du tuteur. Cette précaution paraîtrait même insuffisante, puisque, d'après Justinien (*text. hic*; C. 25, *de admin. tut.*), le paiement reçu par le tuteur ne donne pleine sécurité que lorsqu'il est fait avec la permission du juge. Il est constant que le paiement fait au tuteur ou avec son autorisation éteint l'obligation, en sorte que le pupille n'a plus d'action que contre son tuteur (*Paul. fr.* 46, § 5, *de admin. et peric. tut.*); mais si l'insolvabilité de ce dernier rendait cette action illusoire, le préteur accorderait au pupille le secours qu'il prête à tous les mineurs de vingt-cinq ans, lorsqu'ils éprouvent un préjudice. Le pupille se trouvant ainsi réintégré dans ses droits primitifs (v. § 5, *de hered. qual.*; § 33, *de action.*; *Ulp. fr.* 49, *de minor.*; *Anton.* C. 2, *si tut. vel cur. interv.*), l'obligation éteinte par le paiement renaîtrait (*Diocl. et Max.* C. 1, *si advers. solut.*). Le débiteur évitera ce danger et obtiendra *plenissimam securitatem* en payant avec la permission du juge. Ainsi l'autorisation du tuteur et la permission du juge sont nécessaires, l'une pour éteindre l'obligation, et l'autre pour l'empêcher de renaître.

5o6. Pour payer, il faut rendre le créancier propriétaire, et par conséquent aliéner l'objet donné en paiement (*Paul. fr.* 167, *de reg. jur.*; *fr.* 60; *fr.* 94, § 1, *de solut.*). La même raison qui empêche le prêt empêche donc le paiement que voudrait faire un pupille. La propriété n'étant point transmise, l'un n'oblige point l'emprunteur, l'autre ne libère point le débiteur; dans les deux cas, le pupille peut revendiquer la chose qui continue de lui appartenir, ou agir *ad exhibendum* contre ceux qui l'auraient consommée de mauvaise foi (502, 503); mais la consommation faite de bonne foi par le créancier libère le pupille. Ici elle éteint la créance, comme dans un autre cas elle oblige ceux à qui le pupille a voulu prêter (*Julian. fr.* 19, § 1, *de reb. cred.*; *Gaius, fr.* 9, § 2, *de auct. tut.*).

Je ne répeterai pas ici ce que j'ai dit plus haut (288) sur les mineurs de vingt-cinq ans et les prodigues interdits.

§ I.

507. Le principe que nul ne peut aliéner, si ce n'est le propriétaire, souffre exception à l'égard du créancier gagiste qui peut aliéner la chose par lui reçue en gage.

On suppose ici que le débiteur a permis l'aliénation, à défaut de paiement. Cette hypothèse n'offre point une véritable exception au principe, puisque l'aliénation a lieu d'après la volonté du propriétaire (*text. hic*), volonté qui suffit pour l'aliénation soit que le débiteur ait consenti en constituant le gage, ou même après l'avoir constitué (*Ulp. fr.* 4, *de pignerat. act.*; v. § 42 *et* 43, *de div. rer.*).

La permission d'aliéner résulte tacitement de la nature du gage. La convention contraire n'ôterait même pas au créancier le droit de vendre la chose; seulement il ne pourrait le faire qu'après trois avertissements préalables (*Ulp. d. fr.* 4, *eod.*). Au reste, le débiteur et le créancier peuvent déterminer entre eux les formes de l'aliénation, et à défaut de convention, Justinien (C. 3, *de jur. dom. impetr.*), établit pour la vente des règles particulières.

5o8. Les biens d'un fou peuvent être aliénés par son curateur, lorsque l'aliénation importe à l'administration des
affaires; mais dans cette limite même, le droit d'aliéner
ne paraît accordé par la loi des douze-Tables qu'aux
agnats investis de la curatelle légitime (v. *Gaius*, 2 *inst.*
64; *Marcell. fr.* 1 2, *de curat fur.*). Si le même pouvoir
a été plus tard étendu au curateur datif des personnes
en état d'imbécillité et même au tuteur des impubères,
ce n'est qu'indirectement et en ce sens que la tradition
faite par les tuteurs ou curateurs confère à l'acheteur
justam causam possidendi (*Diocl. et Max.* C. 1 6, *de admin. tut.*), en sorte qu'il avait la chose *in bonis* et obte-
nait le domaine quiritaire par usucapion, sauf à se défendre dans l'intervalle par une exception particulière
(*Julian. fr.* 7, § 1, *de curat. fur.*).

En effet, le pupille et le mineur de 25 ans ne sont pas
dans la même position que les fous; rien ne les empêche
d'aliéner directement avec l'autorisation du tuteur ou le
consentement du curateur, et l'on n'attacherait pas tant
d'importance aux aliénations ainsi faites par les pupilles
(§ 1, *h. t.*), si le tuteur pouvait par lui-même transférer
le domaine quiritaire. C'est donc dans le sens d'une aliénation indirecte que doivent s'entendre les textes qui
reconnaissent aux tuteurs et curateurs le droit d'a-
liéner (1).

5o9. Pour savoir comment les uns et les autres peuvent
ou doivent exercer ce droit, il faut distinguer les choses

_____

(1) Le plus explicite de tous (*Paul. fr.* 12, § 1, *de admin. et peric.
tut.*), ne répugne pas à cette explication; car s'il refuse au pupille la
revendication des choses aliénées par le tuteur, c'est en se fondant, non
sur une règle de droit, mais sur une considération prise dans l'intérêt
même du pupille.

et les temps. Jusqu'au règne de Constantin ce fut un devoir de vendre les objets qui se détériorent ou diminuent
de valeur (*Ulp. fr.* 7 , § 1, *de admin. et peric.*), comme
les meubles (*Ulp. fr.* 5, § 9, *eod.*), et même les héritages
urbains (v. *Constant.* C. 22, *de admin. tut.*), ce qui s'entend ici des bâtiments destinés à l'habitation, des maisons de plaisance et des jardins d'agrément, par opposition soit aux terres et aux jardins productifs, soit aux
bâtiments d'exploitation (*Ulp. fr.* 198, *de verb. sign.*).

La vente des autres héritages resta facultative jusqu'au
senatus-consulte porté sous le règne de Septime-Sévère,
l'an de J.-C. 195, pour en prohiber l'aliénation, sauf
l'autorisation que les magistrats pourront donner, mais
pour une seule cause, c'est-à-dire pour acquitter les
dettes du propriétaire (*Ulp. fr.* 1, § 1 et 2; *fr.* 5, § 9,
10 et 14; *fr.* 11, *de reb. eor.*; *Diocl. et Max.* C. 12, *de
prœd. et al. reb.*).

Enfin, Constantin (C. 22, *de admin. tut.*), généralise
la prohibition du senatus-consulte en l'étendant aux héritages urbains et à tous les meubles de quelque valeur;
en effet, le droit d'aliéner sans permission du magistrat
n'existe plus que pour les animaux inutiles et les vieux
habits. (*Constant.* C. 4, *quand. decret.*)

TITRE IX.

Par quelles personnes on acquiert.

PR.

510. Après avoir parcouru différents modes d'acquisition, on examine ici par quelles personnes chacun
peut acquérir, car nous acquérons par nous-mêmes et
quelquefois par autrui.

Nous acquérons par nous-mêmes les choses dont la propriété nous est directement transmise, par exemple celles dont nous serions personnellement devenus légataire, donataire, etc.; et au contraire nous acquérons par autrui, lorsque toutes les conditions requises pour transférer la propriété sont accomplies par une autre personne dont l'acquisition tourne immédiatement à notre profit, en raison des droits que nous avons sur cette personne. Ainsi la donation que l'on voudrait faire au maître, ne peut être acceptée et acquise que par lui ; mais si la donation est offerte à un esclave, c'est l'esclave qui doit accepter, parce que c'est à lui qu'on veut donner (*Paul. fr.* 10, *de don.*; v. § 1, *de hered. inst.*); et dans ce cas la chose donnée serait acquise par l'esclave à son maître (v. § 3, *h. t.*).

Acquérir par autrui, c'est donc profiter de l'acquisition d'un autre; mais, comme une personne *sui juris* profite seule des acquisitions qu'elle fait, il en résulte qu'en général on ne peut rien acquérir *per extraneam personam* (§ 5, *h. t.*). Aussi le nombre des personnes par qui nous pouvons acquérir, est-il strictement limité. Ces personnes sont nos fils de famille, les esclaves dont nous sommes propriétaire, usufrutier ou usager; enfin les hommes libres ou esclaves que nous possédons de bonne foi.

§ I.

511. Au père de famille seul appartient le titre de propriétaire (108); et conséquemment toute acquisition faite par les personnes *alieni juris*, se confond dans le patrimoine du père de famille *qui in domo dominium habet* (v. *Ulp. fr.* 195, § 2, *de verb. sign.*). Ce dernier

I. 23

acquérait donc par les enfants soumis à sa puissance,
tout ce qu'ils auraient acquis pour eux-mêmes, en les
supposant *sui juris*, et cette conséquence des principes
constitutifs de la famille civile n'admettait primitivement
ni exception ni modification (v. *text. hic*). Les acquisitions d'un fils de famille ne différaient en rien des acquisitions d'un esclave (*pr., quib. non est perm.*; v. *Gaius*,
2 *inst.* 87).

Dans la suite les fils de famille ont eu sous le nom de
pécule castrans et quasi castrans (*exceptis.... castrensi-
bus peculiis*), des biens qui leur appartenaient en propre
comme nous le verrons plus loin (553; *pr. quib. non est
permiss.*; § 6, *de milit. test.*).

512. Quant à Justinien, il généralise (*generali con-
stitutione emissa*), plusieurs autres exceptions par suite
desquelles un père ne profite plus exclusivement de toutes
les acquisitions faites par les enfants soumis à sa puissance. L'empereur distingue à cet égard si les biens acquis
par le fils proviennent *ex re patris*, ou de toute autre
source (*ex alia causa*). Les premiers continuent d'appartenir au père de famille, conformément aux anciennes
règles; mais son droit sur les seconds est limité à l'usufruit (1); en sorte qu'à sa mort, ces biens, n'étant point
compris dans la masse héréditaire, masse commune et
partageable entre tous les enfants du défunt, restent
propres à celui des fils de famille qui les a précédemment
acquis (*text. hic*; C. 6, *pr. et* § 1, *de bon. quæ lib.*; v.
pr., quib. non est perm.).

En établissant cette règle pour tout ce qui advient aux

---

(1) Il existe plusieurs cas où le père de famille n'a pas même l'usufruit.
(v. C. 8, *de bon. quæ lib.*; *nov.* 117, *cap.* 1; *nov.* 118, *cap.* 2).

fils de famille sans provenir du père ou à son occasion,
Justinien étend une distinction introduite par Constantin (C. 1, § 2, *de bon. matern.*) pour les biens recueillis
dans l'hérédité maternelle, et successivement appliquée
après lui aux choses données ou laissées à un fils de famille par un asendant maternel quelconque (*Arcad. et
Honor.* C. 2, *eod.*), par son époux (*Theod. et Valent.* C.
1, *de bon. quæ lib.*), et même par son fiancé ou sa fiancée
(*Leo et Anthem.* C. 5, *eod.*).

§ II.

5i3. Dans ces différents cas le père de famille, quoique
restreint à un simple usufruit, n'était pas déchu de toute
espérance sur la propriété. En effet, dans le cas d'émancipation, il pouvait retenir le tiers des biens *quæ ad-
quisitionem ejus effugiebant (text. hic; v. Const.* C. 1,
C. Th. *de matern. bon.*), c'est-à-dire des biens maternels
et autres dont la nue-propriété avait été réservée aux
fils de famille. Justinien, au lieu du tiers en propriété,
accorde au père émancipateur moitié en usufruit (*text.
hic; Just.* C. 6, § 3, *de bon. quæ liber.*). Mais que signifie cet usufruit de moitié sur des biens dont il a déjà
l'usufruit total ? Il est certain en effet, que la jouissance ainsi accordée à l'émancipateur, n'ajouterait
rien à celle qu'il a déjà comme père de famille, si cette
dernière continuait après l'émancipation, ou si l'usufruit
total qui résulte de la puissance paternelle, et l'usufruit
partiel que Justinien accorde, frappaient simultanément
sur les mêmes biens. Il n'en est pas ainsi : l'usufruit total
que le père de famille obtient en cette qualité, cesse avec
la puissance paternelle, que l'émancipateur aliène volontairement. Le nouvel usufruit de moitié commence,

au contraire, lorsque le précédent finit avec la puissance paternelle (*Perez.*, *ad codic.*, *lib.* 6, *tit.* 61, n° 14.).

§ III.

514. Un esclave ne peut rien avoir à soi. Tout ce qui lui appartiendrait, s'il était libre, doit nécessairement appartenir au maître dont il est lui-même la propriété. Tout ce que l'esclave acquiert se trouve donc acquis au maître, même à son insu et malgré lui (*ignorantibus et invitis vobis*; *text. hic*; § 1, *de his qui sui vel alien.*)

Cette décision s'applique aux objets dont la propriété se transfère par tradition, et même aux obligations résultant d'une stipulation ou de toute autre cause (*sive quid stipulatur, etc.*), car le principe est général (*Julian. fr.* 46, *de jur. dot.*; *fr.* 62, *de verb. obl.*; *Gaius, fr.* 32, *de adq. rer. dom.*). Cependant, pour éviter les risques auxquels expose l'acquisition d'une hérédité en obligeant à payer toutes les dettes du défunt, on a voulu que l'esclave institué par un étranger ne pût acquérir l'hérédité qu'avec l'ordre de son maître. S'il en était autrement, ce dernier aurait tout à risquer, puisque par son esclave il devient héritier comme s'il avait été personnellement institué (*text. hic*; § 1, *de hered. instit.*).

515. Le legs n'expose pas aux mêmes dangers. Le légataire ne représente pas la personne du défunt, et dès lors ne paie pas les dettes dont l'héritier seul est chargé (§ 11, *de test. ordin.*; v. *Julian. fr.* 32, *mandat.*). Ainsi, lorsqu'un legs est fait à l'esclave, son maître acquiert à son insu et malgré lui, quoique notre texte semble assimiler le legs et l'hérédité; mais, ce n'est pas à l'exception qu'on vient de faire pour l'hérédité, que se réfèrent les mots *et convenienter* : c'est à la règle générale, établie

précédemment pour toutes les acquisitions de l'esclave. En effet, les textes qui exigent l'ordre du maître, quand il s'agit de l'hérédité, ne disent rien de semblable pour le legs.

516. Ce que nous disons des esclaves, s'appliquait, dans l'empire Romain, à toute personne *alieni juris*. Ainsi les choses acquises par un fils de famille étaient acquises au père à son insu et malgré lui, car son consentement, comme celui du maître, n'était nécessaire que pour l'acquisition d'une hérédité (*pr.*, *de sc. orphit.*; § 2, *de sc. tertyl.*; *Gaius*, 2 *inst.* 87; *fr.* 10, § 1 *et* 2, *de adq. rer. dom.*); mais dans le bas empire, lorsqu'on attribua au père et au fils de famille des droits distincts, lorsque la même acquisition dut profiter à l'un pour l'usufruit, à l'autre pour la nue-propriété, alors les acquisitions du fils de famille durent se faire toutes avec le consentement du père qui doit avoir l'usufruit, et du fils à qui doit rester la nue-propriété. Autrement, si l'un refuse, il reste étranger aux charges et aux bénéfices de l'acquisition dont l'autre profite seul à ses risques et périls particuliers. (C. 8, *de bon. quæ liber.*).

§ IV.

517. Lorsque la nue-propriété d'un esclave appartient à une personne, l'usufruit à une autre, les acquisitions de l'esclave se divisent entre l'usufruitier et le propriétaire comme la propriété même. L'usufruit donne l'usage et les fruits : aussi les acquisitions de l'esclave dont nous avons l'usufruit nous profiteront-elles dans deux cas, savoir lorsqu'il acquerra soit 1° *ex operibus suis*, c'est-à-dire par son industrie, soit 2° *ex re nostra* ou *ex re fructuarii,* ce qui comprend toutes les choses laissées ou don-

nées à l'esclave, en considération de l'usufruitier ou même
par l'usufruitier (*Ulp. fr.* 21 *et* 22, *de usufr.*), et en général toutes les acquisitions dont la cause et l'origine remontent à la personne de l'usufruitier ou à son patrimoine (v. *Paul. fr.* 31, *eod.*); par exemple, si l'esclave est
institué, si on lui fait une donation ou un legs en considération de l'usufruitier (*Ulp. fr.* 21 *et* 22, *de usufr.*;
Julian. fr. 45, § 4, *de adq. vel omitt. her.*). Hors, ces
deux cas, tout appartient au maître de la nue-propriété
(*text. hic.*; *Gaius, fr.* 10, § 3, *de adq. rer. dom.*). C'est
donc au maître que profitent en général les donations ou
legs faits à l'esclave, ainsi que l'hérédité de ceux qui l'ont
institué; en effet, l'ouvrage et la destination des esclaves
n'étant pas de recueillir des successions, l'adition d'hérédité qu'ils auraient faite, ne peut pas être considérée
comme un produit de leur industrie (*Paul. fr.* 47, *eod.*;
Julian, d. fr. 45, *pr. et* § 3, *de adq. vel omitt. her.*).

518. Le simple usager, qui a tout l'usage sans avoir
aucun fruit, profite aussi de certaines acquisitions : savoir,
de celles qui proviennent *ex re ejus* (517), sans aucune
espèce de droit sur les acquisitions que l'esclave ferait
par son industrie (*Ulp., Pomp. et Marcel. fr.* 14; *fr.* 16,
§ 2; *fr.* 20, *de us. et hab.*).

519. Le possesseur de bonne foi acquiert les fruits
comme l'usufruitier (§ 35, *de div. rer.*); et soit qu'il possède une personne libre ou l'esclave d'autrui, il profitera
des mêmes acquisitions dont profiterait un usufruitier;
le surplus restera, soit à la personne même si elle est
libre, soit à son maître si elle est esclave (*text. hic*; *Gaius,
fr.* 10, § 4, *de adq. rer. dom.*; v. *Julian. fr.* 45, *de adq.
vel omitt. her.*).

Il faut remarquer à cet égard que le possesseur de bonne

foi peut acquérir par usucapion l'esclave d'autrui ; et,
dans ce cas, il profitera sans distinction (*ex omnibus
causis*) de toutes les acquisitions de ce dernier. Mais
l'usucapion ne rendra jamais l'usufruitier propriétaire,
car il ne possède pas ; il détient pour autrui. En sa qualité d'usufruitier il reconnaît un autre maître, et, s'il se
prétendait propriétaire, il serait de mauvaise foi : seconde circonstance qui, outre le défaut de possession
civile, l'empêche d'usucaper (*text. hic*; v. *Gaius, 2 inst.*
9 et 39).

520. Ce n'est pas seulement la propriété que nous acquérons par les personnes précédemment énumérées.
Nous verrons plus loin (*liv. 3, tit. 17 et 28*), à qui profitent les créances d'un fils de famille ou d'un esclave ;
mais ici Gaius et Justinien ont cru devoir, en s'occupant
de la propriété, s'occuper également de la possession.

Ce qu'on a dit pour la première s'applique à la seconde, en ce sens que toute possession acquise par un
esclave en son nom, est acquise au maître avec tous les
avantages qu'elle est susceptible de produire, notamment
ceux qui résultent de l'usucapion et de la prescription
longi temporis (§ 3, *h. t.*; *Gaius, 2 inst. 89*; *fr. 10*,
§ 2, *de adq. rer. dom.*) ; mais la possession que le maître
acquiert par ses esclaves ne lui arrive pas nécessairement
comme la propriété. Le *dominium* est un droit dont la
loi peut investir les personnes à leur insu et malgré elles ;
la possession au contraire s'acquiert par un fait et une intention, *animo et corpore* (*Paul. 5 sent. 2, § 1*). Le fait de
l'appréhension corporelle peut être accompli soit par nos
mains, soit par les mains d'autrui ; en effet nous détenons
corpore nostro vel alieno ; mais l'intention est essentiellement personnelle. Nous ne pouvons donc posséder que

par une volonté qui nous est propre, *animo utique nostro* (*Paul. ibid.*). Aussi, lorsque les esclaves ont agi à
l'insu et sans la volonté du maître (v. 514), celui-ci ne
possède par eux que lorsqu'il joint sa volonté à leur dé-
tention corporelle (*Pap. fr.* 44, § 1, *de adq. vel amitt.
poss.*). Cependant comme les esclaves ont souvent un
pécule, c'est-à-dire, un capital dont le maître leur laisse
l'administration (v. § 10, *de action.; Ulp. fr.* 5, § 3 et 4,
de pecul.), on n'a pas voulu forcer celui-ci d'entrer à
chaque instant dans les détails de cette administration ;
aussi a-t-on décidé qu'il possède, même à son insu, tout
ce que l'esclave possède comme faisant partie de son
pécule (*Pap. d. fr.* 44, § 1), avec d'autant plus de raison
que c'est par la volonté du maître, que l'esclave possède
un pécule et par suite tout ce qui en dépend (*Paul. fr.*
1, § 5, *de adq. vel amitt. poss.*).

521. Les hommes libres ou esclaves que nous possédons de bonne foi, les esclaves dont nous avons l'usufruit
nous acquièrent aussi la possession dans les mêmes cas où
ils nous acquièrent la propriété, c'est-à-dire, lorsqu'elle
provient *ex re nostra* ou *ex operibus suis* (*text. hic; Gaius,*
2 *inst.* 94). Ces distinctions supposent une possession
qu'ils appréhendent en leur propre nom ; car pour l'acquérir à l'usufruitier ou au possesseur de bonne foi en
son nom, ils le peuvent toujours comme le pourrait
tout autre personne (v. *Ulp. fr.* 34, § 2, *de adq. vel
amitt. poss.*

§ V.

522. Effectivement, chacun peut prendre possession
des choses par autrui (525), et lorsqu'un étranger reçoit
un objet quelconque pour nous et en notre nom, son

fait, concourant avec notre intention personnelle, nous acquiert la possession (*Paul. 5 sent.* 2, § 1 *et* 2).

Ainsi, par exemple, la lettre que je vous adresse ne vous appartiendra que lorsqu'elle vous sera remise. Cependant, si vous chargez un autre de la recevoir, la remise faite à ce dernier vous transfère immédiatement la propriété (*Paul. fr.* 65, *de adq. rer. dom.*). Il en est de même de la tradition reçue par mon mandataire ou par les ouvriers que j'aurais chargés d'enlever les choses qui m'ont été données ou vendues (*Ulp. fr.* 6, *de donat.*; v. *Nerat. fr.* 13, *de adq. rer. dom.*).

523. Dans ces différents cas, mon commissionnaire, mon mandataire ou mes ouvriers n'ont jamais eu ni voulu avoir la propriété. Ce qui leur serait personnellement acquis ne pourrait appartenir qu'à eux, et ne me parviendrait pas sans une nouvelle transmission; car on ne devient jamais propriétaire *per liberam et extraneam personam* (*text. hic*). Néanmoins, dans les exemples ci-dessus, le fait d'un étranger contribue à nous rendre propriétaires; mais observons comment. Nous acquérons par le fait d'autrui la possession; et c'est par la possession, de quelque manière quelle ait été acquise, que nous devenons propriétaires (*text. hic*; *Ulp. fr.* 20, § 2, *de adq. rer. dom.*). Pareillement, lorsqu'au lieu de nous livrer l'objet dont elle veut nous transférer la propriété, une personne consent à le tenir désormais comme locataire ou comme usufruitier, la propriété qui nous est effectivement transmise est pour nous la conséquence de la possession que nous acquérons par cette personne *quasi per colonum* (*Ulp. fr.* 77, *de rei vind.*). Dans ce cas comme dans les précédents, nous n'acquérons par autrui que la possession.

A la vérité, celle-ci nous confère la propriété (*et per hanc possessionem etiam dominium*); mais dans ce cas, cette propriété n'a jamais été acquise à l'étranger par qui je possède. Je ne profite donc pas, quant à la propriété, d'une acquisition qui lui soit propre, comme je profiterais des acquisitions de mon esclave. Il reste donc vrai que devenant propriétaire au moyen de la possession acquise, même par un étranger, je n'acquiers point la propriété *per liberam et extraneam personam*.

524. Cette acquisition de la propriété au moyen de la possession n'est que la conséquence et la confirmation des principes que nous avons déjà exposés sur le titre *de divisione rerum*; en effet, si la possession confère immédiatement la propriété, c'est lorsque l'aliénation est consentie par le véritable maître : dans le cas contraire, la possession ne conduit à la propriété qu'avec le temps et les conditions requises pour l'usucapion ou la prescription (*text. hic in fin.*).

525. Si nous acquérons la possession *corpore alieno*, ce n'est jamais sans en avoir l'intention. Ainsi, quand l'étranger qui prend possession d'une chose en notre nom la prend de son propre mouvement et à notre insu, nous ne possédons par lui qu'après avoir connu et approuvé son fait (*Ulp. fr.* 42, § 1, *de adq. vel amitt. poss.*; *Paul.* 5 *sent.* 2, § 3). Il en est autrement des personnes qui agissent par nos ordres, et, par exemple, de notre procureur (*text. hic*) ou même de notre esclave (*Ulp. fr.* 34, § 2, *de adq. vel amitt. poss.*); nous acquérons la possession sans le savoir, *non solum scientibus sed et ignorantibus*, c'est-à-dire sans savoir que notre commission est

exécutée (1). Du reste nous n'acquérons pas sans le vouloir ; car la chose faite en vertu de notre mandat, à quelque moment qu'on la suppose faite, ne l'est jamais que par notre volonté.

Remarquons d'ailleurs que si la possession nous est acquise même à notre insu, l'usucapion, dans le cas où elle est nécessaire, ne commence pas pour ceux qui ne connaissent pas encore leur possession (*Sever. et Anton. C.* 1, *de adq. vel retin. poss.*) : sans doute, parce que l'usucapion ne profite qu'au possesseur de bonne foi. Or, quand on possède sans le savoir, on n'a ni bonne ni mauvaise foi.

§ VI.

526. Nous avons vu jusqu'ici différentes manières d'acquérir les choses considérées isolement (*singulas res*) et comme formant chacune l'objet d'une acquisition spéciale. Il nous resterait encore à parler des legs et des fidéicommis, mais Justinien qui doit s'en occuper plus loin (*tit.* 20 *et suiv.*) passe immédiatement aux manières d'acquérir (*per universitatem*) par universalité, et non

---

(1) Cette décision résulte d'une constitution de Septime-Sévère (*text. hic.; Sever. et Anton.* C. 1, *de adq. vel amitt. poss.*), qui s'appuie elle-même sur un usage admis par les prudents et justifié par sa grande utilité. Il est impossible en effet que personne suffise à prendre ou à recevoir de ses propres mains, à chaque instant et en tous lieux, une multitude d'objets indispensables. Il a donc fallu appréhender la possession par autrui, et l'on s'étonnerait avec raison que le doute à cet égard ait pu subsister jusqu'à Septime-Sévère, si telle était réellement la question tranchée par ce prince. Sa constitution ne porte pas sur l'acquisition même, mais sur la question de savoir si nous acquérons à notre insu, *ignoranti quoque.*

pas à titre universel, comme on le dit ordinairement et fort inexactement (*Vinnius hic*).

Lorsqu'une personne recueille l'hérédité d'une autre, les biens (*omnes res*) ou plutôt les droits du défunt passent tous à l'héritier ; dans ce cas celui-ci acquiert par universalité, en ce sens qu'il obtient une généralité, un ensemble de droits, et par suite chacun des objets compris dans cette généralité.

L'universalité des droits ou des biens d'une personne se transmet à une autre personne par des moyens et avec des effets différents : notamment lorsqu'on succède à un défunt que l'on représente, soit comme héritier d'après le droit civil, soit comme *bonorum possessor*, conformément aux règles du droit honoraire, ou lorsque, dans un cas particulier (v. *liv. 3, tit.* 11), les biens sont attribués à une personne qui s'engage à maintenir les affranchissements faits par le défunt (*conservandarum libertatum causa*). Les biens d'une personne vivante se transmettent aussi en masse, comme nous le verrons plus loin (*liv. 3, tit.* 10 *et* 12). Quant à présent, nous examinerons comment une personne devient héritière d'une autre.

527. Les vivants n'ont point d'héritiers, mais après la mort les droits et les obligations du défunt continuent d'exister, au moins pour la plupart, et passent à un ou à plusieurs survivants qui remplacent le défunt, représentent sa personne, et en un mot succèdent à ses droits et à ses obligations. Cette succession de personnes est soumise par le droit civil à des règles que le droit honoraire a souvent et utilement modifiées. De là une distinction importante entre l'hérédité proprement dite et la possession de biens : l'une et l'autre consistent dans la succession aux droits et obligations d'un défunt, mais

avec cette différence, que la première est réglée par le droit civil, la seconde par les édits prétoriens (v. § 2, *de bon. poss.; Julian. fr.* 62, *de reg. jur.*; *African. fr.* 208, *de verb. sign.*).

L'hérédité, et même la possession de biens (dont on ne s'occupe ici qu'accessoirement, pour lui consacrer plus tard un titre spécial (*liv.* 3, *tit.* 9), ne sont pas toujours déférées d'après une règle unique. A cet égard il faut distinguer d'abord si le défunt est décédé testat ou intestat, c'est-à-dire avec ou sans testament.

TITRE X.

De la confection des Testaments.

PR.

528. Le testament d'un citoyen romain ne consiste pas uniquement dans l'expression de sa volonté, comme le ferait peut-être supposer la définition ou plutôt l'éthymologie du mot *testamentum* telle que la donne notre texte. Si la volonté de l'homme suffit quelquefois pour constituer seule un testament, ce n'est que par exception et en vertu d'un privilège accordé aux militaires (*tit.* xi). En règle générale, il faut, pour tester, se soumettre à des règles qui dominent notre volonté, soit en exigeant l'observation de certaines formes, soit en limitant le nombre des personnes qui auront droit de tester, et même en déterminant les dispositions que peut ou doit contenir leur testament. Aussi Modestinus (*fr.* 1, *qui test. ac.*), a-t-il défini cet acte *justa sententia voluntatis nostræ etc.*), pour indiquer que l'expression de notre volonté, doit être conforme à toutes les exigences du droit civil (v. *Ulp.* 20 *reg.* 1).

Ce titre est consacré aux formes extérieures du testament.

§ I.

529. L'hérédité se transmettait chez les anciens Romains, par un acte législatif; les premiers testaments
furent des lois privées par lesquelles le peuple sanctionnait l'institution des héritiers choisis par le testateur.
Ainsi les testaments se faisaient *calatis comitiis* (1), c'est-
à-dire dans une assemblée de comices qui, deux fois par
an, se tenait pour cet objet spécial. Pendant la guerre,
les citoyens prêts à entrer en campagne n'attendaient
pas, comme en temps de paix, l'assemblée des comices;
ils testaient *in procinctu*, c'est-à-dire devant l'armée,
car *procinctus*, dit Gaïus (2 *inst.* 101), *est expeditus et
armatus exercitus*.

Il arrivait souvent que les citoyens ne pouvaient pas
attendre l'occasion de tester, soit dans l'assemblée des
comices, soit *in procinctu*, et pour leur donner un
moyen plus facile, les prudents introduisirent, sous la
forme d'une mancipation, une vente de l'hérédité ou du
patrimoine. Telle est l'origine d'une troisième espèce
de testament, qu'on nomme *per æs et libram*, et que
la désuétude des deux autres laissa seule en usage (*Gaius*,
2 *inst.* 103; *Ulp.* 20 *reg.* 2). Toutefois le testament *per
æs et libram*, ou plutôt la mancipation qui en forme la
base, n'a pas toujours eu le même but et les mêmes
effets; et dans le dernier état du droit, sous les empereurs chrétiens, la forme des testaments ne se rat-

(1) Du mot grec καλειν, les Latins ont tiré *calare*, appeler, convo-
quer (v. *Theoph. hic*).

tache que partiellement à l'ancienne mancipation du testament *per æs et libram*. Celle-ci ne subsiste plus, mais il en reste plusieurs vestiges; et c'est ainsi qu'après avoir survécu aux deux autres, ce testament est tombé lui-même dans une désuétude partielle (*text hic, in fin.*).

Retraçons ici sa forme primitive et ses différentes modifications.

53o. Pour la confection d'un testament, comme dans tout autre but, la vente solennelle que l'on nomme mancipation se faisait entre deux parties, en présence de six assistants pubères et citoyens romains, dont cinq témoins et un porte-balance appelé *libripens*. Le testateur vendait *familiam suam* à une personne qui l'achetait en termes solennels, et pour prix de la vente remettait au vendeur un lingot d'airain, que régulièrement le *libripens* aurait dù peser, mais avec lequel on se contentait de toucher la balance (*Gaius*, 2 *inst.* 104). On voit d'après cela pourquoi l'on désigne comme fait *per æs et libram* le testament qui résultait d'une mancipation, et pourquoi l'on appelle *familiæ emptor* la personne à qui le testateur mancipait *familiam suam*, c'est-à-dire son hérédité ou l'ensemble de ses droits (1).

Effectivement, dans l'origine, le testateur mancipait directement à la personne qu'il voulait avoir pour successeur, et l'héritier n'était autre que l'*emptor familiæ ;* mais ensuite on reconnut qu'il était dangereux d'instituer, avec tant de publicité, un acheteur dont le titre

_____

(1) C'est en ce sens que la loi des Douze-Tables emploie le mot *familia*, pour appeler les agnats à l'hérédité : *Proximus agnatus* FAMILIAM *habeto* (v. *Ulp. fr.* 195 , § 1, *de verb. sign.*).

trop certain pouvait même être considéré comme irrévocable, et bientôt cet acheteur ne fut plus qu'un intermédiaire entre le testateur et le véritable héritier. Il y
eut toujours un *emptor familiœ* : on continua de lui
manciper l'hérédité, mais pour la forme seulement (*dicis gratia*; *Gaius, 2 inst.* 103 *et* 104) : après quoi le
testateur présentait aux assistants des tablettes qu'on
appelle *tabulœ testamenti*, et déclarait par une formule
solennelle que dans ces tablettes se trouvaient écrites ses
véritables dispositions. Dès lors le testament se composa
de deux parties distinctes : la mancipation proprement
dite, et la nuncupation par laquelle le vendeur fait la
désignation verbale, ou confirme la désignation écrite
d'un héritier à qui l'hérédité doit appartenir. De cette
manière la mancipation, faite en faveur de *l'emptor
familiœ*, n'était plus qu'une vente fictive (*Gaius, 2 inst.*
104; *Ulp.* 20 reg. 2 et 9; *fr.* 2, *qui test. fac.*).

§ II.

531. Cependant cette mancipation fut toujours indispensable pour la validité du testament, du moins d'après
le droit civil; mais le préteur n'y attachait aucune importance, il considérait comme valable le testament fait
sans aucune mancipation en présence de sept témoins,
pourvu que ces derniers eussent apposé leur cachet, condition toute prétorienne, que n'avait point exigé le droit
civil (*text. hic*). Il arrive par là qu'un testament nul
d'après le droit civil, peut encore valoir d'après le droit
honoraire ; et dans ce cas les institués obtiennent du préteur, non pas l'hérédité, mais la possession de biens (v.
§ 6, *quib. mod. test. infirm.*; § 3, *de bon. poss.*; *Ulp.* 28
reg. 5 et 6).

§ III et IV.

552. On ignore à quelle époque précise cessa l'usage du testament *per æs et libram*; mais il paraît certain que sous le règne d'Arcadius et Honorius (v. C. 3, § 1, C. Th. *de test.*), cette ancienne forme était encore observée. On présume qu'elle a continué de l'être jusque sous Théodose le jeune, qui a établi un nouveau genre de testament. A cet égard nous remarquerons avec Justinien (*text. hic*) que dans le Bas-Empire, le droit civil incessamment modifié par l'usage et par les constitutions s'était insensiblement rapproché du droit prétorien. Les anciennes différences s'étaient effacées à mesure que les Empereurs avaient renouvelé plusieurs parties de la législation, en refondant les différents principes de l'ancien droit. C'est ainsi que, sans défendre expressément aux préteurs de publier de nouveaux édits, on leur en ôta successivement l'occasion, parce que le droit civil et le droit honoraire tendaient de plus en plus à se réunir (*cœperunt in unam consonantiam jungi*, § 3). Nous les voyons concourir ici relativement aux conditions exigées, dans le nouveau droit, pour la confection des testaments.

533. Ces conditions sont : 1° l'unité de contexte (*uno contextu*), c'est-à-dire que, depuis la présentation du testament aux témoins jusqu'à l'apposition des cachets et des signatures inclusivement, toutes les formalités doivent s'accomplir dans une seule et même journée, de suite et sans les interrompre par aucun acte étranger au testament, si ce n'est pour satisfaire à ce qu'exigerait un be-

I. 24

soin naturel ou la santé du testateur (*Theod. et Val.* C.
21; *Just.* C. 28, *de test.*).

2° La présence de sept témoins. Le testateur, après
avoir écrit ou fait écrire son testament, le présente aux
témoins, cacheté, clos ou lié, excepté d'un côté, en déclarant qu'il contient sa volonté, et il signe en leur présence par le côté qui reste ouvert. La présence des témoins ne résulte pas d'une assistance fortuite ; s'ils n'ont
pas été spécialement appelés pour la confection d'un testament, on doit au moins les prévenir que c'est à un testament qu'ils prêtent leur ministère. Dans tous les cas, ils
seront placés de manière à voir le testateur et à l'entendre
(v. *Theod. et Val. d.* C. 21, *pr. et* § 2 ; *Diocl. et Max.* C.
9, *eod.*).

L'unité de contexte et la présence de plusieurs témoins
avait toujours été requise dans la confection des testaments ; ces deux conditions dérivent donc de l'ancien
droit que Justinien oppose ici, sous le nom de *jus civile*,
aux constitutions des princes et aux édits prétoriens.
Quant au nombre de sept témoins, on peut aussi l'attribuer à l'ancien droit civil (*jus civile quodammodo exi-
gebat*), puisque le testateur ne pouvait manciper qu'avec
le concours de sept personnes ; mais, comme dans ce
nombre, il n'y avait que cinq témoins proprement dits,
il paraît plus exact d'attribuer au droit honoraire la
règle qui porte à sept le nombre des témoins (*text. hic* ;)
Il semble en effet que le préteur ait voulu remplacer le
libripens et l'*emptor familiæ* par les sixième et septième
témoins.

On exige 3° le cachet des témoins, leur signature et
celle du testateur. Ces formalités complètent le testament, qui jusque-là n'est qu'un acte imparfait et absolu-

ment inutile (1). La première dérive du droit honoraire, et la seconde des constitutions impériales. Ainsi Théodose, en réunissant plusieurs conditions de l'ancien droit civil et du droit prétorien, et en introduisant une condition nouvelle, fait concourir pour la confection du testament trois législations différentes (*ita ut hoc jus tripertitum esse videatur*, § 3). De là vient le nom du testament tripartit.

Sa confection n'exige aucune autre condition; car la formalité additionnelle introduite par Justinien (§ 4, *h. t.*; C. 29, *de testam*), a été supprimée par lui-même (*Nov.* 119, *cap.* 9).

§ V.

534. L'obligation imposée aux témoins d'apposer leur cachet rendrait la confection du testament très-difficile, si chaque témoin devait avoir son cachet particulier. Aussi peuvent-ils cacheter avec l'anneau d'autrui, et tous avec le même (*text. hic*). Je dis avec l'anneau d'autrui, parce que les textes emploient toujours le mot *annulus* pour indiquer le cachet que les anciens portaient en forme de bague; ce qui a fait demander si l'empreinte d'un anneau est le seul cachet que l'on puisse valablement employer. Le texte d'Ulpien (*fr.* 22, § 5, *qui test. fac. poss.*), tel qu'il se trouve au Digeste, répond affirmativement; et Cujas (14 *observ.* 11) n'admet pas la négation qui, selon d'autres, a été omise par négligence.

---

(1) V. § 7, *quib. mod. test. infirm.* Cependant, d'après une constitution de Théodose et Valentinien (C. 21, § 1, *de test.*), le testament imparfait vaut pour les enfants du testateur (*inter solòs liberos*), sans pouvoir jamais profiter aux étrangers.

Au surplus le cachet, quel qu'il soit, doit présenter χαρακτηρα, une empreinte reconnaissable. On exige aussi que chaque témoin écrive de sa main par qui et sur le testament de qui a été mis le cachet (*Ulp. d. fr.* 22, § 5; *Paul. fr.* 30, *eod.*).

§ XII et XIII.

535. On n'a jamais deux testaments à la fois; le plus récent infirme toujours le précédent (§ 2 *et* 3, *quib. mod. test. inf.*); mais il peut exister plusieurs exemplaires du même testament, ce qui s'entend ici de plusieurs exemplaires originaux, revêtus chacun de toutes les formes requises (*secundum obtinentem observationem omnibus factis*; § 13). Dans ce cas, il suffit d'en représenter un seul au défaut des autres (*Pap. fr.* 4, *de his quæ in test.*); mais au contraire les copies du testament original, ne dispensent pas de représenter ce dernier (v. *Ulp. fr.* 1, § 7, *de b. p. sec. tab.*; *Paul.* 4 *sent.* 6).

Le § 12 n'exige aucune explication.

§ XIV.

536. Tout ce qui précède suppose un testament écrit; mais on peut aussi faire de vive voix un testament nuncupatif. On appelle ordinairement nuncupation la déclaration verbale que le testateur fait en présence des témoins, et dans ce sens il n'y a point de testament sans nuncupation. Souvent le testateur, après avoir écrit ou fait écrire ses volontés, se bornait à déclarer qu'elles étaient contenues dans les tablettes par lui présentées aux témoins (v. *Ulp.* 20 *reg.* 9; *Gaius*, 2 *inst.* 104); il peut aussi, sans rien écrire, déclarer aux témoins le nom de

l'héritier qu'il choisit, et de cette déclaration résulte un testament proprement appelé nuncupatif, par opposition au testament écrit dans lequel le nom de l'héritier n'est pas prononcé (v. *Ulp. fr.* 21, *qui test. fac.*).

Théodose, en réglant la forme des testaments, a conservé la distinction du testament écrit, mystique ou secret, et du testament nuncupatif ou verbal. Il suffit pour ce dernier qu'il soit fait *uno contextu*, en présence de sept témoins (*Théod. et Valent.* C. 21, § 2, *de testam.*).

537. Ce testament nuncupatif est valable, mais d'après le droit civil seulement (*jure civili firmum*); car il est impossible d'apposer à une déclaration verbale le cachet des témoins, et conséquemment de remplir à cet égard la condition du droit prétorien. Cependant le testament nuncupatif ne laisse pas d'être admis aussi par le préteur, et de conduire à une possession de biens que celui-ci accorde, comme exécuteur du droit civil (v. 901; § 7, *de bon. poss.*; *Julian. fr.* 8, § 4, *de b. p. sec. tab.*; *Gord.* C. 2, *eod.*).

§ VI.

538. Pour concourir comme témoin à la confection d'un testament, il faut être au nombre des personnes avec qui le testateur a faction de testament (*cum quibus testamenti factio est*). Cette faction de testament existe avec les citoyens romains et leurs esclaves, comme nous le verrons plus loin avec détail (718; § 24, *de legat.*), et cependant ceux qui en jouissent ne sont pas tous admissibles comme témoins testamentaires. On excepte:

1° Les femmes. Elles peuvent témoigner en justice (*Ulp. fr.* 20, § 6, *qui test. fac.*); mais, hors les cas de

nécessité, on ne les admet point à la discussion et à la solennité des affaires civiles ;

2° Les impubères, les fous, les muets, les sourds,
parce qu'il leur est impossible, soit de concevoir, soit
d'entendre, soit de rapporter ce qui se passerait en leur
présence ;

3° Les prodigues à qui l'on a interdit l'administration
de leurs biens. Ne pouvant rien aliéner, incapables de
manciper, ils deviennent par là même incapables de
tester (*Ulp.* 20 *reg.* 13); mais rien ne les empêche
d'acquérir par testament. Leur témoignage paraîtrait
donc admissible comme celui de fils de famille qui sont
incapables de tester (v. § 8, *h. t.*). Ulpien (*fr.* 18, *qui*
test. fac. poss.) se contente de dire qu'ils n'ont pas faction de testament, en ce sens qu'ils n'ont pas le droit de
tester. Peut-être faut-il distinguer ici les personnes qui,
comme les fils de famille, n'ont jamais eu ce droit, et
celles qui, comme les prodigues, se sont rendues indignes
de le conserver ;

4° Les personnes déclarées infâmes (*improbos*) et incapables de témoigner (*intestabiles, text. hic;* v. *Gaius,*
fr. 26, *qui test. fac.*). Elles se trouvent, sous ce rapport,
assimilées aux prodigues, car elles perdent en même
temps le droit de tester et de concourir à la confection
d'aucun testament (*Ulp. fr.* 18, *pr. et* § 1, *eod.*). Cette
cause d'incapacité comprend les personnes qui, après
avoir concouru à la confection d'un testament, refusent
leur déposition (*Theoph. hic*), celles qui ont été con-
damnées *ob carmen famosum* (*Ulp. d. fr.* 18, § 1), ou
comme coupables, soit d'adultère, soit de concussion
(*Pap. et Paul. fr.* 14 *et* 15, *de testib.*) ;

5° Les esclaves. Ils ne concourent point à la confection des testaments, parce que de leur chef ils ne participent en rien au droit civil (*Ulp. fr.* 20, § 7, *qui test. fac.*).

§ VII.

539. Néanmoins la présence d'un esclave parmi les témoins ne vicie pas toujours le testament; on modifie la rigueur des principes, dans les circonstances que notre texte explique suffisamment.

Observons seulement que l'esclave dont il s'agit était considéré comme libre à l'époque de la confection du testament (*testamenti.... faciendi tempore*). En effet, c'est au moment de la rédaction qu'il faut examiner la capacité des témoins, sans s'occuper des incapacités qui existeront au décès du testateur, ou dans tout autre temps (*Ulp.fr.* 22, § 1, *qui test. fac. poss.*).

§ VIII et IX.

540. Nous avons parlé des incapacités absolues, qui empêchent une personne de figurer comme témoin dans aucun testament. Ici se présentent les prohibitions relatives, par suite desquelles certaines personnes, admissibles comme témoins au testament d'un père de famille, ne le seraient pas au testament d'un autre.

Ainsi le père ne peut prendre pour témoin aucun des enfants soumis à sa puissance. On réprouve en pareille circonstance le témoignage des membres de la famille (*domesticum testimonium*, § 9), qui n'ont tous entre eux qu'une seule et même propriété, celle des biens dont le testateur va disposer.

Les fils de famille ont quelquefois, sous le titre de

pécule castrans et quasi-castrans, des biens dont ils disposent même par testament (§ 6, *de mil. test.*; *pr.*, *quib. non est perm.*). Dans ce cas les membres de la famille du testateur, et par exemple son père ou ses frères, pourraient-ils lui servir de témoin? Ulpien et Marcellus répondent affirmativement (*fr.* 20, § 2, *qui test. fac.*), sans doute parce qu'ils s'arrêtent moins au lien de puissance paternelle qu'à l'unité de la copropriété qui existe entre les membres d'une même famille, mais dont le pécule castrans se trouve excepté. Les fils de famille sont, pour tout ce qui concerne ce pécule, traités comme père de famille; *vice patrum familiarum funguntur* (*Ulp. fr.* 2, *de sc. maced.*). Néanmoins Justinien reproduit ici une décision de Gaius (2 *inst.* 106) contraire à la précédente, et qui, par conséquent, exclut du nombre des témoins l'ascendant sous la puissance duquel se trouve le testateur, et tous les membre de la même famille.

541. Quoi qu'il en soit, si les membres d'une même famille sont respectivement inadmissibles comme témoins du testament que ferait l'un d'eux, rien ne les empêche de concourir ensemble au testament d'un étranger (*alieno negotio*, § 8 *h. t.*; *Ulp.* 20 *reg.* 6). Ainsi, lorsqu'on réprouve le *domesticum testimonium*, c'est à raison du lien qui unirait les témoins avec le testateur, sans égard à celui qui pourrait unir les témoins entre eux.

§ X.

542. Dans l'ancien testament *per æs et libram*, l'*emptor familiæ* et tous les membres de sa famille ont toujours été inadmissibles comme témoins d'une acquisition qui les intéressait personnellement. On ne voulait pas qu'ils pussent *sibi quodammodo testimonia præstare* (*text.*

hic; v. *Ulp.* 20 *reg.* 4 *et* 5); mais ce principe, tout invariable qu'il soit, ne parut pas toujours également applicable à l'héritier. Sous ce rapport, il importe d'observer quelle part celui-ci prenait à la mancipation.

Dans les premiers temps du testament *per æs et libram*, l'héritier n'étant autre que l'acheteur lui-même, se trouva exclu du nombre des témoins, non comme héritier, mais comme *emptor familiæ*. Plus tard on distingua l'acheteur et l'héritier, et comme le testament se faisait toujours par une mancipation à laquelle l'héritier ne prenait aucune part, on crut pouvoir le considérer, lui et les siens, comme étrangers à un acte qui se passait entre le testateur et l'*emptor familiæ*. Cependant Gaius (2 *inst.* 103, 105, 108), en décidant aussi que l'héritier pourra servir de témoin, invitait à ne point user d'une semblable faculté. Sous Justinien (*text. hic*), le conseil de Gaius devient une règle impérative. Ce prince exclut le témoignage de l'héritier, et avec raison; car dans le testament tripartit il n'existe plus de mancipation, plus d'acheteur intermédiaire entre le testateur et l'héritier. Conséquemment tout ce qui se fait dans le testament ou par le testament se fait aujourd'hui *inter testatorem et heredem* (*text. hic*), comme autrefois *inter testatorem et familiæ emptorem* (*Ulp.* 20 *reg.* 3; *Gaius,* 2 *inst.* 105).

Ainsi, à l'exemple de l'acheteur, l'héritier et les membres de sa famille sont exclus du nombre des témoins, et par les mêmes motifs, afin qu'ils ne témoignent pas dans leur propre cause (*text. hic*).

§ XI.

543. Les légataires et fidéicommissaires, en faveur de

qui le testateur fait différentes dispositions, ont toujours été admissibles comme témoins, de même que les tuteurs nommés dans le testament (*Gaius, 2 inst.* 108; *Ulp. fr.* 20, *qui test. fac.*). En effet, *non juris successores sunt;* ils ne représentent point la personne du testateur, et ne succèdent point à l'ensemble de ses droits. On n'a donc pas cru devoir écarter leur témoignage, malgré l'intérêt indirect qu'ils ont à la validité du testament (§ 2, *de leg. falcid.*; § 5, *de fideic. hered.*).

Justinien confirme, à cet égard, l'ancien droit par une constitution qu'il mentionne (*text. hic*), mais qui ne nous est point parvenue. La seule qui nous reste est de Zenon (C. 22, *de testam.*).

TITRE XI.

Du Testament militaire.

PR.

544. Les militaires, en vertu d'une exception motivée par leur grande inexpérience des affaires (*propter nimiam imperitiam*, *text. hic*; *Gaius, 2 inst.* 109), ou, ce qui est plus vraisemblable, par les dangers de leur possession (v. *Ulp. fr.* 1, *de b. p. ex test. mil.*), et peut-être par l'importance politique qu'elle avait acquise sous les empereurs, les militaires, dis-je, peuvent tester sans observer aucune espèce de forme. En effet, la volonté d'un militaire est l'unique loi qui gouverne son testament. Ses dernières dispositions, restent donc indépendantes, soit des formes, soit des autres règles qui dans le droit commun dominent l'intention du testateur. En effet, le testament d'un militaire *valet ex voluntate ejus* (*text. hic*),

ou, suivant la constitution même, *sufficit nuda voluntas testatoris* (*Ulp. fr.* 1, *h. t.*).

Ce privilége, primitivement accordé par Jules César, ne fut d'abord qu'une concession temporaire, successivement renouvelée par Titus et par Domitien, transformée en règle générale par Nerva, puis enfin confirmée par Trajan (v. *Ulp. fr.* 1, *h. t.*), et, ce qu'il faut remarquer, c'est aussi à l'occasion du service militaire que les fils de famille ont obtenu le droit de tester, droit qui leur a été ensuite conservé hors des camps et même après qu'ils ont obtenu leur congé, mais sans les dispenser alors des formes ordinaires (*text. hic*; § 6, *h. t.*; § 9, *de test. ord.*).

§ I.

545. La volonté du militaire est donc la seule règle de son testament, mais au moins faut-il que cette volonté soit sérieuse et constatée d'une manière indubitable. Ainsi l'on ne considère pas comme disposition testamentaire ces propos vagues qu'un homme tient souvent sans importance dans une simple conversation (*ut sermonibus fieri solet*); propos bien différent de la volonté qu'un testateur manifeste en exprimant devant plusieurs personnes des intentions précises, et en déclarant, par exemple, quels héritiers il institue, quels esclaves il affranchit. Dans ce cas et autres semblables, la volonté certaine, quoique purement verbale, constitue un testament valable (1). En effet, il s'agit uniquement de

---

(1) La validité du testament qu'un militaire fait *sine scriptura* paraîtra d'autant moins douteuse, que tout citoyen, même non militaire, peut tester dans la forme nuncupative (536). Tel est le sens de cette phrase *quod et sine scriptura à non militantibus quoque fieri potest*, phrase qui n'est pas exactement la même pour tous les éditeurs. La plu-

prouver que le militaire a voulu tester (*constare....*, *testamentum factum esse*), et cette preuve se fait par un écrit quelconque (*Constant.* C. 15, *h. t.*), ou sans écriture par des témoins qui n'ont pas besoin de se trouver réunis au nombre fixé pour les testaments ordinaires (*pr.*, *h. t.*), ni même d'avoir été spécialement convoqués pour la confection d'un testament. A la vérité, le militaire dont parle notre texte avait déclaré ses dernières volontés *convocatis ad hoc hominibus*; mais cette circonstance n'influe sur la décision de Trajan, qu'en ce sens seulement qu'elle indique une intention sérieuse, une volonté certaine, que l'Empereur oppose aux vains propos d'une conversation vague; la convocation des témoins est donc un fait énoncé par le rescrit, plutôt qu'une condition exigée comme elle l'a été précédemment (533). En effet, Trajan lui-même dispense les militaires de toute formalité, en leur permettant de tester *quomodo volent*, *quomodo poterint* (v. *Ulp. fr.* 1, *h. t.*).

546. En un mot, les témoins interviennent ici pour la preuve et non pour la solennité de l'acte; il serait donc inutile d'en appeler aucun pour le testament écrit; mais il en faut deux pour le testament verbal (v. *Ulp. fr.* 12, *de testib.*); parce que la déposition d'un témoin unique est toujours insuffisante (*Paul. fr.* 20, *de quæst.*; *Constant.* C. 9, § 1, *de testib.*).

§ II.

547. L'état militaire donne la faculté de tester à plu-

---

part admettent dans le texte un second *et* (*quod* ET *sine scriptura* ET *a non militantibus*, *etc.*), que quelques-uns veulent changer en UT. La leçon de Cujas supprime toute discussion sur la nécessité, d'ailleurs très-douteuse, de cette rectification.

sieurs personnes qui n'en jouiraient point d'après les règles générales; tels sont les fils de famille dont nous parlerons au titre suivant; tels sont les citoyens condamnés à raison d'un délit militaire, et ceux qui doutent de leur état, c'est-à-dire qui ne savent pas précisément s'ils sont *sui* ou *alieni juris* (v. *Ulp. fr.* 11, *h. t.*). Tels sont encore les sourds et les muets.

Lorsqu'on parle ici d'un militaire *surdus* ou *mutus*, évidemment on ne s'occupe pas des sourds ou muets de naissance, qui ont toujours été dans l'impossibilité de suivre la carrière des armes. Il s'agit donc du militaire qui, devenant sourd ou muet par accident, reste militaire jusqu'au moment où il est réformé (*Ulp. fr.* 4, *h. t.*).

Cet intervalle est le seul dont les sourds ou les muets pouvaient profiter pour tester pendant qu'ils se trouvaient, comme militaires, dispensés de toutes les règles. En effet, les uns et les autres étaient dans l'impossibilité d'accomplir les solennités qu'exige le droit commun; aussi, pour les mettre en état de tester lorsqu'ils ne sont pas militaires, Justinien fut-il obligé d'établir, en leur faveur, des formes particulières (v. § 3, *quib. non est permiss.*).

§ III.

548. Le privilége dont il est question dans ce titre n'appartient, à proprement parler, qu'aux militaires, et si d'autres personnes qui suivent l'armée, sans en faire partie, ont le même droit, ce n'est que temporairement et accidentellement, c'est-à-dire pour le testament qu'elles font à l'armée et lorsqu'elles y décèdent (*Ulp. fr.* 44, *h. t.; fr.* 1, *de b. p. ex test. mil.*. Cette distinc-

tion prouve que les militaires jouissaient de leur privilége
en tous lieux et en tous temps; mais Justinien restreint
ce même privilége au temps que les militaires passent *in
castris* ou dans une expédition (*in expeditione degens ;*
§ 4, *h. t.; in expeditione occupati*, *pr. h. t.*). Partout
ailleurs, le militaire en activité de service (*adhuc mili-
tantes*) ne différera plus du militaire qui a reçu son
congé et qu'on appelle vétéran. Ils restent soumis, l'un
comme l'autre, aux règles générales (*text. hic; Justin.*
C. 17, *h. t.;* v. *Anton.* C. 1 ; *Constant.* C. 15, *eod*).

On est militaire, et conséquemment on jouit du privilége attaché à cette qualité, depuis le moment où l'on
a été porté sur les rôles (*in numeris*) jusqu'à la délivrance du congé qui donne le titre de vétéran. Les re-
crues (*tirones*) que l'état exerce à ses frais ne deviennent
militaires qu'après avoir été enrégimentées (v. *Ulp. d.
fr.* 42, *h. t.*).

549. Les militaires peuvent être congédiés à titre de
récompense, ou comme incapables, ou enfin comme indignes de servir. Il y a certains officiers qui, à proprement parler, n'obtiennent pas de congé, mais reçoivent
un successeur. Ces distinctions servent à déterminer le
délai, après lequel cessera de valoir le testament des
militaires congédiés; car il ne conserve sa force que pendant un certain temps. Notre texte accorde un an après
le congé (*post missionem*), ce qui suppose l'obtention
d'un congé, et même d'un congé honorable : en effet, ce
délai ne s'applique ni à l'officier qui reçoit un successeur,
ni au militaire renvoyé comme indigne de servir. Le testament qu'ils auraient fait comme militaires cesse de valoir dès qu'ils ont perdu ce titre (*Mac. fr.* 26 ; *Afric.
fr.* 21, *h. t.*).

Ainsi, lorsqu'il ne meurt pas dans l'année, le vétéran doit remplacer par un nouveau testament celui qu'il a fait comme militaire. S'il décède avant l'expiration de l'année, le testament produit son effet et ouvre l'hérédité aux institués; mais un militaire, comme tout autre testateur, peut instituer conditionnellement (§ 9, *de hered. inst.*), et dans ce cas l'hérédité n'est déférée qu'à l'événement de la condition. Aussi a-t-on douté si le testament d'un vétéran mort dans l'année défère l'hérédité aux héritiers institués sous une condition qui ne se réalise qu'après l'année. On a décidé que la mort du testateur, dans le délai fixé, confirme le testament qu'il a fait comme militaire, indépendamment de l'époque où l'hérédité sera déférée par l'événement de la condition (*text. hic.*). C'est qu'en réalité il ne s'agit pas de savoir si le testament a obtenu son effet, mais si le testateur a dû tester de nouveau. Or, cette obligation de faire un nouveau testament ne commence qu'après l'année; elle n'existe donc pas pour ceux qui meurent dans ce délai.

§ IV, V ET VI.

550. Un militaire, avant d'entrer au service, teste sans observer les formes requises (*non jure*; § 4, *h. t.*). Ce testament nul sera-t-il validé par cela seul que le testateur devenu militaire a le droit de tester sans formalité? La négative n'est pas douteuse; nous verrons bientôt (§ 1, *quib. non est permiss.*), que la capacité acquise par le testateur après la confection du testament n'en corrige pas les vices. Le militaire dont nous parlons devra donc tester de nouveau. Sur ce point nulle difficulté.

Mais on suppose que, devenu militaire, et dans le cours d'une campagne, c'est-à-dire dans une circonstance où sa volonté formerait seule un testament valable, il ouvre les tablettes où sont écrites ses dispositions antérieures, y fait quelque addition ou suppression, ou enfin manifeste d'une manière quelconque la volonté de faire valoir cet ancien testament. Il vaudra, en effet, non par suite des anciennes intentions qui s'y trouvaient inutilement consignées, mais (*ex nova militis voluntate*), parce que le testateur, devenu militaire, a manifesté une volonté nouvelle qui devient elle-même un testament; car, pour un militaire affranchi de toutes les formes, confirmer un ancien testament, c'est le refaire (*Ulp. fr.* 6, § 6, *de inj. rupt.*).

Nous expliquerons le § 6 avec le *pr.* du titre suivant (553), et le § 5 avec le § 4 du titre XVII (642).

TITRE XII.

Des personnes à qui l'on n'a point permis de tester.

PR.

551. On observerait en vain les formes exigées pour la confection d'un testament, si l'on n'avait pas droit de tester (*testamenti factionem*). Justinien, plus fidèle à l'ordre matériel des Institutes de Gaius qu'à l'ordre logique indiqué par ce dernier (2 *inst.* 114; *fr.* 4, *qui test. fac. poss.*), va donc s'occuper ici de la capacité nécessaire au testateur. Nous verrons ensuite quelles dispositions doit contenir le testament.

La faction de testament n'est pas accordée à tous (*non licet omnibus*). Le droit de tester n'existe que pour les personnes à qui on l'a formellement accordé. Ainsi l'incapacité, indépendante de toute prohibition, s'étend, dans cette matière , sur tous ceux *quibus non est permissum facere testamentum* (*rubr.* , *h. t.*). En effet, les lois n'ont jamais ôté à personne le droit de tester : elles l'ont, au contraire, accordé successivement à différentes classes de citoyens qui ne l'avaient point encore (63).

552. La loi des Douze-Tables n'a donné et ne pouvait donner le droit de tester qu'aux pères de famille , puisqu'eux seuls étaient propriétaires. Les fils de famille, n'ayant rien en propre, ne laissaient jamais ni hérédité ni héritiers. Aussi restèrent-ils incapables de tester (*Ulp.* 20 *reg.* 10); et dans la suite , lorsqu'on leur attribua des biens particuliers, le droit d'en disposer par testament ne fut point pour eux la conséquence nécessaire de la propriété : il résulta uniquement des concessions expresses du législateur, concessions que ne remplace pas le consentement du père de famille (*text. hic*). Cependant les personnes *alieni juris* peuvent , avec la permission de celui dont elles dépendent, aliéner même par donation à cause de mort (*Pomp. fr.* 9, § 2, *de donat.* ; *Marcian. fr.* 25, § 1, *de mort. caus. don.*), parce qu'en général le consentement du propriétaire suffit pour une aliénation qui n'intéresse que lui (v. § 40 , 42 *et* 43, *de div. rer.*); tandis que le testament intervertit l'ordre légal des successions. C'est une loi que chacun fait pour sa propre hérédité; et cet exercice du pouvoir législatif, tenant au droit public, reste indépendant de la volonté des particuliers (*Pap. fr.* 3, *qui test. fac.* ; *Ulp. fr.* 45, § 1, *de reg. jur.*).

553. Auguste, Nerva et Trajan ont permis aux fils de famille de disposer, même par testament, des biens qui leur seraient acquis (*in castris*) à l'occasion du service

militaire (1). Ces biens forment leur pécule castrans, et la permission qu'ils ont eu d'en disposer n'existait primitivement que pour le temps où ils continuaient de servir; mais Adrien a conservé la faction de testament aux fils de famille vétérans (*text. hic; pr., de mil. test.*).

Dans le Bas-Empire, on réserva aux fils de famille plu-

---

(1) *Castrense peculium est , quod in castris adquiritur , vel quod proficiscenti ad militiam datur (Paul.* 3 *sent.* 4, § 3). Nous avons déjà vu (540) que, relativement à cette espèce de biens, les fils de famille *vice patrumfamiliarum funguntur* (*Ulp. fr.* 2, *de sc. maced.*). Le père ou ses créanciers n'y ont aucun droit; et, à la mort du père, le pécule castrans, au lieu d'appartenir en commun à tous ses enfants, reste propre à celui *qui id in castris adquisierit (text. hic; v.* § 1, *per quas pers.*). Cependant le père de famille n'était pas privé de toute espérance sur les biens castrans. En réalité le droit des fils de famille n'était qu'une propriété conditionnelle; et s'ils décédaient sans en avoir disposé, ces biens étaient réputés n'avoir jamais appartenu qu'au père, conformément au principe général qui reprenait son empire *similitudine cujusdam postliminii* (*Tryph. fr.* 19, § 3 ; v. *Marcian. fr* 18, § 1 *et* 2, *de castr. pecul.*). De là , quant aux biens castrans , une différence importante, suivant que le fils de famille décédait testat ou intestat. Dans le premier cas, le testament déférait aux institués une véritable hérédité ; dans le cas contraire , les biens castrans au lieu d'être transmis héréditairement au père de famille , lui étaient conservés par la force de sa puissance (*Ulp. fr.* 2, *eod.* ; *Diocl. et Max.* C. 5, *eod.*). Tel n'est cependant pas le principe auquel Justinien se réfère ici, en déclarant que le pécule castrans des fils de famille décédés intestats appartient au père *jure communi.* En effet, ce dernier arrive lorsque le défunt ne laisse ni descendants, ni frères (*nullis liberis vel fratribus superstibus*), c'est-à-dire , comme héritier en troisième ordre, suivant la règle générale des successions, telle qu'elle existait à l'époque de la promulgation des Institutes (v. 846 ; § 2, *de adq. per adrog.*). Une interprétation, qu'on attribue mal à propos à Cujas, explique ces mots, *jure communi,* comme s'ils conservaient au père son ancien privilège. Cette interprétation est d'autant moins admissible que la même expression se prend toujours par opposition au droit exceptionnel, qui régit les testaments militaires et par suite le pécule castrans (*pr., de mil. test.*; § 6, *eod.* ; *Paul. fr.* 8, § 4, *de jur. codicill.*; v. *Cujas , in not.*).

sieurs autres acquisitions que l'on désigne sous le nom de
pécule quasi-castrans (1), mais la faculté d'en disposer
par testament n'avait pas été accordée d'une manière
générale. Elle était concédée, par exception, à quelques
fils de famille (*horum quibusdam*), lorsqu'en 531 Justinien déclara que les personnes soumises à la puissance
paternelle pourraient disposer de leur pécule quasi-castrans, comme de leur pécule castrans (§ 6, *de mil. test. ;*
v. C. 37, *de inoff. test.* ; C. 12, *qui test. fac.*).

554. Antérieurement, et dès l'année 529, l'Empereur

---

(1) Constantin, en 321 (C. *de castr. omn. palat.*), assimile aux pécules castrans les biens qu'un fils de famille acquiert comme Palatin. On
appelait ainsi (*palatini*) les fonctionnaires attachés pour différents offi-
ces au palais du prince (v. *Constant.* C. 2, *de priv. eor. qui*). Le
même avantage fut successivement étendu à différents fonctionnaires
par Honorius et Théodose (C. 7, *de assess.*; C. 7, *de advoc. divers. judi-
cior.*), par Théodose et Valentinien (C. *de castr. pecul.*), par Léon et An-
thémius (C. 34, *de episc. et cler.*). Enfin Justinien (C. 37, *de inoff. test.*)
a converti ces exceptions en règle générale pour tous les fils de famille
qui salaria vel stipendia percipiunt publica. Les biens par eux acquis
dans l'exercice et à l'occasion de différentes fonctions sont assimilés
au pécule castrans, mais imparfaitement. Suivant Justinien, elles tiennent le milieu entre les acquisitions purement civiles (*paganum*), et le
pécule castrans : de là plusieurs questions controversées relativement aux
dispositions testamentaires que certains fils de famille pouvaient faire
sur le pécule quasi-castrans, questions que Justinien décide (§ 6, *de
milit. test.* ; C. 37, *de inoff. test.*) sans éclaircir les doutes qui s'élèvent
sur l'origine de ce pécule. Son existence, suivant Justinien, remonterait
non-seulement aux constitutions citées, mais même aux lois antérieures
(*anteriores leges* ; § 6, *de mil. test.*). Il en résulte pour Cujas et Vinnius, que le pécule quasi-castrans aurait existé dans la législation des
Pandectes. Effectivement, il est mentionné dans plusieurs textes (*Ulp.
fr.* 1, § 6, *ad sc. trebell.* ; *fr.* 3, § 5, *de bon. possess.* ; *fr.* 1, § 15, *de
collat.* ; *fr.* 7, § 6, *de donat.*); mais cette mention, qui ne se retrouve ni
dans les Instituts de Gaius, ni dans les règles d'Ulpien, ni dans les sentences de Paul, paraît n'être, au Digeste, qu'une interpolation de Tribonien.

avait attribué aux fils de famille la propriété de tous les biens dont l'acquisition ne provient pas *ex re patris* (§ 1, *per quas pers.*; C. 8, *de bon. quæ lib.*). Indépendamment des pécules castrans ou quasi-castrans, les fils de famille peuvent donc se trouver propriétaire d'un pécule qu'on appelle adventice; mais Justinien ne leur permet pas d'en disposer par testament (v. C. 11, *qui test. fac.*).

Ainsi, les biens castrans ou quasi-castrans sont les seuls dont l'acquisition met les fils de famille dans le cas de faire un testament valable.

§ I.

555. Malgré la faction de testament accordée aux pères de famille, quelques-uns d'entre eux sont, par exception, dans l'impossibilité de tester. Tels sont les impubères, les fous, et en général tous ceux qui ne sont pas sains d'esprit, les prodigues, les personnes affectées de certaines infirmités, et les prisonniers de guerre (*text. hic*; § 2, 3, 4 et 5, *h. t.*; *Marcian. fr.* 2, *eod.*; *Paul.* 3 *sent.* 4, § 11; *Javol. fr.* 2, *qui test. fac.*); mais il importe d'observer ici que la folie ou les infirmités survenues, et l'interdiction prononcée après la confection du testament, n'infirment pas les dispositions antérieures (*text. hic*; § 2 et 3, *h. t.*). Faut-il en conclure qu'il suffit d'avoir eu faction de testament à l'époque de la confection, et que le testament, une fois fait, doit subsister indépendamment de la capacité que le testateur perdra ou conservera dans la suite? Non, sans doute : le testateur ne perd pas impunément le droit de tester (§ 4, *quib. mod. test. infirm.*). Toutes les fois qu'il cesse d'être libre, citoyen ou père de famille, son testament

est infirmé (§ 5, *eod.*; *Gaius*, *fr.* 8, § 1, *qui test. fac.*) ;
mais le testateur *capite minutus* diffère essentiellement
de ceux qui deviennent fous, prodigues ou infirmes.
Ces derniers restent citoyens et *sui juris* ; conséquemment ils sont toujours dans le cas de laisser une hérédité
et des héritiers, tandis qu'un père de famille qui perd ce
titre n'a régulièrement aucune succession à transmettre.
Dès-lors son testament devient sans objet.

556. Il faut donc nécessairement distinguer dans les
circonstances qui rendent un citoyen habile à tester,
deux conditions, dont l'une tient au droit et l'autre à
l'exercice du droit. La première constitue la faction de
testament qui appartient à tout père de famille, en cette
seule qualité. Elle donne, à proprement parler, le droit
d'avoir un testament plutôt que la faculté de le faire.
L'exercice du droit, au contraire, suppose la réunion de
certaines qualités que la loi ne donne point, et dont
l'absence nous empêche de faire un testament, sans nous
empêcher de conserver celui qui aurait été fait par nous
ou pour nous (1). En appliquant cette distinction, nous
dirons que le droit doit exister à l'époque de la confection
du testament, et continuer pendant toute la vie du testateur; mais que les facultés nécessaires pour l'exercice
du droit ne sont exigées qu'au moment où on l'exerce,
c'est-à-dire à l'époque de la confection. Voilà comment
certains pères de famille, que l'âge, la démence ou l'interdiction mettent de fait dans l'impossibilité de tester,
peuvent cependant avoir un testament qu'ils seraient
dans l'impuissance de faire.

---

(1) Nous verrons plus loin, au titre 16 *de pupillari substitutione,*
dans quels cas et par qui peut être fait le testament d'un pupille ou d'un
fou.

557. Nous venons de dire que le testateur doit avoir, au moment de la confection du testament, non-seulement le droit, mais aussi l'exercice du droit de tester. Ainsi le testament fait, soit par un fils de famille qui n'a point de pécule castrans ou quasi-castrans, soit par un père de famille impubère ou en démence, serait et resterait nul, quand même le testateur mourrait *sui juris*, pubère ou sain d'esprit. Dans ce cas, sans doute, il acquiert une capacité qu'il n'avait pas d'abord (*text. hic; pr., h. t.;* v. *Modestin. fr.* 19, *qui test. fac poss.*), et dont il pourra profiter pour tester valablement : mais s'il n'exerce pas ce droit nouveau, le testament qu'il a voulu faire à une époque d'incapacité n'acquerra par aucun laps de temps l'existence qui lui manque (*Ulp. fr.* 19, *qui test. fac.;* v. *Paul. fr.* 29; *Lic. Ruf. fr.* 210, *de reg. jur.*).

558. Voyons maintenant les différentes causes qui empêchent d'exercer la faction de testament.

A l'égard des fous, *quia mente carent*, il est évidemment impossible qu'il y ait de leur part *testatio mentis*, si ce n'est dans les intervalles lucides qui interrompent quelquefois la folie (*text. hic*).

Les impubères ne sont pas précisément dans le même cas, puisqu'on leur reconnaît quelquefois un commencement d'intelligence qui les rend capables de contracter (§ 9 *et* 10, *de inutil. stip.*); mais cette intelligence n'est pas encore assez développée pour donner aux impubères le discernement que les jurisconsultes romains nomment *animi judicium*, discernement nécessaire pour acquérir l'hérédité d'autrui (268), et à plus forte raison pour transmettre la nôtre. Les pupilles sont donc incapables de tester (1), non comme les fous *quia mente carent*, mais *quia nullum eorum* ANIMI JUDICIUM *est (text. hic)*, ou *quoniam nondum plenum* JUDICIUM ANIMI *habent (Ulp. 20 reg. 12)*.

§ II.

559. L'interdiction d'un prodigue le rend incapable d'aliéner, et conséquemment de manciper. Dès-lors il lui est impossible de tester *per œs et libram (Ulp. 20 reg. 13)*, et l'incapacité a subsisté lors même que la confection du testament ne supposait plus aucune mancipation.

§ III.

560. Les muets, incapables de prononcer les paroles solennelles de la nuncupation; les sourds, incapables d'entendre celles que prononçait le *familiæ emptor*, n'ont jamais testé *per œs et libram (Ulp. 20 reg. 13)*. L'impossibilité où ils se trouvent, les uns de requérir, et les autres d'entendre les témoins, les empêcha également de tester d'après le droit prétorien (*Pothier, 28 pand. 1*,

---

(1) Les pupilles peuvent acquérir l'hérédité d'autrui avec l'autorisation du tuteur (§ 1, *de auct. tut.*), tandis que la même autorisation ne valide pas leur testament. Cette différence tiendrait-elle à la nature du testament? Et parce que cet acte doit exprimer la volonté du testateur (*Modest. fr. 1, qui test. fac.; Ulp. 20 reg. 1*), doit-il nécessairement exclure toute approbation accessoire, et par exemple l'autorisation du tuteur? Non, sans doute, puisque pareille autorisation était exigée dans l'ancien droit pour le testament des femmes nubiles (*Ulp. 20 reg. 15; Gaius, 1 inst. 192, 193*). Si les impubères ne testent point avec autorisation de tuteur, c'est qu'il est bien moins important pour eux de transmettre leur propre hérédité que d'acquérir celle d'autrui. En les empêchant de tester, on ne les expose à aucun autre danger que celui de mourir intestat, et encore la substitution pupillaire y pourvoit-elle souvent (v. *pr., de pupill. subst.*).

n° 17.) Les sourds et les muets ne pouvaient donc tester
que lorsqu'ils se trouvaient dispensés des formes ordinaires, soit comme militaires (547; § 2, *de mil. test.*),
soit en vertu d'une exception individuellement accordée
par le prince (*Æmil. Mac. fr.* 7, *qui test. fac.*).

Justinien distingue à cet égard entre les sourds-muets
de naissance et ceux qui ont perdu par accident la double
faculté de parler et d'entendre. Les premiers restent dans
leur incapacité primitive; les seconds pourront tester,
mais seulement par écrit. Quant aux muets qui ne sont
pas sourds, ou réciproquement, Justinien ne distingue
pas si l'infirmité est naturelle ou accidentelle; dans l'un
et l'autre cas, ils pourront tester, les muets par écrit, les
sourds avec la même liberté que tous autres citoyens
(C. 10, *qui test. fac.*). Ainsi l'empereur accorde l'exercice
de la faction de testament à tous ceux qui ont un moyen
quelconque de manifester leurs intentions.

Observez, dans le texte, quelles sont les personnes que
l'on considère comme véritablement sourdes ou muettes.

§ IV.

561. Les aveugles ont toujours eu la faculté de tester
dans la forme nuncupative, parce que rien ne les empêche
de requérir et d'entendre les témoins (*Paul.* 3 *sent.* 4, § 4):
cependant, pour éviter les fraudes que la cécité peut
favoriser, Justin, père adoptif de Justinien, a exigé (C. 8,
qui testam. fac. poss.), pour le testament des aveugles,
plusieurs solennités additionnelles aux formes du testament nuncupatif.

Sauf ce que nous avons vu jusqu'ici, ni la vieillesse, ni
aucune autre infirmité n'empêche de tester; car, s'il faut
être sain d'esprit à l'époque de la confection, la santé du

corps est indifférente (*Javol. fr.* 2, *qui test. fac.; Diocl. et Max.* C. 5, *eod.*).

§ V.

562. Le citoyen romain, prisonnier des ennemis, n'est chez eux qu'un esclave (*Paul.* 3 *sent.* 4, § 8). De là plusieurs question sur la validité du testament qu'il aurait fait, soit avant, soit pendant sa captivité.

Un testament, valable dès l'origine, est nécessairement infirmé lorsque le testateur devient esclave (§ 4, *quib. mod. test. infirm.*). Le testament qu'un prisonnier de guerre a fait avant sa captivité *dum in civitate fuerat,* serait donc inutile, s'il n'existait pas à cet égard deux fictions, dont l'une s'applique au prisonnier qui revient, et l'autre au prisonnier mort chez l'ennemi. Le premier est réputé, par l'effet du *postliminium* (193), n'avoir jamais quitté le territoire romain, et conséquemment n'avoir pas été esclave. Quant au testateur décédé chez l'ennemi, on le suppose mort à l'instant même de sa captivité, et par conséquent dans l'intégrité de ses droits (*Ulp. fr.* 18; *Pap. fr.* 10, *de capt. et postl. rev.*). Cette fiction, introduite en 673 par la loi Cornélia qui porte le nom du dictateur Cornelius Sylla, conserve le testament en faisant rétroagir le décès à une époque où le testateur était encore libre et *sui juris.* Autrement, en effet, le testateur, prisonnier, et par cela même esclave, aurait cessé d'avoir un testament.

Le testament qu'un prisonnier de guerre a fait chez l'ennemi ne peut valoir même en cas de retour (*quam vis redierit*). Ainsi, dans ce cas, le postliminium reste impuissant. On dit, pour expliquer cette décision, que le prisonnier était esclave, et que le testament d'un esclave, comme celui d'un fils de famille, ne peut obtenir plus tard la validité qui lui a manqué dans l'origine (557). Ce principe n'avance pas la solution; car il s'agit précisément de savoir si le prisonnier a été esclave. D'après la fiction du *postliminium*, si elle était applicable, le testateur n'aurait pas même été prisonnier (§ 5, *quib. mod. solv. jus pot.*). Pourquoi donc le *postliminium* ne s'applique-t-il pas? Parce qu'il s'agit de savoir, non pas uniquement, si le prisonnier avait un droit, mais s'il pouvait l'exercer. On suppose, il est vrai, qu'il a conservé tous ses droits, mais l'exercice de nos droits est un fait pour lequel il n'existe point de *postliminium* (475). Ainsi dans la position où il a testé, le prisonnier n'avait l'exercice d'aucun droit, ce qui suffit pour annuler le testament (556).

TITRE XIII.

De l'Exhérédation des enfans.

PR.

564. L'objet spécial du testament consiste dans la disposition de l'hérédité; le testateur doit nécessairement chosir un ou plusieurs héritiers, et puisque sa volonté fait loi, il semble que rien ne devrait limiter la liberté du choix. Effectivement, d'après la loi des Douze-Tables, il suffisait au père de famille d'instituer un héritier pour lui transmettre ses droits, et pour exclure de l'hérédité quiconque n'y était pas expressément appelé. Mais ce principe ne tarda point à être modifié par l'interprétation des prudents.

Ils supposèrent entre les membres de la même famille

une communauté de biens dont le père est l'administrateur plutôt que le maître, les fils de famille étant en
quelque sorte considérés comme propriétaires des biens de
leur père, même de son vivant (§ 2, *de her. qual. et diff.*).
Il en résulte qu'à la mort du *pater familias*, il n'y a pas
précisément pour eux acquisition nouvelle ; qu'ils ne
deviennent pas propriétaires, mais continuent de l'être
en conservant un patrimoine qui leur appartenait déjà
(§ 3, *de her. quæ ab int.*; v. *Paul. fr.* 11, *de lib. et post.*);
et parce que chez les anciens *heres* était synonyme de
dominus (§ 7, *de her. qual.*), les fils de famille, dont le
père vit encore, prennent le titre d'héritiers, et se
nomment SUI HEREDES (v. § 2, *h. t.*) par anticipation,
car, en réalité, les vivants n'ont et ne peuvent avoir ni
hérédité ni héritiers. Si l'hérédité appartenait réellement
aux fils de famille du vivant de leur père, ce dernier ne
pourrait pas tester. Aussi n'a-t-on pas conduit la fiction
jusqu'à ses dernières conséquences ; on en profite non
pour détruire le droit du père de famille, mais pour le
modifier, en ce sens que les fils de famille ne seront plus
écartés de l'hérédité par cela seul que le testament paternel ne la leur donne pas. On a tiré de leur copropriété
fictive cette conséquence que pour empêcher l'hérédité
de rester aux enfants qui l'ont déjà, il faut au moins
qu'on les en dépouille. De là vient, pour quiconque a un
fils en sa puissance, l'obligation alternative de l'instituer
ou de le déshériter, c'est-à-dire de l'exproprier expressément, sans quoi le testament est nul (*text. hic*).

En effet, quand même le fils omis par son père viendrait à décéder avant celui-ci, le testament resterait
toujours nul, *quia scilicet ab initio non constiterit*, dit
notre texte, en confirmant l'opinion des Sabiniens. Les

Proculéiens, au contraire, n'admettaient la nullité du testament que dans l'intérêt du fils omis, et seulement lorsque celui-ci survit pour faire obstacle aux héritiers institués (*Gaius*, 2 *inst.* 123). L'opinion des Sabiniens paraît avoir prévalu dès le temps d'Ulpien et de Paul (v. *Ulp.* 22 *reg.* 16; *Paul. fr.* 7 et 31, *de liber. et post.*). Cependant Papinien (*fr.* 17, *de inj. rupt.*) se rapproche beaucoup du système contraire, lorsqu'il décide, en préférant l'équité à la rigueur du principe, que le testament sera exécuté malgré l'omission du fils, si ce dernier, après avoir survécu au testateur, s'abstient de l'hérédité paternelle.

565. Parmi les enfants soumis à la puissance du testateur, il n'y avait que les fils dont l'omission entraînât la nullité du testament; car, malgré l'omission d'une fille ou d'un petit-fils, cet acte produisait un effet partiel. Les filles et les petits-enfants omis obtenaient *jus adcrescendi ad certam portionem*, c'est-à-dire le droit de concourir pour une portion déterminée avec les héritiers institués (*text. hic*). Quel que soit le véritable motif de cette différence entre le fils et les autres enfants soumis à la puissance du même chef, il faut observer qu'elle coïncide avec la distinction dont nous avons parlé précédemment (108). La puissance paternelle constituait à l'égard des fils un lien plus fort qu'à l'égard de tous autres descendants, puisqu'il fallait trois mancipations pour les mettre hors de la famille, et une exhérédation formelle pour les empêcher de conserver sur l'hérédité la totalité des droits qui leur appartiennent comme héritiers siens. Quant aux filles et aux petits-enfants que le testateur n'avait pas exclus de l'hérédité, ils n'en conservaient, anisi qu'on vient de le voir, qu'une partie.

Cette partie variait suivant qu'ils concouraient avec
des étrangers ou avec d'autres enfants siens institués par
le défunt. Avec ces derniers, les filles ou les petits-enfants
omis obtenaient une part virile, c'est-à-dire qu'ils ajou-
taient une tête au nombre des héritiers siens institués, et
enlevaient moitié à celui qui se trouvait seul, un tiers,
un quart, un cinquième, à ceux qui se trouvaient deux,
trois ou quatre, et ainsi de suite. Quant aux institués
étrangers, leur nombre était indifférent; les droits que
leur déférait l'institution étaient toujours réduits de
moitié par le concours des filles ou des petits-enfants
omis (v. *Gaius, 2 inst.* 124; *Ulp.* 22 *reg.* 17; *Paul.* 3
sent. 4, § 8). On appelle omis ou prétérits tous ceux qui
n'ont été ni institués ni régulièrement exhérédés (§ 12, *de
hered. quæ ab int.*), lors même que le testateur ne les a
pas totalement oubliés (v. 569).

On voit d'après cela que l'exhérédation des enfants
n'avait pas toujours le même but. Celle du fils validait
le testament, celle des autres descendants leur ôtait le
droit de concourir avec les institués. Il y avait aussi, pour
le mode d'exhérédation, cette autre différence que le fils
devait être déshérité nommément, de la manière expliquée dans notre texte; tandis qu'à l'égard des filles ou des
petits-enfants, il suffisait de les déshériter *inter ceteros*,
c'est-à-dire qu'après avoir statué nommément sur un ou
plusieurs membres de sa famille, le testateur pouvait se
contenter d'ajouter CETERI EXHEREDES SUNTO (v. *Paul
fr.* 25, *de liber. et post.*).

566. Ce qu'on a dit des petits-enfants s'applique à
ceux dont le père est décédé ou sorti de la famille avant
que l'aïeul fît son testament. En effet, le droit des petits-
enfants aux biens de la famille et à l'hérédité de l'aïeul

paternel n'est autre que le droit de leur propre père, et ils ne l'acquièrent qu'à son défaut, lorsqu'il est sorti de la famille, soit par prédécès, soit par CAPITIS DEMINUTIO : alors sa place devenue vacante est occupée par ses propres enfants (§ 6, *de hered. quœ ab intest.*), qui deviennent SUI HEREDES de l'aïeul paternel (§ 2, *eod.*; § 2, *de heréd. qual.*). Dans le cas contraire, les petits-fils et petites-filles, quoique siens (*sui*), parce qu'ils sont sous la puissance de l'aïeul paternel, ne sont point *heredes*: aussi n'est-ce pas eux, mais leur père qu'il faut déshériter (v. *Paul. fr.* 9, § 2, *de liber. et post.*), sauf ce que nous dirons plus loin sur les § 1 et 2; car, indépendamment des héritiers qui existent dans la famille du testateur à l'époque de la confection du testament, il peut en survenir d'autres même après sa mort.

§ I.

567. Les descendants qui surviennent après la confection du testament se nomment posthumes, soit qu'ils naissent pendant la vie du testateur (1), ou après sa mort. Ces derniers sont les seuls dont s'occupe notre texte, ce sont même les seuls auxquels s'applique la qualification de posthume, prise dans son sens le plus étroit (v. *Ulp. fr.* 3, § 1, *de inj. rupt.*; *fr.* 16, § 5, *de test. tut.*; § 4, *de tutel.*), parce qu'ils naissent à une époque où le testateur défunt ne peut plus faire un nouveau testament.

Leurs droits, dans la famille, se déterminent d'après l'époque de la conception; ainsi, quoique né après la

---

(1) *Ulp. fr.* 12, *de injust. rupt.*; *Pomp. fr.* 8, *de post. et liber.* POSTUMUS n'a pas d'autre sens que *posterior* et *postremus.* Voyez Cujas (13 *obs.* 40) et Brisson (*de verb. signif.*).

mort du testateur, le posthume antérieurement conçu est
héritier sien (*Ulp.* 22 *reg.* 15), et acquiert sur les biens
de la famille des droits semblables à ceux d'un héritier
sien, né avant la confection du testament, droits dont
l'existence à cette époque aurait causé la nullité du testament, et dont la réalisation subséquente occasionne sa
rupture. En effet, le testament valable cesse de l'être par
l'agnation, c'est-à-dire par l'arrivée dans la famille d'un
posthume ou d'un héritier sien. Quel que soit leur sexe
ou leur degré, les posthumes naîtront tous avec les mêmes
droits, et leur naissance produira le même résultat (*in
eo par omnium conditio est*). A la vérité, l'existence conditionnelle des posthumes n'empêche pas le père de tester
valablement : son testament vaut, mais ensuite il se
rompt (*rumpitur, text. hic.; Ulp.* 22 *reg.* 18) par
l'agnation, c'est-à-dire par la naissance des nouveaux
héritiers qui surviennent dans la famille. Conséquemment si la femme *ex qua postumus vel postuma spera-
batur*, fait une fausse couche, le testament reste valable,
tandis que le prédécès d'un fils omis lorsqu'il était déjà
né, ne répare pas le vice primitif des disposition pater-
nelles (564). Enfin le testament rompu par la survenance
d'un posthume de l'un ou de l'autre sexe (*agnatione pos-
tumi sive postumæ*), est infirmé pour le tout (*ea ratione
totum infirmatur*), tandis que l'omission d'une fille ou
d'un petit-fils déjà né n'empêchait pas le testament de
conserver un effet partiel (565).

568. On évite la nullité du testament en instituant ou
déshéritant le fils qu'on a sous sa puissance; pareillement,
pour éviter la rupture, il faudra donc déshériter ou instituer les posthumes. Toutefois cette précaution fut long-
temps impossible, d'abord parce que nulle disposition

testamentaire ne pouvait concerner les personnes incertaines, au nombre desquelles sont les enfants à naître (*Ulp.* 22 *reg.* 4; v. § 25, 26, 27 *et* 28, *de legat.*), et secondement parce qu'il serait inutile d'ôter le titre d'héritier à ceux qui ne l'ont point et qui ne peuvent même pas le recevoir du testateur. La survenance d'un posthume devait donc entraîner une rupture inévitable, soit qu'il naquit avant ou après la mort du testateur. Dans le premier cas, le testament pouvait être recommencé; mais la rupture était irréparable, lorsqu'elle arrivait après le décès. Ne pouvant remédier à cette infirmation, les prudents cherchèrent un moyen de la prévenir; ils imaginèrent de considérer comme déjà nés, non-seulement à la mort du testateur, mais à la confection même du testament, les descendants qui viennent prendre après le décès, le titre et les droits d'héritier sien. On les nomma posthumes siens, par opposition à ceux qui, s'ils naissaient du vivant du testateur, ne naîtraient pas sous sa puissance. Ces derniers se nomment posthumes étrangers (*postumus alienus*, § 26 *de legat.*). L'institution de ces derniers, inutile à la sûreté du testament, resta prohibée, du moins par le droit civil (724); mais on autorisa, quant aux premiers, toutes sortes de dispositions. Ainsi l'on put ou les instituer ou les déshériter (*Ulp.* 22 *reg.* 15; *Paul.* 3 *sent.* 4, § 10), leur laisser un legs (§ 26, *de legat.*), ou leur donner un tuteur (213), le tout en vertu de la fiction qui les considère *pro jam natis*, et conséquemment les fait sortir de la classe des personnes incertaines (*Gaius*, 1 *inst.* 147).

569. L'agnation de tous les posthumes siens produisant toujours le même effet (567), rend leur exhérédation également nécessaire; mais le mode d'exhérédation varie

seulement à raison du sexe et sans aucune distinction de degré. Ainsi l'exhérédation des mâles doit toujours être nominative, en ce sens qu'elle doit les désigner individuellement, du moins autant que possible, par cette formule : *quicumque mihi filius genitus fuerit* (*text. hic.*). Pour les posthumes du sexe féminin, la forme collective de l'exhérédation *inter ceteros* suffit; mais comme une pareille exhérédation frappant en masse une postérité que le testateur n'a point sous les yeux, peut atteindre des enfants auxquels il n'a pas même pensé, l'exhérédation collective des filles ou petites-filles posthumes n'exclut pas celles que le testateur ne prouve pas avoir été présentes à son esprit. De là vient la nécessité de léguer à celles qu'il déshérite *inter ceteros* un objet quelconque, *ne viderentur praeteritae esse per oblivionem* (*text. hic.; v. Ulp.* 22 *reg.* 21 *et* 22).

§ II.

570. Un motif de nécessité avait engagé les jurisconsultes à permettre l'institution et l'exhérédation des posthumes siens qui naissent après la mort du testateur. Malgré l'analogie, on n'étendit pas d'abord cette faculté aux enfants qui naissent ou deviennent héritiers siens après la confection du testament, mais avant la mort du testateur : effectivement celui-ci peut recommencer le testament rompu par leur agnation. Cependant il fut permis d'éviter la rupture soit en les instituant, soit en les déshéritant ; mais cette permission fut donnée par une loi spéciale, la loi Junia Velléia, qui assimile aux posthumes dont nous avons déjà parlé (§ 1, *h. t.*), 1° d'autres posthumes que l'on appelle communé-

I.   26

ment Velléiens, ce qui s'applique aux héritiers siens nés
entre la confection du testament et la mort du testateur;
2° les quasi-posthumes, c'est-à-dire les petits-enfants
dont le père sort de la famille entre les deux époques
susdites, et qui, prenant sa place, deviennent héritiers
siens de leur aïeul. Ils se trouvent alors *postumorum loco*
(*text. hic; v. Scæv. fr.* 29, § 11, 12 *et* 13, *de liber. et
post.*).

Les posthumes Velléiens et les quasi-posthumes rompaient le testament sans qu'il fut possible de prévenir
cette rupture (1); mais la loi Junia Velléia, en permettant de les exhéréder, les empêcha de rompre le testament lorsqu'ils seraient institués ou exhérédés (*text. hic;
Gaius, fr.* 13, *de inj. rupt.*). Elle indiqua même qu'on
pourrait exhéréder les quasi-posthumes comme on exhérède les véritables posthumes (*ad similitudinem postumorum*), c'est-à-dire nommément ou *inter ceteros*,
suivant le sexe, et en observant de faire un legs aux filles
ou petites-filles qu'on déshérite *inter ceteros* (569; *text.
hic; Gaius,* 2 *inst.* 134; *d. fr.* 13).

571. On distingue encore plusieurs classes de quasi-
posthumes. Tels sont entre autres les petits-enfants qui,

---

(1) Aucune exhérédation ne pouvait atteindre les personnes qui n'existent pas à l'époque de la confection du testament, ni même les petits-
enfants dont le père se trouve sous la puissance de l'aïeul testateur;
mais on a toujours pu instituer ces derniers, et j'en conclnerais qu'ils ne
rompaient pas *quasi agnascendo* le testament de l'aïeul qui les a institués si le contraire ne résultait pas expressément de Gaius (2 *inst.* 140,
141, 142 ; v. 634, § 1 *quib. mod. test. infirm.*).

La loi Junia Velléia que plusieurs textes appellent mal à propos Julia
(v. *Ulp.* 22 *reg.* 19), a été portée sur la fin du règne d'Auguste, l'an de
Rome 763, pendant le consulat de Junius-Silanus et de C. Velleius, ou
selon quelques auteurs, l'an de Rome 799.

à la mort de l'aïeul, retombent sous la puissance du fils, deviennent ses héritiers siens, et infirment, lorsqu'ils n'ont point été institués ou déshérités, le testament que leur père encore fils de famille aurait fait sur son pécule castrans ou quasi-castrans (v. *Tryphon. fr.* 28, § 1, *de liber. et post.*; *Tertull. fr.* 33, § 5, *de test. mil.*). Tels sont aussi les étrangers que le testateur adopte après la confection du testament, comme on le verra plus loin (633; § 1, *quib. mod. test. infirm.*).

§ III.

572. Jusqu'à présent nous nous sommes occupés du droit civil et des héritiers siens, parmi lesquels ne comptent plus les enfants sortis de la famille. Aussi l'exhérédation des émancipés n'est-elle pas nécessaire d'après le droit civil; mais le droit prétorien regarde la petite CAPITIS DEMINUTIO comme non avenue, et ne l'oppose jamais aux descendants du testateur qui, bien que séparés par là de sa famille, ne cessent pas pour cela d'être ses enfants. En conséquence, on assimile aux héritiers siens les enfants sortis de la famille du testateur, non-seulement par émancipation, mais de toute autre manière (1). Les petits-enfants que l'aïeul a conservés sous sa puissance, lorsque leur père en est sorti, et réciproquement ceux que l'aïeul a mis hors de sa famille en y retenant le père, ne sont pas à proprement parler sortis de la puis-

---

(1) *Ulp. fr.* 1, § 8, *de b. p. contra tab.* Pourvu cependant qu'ils jouissent des droits civils; car ceux que la grande ou la moyenne *capitis deminutio* a privés du titre de citoyen ne peuvent succéder qu'après l'avoir recouvré (*Ulp. d. fr.* 1, § 9; *Hermog. fr.* 2, *eod.*). Observez qu'ici et dans les § 10 *et* 12, *de hered. quæ ab intest.*, Justinien ne parle que des émancipés, ce qui est beaucoup trop restreint.

sance de ce dernier, puisqu'ils n'y ont jamais été soumis ;
cependant ils sont toujours ses enfants, et le prêteur leur
en accorde tous les droits (v. *Paul. et Gaïus, fr.* 6, § 2 ;
fr. 7, *de b. p. contra tab.* ; *Modest. fr.* 21, *eod.* ; *Pompon.*
fr. 5, § 1, *si tab. test. null.*). L'émancipation du père ne
préjudicie pas davantage aux enfants qu'il aurait eus
depuis son émancipation ; le droit honoraire les admet à
la succession de l'aïeul, comme les y admettrait le droit
civil, si leur père n'était pas CAPITE MINUTUS (*Ulp. fr.* 3,
pr. et § 5 ; *Paul. fr.* 6, *de b. p. contra tab.*).

En un mot, le prêteur, sans s'arrêter aux effets d'une
petite *capitis deminutio* qu'il ne veut opposer à personne
(*nulli obstat; Pomp. d. fr.* 5, § 1), admet indistinctement comme héritiers siens, ceux qui sont véritablement
tels, et tous ceux à qui le droit civil ne dénie cette qualité que par suite de la petite CAPITIS DEMINUTIO (*Paul.*
fr. 9, § 2, *de b. p. contra tab.*).

573. Pour assurer l'effet du testament, il faut donc
instituer ou déshériter les enfants dont nous parlons,
savoir : les mâles nommément, les femmes nommément
ou *inter ceteros* (*text. hic.*). Alors le prêteur n'accorde
aucune protection, et l'enfant régulièrement exhérédé
n'a plus d'autre ressource que la plainte d'inofficiosité
(*Ulp. fr.* 8 ; *fr.* 10, § 5, *eod.*) dont nous parlerons ci-
après (*tit.* 18). Dans le cas contraire, le prêteur autorise
ceux qui n'ont été ni institués ni régulièrement déshérités, à faire rescinder le testament pour obtenir la possession de biens dite CONTRA TABULAS (*text. hic;* § 12, *de*
her. quæ ab int.).

En effet, l'exhérédation n'est pas ici, comme dans le
droit civil, une formalité essentielle, requise à peine de
nullité. Le testament subsiste aux yeux du prêteur,

quoique susceptible d'être attaqué, et par suite de rester
sans effet. Toutefois, dans ce cas même, la possession de
biens, que le préteur accorde contre les dispositions du
testateur (*contra tabulas*), suppose l'existence d'un testament, et se distingue, au moins par le nom, de la possession de biens *unde liberi* qui se donne aux mêmes
personnes, lorsqu'il n'existe aucun testament, *si tabulæ
testamenti nullæ extabunt* (820; § 9 *et* 12, *de her. quæ
ab int.*).

574. De là il résulte qu'un testament, absolument nul
d'après le droit civil par l'omission d'un héritier sien
proprement dit, sera cependant exécuté par le préteur,
si les enfants omis ne demandent pas la possession de
biens (*Ulp. fr.* 2, *de b. p. secund. tab.*). Il en est de
même lorsque le posthume, dont la naissance a rompu
le testament, décède avant le testateur (*Ulp. fr.* 12, *de
inj. rupt.*). Réciproquement aussi, la possession de biens
sera donnée pour cause d'omission à tous les enfants omis,
sans excepter les filles ni les petits-enfants; et quoique le
droit civil ne fît pas de leur omission une cause de nullité
(*pr., h. t.*), le préteur leur accordait la possession de
biens pour toute la succession : mais ensuite l'Empereur
Antonin restreignit le bénéfice de la possession *contra
tabulas*, obtenue par les filles ou par les petits-enfants, à la
portion que le droit civil leur accordait en les admettant
à concourir avec les institués (565; *Gaius,* 2 *inst.* 125,
126).

Les enfants institués pour une portion quelconque ne
demandent point directement la possession *contra tabulas;* mais pour peu que ce droit s'ouvre pour un enfant
omis, soit que ce dernier demande ou non la possession
de biens, les enfants institués peuvent provoquer la res-

cision, et obtenir ainsi, par l'omission d'un autre, plus qu'ils n'auraient eu par eux-mêmes en vertu de leur propre institution (*Ulp. fr.* 3, § 11; *fr.* 8, § 14; *fr.* 10, § 6, *de b. p. contra tab.*).

§ IV.

575. La position des enfants adoptés varie suivant qu'il s'agit pour eux de succéder au père naturel ou au père adoptif.

Tant que dure l'adoption, ils ont dans la famille adoptive, soit d'après la loi civile, soit d'après l'édit du préteur, les mêmes droits que les enfants nés dans cette famille *ex justis nuptiis* (*text. hic; Ulp. fr.* 1, *de b. p. contra tab.*). Réciproquement aussi, comme on n'appartient pas en même temps à deux familles différentes, le droit civil et le droit prétorien s'accordent à les considérer comme étrangers au père naturel (*text. hic.* ; § 12, *de hered. quæ ab intest.; Ulp. fr.* 3, § 6, *de b. p. contra tab.*).

L'adoption une fois dissoute, ils redeviennent totalement étrangers à la famille adoptive; et lorsqu'ils en sont sortis avant la mort du père naturel, le préteur les admet à la succession de ce dernier, comme s'ils avaient été directement émancipés par lui (v. 823, *etc.*; § 10, *de her. quæ ab int.*).

§ V.

576. Justinien supprime ici trois différences qui existaient précédemment :

1° Entre le fils dont l'omission annulait le testament, et les filles ou petits-enfants qui, en cas d'omission, avaient simplement (*jus accrescendi*) le droit de con-

courir pour une portion avec les institués (565; *pr.*,
h. t.);

2° Entre le fils qui devait être exhérédé nommément,
et les filles ou les petits-enfants qu'on pouvait déshériter
inter ceteros (565; *pr., h. t.*);

3° Entre les posthumes mâles et les posthumes du
sexe féminin, relativement au même objet (573; § 1,
h. t.).

Justinien veut qu'ils soient tous exhérédés et qu'ils le
soient nommément, à peine de nullité; tous, c'est-à-dire
tous ceux qui sont dans le cas d'être déshérités ou institués conformément aux règles ci-dessus (566, 568).

Quant à la distinction que Justinien dit avoir établie
entre les enfants adoptifs, il entend parler de la différence
précédemment exposée (171; § 2, *de adopt.*), entre
l'adoption faite par un ascendant, et l'adoption faite par
un étranger. Cette dernière ne change rien aux droits de
famille. Ainsi, tout ce que nous avons dit précédemment
des enfants adoptifs doit s'entendre de ceux qui passent
sous la puissance de l'adoptant, comme y passaient autrefois tous les adoptés sans distinction, et comme y passent encore, même après la constitution de Justinien,
les fils de famille adoptés par un de leurs ascendants et
tous les adrogés (v. 829; § 14, *de hered. quæ ab intest.*).

§ VI.

577. Dans l'exhérédation, comme dans toutes les autres
parties du testament militaire, la volonté du testateur,
expresse ou tacite, est une loi souveraine (v. § 25 *et* 36,
de legat.). Ainsi, du silence qu'il a gardé sur ses enfants
on induit qu'il a voulu les exhéréder, lorsqu'il savait avoir
des enfants nés ou conçus (*non ignorans an habeat li-*

heros) : hors ce cas, on ne tire de son silence aucune présomption contraire à l'affection paternelle, et l'existence ou la survenance d'héritiers auxquels le testateur n'a point pensé annule dans un cas, ou infirme dans l'autre, le testament militaire (v. *Ulp. fr. 7 ; Tertul. fr. 33*, § 2 ; *Paul. fr.* 36, § 2, *de test. mil.; Gordian.* C. 9; *Philip.* C. 10, *eod.*).

§ VII.

578. Tout ce qu'on a dit sur ce titre, étant fondé sur les principes de la puissance paternelle, s'applique exclusivement aux héritiers siens et à ceux que le prêteur considère comme tels : or, puisque les enfants ne sont jamais sous la puissance de leur mère ni d'aucun ascendant maternel, ils ne peuvent en aucun cas devenir héritiers siens de ces derniers. Aussi, pour empêcher leurs enfants ou petits-enfants de venir à l'hérédité, la mère et l'aïeul maternel n'ont-ils pas besoin de les exclure; il suffit de ne les point appeler. De là cet axiome, que le silence gardé par la mère ou par l'aïeul maternel produit les mêmes effets que l'exhérédation exprimée par le père : *silentium matris tantum facit quantum exheredatio patris.* Ainsi l'omission maternelle ne donne lieu ni à la nullité, ni à la rupture du testament, ni à la possession de biens *contra tabulas;* mais comme le droit civil réserve la faculté d'attaquer une exhérédation injustement faite par le père, la même voie sera pareillement ouverte dans le cas d'omission non méritée contre le testament maternel, comme nous le verrons au titre xviii (651).

TITRE XIV.

De l'Institution des Héritiers.

PR.

579. Nous venons de voir quelles précautions les pères de famille ont à prendre avant de choisir un héritier ; nous arrivons maintenant aux règles communes que doit observer tout testateur, quel qu'il soit, homme ou femme, pères ou fils de famille. Effectivement, nul ne peut tester sans instituer un héritier, en désignant un successeur, un représentant direct de sa personne. Cette institution forme *caput atque fundamentum totius testamenti* (§ 34, *de legat.*), et sans elle le testament n'existe point (§ 2, *de fideic. hered.*).

On peut instituer les personnes avec qui l'on a faction de testament (*Ulp.* 22 *reg.* 1 ; v. 718, § 24 *de legat.*). Cette règle comprend plusieurs personnes qui, sans avoir le droit de disposer, sont susceptibles de recevoir *ex alieno testamento*, et d'acquérir, soit pour elles-mêmes lorsqu'elles sont *sui juris*, soit dans le cas contraire pour l'ascendant ou le maître dont elles dépendent (672 ; § 4, *de hered. qual.*). On peut donc instituer les fous, les impubères, etc. On institue aussi les esclaves d'autrui du chef de leur maître, c'est-à-dire en vertu du droit qu'on aurait d'instituer le maître même (§ 2 *et* 3, *h. t.*; v. *Ulp.* 22 *reg.* 9 ; *Gaius, fr.* 31, *h. t.*); enfin le testateur institue ses propres esclaves, en leur donnant la liberté qu'ils acquerront en même-temps que l'hérédité (v. *Ulp.* 22 *reg.* 7).

580. Tant qu'il y eut des formules pour léguer, on ne

connut pas d'affranchissement tacite; le maître qui instituait son esclave devait donc lui conférer expressément
la liberté (*Gaius*, 2 *inst.* 185 *et seqq.*; *Ulp.* 22 *reg.* 7
et 12); mais Justinien considère la volonté d'affranchir
comme suffisamment indiquée par le fait même de l'institution (89; *text. hic*). Du reste, expresse ou tacite, la
manumission de l'esclave institué par son propre maître
est toujours indispensable; car, si l'affranchissement se
trouve impossible à l'époque de la confection du testament, l'institution reste nulle (v. *Scævol. fr.* **85,** *h. t.*).
Ainsi, par exemple, une femme accusée d'adultère décède avant la sentence, en instituant un de ses esclaves
que l'on croit être son complice (*maculatum, text. hic*;
Theoph. ibid.), mais qui lui-même n'est pas encore accusé, parce que les deux coupables ne peuvent être
poursuivis que séparément et successivement (*Alex.* C.
8, *ad. l. j. de adult.*; v. *Ulp. fr.* 17, § 6, *eod.*). Dans
cette hypothèse, Sévère et Antonin annulent l'affranchissement, et conséquemment l'institution, par un motif
de convenance évident (1).

(1) *Rationis est* (*text. hic*). La torture est usitée pour arracher, en matière criminelle, les aveux d'un accusé libre ou esclave (v. *Pothier* , 48
pand. 18, n°ᵃ 3 *et* 4), et , en toutes matières, le témoignage des esclaves,
qui cependant ne doivent pas être torturés contre leur maître, excepté
dans certaines causes criminelles, notamment lorsqu'ils appartiennent à
une femme accusée d'adultère. A cette occasion et pour qu'une épouse
infidèle ne pût pas , en affranchissant ses esclaves, les soustraire à la
torture et se garantir elle-même de leurs dépositions, la loi Julia défend
aux femmes divorcées ou répudiées d'affranchir et même d'aliéner aucun
esclave pendant les soixante jours accordés au mari pour accuser (*Ulp.
fr.* 12, *pr. et* § 6; *fr.* 14, § 1, 2, 3 *et* 4, *qui et à quib. man.*). Cette prohibition ne concerne pas l'esclave dont parle notre texte; car puisqu'il
est complice de l'adultère , ce n'est pas comme témoin mais comme accusé qu'on l'appliquera à la question, et dans ce cas la qualité d'homme
libre ne le soustrairait pas à la torture.

On a souvent l'usufruit d'un esclave dont un autre a la propriété ; et alors, comme l'usufruit s'établit toujours sur la chose d'autrui, l'esclave se trouve à l'égard de l'usufruitier *servus alienus*, et par rapport au nu-propriétaire, *servus proprius* (*text. hic; Paul. fr.* 25, *de verb. sign.*). Institué par ce dernier, il sera donc libre , sauf à servir l'usufruitier jusqu'à l'extinction de l'usufruit. En le décidant ainsi, Justinien (C. 1, *commun. de man.*) déroge à l'ancien droit, qui ne permettait pas au propriétaire d'affranchir seul les esclaves dont un autre avait l'usufruit. Dans ce cas, l'affranchi n'avait plus de maître, mais cependant il n'était pas libre. *Servus sine domino est* (*Ulp.* 1 *reg.* 19).

§ I.

581. L'institution des esclaves par leur maître suppose, comme nous l'avons vu, qu'on leur lègue en même temps la liberté; en sorte qu'ils deviennent, en vertu du testament, libres et héritiers nécessaires (88, 665; § 1, *de hered. qual.*).

Toutefois si l'institution dépend de cette liberté simultanée, c'est uniquement pour l'esclave qui reste sous la puissance du testateur (*in eadem causa, text. hic*) ; dans ce cas, en effet, si l'espoir de la liberté s'évanouit, sa perte entraîne celle de l'hérédité. Si , au contraire, l'esclave institué change de maître, alors l'institution, indépendante de l'affranchissement, produit son effet pour l'institué lui-même , s'il est affranchi entre vifs, ou s'il est aliéné, pour son nouveau maître.

Appliquons ces principes, en supposant un esclave institué purement et simplement, puis affranchi sous condition, par exemple, si tel vaisseau revient. Le naufrage, arrivé pendant que l'esclave appartient encore au testateur, fait défaillir la condition de l'affranchissement, et infirme l'institution qui ne produira plus aucun effet, soit que l'esclave reste ou non sous la puissance du testateur; mais s'il avait été aliéné ou affranchi avant le naufrage, l'institution se maintiendrait sur sa tête quoique la manumission testamentaire fut devenue impossible (v. *Julian. fr.* 38, § 2 *et* 3, *h. t.*).

582. Dans ces deux cas d'aliénation ou d'affranchissement, la liberté et l'hérédité ne sont plus pour l'esclave un effet simultané du testament; et dès-lors, *cum utrumque ex domini testamento non consequatur*, il ne devient point héritier nécessaire, comme il le serait devenu en restant sous la puissance du testateur (*si in eadem causa manserit*). L'hérédité lui sera toujours déférée en vertu de l'institution : mais, au lieu d'être immédiatement et nécessairement acquise, elle le sera volontairement par une adition subséquente que l'institué fera *suo arbitrio* s'il est devenu libre, ou *jussu novi domini* s'il est encore esclave; et alors ce n'est pas l'esclave, c'est le maître qui devient héritier sans avoir été institué (*ea ratione per eum dominus fit heres , text. hic;* v. § 3, *per quas pers. nob. adq.*).

Tout ceci s'applique également à l'esclave d'autrui qui change de condition. Quoiqu'institué du chef de son maître, c'est-à-dire du maître qu'il avait à l'époque de la confection du testament, il emporte avec lui les avantages d'une institution attachée à sa personne, et l'espoir d'une hérédité qui ne peut jamais être acquise qu'à lui ou par lui : à lui-même, s'il se trouve libre au moment de l'adition, et par lui, dans le cas contraire, au nouveau maître par ordre duquel il accepte, sans égard aux anciens maîtres qu'il aurait eus pendant la vie du testateur, et même dans l'intervalle (*vivo vel mortuo testatore antequam adeat*) qui a séparé la mort et l'adition d'hérédité. En effet, l'hérédité, jusqu'au moment où elle est acquise, *ambulat cum dominio* (*Ulp.fr.* 2, § 9, *de b. p. sec. tab.*).

583. Remarquez la décision de notre texte relativement à l'esclave institué et ensuite aliéné par son propre maître : dans ce cas, le testateur est censé revenir sur la liberté qu'il avait donnée (*a libertatis datione*). C'est un changement de volonté qui révoque l'affranchissement, mais qui laisse subsister l'institution, parce que l'institution et le testament dont elle forme l'essence ne peuvent être infirmés que par les voies légales , et non par un simple changement de volonté (§ 7, *quib. mod. test.*). Ce changement suffit au contraire pour révoquer un legs (*pr.*, *de adim. leg.*), et par suite la manumission testamentaire, du moins lorsque l'institution même ne dépend pas de la liberté; car alors le maître, incapable d'ôter directement l'hérédité, ne peut pas l'ôter indirectement, en révoquant l'affranchissement de l'esclave qu'il a institué et qui est resté sous sa puissance (v. *Julian.fr.* 13, § 1, *de liber. et post.*; *Ulp.fr.* 6, § 4, *h.t.*).

§ II.

584. Comme la faction de testament n'existe avec les esclaves d'autrui que du chef de leur maître, on demande si l'on pourrait, après la mort d'un citoyen, instituer les esclaves qu'il laisse dans sa succession. Le doute à cet égard vient de ce qu'entre la mort du défunt et l'adition de l'héritier, il existe un intervalle pendant lequel l'hérédité se trouve vacante, c'est-à-dire sans maître, parce que les

biens n'appartiennent plus au défunt, et n'appartiennent pas encore à l'institué, qui ne devient héritier que par l'adition. Dans cette position, et pour éviter les embarras de la vacance, on recourt à une fiction qui prolonge la vie et le domaine du défunt jusqu'au moment de l'adition. Ainsi jusque-là il suffit, pour instituer les esclaves du défunt, d'avoir eu faction de testament avec lui, quoiqu'on ne l'ait pas avec l'héritier futur (*Paul. fr.* 52, *h. t.*). C'est en ce sens que l'hérédité vacante (*nondum adita*) représente la personne du défunt, et non pas celle de l'héritier futur (*text. hic;* v. *pr.*, *de stipul. serv.*). Pareillement, bien qu'on ne puisse pas instituer un posthume externe (*pr.*, *de bon. poss.*), on institue les esclaves d'un enfant conçu (*ejus qui in utero est*), ou plutôt les esclaves qui appartiendront à cet enfant au moment de sa naissance, lorsqu'il recueillera, comme posthume sien, l'hérédité de son père ou d'un ascendant paternel, sous la puissance duquel son père se trouvait à l'époque de la conception. Mais jusque-là cette hérédité est vacante, et les esclaves qui en dépendent n'appartiennent point encore au posthume ; le testateur étranger peut donc les instituer du chef du défunt (v. *Javol. fr.* 64, *h. t.*).

§ III.

585. L'esclave de plusieurs maîtres est valablement institué pour chacun de ceux avec qui le testateur a faction de testament, et tous ceux par ordre desquels il fait adition acquièrent par lui l'hérédité, non toutefois par portions égales, mais en raison de leurs parts respectives dans la propriété de l'esclave ; ce qu'il faut remarquer comme règle générale pour toutes les acquisitions d'un

esclave commun (§ 3, *de stipul. serv.*; § 3, *per quas pers. nob. obl.*; v. § 4, *de injur.*).

L'esclave dont il s'agit ici est institué par un étranger (*ab extraneo*). Qu'arriverait-il s'il était institué par un des copropriétaires? Si celui qui l'institue lui confère en même temps la liberté, la décision de Justinien sur le droit d'accroissement se trouve applicable (§ 4, *de donat.*) : alors l'esclave devient héritier et libre, sauf l'indemnité due aux autres copropriétaires. Mais à défaut d'affranchissement formel, la liberté de l'esclave sera-t-elle considérée comme une conséquence tacite de son institution? Vinnius en doute, et avec raison; car si l'institution d'un esclave par son propre maître emporte affranchissement tacite, c'est parce que sans cela elle resterait inutile (§ 2, *qui et ex quib. caus.*) : or l'institution d'un esclave commun peut se soutenir du chef des autres copropriétaires, comme celle de l'esclave d'autrui, et indépendamment de tout affranchissement (v. *Ulp. 22 reg. 7 et 9*). Dès-lors il n'est plus besoin de supposer au testateur une intention qu'il n'a pas exprimée.

§ XII.

586. On n'instituait pas les PEREGRINI (718), mais cette prohibition n'a jamais été appliquée aux citoyens romains qui naissent en pays étranger (*peregri natos*), ni même à ceux qui sont absolument inconnus au testateur. Il suffit, en effet, que l'on puisse avoir une idée précise sur leur existence, quoique inexacte sur leur personne. Dans ce cas, les personnes inconnues ne sont pas considérées comme incertaines (v. *text. hic; Afric. fr. 46, h. t.*; v. 721, § 25 *de legat.*).

§ IV.

587. Rien ne limite la volonté du testateur quant au nombre des héritiers qu'il institue. A la teneur formelle de notre texte, ajoutons seulement que dans tous les cas et quel que soit le nombre des institués, ils sont tous appelés à toute l'hérédité, pour la recueillir entière, soit concurremment, soit l'un à défaut de l'autre. Le droit de mourir partie testat, partie intestat, est un privilége réservé aux militaires (§ 5, *h. t.*); mais d'après le droit commun, aucune portion de l'hérédité ne peut être déférée à d'autres héritiers que les institués, sauf au testateur à établir entre ces derniers tel partage que bon lui semble.

§ V.

588. La division généralement suivie (*plerumque*) partage l'hérédité en douze parties égales, et alors on l'appelle *as*, expression qui, chez les romains, représente toujours l'unité, ou l'entier qu'il est question de partager.

Chaque douzième de l'*as* s'appelle *once*.

La réunion de plusieurs onces forme, par rapport à l'*as*, des fractions qui, peut-être, seraient suffisamment désignées par leur dénomination numérique, un, deux, trois, quatre, cinq douzièmes, etc. Mais comme, à l'exception des fractions de cinq, sept et onze douzièmes, toutes les autres se réduisent à une expression plus simple, on a dû profiter de cette circonstance pour la facilité des calculs, et en conséquence :

2/12 ou   2 onces se réduisent à 1/6 *sextans*,

3/12 ...   3 onces. . . . . 1/4 *quadrans*,

4/12 ...   4 onces. . . . . 1/3 *triens*,

6/12 ...   6 onces. . . . . 1/2 *semis*,

8/12 ...   8 onces. . . . . 2/3 *bes*,

9/12 ...   9 onces. . . . . 3/4 *dodrans*,

10/12 ... 10 onces. . . . . 5/6 *dextans*.

589. Le nom des quatre premières fractions ne doit causer aucun embarras, puisqu'il n'est que l'expression latine du sixième, du quart, du tiers, de la moitié. Pour exprimer huit onces ou deux tiers, on devrait dire *bis triens* : ces deux mots contractés en trois lettres, *bes*, conservent le même sens. Quant aux trois quarts et aux cinq sixièmes, on n'exprime pas ce qu'ils contiennent, mais ce qu'il faudrait y ajouter pour compléter l'as ou l'unité, c'est-à-dire un quart, un sixième. Ainsi l'expression latine correspond en français à celle-ci : un quart moins, un sixième moins que l'unité. En effet, *dodrans* n'est qu'une contraction du mot *quadrans* avec le verbe *demo* : *dodrans* exprime donc l'unité diminuée d'un quart, *dempto quadrante*, et par conséquent les trois quarts. Dans *dextans*, le même verbe contracté avec *sextans* indique suffisamment le retranchement d'un sixième. En suivant la même marche, on a formé le mot *deunx* qui exprime onze douzièmes, ou le retranchement d'une once sur l'unité. Quant aux fractions de cinq et de sept douzièmes, elles n'ont point d'autre désignation que leur nom numérique, sauf une petite contraction des nombres *quinque* et *septem*, pour dire en un seul mot *quinc-unx* et *sept-unx* (*Varr. de lingua latina, lib.* 5, § 171, 172).

590. Cette division de l'as en douze onces est la plus

I.   27

ordinaire, ce qui indique assez qu'elle n'est point exclusive, et que le testateur peut en adopter une autre : quelquefois même on est obligé de lui supposer cette intention, pour concilier les dispositions du testament avec les règles du droit.

En effet, le testateur qui institue un seul héritier *ex semisse*, réserve par cela même l'autre moitié aux héritiers légitimes, et c'est ainsi en effet qu'on exécute, en pareil cas, le testament d'un militaire, parce qu'il n'est soumis à aucune autre règle que la volonté du testateur. Les militaires peuvent donc mourir partie testat, partie intestat (*text. hic*; v. *Ulp. et Paul. fr.* 19 *et* 37, *de testam mil.*). Les autres citoyens, au contraire, doivent diposer de toute l'hérédité, et lorsqu'ils n'ont distribué que six onces (*semissem*), les onces sont considérées comme des sixièmes, afin que l'hérédité ou l'as entier se trouve compris IN SEMISSE (*totus as in semisse erit*), ou dans telle autre fraction dont le testateur aurait disposé.

§ VII.

591. Pareillement, si le testateur en instituant plusieurs personnes leur distribue plus ou moins de douze onces, par exemple, s'il institue trois héritiers chacun pour trois onces (*ex quadrante*), ou quatre héritiers chacun pour quatre onces (*ex triente*) l'hérédité contiendra au premier cas neuf onces, au second seize. Chaque héritier aura donc, dans le premier cas 3/9 ou 1/3, et dans le second 4/16 ou 1/4.

Ces différents exemples supposent des parts égales; si elles ne l'étaient pas, la même marche donnerait à chaque fraction un accroissement ou un décroissement proportionnel. Ainsi, par exemple, entre deux héritiers institués l'un pour six onces, l'autre pour trois, on fera neuf onces, et le premier aura 6/9 ou 2/3, le second 3/9 ou 1/3. Réciproquement trois héritiers institués, le premier pour douze, le second pour six, le troisième pour deux onces, auront chacun le nombre d'onces qui leur est assigné ; mais chaque once, au lieu de représenter un douzième, ne vaudra qu'un vingtième (v. *Ulp. fr.* 13, § 3, 4, 5, 6 *et* 7, *h. t.*).

§ VI.

592. On a supposé jusqu'ici que le testateur assigne une part à chacun des institués (*nec quisquam sine parte,* *etc.*, § 7 *h. t.*) ; mais il peut se faire qu'il n'assigne de part à aucun d'eux, ou n'en assigne pas à tous.

Au premier cas, ils sont réputés institués par égales portions (*text. hic;* v. *Ulp. fr.* 9, § 12, *h. t.*) ; toutefois si les parts sont égales, il n'y a pas toujours autant de parts que d'institués : en effet plusieurs héritiers institués conjointement, c'est-à-dire par la même disposition, ne forment entre eux qu'une seule tête, et cela d'après l'intention présumée du testateur. Ainsi lorsqu'on a d'abord institué *Mævius*, ensuite *Seius et Titius*, l'hérédité se divise en deux moitiés, l'une pour Mévius seul, l'autre pour Seius et Titius concurremment (*Cels. fr.* 59, § 2, *h. t.*; 748).

Au second cas, c'est-à-dire lorsque les héritiers sont institués, les uns avec portion, les autres sans portion déterminée, les premiers prennent la part qui leur est attribuée ; les autres le surplus, qu'elle qu'en soit la valeur (*ea... pars... quæ vacat*).

593. Mais qu'arrive-t-il lorsque les portions distribuées à quelques-uns des héritiers complétent les douze onces

de l'as? de quoi se compose alors le surplus? De moitié, dit notre texte. Cette décision nécessite quelques explications.

Il est impossible de croire que le testateur en instituant une personne, a voulu ne lui donner aucune portion de l'hérédité. Ainsi, par exemple, lorsqu'après avoir institué quatre héritiers, il distribue douze onces à trois d'entr'eux, on suppose qu'il a voulu faire plus de douze onces, afin que, en dehors des douze onces qui forment la part de trois institués, il reste une part quelconque pour le quatrième. Mais quelle est cette part, ou combien d'onces le testateur a-t-il voulu faire? Bien qu'en général l'hérédité soit représentée par l'as, cependant lorsqu'un seul as est insuffisant pour satisfaire à tous les institués, alors, d'après l'intention présumée du testateur, l'hérédité se divise en autant d'as que besoin est pour qu'il reste une fraction d'hérédité aux institués dont la part n'a point été fixée.

Ainsi, quand le défunt a distribué moins de douze onces, on ne fait qu'un seul as, et les héritiers institués sans portions désignées n'ont que la part vacante, quelque faible qu'elle soit; mais dès qu'une distribution de douze onces a complété un premier as, on suppose qu'il en existe un second, afin de prendre sur ce dernier la portion des institués à qui le testament n'a rien assigné *(Pap. fr.* 78, § 2, *h. t.);* et alors, comme ils doivent avoir ce qui reste, ils auront, dans ce cas, la moitié de l'hérédité qui comprend deux as ou vingt-quatre onces.

§ VIII.

594. Si, non content d'épuiser un premier as, le testateur l'a excédé en distribuant plus de douze onces,

l'excédant se prend sur le second as, et la fraction qui reste vacante sur ce dernier appartient aux héritiers institués sans portion déterminée; ils ont pareillement ce qui reste du troisième as dans le cas où le testateur a excédé le second, et ainsi de suite. Lorsqu'il a distribué deux as ou vingt-quatre onces, trois as ou trente-six onces exactement, les institués dont la part n'a point été déterminée ont, au premier cas, le troisième as ou un tiers, et au second, le quatrième as ou un quart de toute l'hérédité (v. *Ulp. fr.* 17, § 5, *h. t.*).

La division de l'hérédité en deux as se nomme *dupondium*, en trois as *tripondium*, etc.

Cette pluralité d'as n'est qu'une supposition nécessaire pour déterminer les parts non désignées par le testateur; les portions une fois connues, ont réduit le tout à un seul as *(omnes ad assem revocantur)*, dont les fractions sont alors des vingt-quatrièmes ou des trente-sixièmes.

§ IX.

595. L'institution peut être ou pure et simple, ou sous condition; mais elle ne peut se faire à terme.

L'institution, et en général une disposition quelconque, est pure et simple lorsqu'on laisse à ses effets toute l'étendue, toute la généralité dont ils sont susceptibles d'après la loi et la nature de la disposition. Au contraire, si l'homme borne la durée des effets par la fixation d'un temps déterminé, ou s'il restreint leur généralité à tel ou tel cas particulier, la disposition cesse d'être pure et simple : elle est à terme dans la première supposition, et conditionnelle dans la seconde (597).

Le texte nous fournit des exemples de deux termes différents, dont l'un marque l'époque où doivent commen-

cer les effets de l'institution (*ex certo tempore*), l'autre,
l'époque où ils doivent cesser (*ad certum tempus*). Dans
un cas comme dans l'autre, le terme n'ayant pas d'effet
suspensif, n'empêcherait pas l'hérédité d'être déférée soit
aux héritiers légitimes en attendant les héritiers institués
ex certo tempore, soit aux héritiers institués *ad tempus*,
en attendant les héritiers légitimes. Le testateur, si on sui-
vait sa volonté, aurait des héritiers testamentaires pour
un temps et des héritiers légitimes pour un autre. Il serait partie testat, partie intestat, ce qui, pour le temps
comme pour les quantités, ne peut être permis qu'aux
militaires (*Tryph. fr.* 41, *de mil. test.*). C'est d'ailleurs
un principe constant que l'hérédité et la qualité d'héritier, une fois acquises, ne peuvent plus être retirées.
(*Gaius, fr.* 88, *h. t.*). De là cet adage : *semel heres
semper heres.*

596. L'institution à terme ne pouvant obtenir l'effet
qu'a voulu lui donner le testateur, il faut l'annuler entièrement ou l'exécuter comme institution pure et simple,
en considérant le terme comme non écrit (*pro superva-
cuo; text. hic;* v. *Pap. fr.* 34, *h. t.*). L'importance que
les romains attachaient à ne point mourir intestats, a
fait adopter ce dernier parti ; et comme nous avons vu
donner l'hérédité totale à l'héritier institué pour partie
(590), pareillement ici on la donne dès à présent et pour
toujours à ceux que le testateur n'appelle que dans un
temps ou pour un temps limité.

Le même principe s'applique lorsque le testateur restreint l'institution à un ou plusieurs objets déterminés.
On considère comme non écrite la mention qu'il a faite
de ces objets, et l'institué reste héritier pur et simple,
lorsqu'il est seul, parce qu'alors la validité du testament

tient à celle de l'institution (v. *Ulp. fr.* 1, § 4; *fr.* 9, § 13, *h. t.*); mais s'il existe en outre une ou plusieurs institutions non limitées, ces dernières suffisent pour soutenir le testament : alors l'institution restreinte à tel ou tel objet se trouve nulle comme institution, et ne vaut plus que comme legs de ce même objet (v. *Pap. fr.* 41, § 8, *de vulg. et pupil.; Justin.* C. 13, *h. t.*). La nomination d'un tuteur pour un objet spécial est entièrement nulle (224), parce que la validité du testament est indépendante de cette nomination.

597. Le terme apposé aux institutions d'héritier, et en général aux dispositions testamentaires, ne tend qu'à limiter la durée de leur effet, sans le rendre moins certain. La condition, au contraire, les subordonne à un événement incertain, pour que l'institution soit valable ou nulle selon que l'événement s'accomplira ou ne s'accomplira pas. Ainsi, par exemple, quand le testateur s'attache au succès d'une expédition maritime, en instituant Titius si tel navire arrive à bon port, sa volonté est que, dans le cas contraire, Titius ne soit pas institué. Il y a ici alternative entre deux extrêmes qui s'excluent réciproquement, alternative qui n'existerait pas si l'un de ces extrêmes était ou impossible, ou certain, ou déjà réalisé : aussi le fait auquel on subordonne une disposition quelconque ne la rend-il conditionnelle que lorsqu'il est possible, incertain et par conséquent futur (1).

C'est ce caractère d'incertitude qui distingue la condi-

---

(1) Lorsqu'une chose est impossible, le contraire est toujours certain ; voyez toutefois le § suivant. Par la même raison, les événements passés ou présents, déjà fixés et invariables dans l'ordre des choses, ne font jamais condition (*Ulp. fr.* 10, § 1, *de condit. instit.; ▼, § 6 de verb. oblig.*).

tion bien mieux que telle ou telle locution ; car il faut examiner la volonté du défunt plutôt que ses paroles (*Pap. fr.* 101, § 2, *de cond. et dem.*). Ainsi, quoique le terme soit en général exprimé par les mots QUAND, LORS- QUE (*quando, quum*), cependant l'institution faite pour le temps où telle personne se mariera (*tempore nuptia- rum*), serait une institution conditionnelle (*Philip.* C. 8, *de testam. manum.*) : car le mariage peut ne pas se réa- liser. Lors même qu'il s'agit d'un événement inévitable, on peut ne pas savoir s'il arrivera pendant la vie de l'ins- titué ou du légataire, et cette incertitude suffit pour ren- dre la disposition conditionnelle. Ainsi, par exemple, le legs fait à une personne pour le temps où Titius mourra, est un legs conditionnel, par cela seul que Titius peut mourir soit avant soit après le légataire (*Pomp. fr.* 1, § 2 ; *Papin. fr.* 79, § 1, *de cond. et dem.* ; *Ulp fr.* 4, *quando dies legat.*). Tel est le sens de la règle DIES INCERTUS CONDITIONEM IN TESTAMENTO FACIT (*Pap. fr.* 75, *de con- dit et dem.*), règle qui ne s'applique point aux obligations (v. 967 ; § 4, *de verb. obl.*).

Il est certaines conditions qui, lorsque le testateur les exprime, laissent néanmoins sa dispostion pure et sim- ple. Ce sont les conditions qui se trouvent tacitement comprises dans la loi ou dans la nature de la disposition. On les appelle conditions extrinsèques, par opposition à celles qui n'ont d'autre origine que le testament ou la vo- lonté du testateur (*Pap. fr.* 99, *de cond. et dem.*). Ainsi. par exemple, nul ne peut devenir mon héritier qu'en me survivant. En instituant une personne, il est donc inutile d'exprimer que je l'institue si elle me survit (1). Les

_____

(1) Pareillement les legs ne peuvent valoir qu'autant que l'institué

choses ne pouvant se passer autrement, la disposition est toujours aussi certaine qu'elle le serait sans cette addition : elle reste donc nécessairement pure et simple.

598. Nous avons vu précédemment que, pour ne pas rendre le défunt partie testat et partie intestat, le terme ajouté à l'institution est considéré comme non écrit, et l'institué admis à l'hérédité, même avant l'époque fixée par le testateur ; il en est autrement à l'égard de la condition. On ne la répute non écrite que dans certains cas particuliers (600; v. § 10, *h. t.*), hors desquels la condition non accomplie empêche l'institué d'arriver à l'hérédité. Cette suspension ne déroge pas au principe *semel heres*, *semper heres*, parce qu'elle ne fait pas succéder l'institué aux héritiers légitimes : en effet, tant que l'événement de la condition reste incertain, l'hérédité n'est déférée à personne (*Ulp. fr.* 13; *fr.* 21, § 2, *de adq. vel omitt.*). On peut donc suivre les intentions du défunt sans le rendre partie testat, partie intestat, et on les suit en effet.

Cette différence entre le terme et la condition tient à l'effet suspensif de cette dernière, et ne dépend en aucune façon de l'effet rétroactif que plusieurs interprètes attribuent gratuitement à la condition accomplie, et qui ne peut s'appliquer au terme. Il est vrai que la condition accomplie rétroagit dans les obligations, en ce sens qu'elle a toujours le même effet, soit qu'elle s'accomplisse avant ou après la mort des contractants, parce que l'obligation

---

devient héritier ; et lorsque le testateur, après avoir institué Titius, le charge d'un legs, il est inutile d'ajouter qu'il l'en charge pour le cas où il deviendrait héritier (*Pomp. fr.* 22, § 1, *quando dies legat.*).

conditionnelle survit au créancier comme au débiteur, et
passe à leurs héritiers (§ 4, *de verb. obl.*; § 25, *de inutil.*
stip.); mais il en est autrement des dispositions testamentaires : celui en faveur de qui elles sont faites ne transmet jamais rien à ses propres héritiers, lorsqu'il décède
avant l'accomplissement de la condition (v. *Ulp.* 24 *reg.*
31; *fr.* 5, *quando dies legat.*; *fr.* 59, *de cond. et demonst.*).
Aussi l'effet rétroactif de la condition apposée aux actes
de dernière volonté n'est-il établi par aucun texte; et
les preuves ne nous manqueront pas pour établir la différence qui existe à cet égard entre les obligations et les
dispositions testamentaires (v. 601,967).

§ X.

599. Il y a plusieurs espèces de conditions. On les divise surtout en potestatives, lorsqu'elles dépendent du
fait de la personne appelée à profiter de la disposition,
casuelles, lorsqu'elles dépendent du hasard ou du fait
d'autrui, et mixtes, lorsqu'elles sont à la fois casuelles et
potestatives. Telle serait, par exemple, la condition imposée à Seius d'épouser Titia, cet événement ne pouvant
s'accomplir que par le concours de deux volontés, dont
une, celle de Titia, est indépendante de l'institué Seius.
Les conditions potestatives sont considérées comme accomplies dès que leur exécution n'est plus au pouvoir de
l'institué. Ainsi, par exemple, lorsqu'une disposition testamentaire est faite sous la condition d'affranchir un esclave, il suffit que cet esclave décède pour que la disposition ait son effet (*Pomp. fr.* 54, § 2, *de legat.* 1°). On
est moins facile pour les conditions mixtes, comme celle
d'épouser ou d'adopter une personne déterminée. Le re-

fus de cette personne ferait considérer la condition comme accomplie; mais il n'en serait pas de même de sa mort (*Afric. fr.* 31, *de cond. et dem.* ; *Paul. et Julian. fr.* 3 *et* 11, *de cond. inst.*; *Alex.* C. 4, *de condit. insert.*). Du reste, toute condition, même la condition casuelle, est réputée accomplie, lorsqu'elle a manqué de l'être par le fait de celui à qui doit profiter le défaut d'accomplissement (*Julian. fr.* 24, *de cond. et dem.* ; *Paul. fr.* 81, § 1, *eod.*).

600. Il est encore plusieurs autres divisions (v. *Paul. fr.* 60, *de cond. et dem.* ; *Marcian. fr.* 91, *eod.*), parmi lesquelles on compte improprement celle des conditions possibles et impossibles. Il n'y a point de condition impossible (597); cependant on appelle ainsi toutes les conditions que le testateur fait dépendre d'un événement contraire à l'ordre de la nature : aussi, toute obligation contractée sous une condition impossible est-elle absolument nulle (§ 11, *de inutil. stip.*). Il en serait de même pour les dispositions testamentaires, si l'on ne prenait soin d'effacer la condition impossible : elle est considérée comme non écrite, et alors la disposition reste pure et simple (*Ulp. fr.* 3, *de cond. et dem.*; *fr.* 1, *de cond. instit.*). Il serait peut-être difficile de trouver une raison satisfaisante de cette singulière différence entre les dispositions testamentaires et les obligations, différence que n'admettaient point les Proculéiens, mais que l'autorité des Sabiniens a fait prévaloir dans la compilation justinienne (v. *Gaius,* 3 *inst.* 98; *Marcian. fr.* 31, *de obl. et act.*; 1009; § 11, *de inutil. stip.*).

On considère comme moralement impossible la condition de faire une chose contraire aux lois ou aux mœurs (*Pap. fr.* 15, *de cond. inst.*). Cette condition est aussi regardée comme non écrite (*Pomp. fr.* 7; *Marcian. fr.* 14, *cod.*; v. 738; § 36, *de legat.*).

601. Le testateur qui choisit ses héritiers est libre de leur imposer telles conditions que bon lui semble, excepté lorsqu'il institue le fils qu'il a sous sa puissance. Ce dernier, ainsi que nous l'avons vu, doit être expressément déshérité ou institué, de manière que son sort soit toujours réglé par une disposition précise. Cela n'empêche pas qu'on ne puisse le déshériter ou l'instituer sous une condition potestative (*Ulp. fr.* 4, *h. t.*); mais les institutions ou exhérédations faites sous une condition casuelle ne peuvent valoir qu'autant que le fils survit à l'événement; autrement, si la condition ne se réalise qu'après sa mort, le fils n'ayant été ni institué ni déshérité pendant sa vie, ne l'aura jamais été, et le testament restera nul (v. *Terent. Clem. fr.* 22 ; *Paul. fr.* 24, *de lib. et post.*).

Si le testateur, prévoyant tout à la fois l'accomplissement et le non accomplissement d'une condition casuelle, institue son fils pour un cas, en le déshéritant pour l'autre, il règle toutes les hypothèses, et cette précaution semblerait devoir garantir le testament, par exemple, dans une institution ainsi conçue : « Si tel navire arrive, mon fils sera héritier; sinon, il sera déshérité. » Cependant le sort du fils n'est réellement pas déterminé : institué sous une condition, et déshérité sous la condition contraire, il ne sera véritablement institué ou exhérédé qu'à l'accomplissement de l'une ou de l'autre : institué si le navire arrive, et lorsqu'il arrivera ; exhérédé si le navire ne revient pas, et à l'époque où l'on sera devenu certain que celui-ci n'arrivera pas. Si le fils meurt dans cette alternative, il aura vécu sans avoir été ni institué ni déshérité; dans ce cas, le testament est nul, et le défunt intestat (1).

602. Il est donc impossible, à l'égard du fils, de garantir absolument la validité d'une institution ou d'une exhérédation faite sous une condition non potestative; et dans ce sens on dit que l'une et l'autre doit se faire purement et simplement (*Julian. fr.* 3, *de liber. et post.; Ulp. fr.* 4, *h. t.*).

Pareillement, à l'égard d'un posthume, l'institution ou l'exhérédation conditionnelle n'empêche la rupture du testament que dans le cas où la condition s'accomplit avant la naissance (*Terent. Clem. fr.* 22; *Paul. fr.* 24, *de liber. et post.*).

§ XI.

603. Ici notre texte énonce, d'après Paul (*fr.* 5, *de cond. inst.*), une règle qui s'applique d'une manière générale toutes les fois qu'il n'existe aucune raison de croire que le testateur avait une intention contraire; car, autrement, on attribuerait à la copulative ET un sens disjonctif, et aux disjonctives VEL, AUT, un sens conjonctif, plutôt que de sacrifier au sens ordinaire des mots la vo-

---

(1) *Tryphon. fr.* 28, *de liber. et post.* Pareillement un legs laissé, soit que tel événement arrive ou n'arrive pas (*sive illud factum fuerit, sive non fuerit*), ne serait qu'une disposition conditionnelle, incertaine, et conséquemment caduque, si le légataire décédait pendant l'alternative (*Pomp. fr.* 13, *quando dies legat.*). Cependant il est indubitable que l'événement se réalisera d'une manière ou de l'autre; mais il n'est pas certain qu'il se réalise avant la mort du légataire. L'époque où la condition s'accomplit est donc ici fort importante, et il faut le dire avec Cujas (sur le *fr.* 18, *de regul. jur.*), l'événement ne rétroagit pas : CONDITIONEM LEGATI NON RETROTRAHI AD TEMPUS MORTIS.

lonté indubitable du testateur (*Julian. fr.* 13, § 6, *de reb. dub.; Scævol. fr.* 85, *de hered. inst.;* v. *Justin.* C. 4, *de verb. signif.*).

TITRE XV.

De la substitution vulgaire.

PR.

604. Nous avons déjà parlé de l'importance que les Romains attachent à ne point mourir intestats. Le choix d'un ou même de plusieurs institués n'offre pas, à cet égard, une entière garantie; car il arrive souvent qu'ils ne peuvent ou ne veulent pas devenir héritiers. Alors à l'institution principale on subordonne, pour la suppléer, une institution subsidiaire, qui peut à son tour être suppléée par une autre, et ainsi de suite (*in quantum velit*).

Cette série d'institutions ne préserve pas entièrement le testateur contre le refus des institués, ou contre les événements postérieurs qui les rendraient incapables; mais elle diminue les risques en augmentant le nombre des institués. Il est même certaines personnes dont le refus n'est jamais à craindre, parce qu'elles deviennent héritiers nécessaires. Tels sont notamment les esclaves du testateur: aussi est-il prudent d'en choisir un pour l'instituer en dernier lieu, *novissimo loco*, dit notre texte. Toutefois rien n'empêche de donner à l'esclave qu'on institue un rang plus favorable, et même le premier rang (*pr., de hered. inst.*): dans ce cas, l'esclave institué par son maître recueille l'hérédité par préférence à tous les institués postérieurs, si le défunt est solvable; car, dans le cas contraire, la loi Ælia Sentia, qui permet d'affranchir un esclave pour le rendre héritier nécessaire, ne le permet qu'à défaut de tout autre institué, même d'un ordre postérieur (88). Ainsi, à quelque rang que l'esclave soit institué, la loi, dans ce cas, le rejette toujours au dernier (*Paul. fr.* 57, *de her. instit.*).

605. L'ordre qu'un testateur établit entre différents héritiers qu'il institue forme ce que notre texte appelle ici degré (*gradus heredum*). Celui ou ceux qui, ne suppléant personne, sont eux-mêmes suppléés par d'autres, occupent le premier degré; ceux qui suppléent les institués du premier degré occupent le second, et ainsi de suite en observant que ce n'est pas la place où chacun est écrit dans le testament qui détermine les degrés, mais bien la volonté du testateur et la condition qu'il appose (1). Les héritiers institués au premier degré sont les institués proprement dits; les autres se nomment substitués (*Modest. fr.* 1, *de vulg. et pup.*). Toutes les substitutions sont des institutions conditionnelles, et leur effet varie comme les conditions dont elles dépendent. On peut assez commodément classer les différentes substitutions, d'après le cas ou la condition qui les régit : aussi distingue-t-on la substitution au premier cas, et la substitution au second cas (*Diocl. et Max.* C. 8, *de impub. et al. subst.*; v. 6:5).

Nous parlons dans ce titre de la substitution au premier cas, autrement dite substitution vulgaire, parce qu'elle peut être faite par tout testateur et pour tout in-

---

(1) Ainsi dans un testament où l'on dirait : « Titius, soyez mon » héritier si Scius ne l'est pas » et plus bas : Seius, soyez mon hé- » ritier, » Seius serait au premier degré, Titius au second (*Ulp. fr.* 28, *de hered. inst.*).

stitué : il en est autrement de la substitution au second cas, ou pupillaire, dont s'occupe le titre suivant.

La substitution vulgaire supplée une institution préalable, lorsque celle-ci reste sans effet : aussi le substitué n'est-il institué qu'à défaut d'une autre personne, sous la condition que celle-ci ne viendra point à l'hérédité (*si heres non erit*); condition générale que l'opinion commune considère comme remplie toutes les fois que l'institué ne veut pas ou ne peut pas recueillir l'hérédité. Toutefois cette condition doit, comme toute autre, s'interpréter d'après la volonté du testateur (v. *Ulp. fr.* 19, *de cond. et dem.*), et nous verrons en effet qu'elle se prend quelquefois en différents sens, suivant les différentes qualités de l'héritier institué.

§ IV.

606. La condition qui régit la substitution vulgaire ndique assez que l'institué et son substitué ne doivent pas concourir : aussi la substitution s'évanouit-elle aussitôt que l'institué acquiert l'hérédité pour soi-même (*Gordian. C.* 5, *de imp. et al.*) ou pour autrui (*Paul. fr.* 7, *de adq. vel omitt. hered.*), d'après les règles qui seront exposées plus tard (681).

Le premier cas ne laisse aucun doute, puisque c'est l'institué même qui devient héritier, et par là fait défaillir l'institution conditionnelle du substitué ; mais, lorsqu'on institue l'esclave d'autrui, ce n'est pas toujours l'institué qui devient héritier, c'est souvent le maître dont il dépend (*per eum dominus fit heres* ; § 1, *de hered. inst.*); et alors la condition *si heres non erit* paraît accomplie au profit du substitué.

607. A cet égard, et lorsqu'il s'agit d'interpréter la

condition, il faut chercher l'intention du testateur (*Ulp.* *fr.* 19, *de condit. et dem.*). Or, celui qui institue des esclaves sait ou doit savoir que l'hérédité peut arriver par eux à leur maître. En prévoyant le cas où l'institué ne deviendra point héritier (*si heres non erit*), on veut donc parler du cas où l'hérédité ne sera point acquise par lui comme il peut et doit l'acquérir, c'est-à-dire à soi-même s'il devient libre, ou à son maître s'il reste esclave, *si neque ipse heres erit, neque alium heredem effecerit* (*text. hic*). Ainsi interprétée, d'après l'intention du testateur, la condition *si heres non erit* n'est pas accomplie lorsque l'institué accepte par ordre de son maître, et alors le substitué se trouve exclu. Nous raisonnons ici dans l'hypothèse où le testateur a institué un esclave qu'il connaissait comme tel.

Au contraire, dans l'intention de celui qui croit instituer un père de famille, la condition *si heres non erit,* prend un autre sens. En effet, le testateur ne peut pas avoir en vue le maître actuel d'une personne qu'il considère comme *sui juris :* s'il peut se figurer l'institué soumis à une puissance quelconque, c'est à une puissance future, sous laquelle tombera l'institué si jamais il devient esclave. Interprétée en ce sens, la condition *si heres non erit* s'accomplira si l'institué n'accepte pas conformément aux prévisions du testateur, c'est-à-dire pour soi-même (*vel sibi*), ou pour le maître que lui aura donné un esclavage postérieur à la confection du testament (*cujus juri postea subjectus esse cœperit*). Dans l'hypothèse de notre texte, ce n'est ni l'un ni l'autre. L'institué que le testateur croyait *sui juris*, n'est pas devenu esclave depuis la confection du testament; en acquérant l'hérédité à son ancien maître, il ne l'acquiert pas comme l'a en-

I.   28

tendu le testateur; dès lors la condition *si heres non erit*
est accomplie, et le substitué appelé sous cette condition
doit venir à l'hérédité. Il y vient en effet, mais pour une
portion seulement (1), parce qu'il concourt avec le maître de l'institué (*text. hic; Julian. fr. 40, de hered.
inst.*).

608. Il faut remarquer à cet égard que les textes n'é-
lèvent pas le moindre doute sur la validité de l'adition que
l'institué fait par ordre de son maître; en effet l'acquisition de l'hérédité par cet esclave à son maître est la conséquence régulière des principes admis dans le droit civil.
Nul doute par conséquent que le maître ne soit héritier :
aussi ne cherche-t-on pas à l'exclure, lors même qu'on
admet un autre héritier; celui-ci ne fait que s'adjoindre
au premier, et concourt avec lui, comme une personne
instituée conditionnellement concourt après l'événement
de la condition avec une autre personne instituée purement et simplement. Ainsi l'intention du défunt n'obtient
ici qu'un effet partiel, parce qu'elle ne régit pas seule la
décision de notre texte. Cela est tellement vrai, que la
même difficulté, lorsqu'elle est réduite à une question de
volonté, par exemple, dans un testament militaire, se
résout, suivant les circonstances qui interprètent cette
volonté, par l'admission du substitué à toute l'hérédité,
ou par son exclusion totale (*Alex. C. 3, de hered. inst.*).
Ici, au contraire, il s'agit d'un testament soumis à toutes

---

(1) *In partem admittitur*, c'est-à-dire pour moitié, comme l'interprètent Théophile, Cujas, Vinnius, Ev. Otton, Jacques Godefroy, d'a-
près le sens ordinaire du mot portion (*Ulp. fr.* 164, § 1, *de verb. sign.*),
quoique certains auteurs se fondent, pour établir un partage inégal, sur
l'équivoque d'une leçon corrompue ou d'une espèce mal posée dans le
texte de Julien (*fr.* 40, *de hered. inst.*).

les conséquences du droit civil : on admet le substitué
parce que telle est l'intention du défunt, mais on n'exclut pas le maître de l'institué, quoiqu'il profite d'une
combinaison étrangère à cette même intention.

609. Il semble résulter de là que la volonté du testateur, toute puissante pour instituer et déférer l'hérédité,
reste sans influence sur les suites ultérieures de cette institution, notamment sur la question de savoir à qui l'institué pourra conférer la qualité d'héritier. Il la confère ici
à son maître ; et ce résultat, quoique contraire à la volonté
du testateur, ne l'est pas plus que celui qui tantôt défère
l'hérédité entière aux personnes instituées seulement pour
partie (590), tantôt maintient la validité des institutions
que le testateur a voulu révoquer (638 ; § 7, *quib. mod.
test. infirm.*), et tantôt infirme celles qu'il a voulu maintenir (637 ; § 3, *eod.*).

Les principes qui expliquent la décision de notre texte,
s'appliquent à plusieurs autres cas, notamment lorsque
l'esclave institué par un étranger appartient à plusieurs
maîtres et accepte par ordre d'un seul. Dans ce cas, la
condition *si heres non erit* est accomplie, et le substitué
appelé sous cette condition vient à l'hérédité *(Scœvol. fr.
48, de vulg. et pup.)*, concurremment avec celui des deux
maîtres par ordre duquel l'esclave institué a fait adition (1).

---

(1) V. *Ulp. fr. 67, de adq. vel omitt. her.* Gaius (2 *inst.* 177) et Ulpien
(22 *reg.* 34) supposent que le testateur ordonne à l'institué de se porter
héritier, dans un délai déterminé, par un mode d'acceptation solennelle
qui se nomme crétion (677), et appelle un substitué pour le cas où l'institué ne fera pas crétion. Celui-ci néglige cette solennité, et recueille
l'hérédité par un autre genre d'acceptation. Il est donc héritier; mais il
n'a pas fait crétion, et conséquemment la condition imposée au substi-

§ I.

610. Nous avons maintenant à examiner, relativement à la substitution vulgaire, différentes combinaisons qui dépendent de la volonté du testateur. Justinien rapporte ici quatre exemples, dont trois n'offrent aucune difficulté. Remarquons seulement le dernier, où l'on suppose que le testateur fait une substitution réciproque des institués, c'est-à-dire qu'après les avoir tous désignés, il ajoute (*eosque omnes in vicem substituo*), qu'il les substitue l'un à l'autre, ou qu'il substitue à ceux d'entre eux qui ne deviendront point héritiers ceux qui le seront devenus, *quisquis sibi heres esset* (*text. hic*; *Gaius, fr. 5, de vulg. et pup.*; v. *Pap. fr. 23, eod.*).

Cette combinaison ne diminue pas les chances que le testateur a de mourir intestat. Elle semble donc d'autant plus inutile que, même à défaut de substitution réciproque, la moindre portion de l'hérédité, recueillie par un des institués, doit nécessairement s'accroître de toutes les portions vacantes (590, 591). Quel peut donc être le but de cette substitution?

Sous les empereurs romains et, à Constantinople, même sous Justinien, au temps de la promulgation des Instituts, en 533, le droit d'accroissement était supprimé ou du moins considérablement restreint par les lois dites caducaires, qui attribuaient à certaines personnes, puis à leur défaut au fisc, les portions caduques

---

tué est accompli : celui-ci doit donc venir à l'hérédité. Il y vient en effet par la volonté du testateur, et concourt avec l'institué qui reste héritier. Pour exclure celui qui devait faire crétion et qui ne la fait pas, il faudrait déclarer expressément que dans ce cas il sera exhérédé (v. *Gaius, 2 inst.* 184 *et seq.*; *Ulp. 22 reg.* 25 *et seq.*).

ou quasi-caduques dont nous parlerons plus loin avec
détail (§ 8, *de legat.*). Il était donc fort important pour
les institués d'être substitués entre eux, afin de recueillir, l'un à défaut de l'autre, toutes les portions de l'hérédité que la substitution empêche de devenir caduques.

611. Justinien a supprimé les lois caducaires en 534,
et la substitution réciproque n'a plus offert la même
utilité; mais elle a continué de produire un résultat qu'il
ne faut pas confondre avec le résultat du droit d'accroissement. En effet, si l'un des institués ne vient pas à l'hérédité, la substitution met à sa place ceux des autres
institués qui ont recueilli leur part héréditaire et qui
vivent encore, à l'exclusion des héritiers d'un héritier
décédé, parce que le bénéfice de la substitution est personnel comme celui de l'institution, et ne profite qu'au
substitué même (*Pap. fr.* 23; *Paul. fr.* 45, § 1, *de
vulg. et pup.*); tandis qu'à défaut de substitué, le droit
d'accroissement réunit la portion vacante aux portions
recueillies, et augmente non-seulement la part des survivants, mais aussi la part qu'un héritier, décédé après
avoir fait adition, a transmise dans sa propre succession
(v. § 4, *de sc. orphit.; Cels. fr.* 59, § 7, *de hered
instit.*).

§ II.

612. Nous venons de voir à quelles personnes la substitution réciproque défère la portion vacante. On examine ici comment, en cas de concours, cette portion se
subdivisera entre plusieurs substitués; et l'on décide
qu'ils ont dans la substitution la même part qu'ils ont eue
dans l'institution, du moins lors que le testateur n'a
pas fait une nouvelle distribution de parts (*nullam*

mentionem partium in substitutione habuerit), ou manifesté une intention évidemment contraire (*Ulp. fr.* 24, *de vulg. et pup.*).

Ainsi, par exemple, un père de famille institue trois héritiers, le premier pour une once, le second pour huit, le dernier pour trois : celui-ci refuse. Sa portion, qui aurait été de trois onces, ou du quart, se subdivisera en neuf parties, dont une pour le premier institué, et huit pour le second (*Ulp. d. fr.* 24). De là cette présomption générale, que les parts exprimées dans l'institution sont tacitement répétées dans la substitution (623).

§ III.

613. Un testateur institue deux héritiers, *Primus* et *Secundus*. A *Primus* il substitue *Secundus*, sans réciprocité ; puis à *Secundus* il substitue *Tertius*, qui n'est pas institué. Notre texte décide que ce dernier aura non-seulement la part de *Secundus*, auquel il est expressément substitué, mais encore celle de *Primus*, en supposant, bien entendu, que ceux-ci ne viendront point à l'hérédité. Mais à quel titre *Tertius* prendra-t-il la part de *Primus?* En vertu d'une substitution tacite, parce que *Tertius* étant substitué à *Secundus*, et *Secundus* à *Primus*, *Tertius* se trouve par là substitué à *Primus* (*Julian. fr.* 27, *de vulg. et pup.* ; *Pap. fr.* 41, *eod*) : d'où l'on tire cette règle, que le substitué du substitué est également celui de l'institué.

On ajoute qu'il recueillera les deux portions sans distinction (*sine distinctione*) : en effet on examinait autrefois d'abord dans quel ordre les deux substitutions se trouvaient écrites, ensuite laquelle s'était ouverte la première ; et pour que *Tertius*, substitué à *Secundus*, fût réputé substitué à *Primus*, on voulait que la substitution de *Secundus* à *Primus*, précédant à tous égards celle de *Tertius* à *Secundus*, eût été la première écrite et la première ouverte. L'ouverture de la substitution s'entend ici de l'époque où l'on acquiert la certitude que l'institué ne deviendra point héritier : c'est l'accomplissement de la condition *si heres non erit*, et dès-lors le substitué est admis à remplacer l'institué, par exemple, lorsque celui-ci décède ou répudie l'hérédité. Ainsi, en cas de mort ou de répudiation, celle du premier institué devait avoir précédé celle du second ; autrement *Tertius* n'aurait pas recueilli la part de *Primus*, parce que cette part semblait ne pouvoir être déférée à *Tertius* qu'après s'être confondue dans la part de *Secundus*, et comme partie intégrante de celle-ci. Sévère et Antonin ont supprimé ces distinctions, pour la substitution vulgaire (*Pap. fr. 41, de vulg. et pup.*), et probablement aussi pour la substitution pupillaire (1).

614. Cette décision présentait sous l'empire des lois caducaires un intérêt qu'elle a perdu depuis. Néanmoins la règle que le substitué du substitué est également celui de l'institué, trouve encore son application comme servant à modifier le droit d'accroissement. Pour cela il faut supposer qu'au lieu de deux héritiers seulement, le testateur en institue trois au moins, *Primus*, *Secundus* et *Tertius* ; qu'à *Primus* il substitue *Secundus*, et à *Secundus*, *Quartus*, qui n'est pas institué. Si *Primus* et *Secundus* manquent, *Quartus* recueillera seul leurs deux parts ;

---

(1) Les doutes que fait naître, pour la substitution pupillaire, un texte de Scævola (*fr. 47, de vulg. et pup.*), disparaissent lorsqu'on observe que ce jurisconsulte écrivait sous le règne de Marc-Aurèle.

tandis que si *Quartus*, substitué de *Secundus*, n'était pas tacitement substitué à *Primus*, la part de celui-ci resterait vacante, et se partagerait, par l'effet du droit d'accroissement, entre *Tertius* institué et *Quartus* substitué de *Secundus*.

TITRE XVI.

De la Substitution pupillaire.

PR.

615. Les Romains craignaient la mort ab intestat même pour les enfants qui doivent survivre au testateur. Or il était surtout à craindre qu'ils décédassent avant de pouvoir tester, par exemple avant l'âge de puberté. Dans ce cas, et pour qu'ils ne mourussent pas intestats, il n'y avait d'autre parti à prendre que de tester pour eux; aussi, l'usage (*moribus institutum*) a-t-il autorisé le père de famille à faire le testament des enfants impubères qu'il a sous sa puissance (*text.*, *hic in fin.*), et par suite à tester en même temps pour soi-même et pour eux. Le père pourra donc d'abord instituer ses enfants impubères, et pour le cas où ils ne recueilleraient pas son hérédité (*si heredes ei non extiterint*), appeler à leur défaut un substitué vulgaire, comme on l'a vu au titre précédent (*ut supra diximus*); puis après avoir ainsi fait son propre testament, il pourra faire celui des fils de famille, en prévoyant que ces derniers, ayant recueilli l'hérédité paternelle (*si heredes ei extiterint*), décéderont impubères (*et ante pubertatem decesserint*), et en instituant

pour ce cas un ou plusieurs héritiers qui succéderont non plus à lui , mais à eux (1).

616. Le testament des fils de famille impubères, ainsi fait par le testateur à la puissance duquel ils se trouvent soumis, forme la substitution dite au second cas ou pupillaire (v. *Diocl. et Max.* C. 8, *de impub. et al. subst.*). En effet, ce n'est pas à tous les fils de famille que le père peut ainsi substituer, mais seulement à ceux qui ne doivent retomber sous aucune autre puissance, et que sa mort laissera pupilles, c'est-à-dire *sui juris* et impubères (*Pomp. fr.* 239, *de verb. sign.*). On leur donne un héritier dans le même cas où, d'après les règles exposées au premier livre (§ 3, *de tutel.*), on leur nomme un tuteur. Si le testateur donne un semblable substitué à d'autres descendants qui, bien que fils de famille, ne sont pas sous sa puissance immédiate, ce n'est que pour le cas où ils s'y trouveraient placés de son vivant; et dans ce cas il doit les déshériter ou les instituer pour que leur quasi-agnation ne rompe point le testament paternel, dont la chute entraînerait celle du testament pupillaire (*Ulp. fr.* 2, *de vulg. et pup.*; § 5, *h. t.*).

§ II.

617. On voit aisément que toute substitution pupillaire contient deux testaments, celui du père et celui du fils de famille (*alterum patris*, *alterum filii*), et que ce dernier est considéré comme fait par le pupille lui-même

---

(1) *Ipsi filio fit heres substitutus* (*text. hic in fin.*). C'est donc mal à propos que quelques lignes plus haut Cujas écrit *sit* EI *aliquis heres*, comme si le substitué devenait héritier du père, au lieu de EIS *aliquis heres* qui se rapporte à l'hérédité des impubères (v. 618).

(*tanquam ipse filius sibi heredem instituisset*). Cela suppose nécessairement, dans la personne dont on fait le testament, le droit d'en avoir un, sinon actuellement, du moins à la mort du testateur; et ce droit, qu'on appelle faction de testament, n'était primitivement accordé qu'aux seuls pères de famille. Aussi me paraît-il certain que, dans la substitution pupillaire, la faculté accordée au père n'est que l'exercice anticipé du droit d'autrui. La faction de testament appartiendra au fils de famille dès qu'il deviendra *sui juris* par le décès de son père; c'est aussi pour le moment de son décès, pour l'époque à laquelle se réfère son propre testament, que le père exerce le droit futur de ses enfants, et pour cela il profite de la puissance actuelle et viagère qui les unit à lui. Aussi la substitution pupillaire doit-elle être faite par le père de famille, pour les impubères qui, se trouvant sous sa puissance à l'époque où il fait la substitution et à l'époque de sa mort (1), deviendraient alors pupilles (v. pr., *h. t.*; *Ulp. fr.* 2, *de vulg.*; *Pap. fr.* 41, § 2, *eod.*). Ainsi la substitution pupillaire ne peut être faite ni pour

---

(1) Malgré le texte formel du *pr.* (*liberis... quos in potestate habet*), on a soutenu qu'il suffit d'avoir eu le pupille sous sa puissance à l'époque de la mort , et ce par une fausse interprétation du texte d'Ulpien (*fr.* 2, *h. t.*), où il s'agit d'un testateur qui institue un pupille étranger, l'adopte, et ensuite lui substitue pupillairement. A la vérité, le pupille n'était pas sous la puissance du testateur à l'époque où il a fait son propre testament, mais il y était à l'époque de la substitution; car le père , après avoir fait son propre testament, n'est pas obligé de faire incontinent la substitution pupillaire (*Pomp. fr.* 16, § 1, *eod.*). Il est de principe, en effet, dans les dispositions testamentaires, que la capacité du disposant doit avoir existé, pour la validité de l'acte , au moment où l'on agit, et, pour son effet, au moment de la mort (v. § 4, *de hered. qual.*).

les pubères ni pour les émancipés, même par le père, ni dans aucun cas par la mère, par les ascendants maternels ou par les étrangers (§ 9, *h. t.*).

618. La substitution pupillaire, comme nous l'avons dit, suppose deux testaments, ou du moins un testament double dans son objet, puisqu'il dispose de deux hérédités (*duarum causarum*); ce qu'il faut remarquer pour entendre d'autres textes qui considèrent le testament du père et celui du fils comme n'en faisant qu'un (*Ulp. fr.* 20, *de vulg. et pup.*). Tout dépend du rapport sous lequel on envisage la substitution pupillaire : elle suppose deux institutions qui défèrent deux hérédités (1), elle a donc l'effet de deux testaments, mais pour les formes extérieures et pour la validité du testament, il n'y en a véritablement qu'un.

§ V.

619. C'est ce qui me semble démontré par les propositions énoncées dans ce paragraphe, et qu'il importe de remarquer; car,

1° Le père, à moins qu'il ne soit militaire (*Ulp. fr.* 2, § 1, *de vulg. et pup.*) ne peut tester pour son fils, sans tester en même temps ou sans avoir déjà testé pour soi-même. En effet, il peut exister un intervalle entre l'institution que le testateur fait pour lui, et celle qu'il fait pour son fils (*Pomp. fr.* 16, § 1, *eod.*; v. 617), et dans

---

(1) Ce principe a été controversé. Plusieurs jurisconsultes dont le système a laissé des traces (v. *Nerat. fr.* 59, *de adq. vel omitt. her.*; *Paul. fr.* 1, *quand. dies legat.*; *Ulp. fr.* 7, § 5 et 6, *de liber. legat.*; *Javol. fr.* 28, *de reb. auct. jud.*), ne voyaient dans l'hérédité du pupille qu'une portion intégrante de l'hérédité paternelle, portion déférée par un seul et même testament sous une condition spéciale (v. 623).

ce cas le testament du père doit précéder celui du pupille ; mais lorsqu'ils sont faits par un seul et même acte, il n'y a plus aucun ordre prescrit (*Ulp. d. fr.* 2, § 4 *et* 5, *eod.*).

2° La substitution pupillaire est une portion et un accessoire (*pars et sequela*) du testament paternel, dont elle suit en tout la destinée, quelle que soit d'ailleurs la cause qui rendrait le père de famille intestat (*Ulp. d. fr.* 2, *pr. et* § 1, *de vulg. et pup.* ; *fr.* 8, § 2, *de inoff. test.*).

§ III.

620. Au surplus, les deux institutions peuvent être, l'une écrite, l'autre nuncupative ; l'une patente, l'autre secrète (*Ulp. fr.* 20, *pr. et* § 1, *de vulg. et pup.*).

Il importe souvent à la sûreté de celui pour qui se fait la substitution pupillaire, qu'elle reste secrète jusqu'à la mort du père, et même pendant la vie du pupille ; notre texte rapporte, d'après Gaius (2 *inst.* 181), les précautions usitées en pareil cas.

§ IV.

621. Jusqu'à ce moment nous avons supposé que le fils de famille, à qui la substitution pupillaire donne un héritier, se trouve lui-même appelé à l'hérédité paternelle ; on pourrait aussi l'exhéréder, et la substitution pupillaire n'en serait pas moins valable (*text. hic ; Modest. fr.* 1, § 2, *de vulg. et pupil.*), car ce ne sont pas des biens du père mais de ceux du fils qu'elle dispose (*Ulp. fr.* 10, § 5, *eod.*). Dans tous les cas, elle défère au substitué l'hérédité du pupille telle que celui-ci la laisse en mourant, et quelle que soit l'origine des biens qu'il

laisse; car, soit qu'il ait recueilli l'hérédité paternelle, désormais confondue dans la sienne, soit que, privé de cette hérédité par exhérédation, le pupille ne laisse que des biens provenants de toute autre source (v. *text. hic*), il transmettra tous ses droits et toutes les charges dont il était tenu, sans que son héritier puisse ni les scinder (v. *Pap. fr.* 12, *eod.*), ni être tenu d'en supporter d'autres (1).

Il est cependant un cas où la substitution ne défère qu'une partie des biens du pupille : c'est lors qu'elle est faite par l'adrogeant. Son effet est limité aux biens que le pupille a acquis de l'adrogeant, ou qui lui ont été donnés en considération de ce dernier (*Ulp. fr.* 10, § 6, *eod.*). Les autres, ainsi que nous l'avons déjà vu (176), sont restitués aux personnes qui les auraient recueillis si l'adrogation ne s'était pas faite (§ 3, *de adopt.*), c'est-à-dire aux personnes qui se trouvaient appelées à l'hérédité testamentaire par une substitution pupillaire antérieure à l'adrogation (626), sinon aux agnats que le droit civil admet à l'hérédité légitime.

§ VI.

622. L'usage a autorisé plusieurs genres de substitution pupillaire. On remarque, entr'autres, celle que le

---

(1) Sauf peut-être le cas où le pupille, institué par son père, se serait abstenu, en profitant de l'avantage que lui accorde le droit prétorien (v. § 2, *de hered. qual.*). Dans ce cas, le pupille est dispensé de répondre aux créanciers paternels ; mais la même faveur serait-elle continuée à son héritier ? Sur ce point, Ulpien et Marcellus (*fr.* 42, *de adq. vel omitt. hered.*) paraissent ne pas s'accorder avec Julien (*d. fr.* 42) et Javolenus (*fr.* 28, *de reb. auct. jud.*).

testateur fait pour chaque enfant (*singulis liberis*), par opposition à celle qu'il ferait seulement pour celui qui mourra le dernier de tous, étant encore impubère (*ei qui novissimus impubes morietur*). Dans le premier cas, il y a autant de substitutions que de pupilles, et aucun d'eux ne meurt sans testament; le second mode, au contraire, laisse intestats tous ceux auxquels un autre survit, parce qu'ils ne sont pas derniers mourants, et le dernier mourant lui-même, lorsqu'il n'est plus impubère (1). Pour que la substitution obtienne son effet, il faut donc que le survivant décède avant la puberté.

§ VII.

6₂3. Relativement à la désignation des substitués, les substitutions sont nominatives ou générales : dans ces dernières, le testateur, sans nommer personne, appelle ceux qu'il aura eus lui-même pour héritiers (*quisquis mihi heres erit*), ce qui suppose que le pupille ne sera pas héritier, ou du moins ne sera pas seul héritier de son père. Admettons donc quatre étrangers institués par le testateur, et substitués pupillairement par la clause générale *quisquis mihi heres erit.*

Le premier accepte l'hérédité du père, et survit au fils.

Le second accepte également, mais décède avant le pupille.

---

(1) *Pap. fr.* 41, § 7, *de vulg. et pup.* On est le dernier (*novissimus*) par cela seul qu'on n'a personne après soi, ne fut-on d'ailleurs précédé par personne (*Afric. fr.* 34, *eod.*). Si tous les pupilles mouraient en même temps, la substitution vaudrait pour tous (*Afric. fr.* 34; *Pap. fr.* 42, *eod.*).

Le troisième, au contraire, répudie l'hérédité du père et survit au fils.

Le quatrième est un esclave qui, par ordre de son maître, recueille l'hérédité du testateur, et ensuite devient libre.

Si le pupille décède, il aura pour héritier, en vertu de la substitution, ceux qui, institués héritiers du père (*qui et scripti sunt*), sont effectivement devenus tels (*et extiterunt*). Cette double condition exclut, premièrement les héritiers du second institué (1) et le maître du quatrième (*Modest. fr.* 3; *Ulp. fr.* 8, § 1, *eod.*), parce que ce n'est pas eux personnellement que le testateur avait appelés, et secondement le troisième institué, parce qu'il a répudié l'hérédité du testateur (*Afric. fr.* 34, § 1, *eod.*) : mais rien n'exclut le premier institué, ni le quatrième devenu *sui juris*; car tous deux, personnellement appelés à l'hérédité du testateur, l'ont acquise, l'un pour soi-même, l'autre pour le maître dont il dépendait alors. Ainsi l'hérédité du pupille sera déférée au premier et au quatrième, en raison des parts qu'ils auront recueillies dans l'hérédité paternelle (*pro qua parte heredes facti sunt; text. hic;* v. *Ulp. fr.* 8, § 1, *de vulg. et pup.*); car ici, comme dans la substitution vulgaire (§ 2, *de vulg. subst.*), la désignation des parts exprimées dans l'institution s'applique tacitement à la sub-

---

(1) *Ulp. fr.* 10, *de vulg. et pupil.* Neratius (*fr.* 59, *de adq. vel omitt. her.*) décide, au contraire, que les héritiers du père sont nécessairement, et malgré eux, héritiers du pupille, et que l'hérédité de ce dernier, ouverte même après leur décès, se réunit à l'hérédité paternelle par droit d'accroissement. Cette opposition dérive de la controverse dont on a parlé ci-dessus (618). Au surplus, la décision de Neratius est expressément confirmée par Justinien (C. 20, *de jur. del.*).

stitution. Il en est autrement de ceux qui ont été substitués nommément ; ils profitent de la substitution et succèdent au pupille indépendamment des qualités et des parts qu'ils ont pu prendre dans l'hérédité du père (*Justin. C.* 11, *de impub. et al.*).

624. On distingue encore des substitutions expresses et tacites. Justinien nous a donné (*pr., h. t.*) l'exemple d'un pupille institué par son père avec une double substitution vulgaire et pupillaire, établie par la volonté formelle du testateur. Elle serait également double, si le testateur qui institue son fils impubère n'exprimait que l'un des deux cas de substitution : le cas exprimé est censé comprendre l'autre comme substitution tacite (*Modest. fr.* 4, *h. t.*), d'après l'intention présumée du testateur, et lorsque les circonstances n'indiquent point une intention contraire (v. *Alex. C.* 4 ; *Diocl. et Max. C.* 8, *de imp. et al.*).

§ VIII.

625. La substitution pupillaire ne peut exister que pour un impubère ; et quand même le testateur aurait voulu la prolonger plus loin que la puberté (*Pomp. fr.* 14, *de vulg. et pup.*), elle cesse de valoir, 1° dès que le pupille ou la pupille ont passé ou même atteint le dernier jour, l'un de sa quatorzième, l'autre de sa douzième année, parce qu'ils sont alors habiles à tester par eux-mêmes (*Ulp. fr.* 5, *qui test. fac.*). La substitution pupillaire finirait plus tôt encore, si le père de famille déterminait un âge moins avancé : car il a toute latitude jusqu'à la puberté, quoiqu'il ne puisse pas l'excéder (*Paul. fr.* 38, § 1 ; *fr.* 43, § 1, *de vulg. et pupil.*).

La substitution pupillaire s'évanouit, 2° lorsque le tes-

tament paternel, sans lequel celui du pupille ne peut subsister, se trouve infirmé d'une manière quelconque (*Ulp.
fr.* 10, § 4, *eod.; Pompon. fr.* 16, § 1, *eod.*); mais le plus
petit effet conservé au testament paternel, soit par le
droit civil, soit par le droit prétorien, suffit pour soutenir
la substitution pupillaire (*Paul. fr.* 38, § 3; *Afric.fr.*
34, § 2, *eod.*); 3° lorsque les enfants meurent avant le
père : alors, en effet, ils n'ont jamais été ni pères de famille, ni capables d'avoir un testament (*Pap. fr.* 10, *de
captiv. et postlim.*); 4° par tous les changements de famille que peut éprouver le pupille, soit avant, soit après
la mort de son père : car, dans le premier cas, ils ôtent
au testateur la puissance paternelle (*Pap. fr.* 41, § 2,
eod.); dans le second, ils ôtent au pupille le titre de
père de famille et le droit d'avoir un testament (v. § 4,
quib. mod. test.). C'est ce qui arrive en cas d'adrogation.

626. Néanmoins les biens de l'adrogé qui décède impubère reviennent toujours au substitué, comme s'il n'y
avait point eu d'adrogation ; mais ce n'est pas directement et par l'effet d'une substitution infirmée, c'est en
vertu de l'obligation que l'adrogeant contracte (§ 3, *de
adopt.*) par une stipulation qui profite aux substitués pupillaires, s'il y en a, sinon aux héritiers légitimes de l'adrogé, substitués ou héritiers improprement dits, puisqu'un fils de famille n'a point d'hérédité (*Pap.fr.* 40, *de
vulg. et pup.*).

§ IX.

627. On vient de voir par qui et pour qui peut être
faite la substitution pupillaire (615, 617). Elle n'est permise à aucun autre, ni pour aucun autre ; mais un testa-

l,   29

teur quelconque peut, quel que soit l'héritier qu'il
institue, charger ce dernier de remettre à d'autres tout ou
partie de l'hérédité qu'il aura recueillie; et, comme cette
obligation, ou pour parler plus exactement, ce fidéicommis peut être imposé sous telle condition que veut le testateur, on imite facilement une substitution pupillaire,
en instituant un pupille, et en le chargeant de restituer
l'hérédité pour le cas où il décéderait impubère. Néanmoins il y a toujours cette différence, qu'ici le testateur
dispose seulement de sa propre hérédité : aussi le fidéicommissaire à qui elle sera restituée n'étant point héritier de
l'impubère institué à charge de restitution, n'a-t-il rien à
prétendre sur les biens de ce dernier; il reçoit donc tout
au plus (783) ce que l'institué a lui-même reçu du testateur (*text. hic; Pap.fr.* 41, § 3, *de vulg. et pup.*).

628. On définit la substitution en général, l'institution
d'un héritier dans un degré inférieur (v. *Modest. fr.* 1,
eod.). Cette définition est parfaitement exacte pour les
substitués vulgaires; mais les substitués pupillaires ne
sont point héritiers du père et arrivent au premier rang
dans l'hérédité du pupille : cela devient surtout manifeste lorsque le pupille a été exhérédé. Sous quel rapport
le testament qu'un père fait pour ses enfants peut-il donc
être considéré comme substitution? Sous aucun rapport
assurément, lorsqu'on admet la définition précédente;
mais si nous observons d'une part que le testament de
l'impubère n'existe qu'avec celui et par celui du père
(§ 5, *h. t.*), et d'autre part que la substitution vulgaire,
ou institution au second degré, est subsidiaire à l'institution au premier degré, ou institution proprement dite,
nous reconnaîtrons qu'une substitution est en général une
institution subordonnée à une autre institution : car les

substitutions vulgaire et pupillaire, celle dont il est question dans le § 1 de ce titre, et même la substitution indirecte, dite fidéicommissaire (§ 2, *de codicill.*), dépendent, quoique d'une manière différente, d'une autre institution. En effet, la substitution vulgaire produit son effet lorsque l'institution proprement dite ne produit pas le sien (605, 606). La validité des autres substitutions dépend au contraire de la validité de l'institution primitive et de l'effet qu'elle produit (619, 625 ; v. § 2, *de fideic. hered.*).

§ I.

629. La faiblesse de l'âge n'est pas la seule cause qui prive un père de famille de l'exercice du droit de tester : la folie, l'imbécillité et plusieurs autres maladies ont le même effet; cependant l'usage de tester pour les fous et autres incapables de ce genre ne s'est pas établi d'une manière aussi générale que pour les pupilles : il fallait obtenir du prince une permission spéciale (*Paul. fr.* 43, *de vulg et pup.*). Justinien accorde en principe général la faculté de faire le testament des insensés, pour le cas où ils décéderaient avant de recouvrer la raison, comme on fait le testament des pupilles pour le cas où ils mourraient avant la puberté. Aussi l'Empereur a-t-il, en quelque sorte, calqué sur la substitution pupillaire cette nouvelle substitution que l'on nomme exemplaire ou (*ad exemplum pupillaris substitutionis*) ou quasi-pupillaire.

Mais quelle que soit l'analogie, ce n'est pas au seul père de famille qu'il appartient ici de tester pour ses enfants : cette faculté appartient à tout ascendant, ce qui comprend la mère et même les ascendants paternels ou maternels d'enfants émancipés ou retenus sous puissance ; car ce n'est plus sur la puissance paternelle qu'est fondé le droit de substituer, mais sur le lien du sang et sur l'affection commune de tous les ascendants. Toutefois, pour éviter la multiplicité des testaments, et pour se conformer à la règle de droit qui n'en laisse jamais deux à la même personne (§ 2, *quib. mod. test. inf.*), on doit penser que le droit attribué aux ascendants ne s'exerce qu'après la mort du père de famille, ou que du moins, en cas de concours, la substitution par lui faite l'emporte sur les autres.

Le père de famille qui substitue à ses enfants impubères, leur donne tel héritier qu'il veut. Dans la substitution exemplaire, le choix n'est entièrement libre qu'à défaut de certaines personnes (*certas personnas*); car on est obligé de prendre le substitué ou les substitués parmi les enfants, et à défaut parmi les frères de l'incapable.

630. On observe généralement, comme troisième différence, que la substitution exemplaire ne peut pas avoir lieu pour les enfants déshérités, quoiqu'on puisse déshériter les enfants auxquels on substitue pupillairement. La vérité est que Justinien, dans sa constitution (C. 9, *de imp. et al.*), ne parle ni d'institution ni d'exhérédation : il s'occupe seulement de la légitime que l'ascendant testateur doit laisser à ses enfants. Or, en donnant cette légitime, le testateur ne remplit point une condition nécessaire à la validité du testament; ce n'est là qu'une précaution contre la rescision à laquelle toute exhérédation ou omission expose, comme inofficieux, le testament de l'ascendant (v. § 6, *de inoff. test.*), et par suite la substitution. Il faut donc que les ascendants laissent la légitime, afin, dit l'Empereur, qu'il ne s'élève aucune plainte (*querela*) contre le testament. Sous ce rapport, il n'existe

aucune différence entre la substitution pupillaire et celle dont il est ici question (*Vinnius hic*).

TITRE XVII.

De quelles manières les Testaments sont infirmés.

PR. ET § V.

631. Un testament fait par celui qui en a le droit et la faculté, suivant les règles exposées au titre 12, avec les formes prescrites aux titres 10 et 11, dont l'auteur a observé , 1° de ne point omettre les héritiers siens qu'il avait au moment de la confection, comme on l'exige au titre 13 , 2° d'instituer au moins un héritier d'après les règles détaillées au titre 14, un pareil testament est valable, régulièrement ou légalement fait (*jure factum*, *pr. h. t.*). Si toutes ces conditions ne concourent pas, le testament est nul (*non jure factum, pr. h. t.; injustum, Pap. fr. 1, de inj. rupt.*), et conséquemment ne produit aucun effet. Mais il ne suffit pas qu'un testament ait été valable dans son origine ; il doit continuer de valoir pendant toute la vie du testateur, et nous voyons ici qu'un testament valable cesse de l'être quand il est rompu (*rumpatur, pr. h. t.*) ou quand il devient inutile (*irritum, pr. h. t.; v. Ulp. 23 reg. 1.*).

Ces expressions , *ruptum* et *irritum*, appliquées aux testaments, se prennent quelquefois l'une pour l'autre (§ 5, *h. t.*). Cependant comme il importe de désigner chaque chose par un nom qui lui soit propre, on s'est généralement accordé à distinguer certains testaments qui n'ont jamais eu d'existence légale (*quæ non jure fiunt*, § 5 *h. t.*) de ceux qui, au contraire, ont été *jure facta* (*d.* § 5) ; et , parmi ces derniers, on distingue encore, en cas d'infirmation, les testaments *rupta* et ceux qui deviennent *irrita*.

§ I.

632. Lorsque l'infirmation arrive par une cause étrangère à l'état et à la capacité du testateur, le testament est *ruptum;* il devient *irritum* par toutes les causes qui enlèvent au testateur son état et ses droits (§ 4 *et* 5, *h. t.*).

La rupture a lieu de deux manières, et d'abord, par la survenance ou l'agnation de tout héritier sien qui n'a été ni institué, ni légalement déshérité (*Ulp.* 23 *reg.* 2).

Nous avons vu précédemment comment on peut éviter la rupture en instituant ou en déshéritant les posthumes et quasi-posthumes qui, après la confection du testament, naissent héritiers siens, ou le deviennent en prenant la place de ceux qui les précédaient (v. 568, 570).

633. Ici notre texte s'occupe des héritiers siens qui surviennent dans la famille, non par naissance, mais par l'agnation civile qui résulte de leur adoption. Sauf les distinctions introduites par Justinien, et déjà expliquées (v. § 2, *de adopt.*), l'agnation d'un enfant adoptif, comme celle d'un enfant naturel, infirme le testament du père de famille ; et l'effet de la première est d'autant plus certain que, comme le testateur ne peut pas déshériter les personnes qui à l'époque du testament sont étrangères à sa famille, il serait inutile d'exhéréder par avance les personnes que l'adoption placera plus tard sous la puissance immédiate du testateur. Le testament ne serait pas moins rompu (v. *Gaius,* 2 *inst.* 140). Aussi Justinien traitant de la rupture du testament par l'agnation d'un héritier sien, se borne-t-il dans ce titre à l'unique,

exemple du cas d'adoption, parce que l'agnation de l'adopté, sans être la seule qui rompe le testament, est la seule qu'on ne puisse pas prévenir par l'exhérédation, d'après les règles précédemment exposées (§ 1 *et* 2, *de exhered. lib.*).

634. Dans l'origine et même au temps de Gaius (2 *inst.* 138, 140), la rupture du testament était absolue. Telle était même la rigueur du principe que l'institution d'un étranger n'aurait pas été plus utile que son exhérédation, et qu'un fils institué ne pouvait pas être émancipé sans rompre le testament de son père en retombant sous sa puissance après la manumission qui suit la première et la seconde mancipation (*Gaius*, 2 *inst.* 140, 141). Toutefois Scævola et Papinien décident d'une part que les enfants émancipés, rentrant par adrogation dans la famille de leur père, ne rompront point le testament dans lequel celui-ci les a exhérédés (*Pap. fr.* 23, *de liber. et post.*), et d'autre part que l'héritier institué peut être adopté par le testateur sans qu'il arrive aucune rupture (*Pap. d. fr.* 23, § 1, *eod.*; *Scævol. fr.* 18, *de inj. rupt.*). Cette opinion a prévalu dans le Digeste ainsi que dans les Institutes (*text. hic*), où Justinien modifie le texte de Gaius, et avec raison ; car s'il est impossible d'exhéréder un étranger, il est toujours permis de l'instituer. L'adopté, devenant fils de famille du testateur, ne doit donc pas rompre un testament dans lequel il se trouve valablement institué.

A l'agnation des enfants adoptifs il faut assimiler, dans le nouveau droit, celle des enfants naturels, qui, offerts à la curie ou légitimés par mariage subséquent, acquièrent le titre et les droits d'héritiers siens (§ 2, *de hered. quæ ab intest.*).

§ II.

635. La rupture du testament arrive encore par la confection d'un testament postérieur.

En instituant un héritier, le testateur dispose de toute l'hérédité. Il est donc aussi impossible de mourir avec deux testaments que de donner deux fois la même chose en totalité; et comme la volonté du testateur est ambulatoire et variable jusqu'au dernier moment de sa vie, en cas de concours entre deux testaments qui ne peuvent subsister ensemble, le second détruit le précédent sans qu'il soit besoin d'une révocation expresse (*Ulp.* 23 *reg.* 2; *Justin.* C. 27, *de testam.*).

Le second testament ne produit cet effet que lorsqu'il est régulier (1); autrement, l'acte que l'on voudrait considérer comme un nouveau testament serait nul et sans effet.

636. Au surplus (ce qu'il faut bien observer), c'est au premier moment de l'existence du second testament que cesse irrévocablement l'existence du premier, indépendamment des causes qui dans la suite empêcheraient

---

(1) JURE PERFECTUM (*text. hic*), JURE FACTUM (*Ulp.* 23 *reg.* 2), c'est-à-dire de la manière requise pour chaque espèce de testament; car le testament militaire, et celui que le père fait *inter liberos*, dispensés, l'un de toutes, l'autre de presque toutes les solennités, sont des testaments réguliers qui rompent le testament antérieur (*Ulp. fr.* 2, *de injust. rupt.*; v. *Theod. et Valent.* C. 21, § 1, *de test.*), quoiqu' on les appelle quelquefois imparfaits, sous le rapport des formalités qui leur manquent d'après la règle générale (*Paul. fr.* 34, § 1, *de test. mil.*). Jusqu'ici on ne rencontre donc pas d'exception; mais Ulpien (*d. fr* 2) déroge véritablement à la règle, lorsqu'il déclare que le premier testament se trouve rompu par un second testament irrégulier, pourvu que ce dernier institue un héritier *qui ab intestato venire potest.* Toutefois voyez Théodose (C. 21, § 3, *de test.*).

l'exécution du second. On n'examine pas si le nouveau testament a donné un héritier au testateur, mais seulement s'il a pu lui en donner dans un cas quelconque (*aliquo casu*); et lors même que le second testament est subordonné à une condition expresse, l'infirmation du premier n'en est pas moins définitive (*Pomp. fr.* 16, *de injust. rupt.*). Il semble, en effet, qu'en faisant le second, on a déjà renoncé au premier, et qu'on agit par une volonté nouvelle et entièrement indépendante. Les chances que cette volonté peut courir mettent sans doute le testateur dans une alternative, celle de mourir testat ou intestat, mais non celle de mourir avec tel ou tel autre testament : le choix à cet égard est indiqué par l'existence même du second. Ce que nous disons ici du testament conditionnel s'entend de la condition proprement dite, qui, subordonnant l'institution à un événement possible, permet d'espérer que le second testament produira son effet, par opposition aux conditions improprement dites qui se réfèrent à un événement passé ou présent (597). Si cet événement, déjà réalisé, ne l'est pas dans le sens de la condition, il ne le sera jamais; alors il n'y a plus aucun effet à espérer du second testament, et par conséquent il ne rompt point le premier (*Pomp. d. fr.* 16).

Pour nous résumer sur cette manière de rompre un testament, nous dirons donc que la rupture résulte ici de l'existence d'un testament postérieur, susceptible de donner un héritier au testateur.

§ III.

637. Un testament postérieur a présenté ces deux cir-

constances, 1° qu'il ne donnait à l'institué qu'une portion de l'hérédité, ou même un objet déterminé; 2° qu'il confirmait expressément le premier testament.

Sur le premier point on applique le principe qui répute non écrite, dans une institution, la mention d'un objet déterminé, *perinde ac si rerum mentio facta non esset* (*text. hic; Marcian. fr.* 29, *ad sc. trebell.* v. 596).

La seconde question est également tranchée par l'impossibilité absolue de conserver au défunt deux testaments : ainsi le premier est rompu (*text., hic in fin.*) malgré la confirmation expresse que contient le second. Toutefois, pour donner à la volonté du testateur l'effet dont elle est susceptible, on suppose qu'il a entendu valider le premier acte, non comme un testament qui établirait un concours impossible, mais comme un codicille (v. *Ulp. fr.* 12, § 1, *de inj. rupt.*) dont l'existence n'est pas incompatible avec celle du second testament (804; § 1, *de codicill.*). La confirmation qui s'y trouve insérée sera donc considérée comme un fidéicommis, qui oblige l'héritier de restituer l'hérédité aux personnes instituées dans le premier testament, sauf la déduction permise pour compléter le quart qui, d'après la loi Falcidie (*suppleta quarta ex lege falcidia*) ou plutôt d'après le sénatus-consulte Pégasien, doit rester à l'héritier (783; § 5, *de fideic. hered.*; v. *Ulp. fr.* 19, *de test. mil.*).

§ VII.

638. De tout ce qui précède, il résulte évidemment qu'un testament irrégulier n'établit point de concours, et par conséquent ne révoque point celui qui l'a précédé, ce qui s'applique à plus forte raison au testament incom-

plet ou non achevé. Toutefois la révocation qu'il n'opère pas comme testament, ne peut-il pas l'opérer comme indice d'un changement certain dans la volonté du testateur? Sans doute le testament commencé indique une volonté nouvelle, mais ce n'est pas celle de mourir intestat; et cependant le père de famille décéderait intestat, si son premier testament était rompu, sans être en même temps remplacé par un second.

D'un autre côté, la révocation d'un testament ne résulte jamais de la seule volonté du défunt, *ex eo solo quod postea id noluit valere*. En effet, la révocation est une disposition nouvelle qui change la personne de l'héritier et la nature même de l'hérédité : cette dernière cesse d'être testamentaire pour devenir légitime. Ce changement ne doit donc s'opérer que dans les formes légales.

639. Au surplus, les moyens de révocation ne manquent point au testateur. Il peut supprimer l'acte même, ou le dénaturer soit en effaçant l'écriture, soit en rompant les cachets (*Scævol. fr.* 20, *de inj. rupt.;* v. *Ulp., Marcel. et Pap. fr.* 1, 2, 3 et 4, *de his quæ in test. del.; Justin.* C. 30, *de test.*).

Théodose (C. 6, Th. *de testam.*) avait ordonné que les testaments cesseraient de valoir dix ans après leur confection. Justinien (C. 27, *de testam.*), au contraire, exige un changement de volonté manifesté par acte authentique ou devant trois témoins, et confirmé par l'expiration du même délai.

§ VIII.

640. La décision du texte précédent (§ 7, *h. t.*) est tirée d'un discours de Pertinax (*divi Pertinacis oratione*),

c'est-à-dire d'un sénatus-consulte rendu sur sa proposition (15).

Par ce même sénatus-consulte Pertinax déclare 1° qu'il repoussera l'hérédité à laquelle on l'appellerait *litis causa*, c'est-à-dire l'hérédité qui, contenant des droits litigieux, lui serait déférée en haine des adversaires du testateur, et pour leur opposer une partie redoutable (v. *Paul.* 5 *sent.* 12, § 8);

2° Qu'il ne validera pas (*non probaturum*) le testament nul dans lequel on l'aurait institué *ob eam causam*, c'est-à-dire à cause de la nullité, et pour en couvrir le vice (*Vinnius, ibid.; Cuj. in not.*);

3° Qu'il n'acceptera point la qualité d'héritier *ex nuda voce* (*text. hic*) ou *ex pollicitatione* (*Paul.* 5 *sent.* 12, § 9), par suite de simples propos dans lesquels un particulier se serait vanté d'instituer l'Empereur ;

4° Enfin, qu'il ne recevra rien, même en vertu d'une disposition écrite (*ex ulla scriptura*), si elle n'est pas conforme aux règles du droit (1).

Remarquons à cet égard que l'Empereur est au-dessus des lois (*legibus solutus*); mais qu'en s'y soumettant lui-même, le prince donne un exemple digne de la majesté souveraine (v. *Paul.* 4 *sent.* 5, § 3; *fr.* 23,

---

(1) Voyez une constitution (C. 20, *de test.*) qui, dans le Code Justinien, paraît avoir perdu son sens primitif. Honorius et Théodose ses auteurs voulaient, pour éviter toute espèce de fraude, que l'on ne pût pas révoquer un testament écrit par un testament nuncupatif dans lequel on instituerait le prince ou des hommes puissants (v. Pothier, 28 *pand.* 3, n° 3, et Godefroy, sur la C. 5, C. Th. *de testam.*) Il est bon d'observer ici combien Pertinax, S. Sévère, Honorius et Théodose diffèrent de Domitien; il suffisait à ce dernier qu'un seul témoin déclarât avoir entendu dire au défunt que César serait son héritier. V. Suétone, ch. 12.

de legat. 3°; *Alex.* C. 3, *de test.*; *Theod. et Valent.*
C. 4, *de legib.*).

§ IV.

641. Le testament devient *irritum* lorsque le testateur est CAPITE MINUTUS (*text. hic*; *Ulp.* 23 *reg.* 4),
soit parce que, devenu chef ou membre d'une autre famille, il commence une existence nouvelle (426), soit
parce qu'en cessant d'être *sui juris*, il perd la faction de
testament.

Ce dernier motif ne s'applique point aux fils de famille émancipés ou donnés en adoption, puisque les
premiers acquièrent une capacité nouvelle, tandis que
les seconds conservent le droit de disposer encore des
biens castrans. Aussi leur testament continue-t-il de valoir malgré la *capitis deminutio* (§ 5, *de mil. test.*);
mais en s'accordant sur ce résultat, les jurisconsultes ne
l'admettent pas tous par le même motif. Ulpien (*fr.*
§ 13, *de inj. rupt.*) écarte péremptoirement l'objection
tirée de la *capitis deminutio*, en répondant que le testateur fils de famille était déjà considéré comme père de
famille relativement aux biens castrans (v. 540), et indépendamment même de cette fiction, il incline à décider que le testament continue de valoir par cela
seul que le testateur conserverait, malgré la *capitis deminutio*, le droit de tester (*d. fr.* 6, § 6). D'autres
jurisconsultes, au contraire, scrupuleusement attachés au
fait de la *capitis deminutio* et à ses effets, décident que
le testament est infirmé; mais comme un testateur militaire pourrait valider immédiatement les mêmes dispositions en manifestant de nouveau sa volonté (§ 4,

de mil. test.), ils voient dans son silence la preuve d'une volonté persévérante, même après la *capitis deminutio* (*Theoph.*, *ad* § 5 *de mil. test.* ; v. *Ulp. fr.* 15, § 2 , *de test. mil.*). Suivant eux , c'est en vertu de cette volonté que le testament vaut , *quasi ex nova militis voluntate* (*Marcian. fr.* 22 , *eod.*). Justinien reproduit ce système (§ 5, *de mil. test.*) ; et parce qu'il n'existe point d'intervalle entre l'infirmation et le renouvellement du testament, l'Empereur a pu ajouter sans trop d'inexactitude que le testament n'est pas réellement infirmé , *nec videtur capitis deminutione irritum fieri* (*d.* § 5).

642. Les mêmes règles s'appliquent au testament du père de famille qui se donne en adrogation (*d.* § 5), pourvu toutefois qu'il soit militaire , et qu'en testant comme tel , il ait disposé seulement des biens castrans (*Tertyl. fr.* 23 , *de test. mil.*). Ainsi la question ne s'élève pas à l'égard d'un père de famille non militaire, parce que son testament ne peut pas être partiel ; il faut être militaire ou fils de famille pour tester sur les biens castrans seulement. Voilà pourquoi, sans doute, le § 5 *de mil. test.* se trouve placé dans le titre où Justinien traite en même temps du testament des militaires et de celui des fils de famille (*Vinnius* , *ad d.* § 5 ; *Pothier* , 23 *pand. just.* 3 , *n°* 19. Voyez cependant *Ulp. d. fr.* 6 , § 13 , *de injust. rupt.*).

§ VI.

643. Le testament *ruptum* ou devenu *irritum* reste sans effets dans le droit civil ; mais l'un et l'autre peut en certains cas conserver sa force dans le droit prétorien ; car si le préteur se montre plus sévère que le

droit civil dans l'intérêt des enfants auxquels il donne la possession de biens *contra tabulas*, il laisse à la volonté du testateur une plus grande latitude, dès qu'il ne s'agit plus des enfants. Aussi plusieurs testaments méconnus par le droit civil sont-ils exécutés par le droit honoraire qui admet les institués à la possession de biens *secundum tabulas*, lorsque le testament se trouve revêtu de formes prétoriennes, qui consistent dans la présence de sept témoins et dans l'apposition de leurs cachets (551; *text. hic; Julian. fr.* 7, *de b. p. sec. tab.*).

C'est ainsi, par exemple, qu'un testament rompu par l'agnation d'un posthume, défère la possession de biens aux institués, si le posthume décède avant le testateur (*Ulp. fr.* 12, *de inj. rupt.*). Il en est de même pour un premier testament rompu par un testament postérieur que le testateur a détruit pour faire revivre le premier (v. *Pap. fr.* 11, § 2, *de b. p. sec. tab.*).

644. Les personnes instituées dans un testament devenu *irritum* peuvent aussi obtenir la possession de biens *secundum tabulas*, si le testateur, à l'époque de sa mort, se retrouve citoyen et père de famille (*text. hic.*; *Ulp.* 23 *reg.* 6), c'est-à-dire capable de tester. En effet, si d'après le droit civil, la faction de testament qui existe au moment de la confection, doit continuer jusqu'à la mort du testateur, et si par conséquent la moindre interruption suffit pour infirmer le testament, le droit prétorien n'exige la faction de testament qu'à deux époques, celles de la confection et de la mort, sans avoir égard au temps intermédiaire (*Gaius*, 2 *inst.* 147; *Ulp. fr.* 1, § 8, *de b. p. sec. tab.*).

Lorsque le testateur s'est donné en adrogation, l'infirmation du testament est volontaire. Aussi le préteur pour ne pas agir contre l'intention du testateur ne donne-t-il pas la possession de biens aux institués, à moins que l'adrogé, redevenu père de famille, n'ait détruit la présomption du changement de volonté, en manifestant qu'il persévère dans ses anciennes dispositions (1).

TITRE XVIII.

Du Testament inofficieux.

PR.

645. Les Douze-Tables, en reconnaissant le testament comme seule loi de l'hérédité (*pr.*, *de leg. falcid.*), avaient attribué au testateur un pouvoir dont l'abus démontra bientôt le danger. Les prudents cherchèrent un remède et trouvèrent d'abord que les héritiers siens ne peuvent être dépouillés que par une exhérédation formelle. De là l'obligation de les instituer ou de les déshériter, obligation que le préteur étendit aux enfants sortis de la famille (*pr. et* § 3, *de exhered.*); mais, au fond, cette obligation n'était, pour les ascendants paternels, qu'une formalité de plus, dont la mère et les ascendants maternels restaient exempts (§ 7, *eod.*).

---

(1) *Pap. fr.* 11, § 2, *de b. p. sec. tab.* Cette différence entre les effets de l'adrogation et ceux de toute autre *capitis deminutio* n'est pas reproduite dans les Instituts de Justinien. Vinnius aperçoit dans ce silence une omission sans conséquence; Pothier, une distinction supprimée. Cette dernière opinion paraîtrait d'autant plus probable que l'adrogation, sous Justinien, conserve à l'adrogé la nue-propriété de tous ses biens (§ 2, *de adq. per adrog.*); mais nous savons aujourd'hui pourquoi Justinien ne fait point de distinction, c'est parce que Gaius lui-même (2 *inst.* 147) n'en avait fait aucune.

Enfin on reconnut que, pour préférer des étrangers à ses enfants, il faut, sinon d'après la loi civile, du moins d'après l'équité naturelle, avoir de fortes raisons : aussi les enfants privés de l'hérédité furent-ils admis à discuter le mérite de leur exclusion. Ils purent se plaindre d'avoir été mal à propos (*sine causa…. inique*) ou déshérités par les ascendants paternels, ou omis par les ascendants maternels. Tel est le but de la plainte ou action dite de testament inofficieux (*text. hic. ; d. § 7, de exher.*).

646. On appelle inofficieux tout ce qui n'est pas conforme aux devoirs que l'affection, le sang, l'amitié, la reconnaissance, etc., imposent réciproquement à certaines personnes, et que les latins nomment *officia*. Ainsi le testament inofficieux est un testament régulier contre lequel ne s'élève aucun reproche légal, mais qui blesse les sentiments de la nature, *recte quidem factum, non autem ex officio pietatis.*

Un semblable reproche, loin d'être admis par la loi, contrarie directement le pouvoir indéfini qu'elle accorde au testateur. Aussi, pour introduire l'action des enfants contre le testament inofficieux, fallut-il la colorer d'un prétexte (*hoc colore*, etc.). Les prudents supposèrent qu'une exhérédation ou qu'une omission injuste ne peut provenir d'un esprit sain, et, sous prétexte de démence, permirent de rescinder un testament dont une véritable folie entraînerait la nullité (*text. hic; Marcian. fr. 2 et 5, h. t. ; Paul. 4 sent. 5, § 1*). Ainsi, comme le démontrent les détours qu'on fut obligé de prendre, c'est par l'interprétation des prudents que l'action du testament inofficieux a été introduite (*induc-*

I. 30

tum), et non par une loi expresse, comme l'a prétendu Cujas.

647. La rescision du testament inofficieux enlève aux institués le titre qu'ils ont sur l'hérédité ; de testamentaire qu'elle était, celle-ci reprend le caractère d'hérédité légitime, et se trouve alors déférée ab intestat aux héritiers du sang (*Ulp. fr.* 6, § 1 ; *fr.* 8, § 16, *h. t.*). La plainte de testament inofficieux a donc pour objet l'hérédité même, réclamée par celui qui se dit héritier ab intestat, contre un prétendu héritier testamentaire, et par conséquent cette contestation rentre dans la classe générale de celles où une partie conteste à l'autre la qualité d'héritier par une action dite pétition d'hérédité (v. *Vinnius, hic n°* 6; *select. quæst. lib.* 1, *cap.* 19; *Pothier,* 5 *pand.* 2, *n°* 19).

§ I.

648. En exerçant la plainte de testament inofficieux, on prétend succéder au défunt, comme s'il était intestat. Cette action ne peut donc profiter qu'aux personnes appelées à l'hérédité ou à la possession de biens, et dans l'ordre où elles sont appelées ; car autrement elles n'auraient aucun intérêt pour contester à l'institué une succession qu'elles ne doivent pas recueillir (v. *Pap. fr.* 14, *h. t.; Paul. fr.* 31, *eod.*).

Ainsi la plainte appartiendra d'abord à tous les descendants, soumis ou non soumis à la puissance du défunt (*Marcel. fr.* 5, *h. t.; Anton. C.* 7, *eod.*), nés ou seulement conçus à l'époque de sa mort, naturels ou adoptifs (§ 2, *h. t.;* v. *Ulp. fr.* 29, § 3, *h. t.*), sauf la distinction établie à l'égard de ces derniers par Justinien ; car aucune plainte contre le testament de l'adoptant n'est ouverte aux fils de famille adoptés par un étranger, quoiqu'ils lui

succèdent ab intestat (171 ; § 14, *de her. quœ ab intest.*).
En effet, la plainte de testament inofficieux ne se donne
pas à quiconque pourrait recueillir la succession légitime,
mais seulement aux personnes qui avaient, sur la succession même testamentaire, un titre de préférence injustement méconnu.

649. Aussi à défaut d'enfants ne concède-t-on pas la
plainte à tous les parents successivement. On la donne
aux ascendants ; et, après eux, l'action ne s'étend jamais à
d'autres collatéraux qu'aux frères et sœurs (*text. hic; Ulp.*
fr. 1, *h. t.*; *Diocl. et Max.* C. 21, *eod.*). On n'admettait
même parmi ces derniers que les agnats du défunt, en excluant tous les frères ou sœurs utérins, et les consanguins
lorsqu'ils n'étaient point agnats. Telle était encore la législation existante sous Constantin (C. 1, C. Th. *de inoff.*
test.) ; mais une interpolation faite à la constitution de ce
dernier par Justinien, donne la plainte d'inofficiosité à
tous les frères consanguins sans distinction (*durante agna-*
tione vel non; C. 27, *h. t.*), à l'exclusion des utérins qui
n'ont pu se plaindre du testament inofficieux, que depuis
la novelle 118 (v. 912, etc.). Lors même qu'ils sont admissibles, les frères ou sœurs ne sont pas admis à la plainte
d'inofficiosité d'une manière absolue contre tout héritier,
quel qu'il soit. Ils se plaignent moins de l'exclusion qui
les frappe, que de la préférence accordée par le testateur
à des personnes peu honorables (*turpibus personis scrip-*
tis heredibus). Cette distinction de Constantin (1), maintenue par Justinien (*text. hic ;* C. 27, *h. t.*), laisse une importante différence entre les frères ou sœurs et les parents
directs ; car ces derniers peuvent agir contre tout institué,
et même contre le prince (*Paul.* 4 *sent.* 5, § 3; *Ulp. fr.*
8, § 2, *h. t.*).

En effet, c'est contre l'héritier testamentaire que l'action se dirige, non pas précisément parce qu'il est héritier, puisqu'au contraire on lui conteste cette qualité, mais parce qu'il détient l'hérédité que l'on réclamerait également contre les fidéicommissaires et autres possesseurs (*Sever. et Anton.* C. 1; *Alex.* C. 10, *h. t.*).

§ II.

651. La fiction à laquelle on recourt pour introduire la plainte de testament inofficieux, démontre assez que c'est une voie extraordinaire à laquelle on ne recourt qu'au défaut de tout autre moyen d'obtenir tout ou partie de l'hérédité (*text. hic.*). Ce principe peut s'appliquer à plusieurs exemples. Ainsi l'impubère adrogé et ensuite déshérité par l'adrogeant n'a point la plainte d'inofficiosité, parce qu'on lui accorde précisément pour ce cas même la quarte Antonine (*Ulp. fr.* 8, § 15, *h. t.*) dont nous avons parlé précédemment (176).

Un fils omis dans le testament paternel peut demander la possession *contra tabulas*, et même, lorsqu'il est fils de famille, invoquer la nullité du testament. Aussi la plainte de testament inofficieux ne lui est-elle permise que dans le cas d'exhérédation (*Paul. fr.* 23, *h. t.*); mais il suffit d'avoir été omis dans le testament maternel pour l'arguer d'inofficiosité, parce que les règles de l'exhérédation et celles de la possession *contra tabulas* ne s'appliquent ja-

---

(1) C. 1, C. Th. *h. t.* Deux textes du digeste (*Ulp. fr.* 24; *Paul. fr.* 31, § 1, *h. t.*), se réfèrent à cette distinction sans l'établir expressément. Une interpolation dans l'un et dans l'autre me paraît facile et probable.

mais au testament des femmes (§ 7 , *de exher. liber.* ; *Philip.* C. 15, *h. t.*).

652. D'un autre côté, la plainte d'inofficiosité n'appartient pas à quiconque se plaint d'avoir été déshérité ou omis ; on la donne seulement aux personnes qui prétendent n'avoir point mérité de l'être, *inique se exheredatos aut inique prætcritos* (*pr.*, *h. t.*) ; et c'est à elles de prouver cette iniquité qu'elles imputent au testateur. Cette décision résulte directement de ce principe général, que toute allégation contestée doit être prouvée par celui qui affirme, et non par celui qui dénie (*Paul. fr.* 2, *de prob.*). D'ailleurs l'hérédité est ordinairement possédée par l'héritier testamentaire, contre qui se dirige la plainte d'inofficiosité (v. *Sever. et Anton.* C. 2, *h. t.*) : or, la preuve est toujours à faire contre le possesseur qui se défend, par le demandeur qui revendique (v. § 4, *de interd.* ; *Anton.* C. 2, *de probat.*).

Les posthumes sont quelquefois réduits à la plainte d'inofficiosité (*text. hic.*), mais comment concevoir la nécessité où ils sont alors de prouver qu'on les a déshérités ou omis *sine causa ?* Cette preuve ne résulte-t-elle pas du fait même ? Il faut observer, à cet égard, que les motifs propres à justifier une exhérédation ne sont pas toujours personnels à l'exhérédé. Ainsi lorsqu'il s'agit des petits enfants, le juge doit apprécier leurs propres mérites et les mérites du fils dont ils occupent la place (*Ulp. fr.* 3, § 5, *de b. p. contra tab.*). Les posthumes peuvent donc avoir une preuve à faire, du moins en ce qui concerne leur père ; mais dans tous les cas, quelque évidente que soit l'iniquité du testament, et lors même que l'issue de la plainte ne présenterait aucune difficulté, les posthumes devront toujours, comme toute autre personne, attaquer

le testament en observant les délais et les autres règles de
la plainte de testament inofficieux ; car autrement le testament régulièrement fait continuerait de subsister (658).

§ III.

653. Jusqu'à présent, nous avons considéré l'exhérédation ou l'omission comme l'unique fondement de la
plainte d'inofficiosité ; il en résulterait que l'institution
pour une part quelconque, si petite qu'on la suppose,
suffit pour écarter toute espèce de plainte. Il n'en était
pas ainsi : avant Justinien, l'héritier institué pouvait
attaquer comme inofficieuses les dispositions qui lui laissaient moins qu'une certaine portion de biens (*Alex.* C.
2, C. Gr. *h. t.*) ; et réciproquement cette portion, laissée
à d'autres titres que celui d'héritier, suffisait pour écarter la plainte (*Ulp. fr.* 8, § 6 ; *fr.* 25, *h. t.*). Ainsi, quoique l'action tendît à la rescision du testament tout entier,
elle était moins fondée sur la privation du titre d'héritier,
que sur la privation imméritée d'une portion déterminée
dans les biens du testateur.

En effet, l'exhérédation d'une personne n'empêche pas
de lui conférer par legs ou par fidéicommis, des biens
qu'elle reçoit indépendamment du titre d'héritier ; et
souvent l'intérêt des enfants demande qu'ils soient deshé-
rités, pour recueillir indirectement les biens de leurs
ascendants (*Ulp. fr.* 18, *de liber. et post.*).

654. Pour exclure la plainte d'inofficiosité, il suffit
que le testateur laisse aux personnes admissibles à cette
plainte, le quart de son bien, quel que soit leur nombre
(§ 6, *h. t.*) ; en sorte que chacune d'elles obtienne le

quart de la portion héréditaire qui lui serait échue ab intestat (v. *Ulp. fr.* 8, § 6, *h. t.*), portion que Justinien appelle ici légitime (*quartam legitimæ partis*), parce que dans le sens le plus étendu de cette expression, la portion légitime est, comme l'hérédité légitime, celle que la loi défère seule, par opposition à l'hérédité ou portion d'hérédité que donne le testament (§ 1 *et* 5, *de sc. ter-tyll.*). Dans un sens plus étroit et lorsqu'il s'agit d'inofficiosité, les commentateurs nomment portion légitime ou simplement légitime, une fraction de la part que les enfants, les ascendants ou les frères et sœurs auraient ab intestat, fraction dont le testateur ne peut les priver sans motif. Dans les textes, cette fraction se nomme simplement quarte (*quarta*; *Ulp. fr.* 25, *de inoff. test.*).

Cette quarte ou cette légitime devait se trouver entière dans les dispositions du testateur. Une légitime incomplète n'empêchait pas la plainte d'inofficiosité, et par suite la rescision totale du testament (*Alex.* C. 2, C. Gr. *h. t.*); mais sous Constantin (C. 4, C. Th. *h. t.*), les testateurs disposent en pleine sécurité, lorsqu'ils ordonnent expressément que la légitime, en cas d'insuffisance, sera complétée *boni viri arbitratu*, c'est-à-dire en proportion de la valeur des biens appréciés par un expert d'une probité reconnue.

655. Justinien (*ad verecundiam naturæ*), demande encore plus de respect pour le testateur et pour ses dispositions. Ainsi une portion quelconque de l'hérédité, ou le plus petit legs, suffira pour exclure la plainte d'inofficiosité. En cas d'insuffisance le légitimaire n'obtiendra jamais que le complément du quart, lors même qu'on n'aurait pas expressément ordonné de le fournir, *licet non fuerit adjectum, etc.* (*text. hic*; *Justin.* C. 30, *h. t.*).

Ce complément se demande par une action personnelle, perpétuelle, transmissible aux héritiers, donnée
d'après la volonté expresse ou tacite du défunt, pour assurer la conservation de son testament; elle diffère donc,
à tous égards, de la plainte d'inofficiosité, espèce de pétition d'hérédité qui se donne pendant cinq ans seulement
à la personne lésée, et non à ses héritiers, pour faire rescinder le testament (*Vinnius, hic*).

§ VI.

656. La fixation d'une légitime divise, pour ainsi dire,
les biens du testateur en deux parts, dont l'une, entièrement disponible entre ses mains, peut être laissée à qui
bon lui semble; tandis que l'autre, destinée à certaines personnes, ne peut être donnée qu'à elles. Ce que le défunt
laisse à des étrangers est nécessairement pris sur la première part : mais ce qu'il donne aux légitimaires, c'est-à-
dire à ceux pour qui la légitime est établie, pouvant être
pris sur l'une ou sur l'autre part, il importe de savoir si
l'imputation en sera faite sur la part disponible, ou au
contraire sur la portion due aux légitimaires; car, au
premier cas, il en résultera un avantage indépendant de
la légitime, et dans le second, une simple avance en déduction de cette même légitime.

Ce second parti semble plus naturel, surtout pour les
donations testamentaires; le légitimaire doit donc imputer sur la quarte qui lui est due tout ce qu'il reçoit
comme héritier, comme légataire ou comme fidéicommissaire; il doit imputer aussi les donations à cause de
mort, qui sont presque entièrement assimilées aux legs
(*text. hic*; *Ulp. fr.* 8, § 6, *h. t.*; v. § 1, *de donat.*). Quant

aux donations entre vifs, l'imputation souffrait plus de
difficultés (v. *Alex.* C. 2, C. Gr. *h. t.*). Suivant Ulpien
(*fr.* 25, *h. t.*), il faut examiner la volonté du donateur,
et voir si, en donnant, il a eu l'intention de les imputer
sur la légitime.

657. Justinien, au contraire, déclare que cette imputation n'aura lieu que dans les cas prévus par sa constitution (C. 35, § 1 *et* 2, *h. t.*), c'est-à-dire lorsque le
donataire, transigeant avec les institués, aura expressément ratifié la volonté du donateur, après la mort de
celui-ci. Autrement on ne peut opposer au donataire ni
les conditions de la donation entre vifs acceptée par lui,
ni les renonciations qu'il aurait faites d'avance à toute
plainte contre le testament : en effet, ces renonciations,
consenties pendant la vie du testateur, le sont souvent
dans la crainte de lui déplaire, et pour éviter un plus
grand mal, plutôt que par une volonté libre. En écartant
l'opinion d'Ulpien, l'Empereur adopte le sentiment de
Papinien, dont on retrouve les traces dans plusieurs
fragments (*Paul.* 4 *sent.* 5, § 8; *Pap. fr.* 16, *de suis et
legit : Alex.* C. 3, *de collat.*). La donation entre vifs s'impute encore sur la légitime dans plusieurs autres cas prévus par deux constitutions de Zénon et de Justinien (C.
29; C. 30, § 2, *h. t.*). La première concerne les dots et
donations nuptiales; la seconde, le prix des charges ache-
tées par le légitimaire avec les deniers fournis par le défunt.

§ IV et V.

658. L'action ou la plainte de testament inofficieux
se fonde sur une espèce d'injure, que les personnes déshé-

ritées ou omises prétendent avoir reçue du défunt. Celte action doit donc s'éteindre comme toutes les actions d'injures, c'est-à-dire :

1° Quand la personne déshéritée ou omise décède sans avoir formé et sans avoir manifesté l'intention de former aucune réclamation. Dans le cas contaire, elle transmet son droit à ses héritiers (*Anton.* C. 5, *h. t.*; *Ulp. fr.* 6, § 2; *Paul. fr.* 7, *eod.*; v. § 1, *de perp. et tempor.*).

2° Lorsqu'un délai suffisant fait présumer une renonciation tacite : ce délai, anciennement limité à deux années, fut ensuite prolongé jusqu'à cinq (*Valer. et Gall.* C. 16, *h. t.*). Modestinus le faisait commencer dès la mort du testateur; Ulpien, au contraire, ne comptait pas l'intervalle qui peut s'écouler depuis le décès jusqu'à l'adition d'hérédité. Jusque-là, en effet, il n'est pas encore certain que le testament s'exécute, et il est inutile de l'attaquer pour atteindre un but que la répudiation des institués peut remplir d'une manière plus simple. Justinien (C. 36, § 2, *h. t.*) confirme l'avis d'Ulpien, en fixant un délai après lequel les institués devront déclarer s'ils veulent ou ne veulent pas se porter héritiers. Si le légitimaire décède lui-même avant leur décision, son action s'éteint ou passe à ses héritiers, d'après la distinction précédente : toutefois Justinien (C. 34; C. 36, § 2, *h. t.*) veut qu'elle passe toujours aux descendants.

659. Il serait contradictoire de reprocher à autrui les dispositions qu'on a soi-même approuvées : aussi est-on censé reconnaître le bon jugement du testateur, et par suite renoncer à la plainte d'inofficiosité, 3° Lorsqu'on approuve même indirectement, ou lorsqu'on exécute volontairement une disposition quelconque du testament, par exemple, en contractant avec les institués en

leur qualité d'héritiers (*Paul. fr.* 23, § 1, *h. t.*); en soutenant librement, comme avocat ou comme procureur, la cause d'un légataire et la validité des dispositions faites à son profit (*Paul. fr.* 32, *h. t.*).

Il en est autrement du tuteur qui, déshérité par son père, reçoit au nom du pupille (*nomine pupilli*) le legs fait à ce dernier; il n'en conserve pas moins le droit d'attaquer (*nomine suo*), en son propre nom, le testament inofficieux qui le déshérite (§ 4, *h. t.*). La différence entre ce tuteur et l'avocat ou le procureur dont on a parlé, vient de ce que ces derniers sont libres de refuser ou d'accepter la défense d'un client; tandis que le tuteur, en exerçant l'action du pupille, remplit un devoir (v. *Marcian. fr.* 10, § 1, *h. t.*).

En sens inverse, et d'après les mêmes distinctions, lorsque le tuteur attaque en cette qualité un testament inofficieux à l'égard du pupille, le rejet de la plainte ne prive pas le tuteur des legs qui lui sont laissés dans ce même testament (§ 5, *h. t.*), quoi qu'en général la plainte d'inofficiosité fasse perdre à ceux qui l'intentent mal à propos, tout ce que leur avait laissé le testateur (*Ulp. fr.* 8, § 14, *h. t.*).

APPENDICE.

660. D'importantes modifications ont été apportées par les novelles de Justinien, aux règles établies sur la légitime.

Et d'abord, la quotité de cette légitime a été augmentée en faveur des enfants, et fixée, lorsqu'ils sont plus de quatre, à moitié; dans le cas contraire, au tiers de la succession (*nov.* 18, *cap.* 1).

Ensuite Justinien a voulu que la légitime ne fût plus

laissée aux enfants et descendants par legs ou autre disposition semblable : il faut absolument les instituer, ne fût-ce que pour un objet particulier, et alors ils ne peuvent point attaquer le testament. En cas d'insuffisance, ils n'ont à demander qu'un supplément de légitime (*nov.* 115, *cap.* 5).

Les causes d'ingratitude, auparavant indéterminées, sont spécifiées et fixées. Ainsi le testateur peut priver ses descendants de toute légitime dans quatorze cas (*d. nov.* 115, *cap.* 3, § 1 *et seq.*), dont huit seulement sont applicables aux ascendants (1).

Les motifs d'ingratitude doivent être exprimés et justifiés par le testateur, et alors le testament est inattaquable : s'il ne réunit pas ces conditions, il peut être rescindé, non pour la totalité, comme par le passé, mais seulement quant à l'institution d'héritier, les legs et autres dispositions de ce genre conservant leur validité (*d. nov.* 115, *cap.* 3, § 14; *cap.* 4, § 9; v. C. 34, *de inoff. test.*).

661. Je dis que le testament peut être rescindé, parce que les conditions de la novelle 115 ne me paraissent pas exigées à peine de nullité. Leur inobservation facilite seulement la plainte d'inofficiosité aux personnes exhérédées ou omises, sans les dispenser d'agir dans le délai et dans les formes prescrites, faute de quoi le testament subsisterait avec tous ses effets. Ce point sans doute est fortement controversé; mais selon moi la novelle 115 règle l'exercice de la plainte d'inofficiosité, et non les formes

---

(1) La novelle 115 ne parle point des frères et sœurs; mais une autre constitution de Justinien (*nov.* 22, *cap.* 47) détermine trois causes qui les rendent indignes de succéder.

d'une exhérédation requise à peine de nullité (1). Voici le raisonnement qui me détermine.

La mère ne déshérite pas : n'ayant jamais d'héritiers siens, elle ne peut ôter à ses enfants une qualité qu'ils n'ont point. Pour les écarter de la succession maternelle il suffit de ne pas les y appeler (§ 7, *de exhered.*). Leur omission n'étant qu'un défaut d'institution, je ne vois pas comment le silence de la testatrice pourrait avoir été soumis à des formes quelconques ; en effet l'exhérédation, les règles qui la régissent, la nullité que prononce le droit civil, et la possession *contra tabulas* que donne le droit prétorien, sont exclusivement relatives au testament paternel (*Paul. fr.* 4, § 2, *de b. p. contra tab.*). S'il en était ainsi de la novelle 115, on pourrait admettre que cette constitution, étrangère à la plainte d'inofficiosité, fixe à peine de nullité les formes de l'exhérédation ; mais la novelle ne parle pas seulement des ascendants paternels ; elle s'occupe également de la mère qui omet ses enfants, et même des enfants qui omettent leurs ascendants. Il est donc certain qu'on a voulu régler un point commun aux testaments paternel et maternel, un point commun au père qui exhérède, ainsi qu'à la mère et à tous autres testateurs qui peuvent omettre : or, ce point commun, je ne puis l'apercevoir que dans la plainte d'inofficiosité. (v. § 7, *de exher.*).

(1) Telle est l'opinion de Cujas, adoptée par Pothier (*5 pand.* 2, *n*° 23) ; de Vinnius (*pr. h. t. n*° 3) ; de Pérèze (*ad cod. lib.* 6, *tit.* 30, *n*° 13) et de Voet (*ad pand. lib.* 5, *tit.* 2, *n*° 23).

TITRE XIX.

De la qualité des héritiers et de leur différence.

PR.

662. L'hérédité est déférée aux institués par la mort du testateur, dans le cas d'institution pure et simple, et par l'événement de la condition, en cas d'institution conditionnelle. Ceux à qui l'hérédité est déférée ne l'acquièrent pas tous de la même manière : on distingue à cet égard, des héritiers nécessaires, des héritiers siens et nécessaires, et des héritiers externes (*text. hic*).

Ces derniers peuvent accepter ou répudier l'hérédité qui leur est déférée. S'ils deviennent héritiers, c'est donc toujours volontairement, souvent même après délibération (v. § 5 *et* 7, *h. t.*). Pour les héritiers des deux premières classes, au contraire, l'hérédité déférée est par cela même acquise, indépendamment de leur volonté, sans délibération comme sans intervalle (§ 1 *et* 2, *h. t.*). De là vient qu'on les nomme héritiers nécessaires.

§ I.

663. Est héritier nécessaire, l'esclave qui, institué et affranchi par son maître (§ 1, *de hered. inst.*), acquiert simultanément et en vertu du testament l'hérédité et la liberté (581 , 582). En effet, s'il était encore esclave au moment où le testament lui défère l'hérédité, il ne deviendrait pas héritier ; s'il était déjà libre il pourrait devenir héritier, mais non pas héritier nécessaire (670). Aussi lorsque l'institution est conditionnelle et l'affran-

chissement pur et simple, alors pour favoriser autant
que possible dans l'intérêt du testateur l'existence d'un
héritier nécessaire, on diffère la liberté tant que la condition apposée à l'institution n'est pas accomplie ou
défaillie. Dans l'un et l'autre cas, l'esclave devient libre,
sauf cette différence que la condition défaillie lui enlève
l'hérédité, tandis que la condition accomplie lui confère simultanément la liberté et l'hérédité : aussi devient-il héritier nécessaire (*Pomp. fr.* 21, § 1; *Julian.*
fr. 22, *de hered. inst.*). Réciproquement, dans le cas
inverse, c'est-à-dire lorsque l'esclave est institué purement et simplement, mais affranchi sous condition,
l'effet de l'institution reste suspendu comme l'acquisition de la liberté (*Ulp. fr.* 3, § 1, *eod.*).

664. Pour acquérir simultanément l'hérédité et la liberté, il faut avoir été l'esclave du testateur, au moment
où il a testé (*Florent. fr.* 49, *de hered. inst.*), et se
trouver encore dans la même condition à une seconde
époque, qui se confond avec le décès, lorsque l'institution et l'affranchissement sont purs et simples (v.
§ 2, *de singul. reb.*; *Ulp. fr.* 50, *de hered. inst.*),
mais qui est fixée, dans le cas contraire, à l'événement
de la condition apposée, soit à l'affranchissement, soit à
l'institution (v. *Tryph. fr.* 91, *eod.*; *Pomp. fr.* 46, *de*
manum. test.). Du reste, on ne considère pas ce qu'il a
pu devenir dans l'intervalle d'une époque à l'autre; il
suffit de savoir ce qu'il était à la première, et ce qu'il
est à la seconde (*Ulp. fr.* 50, *de hered. inst.*; *Pomp.*
fr. 56, *de manum. test.*), le tout conformément au
principe que nous développerons sur le § 4 (v. 675).

La dénomination d'héritier nécessaire attribuée
comme on vient de le voir aux esclaves du testateur

est justifiée par la manière même dont ils acquièrent
l'hérédité, sans adition et indépendamment de leur volonté (*sive velit sive nolit*), parce que la volonté du testateur est une loi qu'ils ne peuvent contredire. Aussi
deviennent-ils héritiers sans intervalle, par la seule
force du testament, aussitôt après la mort du testateur
(*omnino post mortem testatoris, protinus*) ou, pour parler plus exactement, aussitôt que l'hérédité leur est ouverte, soit par la mort du testateur, dans une institution
pure et simple, soit dans le cas contraire, par l'événement de la condition.

665. Notre texte explique suffisamment quel avantage le testateur trouve à se procurer ainsi un héritier,
surtout lorsqu'il est insolvable; cet avantage dérive de
la condition même de l'héritier, qui, continuant la personne, les droits et les obligations du défunt, est tenu
de satisfaire les créanciers héréditaires comme les siens
propres, même sur ses biens personnels.

Les derniers mots de notre paragraphe sembleraient
indiquer qu'il n'en est pas ainsi pour l'héritier nécessaire ; mais il faut se garder de confondre. La séparation de biens dont il est ici question est un bénéfice, une
faveur spéciale qui déroge à la rigueur du droit civil,
et que le préteur accorde aux héritiers nécessaires lorsqu'ils la demandent avant de toucher aux biens héréditaires (*Ulp. fr.* 1, § 18, *de sep.*). En séparant ainsi les
biens qu'avait le testateur, des biens acquis par l'esclave qui est devenu libre, le préteur ne dégage pas ce
dernier envers les créanciers du défunt, mais il restreint
leurs poursuites à la valeur des biens héréditaires ; et
malgré l'insuffisance de cette valeur, il permet à l'héritier nécessaire de conserver sans inquiétude les acquisi-

tions qui lui sont personnelles (*quas sibi adquisierit*), et même de recouvrer ce qui lui était dû par le défunt (*Ulp. d. fr.* 1, § 18, *de separ.*).

§ II.

666. Les héritiers de la seconde classe sont siens et nécessaires. Notre texte définit comme tels tous les descendants que le testateur avait sous sa puissance au moment de sa mort (*qui modo in potestate morientis fuerint*), sauf en ce qui concerne les petits-enfants une distinction importante; car il ne leur suffit pas d'avoir été sous la puissance du testateur à l'époque du décès. On exige de plus qu'ils aient été sous sa puissance immédiate, en prenant la place que leur père prédécédé ou CAPITE MINUTUS a laissé vaquer dans la famille (*text. hic;* § 2, *de her. quæ ab int.; Gaius,* 2 *inst.* 158; 3 *inst.* 2).

Cette distinction, souvent reproduite (§ 2, *de exhered. liber.; pr., quib. mod. jus pot. patr.;* § 3, *de tutel.*), revient à dire que, pour être héritiers siens et nécessaires du père de famille, les enfants doivent être sous sa puissance à l'époque de son décès, et devenir par son décès même *sui juris*. Quelle serait donc la position des petits-enfants institués par l'aïeul, s'ils retombaient après sa mort sous la puissance de leur père? Ils ne seraient pas héritiers siens parce qu'ils ne seraient pas même héritiers. Ce titre, qui ne peut appartenir aux personnes *alieni juris*, sera transporté par eux à leur père. Ils lui acquerront l'hérédité de leur aïeul comme ils lui acquerraient celle d'un étranger; il deviendra héritier par eux, comme le maître par ses esclaves (514), sauf cette différence, quant à la manière d'acquérir, que les fils de

I. 31

famille comme les esclaves, peuvent accepter ou répudier l'hérédité d'un étranger, et par conséquent ne l'acquièrent à leur père ou à leur maître qu'en l'acceptant
par son ordre (§ 2, *de sc. Tertyl.*), tandis que l'hérédité
d'un ascendant ne peut être répudiée par aucun de ceux
qui se sont trouvés *in potestate morientis.* Les petits-enfants, s'ils étaient *sui juris*, acquerraient l'hérédité de
leur aïeul pour eux-mêmes et deviendraient héritiers
nécessaires; leur père devenant héritier par eux, deviendra
dra donc héritier nécessaire : *patrem suum faciet heredem et quidem necessarium (Ulp.fr.* 6, § 5 et 6, *de adq.
vel omitt.*).

667. Tout ce qui précède suppose une institution pure
et simple. En serait-il de même dans une institution conditionnelle qui ne défère l'hérédité qu'à l'événement de
la condition? N'est-ce pas à cette dernière époque seulement qu'il faudrait examiner si les petits-enfants institués par l'aïeul sont ou ne sont pas *sui juris?* A défaut
de texte spécial sur cette question, l'affirmative résulte
d'une décision analogue (§ 7, *de her. quæ ab int.*) où
nous voyons les petits-enfants retomber sous la puissance
de leur père, devenir ensuite *sui juris* par son décès, et
recueillir comme héritiers siens et nécessaires, l'hérédité
de leur aïeul qui n'avait pas encore été déférée. Il suffit
donc que les petits-enfants se trouvent *sui juris*, non
pas précisément à la mort de leur aïeul, mais au moment
où s'ouvre son hérédité; ainsi lorsque ces deux époques ne
se confondent pas, les petits-enfants qui étaient retombés
sous la puissance de leur père, peuvent devenir héritiers
siens et nécessaires de l'aïeul qui ne les a jamais eus sous
sa puissance immédiate (v. *Ulp.fr.* 1, § 8, *de suis ac legit.*)

En effet, la qualité complexe de suus heres se com-

pose de deux qualités distinctes, savoir 1° la qualité de
suus qui appartient sans distinction de degré à tous les
fils de famille, et 2° la qualité de *heres*. On est *suus*
heres lorsqu'on réunit ces deux qualités, en les acquérant à l'époque où chacune d'elles peut et doit
s'acquérir. Pour être *suus* (1), il faut se trouver sous la
puissance du défunt au moment de sa mort (v. § 8, *de*
her. quæ ab int.; Ulp. fr. 6, § 6, *de adq. vel omitt.*);
et pour devenir *heres*, il suffit au *suus* qui n'a pas changé
de famille de se trouver *sui juris* lorsque l'hérédité
lui est déférée, c'est-à-dire à la mort du testateur
ou à l'événement de la condition, suivant que l'institution est pure et simple ou conditionnelle, ou même
dans la succession *ab intestat*, lorsqu'il devient certain
que le défunt n'aura pas d'héritier testamentaire (§ 7, *de*
her. quæ ab int.; v. *Modest. fr.* 20, *de liber. et post.*).

---

(1) *Sui..... quia domestici* (*text. hic.*); *cum et ipse fuerit in potes-*
tate (*Pap. fr.* 7, *si tab. test. null.*), parce qu'en effet ils appartiennent
au testateur. C'est en ce sens qu'un enfant devient *suus*, par rapport à
son père, lorsqu'il entre dans sa famille (*suis ac legitimis habendis*
......., *suos patri... fieri* (*Justin. C.* 5, *de natur. liber.*; v. *Ulp. fr.* 1,
§ 15, *de al. et agnosc.*; *Paul. fr.* 6, *de jur. patron.*; *Afric. fr.* 18, *de*
legat. præst.; *Tryph. fr.* 20 *de b. p. contra tab.*). Les fils de famille
sont SUI HEREDES dans la loi des Douze-Tables, comme ils sont RES SUA
(212), dans un sens relatif au défunt (*cui suus heres nec sit; Ulp.* 26
reg. 1), pour désigner les héritiers qu'il trouve chez lui par opposition à
ceux du dehors qu'on appelle EXTRANEI ou même ALIENI (*Ulp. fr.* 17,
§ 8, *ad sc. trebell.*). Je ne puis donc admettre avec Cujas (*not. ad inst.*)
que les héritiers siens soient héritiers d'eux-mêmes, αὐτοκληρονομοι,
à cause de la fiction qui les considère en quelque sorte, *quodammodo*
(*text. hic*), comme ayant eu, du vivant même de leur père, la propriété
de son patrimoine. Il ne faut pas abuser de la fiction en lui faisant
prendre la place de la vérité; et d'ailleurs cette fiction s'étend-elle,
comme le titre de *suus*, à tous les fils de famille sans distinction de degré ? Cela est plus que douteux, puisque l'aïeul, après avoir déshérité
son fils, n'a pas besoin d'exhéréder les enfants de ce dernier (566).

668. Les siens sont héritiers nécessaires comme les esclaves, et par la même raison; car l'hérédité leur est acquise, indépendamment de toute volonté, de tout consentement et de toute autorisation (*text. hic*; § 3, *de hered. quæ ab intest.; Ulp. fr.* 6, § 5 *et* 6, *de adquir. vel omitt.*). En un mot, le droit civil met les uns et les autres sur la même ligne (*Ulp.* 22 *reg.* 24); mais le droit prétorien établit entre eux d'importantes différences.

En effet, les siens ne sont considérés comme héritiers par le préteur que lorsqu'ils s'immiscent dans les biens; jusque-là il refuse toute action aux créanciers héréditaires contre ceux qui s'abstiennent. Telle est la conséquence du bénéfice d'abstention que les siens n'ont pas même besoin de demander; il leur suffit, pour en jouir, de ne s'être pas immiscés dans les affaires de l'hérédité (*Ulp. fr.* 12, *de adquir. vel omitt.*), postérieurement à l'âge de puberté. En effet les impubères, à la différence des adolescents (*Pomp. fr.* 11, *eod.*), conservent le droit de s'abstenir, même après qu'ils se sont immiscés, et malgré les condamnations obtenues contre eux par les créanciers héréditaires (*Scævol. fr.* 21, *de auct. tut.*).

669. Cette abstention, dont les esclaves ne peuvent jamais se prévaloir (*Gaius, fr.* 57, § 2, *eod.*), n'a rien de commun avec la séparation de biens que le préteur accorde à l'héritier nécessaire, sans le soustraire aux poursuites des créanciers, quoiqu'il les restreigne à la valeur des biens laissés par le patron (665); ces mêmes créanciers, au contraire, n'ont aucune action contre l'héritier sien qui s'abstient (*Gaius, d. fr.* 57, *pr.*).

Du reste, ce dernier ne perd, en s'abstenant, ni le titre ni les droits d'héritier : il peut toujours reprendre l'hérédité jusqu'à la vente des biens par les créanciers, ou, après la vente et après le paiement des dettes, profiter de l'excédant s'il en existe (*Ulp. fr.* 8, *de jur. delib.; Paul. fr.* 6, *de reb. auct. jud.*). Justinien (C. 6, *de repud. vel abst.*), en confirmant l'ancien droit pour le cas où les biens sont vendus, a fixé, pour le cas inverse, un terme de trois ans, au-delà duquel les héritiers siens ne reprendront plus l'hérédité.

§ III.

670. La troisième classe d'héritiers, que l'on nomme externes, se compose de tous ceux qui ne sont pas sous la puissance du testateur, *qui testatoris juri subjecti non sunt.* Il faut donc ranger dans cette classe, non-seulement toutes les personnes appelées à l'hérédité, sans tenir au testateur par aucun lien de parenté, mais encore tous les ascendants, tous les collatéraux (1), et même, parmi les descendants, ceux qui ne se trouvent pas dans la famille du testateur à l'époque où l'hérédité leur est déférée soit par le décès, soit par l'événement de la condition (*Modest. fr.* 20, *de liber. et post.*). Tels sont, à l'égard des femmes, tous leurs enfants sans distinction, parce que la mère, n'ayant aucune puissance, ne peut jamais avoir aucun héritier sien (*text. hic; Gaius, fr.* 196, § 1, *de verb. sign.*). Tels sont enfin, à l'égard d'un ascendant mâle, les enfants émancipés ou donnés en adoption (§ 2, *h. t.*; § 9, *de hered. quœ ab intest.*), les enfants de sa fille, qui appartiennent à la famille de leur père, et jamais à celle

---

(1) Tous les collatéraux du testateur, c'est-à-dire de celui qui a fait le testament; car tout héritier sien du père de famille, devient héritier nécessaire des enfants auxquels il est substitué pupillairement, et par exemple de son propre frère (*Ulp. fr.* 10, § 1, *de vulg. et pup.*).

de l'aïeul maternel, et les enfants naturels, c'est-à-dire les enfants nés du concubinat.

Par la même raison, on range aussi dans la classe des héritiers externes l'esclave institué par son maître, lorsqu'il devient libre ou passe sous une autre puissance avant d'arriver à l'hérédité. A la vérité l'institution se conserve sur sa tête, et lui défère l'hérédité, mais sans la ui acquérir immédiatement et nécessairement. S'il la recueille, c'est par une volonté indépendante de celle du testateur (582).

671. Les externes ne deviennent jamais héritiers malgré eux : aussi les appelle-t-on héritiers volontaires. A leur égard, il faut distinguer entre l'hérédité déférée et l'hérédité acquise : elle est ouverte ou déférée, comme nous l'avons déjà dit (667), en vertu d'une institution pure et simple, au décès du testateur; en vertu d'une institution conditionnelle, à l'événement de la condition, par exemple, dans la substitution vulgaire, au moment où s'accomplit la condition *si heres non erit,* c'est-à-dire lorsqu'il devient certain que l'institué ne sera pas héritier (*Ulp. fr.* 69, *de adquir. vel omitt.; fr.* 13, § 2, *eod.*).

Les externes, à compter du moment où l'hérédité leur est ainsi déférée, peuvent l'acquérir ou la répudier (*Ulp. fr.* 13 *; fr.* 21, § 2, *eod.*), conformément aux règles que nous exposerons (§ 7, *h. t.*) après avoir examiné les conditions d'aptitude qu'ils doivent réunir.

§ IV.

672. Ils doivent avoir cette faction de testament qui rend une personne habile, sinon à faire un testament, du moins à recueillir pour soi, pour son maître ou pour son

père, le bénéfice des dispositions d'autrui (*text.*, *hic in fin.*; v. 718, § 24 *de legat.*).

Cette faction de testament doit exister à plusieurs époques. Notre texte en indique d'abord deux (*duobus temporibus*), savoir : 1° celle de la confection du testament, 2° celle de la mort ; mais ensuite il indique en outre (*hoc amplius*), le moment où l'héritier appréhende l'hérédité (*cum adit hereditatem*), ce qui constitue réellement trois époques (*tria tempora inspici debent*). Justinien ajoute que deux des trois époques exigées laissent entre elles un intervalle (*medio tempore*), pendant lequel l'institué changerait impunément de condition en perdant la liberté ou le titre de citoyen (*mutatio juris non nocet heredi, text. hic.; Florent. fr.* 49, § 1, *de her. inst.*; v. *Ulp. fr.* 6, § 2, *eod.*). La première de ces deux époques est invariablement fixée par la confection du testament ; l'autre arrive ou à la mort du testateur ou à l'événement de la condition (*inter factum testamentum* ET *mortem testatoris* VEL *conditionem existentem*). Ainsi, que l'institution soit simple ou conditionnelle, il n'existe, pour l'institué, qu'un seul temps intermédiaire ; mais ce *medium tempus*, commençant toujours à la confection du testament, finit, dans le cas d'une institution pure et simple, au décès du testateur, et se prolonge, dans le cas contraire, jusqu'à l'événement de la condition. Jusque-là nous avons toujours deux époques, mais pas davantage.

673. Cependant on a soutenu que, dans une institution conditionnelle, il suffit que la faction du testament existe à l'événement de la condition (1). Cette proposi-

---

(1) Cette opinion s'appuie sur un texte de Modestinus (*fr.* 62, *de he-*

tion, contraire aux textes que nous expliquons, est sou-
tenue par plusieurs interprètes : ils prétendent que si la
faction de testament est exigée à l'époque de la confection, c'est à cause de la règle catonienne (726), et comme
cette règle ne s'applique jamais aux dispositions conditionnelles (*Ulp. fr.* 4, *de regul. caton.*), ils concluent,
en faveur de l'héritier institué sous condition, que la
faction de testament ne lui est pas nécessaire à l'époque
de la confection. Cependant notre texte l'exige, et nous
devons en tirer cette conséquence que la faction de testament, requise à cette époque *ut constiterit institutio*,
ne l'est pas à cause de la règle catonienne. Si l'on se
rappelle que le testament *per æs et libram* se faisait par
une mancipation, et conséquemment sous la forme d'une
vente (530), on concevra que l'acheteur devait avoir,
au moment même du contrat, l'aptitude requise; et
puisque les héritiers représentent l'ancien *emptor familiæ* (542; § 10, *de testam. ord.*), de là vient sans doute
qu'ils doivent avoir faction de testament à l'époque
même de la confection, indépendamment de la règle
catonienne dont l'application aux institutions même
pures et simples est plus que douteuse (*Pap. fr.* 4; v. *Cels.
fr.* 1, *eod.*).

674. Vinnius reconnaît que l'institué doit avoir faction
de testament aux deux époques de la confection et de la
mort, mais il veut de plus que l'événement de la condi-

---

rcd. inst.), et le jurisconsulte nous avertit lui-même qu'il s'agit d'une
décision de faveur (*benevolentiæ est*) : ce n'est donc pas un principe.
D'ailleurs, il n'est pas question dans ce texte de la faction de testament,
mais d'une capacité particulière sans laquelle certaines personnes, ayant
d'ailleurs faction de testament, ne pouvaient profiter (*capere*) que d'une
partie des choses laissées par le testateur (719; v. *Ulp. reg.* 15 et 16).

tion fixe, pour les institutions conditionnelles, une troisième époque qui n'existe pas pour l'institution pure et simple. Dans ce système il faudrait reconnaître deux temps intermédiaires qui courraient, l'un depuis la confection du testament jusqu'à la mort, l'autre depuis la mort jusqu'à l'événement de la condition. Ce calcul est évidemment contraire au texte, qui n'établit pas deux intervalles distincts, mais un intervalle unique commençant à la confection du testament. Aussi les jurisconsultes qui supposent une institution conditionnelle exigent-ils tous la faction de testament à l'événement de la condition, sans parler du décès (v. *Cels. fr.* 59, § 4; *Ulp. fr.* 6, § 2, *de her. instit.*; *Pomp. fr.* 46. *de manum. test.*); tandis que ceux qui l'exigent au décès, ne supposent aucune condition (v. *Ulp. fr.* 9, § 16; *fr.* 50, *de hered. inst.*). Il faut donc se fixer, non pas au décès d'abord et ensuite à l'événement de la condition, mais à l'une ou à l'autre époque, suivant la nature de l'institution. En effet, si la faction de testament est requise au temps de la mort, c'est pour que l'institution produise son effet (*ut effectum habeat*). Or, cet effet consiste à déférer l'hérédité; la capacité de l'institué doit donc, en règle générale, exister à l'époque où l'hérédité s'ouvre pour lui, c'est-à-dire à l'époque du décès, lorsque l'institution est pure et simple, et, dans le cas contraire, à l'événement de la condition.

675. L'aptitude requise pour acquérir n'est jamais plus nécessaire qu'au moment même de l'acquisition. Aussi la faction de testament, existant avec l'institué aux deux époques ci-dessus déterminées, doit-elle exister en outre (*cum adit hereditatem*) au moment de l'adition, et cela sans distinguer si l'institution est simple ou con-

ditionnelle (*sive pure, sive sub conditione, etc.*). Dans l'un et l'autre cas, le moment de l'adition forme donc la dernière des trois époques requises (*text. hic in fin.*): observons toutefois que depuis l'hérédité déférée jusqu'à l'hérédité acquise, on ne trouve plus aucun intervalle dans lequel l'institué perdrait impunément la faction de testament. Le *medium tempus* dont nous avons parlé existe uniquement entre la première et la seconde époque, tant que l'institution n'a point encore déféré l'hérédité, ou en d'autres termes, tant qu'elle n'a encore produit aucun effet pour l'institué. Il en est autrement dans la seconde période : l'hérédité est déférée, l'institué doit donc avoir et conserver jusqu'à l'adition inclusivement, une aptitude non interrompue. En effet, la mort des institués n'est pas le seul événement qui les exclue irrévocablement de l'hérédité. La privation des droits civils produit à cet égard les mêmes effets que la mort (v. *Scæv. fr.* 29, § 5, *de liber. et post.*).

En nous résumant sur ce point, nous dirons que la faction de testament doit exister avec l'héritier à trois époques, dont la première et la dernière sont invariablement fixées par la confection du testament et par l'adition, tandis que la seconde époque arrive, suivant la nature de l'institution, ou au décès du testateur, ou à l'événement de la condition ; que cette seconde époque, en déférant l'hérédité, sépare la totalité du temps qui s'écoule depuis la première jusqu'à la dernière, en deux espaces ; que dans le premier *mutatio juris non nocet heredi*, mais que rien n'autorise à en dire autant du second.

676. Le droit de recevoir par testament en profitant des dispositions d'autrui, constitue pour ceux qui l'ont une faction de testament (*testamenti factionem habere*

videtur, etc.) que les interprètes ont appelée passive, par opposition à la faction active qui donne le droit de tester. Il serait plus exact et plus conforme au langage des jurisconsultes de dire que la faction de testament appartient au testateur, et à lui seul ; il l'a et il l'exerce relativement à certaines personnes en faveur desquelles il peut disposer, et alors on dit, en parlant de ces personnes, que le testateur a faction de testament avec elles (*cum eis testamenti factio, text. hic;* v. 718, § 24 *de legat.*).

§ VII.

677. L'ancien droit distinguait, à l'égard des externes, deux sortes d'institutions qui se faisaient, l'une avec crétion, l'autre sans crétion. Dans le premier cas, le testateur fixait à l'institué un délai pour délibérer et faire crétion, en ajoutant que faute par lui d'avoir ainsi accepté l'hérédité dans le délai fixé, il en serait exclu. L'institué faisait crétion en exprimant par certaines paroles solennelles, l'intention de devenir héritier (*Gaius*, 2 *inst.* 164 *et seqq.; Ulp.* 22 *reg.* 25 *et seqq.*). La même volonté manifestée de toute autre manière, n'aurait pas suffi pour devenir héritier (1), et réciproquement la volonté contraire n'aurait pas exclu l'institué. Changeant d'intention, il pouvait encore se porter héritier par les solennités de la crétion, pendant tout le délai dont l'ex-

_____

(1) Précédemment (609) on a parlé d'une personne instituée avec crétion et qui cependant devient héritier en acceptant l'hérédité d'une autre manière. Dans ce cas, en effet, l'institué n'est pas exclu parce que le testateur en lui ordonnant de faire crétion, ne l'a pas ordonné à peine d'exclusion, et alors la crétion étant incomplète, *imperfecta* (*Ulp.* 22 *reg.* 34), diffère sensiblement de la crétion complète dont il s'agit ici (v. *Gaius*, 2 *inst.* 177).

piration seule fermait l'hérédité (*Gaius*, 2 *inst.* 166, 168;
Ulp. 22 *reg.* 3o). Les externes institués sans crétion
avaient beaucoup plus de latitude : ils acquéraient l'hérédité quand ils le voulaient et comme ils le voulaient,
soit par les solennités de la crétion, soit en faisant acte
d'héritier, PRO HEREDE GERENDO (*Ulp.* 22 *reg.* 25 ; *Gaius*,
2 *inst.* 167).

On fait acte d'héritier, lorsqu'on agit, à l'égard des objets dont se compose l'hérédité, comme héritier (*text.
hic*; *Gaius*, 2 *inst.* 166), c'est-à-dire comme propriétaire; car chez les anciens HERES et DOMINUS étaient synonymes (*text. hic*; *Paul.* 4 *sent.* 8, § 25; *Ulp.* 22 *reg.* 26).
C'est ainsi, à proprement parler, que l'on définit les actes
d'héritier en prenant l'expression PRO HEREDE GERERE
dans son acception littérale; et alors, la volonté d'appréhender l'hérédité, manifestée de toute autre manière, ne
constitue pas un acte d'héritier. En effet, Justinien distingue, d'après Gaius (2 *inst.* 166), deux manières de devenir héritier, l'une en faisant acte d'héritier (*aut pro herede gerendo*), l'autre par le seul effet de la volonté (*aut
etiam nuda voluntate*); mais immédiatement après, PRO
HEREDE GERERE prend une acception plus étendue. On
fait acte d'héritier, dit notre texte, en manifestant d'une
manière quelconque (*quoquo modo*) l'intention de devenir héritier (1), quoiqu'on ne s'occupe en rien des affaires

---

(1) *Quoquo modo*, *si voluntatem suam declaret*, *vel re vel verbis, de* ADEUNDA *hereditate*. ADIRE HEREDITATEM signifie littéralement
ire ad hereditatem, venir ou arriver à l'hérédité, et conséquemment
l'accepter ou la recueillir, dans le même sens où l'on dit plus haut *sus-
cipiendæ hereditatis*. Au verbe *adire* correspond le mot ADITIO, dont
on se sert presque exclusivement pour indiquer l'acquisition de l'hérédité (v. § 5, *h. t.*), et dans ce sens on faisait adition de quelque manière qu'on se portât héritier, soit par crétion, soit même *pro herede*

de l'hérédité et des objets qui s'y trouvent (*Paul. fr.* 88, *de adq. vel omitt. her.*).

678. Ainsi l'hérédité déférée aux externes leur est acquise par cela seul qu'ils ont volonté de l'acquérir (*nuda voluntate, text. hic;* v. *Diocl. et Max. C. 6, de jur. del.*). A cet égard il faut moins considérer ce qu'ils disent ou ce qu'ils font, que leur volonté réelle : car, en cette matière, l'intention opère seule indépendamment des actions (*Ulp. fr.* 21, § 1; *Paul. fr.* 88, *de adq. vel omitt. her.*); et celles-ci au contraire n'opèrent jamais ni contre, ni outre, ni sans la volonté dont elles sont l'indice (*Ulp. fr.* 6, § 7; *fr.* 21, *eod.*). Aussi le même fait n'entraîne-t-il pas toujours les mêmes conséquences. La location ou la vente d'un objet héréditaire peuvent avoir été faites par erreur ou afin de pourvoir à l'administration des biens, pour en conserver la valeur, pour éviter la détérioration et même la perte d'un objet difficile ou dispendieux à garder : dans ces différents cas on vend, on loue, sans devenir réellement héritier (*Ulp. fr.* 20, *pr. et* § 1, *eod.*).

679. Les fous n'ont point de volonté : aussi ne pouvaient-ils acquérir aucune hérédité, si ce n'est celle du

---

gerendo (v. *Gaius,* 2 *inst.* 164, 166, 167, 168; *Ulp.* 22 *reg.* 27 et 28). L'adition n'est donc pas, relativement à l'hérédité, un mode d'acquisition distinct de la crétion ou des actes d'héritier. Cependant plusieurs interprètes, entre autres, Vinnius, croient devoir opposer ADIRE et PRO HEREDE GERERE : selon eux, ces expressions indiqueraient deux manières différentes d'acquérir l'hérédité suivant que la volonté est exprimée par des paroles ou manifestée par des actions. Cette distinction, quoique démentie par notre texte, est fondée sur plusieurs autres (v. *Ulp. fr.* 25, § 7; *fr.* 69, *de adq. vel omitt. her.*); mais il me paraît probable que, dans ces derniers, les mots *aditio* ou *adire* ont été substitués par Tribonien aux mots *cretio* ou *cernere* que devait contenir le texte primitif. La substitution me semble évidente dans un texte de Papinien (*fr.* 77, *de reg. jur.*).

maître ou de l'ascendant qui, au jour de sa mort, les avait sous sa puissance (*Marcel. fr.* 63, *de adquir. vel omitt.*) : dans ce cas, il en est des fous comme de tout autre héritier nécessaire (§ 3, *de hered. quæ ab intest.*). Un prodigue interdit n'est pas dépourvu d'intelligence ; il pourra donc se porter héritier volontaire d'un étranger (*Ulp. fr.* 5, § 1, *de adq. vel omitt.*). Le sourd-muet, incapable de prononcer une seule parole, ne remplissait jamais les solennités de la crétion, mais rien ne l'empêche de manifester une volonté tacite, et conséquemment de faire acte d'héritier, *si tamen intelligit quod agit* (*text. hic*). En effet, si quelque chose l'empêche de devenir héritier, ce n'est point le vice de ses organes, mais le défaut d'intelligence qui n'en est pas une conséquence nécessaire (v. *Ulp. d. fr.* 5; *Paul. fr.* 93, § 1 et 2, *eod.*).

Quant au pupille, s'il n'acquiert jamais seul et sans autorisation de tuteur l'hérédité la plus avantageuse (267 ; § 1, *de auct. tut.*), cette autorisation lui suffit toujours, soit pour faire tacitement acte d'héritier, même lorsqu'il est *infans* (*Marcian. fr.* 65, § 3, *ad se trebell.*), soit pour accomplir les solennités de la crétion, dès qu'il peut en prononcer les paroles (1).

680. L'hérédité déférée aux externes ne leur est acquise, soit en cas de testament, soit ab intestat, que par l'acceptation ou adition qu'ils font eux-mêmes. Ainsi, ni leur mandataire, ni leur tuteur ou curateur, ni l'ascendant ou le maître à la puissance duquel ils sont soumis, ne peuvent se porter héritier pour l'institué (*Paul.*

---

(1) *Si fari possit* (*Paul. fr.* 9 , *de adq. vel omitt.*). Ce texte me paraît applicable à la crétion. Les expressions de Paul, *scire atque decernere* , l'indiquent encore assez clairement (v. 996 , § 10 *de inutil. stip.*).

fr. 90, *de adq. vel omitt; Valer. et Gall.* C. 5, *de jur delib.*), parce que ce n'est point à eux que l'hérédité est déférée. Par la même raison, l'institué qui décède avant d'avoir acquis l'hérédité ne transmet point à ces successeurs la faculté qui lui était personnelle, et à cet égard encore les externes diffèrent des héritiers siens ou nécessaires; car ceux-ci acquérant l'hérédité sans intervalle, n'ont besoin que de survivre au défunt pour la transmettre à leurs propres successeurs (*Ulp. fr.* 8 ¡, *de adquir. vel omitt.; Gord.* C. 3, *de jur. delib.*). Il n'avait été dérogé à ces principes que pour des cas particuliers (1), lorsque Théodose (C. 8, C. Th. *de matern. bon.;* C. 18, *de jur. del.*) décida que l'hérédité, déférée à une personne de moins de sept ans, serait acceptée, non par elle, mais par l'ascendant dont elle dépend, ou par son tuteur si elle est *sui juris* (2). Théodose (C. 1, *de his qui ante apert.*) voulut aussi que les descendants, institués par un ascendant à la puissance duquel ils ne sont pas soumis, pussent, lorsqu'ils décèdent avant l'ouverture du testament, transmettre à leur propre postérité la part qui leur était destinée. D'après les constitutions de Justinien, ceux qui décèdent dans le cours de l'année accordée pour délibérer, et avant d'avoir eux-mêmes répudié, transmettent à tout héritier sans distinction les droits qui leur sont déférés, par testament ou *ab intestat*, dans la succession d'un ascendant prédécédé (C. 19, *de jur. del.;* C. *un.,* § 5, *de ead. toll.*).

681. Si l'hérédité doit être acquise par ceux à qui elle

(1) *Paul. fr.* 30; *Pap. fr.* 86, *de adq. vel omitt. her.; fr.* 42, § 3, *de bon. libert.; Ulp. fr.* 6, § 1, *eod.; fr.* 3, § 30, *de sc. silan.*
(2) Justinien (C. 7, § 3, *de curat. fur.*) décide que l'hérédité déférée à un fou peut et doit être acceptée, pour lui, par son curateur.

se trouve déférée, ces derniers ne sont pas toujours les seuls qui doivent consentir. Les personnes *alieni juris* acceptent en vain, lorsque leur volonté ne concourt point avec celle du maître ou de l'ascendant dont ils dépendent au moment de l'adition, et qui devient héritier par eux. Aussi ne font-ils adition qu'avec son consentement ou, suivant l'expression consacrée, par un ordre (§ 3, *per quas pers.*; § 1, *de hered. instit.*; § 2, *de sc. Tertyll.*; 124) qui, sans être soumis à aucune solennité, doit être spécial, formel et persévérant jusqu'à l'adition inclusivement (v. *Ulp. d. fr.* 25, § 5 *et seq.*; *Pomp. fr.* 36; *Paul. fr.* 50; *Afr. fr.* 47, *eod.*).

Nul ne se porte utilement héritier que lorsque l'hérédité lui est réellement déférée, et lorsqu'il est positivement informé des circonstances qui la lui ont déférée (*Ulp. fr.* 21, § 2, *eod.*; v. *Pap. fr.* 76, *de reg. jur.*); ainsi, je dois savoir avec certitude si la personne dont je me porte héritier est décédée (*eum..... decessisse*, *text. hic*; *Paul fr.* 19, *de adq. vel. omitt.*); si la condition, lorsqu'il y en a une, est accomplie (v. *Paul. fr.* 34, § 1, *eod.*); si c'est moi qui suis appelé à l'hérédité (*se ei heredem esse*, *text. hic*), et comment je le suis, purement et simplement ou sous condition, ab intestat ou par testament (*testatum intestatumve obiisse*, *text. hic*; v. *Paul. fr.* 22, *eod.*) et par quel testament (v. *Afr. fr.* 51, *eod.*), si le défunt était capable de tester (*Ulp. et Paul. fr.* 32, § 1) et si le testament est véritable (*Afric. fr.* 46, *eod.*).

682. Tout héritier succède au défunt, non-seulement pour la portion qu'il accepte, mais aussi pour toutes celles qui peuvent s'y trouver réunies à son insu ou même malgré lui, soit au moment de l'adition, soit

depuis (*Gaius, fr.* 53 , § 1 ; *Paul. fr.* 31 ; *fr.* 80 , § 1 , *de adq. vel. omitt.*) : en effet , chaque héritier étant appelé à toute l'hérédité , elle ne se partage que par la force du concours ; les parts assignées ne le sont que pour ce cas, hors duquel chaque portion attire à soi la totalité , en vertu du droit d'accroissement sur lequel nous reviendrons plus loin (§ 4 , *de sc. orphit.*).

Malgré l'intervalle qui peut séparer la mort et l'acquisition de l'hérédité , les héritiers représentent le défunt comme s'ils lui avaient succédé immédiatement après la mort (*Florent. fr.* 54 , *de adquir. vel. omitt.*) ; ce qui n'empêche pas que , relativement à la capacité des esclaves héréditaires , le défunt ne soit réputé avoir survécu jusqu'au moment de l'adition (584 , 977 ; § 2 , *de her. instit.; pr.* , *de stip. serv.*).

683. Quiconque peut accepter , peut aussi répudier de la même manière et dans les mêmes circonstances (*text. hic ; Paul. fr.* 13 ; *Ulp. fr.* 18 , *de adquir. vel omittt.*). La simple volonté qui suffit pour acquérir l'hérédité, suffit aussi pour la répudier (*text. hic; Ulp.* 22 *reg.* 29 ; *Paul.* 4 *sent.* 4 ; *fr.* 95 , *eod.*). Alors, à moins qu'on ne soit mineur de 25 ans (685), on épuise le droit qu'on avait à l'hérédité déférée : elle est désormais fermée à celui qui l'a répudiée (*Diocl. et Max. C.* 4 , *de repud. vel abst.*). Pour qu'il pût revenir à cette même hérédité , il faudrait qu'elle lui fût une seconde fois déférée , soit comme substitué (*Javol. fr.* 76 , § 1 , *de adq. vel omitt.*), soit comme héritier légitime (*Ulp. fr.* 16 , § 1 , *eod.*).

§ V.

684. Le droit civil ne déterminait aucun délai pour

I.   32

appréhender ou pour répudier l'hérédité déférée ; et, sauf le cas d'une institution faite avec crétion, c'est-à-dire avec limitation d'un temps fixé par le testateur même (677), chacun était libre de prendre, pour se décider, le temps qu'il voulait (*Gaius*, 2 *inst.* 164, 167 ; *Ulp.* 22 *reg.* 27). Cependant il importe beaucoup que l'hérédité ne reste, ni indéfiniment, ni trop long-temps vacante : l'effet des substitutions, des legs, des fidéicommis et autres dispositions testamentaires, dépend toujours du parti que prendront les institués ; enfin les créanciers du défunt ont besoin de savoir s'ils ont un débiteur, et quel il est. D'un autre côté, l'adition ou la répudiation de l'hérédité ont un résultat trop absolu, pour qu'il ne soit pas toujours dangereux de prendre inconsidérément un parti. Aussi le préteur accordait-il, à ceux qui voulaient délibérer, un délai (*Gaius*, 2 *inst.* 167) dont la fixation fut abandonnée à la prudence des magistrats (*Ulp. fr.* 1, § 2, *de jur. delib.*; *Diocl. et Max.* C. 9, *eod.*) qui toutefois ne donnent jamais moins de cent jours (*Paul. fr.* 2, *eod.*).

Les substitués faisaient aussi fixer, pour la délibération de l'institué, un délai à l'expiration duquel ils pouvaient appréhender l'hérédité au lieu et place de l'institué qui n'avait pas fait adition (*Ulp. fr.* 69, *de adq. vel omitt.*). Semblable délai se donnait enfin sur la demande des créanciers ; et, lorsqu'il expirait sans que l'hérédité fût appréhendée, ils pouvaient faire vendre les biens sous le nom du défunt (*Gaius*, 2 *inst.* 167). Le silence de ceux à qui le délai était ainsi fixé équivalait donc à une répudiation. Sous Justinien il en est autrement, comme nous le verrons ci-après (686 ; § 6, *h. t.*).

685. Les héritiers siens ne répudient point l'hérédité ; ils n'ont donc pas à délibérer, du moins d'après le droit

civil; mais le droit honoraire, en autorisant l'abstention des héritiers siens, leur conserve le droit de prendre, tant que les biens n'ont pas été vendus, l'hérédité dont ils se sont d'abord abstenus; et dans ce cas ils obtiennent, pour délibérer, un délai pendant lequel on surseoit à la vente des biens (*Ulp. fr.* 8, *de jur. del.*).

Après l'adition nul ne peut répudier, et après s'être immiscé, l'héritier sien ne peut s'abstenir : ce principe est modifié en faveur des mineurs de vingt-cinq ans par un secours que le droit prétorien leur accorde en connaissance de cause (*Ulp. fr.* 11, § 3; *fr.* 13, *de min.*). Ce secours consiste à rétablir le mineur qui se trouve lésé dans la position où il se trouvait avant son immixtion ou son adition, qui sont rescindées et considérées comme non-avenues. A ce moyen on fait renaître pour le mineur le droit qu'il avait d'abandonner l'hérédité paternelle, ou de répudier celle d'un étranger (*Ulp. fr.* 7, § 5 *et* 9, *de minor.*). Ce bénéfice du droit honoraire s'applique d'une manière générale à toutes les causes de lésion qu'éprouvent les mineurs de vingt-cinq ans (*text. hic.*; v. § 33, *de act.*).

§ VI.

686. Si les majeurs de vingt-cinq ans ont quelquefois été admis à revenir sur leur adition, ce n'a jamais été que par l'effet de concessions individuelles, ou d'un privilége accordé à la profession des armes (v. *text. hic*). Sans rien ajouter à ce que dit notre texte sur les constitutions rendues à cet égard par Adrien et par Gordien, j'arrive au bénéfice introduit par Justinien.

C'est le bénéfice d'inventaire qui permet aux héritiers

d'appréhender l'hérédité sans être tenus des charges qui
excèdent la valeur des biens, et sans confondre leurs
droits avec ceux du défunt. Pour cela il faut dresser,
dans un délai déterminé, un inventaire, c'est-à-dire un
état descriptif et estimatif de tout ce que contient l'hérédité, afin que la valeur en soit solennellement constatée
(C. 22, *de jur. delib.*).

Au moyen de cette précaution, l'empereur considérant
toute délibération comme superflue, pense qu'on doit
appréhender sans hésitation et sans inquiétude l'hérédité
la plus onéreuse. Cependant, et par pure condescendance
pour des craintes qui lui semblent chimériques, il consent qu'un délai pour délibérer soit encore accordé à
ceux qui le demanderont; mais il ne pourra être étendu
à plus de neuf mois par les magistrats, et à plus d'un an
par le prince lui-même (*d.* C. 22, § 13), et dans ce cas
l'héritier ne peut jouir du nouveau bénéfice. Malgré l'inventaire qu'il est obligé de dresser, son acceptation, son
silence même l'astreignent, comme héritier pur et
simple, à toutes les charges de l'hérédité. Il ne peut s'y
soustraire qu'en répudiant expressément avant l'expiration du délai (*d.* C. 22, § 14).

TITRE XX.

Des Legs.

PR.

687. Gaius (2 *inst.* 191) et Justinien, avant de passer
aux hérédités légitimes, vont s'occuper des legs et des
fidéicommis, par conséquent d'acquisitions qui ne se font

pas toujours *per universitatem*. Cette disgression n'est pas faite *sine causa* (*text. hic*; v. § 6, *per quas person.*). Il importe, en effet, de compléter ce qu'on a déjà dit sur les testaments. En effet, les legs et les fidéicommis sont une charge trop considérable de l'hérédité testamentaire, pour qu'on puisse les expliquer séparément.

Je diviserai l'explication de ce titre en cinq sections. Je m'occuperai, dans la première, de la définition et des notions générales (§ 1, 2, 3); dans la seconde, des objets légués (§ 7, 4 *et* 11, 5, 6, 9, 10 *et* 11, 13, 14, 15, 21, 22, 23); dans la troisième, des personnes à qui on peut léguer (§ 24, 25, 26, 27, 28, 32, 33); dans la quatrième, de diverses règles à observer sur la désignation du légataire et de l'objet légué, sur la cause du legs, etc. (§ 29, 30, 31, 34, 35, 36); dans la cinquième, enfin, des effets du legs (§ 16, 17, 18 *et* 19, 20, 8, 12).

PREMIÈRE SECTION.

Définitions, notions générales.

§ I.

688. Dans son acception la plus étendue, le mot legs comprend toutes les libéralités dont l'effet dépend du décès, comme les fidéicommis, les donations à cause de mort, etc. (*Paul. fr.* 87, *de legat.* 3°).

Le legs proprement dit est une donation laissée par testament, *testamento facta* (*Modest. fr.* 36, *de legat.* 2°): en effet, il n'existe point de legs *ab intestat* (§ 10, *de fideic. hered.*; *Gaius*, 2 *inst.* 270); mais, au lieu de TESTAMENTO FACTA, notre texte dit A DEFUNCTO RELICTA;

d'où il résulte que le legs consiste dans une donation faite
par un défunt testat ou intestat. Ce changement est motivé, dit-on, par une innovation de Justinien qui assimile les legs aux fidéicommis (§ 2, *h. t.*), autre sorte
de dernière volonté qui peut exister sans testament
(§ 10, *de fideic. hered.; Ulp.* 25 *reg.* 4). Ainsi notre
texte définit le legs considéré dans le dernier état du
droit, le legs confondu avec le fidéicommis; ce qui ne
cadre guère avec l'intention formellement annoncée (§ 3,
h. t.) d'exposer séparément la matière des legs et celle
des fidéicommis, et encore moins avec le texte (§ 10, *de
fideic. her.*) où Justinien distingue les premiers des seconds, précisément sous ce rapport qu'ils ne peuvent subsister ab intestat. La contradiction devient plus sensible
encore lorsqu'on termine la définition par ces mots *ab
herede præstanda*, que plusieurs éditeurs considèrent
comme ajoutés par les copistes, mais qui, dans tous les cas,
exprime un autre caractère distinctif des legs : car l'héritier seul peut être chargé d'un legs, tandis que les fidéicommis peuvent être mis à la charge d'un légataire ou de
toute autre personne (*pr., de sing. reb.; Gaius,* 2 *inst.*
260; *Ulp.* 24 *reg.* 20).

689. Quoi qu'il en soit, le legs n'est pas une véritable
donation formée par le concours de deux volontés; c'est
une donation improprement dite (*donatio quædam*) qui
subsiste sans le consentement des légataires, et même à
leur insu. A la vérité nul ne reçoit un legs malgré soi
(*Pap. fr.* 80, *de legat.* 2°; *Ulp. fr.* 81, § 6, *de legat.* 1°);
mais on ne les refuse valablement qu'après la mort du
testateur, et tant qu'ils ne sont pas répudiés, les legs
subsistent par la seule volonté du disposant. La donation,
au contraire, n'existe pas tant que la volonté du dona-

taire n'a pas concouru avec celle du donateur (v. *Paul. et Pomp. fr.* 10 *et* 26, *de donat.*).

§ II.

690. Le droit romain distingue plusieurs espèces de legs. Les uns transfèrent directement la propriété des choses léguées, et se nomment legs PER VINDICATIONEM (v. *Gaius,* 2 *inst.* 192, 194; *Ulp.* 24 *reg.* 2, 3 *et* 7), sans doute parce qu'ils rendent le légataire maître de l'objet légué, et lui procurent l'action en revendication, qui n'est qu'une conséquence de la propriété acquise (388, v. *Gaius, ibid.* 194, 195).

Certains legs, au contraire, sans transférer aucune propriété, imposent à l'héritier l'obligation de donner ou de faire. De là résulte contre lui une espèce de condamnation, qui l'astreint envers le légataire à exécuter la volonté du testateur, même en ce qui concerne la chose d'autrui; car la chose d'autrui qu'on ne peut jamais aliéner, peut devenir l'objet des obligations qu'on impose à soi-même ou à ses héritiers (v. § 4, *h. t.*). Tel est le legs PER DAMNATIONEM, appelé aussi *optimum jus legati*, parce qu'il laisse plus de latitude que tout autre à la volonté du testateur. Effectivement le legs *per vindicationem* s'applique exclusivement aux choses dont le testateur a été propriétaire aux deux époques de la confection du testament et de sa mort (1); mais il importe peu que la chose léguée *per damnationem* lui ait jamais appartenu (*Gaius,* 2 *inst.* 197, 201, 203; *Ulp.* 24 *reg.*

---

(1) Du moins pour les corps certains; car pour un legs de quantité, il suffit que le testateur soit propriétaire au moment de sa mort (*Gaius,* 2 *inst.* 196; *Ulp.* 24 *reg.* 7).

7 *et* 8). Le légataire a, dans tous les cas, une action personnelle contre les héritiers, et ce n'est que par eux qu'il obtient la chose léguée (*Gaius*, 2 *inst.* 202, 204; v. § 4, *h. t.*).

691. L'obligation qu'un legs impose aux héritiers n'a pas toujours la même étendue. Au lieu de les condamner à donner, à transférer la chose léguée, on les condamne quelquefois à la laisser prendre par le légataire. Cette tolérance peut lui être avantageuse, non pour la chose d'autrui, mais pour celle du défunt ou de l'héritier : il suffit que le légataire en prenne possession pour avoir la propriété, puisqu'alors il possède sans opposition du propriétaire (388). Aussi lorsqu'il s'agit d'une chose appartenant au défunt ou à l'héritier, le legs est valable sans examiner depuis combien de temps cette chose appartient à l'un ou à l'autre (*Gaius*, 2 *inst.* 209, 210; *Ulp.* 24 *reg.* 10).

La volonté du testateur a donc ici moins de latitude que dans le legs *per damnationem*, et plus que dans le legs *per vindicationem*; sous ce rapport, elle constitue un troisième genre de legs SINENDI MODO (*Gaius*, 2 *inst.* 209, 210; *Ulp.* 24 *reg.* 2 *et* 5).

692. Ces différences ne sont point le résultat d'une règle posée *à priori*, et par laquelle on aurait établi d'avance plusieurs manières de léguer, en assignant à chacune d'elles des objets et un effet particulier; il semble, au contraire, que tout dérive ici de la volonté du testateur et des conséquences que lui donne une interprétation rigoureuse, mais exacte, des expressions et de la formule qu'il a choisies parmi celles que l'usage consacre. Ainsi le legs confère au légataire soit la revendication, soit une action personnelle, suivant que les expressions indi-

quent une translation directe de la chose au légataire, ou une obligation imposée à l'héritier. Dans le premier cas, la disposition constitue un legs *per vindicationem*; dans le second cas, le legs est ou *per damnationem* ou *sinendi modo*, suivant que l'obligation imposée à l'héritier l'astreint à un fait actif ou à une simple tolérance.

Ainsi lorsque le testateur, agissant par lui-même sans adresser la parole à personne, dit DO (1) LEGO; ou lorsque s'adressant au légataire même, il l'autorise à s'emparer de la chose, SUMITO, CAPITO, etc., on en conclut que ce dernier acquiert, par le fait du testateur, la propriété que celui-ci peut transférer par testament, c'est-à-dire celle qu'il a eue aux deux époques de la confection et de la mort. Tous autres objets légués de la même manière le sont inutilement, parce qu'il n'en résulte aucune obligation pour l'héritier de transférer la chose que le testateur ne peut pas transférer lui-même. On tire une conséquence directement opposée des expressions par lesquelles le testateur, s'adressant à l'héritier, prononce contre lui une condamnation, DAMNAS ESTO. Cet ordre et l'obligation qui en résulte, produit entre le légataire et l'héritier l'effet d'une obligation ordinaire : le légataire créancier n'est encore propriétaire de rien, mais il peut acquérir la chose léguée en la recevant des héritiers qui en sont débiteurs. Aussi a-t-il contre eux l'action personnelle qui résulte des legs *per damnationem* ou *sinendi modo* (2);

---

(1) DARE, ainsi que nous l'avons déjà dit (482), signifie précisément transférer la propriété (§ 14, *de action.*).

(2) Le legs *sinendi modo* ne donne jamais l'action réelle. Le texte de Gaius (2 *inst.* 213) suffit pour démontrer que Pothier (30 *pand.* n° 2 *et* 276) a été trompé par l'*Epitome* de ce même texte, qui se trouve dans la *Lex romana Visigothorum* ou *Breviarium Alaricianum.*

car s'il existe quelque différence dans les effets de l'un ou de l'autre, c'est uniquement sous ce rapport que la condamnation prononcée contre l'héritier lui impose tantôt une obligation active (*damnas esto* DARE, DATO, etc.), tantôt une obligation passive (*damnas esto* SINERE, etc.).

693. On distingue encore une quatrième espèce de legs qui se fait PER PRÆCEPTIONEM (*text. hic; Gaius*, 2 *inst.* 192; *Ulp.* 24 *reg.* 2). Quelquefois, en effet, le testateur s'adressant au légataire, comme dans le legs *per vindicationem*, lui ordonne non pas de prendre l'objet légué, mais de le prélever (*præcipito*) : ce qui, à proprement parler, signifie prendre d'avance ou hors part, c'est-à-dire avant de partager l'hérédité, et indépendamment de la part qu'on y aurait. Les Sabiniens, s'attachant à cette différence, considéraient le legs *per præceptionem* comme formant une disposition distincte du legs *per vindicationem*, et plus rigoureuse encore. Suivant eux, elle ne pouvait profiter qu'à l'un des héritiers : car les héritiers seuls sont dans le cas de partager l'hérédité, et par conséquent de prendre avant partage ou par prélèvement; et parce que le prélèvement est une opération préalable du partage, les Sabiniens n'accordaient dans ce cas qu'une action, celle que les héritiers exercent entre eux pour diviser l'hérédité, l'action *familiæ erciscundæ* (v. § 5, *de oblig. quasi ex contr.*; § 4, *de off. jud.*). Ainsi, pour toute autre personne que l'un des héritiers, et pour tout autre objet que ceux de l'hérédité, le legs *per præceptionem* aurait été inutile (*Gaius*, 2 *inst.* 216, 217, 219, 220).

Une autre interprétation du verbe *præcipere* lui attribue au moins le sens de *capere*, dont la syllabe *præ* ne semble pas diminuer la force. Aussi, pour valider les dispositions où le verbe PRÆCIPITO ne s'adresse pas à l'un des héritiers, on décide comme si le testateur avait écrit CAPITO, sans égard à la syllabe PRÆ ; et alors le legs *per præceptionem* ne diffère en rien du legs *per vindicationem.* Telle était l'opinion des Proculéiens, confirmée, dit-on, par Adrien (1).

694. Dans le bas empire, à Constantinople, il n'existe plus de formules. Constantin (C. 21, *de legat.*) a autorisé, pour les legs, l'emploi du langage ordinaire, et cependant on distingue encore, d'après l'intention du testateur, les différentes espèces de legs. Toutefois il faut savoir que long-temps avant Constantin, dès le règne de Néron, on avait déjà renoncé à la stricte interprétation des formules, ou du moins à celle du legs *per vindicationem.* Cette formule, n'indiquant aucune obligation imposée à l'héritier, n'avait primitivement qu'un seul effet, celui de transférer la propriété ; et lorsqu'elle ne pouvait produire cet effet, elle n'en produisait aucun. C'est donc inutilement, dans l'origine, qu'on aurait légué *per vindicationem* la chose d'autrui ; mais un sénatus-consulte appelé Néronien a décidé que le legs *per vindicationem,* lorsqu'il ne vaudra pas comme tel, vaudra toujours comme s'il avait été fait *per damnationem (Gaius,* 2 *inst.* 197 ; *Ulp.* 24 *reg.* 11).

_____

(1) *Gaius,* 2 *inst.* 221 ; *Ulp.* 24 *reg.* 6 *et* 11. Dans ce système, le legs *per præceptionem* doit produire trois actions, savoir 1° la revendication des objets légués, si le testateur a eu le domaine quiritaire aux deux époques de la confection et de la mort ; 2° l'action personnelle, donnée en vertu du sc. Néronien, pour obliger l'héritier à procurer au légataire la chose d'autrui (694) ; 3° l'action *familiæ erciscundæ,* pour obtenir le prélèvement des choses laissées *in bonis* par le testateur qui n'avait pas le domaine quiritaire. Cette dernière action ne pouvait être donnée qu'à l'un des héritiers ; mais les deux autres compétaient au légataire, soit qu'il fût ou ne fût pas en même temps héritier (*Gaius,* 2 *inst.* 222).

Dès-lors la distinction des quatre espèces de legs empêcha rarement qu'une disposition produisît un effet
quelconque. A la vérité, toutes les formules ne transféraient pas la propriété, et les legs *per vindicationem* ou
per præceptionem ne la transféraient pas toujours; mais
d'après le sénatus-consulte Néronien, ils avaient au moins
l'effet du legs *per damnationem,* et produisaient une action personnelle contre l'héritier (*Caïus,* 2 *inst.* 197,
218, 222).

695. Cette action personnelle était donc une ressource
presque toujours ouverte au légataire (*plerumque; Justin. C.* 1, *commun. de legat.*; v. 1102; § 5, *de oblig. quasi
ex del.*). Justinien la rend générale : tout legs est à ses
yeux le résultat d'une volonté toujours également forte
et qui doit être exécutée par tous les moyens possibles.
Ainsi, quelle que soit la forme de la disposition, le légataire aura l'action personnelle que donnait autrefois le legs *per damnationem;* et si le testateur a légué
sa propre chose, le légataire aura de plus la revendication,
action réelle qui dans le même cas résultait des legs *per vindicationem* ou *per præceptionem.* Enfin Justinien accorde
au légataire, sur tous les biens du défunt, une hypothèque
tacite d'où résultera une seconde action réelle, nommée
quasi-servienne ou hypothécaire (v. § 7, *de act.*). Tels
sont les résultats de la constitution par laquelle Justinien
prétend assimiler tous les legs entre eux (*text. hic.;* v. C.
1, *commun. de legat.*). Nous verrons cependant que, s'ils
ont toujours tout l'effet dont ils sont susceptibles, cet
effet n'est pas toujours le même.

§ III.

696. Non content d'avoir assimilé les legs entre eux,

l'empereur les assimile tous aux fidéicommis, et réciproquement (*text. hic*; C. 2, *commun. de legat.*); mais
Justinien lui-même, pour éviter toute confusion, croit
devoir traiter séparément, d'abord des legs et ensuite des
fidéicommis. J'attendrai donc, pour comparer les uns aux
autres, et pour expliquer les innovations de Justinien, les
occasions qu'il fournira lui-même dans ce titre et dans les
titres suivants.

Remarquons seulement ici que dans le legs comme dans
l'institution d'héritier, les principes du droit civil dominent rigoureusement la volonté de l'homme (*legata...
stricte concludentem*), tandis que les fidéicommis, sorte de
dispositions indirectes récemment introduite et soumise
à des règles plus équitables, laissent à cette même volonté
une grande latitude (*fidéicommissis... quæ ex voluntate
magis descendebant... pinguiorem naturam indulgen-
tem; 775*).

DEUXIÈME SECTION.

Choses qui peuvent êtres léguées.

§ VII.

697. Ce qui n'existera jamais ne peut servir à rien
(*Javol. fr. 7, § 1, de tritic. et vin.*). L'objet du legs doit
donc avoir, sinon une existence actuelle, du moins une
existence future, comme on le voit par les exemples de
notre texte.

Dans l'ancien droit, les objets dont le testateur n'était
pas propriétaire lors de la confection du testament, et par
conséquent les choses futures dont il est ici question, ne
pouvaient régulièrement se léguer que *per damnationem
Gaius, 2 inst. 203*).

§ IV et XI.

698. Le legs, qui est une manière d'acquérir, ne peut avoir pour objet les choses qui, n'étant pas dans le commerce, ne peuvent appartenir à personne (v. § 4, *h. t.*; § 1, *de usucap.*; § 2, *de inutil. stipul.*; § 5, *de empt. vend.*); et lors même qu'elles sont dans le commerce, les choses n'y sont pas nécessairement pour tous. Il ne faut donc léguer à chacun que ce qu'il peut acquérir, *cujus commercium habet* (*Paul. fr.* 49, § 2, *de legat.* 2°). Autrement le legs serait nul, et le légataire n'obtiendrait ni la chose, ni son estimation ; car l'estimation que l'on donne quelquefois en place de l'objet légué n'est qu'un moyen indirect d'exécuter une disposition difficile à remplir, mais possible. L'impossible, au contraire, n'admet point d'équivalent (707; § 10 *et* 11, *h. t.*)

Ainsi, par exemple, le legs d'une chose sacrée est absolument nul (*nullius momenti*); tandis qu'on lègue valablement la chose d'autrui, parce qu'il n'est pas impossible à l'héritier d'acquérir cette chose pour la remettre au légataire (v. *Ulp. fr.* 39, § 7, *de legat.* 1°) : en conséquence, s'il ne remet pas la chose léguée, il en paie l'estimation (§ 4, *h. t.*).

Le legs de la chose d'autrui vaudra donc, pourvu que le testateur lègue un objet dont il sait n'être pas propriétaire : autrement on doit penser qu'il n'aurait pas légué la chose d'autrui s'il l'avait connue pour telle. En effet, il est beaucoup moins dur pour l'héritier de délivrer les objets qu'il trouve dans l'hérédité, que d'acquérir pour remettre à autrui. Sans doute la volonté du testateur peut l'y obliger, mais cette volonté ne se présume pas : on exige, pour y croire, que le testateur ait agi en connaissance de cause. La chose de l'héritier n'est pas dans le même cas; le legs en est valable sans distinction, parce que l'héritier n'a besoin de rien acquérir pour exécuter la disposition (*Pap.fr.* 67, § 8, *de legat.* 2°).

699. La question de savoir si, en léguant la chose d'autrui, le testateur agissait sciemment, repose sur un fait invariable en lui-même, mais douteux jusqu'à la preuve qui découvrira la vérité. Or il n'est pas indifférent de savoir par qui doit être levé le doute ; faudra-t-il démontrer que le testateur a erré, ou en sens inverse, qu'il a disposé sciemment? L'erreur, si elle devait être prouvée, devrait l'être par l'héritier, et réciproquement la preuve que le défunt a légué sciemment la chose d'autrui incomberait au légataire, parce qu'en général, *ei incumbit probatio qui dicit, non qui negat* (*Paul. fr.* 2, *de prob.*). Ici la véritable question porte sur la validité du legs, affirmée par le légataire et déniée par l'héritier. C'est au légataire à prouver ce qu'il affirme ; il devra donc prouver toutes les circonstances nécessaires à la validité du legs, et entr'autres cette circonstance que le testateur savait n'être pas propriétaire de la chose léguée. Cette décision s'applique entre toutes personnes dont l'une agit contre l'autre; le demandeur qui affirme est toujours tenu de justifier sa prétention (*text. hic in fin.; Marcian. fr.* 21, *de prob.*); sinon, le doute qui subsiste suffit pour la faire rejeter (§ 4, *de interd.*; v. *Anton.* C. 4, *de edend.*).

700. En sens inverse, lorsque le testateur lègue un objet dont il est, mais ne se croit pas propriétaire, cette erreur infirme-t-elle le legs? Il est des cas où l'on s'attache moins à la réalité du fait qu'à l'opinion des personnes : ainsi, par exemple, ceux qui se croient inca-

pables d'accepter ou de répudier une hérédité, ne font
rien d'efficace malgré leur capacité réelle. Dans ce cas,
plus est in opinione quam in veritate (*Ulp. fr.* 15 *et* 16,
de adquir. vel omitt.). Une décision directement opposée
valide la disposition du testateur qui, en léguant sa
propre chose, a cru léguer la chose d'autrui (§ 11, *h. t.*),
et avec raison ; car si l'erreur infirme certains legs, c'est
lorsqu'elle rend la volonté douteuse. De ce que le défunt
a voulu donner sa chose, on n'ose pas conclure qu'il aurait
également donné celle d'autrui ; mais celui qui veut léguer la chose d'autrui aurait plus facilement encore légué
la sienne : on ne craint donc pas alors , en validant ce
dernier legs, d'outre-passer l'intention du testateur. Ainsi,
relativement à la propriété de l'objet légué, il faut s'at-
tacher à la réalité plutôt qu'à l'opinion du défunt (706) :
plus valet quod in veritate est quam quod in opinione (*d.*
§ 11, *h. t.*; v. *Paul. fr.* 9, § 4, *de jur. et fact.*).

§ V.

701. L'hypothèque établie sur une chose pour garantir
le paiement d'une créance suit cette chose en toutes les
mains, et force les détenteurs, même lorsqu'ils ne doivent
rien, à remettre au créancier l'objet hypothéqué, à moins
qu'ils ne préfèrent acquitter la dette (v. § 7, *de act.*).
Le légataire se trouverait, comme tout autre détenteur,
exposé à l'action hypothécaire : il lui importe donc que
l'héritier, débiteur de toutes les dettes héréditaires, paie
le créancier, et par là même dégage l'objet légué; mais le
légataire peut-il contraindre l'héritier à faire ce paiement.

On décide ici, comme dans le paragraphe précédent,

que l'héritier sera tenu de dégager la chose si le testateur a connu l'hypothèque; sinon, cette dernière reste à la charge du légataire (*text. hic*). Cette distinction repose sur l'intention présumée du testateur : aussi l'hypothèque dont il a connu l'existence reste-t-elle à la charge du légataire, lorsque telle est la volonté expresse du défunt (*si tamen*, etc.) ; et réciproquement l'hypothèque dont il n'a pas eu connaissance doit être dégagée par l'héritier, lorsqu'on peut supposer que telle a été l'intention du testateur (v. *Ulp. fr.* 57, *de legat.* 1°; *Alex.* C. 6, *de fideic.*).

§ VI.

702. Le légataire qui, au moment de la confection du testament, n'avait pas la chose léguée, peut l'acquérir postérieurement; et alors l'intention du testateur devient impossible à exécuter, ou, pour mieux dire, elle est déjà exécutée en ce sens que le légataire a obtenu ce que voulait lui donner le défunt. Il n'a donc plus rien à demander, du moins lorsque son acquisition provient d'une cause lucrative, *veluti ex donatione vel alia simili causa;* car deux causes lucratives ne doivent pas se cumuler, en faveur d'une même personne (1), relativement au même objet (*text. hic;* v. *Paul. fr.* 21, § 1, *de legat.* 3°).

Si l'acquisition de la propriété trouve un obstacle dans la propriété déjà acquise, elle n'en rencontre aucun dans l'estimation déjà reçue par le légataire. La valeur de la

---

(1) Observons, à cet égard, que le maître et l'esclave ne sont pas considérés comme une seule et même personne. Le legs fait à l'esclave subsiste sur sa tête, quoiqu'il n'ait faction de testament que du chef de son maître (*Paul. fr.* 82, § 2, *de legat.* 2°; *Pap. fr.* 5, *de servit. legat.*; v. 726, 727, 728, 729; § 32 *et* 33, *h. t.*).

I.   33

chose n'a rien de commun avec la chose même (*Cels. fr.* 88, *de verb. sign.*). Tel est le motif de la distinction de notre texte, dans le cas où le même objet serait légué par deux testateurs différents (*duobus testamentis*).

On suppose ici que le légataire acquiert la chose léguée (*vivo testatore*) avant la mort du testateur. Le même motif nécessiterait la même décision pour une acquisition postérieure au décès; car il s'agit ici de la chose d'autrui (1), et les héritiers débiteurs du legs seraient libérés par cela seul que le légataire a la chose à titre lucratif (*Julian. fr.* 17, *de oblig. et act.*).

703. Si ce dernier, au lieu d'acquérir gratuitement, fait quelque sacrifice pour avoir la chose léguée, le but du testateur n'est rempli qu'imparfaitement, et alors le légataire agit par l'action *ex testamento* pour obtenir le prix qu'il a déboursé (*text. hic; Ulp. fr.* 34, § 7, *de legat.* 1°; *fr.* 15, *quib. ex caus. in poss.*). S'il ne fait qu'une acquisition incomplète, il a pareillement l'action *ex testamento* pour le droit qui lui reste à acquérir sur la chose léguée (*Julian. fr.* 86, § 4; *de legat.* 1°).

§ IX.

704. Supposons donc un légataire du fonds d'autrui, qui d'abord achète ce fonds *deducto usufructu,* et ensuite par l'extinction de l'usufruit, obtient la pleine propriété; il agira *ex testamento,* et le juge, dit Julien (*fr.* 82, § 2, *de legat.* 1°); lui fera rembourser ce qu'il a payé pour la nue-propriété. Cette décision de Julien est claire

---

(1) *Si res aliena legata fuerit.* Si le testateur lègue sa propre chose, le légataire ne peut l'acquérir *vivo testatore* qu'autant que celui-ci aliéne; or, l'aliénation exerce sur la validité du legs une influence spéciale (v. § 12, *h. t.*).

et précise; notre texte la complique lorsqu'il annonce que le légataire, agissant en vertu du testament, demandera le-fonds (*fundum petere*), et agira régulièrement (*recte agere*).

Par là, on indique deux choses, savoir : 1° que le légataire doit demander le fonds, et non pas le prix d'acquisition; 2° que cette demande est sans danger pour lui.

On demande aux héritiers le fonds, et non pas directement le prix, parce que c'est en vertu du legs et conformément au testament que l'on agit (*ex testamento agat*) : or, le testateur n'a point légué le prix, mais la chose; et quoique le légataire ait déjà le fonds, cependant, à l'égard des héritiers chargés de le lui procurer, ce même fonds est censé lui manquer par cela seul qu'il en a déboursé la valeur (*Julian. fr.* 9, *de obl. et act.; Paul. fr.* 14, *de verb. sign.*).

Sur la demande intentée pour le fonds, il appartient au juge (*officio judicis continebitur*) d'apprécier ce qui est dû au légataire. Ce dernier obtiendra donc, non pas le fonds, mais une estimation qui n'est pas l'objet direct de son action, et que l'héritier ne pourrait pas facultativement substituer à la chose même (v. *Ulp. fr.* 71, § 4, *de legat.* 1°). Ici l'estimation du fonds sera celle de la nue-propriété (*deducto usufructu, text. hic; Julian. fr.* 82, § 2, *eod.*).

705. La demande du fonds est sans danger pour le légataire, quoiqu'en général celui qui demande plus qu'on ne lui doit, encoure une déchéance certaine (§ 33, *de act.*). Or, qui dit le fonds dit la pleine propriété du fonds, et par conséquent l'usufruit (422; *Julian. fr.* 10, *de us. et usufr.; Modest. fr.* 19, *eod.*) qui n'est pas dû. On répond

à cette objection que, dans la demande du fonds, l'usufruit est considéré comme une servitude (*locum servi-
tutis obtinet*). Pour apprécier cette réponse, il faut savoir
que celui qui demande un fonds est censé demander la
propriété, moins les servitudes qui le grèvent, et la
demande, interprétée en ce sens, n'expose à aucune
déchéance. Pareillement, la demande du fonds s'entend
ici de la propriété moins l'usufruit : ainsi, la même
expression ne s'interprète pas de la même manière dans
le legs que fait le testateur, et dans l'action qu'intente le
légataire. Dans le testament, *fundus* signifie la pleine
propriété (422); et dans la demande, *fundus* ne signifie
souvent que la nue-propriété, parce que, dans le doute,
on prend le sens le plus favorable au demandeur (*Ulp.
fr.* 66, *de judic.*; v. *Paul. fr.* 25, *de verb. signif.*).

§ X et XI.

706. La chose d'autrui, c'est-à-dire la chose qui n'appartient pas au testateur, peut appartenir au légataire, et
dans ce cas le legs est nul, précisément parce qu'il n'y a
pas d'acquisition possible (§ 10, *h. t.*; v. *Pap. fr.* 66, § 6,
de legat. 2°).

Si l'objet légué cesse d'appartenir au légataire, le legs
n'en devient pas meilleur (§ 10, *h. t.*); car les dispositions qui ne vaudraient point si le testateur décédait
aussitôt après avoir testé, ne peuvent jamais valoir, quelque longue que soit sa vie. Toutefois, la règle catonienne
que nous appliquons ainsi lorsqu'il s'agit d'un legs pur et
simple (§ 32, *h. t.*; *Cels. fr.* 1, *de reg. cat.*), ne s'étend pas
aux legs conditionnels : aussi la validité de ces derniers,
dépend-elle de la propriété que le légataire aurait à l'évé-

nément de la condition, indépendamment de celle qu'il avait à la confection du testament (*Paul. fr.* 98, *de cond. et dem.; Ulp. fr.* 41, § 2 , *de legat.* 2°; v. 990; § 2 *et* 22, *de inutil. stip.*).

La nullité du legs, dans le cas ci-dessus, ne tient pas à la volonté du testateur, mais à l'impossibilité d'exécution. Il suffit donc, pour valider le legs, que cette volonté puisse avoir un effet, *quia exitum voluntas defuncti potest habere* (§ 11, *h. t.*), quoique le testateur ait considéré comme appartenant au légataire la chose qui en réalité ne lui appartient pas. Ainsi, en pareille matière, ce n'est pas l'opinion, c'est le fait qui prévaut (700).

707. Lorsqu'il est impossible au légataire d'acquérir la chose léguée, il n'en reçoit pas même l'estimation. Notre texte (§ 10) le décide ici, comme il l'a décidé plus haut, relativement aux choses qui ne sont pas dans le commerce (698). On était moins sévère dans les fidéicommis : pourvu que la disposition n'eut rien d'illicite, le fidéicommissaire avait droit à l'estimation des choses qu'il était accidentellement incapable d'acquérir (*Marcian. fr.* 114, § 5, *de legat.* 1°; *Ulp. fr.* 40, *eod.; fr.* 11, § 17, *de legat.* 3°).

§ XIII.

708. Pour libérer un débiteur de ce qu'il doit au testateur, à l'héritier ou même à un tiers (*Pomp. fr.* 8, *de liberat. leg.*), on lui lègue directement sa libération (*liberationem*) ou ce qu'il doit. On peut aussi défendre à l'héritier d'exiger la créance (*text hic*), ou lui ordonner de payer les dettes du légataire (§ 21, *h. t.*). Il s'agit ici de la libération léguée par le testateur (*debitori suo*) à son propre débiteur, qui devient ensuite débiteur de l'héritier. Or, la

chose qui nous est due ne nous appartient pas encore ; le
débiteur en conserve la propriété, et ne nous la transmet
par le paiement qu'en cessant de la devoir ; léguer à
quelqu'un ce qu'il doit, c'est donc très-souvent lui léguer
sa propre chose. Cette observation paraît avoir motivé,
sur la validité du legs de libération, des doutes qui ont
été facilement levés (v. *Ulp. fr.* 3, § 1, *de liber. legat.*) :
en effet, ce legs n'a pas pour objet la propriété de la
chose due, mais seulement l'abandon d'une créance et
du droit qu'elle donne contre le légataire, relativement
à cette chose.

Les obligations ne s'éteignent que par certains modes
spécialement déterminés, au nombre desquels le droit
civil n'a pas compris les dispositions testamentaires. Aussi
le legs dont il s'agit ici n'opère-t-il point la libération du
légataire ; il lui fournit seulement une exception contre
l'action que pourrait intenter l'héritier ; ainsi, lorsque le
texte dit que ce dernier ne peut pas demander la chose
due, c'est en ce sens qu'il ne peut pas la demander efficacement (*Ulp. fr.* 3, § 3, *de liber. leg.*). Toutefois le
légataire n'est pas réduit à la défensive. Il peut, dans ce
cas comme dans tout autre, agir *ex testamento*, afin
d'obtenir sa libération (*ut liberet eum*) que l'héritier,
devenu créancier, donne conformément aux règles qui
seront exposées plus loin (§ 1 *et* 2, *quib. mod. obl. toll.*;
v. *Ulp. d. fr.* 3, § 3 ; *Pap. fr.* 22, *de liber. leg.*).

709. Jusqu'à présent nous avons supposé la libération
léguée purement et simplement, et alors les actions
ou exceptions accordées au légataire passent à ses successeurs, en sorte que l'héritier du testateur ne peut rien
exiger ni du légataire même, ni de ses représentants
(*text. hic*; *Ulp. fr.* 15 ; *Pomp. fr.* 8, *de liber. leg.*) ; mais

le testateur peut aussi conférer au débiteur un bénéfice purement personnel, et quelquefois même un simple délai, *ad tempus jubere ne heres petat*, dit notre texte : Dans ce cas, le légataire ne peut exiger sa libération ; il n'a qu'une exception pour se défendre pendant sa vie, ou pendant le temps fixé par le testateur (*Pomp. fr.* 8, § 1 *et* 3, *eod.*).

La volonté de libérer son débiteur peut se manifester par de simples indices ; alors l'intention du défunt constitue, sinon un legs, du moins un fidéicommis, d'où résulte aussi une exception contre l'action intentée par les héritiers du testateur (v. *Ulp. fr.* 3, § 1, *eod.; Scævol. fr.* 17, § 1, *de dol. et met. excep. ; Diocl. et Max.* C. 17, *de fideic.*).

§ XIV.

710. Examinons maintenant le cas inverse, celui où le débiteur lègue à ses créanciers ce qu'il leur doit, et avant d'expliquer notre texte, remarquons qu'il n'a traité qu'une des faces de la question. En effet, lorsque le legs et la créance ne sont pas également lucratifs pour le légataire, par exemple, lorsque la créance procède d'une cause onéreuse, ou que le legs contient des charges, alors le légataire cumule cette qualité avec celle de créancier, au moins pour tout ce qu'il y a d'onéreux dans l'une ou dans l'autre (*Afric. fr.* 108, § 4 *et* 5, *de legat.* 1°).

Justinien suppose ici que la créance et le legs sont également lucratifs, et alors le principe précédemment exposé (702) empêche le cumul. En légant à une personne ce qu'on lui doit à titre lucratif, on ne lui confère aucun avantage, et par conséquent le legs est nul (*Pap.*

fr. 66, *de legat.* 2° ; *Paul. fr.* 25, *de liber. legat.*); mais, s'il renferme un avantage quelconque, le legs est valable. C'est ce qui arrive dans une foule de cas (v. *Pothier,* 34 *pand.* 3, § 31), notamment lorsque la créance est à terme ou conditionnelle, et le legs pur et simple. Le créancier peut agir comme légataire, sans attendre le terme ou la condition, car alors le legs vaut *propter reprœ-sentationem* (*text. hic; v. Ulp. fr.* 14, *de liber. legat.; Paul. fr.* 29, *de legat.* 1°).

Continuera-t-il de valoir si la condition réalisée, ou le terme arrivé du vivant du testateur, fait perdre au legs l'avantage qu'il avait précédemment sur la créance? Suivant Paul (*fr.* 82, *de legat.* 2°), les circonstances qui auraient empêché la validité du legs, si elles avaient existé à l'époque de la confection, doivent l'anéantir, lors-quelles se réalisent postérieurement. Suivant Papinien (*fr.* 5, *ad leg. falcid.*), au contraire, le legs doit con-server sa validité première. Cette opinion a prévalu; mais quel avantage en résulte-t-il pour le créancier? Aucun, si ce n'est peut-être la chance d'obtenir, en agis-sant comme légataire, une condamnation double des valeurs léguées, dans un cas que nous expliquerons plus loin (v. § 7, *de obl. quasi ex contr.*).

§ XV.

711. En parlant du testateur qui lègue à son créan-cier ce qui lui est dû (*quod debet*), sans autre désigna-tion, on a supposé qu'il existe une dette; car un semblable legs fait par ceux qui ne doivent rien serait parfaitement inutile. Mais lorsqu'on dit, « je lègue à un tel mille francs que je lui dois », le legs a pour objet la somme et non pas

la dette : ces mots « que je lui dois » ne sont considérés
que comme une désignation, dont l'inexactitude ne nuit
point à la validité du legs (v. 731 ; § 30, *h. t.*; *Paul. fr.*
25, de liber. legat.). Nous allons trouver dans notre texte
l'application de ces divers principes.

En effet, le mari lègue souvent à sa femme la dot qu'il
devra lui restituer à la dissolution du mariage. Ce legs
procure à la femme un avantage réel; car, en réclamant
sa dot *ex testamento* comme légataire, elle ne craint
point que l'héritier obtienne, comme il pourrait l'obtenir si l'on agissait contre lui par l'action *de dote*, ou,
pour parler plus exactement, par l'action *rei uxoriæ* (v.
§ 29, *de act.*), soit un délai pour payer, soit le rembour-
sement des dépenses utiles faites sur la chose dotale (v.
Ulp. 6 *reg.* 9 *et* 10; *fr.* 1, § 2 *et* 4, *de dot. præl.*). Sauf
cet avantage, la femme n'obtient réellement que sa dot,
et lorsque le mari n'en a point reçu, le legs se réduit à rien
(*text. hic*; *Ulp. d. fr.* 1, *pr. et* § 7). Quelquefois, au
contraire, la dot est mentionnée dans le legs, non comme
objet de ce legs, mais seulement comme désignation
d'une valeur ou d'une chose qui se trouve d'ailleurs suffisamment déterminée, par exemple, lorsque le testateur
lègue à son épouse (*certa pecunia*) une somme déterminée,
comme 10,000 francs (*certum corpus*), telle maison, ou
(*instrumentum dotis*) la somme énoncée dans le contrat
de mariage. Dans ces différents cas, si le testateur
ajoute que les sommes ou les choses par lui léguées sont
celles qu'il a reçues en dot, l'inexactitude ou la fausseté de cette désignation ne nuiront point au legs; la
disposition vaudra, quoique le mari n'ait rien reçu
(*text. hic*; *Paul. fr.* 25, *de liber. legat.*; *Alex.* C. 3;
Diocl. et Max. C. 5, *de fals. caus*; v. 731).

§ XXI.

712. On lègue souvent des droits d'usufruit, de servitudes (§ 4, *de servit.*; § 1, *de usufr.*) et d'autres choses
incorporelles, par exemple, une créance (*nomen*).
Observez que cette disposition ne transporte pas directement la créance au légataire, et ne lui donne pas immédiatement le droit d'agir contre le débiteur. Le seul effet
du legs est d'obliger l'héritier à céder au légataire l'action
du défunt (*text. hic; Julian fr.* 105, *de leg.* 1°; car
toutes les actions héréditaires sont activement et passivement transmises à l'héritier, et ce n'est que par lui
qu'elles peuvent arriver aux légataires et fidéicommissaires qui ne sont pas *juris successores* (§ 11, *de test.
ord.*). Après leur avoir ainsi délégué ses actions (*suas actiones*, car les actions du défunt sont devenues celles de
l'héritier), ce dernier demeure libéré du legs, et n'est
tenu ni d'exécuter l'obligation, ni de garantir l'efficacité
des actions qu'il cède contre le débiteur (v. *Ulp. fr.* 39,
§ 3, *de legat.* 1°; *fr.* 75, § 2, *eod.*).

Si la créance vient à s'éteindre, par exemple, si le
testateur est payé de son vivant, le legs périt avec la dette
(*text. hic*), comme il périt en général avec l'objet légué
(§ 16, *h. t.*), et alors l'héritier n'a plus aucune action à
céder (*text. hic;* v. *Ulp. d. fr.* 39 et 75).

713. Le testateur fait un legs valable, lorsqu'il enjoint
à son héritier de faire, de ne pas faire, ou de tolérer des
actes qui n'ont rien de contraire aux bonnes mœurs et
aux lois (*Marcian. fr.* 112, § 3 *et* 4, *de legat.* 1°). Ainsi,
par exemple, on peut défendre à son héritier d'exiger le
paiement d'une dette (§ 13, *h. t.*); on peut lui ordonner
soit de réparer la maison ou de payer les dettes d'une

personne (*text. hic*), soit de la laisser tirer des pierres dans telle ou telle carrière : toutefois cette tolérance ne s'étend point aux héritiers du légataire (v. *Ulp. fr.* 39, § 4, *de legat.* 1°).

§ XXII.

714. On s'est occupé jusqu'ici du legs d'espèces, c'est-à-dire d'objets certains, spécialement déterminés et distincts de tous autres, comme tel cheval, l'esclave Stichus, la maison située à tel endroit. Souvent, au contraire, le legs ne précise que le nombre des objets légués et leur genre, c'est-à-dire la classe à laquelle chaque chose appartient par des caractères qui lui sont communs avec plusieurs autres choses de même nature ; par exemple, lorsqu'on lègue un esclave sans dire lequel.

Dans ce cas et autres semblables, on lègue un genre.

Quoique indéterminé dans la disposition, l'objet du legs doit être spécifié dans l'exécution ; car on ne peut ni payer ni délivrer qu'une chose certaine (*species*), et déterminée par un choix que Justinien donne ici au légataire, sauf la volonté contraire du testateur (*text. hic*).

715. Autrefois on distinguait. Le legs *per damnationem*, en constituant l'héritier débiteur du legs, et en le soumettant à une action personnelle, lui laissait le choix qui appartient en général à tout débiteur d'une chose indéterminée (v. *Ulp.* 24 *reg.* 14 ; v. § 33, *de act.*). Le legs *per vindicationem*, au contraire, permettait au légataire de choisir parmi les objets du même genre qui se trouvaient dans l'hérédité ; car celui qui revendique désigne un objet dont il se prétend propriétaire (v. § 1, *de act.; Paul. fr.* 6, *de rei vind.*), ce qui suppose une détermination et par consé-

quent un choix préalable ou au moins simultané. Ainsi,
dans les différentes espèces de legs, le choix était moins
une conséquence du legs que de l'action exercée par le
légataire (v. *Afric. fr.* 108, § 2, *de legat.* 1°); et par
suite dans la législation justinienne, le concours des actions doit assurer à tout légataire le choix que donnait
auparavant la revendication.

Le légataire a donc le choix, du moins lorsqu'il revendique; mais lorsqu'il intente l'action personnelle, le
choix paraît devoir rester à l'héritier, comme une
conséquence de l'action et de sa nature; je ne crois
pas, en effet, que le même legs donne la revendication
au légataire et le choix à l'héritier, à moins que le testateur n'ait formellement exprimé sa volonté (*text. hic;* v.
Pothier, 33 *pand.* 5, *n*° 27).

7 1 6. Le choix se fait d'abord parmi les objets du même
genre qui se trouvent dans l'hérédité, et à défaut dans
la nature. De là vient qu'un legs de genre sera toujours
valable si le testateur laisse dans sa succession un ou
plusieurs objets du genre dont il s'agit, et pourra ne pas
valoir, dans le cas contraire, à cause de l'immense latitude que laisse une désignation trop vague. Ainsi, par
exemple, le testateur qui lègue une maison, sans dire
laquelle, fait un legs dérisoire, lorsqu'il ne laisse point
de maison; en effet le légataire n'aurait sur les maisons
étrangères, ni la revendication, ni le choix qui en est la
conséquence, et l'héritier pourrait donner la plus humble
cabane (*Ulp. fr.* 71, *de legat.* 1°; *Paul.* 3 *sent.* 6, § 13).
Le choix, soit qu'il appartienne au légataire ou à l'héritier, ne s'étend pas d'une manière illimitée sur tous les
objets du genre : on en excepte ordinairement le meilleur
et le plus mauvais : le légataire ne peut ni prendre l'un

ni être forcé de recevoir l'autre (*Ulp. fr.* 37, *de legat.* 1°).
Dans les obligations, au contraire, le débiteur peut se
libérer en donnant le plus mauvais de tous les objets
compris dans le genre (*Javol. fr.* 52, *mandat.*).

§ XXIII.

717. Léguer un cheval, une maison, en général. c'est
léguer une chose corporelle, quoique indéterminée; mais
léguer le choix d'un cheval, c'est léguer une chose incorporelle, le droit de choisir avec la plus grande latitude,
la chose que le légataire préférera (*Ulp. fr.* 2, *de opt. vel
elect.*).

Par sa nature même, un semblable legs est soumis à
cette condition tacite, que le légataire choisira; conséquemment s'il meurt avant d'avoir choisi, il meurt
avant l'accomplissement de la condition, et ne peut rien
transmettre (743). Il en résulte que la faculté de choisir
ne passait point aux héritiers du légataire (*text. hic;
Ulp. fr.* 12, § 8, *quando dies legat.*).

A, cet égard le legs d'option diffère encore du legs de
genre, lequel, étant pur et simple, passe aux héritiers du
légataire pour peu que ce dernier survive au testateur
(*Ulp. d. fr.* 12, § 7, *quando dies leg.*). Justinien, au con
traire, donne aux héritiers d'un même légataire le droit
de choisir à sa place (C. 3, *commun. de legat.*); si plusieurs colégataires ou plusieurs héritiers d'un même légataire diffèrent sur le choix, le sort désignera celui
d'entre eux qui doit choisir pour tous. Auparavant, et
dans l'opinion la plus générale, le dissentiment, je ne dis
pas entre les héritiers du légataire, puisqu'on ne leur

transmettait jamais le choix (1), mais entre colégataires mêmes, suffisait pour anéantir le legs.

TROISIÈME SECTION.

A qui on peut léguer.

§ XXIV.

7ı8. Les personnes à qui l'on peut léguer sont celles *cum quibus testamenti factio est* (*text. hic*), les mêmes que l'on peut instituer (*Ulp.* 22 *reg* 1). Nous n'aurions rien de plus à dire sur ce point, si l'énumération d'un texte précédent (§ 4, *de hered. qual.*) ne paraissait pas insuffisante. Ajoutons donc que la faction de testament existe avec tous les citoyens romains et même avec. les latins Juniens, à l'exclusion des autres *peregrini* (*Ulp.* 22 *reg.* 1, 3 *et* 9) et conséquemment des déportés (*Anton.* C. 1, *de hered. inst.*). Quant aux esclaves, la faction de testament existe avec eux du chef de leur maître, en ce sens que pour les instituer ou pour leur laisser un legs, il

---

(1) Justinien (*text. hic*; C. 3, *comm. de leg.*) suppose, 1° que les héritiers du légataire pouvaient n'être pas d'accord sur le choix ; 2° que les prudents étaient eux-mêmes divisés sur la décision à prendre en pareil cas, ce qui paraît inexplicable ; car les héritiers étaient nécessairement d'accord, puisqu'ils n'avaient jamais rien, *nisi ipse legatarius vivus optasset* (*text. hic*). On justifierait peut-être notre texte, en faisant observer que s'il parle en même temps de plusieurs colégataires vivants et de plusieurs héritiers d'un même légataire décédé, la phrase incidente *ne pereat legatum*, etc., ne s'applique point aux derniers, et s'entend seulement du cas où les colégataires étaient divisés entre eux. Malheureusement la constitution même n'admet pas cette interprétation.

suffit d'avoir faction de testament avec leur maître (*Ulp.* 22 *reg.* 9; *Pomp. fr.* 12, § 2, *de legat.* 2°).

719. Parmi les personnes avec qui nous avons faction de testament, plusieurs ont été soumises à certaines restrictions. Ainsi la loi Junia en donnant un état aux latins Juniens défendit qu'on leur déférât la tutelle testamentaire (*Gaius,* 1 *inst.* 23; *Ulp.* 11 *reg.* 16), et malgré la validité des institutions ou des legs faits en leur faveur, cette même loi les empêchait de rien recueillir, lorsqu'ils n'étaient pas devenus citoyens au décès du testateur, ou dans les cent jours suivants (*Gaius, ibid.; Ulp.* 17 *reg.* 1; 22 *reg.* 2).

D'après un plébiscite porté l'an de Rome 585, et connu sous le nom de loi Voconia, les femmes ne pouvaient être instituées par ceux dont la fortune excédait 100,000 as ou 25,000 sesterces (*centum millia æris; Gaius,* 2 *inst.* 274). Plus tard, c'est-à-dire sous Auguste, et d'après la loi Julia *de maritandis ordinibus* (151), les célibataires sont devenus, comme les latins Juniens, incapables de recueillir, *capere,* ni hérédité ni legs, s'ils n'avaient pas satisfait à la loi en se mariant avant la mort du testateur ou dans les cent jours suivants (*Ulp.* 17 *reg.* 1; 22 *reg.* 3). Enfin d'après la loi Papia Poppæa (151), les personnes mariées, mais restées sans enfants, n'ont pu recueillir que la moitié de ce qu'on leur laissait (*Gaius,* 2 *inst.* 286).

Il reste encore au Digeste plusieurs traces des prohibitions ainsi établies par les lois Julia et Papia Poppæa (v. *Terent. Clem. fr.* 72, *de her. inst.; fr.* 62, § 1, *de cond. inst.*), et supprimées par Constantin ainsi que par Théodose (C. 1 *et* 2, *de infirm. pœn. celib.*), mais pour faire place à des prohibitions d'un autre genre. En effet, Théodose (C. 4 *et* 5, *de hæret.*) et Justinien (C. 22, *eod.*)

ont déclaré les hérétiques incapables de rien recevoir soit
par institution d'héritier, soit par legs ou par fidéicommis, même en vertu d'un testament militaire.

§ XXV.

720. On n'a jamais pu instituer les personnes incertaines, ni leur faire aucun legs (*text. hic.; Ulp.* 22 *reg.* 4; 24
ibid. 18). Cette prohibition absolue s'étendait au don de
la liberté, comme à tout autre chose, et aux militaires,
comme à tous autres testateurs. Les doutes ont été tran-
chés sur le premier point, par la loi Fusia Caninia, d'après
laquelle toute manumission testamentaire doit se faire
nommément (*text. hic; Gaius,* 2 *inst.* 239; *Ulp.* 1 *reg.*
25), et sur le second, par un rescript d'Adrien (*text.
hic*). C'est à ce prince que remonte aussi la prohibition
qui empêche les personnes incertaines de rien recevoir
par fidéicommis (*Gaius,* 2 *inst.* 287).

On admettait, depuis cette prohibition, la répétition des
fidéicommis indûment payés aux personnes incertaines,
tandis qu'on n'admettait pas celle des legs (*Gaius,* 2 *inst.*
283; *Ulp.* 24 *reg.* 33). Cette différence a subsisté jusque sous les empereurs chrétiens qui ont supprimé (*sa-
cris constitutionibus*) toute répétition.

721. Nous avons vu (586) qu'une personne peut être
inconnue au testateur, sans être incertaine. On appelle
incertaines les personnes dont le défunt n'a eu qu'une idée
vague, et sur lesquelles il n'a pu se former une opinion
positive : ainsi l'incertitude des personnes n'est ici qu'une
conséquence de celle qui existe dans l'esprit et par suite
dans la volonté du testateur, *quoniam certum concilium
debet esse testantis* (*Ulp.* 22 *reg.* 4). Aussi peut-on dis-

poser en faveur d'une personne incertaine, lorsqu'elle est comprise (*sub certa demonstratione*) dans une classe actuellement limitée. C'est ce qu'on appelle ici léguer *incertæ personæ ex certis personis*, et ce que l'on concevra mieux par les exemples du texte, que par toute autre explication (v. *text. hic.; Caïus*, 2 *inst.* 238; *Ulp.* 24 *reg.* 18).

§ XXVII.

722. Dans la législation de Justinien, on dispose sans obstacle en faveur des personnes et des corporations incertaines, comme les villes (*Leo*, C. 12, *de hered. inst.;* v. *Ulp.* 22 *reg.* 5), les pauvres, les captifs (*Justin.* C. 49, *de episc. et cleric.*). On peut les instituer héritiers, leur laisser des legs ou des fidéicommis, mais la tutelle testamentaire ne peut être déférée qu'à une personne certaine : à cet égard, l'empereur maintient expressément l'ancienne prohibition (*text., hic in fin.;* v. *Gaius*, 2 *inst.* 239, 240).

§ XXVI.

723. Au nombre des personnes incertaines sont les personnes qui ne sont pas encore nées, et par conséquent les posthumes (1) ; cependant nous avons vu (568) que,

---

(1) Vinnius se fonde sur deux décisions de Julien (*fr.* 2 , *de jur. codicil.; Gaius, fr.* 5, *de reb. dub.*) pour établir une différence entre les posthumes externes et les personnes incertaines. Il résulte effectivement de ces décisions que les fidéicommis, déclarés impossibles à l'égard des personnes incertaines (§ 25, *h. t.*), auraient pu valoir en faveur d'un posthume ; à cet égard il importe de distinguer les époques.

Jusqu'au règne d'Adrien , les personnes incertaines ont eu pour les fidéicommis une capacité qui leur fut enlevée par un sénatus-consulte ; mais soit auparavant soit depuis, le posthume externe a toujours suivi

long-temps avant Justinien, il a été permis d'exhéréder ou d'instituer les posthumes siens, et à plus forte raison de leur laisser un legs. La prohibition ne subsistait donc plus qu'à l'égard des posthumes externes, c'est-à-dire de ceux qui ne doivent pas naître sous la puissance du testateur, et qui par suite ne peuvent pas se trouver *inter suos heredes* (*text. hic*) : ce sont en effet les seuls que Justinien présente ici comme incapables de recevoir. Ainsi les enfants conçus après l'émancipation de leur père (*ex emancipato filio*) ne sont pas siens à l'égard de l'aïeul paternel, parce qu'ils ne peuvent pas naître sous sa puissance (207 ; § 9, *quib mod. jus potest.*).

§ XXVIII.

724. C'est inutilement qu'on aurait fait un legs en leur faveur (*text. hic.*), ou qu'on les aurait institués (*Gaius, 2 inst.* 242).

Cependant Justinien déclare ici que le posthume externe, susceptible d'être institué d'après sa nouvelle législation (*nunc potest*), l'était également d'après la législation antérieure (*ante poterat*); mais un autre texte

---

la condition des personnes incertaines, il a eu la même capacité et l'a perdue comme elles; *est enim incerta persona*, dit Gaius (2 *inst.* 241 ; v. *ibid.* 287). Si Julien (*fr.* 2, *de jur. codicil.*) parle d'un fidéicommis valable à l'égard d'un posthume externe, c'est parce qu'au temps de Julien, les personnes incertaines étaient encore capables de recevoir par fidéicommis. On en pourrait dire autant de la décision du même Julien (*fr.* 5, *de reb. dub.*), si Tribonien n'avait pas altéré ce texte et les suivants (*Marcian. et Gaius , fr.* 6 *et* 7 , *eod.*) pour les approprier à la législation de Justinien; car , dans leur état actuel, ils supposent le posthume externe capable de recevoir non-seulement un fidéicommis, mais un legs, et même une institution (v. *Jan. a Costa , hic*).

fait disparaître la difficulté qui résulte ici d'une simple équivoque. Il suffit pour cela de distinguer entre le droit civil et le droit honoraire, entre l'hérédité et la possession de biens. Ainsi notre texte signifie que l'institution valait autrefois (*ante poterat*) d'après le droit prétorien, et que sous Justinien (*nunc potest*), elle vaut même d'après le droit civil..

725. On excepte le cas où il s'agirait de l'enfant conçu par une femme *quœ jure nostro uxor esse non potest :* ce qu'on peut entendre, ou d'une femme qui ne peut épouser personne, ou d'une femme simplement incapable d'épouser le testateur : ce dernier sens est celui de Théophile. En conclurons-nous que ne pouvant jamais épouser ni ma fille, ni ma bru, ni ma sœur, je suis par cela même dans l'impossibilité d'instituer leurs enfants? Non sans doute; car lorsqu'on permet d'instituer les posthumes externes, ce n'est pas pour exclure les petits-enfants ou les neveux du testateur. On veut prohiber une institution d'héritier contraire aux bonnes mœurs, pour ne pas favoriser le fruit d'un commerce illicite (v. *Paul. fr.* 9, § 1, 3, 4, *de liber et post.*). Ainsi la femme *quœ uxor esse non potest* est ici la femme qui, ne pouvant pas épouser le testateur, serait enceinte de ses œuvres.

§ XXXII.

726. Les qualités respectives d'héritier et de légataire, sont incompatibles entre elles comme les qualités de créancier et de débiteur; car on ne peut rien se devoir à soi-même. Ceux qui n'instituent qu'un héritier ne peuvent donc lui faire aucun legs (*Ulp.* 24 *reg.* 22); mais lorsqu'il existe plusieurs héritiers, le legs fait à l'un d'eux

vaut pour la part qui tombe à la charge des autres
héritiers, et est nul pour la part dont l'héritier légataire
serait chargé envers soi-même (*Ulp. fr.* 34, § 11 *et* 12,
de legat. 1°; *Julian. fr.* 104, § 3 *et* 5, *eod.*).

Ce qu'on a dit de l'héritier s'applique avec certaines
restrictions à ses esclaves; car le legs fait à ces derniers
profite au maitre sous la puissance duquel ils se trouvent
au moment *quo dies legati cedit*, c'est-à-dire comme on
le verra plus loin (742) à la mort du testateur, si le legs
est legs pur et simple ou à terme, et à l'événement de la
condition, s'il est conditionnel (*Ulp.* 24 *reg.* 31; *fr.* 5,
§ 1 *et* 7, *quando dies legat.*). Ainsi pour apprécier la
validité du legs fait aux personnes *alieni juris*, c'est
à l'époque où *dies legati cedit* qu'il faut examiner si le
légataire se trouve sous la puissance de l'héritier. Cependant notre texte se réfère à la confection du testament,
et déclare que le legs restera nul quand même le légataire sortirait de la puissance de l'héritier (*vivo testatore*)
avant le décès du testateur, parce qu'on applique au
legs non conditionnel une fiction qui, sous le nom de
règle catonienne, suppose le testateur décédé *statim post
testamentum factum*. En réunissant ainsi deux époques
en une seule, la règle catonienne rend absolument indifférent l'intervalle qui a séparé l'une de l'autre; et par
suite, les dispositions qui auraient été nulles dans l'hypothèse d'une mort immédiate, restent nulles malgré la
survie du testateur (*text. hic*; *Cels. fr.* 1, *de regul.
caton.*).

727. Ainsi le legs pur et simple sera nul, par cela seul
que le légataire a été sous la puissance de l'héritier lors
de la confection du testament. Cette décision est indubitable, lorsqu'il s'agit d'un legs pur et simple, *constat*

pure inutiliter legari (*text. hic*; v. *Ulp.* 24 *reg.* 24). Il en serait autrement du legs conditionnel (*sub conditione vero recte legatur*) : car alors, on rentre dans la règle générale; on examine si le légataire s'est trouvé sous la puissance de l'héritier à l'époque ou *dies legati cedit* (*text. hic*; v. *Ulp.* 24 *reg.* 23), c'est-à-dire à l'événement de la condition (*Ulp.* 24 *reg.* 31; *d. fr.* 5, § 2, *quando dies legat.*).

Cette différence entre les dispositions pures et simples ou à terme et les dispositions conditionnelles vient de ce que la règle catonienne s'applique uniquement aux legs *quorum dies cedit tempore mortis* (*Pap. fr.* 3, *de regul. caton.*). Elle ne peut donc atteindre que les legs pur et et simples ou à terme.

§ XXXIII.

728. Nous venons de supposer un legs fait à l'esclave de l'héritier : en sens inverse, lorsqu'on institue l'esclave, le legs fait au maître peut valoir, indépendamment de toute condition, *etiam sine conditione* (*text. hic*; v. *Paul. fr.* 25, *de legat.* 1°). On objectera que le legs et l'hérédité sont également acquis au maître par son esclave (§ 3, *per quas pers.*); mais l'esclave n'acquiert pas toujours l'un et l'autre au même maître. Le legs profite au maître dont le légataire dépend à l'époque où *dies cedit*; l'hérédité, au maître dont l'institué dépend au jour de l'adition. Quelle que soit l'époque de la mort, et lors même quelle arriverait immédiatement après la confection du testament, il y aura toujours un intervalle entre le moment où *dies legati cedit* et l'adition d'hérédité. Il n'est donc pas certain que le legs fait

au maître et ouvert pour ce dernier, soit ouvert pour l'héritier, car l'héritier est encore inconnu; et, si avant de faire adition, l'esclave institué change de condition, il acquerra l'hérédité pour soi-même ou pour un nouveau maître. Dans ces différents cas, le legs fait à son ancien maître vaudra (*quibus casibus utile est legatum*); mais si ce dernier conserve sous sa puissance l'esclave institué et devient héritier par lui, alors le legs s'évanouit (*text. hic; Gaius*, 2 *inst.* 245; v. *Julian. fr.* 91, *de legat.* 1°).

729. Ainsi le legs fait au maître de l'institué peut valoir indépendamment de toute condition, parce qu'il ne se confond pas nécessairement avec l'hérédité (*cum hereditas a legato separata sit*). Il en est autrement du legs fait à l'esclave de l'institué, parce que l'hérédité déférée à une personne *sui juris*, ne peut être acquise qu'à elle et par elle-même. Devenu légataire par son esclave, le maître acquérant ensuite l'hérédité, la confondra nécessairement avec le legs. Pour disposer valablement il faudrait séparer le premier de la seconde, et comme l'hérédité ne peut appartenir qu'au maître institué, on doit faire en sorte que le legs puisse appartenir à d'autres. Voilà pourquoi, dans le paragraphe précédent, on exige pour la validité du legs, une condition à l'événement de laquelle la position du légataire pourra n'être plus la même. Les Sabiniens le décidaient ainsi, et leur distinction entre le legs pur et le legs conditionnel a prévalu (*text. hic; Ulp.* 24 *reg.* 23) contre l'opinion de Servius et contre celle des Proculéiens, qui assimilaient le legs pur et simple au legs conditionnel pour les déclarer également valables ou également nuls. Servius, n'appliquant point la règle catonienne, s'était déclaré pour la validité; les Proculéiens,

malgré la condition, prononçaient la nullité absolue
(v. *Gaius*, 2 *inst.* 244; v. *Ulp.* 24 *reg.* 24).

QUATRIÈME SECTION.

Règles diverses.

§ XXIX.

730. Le testateur doit désigner d'une manière certaine
la personne soit du légataire, soit de l'institué; car dans
le doute, par exemple, lorsque la même désignation ou
le même nom convient à plusieurs personnes, on n'admet
ni l'une ni l'autre (*Ulp. fr.* 10, *de reb. dub.*; *fr.* 3, § 7,
de adim. legat.); mais on ne statue ainsi qu'après avoir
épuisé tous les moyens de connaître l'intention du défunt
(*Cels. fr.* 25, *de reb. dub.*), et par conséquent une erreur de nom, de prénom, etc., est sans importance,
lorsqu'on sait d'ailleurs à qui s'applique la disposition,
SI DE PERSONA CONSTAT (*text. hic; Marcian. fr.* 48, § 3,
de her. inst.; *Florent. fr.* 34, *de cond. et dem.*).

§ XXX.

731. Les mêmes principes s'appliquent à l'objet du
legs, lorsqu'on est certain de la chose que le testateur a
voulu léguer, SI DE SERVO CONSTAT (*text. hic in fin.*; v.
Gaius, fr. 17, § 1, *de cond. et dem.*).

Il faut éviter de confondre la désignation (*demonstra-
tio*) avec la détermination de l'objet légué. La première
n'est qu'un indice dont le plus ou moins d'exactitude
n'empêche pas de reconnaître une chose à d'autres signes.
La détermination, au contraire, précise le caractère spé-

cifique de la chose, caractère essentiel à défaut duquel
l'objet n'est plus le même. Il résulte de là qu'une fausse
détermination laisse le legs sans objet, comme si l'on
avait légué ce qui n'existe pas.

C'est ainsi qu'en léguant ce que Titius me doit, ou la
dot de mon épouse, je fais un legs inutile, si Titius n'est
point mon débiteur, ou si je n'ai rien reçu en dot (v.
711 ; § 14 *et* 15, *h. t.*). Pareillement, si je lègue les mille
francs qui sont dans ce coffre, les mille francs que Titius
me doit, la disposition n'excédera ni le contenu du coffre, ni la dette de Titius; car ici je ne lègue pas mille
francs en général, mais une somme spécifiée, un objet
certain qui ne peut être remplacé par aucun autre (*Pap.
fr.* 51, *de legat.* 1°; *Ulp. fr.* 75, § 2, *eod.*) : tel est l'effet
de la détermination (*Pothier*, 35 *pand.* 1, *n°* 228, 252).
Au contraire, lorsque je lègue l'esclave Stichus (*Stichum
servum*), en ajoutant qu'il m'a été vendu par Titius
(*quem a Titio emi*), ou bien qu'il est né chez moi (*ver-
nam*), je fais une démonstration ou désignation additionnelle et par conséquent superflue, quand il n'existe aucun
doute sur la volonté du testateur et sur l'objet légué, SI DE
SERVO CONSTAT (*text. hic; v. Ulp. fr.* 17, § 1, *de condit.
et dem.*). Il en serait de même si le testateur, après avoir
légué un héritage déterminé, *fundum cornelianum*, ajoutait mal à propos que cet héritage lui a été apporté en
dot (*Ulp. fr.* 40, § 4, *de cond. et dem.*). Cette fausse désignation ne nuirait pas au legs (v. § 15, *h. t.; Ulp. fr.*
40, § 4, *de cond. et dem.; fr.* 94, *de reg. jur.*).

§ XXXI.

732. Lorsque le testateur, pour motiver sa disposition,

exprime une cause qui n'existe réellement pas, on décide sur la fausse cause comme sur la fausse désignation, par des raisons semblables et même plus fortes (*longe magis*), en ce sens que le testateur n'est jamais obligé de motiver sa volonté (*Pap. fr.* 72 , § 6 , *de condit. et dem.*), tandis qu'il faut absolument désigner le légataire et la chose léguée.

Conséquemment si l'héritier prouve la fausseté du motif allégué, le legs reste sans motif exprimé, ou même dénué de motifs, ce qui ne détruit pas la volonté du défunt, puisqu'elle est indépendante de tous motifs; *ratio legandi legato non cohæret*, dit Papinien (*fr.* 72, § 6, *de condit. et dem.*). L'héritier devra donc prouver que le défunt, s'il avait été mieux informé, n'aurait pas légué (*Pap. d. fr.* 72, § 6), ce qui se présume très-rarement (v. *Paul. fr.* 92, *de hered. inst.; Scævol. fr.* 75, *ad sc. treb.*).

Lorsque la cause est énoncée conditionnellement, l'effet restrictif de la forme conditionnelle exclut naturellement tout autre cas, et détruit la prétention du légataire, sans que l'héritier ait aucune preuve à fournir (*text. hic*).

753. La cause du legs, comme on l'aperçoit par les exemples du texte, se tire d'un événement passé; en cela elle diffère du mode ou but que le testateur assigne à sa disposition, par exemple, lorsqu'il exprime que tel objet est légué à telle personne, soit pour qu'elle construise le tombeau du testateur ou un édifice quelconque, soit pour qu'elle remette à d'autres une partie de l'objet légué (*Gaius, fr.* 17, § 4, *de cond. et dem.*). Dans ce cas, le légataire ne reçoit le legs qu'après avoir exécuté, ou du moins après avoir garanti qu'il exécutera l'intention du testateur (*Javol. fr.* 40, § 5, *eod.*); et en cas d'inexécu-

tion, si toutefois elle a dépendu de lui, il doit restituer
ce qu'il a reçu (*Scævol. fr.* 21, § 3, *de ann. legat.*; *Julian.
fr.* 92, § 1, *de legat.* 1°). Il existe donc une grande différence entre le mode et la condition qui suspend l'effet du
legs jusqu'à ce qu'elle soit accomplie, ou réputée accomplie (599). Cependant on excepte les conditions qui consistent, de la part du légataire ou de l'institué, à ne pas
faire une chose qu'il aura possibilité de faire jusqu'à sa
mort, par exemple, à ne point monter au Capitole, à ne
point affranchir tel esclave (*Ulp. fr.* 7, *de cond. et dem.*).
Cette condition ne sera véritablement accomplie qu'au
décès de celui à qui elle est imposée, et par conséquent
la disposition faite en sa faveur ne pourrait jamais lui
profiter, si l'on ne modifiait pas ici l'application des principes généraux. En pareil cas, le legs ou l'institution
conditionnels s'exécutent comme s'ils étaient purs et
simples, et la condition astreint seulement le légataire
ou l'institué à garantir qu'il restituera, en cas de contra-
vention, tout ce qu'il a reçu avec les fruits du temps
pendant lequel il a joui. Cette garantie se nomme caution mutienne (*Ulp. d. fr.* 7, *de cond. et dem.*; *Pap. fr.*
79, § 2, *eod.*; *fr.* 76, § 2, *de legat.* 2°).

La condition, imposée au légataire ou à l'institué, de
ne pas faire telle ou telle chose, est souvent susceptible de
s'accomplir avant son décès. Alors on reste dans la règle
générale; la condition suspend la disposition, et ceux
'qu'elle intéresse doivent attendre l'événement. C'est en
vain qu'ils offriraient la caution mutienne (v. *Pap. fr.*
101, § 3, *de cond. et dem.*; *fr.* 72, § 2; *Julian. fr.*
106, *eod.*).

§ XXXIV.

734. L'institution d'héritier est la disposition principale du testament (223). On en concluait que les dispositions de dernière volonté, lorsqu'elles doivent se faire
par testament, ne peuvent pas précéder l'institution
d'héritier sans se trouver hors du testament dont celle-ci
forme le commencement (*caput*) et la base (*fondamen-*
tum). Il fallait donc instituer un héritier avant de faire
aucun legs ou aucun affranchissement (*Ulp*. 24 *reg*. 15;
Gaius, 2 *inst*. 229, 230; *Paul*. 3 *sent*. 6, § 2). Quant à la
nomination du tuteur, les Proculéiens ont fait prévaloir
une exception fondée sur ce qu'en donnant la tutelle, le
testateur n'entame point l'hérédité et n'impose aucune
charge à l'héritier (*Gaius*, 2 *inst*. 231).

Ce motif n'est pas applicable aux fidéicommis; mais
comme ils peuvent exister sans testament, le testateur
a toujours été libre de les écrire avant l'institution (*Ulp*.
25 *reg*. 8).

Justinien (*text. hic*; C. 24, *de testam*.) accorde la même
facilité pour toutes les autres dispositions.

§ XXXV.

735. Pareillement (*simili modo*), pour ne pas donner
moins de latitude aux legs qu'aux fidéicommis (*text. hic*),
il permet de différer l'exécution du legs jusqu'après la
mort ou jusqu'au jour qui précédera la mort, soit du
légataire, soit de l'héritier.

Différé jusqu'après la mort de l'héritier, le legs serait
une charge imposée aux successeurs de l'héritier plutôt
qu'à l'héritier même : or le legs, à la différence des fidéi-

commis, doit exclusivement tomber à la charge de l'héritier (688); aussi ne devait-il pas être différé jusqu'après la mort de ce dernier, *ne ab heredis herede legari videatur* (*Ulp.* 24 *reg.* 16; *fr.* 5, § 1, *de legat.* 3°; *Paul.* 3 *sent.* 6, § 5; *Gaius,* 2 *inst.* 232, 277).

736. Le legs différé jusqu'après la mort du légataire était nul, comme fait aux héritiers du légataire plutôt qu'au légataire lui-même, et par conséquent à personnes incertaines.

On n'admet aucune distinction entre le legs différé jusqu'après la mort (*post mortem*) et le legs différé seulement jusqu'à la veille du décès (*pridie quam morietur*). Cependant on a toujours pu léguer à une personne pour l'époque où elle sera mourante, *cum morietur,* comme nous l'expliquerons en traitant des obligations (§ 13 *et* 15, *de inutil. stip.*).

§ XXXVI.

737. Les dispositions testamentaires se soutiennent, comme nous l'avons déjà dit (732), par la volonté du testateur, sans examiner les motifs qui l'ont déterminée, motifs communément fondés sur sa bienveillance envers les héritiers et les légataires qu'il choisit. Cependant les avantages conférés à une personne deviennent presque toujours onéreux à quelque autre. Le legs est une charge imposée à l'héritier; et le testateur, en donnant un cohéritier à ceux qu'il a déjà institués, diminue nécessairement leur part. Or, s'il ne donne que pour ôter, s'il ne favorise les uns que pour nuire aux autres, alors sa volonté n'a plus le même caractère; il obéit à un sentiment de haine ou de malice, sentiment indigne de la protection

que la loi accorde aux dispositions testamentaires. C'est par ce motif, sans doute, que le droit romain réprouvait toute disposition faite à titre de peine (*pœnœ nomine*), c'est-à-dire pour punir une personne si elle fait ou ne fait pas telle ou telle chose (v. *Ulp.* 24 *reg.* 16; *Afric. fr.* 1, *de his quœ pœn. nom.*).

Ces sortes de dispositions ne pouvaient valoir, même dans un testament militaire, ou en faveur du prince; et quel que fût leur résultat, soit augmentation dans le nombre des institués, soit affranchissement d'un esclave, soit révocation ou translation d'un legs ou d'un fidéicommis, on les annulait toutes sans faire aucune distinction entre les différents moyens qu'aurait employés la malveillance du testateur (*nihil enim interest qua ratione*, etc.; *text. hic; Gaius*, 2 *inst.* 235, 236, 243; *Ulp.* 24 *reg.* 17). La nomination du tuteur testamentaire n'est jamais faite à titre de peine (*Gaius, 2 inst.* 237), puisqu'elle ne profite ni ne préjudicie à l'héritier : quelquefois cependant la tutelle se donne *per inimicitiam* (§ 9, *de excusat. tut.*), et alors le motif du testateur devient une cause d'excuse (309).

738. Justinien permet au testateur d'imposer la peine qu'il jugera convenable à l'inexécution des choses qu'il désire, pourvu que le fait dont il s'agit soit un de ceux que l'on peut raisonnablement et légalement ordonner ou défendre ; car nul ne doit être puni pour n'avoir pas fait ce qui serait impossible, ou contraire soit aux mœurs, soit aux lois (*text., hic in fin.*). Sous ce rapport, il importe donc toujours de distinguer la peine et la condition ; car la condition d'un fait moralement ou physiquement impossible étant réputée non écrite (600), la disposition reste pure et simple (*Ulp. fr.* 3, *de cond.*

et dem.; Marcel. fr. 20, *eod.*), tandis que la peine attachée à l'inexécution d'un semblable fait annule la disposition (*text. hic*). Cette distinction entre la peine et la
condition est toujours très-délicate; c'est dans l'intention du testateur qu'il faut la chercher, plutôt que dans
les expressions du testament (*Marcian. fr.* 2, *de his quæ
pœn. caus.*)

CINQUIÈME SECTION.

Effets du Legs.

§ XVI.

739. Un legs cesse de valoir, soit lorsque le testateur
change de volonté, comme nous le verrons au titre suivant, soit lorsque la chose léguée périt pendant la vie du
testateur ou même après sa mort, pourvu, dans ce dernier cas, qu'elle périsse (*sine facto heredis*) sans que l'héritier débiteur du legs y ait aucunement contribué. Il
en est de même, lorsque la chose, sans être anéantie, est
mise hors du commerce, par exemple, lorsque l'esclave
légué par le testateur a été affranchi *sine facto heredis,*
ce qui arrive souvent lorsqu'on a légué, comme on le
le suppose ici, l'esclave d'autrui (*si servus alienus legatus
sit; text. hic; Paul. fr.* 35, *de legat.* 1°). Si l'on suppose
au contraire que l'héritier, propriétaire de l'esclave légué, l'affranchit lui-même ou le donne à un nouveau
maître, par qui l'esclave est ensuite affranchi, le fait de
cet héritier suffit pour empêcher sa libération (*tenetur
heres*) quoiqu'il ait ignoré l'existence du legs, *quamvis
ignoraverit a se legatum esse* (*text. hic; Marcian. fr.
112, § 1, eod.*).

On n'a, dans ce dernier cas, aucune faute à lui imputer : aussi n'est-il pas question de le punir. On ne
lui impose aucune obligation ; il s'agit seulement de
savoir s'il est libéré d'une obligation existante, obligation dont l'extinction serait pour lui un bénéfice, et
pour le légataire une perte. Ce dernier supporte la perte,
lorsqu'elle arrive *sine facto heredis ;* mais, dans le cas
contraire, il est juste que l'héritier ne profite pas du tort
que son propre fait occasionne (*Julian. fr.* 25, § 2, *ad
sc. trebell.*). Aussi, malgré la perte de la chose, verrons-
nous, en règle générale, que le débiteur conserve et per-
pétue son obligation par un simple fait (§ 2, *de inutil.
stip.*) qui, seul et exempt de faute, ne suffit point
pour créer une obligation (v. § 2, 3, 4 *et* 5, *de leg.
aquil.*).

§ XVII.

740. Lorsque plusieurs objets sont légués par la même
disposition, la perte des uns n'empêche pas le legs de
subsister pour les autres, comme le démontrent les deux
premiers exemples du texte. En effet, une esclave et ses
enfants, deux esclaves dont l'un (*vicarius*) serait dans
le pécule de l'autre (*ordinarius*), sont plusieurs esclaves,
et chacun d'eux est considéré comme l'objet d'un legs
distinct (*Paul. et Gaius, fr.* 3 *et* 4, *de pecul. legat.*).

Au contraire, celui qui lègue un esclave avec son pécule (*cum peculio*) dispose principalement de l'esclave ;
le pécule, compris dans la même disposition, ne l'est
qu'accessoirement, et à cause d'un autre objet dont la
perte anéantit la totalité du legs (*Paul. et Gaius, fr.* 1
et 2, *eod.*). Par la même raison le légataire, s'il ne pouvait plus demander le fonds légué, perdrait également

toute espèce de droit sur l'*instrumentum* légué avec le fonds (*text. hic; Paul. fr.* 1, § 1, *de instruct. vel instr. leg.*).

741. Il importe de ne pas confondre *fundus instructus* et *fundus cum instrumento*. Cette dernière expression, moins étendue que la première, comprend les objets destinés à la culture, à la récolte et à la conservation des fruits (*Ulp. fr.* 8; *fr.* 12, *pr.*, § 1 *et seqq., eod.; Paul.* 3, *sent.* 6, § 55*et seqq.*); *fundus instructus* comprend en outre tous les objets placés sur le fonds pour en rendre l'usage et le séjour plus agréable ou plus commode (*Ulp. d. fr.* 12, § 27, 28, 31, 32 *et seqq.; Paul.* 3 *sent* 6, § 51 *et seqq.*), à l'exclusion des choses déposées ou emmagasinées dans les bâtiments, *custodiæ gratia*, comme dans un grenier, et en attendant une autre destination (*Ulp. d. fr.* 12, § 29, 36, 37 *et seqq.*).

§ XVIII et XIX.

742. On suppose ici que l'objet légué est un troupeau composé de plusieurs brebis, dont le nombre peut diminuer ou augmenter. Dans le premier cas, n'en restât-il qu'une seule, le légataire aura *quod superfuit* (1). Dans le second cas, son legs comprendra toutes les brebis ajoutées au troupeau depuis la confection du testament

---

(1) Pareillement, celui à qui l'on aurait légué une maison, peut, malgré la démolition du bâtiment, revendiquer le terrain (*Pomp. fr.* 22, *de leg.* 1°); cependant l'usufruitier d'une maison renversée ne conserve aucun droit sur le sol (§ 3, *de usufr.*). Cette différence vient de ce que l'usufruitier ne jouit des choses que sous leur forme actuelle (*salva substantia*) et pour la destination qui résulte de cette forme (421).

(§ 18, *h. t.*; *Ulp. fr.* 21, *de legat.* 1°; *Pomp. fr.* 22, *eod.*). En effet, donner un troupeau, ce n'est pas donner isolément chacun des animaux dont il se compose. Considérée comme objet distinct d'un legs séparé, chaque brebis périrait pour le légataire, et ne serait point remplacée; considérées, au contraire, comme partie intégrante d'un troupeau, les brebis sont comme les matériaux d'un bâtiment : d'autres brebis, d'autres matériaux substitués ou ajoutés aux premiers n'empêchent pas le troupeau ou le bâtiment d'être toujours le même (v. § 18, *h. t.*; *Pompon. d. fr.* 22, *de legat.* 1°). Conséquemment les constructions et embellissements ajoutés au fonds légué, après la confection du testament, profitent au légataire (§ 19, *h. t.*; *Javol. fr.* 10; *Modest. fr.* 39, *de legat.* 2°).

743. Ces différentes décisions dérivent de ce principe général, que le légataire doit avoir la chose léguée dans l'état où elle existe *cum* DIES *legati* CEDAT (*Scævol. fr.* 28, *quando dies leg.*).

DIES CEDIT à l'égard des legs, ou, pour employer une expression française, le legs s'ouvre à l'époque de la condition, lorsqu'il est conditionnel, et, dans le cas contraire, à la mort du testateur (726; *Ulp.* 24 *reg.* 31; *fr.* 5, § 2, *quand. dies legat.*). Cependant on ne peut en exiger l'exécution qu'après l'adition d'hérédité, ou même après l'échéance du terme, lorsqu'il y en a un. Cette ouverture du legs antérieure à son exigibilité a peu d'intérêt pour le légataire, si l'on ne considère que lui, mais elle importe beaucoup à ses héritiers; car, dès ce moment, le legs devient transmissible (*Ulp. fr.* 5, *eod.*), si la chose léguée est susceptible de transmission héréditaire. Dans le cas contraire, lorsqu'il s'agit d'un droit

I.   35

viager, comme l'usufruit ou l'usage, il devient inutile
d'avancer l'ouverture du legs; aussi ne s'ouvre-t-il qu'à
l'adition d'hérédité. Alors on dit encore que *dies cedit*
(*Ulp. fr.* 2 *et* 5, *eod.*), non pour la transmissibilité de
l'objet légué, mais pour les autres conséquences de l'ouverture du legs. En effet, nous avons déjà vu que la
chose léguée doit être délivrée telle qu'elle existait au
moment où *dies cedit* : il faut ajouter que le legs profite au légataire même ou à ses héritiers, s'il est *sui
juris* lorsque *dies cedit* (1); sinon, à l'ascendant ou
au maître dont il dépend, quelle qu'ait été ou que
puisse être, à toute autre époque, la condition du légataire.

De là une conséquence importante, relativement à
l'ouverture des legs qu'un maître ferait à son propre esclave, soit en l'affranchissant, soit en le léguant lui-

(1) *Ulp. d. fr.* 5, § 7, *quando dies legat; Julian. fr.* 91, § 3 *et* 5,
de legat. 1°; *Gaius fr.* 68, § 1, *eod.* En parlant des obligations, *dies
cedit* signifie que la dette commence à exister, et *dies venit*, qu'elle
est devenue exigible. Lorsqu'on a stipulé conditionnellement, *dies
cedit* à l'événement de la condition comme pour le legs conditionel
(*Ulp. fr.* 213, *de verb. signif.*), mais avec des résultats bien différents.
En effet, 1° l'espoir que produit la stipulation conditionnelle est transmissible aux héritiers du stipulant dès le moment même du contrat,
avant l'événement de la condition (§ 4, *de verb. obl.*; § 25, *de inutil.
stip.*), et par conséquent avant l'époque ou *dies cedit*; 2° le stipulant acquiert l'obligation à soi-même, lorsqu'il est *sui juris* au moment du contrat, et dans le cas contraire, au maître ou à l'ascendant dont il dépend au même moment, sans examiner ce qu'il sera et
sous la puissance de quelle personne il se trouvera à l'événement de la
condition (*Pomp. fr.* 18, *de reg. jur.*; v. 967). Cette expression *diem
cedere* n'a donc pas à l'égard des obligations le même sens qu'à l'égard
des legs, et c'est mal à propos qu'on le lui attribue en généralisant ce
qu'Ulpien (*d. fr.* 213, *de verb. fign.*) dit pour les premières seulement.
Dies venit est inusité à l'égard des legs.

même à un autre légataire. De semblables legs, s'ils s'ou-vraient à la mort du testateur, c'est-à-dire lorsque l'es-clave légataire appartient encore à l'hérédité vacante, profiteraient à l'hérédité même et resteraient sans effet. Il a donc fallu différer leur ouverture jusqu'au moment où l'esclave légataire changera de condition, soit en de-venant libre, soit en passant sous la puissance des per-sonnes à qui cet esclave serait lui-même légué (1).

744. Ce moment est celui de l'adition; car, bien qu'en règle générale le legs pur et simple s'ouvre au décès (726), bien que la propriété de l'objet légué purement et simplement *per vindicationem* passe directement du tes-tateur au légataire sans jamais appartenir à l'héritier (*Pap. fr.* 80, *de legat.* 2°), néanmoins elle ne passe pas avant l'adition (*Gaius,* 3 *inst.* 194, 195; *Julian. fr.* 86, § 2, *de legat.* 2°; v. *Ulp. fr.* 7, § 5, *de dol. mal.*), parce que le testament ne peut produire aucun effet, tant qu'il n'existe pas d'héritier. Jusqu'à l'adition, les objets héré-ditaires appartiennent tous à l'hérédité vacante, et si les esclaves légués font des acquisitions, c'est l'hérédité qui en profite (2), preuve certaine que ces esclaves lui ap-

---

(1) *Ulp. fr.* 7, § *ult.; fr.* 8, *quando dies legat.; Justin. d. C. un.* § 6, *de cad. toll.* On suppose ici que l'esclave légataire est affranchi par le testateur même et sans condition : au contraire, lorsque l'affran-chissement est conditionnel ou fidéicommissaire, l'adition d'hérédité ne suffit pas pour l'ouverture des legs faits à ce même esclave. Il faut en outre que la liberté lui soit réellement acquise par l'événement de la condition (*Ulp. d. fr.* 8; *Justin. d. C.* § 7, *de cad. toll.*) ou par l'exécution du fidéicommis (*Scœvol. fr.* 27, § 1, *eod.*).

(2) *Javol. fr.* 38, *de legat.* 2°. Pothier (30 *pand. n°* 288) prétend que ces acquisitions devront être restituées au légataire. Cette asser-tion n'a d'autre fondement que l'autorité de la glose, et la fiction par laquelle Pothier veut faire rétroagir la propriété du légataire jusqu'à la

partiennent encore, et que le décès du testateur n'en a
pas transféré la propriété au légataire.

Pour éviter une méprise trop ordinaire, il faut donc
répéter que l'ouverture du legs est entièrement distincte
de l'acquisition de l'objet légué, acquisition qui ne précède jamais l'adition. Et en effet, si l'on a voulu, pour
la plupart des legs, qu'ils s'ouvrissent aussitôt que l'hérédité est déférée, soit par la mort du testateur, soit par
l'événement de la condition, c'est pour rendre leur effet
indépendant, non de l'adition même, mais des retards
qu'elle éprouverait par la volonté des institués, ou par
l'incertitude de la condition sous laquelle ils sont institués (v. *Ulp. fr.* 7, *pr.*, § 1, 2, 3 *et* 4, *quando dies
legat.*).

§ XX.

745. Nous trouvons ici l'application de ces divers
principes relativement au pécule légué, soit à l'esclave
lui-même lorsque son maître lui lègue en même temps

---

mort du testateur, fiction qui ne repose sur aucun texte, pas même sur
celui de Marcien (*fr.* 15, *de reb. dub.*). Ce jurisconsulte décide, il est
vrai, que la propriété rétroagit, mais dans quelle hypothèse ? Le légataire étant encore indécis, *deliberante legatario*, l'héritier aliène la
chose léguée ; dans ce cas la validité ou la nullité de l'aliénation dépend
du parti que prendra le légataire. Son acceptation aura donc un effet rétroactif ; il aura donc été propriétaire antérieurement à l'aliénation faite
par l'héritier. Cela est incontestable ; mais, pour admettre cette conséquence, il suffit de remonter à l'adition d'hérédité, sans aller au-
delà.

Dans le cas de legs conditionnel, et lorsque l'adition précède l'accomplissement de la condition, c'est à cette dernière époque seulement que
la chose léguée passe au légataire. Jusque-là elle appartient aux héritiers (*Ulp. fr.* 12, § 5, *de usufr.*; *fr.* 1, § 4, *de sc. silan.*; *Modest.
fr.* 32, § 1, *de legat.* 2° ; v. *Themis*, *t.* 2, *p.* 52).

la liberté (*ipsi manumisso*), soit à un étranger. Dans le premier cas, le legs ne s'ouvre qu'à l'adition : *hujus modi legati dies ab adita hereditate cedit* (*text. hic; Julian. fr.* 17, *quand. dies leg.*); dans le second cas, au contraire, le legs s'ouvre à la mort du testateur.

Par suite de cette distinction, le legs dont l'ouverture est différée jusqu'à l'adition d'hérédité comprend nécessairement toutes les acquisitions faites jusque-là par l'esclave, et qui augmentent son pécule. Pour un légataire étranger, au contraire, c'est la mort du testateur qui fixe l'ouverture du legs, et par suite la consistance du pécule. Ainsi, pendant la vie du testateur, le pécule augmente ou diminue toujours pour le légataire (*text. hic; Pap. fr.* 65, *de leg.* 2°). Après la mort du testateur, le légataire, quel qu'il soit, profite aussi des accroissements provenant des choses dont se composait déjà le pécule (*nisi ex rebus peculiaribus auctum fuerit peculium ; text. hic*), comme le part des esclaves (*partus ancillarum*), le croît des animaux, etc. Mais les acquisitions extrinsèques que l'esclave ferait après la mort et avant l'adition, ne profitent pas à l'étranger, parce que son legs s'ouvre au décès (*Ulp. fr.* 8, § 8, *de pecul. leg.; Tryph. fr.* 57, § 1 *et* 2, *de pecul.*).

746. Notre texte contient, sur le legs du pécule, trois propositions remarquables.

La première concerne les différents effets de l'affranchissement testamentaire et de l'affranchissement entre vifs. L'un et l'autre donnent à l'esclave sa liberté : ni l'un ni l'autre ne lui donnent son pécule; mais lorsqu'un esclave, affranchi entre vifs, emporte ce même pécule à la connaissance de son maître, il le conserve par cela seul qu'on ne le lui retire pas, *sufficit si non adimatur.*

Le silence du maître est considéré comme une donation
tacite, donation qui, dans l'affranchissement testamentaire, ne résulte pas du silence gardé par le défunt. Dans
ce dernier cas, le pécule n'est dû à l'affranchi qu'autant
qu'on le lui a légué : *nisi legatum fuerit, manumisso non
debetur (text. hic; v. Diocl. et Max. C. de pecul. ejus qui
libert.).*

Toutefois l'intention que l'on aurait eue de léguer à
l'esclave son pécule peut résulter des circonstances (v.
Pap. fr. 65, § 1, *de rei vind.*). Par exemple, si le testateur ordonne à l'affranchi de rendre son compte, et de
prendre sur le pécule, pour solder les héritiers, le reli-
quat du compte ou une somme déterminée, *ex eo reliqua
inferre (text. hic), centum ex peculio (Ulp. fr.* 8 , § 7, *de
pecul. leg.*). Alors évidemment on lui laisse le surplus.

747. Les pécules sont des universalités composées de
choses corporelles et même incorporelles, par exemple,
de créances actives ou passives, soit envers les étrangers,
soit envers le maître de l'esclave. Ce que l'esclave doit à
son maître diminue d'autant la valeur du pécule, qui
réciproquement devrait s'augmenter de tout ce que le
maître doit à l'esclave; mais un rescrit de Sévère et Antonin a décidé que le legs du pécule ne donne pas à l'esclave le droit d'exiger (*petitionem habeat*) les sommes
qu'il a dépensées pour le compte de son maître (*Ulp.
fr.* 6, § 4, *de pecul. leg.*). Il ne peut donc les réclamer
(*text. hic*) que lorsque telle a été la volonté formelle du
testateur, sauf à compenser ce qu'il ne pourra pas exiger
directement (*Ulp. d fr.* 6, § 4).

§ VIII et XII.

748. Le même objet peut être légué à plusieurs per-

sonnes conjointement ou séparément : conjointement, par exemple, lorsque le testateur, en donnant un de ses esclaves, le donne par la même disposition à Titius et à Séius; séparément, lorsqu'après l'avoir légué à Titius, il le lègue encore à Seius. Dans le premier cas, la chose n'est léguée qu'une seule fois (*semel; Paul. fr.* 85, *de legat.* 1°); dans le second cas, au contraire, le même objet se trouve légué plusieurs fois, *sœpius legetur* (*Ulp. fr.* 34, § 1, *de legat.* 1°).

Dans le legs *per damnationem*, l'héritier débiteur de la chose la devait autant de fois qu'elle avait été léguée; ou, ce qui revient au même, chacun des légataires devenait créancier de la chose entière ou d'une portion de la chose, selon qu'elle avait été léguée séparément ou conjointement. Ceci suppose que le legs produit son effet à l'égard de tous les légataires; mais l'un d'eux peut refuser le legs, ou décéder avant son ouverture, par exemple, *vivo testatore*, ou enfin se trouver dans l'impossibilité d'en recueillir le bénéfice : alors l'héritier, ayant un créancier de moins, est déchargé par avance de tout ce dont il serait devenu débiteur envers ce dernier, sans que cela profite ou nuise en rien aux autres légataires. Ainsi, chacun de ceux à qui la chose avait été léguée conjointement pouvait toujours demander sa part, rien que sa part; chacun de ceux à qui la chose avait été léguée séparément pouvait la demander en totalité, et l'héritier ne se libérait qu'en payant à chacun ou la chose même, ou sa valeur estimative (*Gaius, 2 inst.* 205; *Ulp.* 24 *reg.* 13).

Si le même objet peut être dû à plusieurs créanciers et à chacun pour le tout, il ne peut appartenir en totalité qu'à un seul propriétaire. Aussi, lorsque le testateur, au lieu de constituer les légataires créanciers de la chose léguée, leur en confère la propriété au moyen d'un legs *per vindicationem* ou *per præceptionem*, il importe peu que la chose soit léguée conjointement ou séparément. Dans l'un et l'autre cas, elle se divise entre les colégataires (1), ou reste en totalité à celui qui se trouve seul. Tel est l'effet du droit d'accroissement qui résulte du legs *per vindicationem* (*text. hic ; Gaius,* 2 *inst.* 199), parce que ce legs établit entre les colégataires une copropriété qui ne se divise que par le partage, en cas de concours : *partes concursu faciunt* (*Ulp.* 24 *reg.* 12 ; *fr.* 24, § 10, *de legat.* 1° ; *fr.* 3, *de usufr. accresc.*). Le legs *per damnationem*, au contraire, ne laisse rien à partager ; les parts y sont toutes faites : DAMNATIO PARTES

---

(1) Gaius (2 *inst.* 199, 223). Quant aux legs *sinendi modo.* V. *ibid.* (215). On lègue quelquefois le même objet à plus de deux personnes, et alors certains légataires peuvent se trouver conjoints entre eux, et disjoints relativement à un ou à plusieurs autres colégataires. Dans ce cas il s'agit toujours de savoir combien de fois la chose a été léguée ; car les conjoints ne comptent que pour une tête, et ne prennent qu'une seule part (*Afric. fr.* 9, *de usufr. accresc.; Ulp. fr.* 34, *de legat.* 1°). En effet, *defunctus legatum semel ad eos..... pertinere voluit* (*Paul. fr.* 85, *eod*), et en cela ils diffèrent de ceux à qui le même objet est légué séparément (*Sœpius; Ulp. d. fr.* 34, § 1). Réciproquement et par la même raison, la part des colégataires conjoints ne se subdivise qu'entre eux ; et n'accroît aux autres qu'à défaut de tous les conjoints (*Paul. fr.* 26, § 1, *de us. et usufr. legat.; Justin.* C. 1, § 10, *de cad. toll.*).

Supposons donc le même objet légué trois fois, savoir : 1° à *Primus* et à *Secundus;* 2° à *Tertius, Quartus* et *Quintus;* 3° à *Sextus* seul. Il y aura division par tiers, puis subdivision du premier tiers entre deux conjoints, et du second entre trois autres conjoints. Le défaut d'une tête entière, par exemple de Sextus qui n'a pas de conjoint, changerait la division principale et porterait à une moitié le tiers des deux autres têtes, sans rien changer à la subdivision du tiers ou de la moitié entre les conjoints qui forment la même tête. Le défaut d'un légataire qui laisse des conjoints profite à ces derniers dans la subdivision de leur part commune, sans changer ni la division principale ni la subdivision des autres parts. Il en de même entre cohéritiers (*Paul. fr.* 142, *de verb. sign.; v.* 592).

FACIT (*Ulp. fragm. vatic.*, § 36), parce que cette espèce de legs ne donne qu'une créance qui se divise d'elle-même entre les conjoints, comme les créances et les dettes du défunt se divisent de plein droit entre ses héritiers (*Gord. C. 6, famil. erciso.*).

749. Dans le legs d'usufruit, l'accroissement a lieu d'après les distinctions précédentes, lorsque l'usufruit du même objet est légué à plusieurs conjointement ou séparément, *per vindicationem* et non *per damnationem* (*Ulp. fr.* 1, § 3, *de usufr. accresc.*; *fragm. vatic.*, § 85); mais le legs d'usufruit a cela de particulier que, même après l'avoir recueilli concurremment et après l'avoir partagé en raison de la concurrence, chacun des légataires conserve encore un droit d'accroissement, pour le cas où l'usufruit partiel de son concurrent s'éteindrait; car alors, cette portion d'usufruit, au lieu de se réunir à la nue-propriété, accroît à l'autre légataire. En effet, l'usufruit n'existe que par le fait d'une personne usante et jouissante (*Ulp. fr.* 1, *quando dies ususfr.*), et bien qu'il ne s'ouvre qu'une seule fois (*Ulp. ibid.*), ce droit, bien différent sous ce rapport de la propriété que le légataire acquiert une fois pour toutes, semble légué et constitué jour par jour (*cottidie; Ulp. d. fr.* 1). Aussi le colégataire, restreint à une jouissance partielle, tant qu'il a des concurrents, jouit-il de la totalité dès qu'il se trouve seul à jouir (*Ulp. fr.* 1, § 3, *eod.; fragm. vatic.*, § 77).

Cet accroissement profite quelquefois au colégataire survivant, quoiqu'il ait perdu sa propre part de l'usufruit légué, parce que l'usufruit accroît à la personne (*Ulp. fr.* 10, *de usufr. accresc.*; *Pap. fr.* 33, § 1, *de usufr. et quemadm.*); tandis que, dans les cas ordinaires, l'accroissement s'opère de portion à portion, en ce sens que la part recueillie par un des légataires et par lui transmise à ses héritiers, s'accroît dans leurs mains des portions répudiées, même après le décès de leur auteur (v. § 4, *de sc. orphit.*; *Julian. fr.* 26, § 1, *de cond. et dem.*).

750. Les règles établies sur l'accroissement ont subi, sous Auguste, d'importantes modifications résultant des lois Julia et Papia Poppæa (151), dites lois caducaires, parce qu'elles ont statué sur les dispositions testamentaires devenues caduques. On appelle ainsi l'institution ou le legs qui, quoique valable et suscesptible d'être recueilli d'après le droit civil, c'est-à-dire d'après le droit primitif, échappe à l'institué ou au légataire après la mort du testateur, par une cause quelconque, notamment aux latins Juniens ou aux célibataires qui n'ont pas rempli les conditions exigées par la loi Junia ou par la loi Papia (719), et en général à tout institué comme à tout légataire qui répudie, qui décède ou qui perd la qualité de citoyen *ante apertas tabulas* (*Ulp.* 17 *reg.* 1; 1 *reg.* 20), c'est-à-dire avant que le testament ait été solenellement décacheté pour être lu et communiqué aux personnes intéressées (v. *Ulp. fr.* 4 *et* 6; *Gaius, fr.* 7, *testam. quemad.*); car pour augmenter les chances de caducité, plusieurs sénatus-consultes ajoutés à la loi ont décidé que, jusqu'à l'accomplissement de cette solennité, la mort du testateur ne pourra ni déférer l'hérédité, s'il existe plusieurs institués, ni ouvrir le legs. En effet, sous l'empire des lois caducaires, c'est à compter de cette époque seulement que *dies cedit*, pour un legs pur et simple (*Ulp.* 24 *reg.* 31; v. *Justin. C.* 1, § 1, 2 *et* 5, *de cad. toll.*).

Quant aux institutions ou legs valables dont l'effet a
manqué du vivant du testateur, sans être précisément
caduques, ils ont été considérés comme tels (*in causa ca-
duci* ; *d.* C. 1 , § 2), et soumis aux mêmes règles.

751. Sauf une exception qui maintenait l'ancien droit
pour les ascendants et descendants du testateur jusqu'au
troisième degré (*Ulp.* 18 *reg.* 1.), la loi Papia Poppæa
attribua les dispositions caduques au peuple (1), mais seulement lorsque les personnes avantagées dans le testament
soit comme héritiers, soit comme légataires, seraient
toutes sans postérité. En effet, parmi celles qui ont des
enfants, la loi préférait au fisc les légataires, quels qu'ils
fussent; aux légataires, les héritiers institués, et à toute
autre personne le cohéritier ou le colégataire appelé
conjointement avec le défaillant (*Gaius,* 2 *inst.* 206 *et*
207 ; v. *Ulp.* 25 *reg.* 17). On a douté si cette préférence
du colégataire conjoint devait s'appliquer exclusivement
au cas du legs *per vindicationem* ou s'étendre à tous les
colégataires conjoints, sans distinguer la forme du legs.
Cette dernière opinion a prévalu, et la préférence des
conjoints entr'eux a été admise même pour le legs *per*

(1) *Ad populum* (*Gaius*, 2 *inst.* 286). Les règles primitivement établies sur la caducité des legs et des institutions ont été ensuite étendues
à certains fidéicommis, dont quelques-uns ont été attribués au peuple,
et d'autres au fisc (*Gaius*, 2 *inst.* 285, 286); enfin sous Antonin Caracalla, toutes les dispositions caduques sans distinction (*omnia caduca* ;
Ulp. 17 *reg.* 2) ont été dévolues au fisc, c'est-à-dire au trésor du prince.

Faut-il en conclure, comme on l'a fait récemment, que cette attribution générale fut exclusive, en d'autres termes, que les conjoints, les
héritiers et les légataires ayant des enfants ont perdu, à l'égard du fisc,
la préférence que la loi Papia leur avait accordée sur le peuple? En aucune manière, puisque cette préférence est encore signalée par Ulpien
(25 *reg.* 17), postérieurement à la constitution de Caracalla.

damnationem qui ne donnait pas l'accroissement (*Gaius 2 inst.* 210).

752. A cette occasion et sans doute pour restreindre autant que possible les droits du fisc, le titre de conjoints, appliqué entre colégataires ou cohéritiers, reçut une acception beaucoup plus large, trop large même, puisque les cohéritiers ou colégataires furent tous appelés conjoints, sans l'être de la même manière. En effet, les conjoints proprement dits sont les cohéritiers où les colégataires que le testateur a réunis dans une même disposition ; ceux qu'il appelle par des dispositions distinctes, sont disjoints (§ 8, *h. t.*). Dans l'un et l'autre cas toutefois, ils sont appelés au même objet (*eadem res legata*) : les colégataires, conjoints ou disjoints suivant la manière dont le testament dispose, sont donc nécessairement conjoints par l'unité de l'objet légué. Aussi a-t-on distingué des colégataires conjoints par cela seul qu'on leur a légué le même objet, *conjuncti re*, et des colégataires conjoints en outre par la disposition du testateur *conjuncti re et verbis* (*Paul. fr.* 89, *de legat.* 3° ; *fr.* 142, *de verb. sign.*). Cette distinction cadre exactement avec celle de notre texte : les *conjuncti re* se confondent avec les colégataires disjoints, les *conjuncti re et verbis* avec les conjoints proprement dits (*text. hic* ; *Gaius*, 2 *inst.* 199, 205 ; *Ulp.* 24 *reg.* 12 et 13 ; *fr.* 34, § 9, *de legat.* 1°).

Quelquefois le même objet se lègue à plusieurs légataires par une seule disposition, mais avec attribution de parts ; *ex æquis partibus*, par exemple. Dans ce cas, chaque légataire a eu dès l'origine sa fraction et n'a jamais été appelé à la totalité (SEMPER PARTES HABENT ; *Paul. d. fr.* 89). De semblables colégataires diffèrent essentiellement de ceux qui *partes concursu faciunt*; à proprement parler, les parts que le testateur leur attribue forment plusieurs objets distincts : aussi n'existe-t-il entre eux aucun accroissement (v. *Julian. fr.* 84, § 12, *de legat.* 1°; *Pap. fr.* 11, *de usufr. accresc.*). Cependant, sous un autre rapport, c'est-à-dire pour l'application des lois caducaires, on les appelle *conjuncti verbis*, *re autem non* (1).

753. Maintenant, lorsqu'on demandera si et comment s'appliquait, à ces trois classes de conjoints, la préférence accordée par la loi Papia, Paul (*d. fr.* 89) répondra sans hésiter que cette préférence appartient aux *conjuncti re et verbis*, et n'appartient pas aux *conjuncti re*. En effet, on ne pouvait pas, sans effacer la distinction faite par le législateur, étendre jusqu'à ces derniers un droit réservé aux seuls conjoints.

Quant aux *conjuncti verbis*, Paul hésite à leur donner ce même droit de préférence; cependant il le donne, comme précédemment on l'a donné, dans le cas du legs *per damnationem*, aux conjoints qui n'ont jamais eu le droit d'accroissement (748). En effet, l'analogie est complète : les uns SEMPER PARTES HABENT (*Paul. d. fr.* 89); à l'égard des autres, DAMNATIO PARTES FACIT (*Ulp. fragm. vatic.*, § 85).

754. Les lois caducaires ont été abrogées par Justi-

---

(1) *Paul. fr.* 85, *de legat.* 3° ; *fr.* 142, *de verb. sign.* Ces deux textes sont extraits d'un ouvrage consacré à l'interprétation des lois caducaires, *ad legem Juliam et Papiam Poppœam*). Paul ne s'occupe donc pas du droit d'accroissement, comme on l'a cru long-temps, et bien mal à propos puisqu'on n'aboutit dans ce sens qu'à établir une double contradiction entre Paul et les autres jurisconsultes. En effet Paul, si on interprétait son texte dans le sens du droit d'accroissement, dépouillerait de ce droit les *conjuncti re* pour en gratifier les *conjuncti verbis*.

nien (C. 1, *de cad. toll.*). Aussi, en cas de disposition
pure et simple, l'hérédité est-elle déférée, et le legs ouvert par le décès du testateur; et les parts vacantes, cessant de profiter au fisc comme parts caduques, accroissent
aux cohéritiers et aux colégataires, ou à défaut de ceux-
ci restent dans l'hérédité : mais, comme tous les legs
donnent également l'action réelle et la propriété (692),
Justinien supprime les anciennes distinctions relatives à
la forme, et ne prend dans Gaius que le passage applicable au legs *per vindicationem*, en le donnant ici comme
règle générale (1). Ainsi l'accroissement aura lieu entre
colégataires conjoints ou disjoints, sans avoir lieu cependant de la même manière.

En effet, pour chacun de ceux à qui le même objet est
légué séparément, le legs est entier. Le défaut de concurrents lui conserve son droit primitif, en lui évitant
un partage, un décroissement (*solida remaneat nullius
concursu deminuta; Justin. C. 1, § 11, de cad. toll.*),
sans lui apporter aucune part nouvelle, aucun accroissement proprement dit (*nec accrescit ut ejus.... legatum
augere videatur, d. C. 1, § 11*). En un mot, s'il prend

---

(1) En cela Tribonien se montre conséquent; pour continuer de l'être,
il aurait dû écarter des Pandectes toutes les décisions qui se réfèrent au
legs *per damnationem*, ou du moins ne les admettre qu'en les pliant
à son système, par les additions et les retranchements nécessaires. C'est
ce qu'on a plusieurs fois exécuté (v. *Ulp. fr.* 20, *de legat.* 3°; *Cels. fr.*
14, *de usu et usufr. leg.*); mais d'autres textes retracent encore, dans
le Digeste, les anciennes conséquences du legs *per damnationem*, soit
pour le cas de concours entre colégataires disjoints (*Julian. fr.* 82, § 5,
de legat. 1°; *Pomp. fr.* 13, *pr. et* § 1, *de legat.* 2°), soit pour le cas de
non concours entre colégataires conjoints (*Julian. fr.* 84, § 8, *de legat.*
1°; *Pomp. fr.* 16, *eod.*; *Ulp. fr.* 34, § 9, *eod.*; *Paul. fr.* 7, *de legat.*
2°; *Scæv. fr.* 38, § 2, *de legat.* 3°).

la totalité, c'est en vertu d'une disposition qui la lui donne, sans profiter des dispositions relatives à d'autres légataires (*non alienum sed suum legatum habet; d.* C. 1, § 11). Aussi n'est-il pas tenu des conditions ou charges imposées à ses colégataires; et par la même raison, libre de prendre ou de laisser la chose léguée, il doit la prendre ou la laisser pour le tout, comme s'il avait toujours été seul (v. *Julian. fr.* 30, *de cond. et dem; Paul.* 3 *sent.* 6, § 12; *fr.* 4, *de legat.* 2°).

755. Dans le cas contraire, c'est-à-dire, lorsque plusieurs colégataires sont appelés conjointement, chacun d'eux semble n'avoir eu dès l'origine qu'une fraction, que vient augmenter, à défaut de concours, la portion qui reste vacante. Conséquemment, celle-ci accède ou accroît avec toutes les charges ou conditions imposées au défaillant, mais seulement lorsque le colégataire à qui advient l'accroissement consent à le recevoir (*volentibus solum modo id totum accedere; Justin. d.* C. 1, § 11, *de cad. toll.*).

Cette distinction de Justinien semble établir un moyen terme entre le système primitif qui admettait l'accroissement sans charges entre légataire (v. *Cels. fr.* 29, § 2, *de legat.* 2°), et le système des lois caducaires qui donnaient la part caduque avec toutes les charges (1).

Voyez, pour l'explication du § 12, celle du *principium* au titre suivant.

---

(1) *Ulp.* **17** *reg.* 2. Voyez, sur cette matière, une dissertation de M. Holtius, professeur à Louvain (*Themis, T.* 9, *p.* 235 *et* 534).

TITRE XXI.

De la révocation des legs et de leur translation.

756. Les legs, à la différence de l'institution (583, 638), sont révocables au gré du testateur ; on les révoque même sans nuire aux autres dispositions du testament, pourvu qu'on n'en fasse pas un autre, car un second testament infirmerait le premier dans sa totalité (§ 2, *quib. mod. testam.*). On examine ici comment un legs peut être détruit, le testament restant valable ; aussi suppose-t-on la révocation faite, SIVE EODEM TESTAMENTO, SIVE CODICILLIS (*pr. h. t.* ; § 1, *eod.* ; v. *Ulp.* 24 *reg.* 29).

PR.

757. Tant qu'il y eut des formules pour léguer, il y en eut aussi pour révoquer ; on révoquait donc par une formule contraire à celle du legs (v. *Ulp.* 24 *reg.* 29). Exprimée de toute autre manière, la volonté du testateur ne produisait son effet qu'indirectement, en autorisant l'exception de dol que l'héritier opposait à l'action du légataire. Cette distinction, qui n'eut jamais lieu pour les fidéicommis (*Ulp. fr.* 3, § 11, *de adim. leg.*), a cessé de s'appliquer aux legs dès qu'ils ont été débarrassés de toutes formules : aussi Justinien déclare-t-il ici qu'ils peuvent être révoqués QUIBUSCUMQUE VERBIS (*text. hic*).

758. La révocation peut n'être que conditionnelle ; alors les legs annulés pour le cas où la condition s'accomplit, subsistent pour le cas opposé ; ils cessent donc d'être purs et simples et deviennent conditionnels comme s'ils

avaient été faits sous la condition contraire à celle de la révocation (*Julian. fr.* 10, *eod.; Gaius, fr.* 107, *de cond. et dem.*). Toutefois la règle catonienne qui n'atteint jamais les dispositions conditionnelles (727) n'en reste pas moins applicable : parce que, la révocation, même conditionnelle, ne peut que diminuer les chances favorables au légataire, sans jamais les augmenter (*Florent. fr.* 14, *de adim.*).

759. Souvent l'intention de révoquer se manifeste tacitement par différentes circonstances. Telles sont principalement les inimitiés graves qui surviennent entre le testateur et le légataire. Telles sont encore certaines aliénations. Ainsi, par exemple, la liberté léguée par le testateur à ses esclaves ne peut appartenir qu'à ceux qui se sont trouvés sous sa puissance au jour de la confection du testament, et au jour de la mort (§ 2, *de sing. reb.*) : en aliénant l'esclave qu'il avait affranchi dans son testament, le maître sera donc censé révoquer un affranchissement qu'il rend impossible, *destitisse a libertatis datione videtur* (§ 1, *de hered. inst.*).

760. Lorsque le testateur aliène l'objet légué, le legs n'a plus pour objet que la chose d'autrui, chose dont la propriété n'est pas directement transférée au légataire, mais dont l'héritier peut toujours être débiteur. Le legs ne reste donc pas sans effet : aussi n'est-ce pas l'aliénation même qui le révoque, mais la volonté qui pourrait y être jointe. De là vient qu'on distingue (1), d'après les cir-

---

(1) Conformément à l'opinion de Celsus confirmée par Sévère et Antonin (§ 12, *de legat.*). L'opinion contraire généralement admise au temps de Gaius (2 *inst.* 198), considérait l'aliénation comme un changement de volonté qui infirmait toujours le legs.

I.   36

constances,¨si le testateur aliène avec intention de révoquer, c'est-à-dire sans nécessité, par exemple, pour
faire une donation (*Modest. fr.* 18, *de adim. leg.*). Il en
est autrement lorsqu'un besoin urgent oblige à vendre
(*Ulp. fr.* 11, § 12, *de leg.* 3°), ou à mettre en gage (1).

Du reste, la volonté du testateur est tellement indépendante du changement de propriété, qu'elle opère
malgré la nullité de la donation, et malgré le rachat de la
chose aliénée (*Paul. fr.* 15, *de adim. leg.*; *Ulp. fr.* 24,
§ 1, *eod.*).

§ I.

761. Nous trouvons ici l'exemple d'un legs transféré
d'une personne à une autre, lorsque le testateur lègue
à Seius ce qu'il a précédemment légué à Titius : dans ce
cas, Seius ne concourt point avec Titius; il le remplace.
Il importe donc beaucoup de savoir si le testateur a légué
plusieurs fois le même objet à différents légataires, ou s'il
l'a transporté de l'un à l'autre. Tout dépend de l'intention; car, d'après les expressions seules, l'exemple de
notre texte et celui d'un texte précédent (§ 8, *de legat.*)
sont presque entièrement semblables. Aussi la translation
proprement dite est-elle souvent très-difficile à distinguer,
soit d'un nouveau legs qui, sans dépouiller le premier
légataire, lui donne un colégataire disjoint, soit d'une
substitution vulgaire qui appelle un'nouveau légataire au
défaut du premier (v. *Scœvol. fr.* 30 *et* 31, *de adim.*

---

(1) *Text. hic; Paul. 3 sent.* 6, § 16. Le gage n'est pas précisément
une aliénation, puisque le débiteur reste propriétaire; mais il confère au
créancier le droit d'aliéner (§ 1, *quib. alien.*), et sous ce rapport le
gage est une sorte d'aliénation indirecte (v. *Justin.* C. 7, *de reb. alien.*
non alien.).

Ulp. fr. 3, § 1, 2 *et* 3; *Julian. fr.* 10, *eod.; fr.* 25, *ad. sc. trebel.; Pothier,* 34 *pand.* 4, *n°* 36 *et* 57). Pareillement lorsqu'on lègue un nouvel objet à la même personne, il faut examiner, d'après la volonté du testateur, si cette seconde disposition doit se cumuler avec la première ou la remplacer (*Ulp. fr.* 9, *de adim. legat.*).

762. La translation des legs se fait, soit comme nous venons de le voir (*ab alio ad alium*), en changeant la personne du légataire, soit lorsque le testateur impose à l'un des héritiers le legs qu'il avait mis à la charge d'un autre, soit lorsqu'il change l'objet du legs, soit lorsqu'il lègue le même objet d'une autre manière, par exemple, en donnant purement et simplement ce qu'il avait donné à terme ou sous condition. Dans ces différents cas, le legs primitif est diversement modifié par le second. Ainsi, par exemple, dans le dernier cas de translation qui ne change ni l'objet du legs ni les personnes qui en auront la charge ou le profit, le terme ou la condition du legs primitif restent sans effet, parce qu'autrement la translation ne servirait à rien (v. *Val. fr.* 28, *de adim. et transf.*); et, au contraire, la translation qui substitue un légataire à un autre maintient, pour ce dernier, toutes les conditions du legs primitif (1). C'est le même legs transporté à une autre personne, ou comme le dit notre texte, enlevé à Titius et donné à Seius.

Ces deux effets de la translation sont indépendants l'un de l'autre. Ainsi, par exemple, le legs primitif peut se trouver éteint, avant d'être transféré : dans ce cas, la translation ne révoque rien; mais le legs qu'elle donne à

_____

(1) *Scæv. fr.* 13, *de aliment. legat.; Marcel. fr.* 36, § 1, *de cond. et dem.* : excepté lorsque les charges tiennent à la personne du légataire plutôt qu'au legs même (*Pap. fr.* 24, *de adim.*).

Seius n'en est pas moins valable (*Ulp. fr. 3, de adim. et transf.*), et réciproquement l'incapacité ou le prédécès de Seius n'empêche pas la révocation à l'égard de Titius (*Pomp. fr. 20, eod.*)

TITRE XXII.

De la loi Falcidie.

PR.

763. Justinien rappelle ici les paroles de la loi des Douze-Tables (UTI LEGASSIT SUÆ REI ITA JUS ESTO), d'où résultait pour le testateur une latitude illimitée qui a subi de nombreuses et importantes modifications. On se rappelle les restrictions mises aux affranchissements par la loi *Fusia Caninia* (96) et aux institutions d'héritiers par l'interprétation des prudents qui ont introduit l'ex-hérédation (565) et la plainte d'inofficiosité (644). Ici l'Empereur expose, relativement aux legs, un autre abus que les testateurs ont fait de leur puissance, l'inconvénient qui en résultait pour eux-mêmes, la nécessité de restreindre, dans leur propre intérêt (*ipsorum testatorum gratia*), la faculté de léguer, l'insuffisance des premières lois portées dans cette vue, et le principe consacré en dernier lieu par la loi Falcidie.

J'ajouterai peu de choses sur ces lois, ou plutôt sur ces plébiscites proposés chacun par le tribun dont il porte le nom (1).

_____

(1) Voconius-Saxa fit porter la loi Voconia en 585, sous le consulat de Cæpion et de Philippe ; et Falcidius la loi Falcidie, en 714, sous le consulat de Calvinus et de Pollion. La loi Furia, antérieure aux deux autres, remonte, suivant Haubold, à l'année 571 ; on ne peut donc la confondre avec la loi Fusia ou Furia Caninia (v. *liv.* 1, *tit.* 7), portée en 761.

La première, dite loi *Furia testamentaria*, limitait la valeur de chaque disposition. Ainsi, à quelques exceptions près, nul ne devait recevoir, par legs ou par donation à cause de mort, plus de mille as. En multipliant le nombre des légataires, le testateur pouvait donc épuiser l'hérédité. Pour l'en empêcher, la loi Voconia, par une disposition distincte de celle dont nous avons parlé précédemment (719), défendit de léguer à personne plus qu'il ne reste aux institués. Par là le testateur se trouva forcé de réserver quelque chose à ces derniers, mais aussi peu qu'il voulait; car, pour épuiser encore presque toute l'hérédité, il suffisait de la distribuer par petites portions à de nombreux légataires (v. *Gaius*, 2 *inst.* 224, 225, 226).

Ce n'est donc pas chaque legs considéré isolément, mais la masse générale des legs qu'il fallait limiter, comme l'a fait la loi Falcidie. Les valeurs qu'elle permet de léguer peuvent être laissées à un seul légataire, ou distribuées entre plusieurs au gré du testateur, pourvu que les héritiers institués conservent un quart au moins de l'hérédité. Ainsi les legs n'en absorberont jamais que les trois quarts (*text. hic*; *Gaius*, 2 *inst.* 227; *Ulp.* 24 *reg.* 32; v. *Paul. fr.* 1, *h. t.*).

§ I.

764. La proportion des trois quarts au plus pour les légataires, et d'un quart au moins pour les institués, reste la même, quel que soit le nombre de ceux-ci, *sive unus heres sit, sive plures* (*pr. h. t.*).

De là naît une question importante pour le cas où la charge des legs est inégalement répartie entre deux héritiers, de manière à épuiser la part héréditaire de l'un en laissant à l'autre un quart au moins de toute l'hérédité. Quoique la masse des legs n'excède pas le taux fixé par la loi Falcidie, on a décidé que cette loi doit s'appliquer sur la portion de chaque héritier séparément, comme s'il était seul (*in singulis heredibus*), afin de lui conserver au moins le quart de sa portion. Autrement, en effet, la part surchargée serait répudiée et accroîtrait à l'autre part; et comme primitivement l'accroissement s'opérait sans charges, les legs auraient été annihilés. Il a donc fallu, dans l'intérêt même des légataires, encourager chaque héritier à faire adition, et dans ce but on lui a réservé le quart de sa portion, en appliquant la loi Falcidie *in singulis heredibus*. Cette règle a survécu à l'inconvénient qu'elle prévenait : en effet, un rescrit de Sévère et Antonin ayant soumis les substitués aux charges dont l'institué était grevé (*Ulp. fr.* 74, *de leg.* 1°; *Diocl. et Max.* C. 4, *ad sc. trebell.*), l'accroissement entre cohéritiers a été considéré comme une sorte de substitution qui transmet la portion du défaillant avec toutes ses charges (*Ulp. fr.* 61; *Paul. fr.* 49, § 4, *de legat.* 2°).

765. Si l'héritier surchargé répudie, les deux portions réunies par le droit d'accroissement, forment toujours, pour l'application de la loi Falcidie, deux portions distinctes. Avant le rescrit de Sévère et Antonin, plusieurs jurisconsultes adoptaient cette opinion (1), pour empêcher les légataires de tout perdre par un accroissement sans charges. Depuis le rescrit, la part surchargée, accroissant avec les legs dont le testateur l'a grevée, doit

---

(1) *Gaius fr.* 78; *Paul. fr.* 1, § 14, *ad leg. falcid.* Remarquez qu'il faut ajouter une négation au texte de Paul (v. *Pothier,* 34 *pand.* 2, *n°* 73).

accroître aussi avec tous les droits qui atténuent cette charge.

Le même raisonnement ne s'applique pas à la portion d'hérédité que nous supposons intacte. Si elle reste vacante, et accroît à la portion surchargée, l'héritier en profite comme il profiterait d'un legs répudié, ou d'une portion d'hérédité à laquelle il était appelé conditionnellement, et que l'événement de la condition confond avec les autres parts (*Gaius, d. fr.* 78; *Paul. d. fr.* 1, § 13).

§ II.

766. Pour appliquer la loi Falcidie, il faut comparer la valeur de l'hérédité avec celle des legs. Voyons donc 1° ce que comprend la masse héréditaire; 2° comment se fait l'estimation; 3° ce qu'on en déduit. L'actif héréditaire comprend les biens et en général toutes les valeurs existantes au décès du testateur, et dont l'héritier profite en cette qualité, entre autres les créances du défunt jusqu'à concurrence de la solvabilité du débiteur (*Paul. fr.* 63, § 1, *ad leg. falcid.*), et lorsqu'elles sont conditionnelles, jusqu'à concurrence de leur valeur vénale (*Gaius, fr.* 73, § 1, *eod.*); enfin ce dont l'institué, débiteur du défunt, se trouve libéré par la confusion de la créance avec la dette (*Paul. fr.* 1, § 18, *eod.*; *Marcel. fr.* 56, § 2, *eod.*).

On écarte de cette masse les objets dont l'héritier ne tire aucun profit, comme les choses sans valeur, et celle que doit lui enlever l'événement d'une condition quelconque, par exemple, les esclaves affranchis sous une condition qui se réalise (*Pap. fr.* 11, § 1, 3 *et* 4, *ad leg. falcid.*). On écarte aussi les objets détournés par l'héritier, non pour le récompenser de sa fraude, mais au contraire pour l'en punir, en lui ôtant, sur ces objets, le bénéfice d'une réduction qui s'opère au profit du fisc (*Paul. fr.* 24, *eod.* ; *Ulp. fr.* 68, § 1, *eod.* ; *Marcel. fr.* 6, *de his quœ ut indign.*).

Les objets compris dans la masse s'estiment à leur juste valeur, sans égard aux appréciations déclarées par le défunt, ni au prix relatif qu'y attacherait telle ou telle personne (*Pap. fr.* 15, § 8, *ad leg. falcid.* ; *Ulp. fr.* 42 ; *fr.* 62, § 1 ; *fr.* 63, *eod.*).

767. On prend pour base de cette estimation la valeur que chaque chose avait au moment de la mort, en laissant à l'héritier la chance des augmentations ou diminutions postérieures, ainsi qu'il est suffisamment expliqué par les exemples de notre texte (1).

La quotité des legs qui tombent à la charge de l'héritier d'après les valeurs qui sont ainsi appréciées, reste donc invariable malgré la diminution que subiraient postérieurement les biens héréditaires ; mais en pareil cas l'intérêt des légataires est de transiger avec l'héritier, en abandonnant eux-mêmes une partie de leurs legs (*text. hic.*).

Pour comprendre cet intérêt, il faut se rappeler que l'héritier peut répudier l'hérédité, et par là (*destituto testamento*) annihiler toutes les dispositions du testament.

---

(1) Cependant tout ce qui périt depuis la mort du testateur ne périt pas pour l'héritier seul. Un corps certain périt en général pour tous ceux qui pourraient y avoir un droit quelconque, en ce sens que chacun perd le droit qu'il avait : ainsi l'héritier perd son droit de rétention, et le légataire son droit de créance ou de propriété sur l'objet qui périt fortuitement, car l'héritier n'est pas tenu de lui en payer la valeur (*Mœcian. fr.* 30, § 2, 3, 4 et 5, *eod.* (v. § 3, *de empt. vend.*).

Ainsi, lorsque le testateur instituait les héritiers qui devaient lui succéder *ab intestat*, ceux-ci pouvaient se jouer des volontés du défunt en répudiant l'hérédité testamentaire pour reprendre ensuite l'hérédité légitime; mais le droit prétorien a prévenu cette espèce de fraude, et malgré l'abandon du testament, il conserve l'action des légataires et fidéicommissaires contre les héritiers légitimes, lorsque ceux-ci n'ont répudié l'hérédité testamentaire que pour se soustraire aux charges qu'elle leur impose (1).

§ III.

768. Sur la masse, estimée comme il vient d'être dit, on déduit 1° les dettes, par réciprocité du principe qui comprend les créances dans l'actif héréditaire; d'ailleurs, en règle générale, les biens d'un homme ne sont que l'excédant de ce qu'il a sur ce qu'il doit : *bona intelliguntur quæ deducto ære alieno supersunt* (*Paul. fr. 39, § 1, de verb. sign.*).

On déduit 2° les frais d'inhumation qui sont une dépense inévitable, faite, sinon par le défunt, au moins pour lui; mais qui toutefois doit se restreindre dans de justes bornes (2).

3° Enfin le prix des esclaves que le testament affran-

---

(1) *Ulp. fr.* 1, *si quis omiss. caus.* Justinien (*nov.* 1, *cap.* 1) a voulu que les légataires, les fidéicommissaires et même les esclaves affranchis dans le testament, pussent, en donnant caution d'exécuter toutes les dispositions du testateur, recueillir, par préférence aux héritiers légitimes, l'hérédité abandonnée par les institués (*nov.* 1, *cap.* 1).

(2) *Paul. fr.* 1, § 19, *ad leg. falcid.; Marcel. fr.* 2, *eod.* Ceux qui avancent les frais funéraires ont une action pour se les faire rembourser (v. *Ulp. fr.* 14, § 6, *de relig.*).

chit. En effet ils ne deviendront libres qu'à l'adition d'hérédité (*Marcian. fr.* 23, § 1, *de manum. test.*). Jusques-là ils font partie des biens héréditaires, et ont été comme tels compris dans l'estimation des valeurs existantes au jour de la mort ; mais il faut les en déduire, parce qu'ils ne doivent pas rester à l'héritier (*Paul. fr.* 39, *ad leg. falc.*). On déduit également le prix des esclaves que l'héritier serait chargé d'affranchir (*Paul. fr.* 36, § 2 ; *Val. fr.* 37, § 1, *eod.*).

769. Ce qui reste après les déductions ci-dessus indiquées forme la masse dont la loi Falcidie réserve un quart à l'héritier ; et sur ce quart, on lui impute ce qu'il prend en qualité d'héritier dans la succession. On ne lui imputera donc ni les donations qu'il aurait reçues entre vifs (*Paul.* 3 *sent.* 8, § 3), ni la portion de legs ou de fidéicommis qui lui serait due par ses cohéritiers ; car la portion du legs dont l'héritier légataire est tenu envers soi-même, se confond dans la part héréditaire, et c'est réellement à titre d'héritier qu'il la recueille (*Gaius, fr.* 74, *ad leg. falcid.* ; *Paul. fr.* 29, *eod.*). On n'impute pas non plus, sur le quart réservé à un héritier, les sommes que son cohéritier, un légataire, etc., lui paie pour accomplir une condition imposée par le défunt (*implendæ conditionis causa; Marcian. fr.* 91; *Gaius, fr.* 76, *eod.*).

Remarquez dans le texte comment les legs qui excèdent les trois quarts subissent une réduction différente, selon qu'ils se trouvent inférieurs, égaux ou supérieurs à la masse des biens. Du reste la réduction, quel qu'en soit le taux, a lieu sans distinction, entre tous les légataires (1), pro-

(1) *Gaius, fr.* 79, *ad leg. falcid.* Sauf, entre autres exceptions, le cas où le testateur ordonnerait expressément d'ajouter à tel ou tel legs ce

portionnellement (*Marcel. fr.* 80, *de legat.* 1°) et de
plein droit (1). En effet le légataire, qui agit pour la totalité du legs sujet à réduction, tombe dans le cas de la plus-
pétition (§ 35, *de action.*), et d'ailleurs l'héritier qui
remet au légataire la chose léguée reste propriétaire de
la portion que la loi lui réserve (*Ulp. fr.* 1, § 5, *quod
legat.*). Aussi conserve-t-il l'action en revendication
(*Paul. fr.* 1, § 11, *ad leg. falcid.; Scævol. fr.* 2, 6,
eod.).

770. La loi Falcidie n'a jamais été appliquée aux testaments militaires (v. *Scævol. fr.* 17; *Paul. fr.* 18, *ad.
leg. falcid.; Alex.* C. 7, *eod.*), parce qu'ils n'admettent
aucune entrave à la volonté du testateur; mais dans les
autres testaments, le père de famille ne pouvait ni défendre la rétention du quart (*Scæv. fr.* 27, *eod.*), ni
l'empêcher en y faisant renoncer l'héritier (*Pap. fr.* 15,
§ 1, *eod.*). Sans doute celui-ci reste libre d'abandonner
le bénéfice que la loi lui accorde; mais il n'y renonce
efficacement qu'après la mort du testateur (*Ulp. et Paul.*

---

dont il devrait être réduit. Alors la réduction porte tout entière sur les
autres legs (*Ulp. fr.* 64; *Scævol. fr.* 88, § 2, *eod.*).

(1) *Ulp. fr.* 1, § 5, *quod legat.; Gaius, fr.* 73, § 5, *ad leg. falcid.;
Justin.* C. 18, *eod.* On oppose mal à propos une décision de Scævola
(*fr.* 16, *eod.*) sur un cas particulier. Plusieurs objets se trouvant compris dans le même legs, l'héritier en délivre quelques-uns sans rien déduire : Scævola l'autorise à faire sur les autres, non-seulement la réduction qu'ils doivent subir d'après la règle générale, mais en outre
celle qui aurait dû avoir lieu sur les objets déjà remis au légataire.
Cette réduction, reportée d'une chose sur une autre, n'est pas une conséquence directe de la loi : il n'est donc pas étonnant qu'on ait besoin
d'une exception. Le texte de Paul (*fr.* 5, § 1, *de dol. mal. et met.*)
est également spécial; car il s'agit d'une servitude, c'est-à-dire d'une
chose indivisible. Dans ce cas l'exception de dol ne tend pas à opérer
un retranchement impossible, mais à faire payer par le légataire le
quart de ce que vaut la servitude (v. *Pap. fr.* 7, *ad leg. falcid.*).

fr. 46 *et* 71, *eod.; Marcel. fr.* 20, § 1, *de donat.;*
v. 65₇).

771. Dans les Novelles de Justinien, tout change de
système : la loi Falcidie cesse de s'appliquer malgré le testateur (*Nov.* 1, *cap.* 2, § 2). Lorsqu'il n'en prohibe pas
l'application, on présume qu'il a proportionné le montant des legs à la valeur réelle de sa fortune, et qu'il n'y
aurait pas lieu de réduire si les héritiers n'avaient rien
soustrait : *cum utique, si nihil malignati essent, non forte
competeret* (*d. Nov.* 1, *cap.* 2). Pour détruire cette présomption, les héritiers doivent dresser un inventaire en
présence des légataires et fidéicommissaires ou eux dû-
ment appelés; et en démontrant ainsi l'erreur du défunt,
les héritiers obtiennent une réduction qu'ils n'obtien-
draient pas contre sa volonté; *quia non hæc contrarietas
erit scientiæ morientis, sed ignorantiæ puritas illius*
(*Nov.* 1, *cap.* 5, § 1).

A défaut d'inventaire, la présomption conserve toute sa
force; l'héritier ne déduit pas la quarte Falcidie (*non
retinebit falcidiam*), et reste tenu de la totalité des legs
et fidéicommis, *licet puræ substantiæ morientis trans-
cendat mensuram legatorum datio* (*Nov.* 1, *cap.* 1, § 2).
Il semble résulter de ces expressions que l'héritier, lorsqu'il ne profite pas de la loi Falcidie pour réduire les legs
aux trois quarts de l'hérédité, ne peut pas non plus les
réduire à la valeur totale de cette même hérédité. Si telle
est l'intention de Justinien, il fait un changement considérable; car dans les cas même où la loi Falcidie n'était
pas applicable, les obligations de l'héritier envers les légataires ne surpassaient jamais l'actif de l'hérédité (*Ulp.
fr.* 1, § 17, *ad. sc. treb.*). Aussi, lorsque les legs excé-
daient cette valeur, retranchait-on d'abord cet excédant;

le quart, réservé à l'héritier d'après la loi Falcidie, se prenait ensuite par une seconde déduction (1).

APPENDICE

AUX TROIS TITRES PRÉCÉDENTS.

772. Avant de passer aux fidéicommis, il est nécessaire de parler ici de certains legs qui ont pour objet des universalités. En effet, on peut léguer une portion de l'hérédité, qui alors se partage entre le légataire et l'héritier; de là vient au legs même le nom de *partitio*, et au légataire le nom de *legatarius partiarius* (*Ulp.* 24 *reg.* 25; *fr.* 22, § 5, *ad sc. trebel.*). Néanmoins l'héritier a le choix de partager réellement l'hérédité, ou de la conserver entière en payant au légataire la valeur de la portion léguée (*Pomp. fr.* 26, § *ult*; v. *Paul. fr.* 27, § 1, *de legat.* 1°). Il ne faut donc pas assimiler le légataire partiaire aux héritiers institués pour une portion déterminée, avec lesquels il ne saurait du reste se trouver confondu, puisqu'il ne succède pas à la personne et aux droits du testateur. Il reste étranger aux créanciers comme aux débiteurs du défunt, et ne peut s'adresser qu'aux héri-

---

(1) § 3, *h. t.*; *Gaius, fr.* 73, § 5, *eod.* Ceci explique la décision du § 2, *h. t.* pour le cas où les biens, diminués dans l'intervalle de la mort à l'adition, ne présentent plus qu'une valeur inférieure au montant des legs (*vel etiam minus*). On décide qu'il faudra payer la totalité, *integra legata*, c'est-à-dire les legs intacts et garantis de la réduction dont on s'occupe. Cette réduction est celle de la loi Falcidie. Ainsi les legs doivent être payés comme si la loi n'existait pas; on ne fera pas la seconde des deux réductions dont parle le texte, mais rien n'empêche celle qui doit ramener les legs au niveau des biens, parce qu'il est dans leur nature de ne jamais l'excéder.

tiers. Réciproquement, ceux-ci restent toujours seuls créanciers et seuls débiteurs de tout ce qui est dû au testateur ou par le testateur. Cependant l'équité veut que l'héritier et le légataire partiaire se tiennent respectivement compte de ce que le premier reçoit ou paie pour la part du second; mais à cet égard, l'action qu'ils ont l'un contre l'autre ne naît pas de leurs qualités respectives : elle résulte des engagements qu'ils contractent réciproquement par une double stipulation dite PARTIS ET PRO PARTE (§ 5, *de fideic. hered.*; *Ulp.* 25 *reg.* 15; v. *Gaius,* 2 *inst.* 254).

Passons aux fidéicommis (*pr., de fideic. hered.*)

TITRE XXIII.

Des héritiers fidéicommissaires.

§ I.

773. Il arrivait souvent qu'un citoyen romain voulût avantager, par acte de dernière volonté, certaines personnes avec lesquelles il n'avait point faction de testament, ou qui ne pouvaient recueillir ce qui leur serait laissé (718, 719). Alors on prenait une voie détournée : l'institution ou le legs que l'on ne pouvait pas faire en faveur d'une personne incertaine d'un *peregrinus*, et même d'un citoyen célibataire ou sans postérité, se faisait en faveur d'un héritier ou d'un légataire que rien n'empêchait de recueillir; mais en même temps on le chargeait de remettre à ceux qu'on voulait réellement avantager, tout ou partie soit de l'hérédité, soit du legs, qui lui étaient confiés plutôt que

donnés. Tels furent les premiers fidéicommis (*text. hic.;
Gaius*, 2 *inst.* 285).

On conçoit aisément qu'ils n'étaient point obligatoires,
le défunt n'ayant sur l'exécution de sa volonté d'autre garantie que la fidélité et l'honneur des intermédiaires
qu'il choisissait; et de là vient le nom que les fidéicommis (*fidei commissa*) ont tiré de leur nature même,
plutôt que des termes employés par le défunt pour
exprimer sa volonté. On se servait habituellement de
formes précatives. En s'adressant à ceux qu'on voulait
charger d'un fidéicommis, on les priait, on les sollicitait,
sans doute parce qu'on n'avait aucun moyen de les contraindre. Je ne dirai donc pas, avec Justinien, que les fidéicommis étaient sans force (*infirma*) parce que nul
n'était tenu d'exécuter une prière : mais je dirai que les
premiers fidéicommis se sont faits en termes précatifs
parce qu'ils n'étaient pas et ne pouvaient pas êtres obligatoires. En effet, s'il n'avait tenu qu'aux mourants d'assurer l'effet de leurs dispositions, s'il avait suffi pour cela
d'un ordre positif, auraient-ils jamais préféré la voie indirecte des prières? (809, 801 ; v. § 3, *de sing. reb.; pr.
de codicil.*)

774. La force que les fidéicommis n'avaient pas origi-
nairement leur a été donnée par Auguste (*text. hic; pr.
de codicil.*); depuis ce temps on a pu faire ouvertement,
par fidéicommis, plusieurs dispositions qui, sous la forme
de legs ou d'institution, n'auraient point eu leur effet ou
ne l'auraient eu que partiellement. C'est ainsi qu'on dis-
posa, jusqu'au sénatus-consulte Pégasien (1), en faveur
des citoyens qui restaient célibataires ou sans enfants; et

(1) *Gaius*, 2 *inst.* 286. Ulpien (25 *reg.* 17) semble attribuer à ce

jusqu'au règne d'Adrien, en faveur des personnes incertaines et des *peregrini*, ou à titre de peine (*Gaius, 2 inst.*
284 *et seq.*; v. § 25, 26, 27, 28 *et* 36 *de legat.*). C'est ainsi
qu'à l'égard des femmes, on élude encore, au temps de
Gaius (2 *inst.* 274), les dispositions prohibitives de la loi
Voconia (719); mais bientôt on exigea, dans les fidéicommissaires, la même capacité que dans les légataires.

Telle était, au temps d'Ulpien (25 *reg.* 6), la règle
générale (1).

775. Toutefois les legs et les institutions d'héritiers restèrent assujettis à la rigueur de leurs anciennes règles, la
plupart étrangères aux fidéicommis, qui, n'étant point
soumis à la stricte observation du droit civil, laissaient
plus de latitude à la volonté du défunt, *nec ex rigore
juris proficiscitur, sed ex voluntate... relinquentis* (*Ulp.*
25 *reg.* 1); *ex voluntate magis descendebant defunctorum*
(§ 3, *de legat.*).

Ainsi, par exemple, et indépendamment des différences
précédemment expliquées (v. § 34 *et* 35, *de legat.*), les
legs devaient nécessairement être faits par un testateur
et mis à la charge de l'héritier, tandis que les fidéicommis peuvent exister même ab intestat (§ 10, *h. t.*,) et être
imposés à toute personne qui reçoit quelque chose du
défunt (*pr., de sing. reb.*). D'un autre côté rien n'empêche
de fixer un terme pour l'exécution des fidéicommis, et

---

même sénatus-consulte Pégasien une disposition que Modestinus (*fr.* 59,
ad leg. falcid.) fait dériver du sénatus-consulte Plaucien. Nous parlerons
du sénatus-consulte Pégasien sur le § 5, *h. t.*

(1) Cependant, les latins Juniens ont continué à recevoir par fidéicommis ce qu'ils n'auraient pas obtenu en vertu d'un legs ou d'une institution dont la loi Junia empêchait qu'ils ne profitassent (*Ulp.* 25, *reg* 7;
v. *Gaius.* 1 *inst.* 25; 2 *inst.* 275).

conséquemment pour la restitution de l'hérédité fidéicommissaire (§ 2, *h. t.*), quoique l'on n'admette pas
l'institution d'un héritier *ad certum tempus* ou *ex certo
tempore* (§ 9, *de hered. inst.*).

776. La différence, quant aux effets, n'était pas moins
importante, car le fidéicommis ne donnait jamais ni la
propriété, ni la revendication (*Paul. 4 sent.* 1, § 18), ni
aucune autre action. On s'adressait, pour en obtenir
l'exécution, à un magistrat particulier (*qui de fideicom-
missis jus diceret*) qui statuait directement sans donner
un juge, comme on le fait ordinairement (*Gaius, 2 inst.*
278; *Ulp.* 25 *reg.* 12). Il importe donc de ne pas confondre les fidéicommis avec les legs, et surtout avec le legs
per damnationem dont ils se rapprochent beaucoup,
quoiqu'on les distingue aisément par la manière dont le
défunt exprime sa volonté. Toute disposition faite *legis
modo*, c'est-à-dire avec les expressions, avec toutes les
autres conditions requises par la loi civile, forme un legs :
exprimée de toute autre manière, la volonté du défunt ne
peut constituer qu'un fidéicommis (*Ulp.* 25 *reg.* 1 *et* 12,
Gaius, 2 inst. 278; v. § 3, *de sing. reb.*).

777. Telle est la véritable ligne de démarcation qui
subsiste encore dans tout le Digeste, mais qui s'efface
rapidement dans le bas empire, lorsqu'on voit Constantin
(C. 21, *de legat.*) admettre les équivalents pour remplacer les paroles consacrées, et Justinien (C. 1, *comm. de
legat.*) ramener les quatre espèces de legs à une seule.
Dès-lors le fidéicommis n'étant plus distingué du legs *per
damnationem*, et ce dernier ne différant plus des autres
legs, on dut avoir quelque peine à distinguer un legs d'un
fidéicommis. C'est ainsi que Justinien fut conduit à décider que ces derniers produiront les mêmes actions

I. 37

que les legs, que toute disposition où la volonté du défunt
sera clairement manifestée vaudra soit comme legs, soit
comme fidéicommis, afin de mieux exécuter l'intention
du testateur, sans s'arrêter d'ailleurs au nom qu'il donnerait lui-même à sa disposition (1).

PR. et § II.

778. On donne par fidéicommis, soit des objets particuliers, soit même des universalités, par exemple, lorsqu'on charge son héritier de remettre à d'autres personnes tout ou partie de l'hérédité. Cette dernière espèce
de fidéicommis est la seule dont s'occupe notre titre; les
fidéicommis d'objets particuliers seront expliqués au titre
suivant.

L'héritier peut être chargé de restituer au fidéicommissaire toute l'hérédité, ou seulement une quote-part de
l'hérédité; et, comme nous l'avons déjà dit (775), cette
obligation peut, au gré du père de famille, être imposée
purement et simplement à terme ou sous condition (§ 2,
h.t.; v. § 9, *de pupil. subst.*).

Il n'existe point de testament sans institution d'héritier. Ainsi, pour la validité du testament, et pour celle
des fidéicommis qu'il contient, le testateur doit instituer
un héritier (*text. hic*); mais l'héritier testamentaire n'est
pas le seul qui puisse être chargé d'une semblable restitution. L'héritier légitime peut aussi être grevé de fidéi-

---

(1) Cette décision de Justinien (C 2, *commun. de legat.*; § 3, *de le-*
gat.) est intervenue à l'occasion d'un mot grec, dont les uns voulaient
induire un legs, et les autres un fidéicommis. Dans l'ancien droit, les
legs, à la différence des fidéicommis, ne pouvaient pas être faits en
grec (*Gaius*, 2 *inst.* 281; *Ulp.* 25 *reg.* 9).

commis par le père de famille qui décède intestat. Si notre texte exige une institution d'héritier, c'est donc parce qu'il s'occupe d'abord des fidéicommis testamentaires; plus tard il parlera des fidéicommis laissés par les intestats (v. § 10, *h. t.*).

§ III.

779. Avant d'examiner les effets de la restitution, voyons ce qu'on entend par restituer l'hérédité, et d'abord quels sont les objets auxquels s'étend l'obligation de restituer.

Ce sont tous les objets que l'héritier recueille en cette qualité, entre autre choses, tout ce qui lui a été payé par les débiteurs du défunt (*Pomp. fr.* 47; v. *Papin. fr.* 58, *ad sc. trebell.*), et tout ce dont il était lui-même débiteur (v. *Scœvol. fr.* 95, *ad leg. falcid.*), sauf à déduire ce dont il était créancier (*Julian. fr.* 104, § 7, *de legat.* 1°).

Lorsqu'il y a plusieurs héritiers, chacun d'eux peut recueillir, à titre de legs ou de fidéicommis, des avantages absolument indépendants de sa qualité d'héritier, et qui par conséquent ne sont point compris dans la restitution de l'hérédité (*Gaius, fr.* 96, *de legat.* 3°).

Les profits que l'héritier tire des objets héréditaires ne font point non plus partie de l'hérédité : aussi n'est-il obligé de rendre ni les fruits (*Ulp. fr.* 18, *pr. et* § 2, *ad. sc. trebell.*), ni les acquisitions faites par les esclaves héréditaires (*Gaius, fr.* 63, § 4, *eod.*), pourvu cependant que ces fruits aient été perçus et ces acquisitions faites après l'adition d'hérédité et avant l'époque fixée pour la restitution (*Julian. fr.* 27, § 1, *eod.*), sauf dans tous les cas la volonté contraire du défunt (*Scœvol. fr.* 78, § 12 *et* 13, *eod.*).

Toutefois, comme l'héritier n'est point tenu des cas for-
tuits, et ne remplace point les objets qui ont péri par accident (*Ulp. fr.* 22, § 3, *ad. sc. trebell.*), réciproquement aussi les profits dont nous venons de parler sont
d'abord employés à compléter la valeur que l'hérédité
ou la portion d'hérédité sujette à restitution avait à l'é-
poque du décès; ainsi l'héritier ne retient réellement
que le surplus (v. *Marcian. fr.* 33, *eod.*; *Julian. fr.* 27,
§ 16, *eod.*).

780. Restituer une hérédité, ce n'est pas livrer et remettre les objets qui la composent, mais se dessaisir du
droit qu'on y a comme héritier. En ce sens, la restitution
s'opère par l'intention mutuelle des parties, dont le consentement suffit pour que le fidéicommissaire ait les
objets héréditaires *in bonis,* lors même qu'ils ne sont pas
encore en sa possession (*Gaius, fr.* 63, *ad. sc. trebell.*;
Ulp. fr. 37, *eod.*).

Après et malgré la restitution, l'héritier reste toujours
héritier; le fidéicommissaire, sans être jamais héritier
proprement dit, est assimilé tantôt à l'héritier, tantôt à
un légataire (*text. hic*), c'est-à-dire à un légataire partiaire (v. 784; § 5, *h. t.*).

§ IV.

781. Quiconque devient héritier, le devient pour toujours (v. *Ulp. fr.* 7, § 10, *de minor.*; *Gaius, fr.* 88, § 1,
de hered. inst.). Conséquemment, l'héritier restituant
conservait le droit exclusif d'agir contre les débiteurs, et
réciproquement il restait exposé à l'action des créanciers
et légataires. Il arrivait dé là que les héritiers, chargés
de restituer l'hérédité, refusaient souvent de l'accepter,

et leur refus annulait tout le testament. Pour remédier à cet inconvénient, le Sc. Trébellien (1), sans ôter au restituant la qualité d'héritier, transféra tous les effets de cette qualité sur la personne du fidéicommissaire. En conséquence, toutes les actions héréditaires, qui, d'après le droit civil (*jure civili*), c'est-à-dire d'après les anciens principes, ne pouvaient être intentées que par l'héritier et contre lui, durent après la restitution de l'hérédité au fidéicommissaire, être intentées par lui et contre lui, *quasi heredi et in heredem*.

782. C'est ainsi que, depuis le Sc. Trébellien, le fidéicommissaire fut assimilé à l'héritier dont il prenait la place. Aussi les actions héréditaires données en vertu de ce sénatus-consulte, reposant, à l'égard du fidéicommissaire, sur une qualité fictive, se distinguent-elles sous le titre d'actions utiles (*utiles actiones dare cœpit*), des actions directes qui ne pouvaient compéter qu'aux héritiers ou contre les héritiers proprement dits, sauf l'exception *restitutæ hereditatis*, qui, après la restitution, rendait inefficaces toutes les actions intentées par eux ou contre eux (*Julian. fr.* 27, § 7, *ad sc. trebell.*). Au moyen de cette exception, l'héritier restituant ne courait plus aucun risque (*quia huic qui restituit securitas datur; § 6, h. t.*).

§ V.

783. Le Sc. Trébellien, en mettant le fidéicommissaire aux lieu et place des héritiers, garantit ces der-

---

(1) Porté pendant le règne de Néron, et, ce qui est à remarquer, sous le consulat de Sénèque (v. *text. hic*), l'an de Rome 815, de l'ère chrétienne, 62.

niers de tous risques sans leur procurer aucun bénéfice ;
en un mot, l'héritier se trouve, par rapport aux fidéicommissaires, dans la position où il se trouvait, avant
la loi Falcidie, par rapport aux légataires. On a donc
cru devoir étendre aux fidéicommis le principe de la loi
Falcidie ; conséquemment la rétention du quart est accordée par le sénatus-consulte Pégasien (1) sur tous les
fidéicommis, soit d'universalité, soit d'objets particuliers (2), comme elle l'était précédemment sur les legs
(*perinde... atque ex lege Falcidia, etc.*).

784. Conséquemment encore, le fidéicommissaire assimilé à un légataire, et spécialement au légataire partiaire, demeure, en cette qualité, étranger aux débiteurs
comme aux créanciers du défunt. Il n'est donc plus *heredis loco.* Aussi les charges héréditaires et l'exercice des
actions reposent-elles toutes sur la tête de l'héritier ; et
alors en vertu du sénatus-consulte Pégasien, comme
avant le sénatus-consulte Trébellien, l'héritier et le fidéicommissaire devront se tenir compte des charges et des
bénéfices héréditaires, en raison de leur part respective,
et s'obligeront à cet effet par les stipulations usitées entre

---

(1) Porté l'an de Rome 826, de l'ère chrétienne 73', sous le règne de
Vespasien et pendant le consulat de Pegasus et de Pusio.

(2) *Ex singulis quoque rebus*, etc. (*text. hic; Gaius*, 2 *inst.* 254).
Vinnius (*hic n° 4 ; ad pr. , de leg. falcid.*, *n° 8*) soutient que le Sc. Pégasien n'a établi la réduction du quart que sur les fidéicommis d'universalité , qu'auparavant elle avait déjà lieu sur les fidéicommis d'objets particuliers , par suite de l'extension que l'interprétation des prudents avait,
dit-il, donnée à la loi Falcidie. Cette loi ne se bornait pas sans doute aux
legs d'objets particuliers ; elle embrassait aussi les legs partiaires. Si les
prudents l'avaient étendue aux fidéicommis , ils auraient appliqué à tous
les fidéicommis ce qu'elle décidait pour tous les legs. Je crois donc devoir conserver au texte son acception littérale. V. Théophile et les notes
de Cujas.

l'héritier et le légataire partiaire (*text. hic; Gaius, 2 inst.* 254), c'est-à-dire par les stipulations *partis et pro parte* (v. *Ulp.* 25 *reg.* 15).

§ VI.

785. Le Sc. Pégasien, quoique postérieur au Sc. Trébellien, le modifie sans l'abroger : l'un et l'autre s'appliqueront désormais à des circonstances différentes. Ainsi l'hérédité sera restituée, tantôt d'après les règles et avec les conséquences déterminées par le Sc. Trébellien, tantôt d'après les règles et avec les effets déterminés par le Sc. Pégasien.

La distinction, à cet égard, dépend de l'importance des fidéicommis comparée à celle de l'hérédité. S'ils n'excèdent pas les trois quarts, ou, ce qui revient au même, si les dispositions du défunt laissent à l'héritier, soit une fraction héréditaire du quart, soit la même valeur en objets particuliers (788; § 9, *h. t.*), alors il n'y a pas lieu de recourir au Sc. Pégasien pour réduire les fidéicommis, et la restitution se fait en vertu du Sc. Trébellien. Au contraire, les fidéicommis qui excèdent les trois quarts de l'hérédité sont réductibles en vertu du Sc. Pégasien, et alors ce dernier règle les effets de la restitution, soit que l'héritier veuille ou ne veuille pas profiter de la réduction à laquelle il a droit (*text. hic; Ulp.* 25 *reg.* 14; *Gaius, 2 inst.* 255, 256; v. 787).

786. Il peut donc arriver que l'héritier, pour se conformer à la volonté du testateur, restitue toute l'hérédité sans rien retenir, et que néanmoins les actions actives ou passives restent attachées à sa personne. Dans cette position, l'héritier doit tenir compte de toutes les recettes

qu'il fait comme héritier, et réciproquement les fidéicommissaires doivent l'indemniser de toutes les charges
qu'il supporte en la même qualité. A cette fin, l'héritier
et le fidéicommissaire s'obligeront encore par des stipulations réciproques, non plus en raison de leur portion
respective, mais pour la totalité de l'hérédité restituée
sans déduction. Aussi les stipulations *partis et pro parte*
sont-elles remplacées, dans ce cas, par les stipulations
dites *emptæ et venditæ hereditatis* (*text. hic*).

Afin de mieux entendre cette distinction, revenons
pour un instant aux temps qui ont précédé le Sc. Trébellien. L'héritier restituait l'hérédité au fidéicommissaire en la lui vendant pour un prix fictif; alors celui-ci
n'était considéré ni comme héritier, ni comme légataire,
mais comme acheteur de l'hérédité (*Gaius*, 2 *inst*. 252).
Celui qui vend une hérédité ne se dépouille pas des droits
et du titre d'héritier; il ne cède que les avantages et les
charges résultants de ce titre. L'héritier vendeur n'en
reste pas moins seul maître des actions actives, sauf le
compte qu'il en doit tenir à l'acheteur, et seul exposé
aux actions passives, sauf son recours contre ce même
acheteur. Ce compte et ce recours étaient ordinairement assurés par les stipulations *emptæ et venditæ here-*
ditatis (1), dont on a repris l'usage pour le cas où la

---

(1) *Gaius*, 2 *inst*. 252. L'acheteur de l'hérédité est tenu des charges
envers les héritiers, et non envers les créanciers (*Anton.* C. 2, *de her.*
vel act. vend.). Cependant Antonin-le-Pieux lui a permis d'agir par actions utiles contre les débiteurs (*Anton.* C. 5, *eod.*); et réciproquement
ceux-ci peuvent repousser, par voie d'exception, les actions directes
que l'héritier exercerait contre eux (*Ulp. fr.* 16, *de pact.*). Cette précaution a paru nécessaire pour garantir l'acheteur des risques qu'il aurait
pu courir par l'insolvabilité ou la mauvaise foi du vendeur.

restitution totale de l'hérédité était réglée par le Sc. Pégasien.

787. Je dis lorsqu'elle était réglée par le Sc. Pégasien ; car bien qu'il s'applique, en règle générale, toutes les fois que les fidéicommis excèdent les trois quarts de l'hérédité, ce sénatus-consulte se réfère lui-même au Sc. Trébellien dans un cas particulier ; et alors le fidéicommissaire prenant la place de l'héritier, toute stipulation devenait inutile (*Gaius, 2 inst.* 253).

En effet, lorsque l'institué refuse d'accepter une hérédité qu'il juge onéreuse (*quasi damnosam*), le Sc. Pégasien autorise les fidéicommissaires à exiger que l'institué se porte héritier *jussu prætoris*, et seulement pour restituer. Dans ce cas la restitution de l'héritier au fidéicommissaire est réglée, quant à ses effets, par le Sc. Trébellien (*text. hic.; Gaius, 2 inst.* 258 ; *Paul. 4 sent.* 4, § 4 ; *Ulp. 25 reg.* 16) ; car alors les deux sénatus-consultes se confondent (*text. in fin.*), et la seule innovation qu'apporte le Sc. Pégasien consiste dans l'adition forcée que l'institué doit faire dans l'intérêt et pour le compte des fidéicommissaires dont sa répudiation anéantirait tous les droits (v. *Ulp. fr. 4, ad. sc. trebell.*).

Conséquemment l'héritier qui accepte ainsi *jussu prætoris* (1), ne tire aucun avantage de son adition ; il perd les legs et fidéicommis que le défunt aurait faits en sa fa-

---

(1) L'héritier qui veut exécuter la volonté du défunt sans rien déduire, ne pourrait-il pas de lui-même restituer, en vertu de Sc. Trébellien, l'hérédité qu'il aurait acceptée spontanément sans attendre la réquisition du fidéicommissaire et l'ordre du préteur ? Modestinus (*fr. 45, ad Sc. trebell.*), jurisconsulte du troisième siècle, incline vers l'affirmative, mais en hésitant. Il finit même par conseiller aux héritiers de ne pas s'exposer aux dangers d'une adition ordinaire, et de suivre, pour plus de sûreté, la marche tracée par le Sc. Pégasien.

veur (*Julian. fr.* 27, § 14; *Pap. fr.* 55, § 3, *eod.*), et à
plus forte raison le droit de rien retenir sur l'hérédité
qu'il restitue (*Hermog. fr.* 14, 4, *eod.*). Aussi, en parlant
de la quarte que l'héritier peut déduire, notre texte res-
treint-il cette faculté au cas où l'héritier accepte volontairement (*si modo sua voluntate adierit*).

§ IX.

788. Le Sc. Trébellien restait applicable comme nous
l'avons vu, toutes les fois que l'héritier trouvait dans les
dispositions du défunt une valeur égale au quart de l'hérédité, soit qu'on lui réservât une quote-part de l'hérédité
même, soit qu'on l'autorisât à retenir un ou plusieurs
objets déterminés, par exemple, un fonds ou une somme
équivalant au quart de l'hérédité (*quæ quartam continet,
text. hic;* v. *Ulp. fr.* 1, § 16, *ad. sc. trebell.*).

Dans l'un et l'autre cas, le fidéicommissaire était donc
loco heredis, et les actions héréditaires passaient sur sa
tête, sauf cette importante différence que, dans un cas,
elles lui étaient transférées pour la totalité (*in solidum*),
tandis que dans l'autre elles se diviseraient entre lui et
l'héritier (*scinduntur actiones*). En effet, les actions
transférées par le Sc. Trébellien le sont toujours en raison
des portions d'hérédité que l'héritier restitue, et pour
le tout lorsqu'il la restitue en totalité. Or l'hérédité peut
être entière, sans comprendre tous les biens du défunt,
par exemple, les biens légués. Pour savoir si l'hérédité est restituée en totalité, on n'examine donc pas les
objets que l'héritier retient, mais le titre auquel il les
retient (v. *Marcian. fr.* 30, § 3, *ad sc. trebell.*). Ce qu'il
retient en qualité d'héritier, comme faisant partie de

l'hérédité, ne laisse à restituer qu'une fraction de cette
même hérédité, et alors les actions héréditaires se divisent entre lui et le fidéicommissaire comme entre deux
cohéritiers. C'est ce qui arrive lorsque l'institué conserve
une quote-part (*quarta parte retenta*); mais lorsqu'il
retient un ou plusieurs objets déterminés, il les garde,
comme il garderait un legs (*quasi ex legato ei adquisita*)
qui n'impose aucune charge (*sine ullo onere hereditario*),
et qui se trouvant hors de l'hérédité, n'empêche pas celle-
ci de passer en totalité au fidéicommissaire, avec toutes
les actions actives et passives.

789. Ceci est vrai, quelle que soit la valeur des objets
retenus par l'institué. Cette valeur pourrait excéder de
beaucoup ce qui reste dans l'hérédité, et alors c'est au
fidéicommissaire à délibérer s'il doit accepter la restitution (*text. hic.*). Dans le cas contraire, si l'objet que retient l'héritier n'équivaut pas au quart de l'hérédité, il
peut obtenir un supplément (*suppleta quarta ex lege
Falcidia*; § 3, *quib. mod. test.*); mais alors évidemment
la restitution sera réglée par le Sc. Pégasien.

790. En résumant les explications précédentes on
aperçoit les différentes qualités qu'attribuait au fidéicommissaire la restitution de l'hérédité. Jusqu'au règne de
Néron, cette restitution se fit par une vente fictive :
l'héritier et le fidéicommissaire considérés l'un comme
vendeur, l'autre comme acheteur de l'hérédité, se donnaient une garantie respective par les stipulations *emptæ
et venditæ hereditatis* (786). Depuis Néron jusqu'à
Vespasien, le Sc. Trébellien règle seul les effets de la restitution, en transmettant les actions actives et passives
au fidéicommissaire qui se trouve *loco heredis*, et alors on
n'a besoin d'aucune stipulation (781, 787). Sous le règne

de Vespasien, un nouveau sénatus-consulte restreint l'application du précédent : le fidéicommissaire continue d'être assimilé à l'héritier, conformément au Sc. Trébellien, dans deux cas; 1° lorsque les fidéicommis n'excèdent pas les trois quarts de l'hérédité (785); 2° lorsque l'institué, ne voulant point appréhender l'hérédité pour lui-même, l'accepte *jussu prætoris* aux risques et périls du fidéicommissaire (787). Au contraire, la restitution est réglée par le Sc. Pégasien lorsque l'hérédité, dont les fidéicommis absorbent plus des trois quarts, est volontairement acceptée par l'institué : alors le fidéicommissaire n'est plus *loco heredis;* mais suivant que la restitution Pégasienne est totale ou partielle, il est considéré ou comme acheteur de l'hérédité, ou comme légataire partiaire, ce qui oblige de recourir aux stipulations *emptæ et venditæ hereditatis* ou *partis et pro parte* (785, 786).

§ VII.

791. Le Sc. Trébellien avait rendu ces stipulations inutiles; l'usage en avait été rétabli par suite du Sc. Pégasien dans le cas où la restitution de l'hérédité ne transférait pas les actions héréditaires (785); et, sous ce rapport, Justinien dit avec raison que ces stipulations dérivaient du Sc. Pégasien. Il en résultait une complication dont l'inconvénient avait été senti par les anciens. Papinien les avait déclarées dangereuses (*certis casibus captiosas*), en ce sens qu'elles ne suffisaient pas toujours pour assurer l'efficacité du recours qu'elles établissaient entre l'héritier et le fidéicommissaire. En effet, chaque comptable avait à craindre l'insolvabilité de l'autre; il fallait donc mille précautions pour obtenir, lors de la

restitution, les sûretés qu'on ne pouvait plus exiger après coup (*Anton. C.* 2, *de hered. vel. act. vend.*; voyez cependant *Pomp. fr.* 21, *ad sc. trebell.*).

Pour éviter ces inconvénients, pour attribuer à la restitution un effet plus général, plus sûr et plus simple, Justinien réunit les deux Sc. Trébellien et Pégasien en un seul. Le dernier est abrogé, en ce sens que la restitution sera toujours réglée par le Sc. Trébellien, et les actions transférées au fidéicommissaire, soit que l'héritier accepte forcément ou volontairement, et soit dans ce dernier cas qu'il profite ou ne profite pas de la réduction autorisée par le Sc. Pégasien; car ce sénatus-consulte, sauf les effets de la restitution, subsiste tout entier dans les dispositions dont Justinien compose, pour ainsi dire, un nouveau Sc. Trébellien (v. *text. hic*).

792. Antérieurement, l'héritier qui restituait d'après le Sc. Trébellien n'avait jamais rien à retenir. Celui qui restituait d'après le Sc. Pégasien ne pouvait pas ignorer que les fidéicommis excédassent les trois quarts de l'hérédité; par conséquent, lorsqu'il restituait sans rien retenir, il agissait toujours sciemment : aussi ne lui accordait-on aucune répétition (*Paul.* 4 *sent.* 3, § 4), si ce n'est pour erreur de calcul (*Ulp. fr.* 5, § 15, *de donat. inter. vir.*). Sous Justinien, au contraire, la restitution se fait toujours de la même manière : l'héritier peut donc ignorer que les fidéicommis excèdent les trois quarts de l'hérédité. Aussi l'Empereur permet-il de retenir et même de répéter (*retinere vel repetere solutum*) la quarte dont le Sc. Pégasien n'autorisait pas la répétion, et dont le Sc. Trébellien n'admettait pas la même rétention (*Paul.* 4 *sent.* 3, § 4, *et ibi Cujac.*).

793. Le quart que l'héritier déduit d'après une dispo-

sition du Sc. Pégasien, combinée depuis avec celle du Sc. Trébellien, se nomme ordinairement quarte trébellienne ou pégasienne ; mais les anciens jurisconsultes l'ont toujours considérée comme une conséquence de la loi Falcidie (§ 3, *quib. mod. test.*; v. § 5, *h. t*; *Paul. 4 sent. 3*, § 3; *Ulp.* 25 *reg.* 14), sans lui chercher dans les sénatus-consultes postérieurs un nom ou un caractère particulier. Il est donc naturel de considérer comme décidé sur ces derniers tout ce que les jurisconsultes ont décidé sur la loi Falcidie : ainsi nous appliquerons ici tout ce qu'on a dit précédemment du testament militaire (770) et des imputations à faire sur la quarte (769). En effet, l'héritier doit imputer tout ce dont il profite *jure hereditario* (*Marcian. fr.* 91, *ad leg. falcid.*), ce qui comprend les fruits perçus jusqu'à la restitution de l'hérédité fidéicommissaire. On les impute sur la quarte, lorsque le fidéicommis est fait à terme, parce que le bénéfice de ce terme résulte pour l'héritier des dispositions du testateur, et non de la négligence du fidéicommissaire (*Ulp. fr.* 22, § 2, *ac sc. trebell.*).

§ VIII.

794. Ce qu'on a dit pour un héritier qui serait seul institué, s'applique à chacun de ceux qui recueillent une portion quelconque de l'hérédité (*text. hic*; § 5, *in fin. h. t.*), conformément au principe antérieurement développé (764, 765; § 1, *de l. falcid.*).

§ X.

795. Mourir intestat ou sans testament, ce n'est pas toujours mourir sans manisfester une volonté. Chacun

peut, sans tester et par conséquent sans ôter l'hérédité aux héritiers légitimes (*intestatus moriturus*), charger ces derniers de restituer, à titre de fidéicommis, soit des objets particuliers, soit tout ou partie de l'hérédité (*text. hic; § 2, de codicil.*), sauf la quarte que l'héritier légitime pourra déduire comme l'héritier testamentaire. En effet, cette déduction accordée par le Sc. Pégasien aux héritiers institués (v. § 5, *h. t.*) a été étendue par Antonin-le-Pieux aux héritiers légitimes (*Paul. fr.* 18, *ad l. falcid.; Ulp. fr.* 6, § 1, *ad sc. trebell.*), et avec raison; car si l'on craignait de rester sans héritier testamentaire, on devait craindre plus fortement de rester sans aucun héritier. Les héritiers légitimes semblent tout recevoir de la loi et rien du défunt, et il paraîtrait en résulter que ce dernier ne peut les charger d'aucun fidéicommis; mais il faut remarquer qu'en laissant l'hérédité aux héritiers désignés par la loi, le défunt les préfère à toute autre personne qu'il pourrait instituer. C'est une volonté réelle, quoique tacite, qui les rend héritiers (*Paul. fr.* 8, § 1, *de jur. codicil.*), on peut donc les charger de restituer l'hérédité qu'on leur a laissée, pourvu qu'elle soit laissée volontairement; car les intestats ne disposent valablement par fidéicommis qu'autant qu'ils auraient été capables de tester (*Ulp.* 25 *reg.* 4; *Julian. fr.* 3, *de jur. codicil.*).

§ XI ET XII.

796. Les legs, à la différence des fidéicommis, n'existent jamais sans testament (*nisi ex testamento non valeant*), lors même qu'ils sont faits par codicille (805); et nul ne peut être grevé d'un legs que l'héritier testamen-

taire (688); mais on peut grever de fidéicommis tous ceux
à qui l'on fait un avantage quelconque, comme un héritier, un légataire et même un fidéicommissaire (*pr. et
§ 1, de sing. et reb.*).

Nous aurons l'exemple d'un fidéicommis imposé à un
fidéicommissaire, si l'on suppose, avec notre texte (§ 11,
h. t.), que celui à qui l'hérédité est restituée est lui-même
chargé d'une semblable restitution envers une autre personne. L'hérédité peut ainsi se transmettre par plusieurs
restitutions successives, mais sans nouvelle réduction du
quart. Cette réduction, n'ayant pour but que d'assurer un
héritier au défunt, ne peut être faite que par une seule
personne, par celle à qui était déféré le titre d'héritier, et
qui, en l'acceptant, le prend une fois pour toutes. Ainsi
l'héritier seul peut retenir la quarte, et lors même qu'il
ne la retient point, par exemple, lorsqu'il restitue l'hérédité acceptée *jussu prætoris* aux risques et périls du fidéicommissaire, ce dernier, en la restituant lui-même à un
autre, n'a rien à retenir de son chef (*Pap. fr.* 55, § 2,
ad. sc. trebell.; Afric. fr. 28, *eod.*); mais dans ce dernier cas, il retient sur les legs qu'il acquitte au nom et
du chef de l'héritier, la quarte Falcidie que celui-ci aurait pu retenir s'il avait accepté spontanément (*Gaius,
fr.* 63, § 11, *eod.*). Il en est autrement des fidéicommis
dont le fidéicommissaire est chargé *proprio nomine* (*Pap.
d. fr.* 55, § 2, *eod.*

Nous expliquerons le § 12 avec le § 3 *de sing. reb.*, au
titre suivant (802).

TITRE XXIV.

Des objets particuliers laissés par fidéicommis.

PR. ET § I.

797. Celui qui par fidéicommis peut disposer d'une
hérédité, peut à plus forte raison disposer d'objets particuliers, et des mêmes objets qu'il pourrait léguer *per
damnationem* (*Ulp.* 25 *reg.*; § 1, *h. t.*); il faut donc appliquer ici ce que nous avons dit précédemment sur le
legs de la chose d'autrui (698, etc.). Observons seulement
qu'après avoir reçu un objet quelconque, on peut être
chargé par fidéicommis de remettre une chose différente
(*text. hic;* § 11, *de fideic. hered.*); pourvu qu'on ne soit
pas chargé de remettre plus qu'on n'a reçu, car le fidéicommis serait inutile pour l'excédant (*quod amplius est
inutiliter relinquitur*). Néanmoins si je reçois une chose
à la charge de restituer une autre chose qui m'appartient,
par exemple ma maison, je dois remettre cette dernière
quelle qu'en soit la valeur (*Pap. fr.* 70, § 1, *de legat.* 2o).
Pour m'en dispenser, il faudrait n'avoir rien accepté : en
acceptant ce que le défunt me donne, j'acquiesce aux
charges qu'il impose, et je suis censé ne pas évaluer ma
propre chose plus que celle par moi reçue (§ 2, *h.t.; Ulp.
fr.* 45, *pr. et* § 1, *de fideic. libert.;* v. 800).

§ II.

798. On affranchit les esclaves par acte de dernière
volonté (§ 1, *de libert.*); et souvent aussi, sans leur conférer directement la liberté, on charge l'héritier ou toute

I.   38

autre personne de les affranchir. Dans le premier cas, la
liberté résulte du testament même (*velut ex suo testamento*); l'esclave devient libre directement et sans autre
affranchissement; il a pour patron le testateur (*ipsius
testatoris libertus fit*), c'est-à-dire un homme décédé, et
de là vient qu'on l'appelle LIBERTUS ORCINUS (*text. hic;
Ulp.* 2 *reg.* 7 *et* 8; *fr.* 3, § 3, *de legit. tut.*). Dans le
second cas, c'est-à-dire, lorsque le testateur qui n'affranchit pas lui-même ordonne seulement d'affranchir certains esclaves, ceux-ci ne sont pas libres, mais ils doivent
le devenir par une manumission subséquente; et alors ils
auront pour patron, non pas le défunt, mais la personne
qui les affranchira (*text. hic; Ulp.* 2 *reg.* 8). En effet, la
liberté que le défunt donne de cette manière n'est acquise
à l'esclave qu'indirectement, par le fait d'une tierce
personne. C'est en ce sens que la liberté peut faire l'objet
d'un fidéicommis (*text. hic; Ulp.* 25 *reg.* 18).

799. Affranchir un esclave, c'est en disposer. Aussi
la liberté directe n'est-elle valablement léguée qu'aux
esclaves dont le testateur a été propriétaire aux deux
époques de la confection du testament et de la mort
(*text. hic; Ulp.* 1 *reg.* 23; *Paul. fr.* 35, *de man. test.*);
mais rien n'empêche de laisser la liberté fidéicommissaire
à l'esclave d'autrui. Dans ce dernier cas, ceux qui doivent
exécuter le fidéicommis sont obligés d'acquérir l'esclave
pour l'affranchir ensuite (*text. hic; Gaius* 2 *inst.* 264
(265) : toutefois le maître de l'esclave n'étant point forcé
de s'en dessaisir, même à juste prix, son refus différera
l'affranchissement jusqu'au moment où se présentera
l'occasion d'acheter l'esclave et de l'affranchir (*text. hic;
Alex. C.* 6, *de fideic. libert.*). Primitivement les jurisconsultes (*Gaius,* 2 *inst.* 262, 265; *Ulp.* 2 *reg.* 11), se

montrant plus sévères, déclaraient le fidéicommis définitivement éteint par cela seul que le maître avait refusé de céder son esclave.

800. Lorsque nous supposons que celui-ci résiste,
c'est dans la supposition qu'il n'a rien reçu de l'auteur du
fidéicommis (*text. hic*); car autrement, on ne peut opposer aucun obstacle à l'exécution d'une volonté dont on
a soi-même profité (v. § 4, *de inoff. test.*); pour conserver à cet égard une entière indépendance, il faudrait
donc n'avoir rien accepté du défunt (*Paul. fr.* 5, § 4, *de
his quæ ut indig.; Mæcian. fr.* 35; *Ulp. fr.* 24, § 12 *et*
13, *de fideic. libert.;* 797).

§ III.

801. Justinien indique ici, par forme d'exemple, les
expressions les plus usitées en matière de fidéicommis.
Une de ces expressions, *volo*, indique une volonté absolue, tandis que les autres, *peto*, *rogo*, *mando*, *fidei tuæ
committo*, expriment simplement un désir ou une prière.
La même différence se retrouve dans Ulpien (25 *reg.* 2),
et surtout dans Paul (4 *sent.* 1, § 5 *et* 6). On peut donc,
en disposant par fidéicommis, employer les verbes *volo*,
impero, *injungo*. Cependant Ulpien (24 *reg.* 1; 25 *ibid.*
1) range dans la classe des legs toutes les dispositions con-
çues en termes impératifs (*imperative*), et au contraire
dans la classe des fidéicommis toutes les dispositions précatives (*precativo modo*, *precative*). Cette définition ne
laisse aucun doute pour le cas où le défunt a employé les
verbes *precor*, *rogo*, *cupio* ou autres semblables : évidemment, il fait un fidéicommis; mais lorsqu'il dit
volo, *injungo*, *impero*, il semble difficile de trouver des

expressions moins précatives ou plus impératives. Remarquons à cet égard que, d'après Ulpien lui-même, les legs se font toujours *legis modo, verbis civilibus,* c'est-à-dire par des formules spéciales, formules qui sont doublement impératives, et par la volonté qu'elles expriment, et par la conjugaison du verbe. Ainsi, tandis que dans le fidéicommis le disposant parle toujours à l'indicatif (*peto, volo, fidei tuæ committo, etc.*), le mode impératif (*damnas esto, sinito, præsumito, etc.*), est seul usité dans les différents legs PER DAMNATIONEM, SINENDI MODO OU PER PRÆCEPTIONEM; ces dernières seront donc toujours facile à distinguer des fidéicommis (1).

Quant au legs PER VINDICATIONEM, il est vrai que le testateur y parle quelquefois au mode indicatif (*do lego*), mais c'est pour déclarer qu'il transfère directement la propriété : sous ce rapport, on ne peut donc pas confondre un legs où le défunt agit par lui-même, avec un fidéicommis dont l'exécution est toujours remise à un intermédiaire.

802. Du reste, les expressions usitées pour les fidéicommis n'avaient rien de spécial ou de solennel. Il suffisait que le défunt manifestât sa volonté (2), même par

---

(1) Dans l'institution d'héritier, le testateur parle également au mode impératif ILLE HERES ESTO (*pr., de vulg. subst.*), TITIUS HERES ESTO (*pr., de pupil. subst.*). Il n'aurait pas suffi de dire HEREDEM INSTITUO, HEREDEM FACIO; cependant on instituait valablement en ces termes, HEREDEM ESSE JUBEO (*Gaius,* 2 *inst.* 117; *Ulp.* 21 *reg.* 1). Le verbe JUBEO, qui ne se trouve jamais parmi les expressions usitées pour les fidéicommis, était-il donc spécialement consacré par le droit civil; l'était-il pour les legs comme pour l'institution d'héritier; avait-il la même force que DO LEGO, la force que n'avaient point VOLO, IMPERO, INJUNGO, etc. ?

(2) *Licin. Ruf. fr.* 16, *de fideic. libert.* Ainsi, par exemple, le testa-

un signe (*nutu*, *Ulp.* 25 *reg.* 3 ; *Diocl. et Max.* C. 22 , *de fideic.*). Justinien permet aussi de les faire par écrit ou verbalement, et quoiqu'il exige la présence de cinq témoins (807) , l'absence de ces derniers ne nuira point aux intentions du défunt si le fidéicommissaire veut s'en rapporter, sur l'existence du fidéicommis, au serment de ceux qu'il dit avoir été chargés de son exécution. En effet, il peut mettre ceux-ci dans l'alternative ou de jurer qu'ils n'ont été grevés de rien par le défunt ou de refuser le serment, et par cela même d'avouer le fait allégué ; ce qui entraînerait leur condamnation, *ne depereat ultima voluntas* (§ 12, *de fideic. hered.* ; *Justin.* C. 32, *de fideic.*).

On défère le serment dans beaucoup d'autres contestations (v. § 11 , *de action.* ; § 4, *de excep.*) ; mais ordinairement ce genre de preuve n'est pas admis pour les actes de dernière volonté, parce qu'il serait inutile de prouver une intention qui, dépouillée des solennités requises, ne serait point obligatoire. S'il en est autrement ici, c'est par une exception spéciale qui empêche le grevé de recourir *ad legis subtilitatem* (d. § 12, *de fideic. hered.*), en se retranchant sur l'inobservation des formes pour refuser l'exécution d'un fidéicommis avoué (1). Il peut seulement lorsque les fidéicommissaires lui défère-

---

teur qui dans un second testament, déclare que le précédent doit continuer de valoir, exprime une volonté d'où résulte un fidéicommis (§ 3, *quib. mod. test. infirm.* ; 637).

(1) Soit que le défendeur ait avoué dès le principe l'existence du fidéicommis, soit qu'il ait commencé par la nier, comme le supposent plusieurs éditeurs en écrivant *postquam negaverit* avant *confiteatur*. Ces mots *postquam negaverit* ne sont ni dans la constitution de Justinien (C. 32, *de fideic.*), ni dans Théophile. Du reste, il est évident que l'aveu n'a pas moins de force dans un cas que dans l'autre.

rout le serment sur l'existence du fidéicommis, leur
déférer lui-même un serment préalable pour les contraindre à jurer qu'ils agissent de bonne foi, persuadés
de la vérité de ce qu'ils avancent, et non par esprit de
chicane pour susciter un procès au défendeur. C'est ce
que Justinien (*d.* § 12) appelle de *calumnia jurare* (v.
§ 1, *de pœn. tem. litig.*).

TITRE XXV.

Des Codicilles.

PR.

803. Les fidéicommis obligatoires et les codicilles ont,
comme on le voit ici, la même origine. Les dispositions de
Lentulus, exécutées par sa fille et par Auguste, ont donné
le premier exemple d'un acte de dernière volonté jusqu'alors insolite. Trebatius en a démontré l'utilité, et
l'opinion publique a définitivement adopté les codicilles,
lorsqu'un nouvel exemple fut donné par Labeon.

En effet les codicilles ont ce grand avantage que, n'exigeant aucune solennité (§ 3, *h. t.*), ils peuvent être faits
par des personnes qui se trouveraient dans l'impossibilité de tester (*text. hic*) : ce qui s'entend d'une impossibilité accidentelle, résultant par exemple de la difficulté qu'on trouve dans certaines localités, à réunir un
nombre de témoins suffisant (v. *Paul. fr.* 8, § 2, *de jur.
codicill.*); car, en ce qui concerne la capacité légale, nul
n'a droit de faire un codicille, s'il n'a droit de tester
(*Paul. d.* 3, *fr.* 8, § 2; *Marcian. fr.* 6, § 3, *cod.*).

804. Les codicilles peuvent exister soit que leur au-

un signe (*nutu*, *Ulp.* 25 *reg.* 3; *Diocl. et Max.* C. 22, *de fideic.*). Justinien permet aussi de les faire par écrit ou verbalement, et quoiqu'il exige la présence de cinq témoins (807), l'absence de ces derniers ne nuira point aux intentions du défunt si le fidéicommissaire veut s'en rapporter, sur l'existence du fidéicommis, au serment de ceux qu'il dit avoir été chargés de son exécution. En effet, il peut mettre ceux-ci dans l'alternative ou de jurer qu'ils n'ont été grevés de rien par le défunt ou de refuser le serment, et par cela même d'avouer le fait allégué; ce qui entraînerait leur condamnation, *ne depereat ultima voluntas* (§ 12, *de fideic. hered.; Justin.* C. 32, *de fideic.*).

On défère le serment dans beaucoup d'autres contestations (v. § 11, *de action.*; § 4, *de excep.*); mais ordinairement ce genre de preuve n'est pas admis pour les actes de dernière volonté, parce qu'il serait inutile de prouver une intention qui, dépouillée des solennités requises, ne serait point obligatoire. S'il en est autrement ici, c'est par une exception spéciale qui empêche le grevé de recourir *ad legis subtilitatem* (d. § 12, *de fideic. hered.*), en se retranchant sur l'inobservation des formes pour refuser l'exécution d'un fidéicommis avoué (1). Il peut seulement lorsque les fidéicommissaires lui défère-

---

teur qui dans un second testament, déclare que le précédent doit continuer de valoir, exprime une volonté d'où résulte un fidéicommis (§ 3, *quib. mod. test. infirm.;* 637).

(1) Soit que le défendeur ait avoué dès le principe l'existence du fidéicommis, soit qu'il ait commencé par la nier, comme le supposent plusieurs éditeurs en écrivant *postquam negaverit* avant *confiteatur.* Ces mots *postquam negaverit* ne sont ni dans la constitution de Justinien (C. 32, *de fideic.*), ni dans Théophile. Du reste, il est évident que l'aveu n'a pas moins de force dans un cas que dans l'autre.

rout le serment sur l'existence du fidéicommis, leur
déférer lui-même un serment préalable pour les contraindre à jurer qu'ils agissent de bonne foi, persuadés
de la vérité de ce qu'ils avancent, et non par esprit de
chicane pour susciter un procès au défendeur. C'est ce
que Justinien (*d.* § 12) appelle de *calumnia jurare* (v.
§ 1, *de pœn. tem. litig.*).

TITRE XXV.

Des Codicilles.

PR.

8o3. Les fidéicommis obligatoires et les codicilles ont,
comme on le voit ici, la même origine. Les dispositions de
Lentulus, exécutées par sa fille et par Auguste, ont donné
le premier exemple d'un acte de dernière volonté jusqu'alors insolite. Trebatius en a démontré l'utilité, et
l'opinion publique a définitivement adopté les codicilles,
lorsqu'un nouvel exemple fut donné par Labeon.

En effet les codicilles ont ce grand avantage que, n'exigeant aucune solennité (§ 3, *h. t.*), ils peuvent être faits
par des personnes qui se trouveraient dans l'impossibilité de tester (*text. hic*) : ce qui s'entend d'une impossibilité accidentelle, résultant par exemple de la difficulté qu'on trouve dans certaines localités, à réunir un
nombre de témoins suffisant (v. *Paul. fr.* 8, § 2, *de jur.
codicill.*); car, en ce qui concerne la capacité légale, nul
n'a droit de faire un codicille, s'il n'a droit de tester
(*Paul. d.* 3, *fr.* 8, § 2; *Marcian. fr.* 6, § 3, *eod.*).

8o4. Les codicilles peuvent exister soit que leur auteur décède intestat ou testat, et dans le dernier cas, ils peuvent être ou ne pas être confirmés dans le testament.

Les codicilles d'un intestat existent par eux-mêmes et indépendamment de tout autre acte (*Paul. fr.* 16, *de jur. codicill.*). Au contraire, lorsqu'il existe un testament, les codicilles ne valent que par lui et avec lui (*Paul. d. fr.* 16; *Julian. fr.* 3, § *ult.*, *eod.*) : s'il est infirmé, il les entraîne dans sa chute (*Julian. d. fr.* 3, § *ult.*; *Alex.* C. 1, *h. t.*). A cet égard, on ne distingue pas s'ils ont été confirmés, quoique cette distinction offre d'ailleurs une grande importance.

Le testateur confirme soit pour l'avenir, comme paraît l'avoir fait Lentulus (*pr. h. t.*), les codicilles qu'il écrira plus tard, soit dans le passé, les codicilles qui ont précédé le testament (*Paul. fr.* 8; *Cels. fr.* 18, *de jur. codicill.*). On a douté si ces derniers, lorsqu'ils ne sont pas expressément confirmés, continuent de valoir. Papinien répondait négativement; mais d'après une constitution de Sévère et Antonin, il suffit de justifier par un indice quelconque (*si appareat, etc.*), que le testateur n'a pas changé d'intention (*non recisse, etc.*), et alors les codicilles antérieurs au testament continuent de valoir comme simples codicilles non confirmés (1).

§ II.

805. Les codicilles confirmés ont cela de particulier que tout ce qu'ils contiennent est considéré comme écrit

---

(1) Voyez Cujas (18 *observ.* 7; *ad Pap. fr.* 5, *de jur. codicill.*), et remarquez que ce texte a été modifié, par Tribonien, dans le sens de la constitution de Sévère et Antonin.

ou inséré dans le testament même (1). On peut donc, dans un semblable codicille, faire des legs, les révoquer ou les transférer, affranchir un esclave (*Gaius*, *2 inst.* 270; *Ulp.* 24 *reg.* 29; *Modest. fr.* 43, *de manum. test.*), et en général faire les mêmes dispositions que dans le testament même, pourvu qu'on ne dispose pas de l'hérédité; car pour ne pas confondre les testaments et les codicilles, on a voulu que ces derniers restassent étrangers à l'objet essentiel des premiers. Ainsi on ne peut dans aucun codicille ni conférer le titre d'héritier soit par institution soit par substitution, ni le retirer par une exhédération, ni modifier une institution testamentaire en ajoutant ou supprimant une condition (*text. hic*; *Pap. fr.* 10; *Marcian. fr.* 6, *de jur. codicill.*; *Constant.* C. 7, *h. t.*).

Nous parlons ici des institutions ou substitutions directes (*directo autem..... substituere directo*; *text. hic.*); car les fidéicommis qui disposent indirectement de l'hérédité, ne donnent au fidéicommissaire ni les droits ni le titre d'héritier (781). On peut les faire, comme tout autre fidéicommis, lors même qu'on décède intestat, et par conséquent dans des codicilles non confirmés (*text. hic*; *Gaius*, *2 inst.* 273; *Philip.* C. 2, *h. t.*).

§ III.

806. Un testament dispose toujours de toute l'hérédité:

---

(1) *Julian. fr.* 2, § 2, *de jur. codicill.* Ce texte s'applique nécessairement aux codicilles confirmés par testament; car il est question d'un affranchissement direct, qui ne pourrait pas se trouver dans un codicille non confirmé. Remarquez d'ailleurs que ce même texte contient une négation superflue (v. *Pothier*, 29 *pand.* 7, n° 20).

dès-lors un nouveau testament est incompatible avec celui
qui l'a précédé (§ 2 *et* 3 , *quib. mod. test. infirm.*). Il en
est autrement des codicilles (*text. hic*), parce qu'ils ne
disposent pas nécessairement d'un seul et même objet.
Aussi chaque codicille ne révoque-t-il, dans les précédents, que ce qui serait inconciliable avec les dispositions postérieures (*Diocl. et Max.* C. 3, *h. t.*).

807. Les codicilles n'ont été dans l'origine soumis
à aucune solennité (*text hic*). Il suffisait que l'on eut
la volonté certaine de disposer par codicille. Autrement,
en effet, l'acte commencé dans l'intention de faire un
testament, et demeuré imparfait, ne vaut comme codicille, lorsqu'il en est d'ailleurs susceptible, que par
l'intention spéciale du défunt *(Ulp. fr.* 1 , *de jur. codicil.*). Théodose (C. 8, § 1 , *h. t.*) exige même que l'intention de faire valoir comme codicille, un acte qui
ne peut pas valoir comme testament, soit formellement
exprimée par une clause que les interprètes ont appelée
clause codicillaire.

Il importe donc beaucoup de savoir si les actes que
l'on présente comme codicilles d'un intestat, n'ont pas
été commencés par le défunt dans l'intention de faire un
testament; et l'on juge qu'il a voulu faire un codicille,
lorsque l'acte ne contient ni institution d'héritier, ni
substitution vulgaire, ni aucune autre disposition qui
doive nécessairement se faire par testament (*Pap. fr.* 13,
§ 1 , *de jur. codicil.*; *Paul. fr.* 20, *eod.*).

Sous Justinien, toute disposition de dernière volonté
qui n'est pas faite par testament, doit l'être en présence
de cinq témoins (493, 802). Du reste, le codicille peut
être verbal ou écrit; mais, dans ce dernier cas, les
témoins doivent y apposer leur marque (*subnotationem*

I.   39

suam). Ainsi le prescrit Justinien dans un paragraphe par lui ajouté à une constitution de Théodose (C. 8, § 5, *h. t.*; voyez J. Godefroy sur la loi 7, C. Th. *de testam. et codic.*).

FIN DU SECOND LIVRE ET DU TOME PREMIER.

IMPRIMERIE DE CARDON. — TROYES.

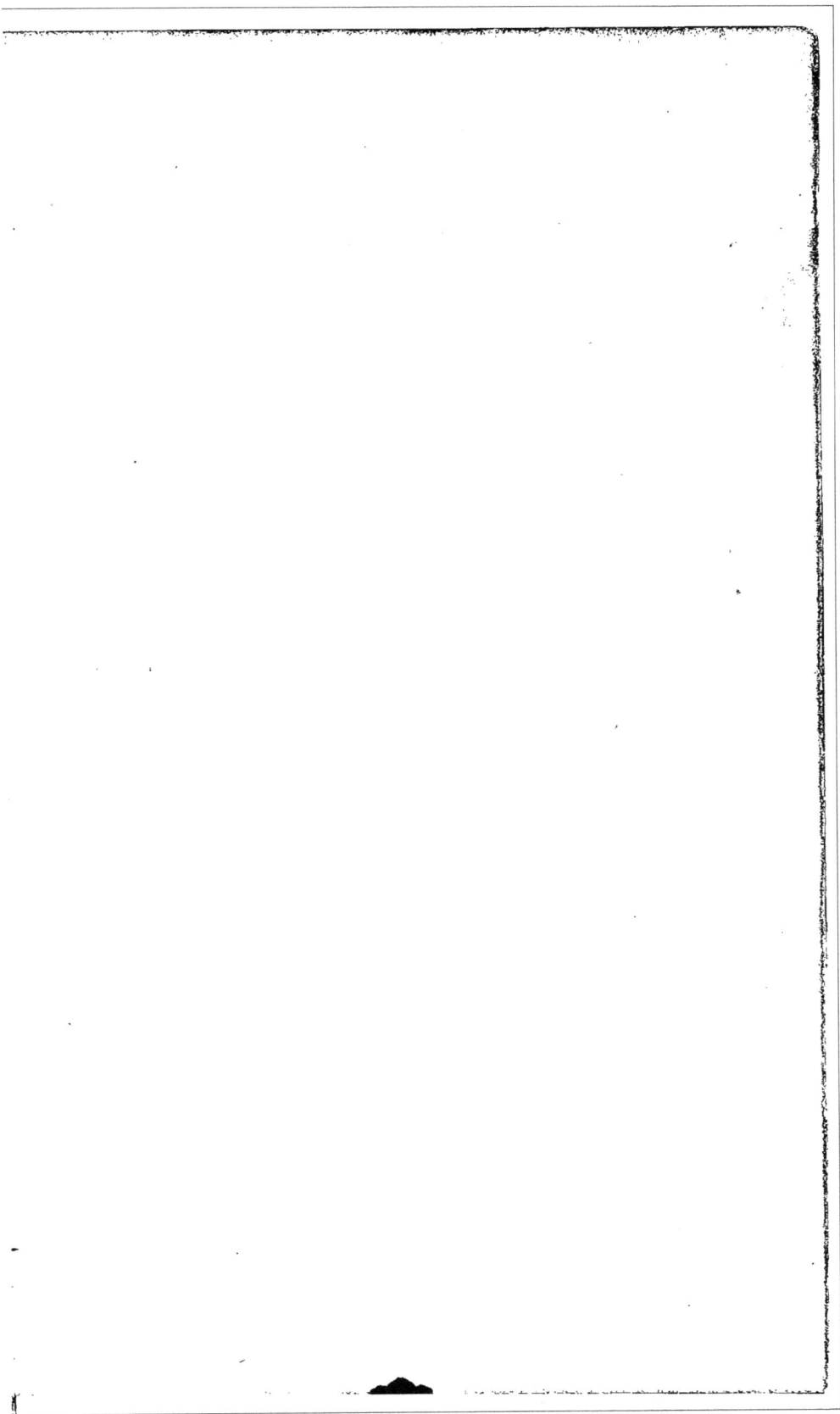

www.ingramcontent.com/pod-product-compliance
Lightning Source LLC
Chambersburg PA
CBHW031717210326
41599CB00018B/2420